Neues Taschenbuch des Sportunterrichts

– Kompaktausgabe –

Herausgegeben von

Ralf Laging

3. veränderte und korrigierte Auflage

Schneider Verlag Hohengehren GmbH

Umschlagfoto: Helgard Lange

Gedruckt auf umweltfreundlichem Papier
(chlor- und säurefrei hergestellt).

Bibliografische Information der Deutschen Nationalbibliothek

Die Deutsche Nationalbibliothek verzeichnet diese Publikation in der
Deutschen Nationalbibliografie; detaillierte bibliografische Daten sind
im Internet über ›http://dnb.d-nb.de‹ abrufbar.

ISBN 978-3-8340-0227-3

Schneider Verlag Hohengehren
Wilhelmstr. 13, D-73666 Baltmannsweiler

© Schneider Verlag Hohengehren, D-73666 Baltmannsweiler 2007
Printed in Germany – Druck: Hofmann, Schorndorf

Inhaltsverzeichnis

Vorwort

Mit der dritten Auflage des „Neuen Taschenbuchs des Sportunterrichts" ist eine umfangreiche Änderung des zweibändigen und etwa 850 Seiten umfassenden Werkes verbunden. Die Änderungen betreffen die Herausgeberschaft und den Umfang des Taschenbuchs. Der langjährige alleinige und spätere Mitherausgeber, Werner Günzel, hat sich aus Altersgründen zurückgezogen und möchte sich nicht mehr an einer weiteren Auflage beteiligen. Dies habe ich bedauert, aber mit Anerkennung zu respektieren gehabt. Werner Günzel hat vor über 30 Jahren erstmals das „Taschenbuch des Sportunterrichts" herausgegeben. In mehreren Auflagen ist es in den Hochschulen für viele Sportstudierende zu einem wichtigen Begleiter in der Ausbildung geworden und begleitet in der Schulpraxis angehende und erfahrene Sportlehrerinnen und Sportlehrer. Nachdem die letzte Auflage dieses ersten Taschenbuchs, das tatsächlich ein Taschenbuchformat hatte, vergriffen war, hat Werner Günzel mit mir die Neuausgabe unter dem Titel „Neues Taschenbuch des Sportunterrichts" vorbereitet und mittlerweile in zwei Auflagen herausgegeben. Dieses „Neue Taschenbuch" hat die Entwicklungen des Schulsports und des Sportunterrichts aufgenommen und aktuelle pädagogische Orientierungen und didaktische Konzepte zusammengetragen sowie eine zeitgemäße Bewegungs- und Sportpraxis mit vielen Beispielen veranschaulicht. Alle Beiträge des „Neuen Taschenbuchs" sind damals neu geschrieben worden, viele Autorinnen und Autoren sind neu hinzugekommen, so dass eine völlig neue Ausgabe entstanden ist. Nun ist die zweite Auflage erneut vergriffen. Gemeinsam mit dem Schneider-Verlag ist die Idee einer Kompaktausgabe als dritte Auflage entstanden. Für diese Kompaktausgabe sind Beiträge zur pädagogischen Orientierung ausgewählt worden, die nach wie vor Entwicklungslinien für einen zeitgemäßen Sportunterricht aufzeigen. Der weitgrößere Teil dieser Kompaktausgabe beinhaltet Konzepte und Beispiele für die Unterrichtspraxis. Die Auswahl hat sich daran orientiert, welche Ansätze und Konzepte auch heute noch aktuell sind. Dabei sind Beiträge zu den Bereichen Spielen, Turnen, Schwimmen und Gymnastik/Tanz sowie sportartübergreifend zu „Bewegungskünsten" und „Entspannung" aufgenommen worden. Exemplarisch soll die Kompaktausgabe zeigen, wie Bewegung, Spiel und Sport in relativ offenen Feldern thematisiert werden kann.

Alle Beiträge sind redaktionell bearbeitet, korrigiert, in einigen Aussagen leicht verändert und in den bibliographischen Angaben oft erweitert worden. Darüber hinaus sind die Beiträge bis auf Gymnastik/Tanz und in einigen Abschnitten Basketball in ihrer inhaltlichen Substanz wieder so abgedruckt worden, wie sie bereits in der zweiten Auflage präsentiert worden sind. Der Beitrag von Helgard Lange zu Gymnastik/Tanz ist ein vollständig neuer Text und der Beitrag von Elisabeth Sahre zu Basketball ist in Teilen umgearbeitet worden. Substanzielle Änderungen sind in dem Einführungsbeitrag dort vorgenommen worden, wo in die beiden bisherigen Bände eingeführt worden ist.

Die Kompaktausgabe ist mit Unterstützung der Autorinnen und Autoren der verbliebenen Beiträge zustande gekommen. Alle haben die Gelegenheit erhalten, ihren Beitrag durchzusehen und gegebenenfalls zu korrigieren oder zu ergänzen bzw. ihn grundlegend neu zu bearbeiten. Dafür herzlichen Dank an alle Autorinnen und Autoren dieser Kompaktausgabe. Das Format wird so bleiben wie bisher, es hat sich als lesefreundlicher erwiesen als das frühere kleinere Taschenbuchformat. Mein Dank gilt auch dem Schneider-Verlag, der diese dritte Auflage im einbändigen Kompaktformat ermöglicht hat. Ich hoffe, dass auch diese Ausgabe im fachlichen Zusammenhang des Sport- und Bewegungsunterrichts Anregungen zur Reflexion und zur Gestaltung der Praxis geben wird.

Im Winter 2006/2007   Ralf Laging

1. Einführung

WERNER GÜNZEL / RALF LAGING

Sportunterricht und Schulsport auf neuen Wegen – eine Einführung

Da heute in ganz besonderem Maße die Gefahr virulent ist, dass Bildung auf ein rein technologisches Verständnis reduziert wird, ist es gerade im Erziehungsraum Schule wichtig geworden, diese als Lebensform und Lebensqualität zu vermitteln. Besonders eine leibbezogene bewegte Bildung in einem ganzheitlichen Sinne vermag diesem Anspruch zu genügen. Bewegung, Spiel und Sport bieten vielfältige und auch notwendige Chancen, Anreize und Herausforderungen für die Entwicklung und Entfaltung der Persönlichkeit von Kindern und Jugendlichen. Sie stellen eine Lebenshilfe dar für das gemeinsame Handeln in der Schule ebenso, wie für die außerschulischen Lebensbereiche. Sie können dann, wenn individuell positive, und d. h. angenehme, erlebnisreiche und sinnvolle Erfahrungen mit ihnen gemacht werden, nachhaltig die persönliche Lebensführung – vor allem auch unter den sinnlichen, gesundheitlichen und sozialen Perspektiven – in einem erwünschten Sinn beeinflussen und zu einem vertrauten Umgang mit dem eigenen Körper, sowie zur bewegten Gestaltung des Umfelds beitragen. Die Fähigkeit, sowohl verbal als auch leiblich mit anderen zu kommunizieren, kann durch gemeinsame Bewegungs- und Spielerlebnisse, als auch durch das Sporttreiben in einer Gruppe, verbessert werden.

Daher muss das Fach Sport primär als Lebensfach und erst sekundär als Lernfach gesehen werden. Dies soll aber nicht heißen, dass motorisches bzw. körperbezogenes Lernen unwichtig oder gar verzichtbar wäre. Das Vermitteln und Lernen, Erproben und Finden, Üben und Verbessern in diesem Handlungsfeld schaffen erst die Grundlagen für die gelungene und gelingende Teilnahme und Teilhabe an einer vorhandenen, reichhaltigen Körper- und Bewegungskultur mit all ihren unterschiedlichen Möglichkeiten. Wichtig dabei ist es aber, dass das, was an Forderungen an SchülerInnen herangetragen wird, transparent gemacht und mit Sinn verknüpft werden muss, aber auch zur Disposition gestellt werden sollte. Kinder und Jugendliche als Subjekte des Sportunterrichts sollten letztlich selbst entscheiden können, welchen Körper- und Bewegungsaktivitäten sie sich zuwenden und in welchem Umfang sie dies tun wollen; denn nur eine zugestandene Freiheit der Wahl kann auch die Gewähr dafür bieten, dass sie Bewegung, Spiel und Sport als unverzichtbare Bereicherung in ihr Leben integrieren werden.

Sportpädagogik und Sportdidaktik sind herausgefordert, auf diese grundlegende Bedeutung des Faches zeitgemäße Antworten zu geben. Vor dem Hintergrund von Stundenkürzungen bis hin zur generellen Infragestellung der Berechtigung des Unterrichtsfaches Sport einerseits und einer neuen Schulentwicklung mit mehr

Autonomie und Aufforderung zur Profilbildung bis hin zu mehr fachübergreifenden und integrativen Ansätzen im Sinne einer Schule als Lebensort andererseits,
fallen die Antworten nicht leicht; sie können eben nicht funktional oder monokau-
sal (Sport hält gesund!) gegeben werden. Die Vielschichtigkeit und Komplexität
moderner Lebensverhältnisse müssen in der Schule der Zukunft Berücksichtigung
finden. Daher stellt sich mehr denn je die Frage, welchen Beitrag die einzelnen Fächer zur Bildung und Erziehung der nachwachsenden Generation heute noch leisten können bzw. zukünftig leisten müssen, und es stellt sich die Frage, was nicht
mehr gebraucht wird und was neu – auch als Fach oder neuer Lernbereich – hinzu-
kommen muss. Sport als ein Lebensfach zu verstehen, verlangt die Grundlagen des
Faches neu zu bestimmen.

So erweist es sich oft als schwierig, bei der Auswahl und Inszenierung von Bewegung, Spiel und Sport ein Gleichgewicht zwischen Kontinuität und Innovation,
zwischen Tradition und Reform zu finden und zu bewahren. Die Kompaktausgabe
des *„Neuen Taschenbuchs des Sportunterrichts"* stellt den Versuch dar, dieses
Gleichgewicht zu wahren, dabei aber das Gewicht auf der Seite innovativen Denkens und Handelns zu verstärken, da Schule und LehrerInnen heute mehr denn je
auf innovative Fähigkeiten und Bemühungen angewiesen sind, wenn sie sich als
Anwälte von Kindern und Jugendlichen verstehen und vornehmlich auf deren
Wohl bedacht sind.

Die Sportpädagogik hat in den vergangenen 30 Jahren seit Erscheinen der Erstaus-
gabe des *Taschenbuches des Sportunterrichts* einen beträchtlichen Wandel durch-
lebt. Zur Orientierung über die Entwicklungslinien und zur Bestimmung des Aus-
gangspunktes für das *Neue Taschenbuch des Sportunterrichts* wollen wir diese hier
in groben Zügen nachzeichnen.

1. Sport als Sportartensport

Seit den 70er Jahren haben wir es in beiden Teilen Deutschlands mit einer deutli-
chen Hinwendung zum klar definierten Sport**arten**sport zu tun. Der wettkampfori-
entierte Hochleistungssport ist zur Vorlage des Abbildes Schulsport geworden. Die
bekannten Sportarten (Gerätturnen, Leichtathletik, Fußball, Handball usw.) sind
mit ihren Bewegungstechniken, ihren konditionellen und koordinativen Voraussetzungen zu Unterrichtsinhalten und Stoffgebieten in den Lehrplänen und Rahmenrichtlinien geworden, oft verbunden mit einem für jeden Jahrgang vorgegebenen
Leistungsstand. Diese Ansätze sind auch heute noch in einer Reihe von Lehrplänen zu finden. Inzwischen aber hat ein grundlegender Wandel eingesetzt, der z. B.
an den neuen Lehrplanentwicklungen in Bayern, Hamburg, Niedersachsen, Hessen und Nordrhein-Westfalen abgelesen werden kann. Die Auslegung dieses Sportartensports ist in der alten BRD gegenüber der DDR sicher mit weicheren
Rändern zu anderen Formen des Sports erfolgt, da die Lehrpläne längst nicht den

Stellenwert eingenommen haben, den sie in der DDR hatten. Unterricht besteht nach dieser Sportarten-Konzeption vor allem darin, die Bewegungstechniken in Form von methodischen Spiel- und Übungsreihen in eher informationsgeleiteten Verfahren zu vermitteln. Das Ziel ist eine möglichst optimale Anpassung an den „großen Sport". Es wird also gelernt, geübt und trainiert, so, als müsse man sich vornehmlich im außerschulischen Wettkampfsport bewähren. Der Bildungsbeitrag dieser Sportartenkonzeption wird in erster Linie darin gesehen, die Schülerinnen und Schüler durch das Beherrschen möglichst vieler Sportarten dazu zu befähigen, an diesem Sport in einem breiten- und freizeitsportlichen Sinne teilnehmen zu können. In diesem Sinne wird Sport als Teil unserer Kultur verstanden, die es zu tradieren gilt. Im Sinne eines materialen Bildungsverständnisses geht es um ein weit gefächertes sportliches Können, um Handlungsfähigkeit im Sport oder eine körperlich-sportliche Grundlagenbildung – Qualifikationen also, die im Interesse der Tradierung der bestehenden Sportartenkultur erworben werden sollen.

Innerhalb dieses Sportartensports geht es auf der Grundlage eines formalen Bildungsdenkens aber auch um die Suche nach den sportartübergreifenden „Bildungsgehalten", was durchaus dem Verständnis des geisteswissenschaftlichen Bildungsdenkens entspricht. Hier wird Sport als Selbstzweck gesehen, den die Menschen um seiner selbst willen betreiben. Als unersetzbare Gehalte, die zur Allgemeinbildung des Menschen beitragen, werden dann etwa die Könnenserfahrung im motorischen Bereich, die körperliche Fitness zur Gesunderhaltung, das Sich-Vergleichen und Sich-Messen mit körperlichen Kräften, eine allgemeine Spielfähigkeit durch Regelspiele, das Ein- und Unterordnungsvermögen beim gemeinsamen Sporttreiben gesehen. Die bis heute gängigste Auslegung des Sportartensports im Sinne eines Beitrags zur Erziehung **zum** Sport wird in den denkbaren Sinnrichtungen des Sports evident. Diese Konzeption bildet mit leichten Modifikationen bis heute die weitverbreitete Grundlage einer pragmatisch orientierten sportdidaktischen Diskussion. Nach KURZ (1995) lassen sich die Sinnrichtungen Leistung, Miteinander, Eindruck, Ausdruck, Gesundheit und Spiel unterscheiden. Wenn diese Sinngehalte des Sports erfahren werden, kann davon ausgegangen werden, dass die Menschen gelernt haben, im Sport etwas aufzusuchen, was nirgendwo anders zu finden ist.

2. Zur Problematik des Sportartenkonzeptes

Seit Jahren gibt es nun eine fachdidaktische Diskussion um den für die schulische Bildung angemessenen Beitrag, den das Fach Sport zu leisten vermag. Hierbei wird vor allem der oben ausgeführte Bezug zum Sportartensport in Frage gestellt. Kurz zusammengefasst entzündet sich die kritische Diskussion an folgenden Punkten:

a) **Abbilddidaktik:** Bei dem inzwischen erreichten Leistungsstand im Wettkampfsport wird es immer fragwürdiger, ob diese Vorgaben von den jungen Menschen auch nur annähernd erreicht werden können und ob daher dieser Sport überhaupt Relevanz für das eigene freizeitorientierte Sporttreiben besitzt. Lässt sich z. B. das Gerätturnen der Spitzenathleten überhaupt im „kleinen Schulsport" abbilden oder gar erlernen? Ist es angesichts des schulischen Bildungsauftrags überhaupt zulässig, aus den großen Sportarten die Sachlogik für die Auswahl von Unterrichtsinhalten zu gewinnen? Muss nicht eher von den Bewegungsinteressen, den Bildungsbedürfnissen und der konkreten Lebenssituation der Schülerinnen und Schüler ausgegangen werden? Müssen diese nicht mit einer eher problem- oder phänomenorientierten Sachlage konfrontiert werden?

b) **Grundstruktur des wettkampfbezogenen Sportartensports:** Die Orientierung am Wettkampfsport bringt es mit sich, dass auch alle Strukturen dieses Sports mittransportiert werden. Die Grundstrukturen dieses Sports können mit den Begriffen *Spezialisierung, Instrumentalisierung* und *Selektion* beschrieben werden (FRANKFURTER ARBEITSGRUPPE 1982, 61). Dies aber würde bedeuten, dass sich Schülerinnen und Schüler im Sport spezialisieren müssten, um eine Leistung sowohl im sportlichen als auch im schulischen Sinne zu erbringen. Es würde weiterhin eine Instrumentalisierung des Körpers für die Zwecke der Leistungsoptimierung erfordern. Damit ist dann das Problem verbunden, dass nicht alle Schülerinnen und Schüler nach oben kommen können, da die Selektion ein Grundprinzip des leistungsorientierten Sports ist. Dies ist, wenn man diese drei Prinzipien des Wettkampfsports akzeptiert, auch nicht weiter problematisch. Fraglich werden die Prinzipien nur, wenn man die damit verbundene Einseitigkeit in der sportlichen Betätigung hinsichtlich des Bildungsauftrags der Schule für nicht angemessen hält. Mit dieser engen Sportauslegung verkommen selbst die oben erwähnten und bis heute aktuellen „Sinngehalte" sportlichen Handelns zur Makulatur.

c) **Ausdifferenzierung des Sports:** Die stärkste Kritik an dem engen Sportartenkonzept ergibt sich aus der Frage nach der Auswahl der Inhalte für den Sportunterricht, da man nach wie vor mit einer großen Hartnäckigkeit am klassischen Kanon der Sportarten festhält und allenfalls hier und da Ergänzungen zulässt.

In der außerschulischen Lebenswelt können wir derzeit eine weitreichende Ausdifferenzierung innerhalb der Sportarten, an ihren Rändern oder aber in den Alternativen zu den Sportarten feststellen:

– Innerhalb der Sportarten haben wir es heute mit neuen Sportartenvarianten zu tun: Beach-Volleyball, Streetballspiele beim Basketball oder Fußball. Gespielt wird auf kleinerem Feld mit kleineren Mannschaften, wobei nicht selten Eigenregulation im Sinne vereinfachter und situationsangemessener Regeln zu beobachten ist.

– An den Rändern der klassischen Sportarten entstehen weniger versportete Varianten. Dazu zählt z. B. das Gerätturnen: In seinem Umfeld sind Turnkunstvorführungen, Akrobatik, Zirkuskünste und – in Überschneidung mit Gymnastik/Tanz – Bewegungstheater, Aerobic mit Varianten und Tanzimprovisationen entstanden.

– Mit gleitendem Übergang haben sich Alternativen zu den Sportarten und neue
Formen der Bewegungskultur entwickelt. Dazu gehören Sportformen, die vor
allem im jugendkulturellen Kontext stehen: Risikosportarten, Fitness-Sportar-
ten, expressive Sportarten, Gleichgewichtssportarten, meditative Bewegungskulturen und Team-Sportarten (BALZ/NEUMANN 1994, 20).

Dieser neue Sport thematisiert in hohem Maße Körperselbstbezüge, d. h. dass es
hier nicht in erster Linie um eine allgemein verbindliche Bewegungsnorm oder um
standardisierte Leistungsanforderungen geht, sondern vornehmlich um den eigenen Körper, wobei diesem durchaus hohe Leistungen abverlangt werden, deren
Bedeutung aber darin gesehen werden muss, sich selbst in hohem Maße zu spüren,
zu erleben und zu erfahren. Dieser Trend aber hat bereits dazu geführt, dass diese
Bewegungskultur zu einem bedeutenden Wirtschaftsfaktor geworden ist und somit
immer stärker kommerzialisiert wird. So kann auch die Alternativ-Szene, vergleichbar mit dem Leistungssport, mit dem Problem der Vermarktung und des Wa-
rencharakters des Sports konfrontiert werden; einem Problem, das nicht nur die
materialen Aspekte, sondern auch den Körper betreffen kann. Hinsichtlich des
Bildungsbeitrages des Sportunterrichts ist also zu fragen, inwieweit diese neuen
Entwicklungen auch im Schulsport vorkommen und welche ihrer Potenziale geeignet sind, durch Unterricht einen Beitrag zur Bildung von Schülerinnen und Schülern zu leisten.

d) **Sportkritische Haltung:** Das Bild des Sports aber, dass sich aus der Summe
medienträchtiger Events ergibt, taugt weniger als je zuvor als Orientierungs-,
Gestaltungs- oder Entscheidungshilfe für den Sportunterricht in der Schule. Nicht
nur die unüberbrückbare Diskrepanz zwischen den Leistungsmöglichkeiten der
Schülerinnen und Schüler und den präsentierten Superleistungen der Sportakteure
im Bereich des Hochleistungssports, sondern auch die negativen Begleiterscheinun-
gen, wie z. B. die Obszönität, die in der Bezahlung astronomischer Summen an die
Sportakteure evident wird, sowie die zweifelhafte Moral (Doping, Korruption, in-
humaner Kinderleistungssport) oder der offene Sexismus, die sich in sportlichen Schauveranstaltungen zeigen, disqualifizieren diesen Sport als Modell für die
Schule.

Die Schule braucht daher eine eigene Gegenstandsbestimmung, die sich einerseits
aus der Lebenssituation von Kindern und Jugendlichen und andererseits aus dem
Bildungsauftrag der Schule in aufklärerischer Absicht ergibt.

Mit diesem letzten Hinweis dürfte deutlich geworden sein, dass es naiv wäre, den
traditionellen Wettkampfsport lediglich zu tradieren. Sich-Bilden als Prozess einer
selbstbestimmten Auseinandersetzung mit den Facetten des Gegenstandes kommt
bei einem funktionalen Anpassungsprozess an die Normen und Werte des Sportartensports zu kurz. Daher führen Sportpädagogen und Sportdidaktiker derzeit eine
Debatte um die zukünftige Bedeutung des Sportunterrichts und des Schulsports.
Dieser Diskurs ist in die Diskussion um die Zukunft der Schule und den Stellenwert
der Fächer eingebunden (vgl. dazu BILDUNGSKOMMISSION NRW 1995). Die

Kompaktausgabe des *Neuen Taschenbuchs des Sportunterrichts* ist inmitten dieser Diskussion um die Zukunft des Schulsports und des Sportunterrichts entstanden. Es greift daher die aktuelle Diskussion um den Bildungs- und Erziehungsbeitrag des Faches Sport in verschiedenen Kapiteln auf und unterbreitet Lösungsansätze für die Zukunft des Bewegungs- und Sportunterrichts. Die derzeitige Diskussion um eine neue wissenschaftliche Fundierung des Sportunterrichts in der Schule wird im Wesentlichen durch vier verschiedene Richtungen geprägt, die sich zum Teil ergänzen, zum Teil aber auch widersprechen. Sie sollen im Folgenden kurz beschrieben werden:

1. Sozialwissenschaftlich fundierte Bildungsdebatte

Aus der Widersprüchlichkeit und Uneinheitlichkeit des Sports lässt sich folgern, dass es mehr denn je notwendig ist, Orte bereitzustellen, an denen der Umgang mit dessen Pluralität und Disparität gelernt werden kann. Dies bietet Chancen im Sinne allgemeiner Bildung. Denn die Vielfalt außerschulischer bewegungsbezogener Aktivitäten als Kompensation für erlebte oder erlittene Sinndefizite kann nicht Halt machen vor einem musealen Sportbetrieb, der nur noch aufrecht erhält oder an das erinnert, was mal im ordentlichen Sport gewesen ist (SCHIERZ 1997, 46). Sport und Bewegungskultur sind ein bedeutender Faktor unserer Alltagskultur. Der Bildungsbeitrag wäre dann vor allem darin zu sehen, kulturelle Identität zu stiften, und zwar so, dass die Heranwachsenden nicht nur in diese Kultur eingeführt werden und den Vergnügungssport konsumieren, sondern vor allem auch in Distanz zu ihm treten und innehalten können, um das, was mit Sport und körperlicher Vermarktung geschieht, auch reflektieren zu können. Insofern präsentiert sich Sportunterricht unter einer sportkritischen Bildungsdebatte vor allem als Anleitung zu kritischem Vernunftgebrauch, zum reflexiven und kritischen Umgang mit den Regeln des Sporttreibens (SCHIERZ 1997, 47). Sportunterricht wird daher als Demokratieerziehung verstanden. Dies soll heißen, dass in der kritischen Auseinandersetzung mit den Regeln des Sports eigene Formen zur Ich-Stärkung gefunden werden sollen, die im Prozess der Auseinandersetzung ein Sich-Bilden hervorbringen.

2. Leibanthropologische Bildungsdebatte

Im Gegensatz zur sozial- und gesellschaftswissenschaftlichen Bildungsdebatte, die ja gewissermaßen von außen auf den Sport schaut, haben wir es bei der leibanthropologischen Bildungsdebatte eher mit der Innensicht zu tun. Sportunterricht bedeutet in diesem Verständnis zuallererst eine Thematisierung des Leibes. Der Mensch selbst steht mit seiner Leiblichkeit im Mittelpunkt der Überlegungen. Die Leiblichkeit ist die grundlegende Weise unseres Zur-Welt-Seins. Der Leib ist Mittler unserer Weltbeziehung, über ihn erschließt sich für den Menschen die Welt. Er ist kein bloßes Werkzeug, sondern das „Ich" selbst. Hier ist nicht der biologische

Körper gemeint, sondern der mit Sinn und Bedeutung ausgestattete Körper, der Leib. In dieser Debatte geht es um die Bildung des Werkzeugleibes, seine Funktionen im Gebrauch dieses Leibes, im alltäglichen wie im sportlichen Lebenskontext. Es geht auch um die Bildung des Symbolleibes, im Sinne einer kritischen Selbstreflexion der symbolischen Gehalte des Körpers hinsichtlich der unterschiedlichen Bedürfnisse des Menschen. Es geht weiterhin sowohl um die Beziehungsleiblichkeit, also die Erfahrung, dass ich zu anderen über leibliche Begegnung beim Sporttreiben in Beziehung trete, als auch um den Sinnenleib, der uns über unsere Wahrnehmungsfähigkeit die Welt spürbar werden lässt (FUNKE-WIENEKE 1993). In diesem Ansatz geht es also darum, durch leibliche Erfahrung, oder, wie wir heute meist sagen, durch Körpererfahrung den Köper/den Leib für alle Beanspruchungen kritisch zu sensibilisieren und durch vielfältige Sinnes-/Wahrnehmungsübungen als ein wichtiges Organ zu erhalten, pflegen und stärken.

Eine leibliche Bildung erfahren wir, wenn wir nicht vom Sport, sondern vom sichbewegenden Menschen ausgehen, denn Sich-Bewegen ist ein bedeutungsbezogenes Sich-Verhalten zu einer je individuell bedeutsamen Bewegungssituation. In diesem Bewegungsdialog bildet sich auch das Leibliche als etwas heraus, das die Umwelt und sich selbst wahrnimmt und angemessene und verantwortungsbewusste Antworten gibt (im Können, in der Zurückhaltung, in der Wahrnehmung von Möglichkeiten und Schwierigkeiten, in der Veränderung leiblichen Verhaltens usw.).

3. Bildungstheoretische Bildungsdebatte

Wir können derzeit eine erneute, vor dem Hintergrund gegenwärtiger Bedingungen geführte Diskussion um eine bildungstheoretische Begründung unseres Faches beobachten. Im Gegensatz zu den zeitenthobenen Bildungsgehalten der bildungstheoretischen Leibeserziehung in den 50er- und 60er-Jahren in Westdeutschland geht es heute um die Stärkung der Ich-Identität, die sich im Prozess des Auseinandersetzens und der Suche nach neuen Werten und Orientierungen herausbildet. Die bildungstheoretische Diskussion lässt sich eher vermittelnd zwischen der sozialwissenschaftlichen und anthropologischen Bildungsdebatte verorten. Die beklagte Orientierungsunsicherheit durch Wertewandel oder Werteverlust hat auch das Fach Sport erreicht. Wir beobachten heute eine Fitness-Welle, der es vor allem um den immer jugendlichen und durchgestylten Körper geht, um die Propagierung eines aggressiven Muskel-Körperbildes, das in zunehmenden Maße Gewaltbereitschaft zu provozieren vermag, um Körperpräsentationen in Medien, um Risiko- und Erlebnissuche in Extremsportarten usw. Dabei geht es durchwegs um eine instrumentelle Verwertung des Körpers. In der Bildungstheorie geht es um einen notwendigen Akt der Selbstbestimmung durch Rückgewinnung von Sinnlichkeit und Stärkung von Reflexivität. Für die Schule soll eine pädagogische Auslegung von Sport eine neue leibliche Bildung ermöglichen. „Voraussetzungen dazu sind u. a. eine neue realistische Wende zur Lebenswelt der Jugendlichen, eine Wendung zum

Subjekt, um Heranwachsende durch Sport bei der Entwicklung von Ich-Identität in sozialer Verantwortung zu unterstützen, sowie ein weiter Sportbegriff, der die Erfahrungen am und durch den Körper betont, d. h. einen offenen Raum für Bewegungen bietet" (BECKERS 1997, 17; vgl. dazu den Sammelband „Bildungstheoretische Grundlagen des Bewegungs- und Sportunterrichts von BIETZ, LAGING und ROSCHER 2005).

4. Lebensweltlich orientierte Bildungsdebatte

Die vierte Variante der Bildungsdebatte knüpft unmittelbar an den Wandel der Gesellschaft an. In den Mittelpunkt der Argumentation rückt jetzt aber in weit stärkerem Maße der Wandel heutiger Lebenswelt von Kindern und Jugendlichen durch die Digitalisierung des Alltags und der medialen Reizüberflutung, den Verlust an originären Erfahrungsmöglichkeiten in der unmittelbaren Wohnumwelt, die zunehmende Vereinzelung und Verinselung des Lebensalltags – Phänomene, die vor allem auf das Leben in urbanen Räumen zutreffen. Schule wird dabei mehr und mehr in die Rolle gedrängt, gesellschaftliche und soziale Defizite zu kompensieren. Dies kann ihr aber nur in begrenztem Maße gelingen. Gleichwohl sind unter diesen eben problematisierten Aspekten die Schulen darauf verwiesen, mit den veränderten lebensweltlichen Bedingungen, unter denen Kinder und Jugendliche aufwachsen, verantwortlich umzugehen. Hier wird vor allem die Bildung einer Bewegungskompetenz angestrebt, die das vielfältige Sich-Bewegen als Zugang zur Welt durch selbsttätiges Erkunden und Erproben befördert. Gemeint sind vielfältige Bewegungsgelegenheiten im schulischen Alltag, einschließlich des Sportunterrichts, die ein Sich-Erproben ermöglichen und die Ich-Identität stärken (vgl. HILDEBRANDT 1997).

Aus dieser Gemengelage sportpädagogischer und sportdidaktischer Überlegungen erwachsen derzeit interessante theoretische Neuansätze zur Begründung von Bewegung, Spiel und Sport in der Schule. Nimmt man das gemeinsam Verträgliche dieser Diskussionen, so scheinen darin wesentliche Bildungsaufgaben für die Zukunft des Sportunterrichts auf. So lassen sich, im Sinne einer kurzen Zusammenfassung, folgende sechs Bildungsaufgaben formulieren, die für einen zukünftigen Sportunterricht erkenntnis- und handlungsorientierend sein könnten:

1. Vermittlung einer Kompetenz zum verantwortungsbewussten und sinneserfahrenen *Umgang mit dem eigenen Körper* (Bildungsaufgabe: **Körpererfahrung**).

2. Vermittlung einer Kompetenz im Umgang mit den vielsinnigen und *vieldeutigen Bewegungsmöglichkeiten* des Menschen. Bilden meint das Sich-Bewegen-Können im Dialog mit der Welt (Bildungsaufgabe: **Bewegungserfahrung**).

3. Vermittlung einer *Lebensweltorientierung* im Sinne kritisch-konstruktiver Auseinandersetzung mit der Lebensumwelt zur Verbesserung der eigenen Bewegungs- und Sportmöglichkeiten (Bildungsaufgabe: **Umwelterfahrung**).

4. Vermittlung eines am individuellen Vermögen orientierten *Bewegungskönnens* im Sinne der Möglichkeiten des ausdifferenzierten Sports (Bildungsaufgabe: **Könnenserfahrung**).

5. Vermittlung von *leiblichen Sozialbezügen* zur Entwicklung eines körperbezogenen sozialen und friedvollen Umgangs miteinander (Bildungsaufgabe: **Sozialerfahrung**).

6. Vermittlung von *Wohlbefinden und Gesundheit* durch körperliche Aktivität als Beitrag einer umfassenden Gesundheitserziehung (Bildungsaufgabe: **Gesundheitserfahrung**).

In diesem Sinne setzen sich die Beiträge dieser Kompaktausgabe des *Neuen Taschenbuchs* mit den Wissensbeständen zur Pädagogik und Didaktik des Sports ebenso auseinander, wie mit der bisherigen Sportartenpraxis im Sinne einer Innovation in Richtung einer neuen Bewegungs-, Spiel- und Sportkultur in der Schule. Die Beiträge liefern einerseits theoretische Grundlagen zu Bewegung, Spiel und Sport in der Schule und in der Lebenswelt von Kindern und Jugendlichen sowie befassen sich andererseits mit Erfahrungen und Entwürfen einer innovativen Bewegungs-, Spiel- und Sportpraxis.

Im ersten Teil dieser Kompaktausgabe wird die pädagogische und didaktische Orientierung des Bewegungs- und Sportunterrichts in den Mittelpunkt gerückt. In diesen Beiträgen wird die erzieherische Dimension des Bewegungs- und Sportunterrichts herausgearbeitet und es werden verschiedene Aspekte pädagogischer Prozesse des Unterrichtens, Handelns und Lernens thematisiert: Der erzieherische Sportunterricht, eine pädagogische Theorie des Sich-Bewegens, die Ästhetische Erziehung, die Koedukation, die methodische Gestaltung des Sportunterrichts sowie das Leisten, Bewerten und Zensieren.

Der zweite Teil behandelt Themen, die sich mit der Sport- und Bewegungspraxis befassen. Zum einen geht es um Beiträge zum Spielen in der Schule, dabei sind die kleinen und großen Spiele gleichermaßen gemeint. Exemplarisch werden das Volley-Ball-Spielen und das Basketball/Streetball-Spielen vorgestellt.

Die weiteren Beiträge befassen sich mit den „klassischen" Sportarten Turnen und Schwimmen sowie Gymnastik/Tanz. Der Beitrag „Vielseitiges Turnen" bietet auf der Grundlage einer Darstellung neuer Ideen und Entwicklungen im Bereich des Turnens an Geräten ein Konzept, das einen schülerorientierten Zugang und ein bewegtes, vielseitiges Erleben in diesem Handlungsfeld ermöglicht. Der Beitrag zum Bewegen im Wasser und Schwimmenlernen macht deutlich, welch große Bedeutung das Wasser als Erlebnis- und Erfahrungsraum hat.

Der auf Eindruck, Ausdruck und Gestaltung orientierte Bewegungs- und Sportunterricht wird mit folgenden Beiträgen vorgestellt: „Gymnastik und Tanz", „Bewegungskünste – Zirkuskünste" sowie „Entspannung mit Kindern im Sportunterricht". Besonders der letzte Beitrag verweist auf eine Situation, die oft durch Hektik und hypermotorische Aktivitäten der Kinder gekennzeichnet ist. Hier geht es darum, die Körperempfindungen für die Schülerinnen und Schüler erfahrbar zu machen. Mit dieser Beitragssammlung werden zahlreiche Anregungen für eine kreative und innovative Gestaltung eines Bewegungs- und Sportunterrichts gegeben.

Literatur

BIETZ, J./LAGING, R./ROSCHER, M. (Hg.): Bildungstheoretische Grundlagen der Bewegungs- und Sportpädagogik. Baltmannsweiler 2005.

BILDUNGSKOMMISSION NRW (Hg.): Zukunft der Bildung – Schule der Zukunft. Neuwied, Kriftel, Berlin 1995.

BECKERS, E.: Über das Bildungspotential des Sportunterrichts. In: BALZ, E./NEUMANN, P. (Hg.): Wie pädagogisch soll der Schulsport sein? Auf der Suche nach fachdidaktischen Antworten. Schorndorf 1997, 15–32.

FUNKE-WIENEKE, J.: Die pädagogische Bedeutung der Körpererfahrung. In: Die Grundschulzeitschrift 7 (1993), 70, 32–35.

HILDEBRANDT, R.: Lebensweltbezug – Leitmotiv für eine Neuorientierung der Bewegungserziehung in der Grundschule. In: Sportwissenschaft 23 (1993), 3, 259–275.

KURZ, D.: Braucht der Schulsport eine neue curriculare Leitidee? In: Schulsport in Bewegung. Erstes Schulsport-Symposion NRW. Soest 1995, 63–80.

SCHIERZ, M. Sportunterricht und sein (möglicher) Beitrag zur Allgemeinbildung. In: Pädagogik 49 (1997), 5, 44–48.

2. Bewegungs- und sportdidaktische Orientierung

ANDREAS H. TREBELS

Sich-Bewegen lernen
– Bezugspunkte für eine pädagogische Theorie des Sich-Bewegens

Vorbemerkung

Um die Ambivalenz von Lernen und Lehren, ihre wechselseitige Bezogenheit und Abhängigkeit zu verdeutlichen, möchte ich zunächst zwei Szenen darstellen:

Szene A:

Wenn wir auf einem öffentlichen Platz Inlineskatern zuschauen, die auf ebenen Flächen und Treppen im öffentlichen Raum ihr Können zur Schau stellen, dann fragen wir uns als Sportlehrkräfte unwillkürlich: Wo haben die das gelernt? Wer hat es ihnen beigebracht? Wenn wir uns dann – vielleicht am Rande oder im Vorfeld aufhalten, dann können wir andere beobachten, die noch nicht so perfekt sind, die fortwährend ein bestimmtes Kunststück üben, das sie noch nicht oder noch nicht sicher beherrschen. Was bringt diese dazu, – trotz Misserfolgen – immer wieder sich an dem Kunststück zu versuchen? Was gibt ihnen die Zuversicht, dass sie es schließlich lernen? Woher nehmen sie den Antrieb für ihr unermüdliches, wiederholtes Versuchen?

Szene B:

Wenn wir einem öffentlichen Training einer Profimannschaft (etwa im Fußball oder Handball, Basketball usw.) zuschauen, dann hat man den Eindruck, dass ihre Arbeit des Trainierens – es ist ein Teil ihrer Berufsausübung – vorrangig unter sachverständiger Anleitung stattfindet: Die Aufgabe der Anleitung übernehmen Konditionstrainer, Assistenztrainer, der (Haupt-)Trainer. Erwachsene Sporttreibende auf hohem Niveau, Frauen wie Männer, brauchen offensichtlich die Anleitung von Spezialisten, von Fachleuten in unterschiedlichen Bereichen. Sie garantieren den Erfolg von Trainingsmaßnahmen, sie sind auch für die Leistung aller Sporttreibenden bzw. der Mannschaft verantwortlich. Im Top-Sport wird der Einsatz von hochspezialisierten Trainern – beispielsweise von Bundestrainern – für unverzichtbar eingeschätzt. Dem entsprechen auch die Berufsbilder und Ausbildungsinstitutionen: Diplom-Trainer und Trainerakademien für unterschiedliche Sportarten und Disziplinen.

Wir finden außerhalb der Schule eine ambivalente, ja paradoxe Situation vor: Einerseits eine Inlineskaterszene, die ein beachtliches Niveau im Können erreicht, wo offensichtlich eine institutionalisierte Anleitung nicht existiert, in der die Sporttreibenden selbst die Bewegung entwickeln und vieles in Zusammenarbeit mit anderen Mitgliedern der Szene erlernt und entwickelt wird. Wir finden das, was

JAHN in der Turnkunst die „Selbstausbildung der Jugendlichen" genannt hat.[1] Andererseits zeigt sich im Profisport ein fest etabliertes Anleitungskonzept, das durch hochspezialisierte Trainer wahrgenommen wird, die – gerade auch bei Sporttreibenden auf Top-Niveau – eine fortwährende Kontrolle und kontinuierliche Anleitung für unabdingbar halten.

Und der Sportunterricht in der Schule? Welche Aufgabe hat die Schule hinsichtlich der Unterstützung und Anleitung der Schülerinnen und Schüler in ihrem Bewegungsleben? Wie stellt sich dort das Verhältnis von „Sich-Bewegen-Lernen" und „Sich-Bewegen-Lehren" dar? Soll man sich – wie in *Szene A* – auf die Selbstbildungskräfte der Kinder und Jugendlichen verlassen oder sollen eine straffe Anleitung – wie in *Szene B* – und entsprechend elaborierte Konzepte des Unterrichtens verfolgt werden?

Ähnlich wie in den beiden Szenen lassen sich auch im Schulsport – in seinen unterrichtlichen und in nicht unterrichtlich gebundenen Organisationsformen – beide Konzepte nachweisen: Einerseits gibt es das pädagogische Plädoyer für die Selbstbildungskräfte von Kindern und Jugendlichen und damit für das Offenhalten des Unterrichts für die Selbsttätigkeit der Schülerinnen und Schüler, mithin für freie Angebote und Lerngelegenheiten, für offene Unterrichtsformen, für problemorientiertes Lernen und Lehren, für die Individualisierung von Bewegungsarrangements und darauf bezogenen Bewegungsformen. Andererseits gibt es auch das Plädoyer für die Eindeutigkeit und Allgemeinverbindlichkeit der Sache – meist ist hier der Sport gemeint –, für eindeutige und sachbezogene Anleitung, für notwendige Kontrollen, mithin eine deutliche Akzentuierung der Anleitungsfunktion, bei der die Fäden in der Hand der Lehrenden zusammenlaufen.

Ich bin der Überzeugung, dass diese Entscheidung, die alle Lehrenden für die Ausübung ihrer Berufsaufgaben treffen müssen, eine pädagogische Entscheidung ist, der sie nicht ausweichen können, selbst dann nicht, wenn sie sie nicht bewusst treffen. Sie kommen nicht umhin, eine pädagogische Option – bewusst oder immanent durch Übernahme von Konzepten – zu treffen, die meines Erachtens die Frage ihrer sportpädagogischen Grundorientierung betrifft. Diese Grundorientierung bezieht sich insbesondere auf das zugrunde gelegte *Bewegungskonzept* und das ihm korrespondierende *Unterrichtskonzept*. In beiden Konzepten werden Rahmenbedingungen und Festlegungen für die Abgrenzung und für den Zusammenhang von Sich-Bewegen Lernen und Sich-Bewegen Unterrichten getroffen. Dabei steht das Bewegungskonzept in einem unmittelbaren Zusammenhang zum *Sportkonzept*, das Unterrichtskonzept zum *Erziehungskonzept*. Und alle vier Konzepte müssen schließlich in der polaren Entgegensetzung von *Menschkonzept* und *Gesellschaftskonzept* gesehen werden.[2]

Abb. 1 Schulsport – Sportunterricht im Relationsnetz von pädagogischen Konzepten

Für die von mir verfolgte Fragestellung, Sich-Bewegen Lernen und Sich-Bewegen Unterrichten, müssen insbesondere das *Bewegungskonzept* und daraus sich ergebende Folgerungen für das *Unterrichtskonzept* ausführlicher erörtert werden. In beiden Konzepten ist die besondere Beziehung von Lernen und Unterrichten bezogen auf die Selbstbewegung von Kindern und Jugendlichen eingebunden.

Theorie des Sich-Bewegens – Theorie des menschlichen Bewegens

Auch hier – zum besseren Verständnis – möchte ich zunächst eine Szene darstellen, welche die Notwendigkeit einer Theorie des Sich-Bewegens veranschaulicht:

EVA BANNMÜLLER berichtete auf einer Tagung der Sektion Sportpädagogik der Deutschen Vereinigung für Sportwissenschaft (DVS)[3] über den Bewegungs- und Sportunterricht, den sie in einem ersten Schuljahr übernommen hat. In diesem Unterricht ging es um grundlegende Bewegungsaneignung und grundlegende Bewegungserfahrungen, die Kinder im Umgang mit Bällen machen können: Es galt einen Ball springen zu lassen, zu lernen, wie man es bewirken kann, ihn mit zunehmender Kontrolle zu prellen. Dazu wurden den Kindern viele unterschiedliche Bälle angeboten. Ihre Aufgabe war es, die Bälle (Handball, Fußball, Medizinball, Handy-Ball, Tennisball, Gymnastikball, usw.) in ihrer unterschiedlichen Tauglichkeit für das Prellen zu überprüfen. Sie sollten herausfinden, welcher Ball sich für sie – jeweils aufgrund der eigenen Umgangserfahrungen – als zum Prellen besonders geeignet erwies.

Um dies differenzierter klären zu können, gab Frau BANNMÜLLER ein bestimmtes Arrangement vor, in dem das Prellen der Kinder auf die Probe gestellt wurde: u. a. Prellen auf dem Boden, durch eine Gasse, im Slalom um Markierungshüte, auf einem Mattenboden (Bodenmatten) und auf einem Weichboden. Die Kinder mussten für sich klären, was sie tun mussten, damit der Ball immer wieder zum (Zurück-)Springen gebracht wurde, damit er rhythmisch immer wieder *in ihre Hand zurückkehrte, damit er folgsam auch in der engen Gasse, im Slalom um Markierungshütchen und auf unterschiedlichen Untergründen (Hallenboden, Bodenmatte, Weichboden) geprellt werden konnte. Im eigenen Tun konnten die Kinder herausfinden, was sie selbst tun mussten, um das gleichmäßige Wiederaufspringen des Balles bewirken zu können. Sie mussten ihn „schlagen", sie mussten ihn „drücken", sie mussten ihre Einwirkung je nach Situation und Untergrund variieren lernen.*

Frau BANNMÜLLER führte mit den Kindern ausführliche Auswertungsgespräche, in denen die Kinder über ihr Tun berichteten, über gelungene und über misslungene Versuche sowie über Erklärungen, die sie dafür hatten. Ich führe hierfür einige exemplarische Aussagen an:[4]

Berührung des Balles, um ihn zum Hüpfen zu bringen:

Vanessa: „Ich hab' ihn nur geprellt und nicht geschlagen und ihn nicht so schnell genommen sondern immer langsam. So hüpft er viel weiter hoch."

Kerstin: „Ich hab ihn auf den Boden fallen lassen, und dann hab' ich ihn immer wieder runtergedrückt, dass er dann wieder höher hüpft. So ist er dann irgendwann höher gehüpft, dann hab' ich ihn aushüpfen lassen, dann hab' ich wieder angefangen, den Ball hüpfen zu lassen, wenn er wieder niedrig war."

Was ist besser, den Ball zu drücken oder ihn zu schlagen?

Svenja: „Ich hab' manchmal gedrückt und manchmal geschlagen. Ich mach' es immer so, dass der Ball vor mir ist und ich die Hand ausstrecke, dass ich ihn prellen kann. Beim Drücken ist es mir besser gelungen, den Ball bei mir zu behalten als beim Schlagen und als ich den Arm ausgestreckt hatte."

Vanessa: „Das mit dem Drücken hat bei mir auch besser geklappt, vor allem, als ich es mit dem Tennisball probiert habe. Der ist so klein und ist immer weggesprungen, wenn ich draufgeschlagen habe."

Kerstin: „Ich hab ihn runtergedrückt und dann habe ich ihn stärker runtergedrückt und dann ist er sogar höher als ich groß bin gesprungen."

Zusammenhang von Vorwärtsgehen und Prellen:

Florian: „Also ich habe ihn nach vorne geprellt, und zwar so, dass wenn man oben anfängt, dass er dann wie ein „V" nach unten und wieder nach oben geht. Und dann immer so weiter. Wenn ich ihn mal nicht bekomme, dann geht es immer weiter runter und wenn er dann fast am Boden ist, mach' ich mich einfach klein und schlage mit ganz schnellen „Schuckern" drauf und so „schuck'" ich ihn wieder an."

Vanessa: „Ich habe den Ball immer so nach vorne gedrückt und dann bin ich so gelaufen. ... Als er dann höher war als ich, hab' ich immer weniger draufgeschlagen. Als der Ball ganz unten war, hab' ich immer kräftiger draufgeschlagen."

Prellen auf Matten:

Waldemar: „Diese Matte war so dick und so „wuschelig" und dann wird der Ball immer niedriger und niedriger. Ich bin dann runtergegangen und hab' ganz arg gedrückt, dass der Ball wieder hochgekommen ist und ich wieder weiterprellen konnte.

Kerstin: Ich habe den Ball immer stärker geprellt, aber es hat zunächst nicht so richtig geklappt. Dann habe ich mal eine Weile auf der Matte geprellt und dann bin ich weitergelaufen. Das Laufen hab' ich so geschafft, dass ich den Ball weiter vorgeprellt habe. Und dann bin ich immer mitgelaufen. So habe ich den Ball immer weitergeprellt.

Auffällig für mich ist die Genauigkeit ihrer Beobachtungen, es ist kein blindes Versuchen, sondern ein sich Einlassen auf die Aufgabe und ein waches Erfassen des Zusammenhangs von Spüren und Bewirken im Tun. Sie finden auch eigenständig Lösungen, wenn sie Schwierigkeiten haben, etwa, wenn sie zunächst auf der Matte prellen, um herauszufinden, wie denn ein Ball auf der Matte geprellt werden muss.

Wie lässt sich das Tun der Kinder verstehen, wie vollzieht sich ihr „Sich-Bewegen-Lernen", wie wird es durch Lehraktivitäten strukturiert und damit orientiert? Um diese Fragen klären zu können, muss zunächst überprüft werden, welches Bewegungskonzept das Bewegungsverhalten der Kinder und ihren Lernfortschritt angemessen zu beschreiben vermag.

Man kann meines Erachtens GORDIJN (1975) nur zustimmen, wenn er darauf besteht, dass es hierbei nicht allein und nicht primär um Bewegung geht, will man den zuvor dargestellten Unterricht angemessen erfassen. Die Rede von der Bewegung – das ist der Begriff, der in diesem Zusammenhang am meisten verbreitet ist und der zugleich eine disziplinäre Orientierung der Sportwissenschaft, die Bewegungslehre, begründet – ist eine Abstraktion, die zudem Wichtiges für eine pädagogische Auslegung ausgrenzt.

Es sind nach GORDIJN Kinder, die mit etwas befasst sind, eben den Ball so springen zu lassen, dass sie ihn schließlich kontinuierlich prellen können, auf hartem Boden, in einer engen Gasse, im Slalom um Markierungshütchen und sogar auf einem abgepolsterten Untergrund, wo man den Ball stark drücken muss und wo der Ball nicht mehr so leicht zurückspringt.

Kinder, die mit etwas befasst sind, sind Kinder, die sich bewegen, die bewegend etwas bewirken: das fortwährende und kontrollierte Wiederaufspringen des Balles in unterschiedlichen Situationen und Kontexten. Eine Bewegungstheorie, die diesen Zusammenhang mit umgreift, muss eine Theorie menschlichen Sich-Bewegens sein, die sich deutlich von einer bloß mechanischen Auslegung von Bewegung unterscheidet. Insofern ist der Unterschied zwischen Bewegung (in rein mechanischer Perspektive) und Sich-Bewegen für eine pädagogische Betrachtung menschlichen Bewegens wichtig.

BUYTENDIJK hat in seinem Werk „Allgemeine Theorie der menschlichen Haltung und Bewegung" (1956) den Unterschied zwischen einer rein physikalischen Analyse von Bewegung und einer verhaltensorientierten Theorie des menschlichen Bewegens herausgearbeitet. Das Wesentliche des menschlichen Bewegens kann seiner Meinung nach nur verstanden werden, wenn zumindest folgende Punkte in der Theorie angemessen berücksichtigt werden:

- Sich-Bewegen ist immer *Aktion*, ist Tat eines *Bewegungsaktors*, der das konkrete Bewegen hervorbringt, der also *Urheber* des Bewegungsverhaltens ist. Damit wird der Unterschied zwischen passivem Bewegt-Werden und Sich-Bewegen als Selbstbewegen ein bedeutsamer Unterschied. Und wie das Beispiel zeigt, die Kinder bringen die Bewegung des Prellens hervor, und sie haben auch ein Bewusstsein von dem, was sie tun, nämlich wie sie das Prellen des Balles bewirken. Ohne dieses Moment der Selbsttätigkeit wäre das Bewegungsverhalten der Kinder, ihre Erfolge aber auch ihr Scheitern nicht verständlich. Sie schreiben sich das Gelingen, aber auch das Mißlingen, selbst zu.

- Sich-Bewegen findet immer *in einer konkreten Situation* statt, die in sich strukturiert ist, im Beispiel der Kinder eine Situation, die eine Prellwelt strukturiert: Eine Prellwelt mit unterschiedlichen Anforderungen, die Enge der Gasse, die Spezifik der Prelluntergründe, die Raumorientierung beim Prellen um Markierungshütchen, die Unterschiedlichkeit der Bälle. Ohne diesen Rückbezug auf den *situativen Kontext* hinge ihr Sich-Bewegen in der Luft, es bliebe abstrakt und vielleicht liegt die Schwierigkeit manchen schulischen Bewegungslernens im fehlenden – für die Schülerinnen und Schüler nicht real erfassbaren – Situationsbezug. Der Erwerb einer individuellen Bewegungsfertigkeit durch die Kinder, ihr Vermögen, die Bälle zum Springen zu bringen und mit der Zeit zunehmend kontrollierter zu prellen, ist abhängig vom situativen Kontext. Würde Prellen allein als Aktion des Bewegungskörpers bestimmt, dann bliebe ihr Umgang mit den Bällen halbiert und wenig individuell aussagekräftig. Denn Sich-Bewegen ist nicht allein die motorische Aktion eines Bewegungskörpers, sie ist zugleich die Handlung in eine bestimmte Situation hinein, die durch das Bewegen strukturiert und erkannt wird. Insofern ist auch eine denkbare Beschreibung des Bewegungserwerbs, bei dem der situative Kontext ausgegrenzt würde und der sich allein auf die Befähigung des Bewegungskörpers beziehen würde, unvollständig und sie bleibt in gewisser Weise leer. Es ist wie mit dem Trockenschwimmen: Die Aktion der Arme und Beine und die horizontale Körperlage machen allein noch nicht das Schwimmen aus. Was wirklich Schwimmen ist, kann schwerlich so erfahren werden.

- Sich Bewegen ist immer *bedeutungsbezogenes Handeln*. Sich bewegend folgen Menschen immer bestimmten *Bewegungsbedeutungen*, die handelnd in Erfahrung gebracht werden und in spezifischer Weise entfaltet werden. Die Bewegungsbedeutung, der man folgt – phänomenologisch könnte man auch sagen die intentionale Orientierung –, ist bei allem Bewegungshandeln immer präsent. Für die Kinder im angezogenen Beispiel geht es darum, bewegend eine besondere Eigentümlichkeit dieses elastischen Dings, des Balles, in Erfahrung zu bringen. Man kann ihn prellend dazu bringen – anders als beispielsweise eine Holz- oder Eisenkugel –, immer wieder in die Hand zurückzukehren. Um dies bewirken zu können, muss man bewegend etwas tun, ihn in geeigneter und dosierter Form drücken, schlagen, ihm mit der Hand folgen, die Bewegung des Balles mit der Führhand mitvollziehen und dabei zugleich auf ihn einwirken. Man könnte fast sagen, es geht darum, mit dem Ball in ein dialogisches Bündnis einzutreten, einen Pakt zu schließen. Und Metaphern wie, „Der Ball muss dein Freund werden, du musst ihm gehorchen und dann gehorcht er auch dir!" beschreiben diese dialogische Struktur. Die Kinder müssen dem Ball folgen, auf ihn eingehen und zugleich auf ihn einwirken, so dass die Bewegung von Kind und Ball schließlich eine gemeinsame wird: Sie bilden im Bewegungsverhalten eine Einheit.

Zwar wird BUYTENDIJK (1956)[5] häufig zitiert, aber sein Buch hat auf die deutschsprachige sportwissenschaftliche Bewegungsforschung wenig Einfluss genommen. Für die klassische sportwissenschaftliche Bewegungslehre scheint eine objektivierende Betrachtungsweise unverzichtbar, bei der mechanische Analysen von besonderem Gewicht sind.[6] Man braucht nur die speziellen Methodiken in den etablierten Sportarten anzuschauen: Es finden sich dort nahezu ausnahmslos morphologische Beschreibungen der Zielbewegungen und – darauf bezogen – (bio)mechanische Analysen. Dabei wird der Bewegungskörper zur Gliederpuppe, die – idealisiert – gemäß mechanischen Gesetzmäßigkeiten funktioniert und deren Bewegungsmuster mit Hilfe (bio)mechanischer Analysen optimiert werden können.

Der situative Kontext – etwa die Turngeräte beim Turnen oder die Weitsprunggrube mit Anlaufbahn und Absprungbalken in der Leichtathletik – sowie die Bewegungsbedeutung – beim Turnen die Gestaltoptimierung und die Steigerung des Schwierigkeitsgrades, beim Weitsprung die Distanzmaximierung – werden dabei als normative Vorgaben vorausgesetzt. Das Lehrproblem – folgt man den speziellen Methodiken – besteht demnach in der Veränderung und Verbesserung der Bewegungskörper im Technikerwerbstraining sowie im Schaffen und Verbessern der konditionellen Voraussetzungen. Was aber ist – gemessen an speziellen Methodiken – Bewegungslernen und wie ist das Lehren von Bewegen zu strukturieren? Welche Orientierungen können sie geben und wo muss man sich im Schulsport davon abgrenzen? Gemäß der von mir getroffenen pädagogischen Grundorientierung möchte ich ausführlicher das *dialogische Bewegungskonzept* nach GORDIJN darstellen, das auf einer Theorie des *menschlichen Bewegens* gründet und das zudem sowohl Hinweise für den Bewegungserwerb als auch für die Vermittlung von Sich-Bewegen gibt.

Das dialogische Bewegungskonzept: Eine pädagogische Theorie des Sich-Bewegens

Im dialogischen Bewegungskonzept werden die drei Bestimmungsstücke, die BUYTENDIJK in seiner Analyse herausgearbeitet hat, miteinander verknüpft: Bewegen als Bewegungshandlung eines Aktors, Sich-Bewegen im situativen Kontext, Sich-Bewegen als bedeutungsbezogene Handlung. Dabei ist der Anspruch des dialogischen Bewegungskonzepts nicht nur, einen Beitrag zum Verstehen des menschlichen Bewegens zu leisten, sondern auch Schlussfolgerungen pädagogisch-didaktischer Art zu ermöglichen. Damit wird es für den Zusammenhang von Sich-Bewegen Lernen und Lehren in besonderer Weise bedeutsam und orientierend.

Im dialogischen Bewegungskonzept werden der Bewegungsaktor (das Kind, der Jugendliche, der Erwachsene), die Bewegungssituation und die im Bewegungshandeln manifest werdende Bewegungsbedeutung miteinander verbunden und in ihrer Verbundenheit dargestellt und analysiert. Es geht um den grundständigen Bezug von Menschen zur Welt und um ihr Sich-Bewegen, das Bedeutungen erfassen lässt und zugleich sie zu verfolgen ermöglicht. Sich-Bewegen ist ein Verhalten der Menschen in einem „persönlich-situativen Bezug". Weder der Bewegungsaktor noch der situative Bezug sind allgemein und damit überindividuell identisch, sie sind jeweils individuell variierend. Insofern muss sowohl im Bewegenlernen als auch im Lehren dieser individuelle Bezug respektiert werden. GORDIJN und mit ihm sein Schüler TAMBOER[7] nennen diesen Zusammenhang von Menschen, situativen Kontexten und Bedeutungen ein „relationales Ereignis". Damit wird darauf verwiesen, dass der Zusammenhang nicht in Form von Ursache-Wirkungs-Beziehungen bestimmbar ist, sondern dass er ein Relationsnetz bildet, dessen Knotenpunkte wechselseitig Wirksamkeit zugestanden werden. Die Metapher Dialog soll die wechselseitige, je individuelle Bezogenheit von Menschen, situativem Kontext und eingebundener Bewegungsbedeutung besonders hervorheben.

„Verhalten setzt ein Subjekt voraus, das tatsächlich bezogen ist auf etwas, das außerhalb von ihm ist. . . . Verhaltend gehe ich auf etwas außerhalb von mir ein. Ich gebe darauf eine Antwort. Ich beantworte das, was mich in der Außenwelt anspricht".[8]

GORDIJN spricht hier jeweils in der Ich-Form: *Ich* werde angesprochen, *ich* gebe Antwort, *ich* verhalte mich. Damit wird die unverwechselbar individuelle Prägung des Bewegungsdialogs besonders hervorgehoben. Zugleich wird die Urheberschaft des Sich-Bewegens als *mein* Bewegen bekräftigt.

Die wechselseitige Bezogenheit wird bildlich veranschaulicht in Form eines Dialogisierens, eines wechselseitigen Fragens und Antwortgebens, in der die Bewegungssituation (Außenwelt) und das sich bewegende Individuum wechselseitig aufeinander bezogen sind. Der Bedeutungsgehalt des Bewegungsdialogs – also die bewegend erfasste und realisierte Bedeutung – lässt sich dann als die je individuell erfasste und zugleich zum Ausdruck gebrachte Bewegungsbedeutung kennzeichnen. Dies verdeutlicht, weshalb TAMBOER das Sich-Bewegen als eine grundlegende Form des menschlichen Verhaltens herausstellt, in der sich eine elementare Form des „Welt-Verstehens in Aktion" vollzieht.

Die Antwort in diesem Bewegungsdialog ist die jeweils entwickelte und situativ mitbedingte Bewegungsgestalt. Diese Bewegungsgestalt bildet sich nach GORDIJN im Zusammenspiel von „objektiven und subjektiven Bewegungsbedeutungen". Durch den Bewegungsdialog entsteht die Welt als meine Bewegungswelt in ihrem So-Sein, sie gewinnt für mich spezifische Struktur. Für die Kinder im vorher dargestellten Beispiel ist es eine Springenlassen- bzw. Prellwelt. Im Sich-Bewegen wird

„die zunächst 'fremde Welt' zu einer Totalität von allem . . . , was für ihn [den individuellen Menschen] *Geltung besitzt. D. h. sie wird zu einem Feld von Bedeutungen, die als Faktoren erlebt und gekannt werden, die für die eigene Existenz relevant sind, d. h. zu einer Welt um zu".*[9]

Sich-Bewegen hat – aufgrund der Gerichtetheit der Sich-Bewegenden – einen spezifischen Effekt: Die Welt als neutrale Welt verändert sich, sie gewinnt eine spezifische Struktur im Sinne eines „um zu". Die Welt als Bewegungssituation wird – wie bei den Kindern im Beispiel – zu einer spezifischen Bewegungswelt, einer Prellwelt, in der Bälle in unterschiedlicher Weise zum Springen gebracht werden können. Dazu kann diese Welt nur werden, weil die Gerichtetheit der Kinder auf das Springenlassen bzw. Prellen von Bällen geht: die unterschiedlichen Bälle, die unterschiedlichen Untergründe, die zusätzlich daran geknüpften Aufgaben (enge Gasse, Prellen um Markierungshütchen) gehen in die Bewegungsaktion (Prellen) ein und machen damit die Bewegungssituation zu einer (mehr oder minder tauglichen) Prellwelt.

Der Dialog selbst ist an eine wechselseitige Gerichtetheit gebunden, nicht nur die Aktoren sind auf die Bewegungswelt hin gerichtet, auch die Bewegungswelt selbst verweist auf die intendierte Bewegungsaktion, sie ist eine Ermöglichungsbedingung der Selbstbewegung. Prellen erfordert ein elastisches Ding (Bälle) und einen Untergrund, welcher prellfreundlich ist. Und die Bewegungsaktivitäten müssen auf die Spezifik der Prellgegenstände und des jeweiligen Prelluntergrundes abgestimmt sein. Diese Abstimmung ist nicht eindeutig, sie erfolgt auch nicht mechanisch, sie ist eine kreative Leistung der Sich-Bewegenden und sie ist eine spezifische Art des Verstehens von Welt – wie TAMBOER sagt: Weltverstehen-in-Aktion.

Der Sichtweise einer „Welt um zu" entspricht dann das Gegenstück einer „Welt als etwas". Im Bewegen entdecken wir Umgangs- und Verhaltensmöglichkeiten, wie etwa den Ball als etwas, das man zum Springen bringen kann, den man schließlich kontinuierlich prellen kann, den Weichboden als den Untergrund, der das kontinuierliche Prellen stark beeinträchtigt und die fortwährende Prellaktion unterbricht.

Dieses „um zu" und „als etwas" sind zwei Aspekte von Bewegungsbedeutung, die GORDIJN auch als „motorische Bedeutung" kennzeichnet. Er versteht „motorische Bedeutung" als das Zusammentreffen von „subjektiver Bedeutung", das Gerichtetsein im Sinne des „um zu" und „objektiver Bedeutung", die Entdeckung der Welt „als etwas", der Ball der springen kann und den man prellen kann, der harte Untergrund, der das Wieder-Zurückspringen des Balles begünstigt.[10]

Das konkrete Sich-Bewegen eines Bewegungsaktors in einer bestimmten Bewegungssituation und im Sinne einer bestimmten Bewegungsbedeutung stiftet den Zusammenhang von „um zu" und „als etwas": Erst durch die gerichtete Bewegung, wie den Ball prellen wollen, auf einer Schaukel schaukeln wollen, einen Kasten überspringen wollen, wird die Bewegungswelt für die sich bewegenden Individuen erkennbar und kann bewegend verstanden werden: Der Ball – etwa der Medizinball – ist zu groß und zu schwer, er ist kein ideales Prellobjekt, aber möglicherweise ist er für ein anderes „um zu" (Kegel umwerfen) gut geeignet. In gleicher Weise kann die Schaukel zu groß oder zu unsicher sein, der Kasten zu hoch oder zu niedrig.

Von WEIZSÄCKER[11] hat im Gestaltkreis den Zusammenhang von Bewegen und Wahrnehmen dargestellt: Die Welt ist für die Sich-Bewegenden nicht durch die objektiven Daten (etwa Gewicht, Größe, Elastizität) bestimmt, sondern sie bemisst sich in ihrer Tauglichkeit für ein „um zu" aufgrund von Umgangserfahrungen. Durch die wahrgenommene Bewegungswelt – etwa die Steilheit eines Skihangs, die Höhe einer Latte, die Größe eines Kastens – wird auch mein Bewegungsverhalten nachhaltig mitbestimmt. Und mit dem Zuwachs an Erfahrung verändert sich meine Wahrnehmung – der steile Hang wird normal – und damit auch mein Bewegen unproblematischer. So stehen Bewegen und Wahrnehmen in einer sich wechselseitig bedingenden Abhängigkeit.[12]

GORDIJN betont nachdrücklich eine Besonderheit des Menschen, die Tatsache der leiblichen Existenz der Menschen und damit die herausgehobene Bedeutung des menschlichen Leibes beim Sich-Bewegen. Er ist nicht nur unser Bewegungsorgan, er ist das Bindeglied, das die Einheit von Mensch und Welt unmittelbar evident macht.

„Der menschliche Leib ist Treffpunkt zwischen Mensch und Welt" (GORDIJN 1975, 21). Dies besagt, daß „das Zustandekommen des ersten Kontaktes des Menschen mit der objektiven Welt ... ein leiblicher Kontakt ist ... Das ist die erste sinnliche Wahrnehmung, die der Mensch erfährt, daß da etwas ist und nicht Nichts. Es ist die leibliche, präreflexive Wahrnehmung, worin direkt und unmittelbar der Zusammenhang mit der menschlichen Gerichtetheit und den vorhandenen, gegenüberstehenden, beantwortbaren, objektiven Bewegungsstrukturen offenbar wird."[13]

So wie der menschliche Leib zugleich *als mein Leib dem Menschen* und *als Teil der Welt* auch der Welt zugehört, so ist er auch der Treffpunkt beider: Erfahrung der

Welt ist nur mit Hilfe sinnlicher Erfahrung möglich. Insofern ist Sich-Bewegen als leibliche Bewegung die Form, unter der wir die Einheit von Mensch und Welt immer wieder punktuell aktualisieren und damit sowohl die Welt als auch uns selbst verstehen lernen. GORDIJN betont die Eigenständigkeit des Leibes als Bewegungsorgan, wenn er von der präreflexiven Wahrnehmung des Leibes spricht. Darunter versteht er einen Bezug zur Welt, der selbst verursacht ist, der Bedeutungsrelationen erfasst, aber der nicht rational gesteuert ist.

„*GORDIJN spricht in diesem Zusammenhang wohl auch vom 'intentionalen Leib', der einen verborgenen Dialog (1969b, 4) mit der Welt unterhalten kann, einen Dialog, der seiner Natur nach präreflexiv ist und wobei 'die Verfügbarkeit über unseren Leib in der Aktion, in der Handlung' auf 'buchstäblich unvorstellbare Weise' (1968, 25) erfahren wird. 'Das Ganze des wahrnehmenden und motorischen Kontaktes mit der Welt' ... 'ist da, bevor wir uns davon Rechenschaft geben müssen' (GORDIJN 1975, 16 f.)*"[14]

Die Trennung einer Ich-Instanz als Vermögen der Rationalität von dem eigenen Leib wird im Bewegen von GORDIJN abgewiesen. Es geht mithin um den je individuellen Bewegungsleib, um mein Spüren und Agieren, um die sich mir entfaltende und erschließende Welt als meine Bewegungswelt. Im Prozess des Sich-Bewegens konstituieren und konturieren sich mein Bewegungsleib und *meine* Bewegungswelt. Weder der eigene Leib noch die sich mir eröffnende Welt sind jeweils konstant und objektiv unveränderlich, sie konstituieren sich zuallererst im konkreten Bewegen. Im Dialog zwischen Mensch und Welt gewinnen sie jeweils ihre Konturen und konstituieren sich in ihrem jeweiligen Sosein. Und in der Weise, wie die Menschen sich verändern, verändert sich auch ihre Welt als Bewegungswelt.

GORDIJN macht auf drei aufeinander aufbauende Formen des über Bewegung eröffneten Weltbezugs aufmerksam. Dazu benutzt er das Bild der *Überschreitung der imaginären Grenze zwischen Mensch und Welt.* Dies erklärt sich wie folgt: Bewegen wird als eine Grenzüberschreitung charakterisiert, es wird die Grenze zwischen Mensch und Welt über Bewegen „depassiert". Diese Grenze ist deshalb imaginär, weil GORDIJN der Grundlegung von MERLEAU-PONTY (1966)[15] folgt, nämlich der Grundannahme von der *ursprünglichen Einheit von Mensch und Welt.* Insofern ist die Trennung von Mensch und Welt nur nachgängig und auf dem Boden der ursprünglichen Einheit möglich. Weltbezüge sind für Menschen in diesem Verständnis in Form einer dreifachen Überschreitung möglich:

1. Als *direkte Überschreitung* bezeichnet GORDIJN einen Weltbezug, bei dem ein unmittelbares, ein vitales Sein bei den Dingen gegeben ist, ohne eine bewusste Unterscheidung zwischen einem Innen (Mensch) und einem Außen (Welt). Man könnte geradezu von einer Verschmelzung des Menschen mit der Welt sprechen, bei der diese Welt problemlos verfügbar und gegenwärtig ist. Die sich aktualisierende Bewegung ist bestimmt durch eine *direkte Geformt-*

heit und ihr korrespondiert eine *präreflexive Intentionalität.* In der Situation antwortet der Mensch als leibliches Wesen spontan mit dem, was er schon weiß und über das er verfügt. So bereitet uns das Gehen in tiefem Sand in der Regel keine besonderen Schwierigkeiten. Trotz der deutlich erkennbaren, mechanisch erheblichen, Veränderungen der Gehbewegung ist uns dieses Gehen spontan verfügbar – und zwar dank der präreflexiven Intentionalität des Leibes. Er vermag es, sich ohne Bevormundung durch die Rationalität auf unterschiedliche situative Bedingungen einzustellen, auf sie durch angemessenes Bewegungsverhalten, durch angepasste Bewegungsform zu antworten.

2. Bei der *erlernten Überschreitung* ist uns das spontane, unmittelbare Sein bei den Dingen und der Welt nicht mehr möglich, die Differenz zwischen Mensch und Welt, zwischen Innen und Außen wird uns schmerzlich bewusst. Die Überschreitung der imaginären Grenze zwischen Mensch und Welt gelingt nicht mehr problemlos, ihre Überschreitung stößt auf Hindernisse. Die Bewegung gelingt nicht spontan, sie muss erworben werden. Dies erfolgt über Lernprozesse. Aus der Sicht der Sichbewegenden ist dabei der Weltbezug ein ganz spezifischer: nämlich „*daß die Außenwelt sich als das fordernde, unentrinnbare So- und-So-Sein von Menschen, Dingen und Zuständen meldet, worauf bewegend reagiert werden muß*".[16] Jeder von uns kennt solche Situationen: Der Anfänger am (für ihn) steilen Hang beim Skifahren, der erste Balanceversuch auf dem Schlappseil usw. Hier geht es beispielsweise um die Situationen, wo es unter anderem auch im Sport um das Bewegungslernen geht. Hierfür ist eine reflexive Einstellung unverzichtbar – ganz im Unterschied zur *direkten Überschreitung.* GORDIJN spricht im Kontext der erlernten Überschreitung von „*bildformender Intentionalität*", d.h. „*die bewegende Person muß sich ein Bild machen können von dem, was von ihr erwartet wird.*"[17] Allerdings darf der Begriff „*bildformende Intentionalität*" nicht falsch verstanden werden. Er bezeichnet eine bildhafte Ausgerichtetheit, die sich stärker an Zielen und Absichten, an dem Zusammenhang von Spüren und Bewirken[18] und weniger an konkreten oder gar eindeutigen Bewegungsmustern orientiert. GORDIJN lehnt ausdrücklich die Nachahmung der Bewegungsform – wie beispielsweise sportliche Bewegungsmuster – ab, er empfiehlt statt dessen sich an den Bewegungsabsichten zu orientieren, diese nachzuahmen. Die Begründung dafür sieht GORDIJN in der grundsätzlichen Forderung, jedem die Möglichkeit zu eröffnen, „situativ-persönliche Bewegungsgeformtheiten" zu entwickeln. „*Das Ergebnis solchen Unterrichts kann sein, daß beim Menschen das Einheitserlebnis in der Bewegungstat wieder zurückkehrt, welches er mehr oder weniger bei den Anforderungen der Außenwelt verloren hatte*".[19]

3. Die *inventive Grenzüberschreitung* bestimmt GORDIJN in Angrenzung zur erlernten Überschreitung. Es geht nicht primär darum, den Anforderungen der Außenwelt zu entsprechen, sondern es gilt die *Relativität der Forderungen der*

Außenwelt zu entdecken und eine *inventive Welt* zu konstituieren. Dies kann dadurch geschehen, dass beispielsweise ein Hut als Jongliergegenstand entdeckt wird. Der Mensch kann mit der Außenwelt *„formgebend und plastisch umgehen"*. Relativierung der Forderungen der Außenwelt heißt jedoch nicht, sie zurückzuweisen oder zu ignorieren, erst auf der verfügbaren Könnensstufe der erlernten Überschreitung ist der Übergang zur inventiven Überschreitung möglich. *„Das Ergebnis ist ähnlich dem natürlichen Einheitserleben der ersten Grenzüberschreitung, aber nun zum persönlich-situativen Einheitserleben humanisiert."*[20]

Ich breche hier die Darstellung des dialogischen Bewegungskonzepts ab. Die wichtigen Informationen, die zum Verständnis des Folgenden erforderlich sind, stehen – wie ich hoffe – nunmehr zur Verfügung.

Was bedeutet die Orientierung am dialogischen Bewegungskonzept für das Unterrichten?

Beispielhaft ist an der Akademie Arnheim in den Niederlanden eine Konzeption für die Leibeserziehung bzw. für einen Bewegungsunterricht entwickelt worden. Der Unterricht beruft sich ausdrücklich auf die Option eines dialogischen Bewegungskonzepts und hat eigene Strukturen des Unterrichtens und des Unterrichts entwickelt. Dies betrifft einerseits die Gliederung der Bewegungsinhalte und damit die Gewinnung des Bewegungsgutes, es betrifft weiterhin das unterrichtliche Arrangement.

Die Gliederung des Bewegungsgutes hat sich in der Bundesrepublik Deutschland im Laufe der Veränderung der Leibeserziehung zum Sportunterricht verändert. Die Veränderung erfolgte von den Leibesübungen zum Sport und zur Sportartenorientierung. Es sind die Sportarten und ihre Binnenstruktur (Disziplinen, Bewegungsfertigkeiten, Geräte), welche die Lerngegenstände und die Orientierungskriterien für ihren angemessenen Erwerb seither bestimmt haben und z. T. noch bestimmen.[21] Wenn jedoch Sich-Bewegen heißt, motorische Bedeutungen handelnd am eigenen Leib zu erfahren und ihnen in situativ-individuellen Bewegungsgeformtheiten entsprechen zu können, dann ist es folgerichtig, motorische Bedeutungen als Gliederungsgesichtspunkte des Bewegungsguts und damit der Lerngegenstände zu nehmen. Damit wird jedoch unvermeidlich eine Relativierung der Eindeutigkeit sportlicher Bewegungsformen vorgenommen. Dies führt häufig in kontroversen Diskussionen zu dem Einwand, dass der so didaktisch transformierte Gegenstand – etwa als Spielen, als Laufen, Springen, Werfen, als Turnen und Bewegungskünste – kein Sport mehr sei, sondern in die Beliebigkeit abdrifte.[22] Der entscheidende Punkt nach meiner Einschätzung liegt darin, welchen Wert die individuell stimmige Bewegungsantwort, die situativ-persönliche Bewegungsgeformtheit bewegungspädagogisch haben soll bzw. hat. Aus der Perspektive eines dialogischen Bewegungskonzeptes ist die Antwort auf diese Frage nicht zweifelhaft.

Ich möchte dies am Beispiel des Turnens veranschaulichen. Turnen wird durch die ARNHEIMER GRUPPE[23] als ein gesellschaftlich tradiertes Bewegungsgebiet verstanden, das als Sportart sich insbesondere in Form des Kunstturnens entwickelt hat. Die Analyse des *Aktivitätsgebietes Turnen* ergibt, dass die Sportart Turnen vor allem durch zwei Tendenzen bestimmt ist: die Tendenz zur *Beherrschung des eigenen Körpers* (bezogen auf Gleichgewicht, Beweglichkeit, Kraft) und die Tendenz zur *Stilisierung der Bewegung* (standardisierte Formvorschriften wie Körperstreckung und Konformitätszwang). Die ARNHEIMER GRUPPE möchte das Turnen didaktisch transformieren und – soweit es seinen Einbezug in den schulischen Unterricht betrifft – sich von beiden Tendenzen des Kunstturnens distanzieren. Statt dessen nehmen sie eine Analyse der im Turnen realisierten motorischen Bedeutungen vor und gelangen so zu den drei *Bedeutungsgebieten: Balancieren, Schwingen* und *Springen*. Orientiert am dialogischen Bewegungskonzept liegt die Aufgabe des Unterrichts darin, Kinder und Jugendliche in diese Bedeutungsgebiete einzuführen. Dies erfolgt so, dass für die Schülerinnen und Schüler Arrangements geschaffen werden und darauf bezogen Lernvorschläge gemacht werden, die geeignet sind, turnerische Bewegungsbedeutungen in ihnen *aufzurufen*. Die Schülerinnen und Schüler entsprechen diesem Aufruf, indem sie eine situativ-persönliche Bewegungsantwort entwickeln, die als Bewegungsform der aufgerufenen turnerischen Bewegungsbedeutung entspricht und zugleich den individuellen Möglichkeiten und Orientierungen der Turnenden gerecht wird. Turnen lernen heißt dann, diesem Aufruf entsprechen zu lernen und so handelnd den Sinn turnerischen Bewegens mehr und mehr zu erfassen.

Die Aufgabe der Lehrkraft besteht darin, den Zusammenhang von turnerischer Bewegungsbedeutung und individueller Bewegungsantwort herzustellen. Dies geschieht durch ein individuell angemessenes Bewegungsarrangement und einen entsprechenden Bewegungsvorschlag. Dabei geht es nicht darum, bestimmte turnerische Bewegungsfertigkeiten zu vermitteln, wie dies klassisch im Turnunterricht üblich ist, sondern es geht zunächst darum, eine herausfordernde turnerische Außenwelt zu arrangieren, der das Individuum wirklich durch eine Bewegungsantwort zu entsprechen vermag. Die individuell stimmige Bewegungsantwort auf eine turnerische Bewegungsbedeutung ist das Ziel des Unterrichts. So gilt beispielsweise beim Springen nicht die Forderung, dass die oder der einzelne eine Hocke oder eine Grätsche als Bewegungsfertigkeit realisiert, sondern dass die motorische Bedeutung des Springens im Turnen erkannt und durch eine situativ-individuelle Bewegungsform als angemessene Antwort realisiert wird.

Die motorische Bedeutung des turnerischen Springens wird bestimmt durch das *Abspringen* – damit das *sich Lösen von dem Boden*, die Flugphase – in der kein Bodenkontakt gegeben ist, schließlich die Landung – das *Wiedergewinnen des*

Kontakts mit dem Boden.[24] Wenn also beispielsweise ein Kind beim Stützsprung schon im Abspringen auf den Bock greift, um eine Grätsche zu turnen, dann wird die motorische Bedeutung des Springens nicht angemessen aufgerufen, weil im Bewegungsverhalten des Kindes das Abspringen und das freie Fliegen nicht erkennbar ist. Es ist aus der Sicht der ARNHEIMER GRUPPE sinnvoller – wenn wirklich Bewegungserfahrungen des turnerischen Springens gemacht werden sollen –, das Kind mit einem anderen Springen-Arrangement und darauf bezogenem Lernvorschlag zu betrauen. Beispielsweise könnte es mit Hilfe eines Minitrampolin einen Fußsprung in einen Weichboden machen. Es geht um das Erfassen turnerischer Bewegungsbedeutungen und ihre weitere Entfaltung und nicht um die Aneignung definierter turnerischer Bewegungsfertigkeiten. Oder anders gesagt, der technische Vollzug einer turnerischen Bewegungsfertigkeit, ohne dass zugleich die je spezifischen Bewegungsbedeutungen auch erfasst werden, wäre sinnleer.

Die hier angesprochenen Arrangements bestehen aus einer *„Ordnung von Geräten (Dingen) und Menschen".*[25] Der Lernvorschlag bezieht sich auf das Arrangement – etwa Fußsprung und Drehung um die Längsachse – und ist prinzipiell offen für individuelle Bewegungsantworten. Allen muss ermöglicht werden, die für die beabsichtigten Turnhandlungen *„konstitutiven Zeit-, Tempo- und Richtungsgegebenheiten zu erkennen und sie in eine sinnvolle Handlung zusammenzufügen."*[26] Damit sind auch die Möglichkeiten dargestellt, in denen die Lehrkraft – neben Bewegungsunterstützung und Bewegungssicherung – den Lernprozess der Kinder und Jugendlichen unterstützen kann: sie verweist auf bestimmte Zeitpunkte (früher, später), auf Beschleunigen oder Verlangsamen bestimmter Bewegungsteile, auf mögliche Raumorientierungen für die Bewegungsrichtung von Aktionen (oben vorn, vorn abwärts usw.). Es geht immer um die Bewältigung einer Bewegungssituation, in der einer bestimmten turnerischen Bewegungsbedeutung durch das eigene Bewegen entsprochen wird.

Ein Grundsatz für die Unterrichtsplanung ist *die Forderung nach innerer Differenzierung* bei gleicher Thematik. Je nach Vorerfahrung und nach individueller Eignung muss das Arrangement offen gehalten werden für unterschiedliche, jedoch individuell gültige Antworten. Gegebenenfalls muss das Arrangement und der darauf bezogene Lernvorschlag individuell angepasst werden. Im Interesse der Weiterentwicklung muss ein Lernarrangement zu höherer Komplexität und größerer Schwierigkeit hin verändert werden können. Das trägt zur vertieften Auseinandersetzung mit turnerischen Bewegungsbedeutungen bei.

Ein weiterer Grundsatz, der für die ARNHEIMER GRUPPE generell für den Unterricht Geltung beansprucht, ist die Forderung nach sozialem Lernen, „dem *Miteinander-Sein der Schüler".*[27] Hierbei soll ein Miteinander angebahnt und unterstützt werden, das dogmatischen Verengungen vorbeugt, Verengungen sowohl in Richtung auf kollektive Uniformität wie auch in Form rigider Konkurrenzorientierung.

Unterrichten als Vermitteln

Die ARNHEIMER GRUPPE hat – wie im vorigen Abschnitt dargestellt – ein Unterrichtskonzept entwickelt, das der „persönlich-situativen Bewegungsgeformtheit" einen großen Stellenwert einräumt. Ich möchte der Frage nach der Begründung für die starke Orientierung an der Individualität der Kinder und Jugendlichen aus unterrichtstheoretischer Sicht genauer nachgehen. Dabei stützte ich mich auf Argumentationen, wie sie FUNKE-WIENEKE in zahlreichen Publikationen dargestellt hat.[28] Mit dem Vermittlungsbegriff wird durch FUNKE-WIENEKE ausdrücklich der Bezug vom Sich-Bewegenden und dem Lerngegenstand bzw. der Sache, die gelernt werden soll, hergestellt. Es geht um die Frage, wie bewirkt werden kann, dass Kinder eine neue Bewegung lernen.

Am Beispiel des Unterrichts von (studentischen) Ruderanfängern beschreibt FUNKE-WIENEKE zwei Basiskonzepte eines denkbaren Ruderanfängerunterrichts. In beiden Fällen wird das gleiche Grundarrangement verwandt: Ihre ersten Rudererfahrungen sollen die Anfänger in einem Skiff machen, damit sie sich von vornherein mit grundlegenden Bewegungsproblemen beim Rudern auseinandersetzen können.

Dem *ersten Konzept* zufolge werden die Anfänger aufgefordert, bestimmte Aktionen auszuführen, die gemäß der Problemanalyse der Lehrkraft unverzichtbar sind. Der Anfänger wird – gegebenenfalls mit Hilfen – in ein Skiff gesetzt und die Lehrkraft hält das Boot am Heck fest, um ein Abtreiben und ein Kippen zu verhindern. Dann ergeht folgende Aufforderung:

„So, jetzt beide Blätter mal flach aufs Wasser legen, gut. So, das ist die sogenannte Sicherheitsstellung. Jetzt machst du mal bitte folgendes: streckst gleich mal die Beine durch und fängst an, mal mit deinen Händen auf- und abzugehen, also wie Fahrstuhlfahren praktisch. Wenn die eine Hand hochgeht, geht die andere wieder nach unten, und du wirst merken, das Boot kippt. Aber, in dem Moment, wo du beide Hände wieder zusammenbringst, hast du wieder diese stabile Lage, die du jetzt innehast. Wichtig dabei ist, daß du aber ein bißchen mit dem Rollsitz nach hinten rollst und die Beine etwas durchstreckst, sonst kannst du die Hände nicht auf und ab bewegen . . . Ist gut. So und jetzt versuch mal, fang mal gleich erstmals – ja, ja, richtig, richtig. Wobei rechts vor links zieht. Jetzt, aus deiner Warte, ziehst du mit links vor rechts. Versuch umzutauschen, daß du, genau so, ja rechts zieht immer vor links. "[29]

Wir können uns den Unterricht gut vorstellen, hier gibt ein Fachmann Anweisungen und steuert damit das Bewegungsverhalten des Übenden. Zugleich wird abweichendes Verhalten frühzeitig entdeckt und sofort richtiggestellt. So können Fehler gar nicht gemacht werden. Aber auch damit verbundene Erfahrungen, die zum besseren Verhalten hin orientieren könnten, bleiben den Übenden vorenthalten.

Es entsteht der Eindruck, dass der Übende – gleichsam wie eine Marionette – durch die Lehrkraft in seiner Bewegung gesteuert wird, die Bewegung wird erst durch die Anweisungen der Lehrkraft hervorgebracht, sie wird – im wortwörtlichen Sinne – vorgesagt.

„Da sitzt einer im Boot, seine Motorik ist dem führenden Willen des fachlich versierten Lehrers in die Hand gegeben. Er soll gar nicht lernen, er soll nur funktionieren, und wenn er reibungslos funktioniert, dann realisiert er das, was als Bewegung vom Lehrer intendiert war. Diese Interpretation wird gestützt, weil uns einer der Schüler dieser Lehrkraft am Ende einer erfolgreich beendeten Lehrsequenz sagte, er wisse nicht, wie er das gemacht habe. Er sei ja dauernd damit beschäftigt gewesen, immer das zu machen, was der Lehrer von ihm verlangte. Zeit, sich irgend etwas klar zu machen, sei ihm da keine geblieben, und er habe auch jetzt noch keine rechte Vorstellung davon, was er da gemacht habe." [30]

Wir kennen diese Situation als Anfänger am PC, wenn man ein Problem hat und einen Experten um Rat fragt. Überzeugt davon, dass nur gelernt wird, wenn der Fragende die entsprechenden Tasten selbst drückt, gibt der Experte Anweisungen, welche Tasten in welcher Reihenfolge zu betätigen sind. Man folgt den Anweisungen des Experten, aber man ist sich kaum bewusst, was man da tut. Es entsteht der Eindruck von etwas Geheimnisvollem, das man nicht durchschaut, auch wenn man selbst die Tasten gedrückt hat. Um wirklich zu lernen, muss man sich von der Hilfe des Anweisenden emanzipieren.

FUNKE-WIENEKE (1997) nennt dieses Konzept des Lehrens ein *„direkt durchgreifendes Lehren"*. Damit wird die intendierte Interaktion zwischen Übendem und Lehrendem gekennzeichnet. Es ist m. E. offensichtlich, dass deutliche Spuren davon in der eingangs geschilderten Profi-Szene erkennbar sind.

Im *zweiten Konzept* werden die Anfänger frei gelassen, aber damit auch Problemen und Schwierigkeiten ausgesetzt. Der Anfänger wird in seiner Unsicherheit durch die Lehrkraft begleitet und er wird ermutigt, aus seiner Sicht sinnvolle Aktionen zu versuchen.

„So durften z. B. die Schüler dieser zweiten Lehrkraft das Boot gleich anfangs bewegen, ohne gehalten zu werden, und sie sagte etwa: 'Kannst ja mal ein bißchen probieren. (Schüler) Soll ich das einfach versuchen? (Lehrer) Ja, wie du möchtest, probier erst mal ein bißchen aus, zum Wohlfühlen. Ja, ja genau, mal ein bißchen ziehen.'" [31]

Beide, die Lehrkraft und der Schüler sind sich über die Absicht einig, aber die Lehrkraft verzichtet darauf, für die Einlösung der Absicht verbindliche Vorgaben zu machen und damit die Versuche des Schülers und die ihm möglichen Bewegungserfahrungen vorzustrukturieren und damit einzuengen. Sie gibt ihm die

Zuversicht, selbst über die Möglichkeiten und die Kräfte zu verfügen. Die Lehrkraft nimmt sich zurück, sie respektiert das Sich-Bewegen des Schülers, sie will nicht anstelle des Schülers oder durch ihn hindurch agieren. Die Lehrkraft „ist ein anderer, ein dritter, ein Mitinterpret der Lage, in der sich der Lernende"[32] befindet. Indem sie sich verweigert zu sagen, wie es richtig geht, sichert sie für die Schüler die Chance, für sich selbst Evidenzen für richtig und für angemessen zu entwickeln.

„Der Schüler selbst soll zum Vorschein kommen, sich selbst in die Hand nehmen. Sie ruft indirekt, aber wirkungsvoll alle widerständige Stofflichkeit, alles Bedenken und Hoffen, alles Vermuten, seine Ängstlichkeit und Neugier in die Situation hinein. Offenbar ist sie geleitet von einer Scheu oder dem Respekt vor dem Lernenden, dessen Handeln in der Auseinandersetzung mit der Aufgabe sein eigenes bleiben soll. Von den ersten Zielen, die er sich setzt, bis zu der Art und Weise, wie er sie angeht und bewältigt. Sie handelt nicht für ihn, tritt nicht an seine Stelle, ist nicht sein induzierender Bewegungsstrom. Sie ist nur da, kennt seine Lage, gibt ihm Vertrauen in sich selbst."[33]

FUNKE-WIENEKE (1997) nennt dieses Basiskonzept der Lehrkraft-Schüler-Interaktion „*Versicherndes Aufrufen*", es ist das, was er im engeren Sinne mit dem Begriff Vermitteln verbindet: Die Lehrkraft als Vermittler zwischen Kind und Sache.

Ich breche das Referat hier ab, denn für unsere Diskussion sind wichtige Orientierungspunkte gewonnen. Es ist sicherlich kein Zufall, dass im zweiten Konzept der Begriff „*Aufrufen*" verwandt wird, die Übereinstimmung mit den Vorstellungen der ARNHEIMER GRUPPE sind deutlich erkennbar. Sich-Bewegen-Lernen ist – trotz weitverbreiteter Praxis – durch Konzepte eines *durchgreifenden Lehrens* nicht angemessen zu unterstützen. Sich-Bewegen als dialogischer Prozess ist gerade gebunden an die Selbsttätigkeit der Schülerinnen und Schüler. Es muss selbst bewirkt werden und ist auch immer Selbstausbildung.

Schlussbemerkung

Ich komme auf die eingangs beschriebenen Szenen zurück. Die dort dargestellte Alternative darf nicht auf das oberflächliche Merkmal *mit oder ohne Anleitung bzw. professionelle Anleitung* reduziert werden. Wichtiger ist meines Erachtens das jeweils zugrunde liegende *Bewegungskonzept*: Wenn es um Sich-Bewegen und um Sich-Bewegen-Lernen geht, dann ist vor allem von Bedeutung, inwieweit dieses Bewegen als individuelle Leistung der Sich-Bewegenden verstanden wird, die ihre Bewegung selbst hervorbringen, die dabei für sich Umgangsmöglichkeiten, Können und Einsichten gewinnen. Es ist demnach – trotz der Unterstützung durch Lehrkräfte – primär *Selbstbildung*. Und wir alle wissen, dass gegen den Willen der Kinder und Jugendlichen Bewegung als Selbstbewegung nicht möglich ist.

Nun könnte man einwenden, dass dies im freien Bewegungsleben der Kinder und Jugendlichen vielleicht möglich sei, dass aber im Bereich des Sports dies unsinnig und wenig erfolgversprechend sei. Die Optimierung der Sportbewegung durch rationale Strategien, die mechanische Analysen notwendigerweise einschließt, sei unverzichtbar und im Sport sei das Sich-Einlassen auf Bewegungsantworten, die individuell gefunden werden, nicht sinnvoll und daher auch unsinnig. Dieses Argument wird gestützt durch die Analyse von CHRISTIAN, der in seiner bekannten Schrift „Vom Wertbewußtsein im Tun" darauf verweist, dass die subjektiv stimmige Bewegung und die technisch optimale Bewegung nicht übereinstimmen.[34]

Inwieweit dieser Einwand stichhaltig ist, möchte ich anhand eines Beispiels aus dem Training im Hochleistungssport erörtern. Ich beziehe mich auf ein Interview,[35] das WOLFGANG SCHLICHT mit dem Bundestrainer FRANK HENSEL führte. In einem Beispiel verdeutlicht der Interviewte sein Lehr-Lern-Konzept. Anleitung muss dazu führen, dass Athleten ein Bewegungsverständnis – er sagt Technikverständnis – entwickeln, das „das Empfinden der Gesamtbewegung betont".[36] Ausdrücklich wendet er sich dagegen, „einzelne kinematische oder dynamische Aspekte hervorzuheben". Zur Entwicklung des Gespürs für die Gesamtbewegung schafft er situative Kontexte, die auch mechanische Rückmeldungen an den Athleten einschließen. Die Bodenkontaktzeit nach dem Überlaufen der Hürde ist im Hürdenlauf analytisch ein wichtiger Bezugspunkt, um die Verbesserung der Laufleistung bewirken zu können. Wenn es gelingen sollte, diese Kontaktzeit um 3/100 Sek. jeweils zu verkürzen, dann ergibt das bei 10 Hürden eine Zeitverbesserung um 3/10 Sek. Das war beispielsweise zur Zeit des Interviews die Differenz zwischen Platz 10 und Platz 40 der Weltrangliste.

Im Bestreben, mit dem Athleten daran zu arbeiten, die Bodenkontaktzeit zu verringern, setzt HENSEL eine Kraftmessplatte ein, die jeweils exakte Rückmeldungen über die realisierte Bodenkontaktzeit gibt. Die Aufgabe besteht darin, nach Überlaufen der Hürde eine möglichst kurze Kontaktzeit zu realisieren. Der Weg, dies zu bewirken, wird jedoch nicht vorgegeben. Soweit – entsprechend den Zeitwerten – die Verkürzung der Zeit gelingt, fordert HENSEL seine Athleten auf, sich darüber klar zu werden, wie sie dies bewirken konnten, und sie werden aufgefordert, ihre Bewegungsgefühle zu verbalisieren. Es geht ihm mithin um eine Form der Aufmerksamkeitslenkung, die den Zusammenhang von „Spüren und Bewirken" in einem spezifischen situativen Kontext betrifft.

„Ich erwarte von den Athleten individuelle Lösungen eines objektiv gleichen Problems, nämlich die 110 m Hürden oder die 100 m flach maximal schnell zu laufen. Ich unterstütze die Athleten, eine für sie passende Lösung zu finden. In diesem Prozeß biete ich Situationen an, die ihnen das Finden der Lösung erleichtern."

Die Hoffnungen, die HENSEL damit verbindet sind:

„Ich glaube, daß die Athleten dadurch selbständiger und anpassungsfähiger (auch an unvorhergesehene Wettkampfbedingungen) werden. Im Wettkampf müssen die Athleten verschiedene Lösungen für unterschiedliche Bedingungen zur Verfügung haben. Der Trainer kann dann nicht mehr helfen."

Wir finden hier ein Lehr-Lernkonzept vor, das deutlich die Individualität der Bewegungsaktoren akzentuiert, das die Rückbindung des Bewegens an den Bewegungsaktor hervorhebt. Weiterhin werden situative Kontexte systematisch reflektiert und auch die Bewegungsaktionen selbst als individuell-situative Bewegungslösungen einer objektiv gleichen Bewegungsaufgabe begriffen. In diesen relationalen Kontext wird eine Messstation einbezogen, die unmittelbar Rückmeldungen über Kontaktzeiten gibt und damit erlaubt, auch unter der Perspektive der Zeitminimierung das eigene Bewegungshandeln zu beurteilen. Da dies in der Leichtathletik das alleinige Kriterium für die Güte der Bewegung ist, haben der Athlet und der Trainer in gleicher Weise ein Interesse, diese Zeiten zu verkürzen. Wie dies allerdings bewirkt werden kann, kann und wird nicht durch eine verbindliche Bewegungsvorgabe festgelegt werden, sie muss durch den Athleten jeweils als individuelle Problemlösung gefunden und gefestigt werden, er bringt die angemessene Bewegung durch sein – von der Messstation rückgemeldetes – eigenes Tun hervor.

So wird auch hier deutlich eine relationale Grundstruktur erkennbar. Zugleich ist in dieses Relationsnetz konstruktiv eine mechanische Bewegungserfassung einbezogen. Für mich ist an diesem Beispiel die wechselseitige Ergänzung gut nachvollziehbar, ohne die substantielle Ergänzung würde die relational strukturierte Trainingspraxis nicht möglich sein.

Auch wenn der Sport eher eine technische Auslegung von Sich-Bewegen ist, so kann dies die Grundstruktur des Relationsnetzes von Bewegungsaktor, Bewegungssituation und Bewegungsbedeutung nicht außer Kraft setzen. Dafür ist das Plädoyer von HENSEL ein beredtes Zeugnis. Ihm gelingt es, in dieses Relationsnetz die Messstation in konstruktiver Weise einzubeziehen und damit die Leistungen seiner Athleten zu verbessern. Da, wo Zeitminimierung nicht Endzweck des Bewegungshandelns ist, wo also anderen Bewegungsbedeutungen gefolgt wird, bleibt – wie auch im Sport – die relationale Grundstruktur von Sich-Bewegen erhalten.

Anmerkungen

[1] Vgl. TREBELS, A. H.; CRUM, B.: Turnen – eine ungeliebte Sportart in der Schule? In: Sportpädagogik 4 (1980), Heft 5, 12 ff.

[2] Vgl. BALZ; BRODTMANN et al.: Schulsport wohin? Sportpädagogische Grundfragen. In: Sportpädagogik 21 (1997) Heft 1, 14–28.

[3] DVS-Tagung der Sektion Sportpädagogik: Bewegungslernen in Bildung und Erziehung; Magdeburg vom 11.–13.6.1998.

[4] Frau BANNMÜLLER hat mir dankenswerter Weise eine Transkription des Gesprächs zur Verfügung gestellt, aus dem ich zitiere.

[5] BUYTENDIJK, F.J.J.: Allgemeine Theorie der menschlichen Haltung und Bewegung. Berlin, Göttingen, Heidelberg 1956.

[6] Vgl. z.B. MEINEL, K.; SCHNABEL, G.: Bewegungslehre – Sportmotorik, Berlin 1987; WILLIMCZIK, K.; ROTH, K.: Bewegungslehre. Reinbek 1983.

[7] TAMBOER, J.W.I.: Mensbeelden achter Bewegingsbeelden. Haarlem 1985; ders.: Philosophie der Bewegungswissenschaften. Butzbach-Griedel 1994.

[8] GORDIJN 1975, 15, zit. nach TAMBOER 1985, 392, eigene Übersetzung aus dem Niederländischen.

[9] TAMBOER, 1985, 394.

[10] TAMBOER kritisiert die von GORDIJN gewählte Entgegensetzung von „subjektiv" und „objektiv". Denn das „um zu" ist zwar individuell gefärbt, aber nicht bloß subjektiv, und das „als etwas" ist erst im Entdeckungszusammenhang für die Bewegenden existent und nicht objektiv unabhängig von den sich bewegenden Menschen gegeben.

[11] WEIZSÄCKER, V. v.: Der Gestaltkreis – Theorie der Einheit von Wahrnehmen und Bewegen. Stuttgart 1968.

[12] ENNENBACH, W. (1989) hat diesen Zusammenhang ausführlich im Rückgriff auf das Gestaltkreiskonzept in seinem Buch „Bild und Mitbewegung dargestellt.

[13] GORDIJN, zitiert nach TAMBOER 1985, 398.

[14] zitiert nach TAMBOER 1985, 399.

[15] MERLEAU-PONTY, M.: Phänomenologie der Wahrnehmung. Berlin 1966.

[16] GORDIJN 1975, 37, zitiert nach Tamboer 1985, 401.

[17] TAMBOER 1985, 401.

[18] Vgl. TREBELS, A.: Bewegen und Wahrnehmen. In: Sportpädagogik 17 (1993) 6, 19f.

[19] GORDIJN 1975, 38, zitiert nach TAMBOER 1985, 402.

[20] GORDIJN 1975, 40, zitiert nach TAMBOER 1985, 402.

[21] Es lohnt, sich in aktuell geltenden Lehrplänen zu orientieren, vor allem Rahmenrichtlinien für die gymnasiale Oberstufe, um diesen Sachverhalt bestätigt zu finden.

[22] Vgl. KRÜGER, M.; GRUPE, O.: Sport und Bewegungspädagogik? In: Sportunterricht 47 (1998), Heft 5, 180ff.

[23] Vgl. BEUMER, D.J.; DONKERS, B.; HAZELEBACH, Ch.; KRIKKE, H.: Balancieren – Schwingen – Springen. In: sportpädagogik 4 (1980), Heft 5, 26–33.

[24] Vgl. ebd., 32.

[25] Vgl. ebd., 27.

[26] Vgl. ebd., 27.

[27] Vgl. ebd., 27.

[28] Gebündelt findet sich dies in seinem Buch: Vermitteln zwischen Kind und Sache. Kallmeyersche Verlagsbuchhandlung 1997.

[29] Sportpädagogik 19 (1995) H. 5, Vermitteln – Schritte zu einem 'ökologischen' Unterrichtskonzept, 11.

[30] Ebd., 12.

[31] Ebd., 11.

[32] Ebd., 12.

[33] Ebd., 12.

[34] CHRISTIAN, PAUL: Vom Wertbewußtsein im Tun. In: BUYTENDIJK / CHRISTIAN / PLÜGGE: Über die menschliche Bewegung als Einheit von Natur und Geist. Schorndorf 1963, 19–44.

[35] Zeitschrift Sportpsychologie (2/88, 20–24).

[36] Ebd., 21.

Literaturverzeichnis

BALZ/BRODTMANN et al.: Schulsport wohin? Sportpädagogische Grundfragen. In: Sportpädagogik 21 (1997) Heft 1, 14–28.

BANNMÜLLER, E.: Rückmeldungen der SchülerInnen der Klasse 1a zur Sportstunde mit dem Thema „Prellen", unveröffentlichtes Manuskript.

BEUMER, D. J.; DONKERS, B.; HAZELEBACH, Ch.; KRIKKE, H.: Balancieren – Schwingen – Springen. In: sportpädagogik 4 (1980), Heft 5, 26–33.

BUYTENDIJK, F. J. J.: Allgemeine Theorie der menschlichen Haltung und Bewegung. Berlin, Göttingen, Heidelberg 1956.

CHRISTIAN, P.: Vom Wertbewußtsein im Tun. In: BUYTENDIJK/CHRISTIAN/PLÜGGE: Über die menschliche Bewegung als Einheit von Natur und Geist. Schorndorf 1963, 19–44.

ENNENBACH, W.: Bild und Mitbewegung. Köln 1989.

FUNKE WIENEKE, J.: Vermitteln – Schritte zu einem 'ökologischen' Unterrichtskonzept. In: Sportpädagogik 19 (1995) Heft 5, 11 ff.

FUNKE-WIENEKE, J.: Vermitteln zwischen Kind und Sache. Seelze 1997.

GORDIJN, C. C. F. et. Al.: Wat beweegt ons Bosch & Keuning. Baarn 1975.

KRÜGER, M.; GRUPE, O.: Sport und Bewegungspädagogik? In: Sportunterricht 47 (1998), Heft 5, 180 ff.

MEINEL, K.; SCHNABEL, G.: Bewegungslehre – Sportmotorik. Berlin 1987.

MERLEAU-PONTY, M.: Phänomenologie der Wahrnehmung. Berlin 1966.

TAMBOER, J. W. I.: Mensbeelden achter Bewegingsbeelden. Haarlem 1985.

TAMBOER, J. W. I.: Philosophie der Bewegungswissenschaften. Butzbach- Griedel 1994.

TREBELS, A. H.; CRUM, B.: Turnen – eine ungeliebte Sportart in der Schule? In: Sportpädagogik 4 (1980), Heft 5, 12 ff.

TREBELS, A. H.: Bewegen und Wahrnehmen. In: Sportpädagogik 17 (1993) 6, 19 f.

WEIZSÄCKER, V. v.: Der Gestaltkreis – Theorie der Einheit von Wahrnehmen und Bewegen. Stuttgart 1968.

WILLIMCZIK, K.; ROTH, K.: Bewegungslehre. Reinbek 1983.

ZEITSCHRIFT SPORTPSYCHOLOGIE (2/88, S. 20–24).

URSULA FRITSCH

Ästhetische Erziehung[1]

Vor dem Hintergrund einer allgemeinen ästhetischen Begeisterung in unserer Gesellschaft ist auch die Ästhetische Erziehung z. Zt. in einem neuen Aufschwung begriffen: Zeitschriften, Bücher, Kongresse, pädagogische Aktionen beschäftigen
sich damit – im Sportunterricht jedoch ist davon nicht so sehr viel zu spüren. Warum? Haben Körper und Bewegung nichts mit Ausdruck, Gestaltung, Phantasie zu
tun? Oder sollen die Sportkörper nichts damit zu tun haben? Oder geht man davon
aus, dass Ästhetisches im Sport schon hinreichend abgedeckt ist? Vielleicht wissen
Sportlehrerinnen und Sportlehrer auch nur nicht so genau, wie das denn gehen soll:
Ästhetische Erziehung in unserem Bereich von Körper und Bewegung.

Außer Ansätzen für eine Ästhetische Erziehung aus grundschulpädagogischer und
tanzpädagogischer Sicht hat eine breitere Diskussion in unserem Fach noch kaum
begonnen. Sie zu führen wäre wohl ein wichtiger erster Schritt, um die Defizite hinsichtlich dieser Thematik aufzuarbeiten. Die folgenden Fragen, Thesen und Erläuterungen sollen Anstöße geben zum Mit- und Gegendenken, zum Ähnlich- oder
auch Anders-Machen, auf jeden Fall zur Auseinandersetzung mit dieser besonderen Art des Körper- und Bewegungslernens.

Die Besonderheit lässt sich zunächst einmal mit dem Begriff des „ästhetischen Verhaltens" umreißen. Ziel jeglicher Ästethischen Erziehung wäre – allgemein formuliert – die Bildung, Übung und Ausdifferenzierung ästhetischen Verhaltens. Wenn
das nicht nur für z. B. Malen oder Musizieren, sondern auch für den Bewegungsbereich Gültigkeit haben soll, ist es wichtig, das Verständnis von „ästhetischem Verhalten" erst einmal offenzulegen.

Was bedeutet ästhetisches Verhalten? – Einige Thesen

1. Ästhetisches Verhalten ist weder überflüssige, musische Spielerei noch bezieht
    es sich normativ auf ein zeitlos „Schönes", auf einen abstrakten „ästhetischen
    Wert"; vielmehr ist es eine grundlegende Weise, sich seine Welt symbolisch zu
    vergegenwärtigen. Das heißt, der Mensch kann das, was er erlebt hat, was ihm
    widerfahren ist, was er empfindet und fühlt durch z. B. Bilder, Klänge, Bewe-
    gungen, poetische Sprache zum Ausdruck bringen; er kann es sich und anderen
    symbolisch präsent machen. („Ästhetisch" beinhaltet also mehr, als der All-
    tagsbegriff mit „schön" / „gefällig" meint.)

2. Ästhetisches Verhalten zeigt sich in zweierlei: in der „Aiesthesie", der sinnen-
    getragenen Wahrnehmung, soweit sie in uns Empfindungen und Gefühle ent-
    stehen lässt (also nicht in jeglicher Art und Wahrnehmung) sowie in der

„Poiesis", dem sinnengetragenen Gestalten, Schaffen, Hervorbringen. Selbstempfindungen bzw. Objektempfindungen werden in präsentativen Medien (Farben, Töne, Gesten formbare Materialien . . .) gestaltet.

3. Dieses ästhetische oder „präsentative" Symbolverhalten beinhaltet Erfahrungs- und Erkenntnismöglichkeiten eigener Art. Anders als die Allgemeinbegriffe unserer diskursiven Wort-Sprache sind präsentative Symbole geeignet, „unsagbares" subjektives Empfinden / Erleben / Betroffensein zu artikulieren, es sich und anderen sinnlich-wirklich greifbar zu machen (LANGER 1984). – Anders auch als wissenschaftlich-analytische Symbolisierungsformen, die auf Objektivität zielen und deshalb Subjekt und Objekt strikt getrennt halten, basieren präsentative Symbolisierungsformen darauf, dass sich Menschen berühren, anziehen, überwältigen lassen, dass sie sympathetisch mitempfinden, sich einfühlen, ihre „Einbildungskraft dem Wahrgenommenen entgegenschieben" (z. LIPPE 1987), dass sie „in" den Dingen sind und die Dinge in sich spüren.

4. Ästhetische Symbole sind nicht beliebig, willkürlich setzbar und austauschbar (wie etwa Verkehrszeichen). Sie sind an unseren „Leib-Habitus" gebunden (MOLLENHAUER 1988): Sie verkörpern leibseelische Erfahrungen, gehen also auch über Ornamente oder dekorhafte Verziehrungen hinaus.

5. Der Zusammenhang von „innerer" und „äußerer" Bewegung ist im ästhetischen Verhalten jedoch kein direkter, unmittelbarer (wie das Weinen bei Schmerzen). In der Formung, Bearbeitung eines widerständigen Materials wandelt und entwickelt sich gleichzeitig das „'innere' Material der bildhaften Vorstellungen, der Beobachtungen, Erinnerungen und Empfindungen . . ." (DEWEY 1980). D. h. im ästhetischen Gestaltungsprozess wird „Äußeres" und „Inneres" gleichzeitig neu gestaltet, gewinnen leib-seelische Erfahrungen erst in der Auseinandersetzung mit einem bestimmten Medium eine erkennbare Form.

6. Es ist nicht gleichgültig, in welchem Medium gestaltet, welcher „Sinn des Sinns" zum Tragen kommt. Wenn Kinder sich auch „ganzheitlich" in Bildern, Worten, Rhythmen, Gesten auszudrücken vermögen, so kommt für die Ausdifferenzierung und Entfaltung der Sinne und der Ausdrucksfähigkeit die Besonderheit je spezifischer Medien ins Spiel: mit Tönen habe ich andere Gestaltungs- und Ausdrucksmöglichkeiten als mit Farben oder Worten, mit dem Körper wiederum ist im Bewegen und Mich-Halten ein eigenes, grundlegendes Medium gegeben, das nicht ohne Verlust ersetzbar ist. Transformationen von einem in das andere Medium bedeuten deshalb wichtige, gewinnbringende Neu-Auseinandersetzungen, die nicht nur zu anderen Formen äußerer Art, sondern auch zur neuen Formierung des „inneren" Materials führen.

Widerstände bei der Förderung und Entfaltung ästhetischen Verhaltens

Unsere Lebensbedingungen sind so beschaffen, dass sie „die Sinne zwingen, an der Oberfläche zu bleiben" (DEWEY 1980). Wir sehen so viele Dinge, hören so viele Dinge – aber sie berühren uns nicht. Mit früh eingeübter Selbstbeherrschung nehmen wir vor allem „distanziert" wahr. Im Übermaß der Routinen, der gewohnten Zu- und Einordnungen der schnellen Erledigungen sind unsere Sinne so „stumpf" geworden, dass „das Empfinden des Lebens" (SKLOVSKIJ 1981) keine bewusstseinseintragende Rolle mehr spielt. Unsere Schulerziehung setzt auf jene Form der Rationalität, die auf Begriffsbildung, Theoretisierung, Systematisierung zielt. Diskursive und wissenschaftlich-analytische Symbolisierungsformen dominieren. Fächer, bei denen es um präsentative Symbole geht, werden (zumindest im heimlichen Lehrplan der Schule) nicht so ernst genommen, eher als Ausgleich und Erholung vielleicht gar als Spielerei betrachtet.

Ästhetische Erziehung ist kein grundlegendes Erziehungsprinzip. Statt dessen haben sich Spezialisten und Fachdisziplinen einzelner Sinne und Ausdrucksmedien bemächtigt. Körper und Bewegung sind Thema des Sportunterrichts. Und in diesem ist „Sport" mit seinen quantifizierenden und homogenisierenden Verfahren der Bezugspunkt: Vergleichbarkeit und Kontrollierbarkeit sind maßgebende Kriterien des Sports. So werden selbst die „schönen" Sportbewegungen als definierte Techniken gelehrt und gelernt; sportive Könnensmuster abstrahieren von subjektiven Empfindungen, Erinnerungen, Phantasien. Sportive Bewegungsgestaltungen operieren innerhalb vorgegebener Bewegungsbahnen und Schönheitsmuster. Im Sport geht es nicht um subjektive Form-Findung, sondern um ein Können in objektiven (intersubjektiv vergleichbaren) Formen.

Die zunehmende Ästhetisierung der Realität in unserer Massenmediengesellschaft hebt tendenziell die Differenz von Imaginärem und Realem auf. Unsere Welt wird immer phantomhafter, heißt es bei ANDERS (1981). Statt der Möglichkeit von Erfahrungen, in denen widerständige Strukturen von Welt lebensgeschichtlich verarbeitet werden, dominieren „Ereignisse" und „Erlebnisse", in denen Beliebig-Reizvolles geschieht, das ohne den Widerstand von Fremdheit konsumiert werden kann (KNÖDLER-BUNTE 1988). Ästhetische Inszenierungen bestimmen nicht nur Warenangebot, Wohnungseinrichtungen, Kleider und persönliche Aufmachung, sondern zunehmend auch Bewegung: in immer neuen Bewegungsmoden sind chic-dekorhafte und suggestive Momente verschränkt. Ob Body-Shaping, Aerobic, Flamenco, Break oder Dirty Dancing, ob Jogging, Surfen oder Skateboard, sie alle enthalten ästhetische Imperaktive, die Wahrnehmung und Bedürfnisse beeinflussen. Vorfabrizierte Ausdrucksmuster sind also immer schon zur Hand bzw. im Kopf und zunehmend auch schon im Körper von Schülerinnen und Schülern.

Hat ästhetische Erziehung im Sportunterricht der Schule eine Chance?

Ästhetische Erziehung hat dann keine Chance, wenn man davon ausgeht, dass Schule immer schon von vornherein jeden Ansatz für Erfahrungsprozesse, für intensive Auseinandersetzungen, speziell für ästhetische zunichte macht, und/oder wenn man annimmt, dass eine übermäßige Kulturindustrie Rezeptionsformen und Bedürfnisausprägungen weitgehend bestimmt. Sie hat auch keine Chance, wenn der Bezugspunkt des Unterrichts allein „Sport" und nicht der weitere Rahmen einer grundlegenden Körperbildung und Bewegungserziehung ist, in der der „Leib" auch als mögliches Ausdrucksorgan wahrgenommen und für wichtig erachtet wird. Sie hat auch dort keine Chance, wo zwar „schöne" Formen beigebracht werden, aber so, dass sich Schüler in fertige Ausdrucksmuster (mehr oder weniger gut) einpassen lernen und die Perfektion der Technik im Vordergrund steht ... aber auch dann nicht, wenn in falsch verstandener Offenheit alles beliebig bleibt, wenn weder Herausforderungen noch überhaupt Anforderungen deutlich werden und eine Spielerei mit Gesten und Gebärden schließlich im „Gemurkse" (z. LIPPE 1987) endet ... oder auch, wenn formale Wahrnehmungsübungen sich als Sinnes-„Trainings" verselbstständigen.

Dennoch: Ästhetische Erziehung hat eine Chance, wenn man davon ausgeht, dass gerade in der Schule noch ein pädagogisch „geschützter" Erfahrungsraum möglich ist (v. HENTIG), der auch gesellschaftlichen Modetrends und Phantomisierungen wenigstens bis zu einem gewissen Grade widerstehen kann, und wenn Lehrende es schaffen, Gelegenheiten für wirkende Erfahrungen und intensive Wahrnehmungen zu bieten. Sie hat eine Chance, wenn man von sich und den Schülerinnen und Schülern keine Kunstwerke verlangt, sondern bei elementaren Möglichkeiten des Experimentierens, Ausdrücken und Gestaltens ansetzt, dies aber kontinuierlich zu differenzieren und weiterzuentwickeln sucht.

Ästhetische Erziehung bekommt eine Chance, wenn man Raum und Zeit für ästhetische Lernprozesse schafft: Außer in üblichen Schulstunden sind ästhetische Auseinandersetzungen intensiver in Projektwochen, in Schulfestvorbereitungen, in fächerübergreifenden Vorhaben realisierbar. Und die Turnhalle ist nicht der einzige Bewegungsort; eventuell eignen sich Klassenraum, Musik-, Kunst-, Filmraum, Aula oder auch Treppen, Innenhöfe u. ä. viel mehr. Und sie hat dann eine Chance (wie ich von engagierten Lehrenden aus Schule, Hochschule und Freizeitbereich weiß), wenn man sich selbst auf ästhetische Erfahrungsprozesse einzulassen bereit ist, wenn man Lust bekommt, sich mit „widerständigem" Material auseinanderzusetzen, wenn man selbst einmal in einem ästhetischen Medium experimentieren, gestalten, symbolisch verstehen lernt ... und dabei die eigenen Ausdrucksstärken und -schwächen ins Spiel bringen kann.

Wesentliche Aspekte elementarer ästhetischer Lernprozesse mit Körper und Bewegung

Die Intensivierung des Empfindens im eigenen Bewegen und das Gewahrwerden von Verkörperungen

Eine wichtige Bedingung ästhetischen Verhaltens in unserem Bereich ist die Fähigkeit, sich selbst im Bewegen und Halten zu spüren und dessen gewahr zu werden, also der reflexive Umgang mit den Wahrnehmungsempfindungen.

Das lässt sich schon bei jenen einfachen Bewegungen üben, wie dem Heben des Kopfes, dem Aufrichten des Körpers, dem Loslassen, Sich-selber-Tragen und In-den-Raum-Bewegen (PUTTKAMER 1988 spricht von „Urgebärden des Menschen"), die seelisch „geladen" sind, wie viele andere Bewegungen auch (z. B. ein Zusammensinken oder Sich-Öffnen, ein Fallenlassen, ein Sprung etc. bis hin zu den „reinen" Ausdrucksgesten). Hier geht es nicht um Techniken, sondern um spürendes Gewahrwerden dessen, was diese Gebärden „sagen", ihre Bedeutung im eigenen leiblichen Fühlen. Solche Bedeutungen sind zumeist verschüttet, weil wir ihnen keine Aufmerksamkeit widmen.

Zu einer spannenden Entdeckungsreise kann das Nachspüren der im Körper eingravierten Alltagshaltungen werden oder der konventionellen sozialen Gesten (des Begrüßens, Zuhörens, Besichtigens etc.) oder auch sozialer Rollen (Mann-Frau, Lehrer-Schüler etc.), in denen sich subjektiv oder sozial-Bedeutsames verkörpern. Der Körper fungiere als „Speicher für bereitgehaltene Gedanken", meint BOURDIEU (1987), nur ist man sich gemeinhin dieser Verkörperungen nicht bewusst.

Dieses Nachspüren des Bedeutsamen im Bewegen ist wichtig bis hin zum Lernen von komplexeren Gymnastik- und Tanzbewegungen, deren „Sinn" man erst erfasst, wenn man in den besonderen Formen und Dynamiken deren spezifische Aussage spürt.

Sich ästhetisch artikulieren lernen oder: Übungen im Gestalten

Im Gewahrwerden des Bewegungsempfindens liegt die Möglichkeit damit zu spielen, zu experimentieren, zu gestalten. Jede Wahrnehmungsempfindung kann Anlass zum Gestalten sein, aber auch Musikern, Materialien, Erinnerungen, Phantasien usw. Um Formen hervorbringen zu können, bedarf es u. a. auch der Übung mit verschiedenen „Gestaltungsprinzipien" (BRÄUER 1989). In Anlehnung an die von BRÄUER beschriebenen Tätigkeiten seien hier genannt:

– *Ausgrenzen und Ordnen*, das erst dem Rahmen für mögliche Artikulationen schafft. Ohne diese Tätigkeit bleiben Gestaltungsversuche oft hilfloses Herumprobieren im Beliebigen oder Festhalten am Bekannten. Erst die Begrenzung des Möglichen auch im Sinne ungewöhnlicher Reduktionen lässt eine neue Formenvielfalt entstehen, deren ästhetische Wirkungen erfahrbar werden.

- *Rhythmisieren*, bei dem Ordnungen „schwingungsfähig und variabel" werden. Hierzu gehört sowohl der Aspekt des Sich-Einlassens, Mitschwingens, bei dem Körper und Bewegung resonanzhaft reagieren, als auch der Aspekt des aktiven eigenen Rhythmisierens, bei dem Rhythmen erst hervorgebracht und gestaltet werden.

- *Kontrastieren und Polarisieren*: Das „Erzeugen ästhetischer Gegensatzspannungen" stellt die wichtige Möglichkeit dar, einerseits Kontrasterfahrungen (hell-dunkel, nah-fern, spitz-stumpf, laut-leise etc.) zu artikulieren, andererseits Wahrnehmungsempfindungen zu differenzieren und zu intensivieren.

- *Sich-ähnlich-Machen*: Sich im eigenen Habitus anzuverwandeln an ein Gegenüber (einen anderen Menschen, ein Tier, einen Gegenstand) und sich dadurch das Andere, Fremde, Unvertraute zu eigen zu machen, es sich einzubilden, ist ein grundlegender Gestus ästhetischen Zur-Welt-Seins.

- *Verändern und Verfremden*: Allzu Vertrautes, Routinehaftes lässt sich dadurch wieder „neu" sehen und bewusst wahrnehmbar machen, wenn man es bedeutungsvoll in ein neues Licht rückt: durch parodistisches Verzerren, skurrile Übertreibungen, Verlangsamungen, Wiederholungen, Maskierungen etc. bekommt es eine neue äußere Gestalt, die auch neue innere Bilder provoziert.

- *Transformieren*: Dass Musiken / Rhythmen Bewegungen provozieren, kennen wir, dass sich Musiken durch Tanz auch ganz neu interpretieren lassen, ist eine Stufe mehr: ein reflexives Empfinden der Musik ruft „innere" Bewegungen hervor, die zu eigenen äußeren Bewegungsformen führen können. Diese Fähigkeit, auf eine Musik, ein Bild, ein Gedicht etc. leib-seelisch zu reagieren, sich anrühren zu lassen, macht es wiederum sinnvoll, das Wahrgenommene selbst noch einmal in einem neuen Medium zu artikulieren und dadurch für sich selbst zu „fassen". Transformationsversuche von Bildern in Bewegung, von Bewegung in Zeichnungen, von Zeichnungen in Gedichten etc. setzen ästhetisch-symbolisches Verstehen in Gang.

Den „Eigensinn" und die Widerständigkeit ästhetischer Medien erfahren

Ohne eine Erfahrung von Widerständigkeit kann sich auch das Bewegungs- und Ausdrucksvermögen nicht weiterentwickeln. Es ist hilfreich, ausgegrenzte Themen so zu wählen, dass sie einen „eigensinnigen" Rahmen bieten: ungewöhnliche Musiken eingeengte Bewegungsmotive, sperrige Räume, merkwürdige Materialien fordern zu Auseinandersetzungen heraus, lassen sich nicht einfach erledigen. (So wären für Phantasie-, Traum- u. a. Geschichten die komplexen Handlungen in spezifischen Szenen mit eigenem Rahmen sinnlich-greifbarer Art zu fassen, so dass sie über ein dazwischengeschaltetes ästhetisches Medium neu artikulierbar sind).

In den ausgegrenzten Themen erfahren Schülerinnen und Schüler auch immer wieder die Grenzen ihres Bewegungsvermögens (z. B. im rhythmischen Differenzieren, in dynamischen Spannungsvariationen, im Koordinationsvermögen, im Spiel mit Schwere und Leichtigkeit, im Kampf um Balance etc.) und dadurch die Notwendigkeit, „sich zum Instrument zu bilden" (WIGMAN 1986). Den Körper selbst auch als widerständiges Instrument wahrzunehmen, bedeutet, anhand bestimmter „Körperfragen" dieses Instrument spielbar, d. h. aussagefähig zu machen – nicht durch Addition von unverbundenen Übungen, die den Körper durchdeklinieren, sondern durch insistierendes, variationenreiches Verweilen bei einer aufgetauchten Körperfrage. (Solche Körperfragen können auch Tanzstile sein, deren typische Ausdrucksweise es innerlich nachzuempfinden und mit dem Instrument Körper hervorzubringen gilt.)

Symbolisch verstehen lernen – auch an Kunstwerken

Wenn Kunstwerke die Dokumentation intensiven ästhetischen Verhaltens sind, kann man sie auch in einer elementaren ästhetischen Erziehung nicht missen. In Korrespondenz zu eigenen symbolischen Artikulationen lassen sich an ihnen Symbolisierungsformen zum Bewusstsein bringen. Damit sind (wie MOLLEN-HAUER, 1988, betont) keine kunstwissenschaftlichen Interpretationen oder ein Wissen um Stilunterschiede angezielt, sondern es geht um die Fähigkeit, ästhetische Gestalten (z. B. auch in abstrakten Bildern, die keine Inhalte repräsentieren) im eigenen leib-seelischen Empfinden zu spüren, ästhetische „Figuren" als Symbole für ein imaginierbares inneres Ereignis wahrnehmen und d. h. verstehen zu lernen. Die Auseinandersetzung mit künstlerischen Bewegungsgestaltungen (von traditionellen Tanz-Choreographien bis zum Bewegungstheater) ist sicherlich schwierig. Ob Kinder sich davon vielleicht zu Zeichnungen oder Gedichten, zum Marionetten-Puppenspiel (mit einfachen Fadenpuppen) oder Schattenspiel anregen lassen, ist auszuprobieren. Ältere Schüler können angeregt werden, einzelne per Video eingespielte Bewegungsszenen genau zu beschreiben, um dann auch ihre Wahrnehmungsempfindungen zu artikulieren.

Wider eine Isolierung ästhetischer Praxis

Die Überlegungen zu wesentlichen Aspekten ästhetischen Lernens dürfen den folgenden Sachverhalt nicht unberücksichtigt lassen, der in der heutigen Lebenssituation zunehmend gravierender wird: Kinder und Jugendliche haben immer weniger Gelegenheiten, in ihrer Lebenswelt noch sinnlich-materielle Realerfahrungen zu machen, sich in ihrer Umwelt noch selbst handelnd auseinanderzusetzen. Damit wird aber auch einer ästhetischen Erziehung der Boden entzogen: Es ist gewissermaßen nichts mehr da (an Erfahrungen, bedeutsamen Erinnerungen, Wahrnehmungen), das ästhetisch-symbolisch artikuliert werden könnte. ZACHARIAS

(1983) plädiert deshalb dafür, den Rahmen für eine ästhetische Praxis sehr weit zu ziehen und in gezielten „pädagogischen Aktionen" Handlungsfelder ganz vielfältiger Art für Kinder zu eröffnen, durch die die Lebenswelt wieder zur aktiven Lernumwelt wird. Für Schule ließe sich in diesem Sinne vielleicht umgekehrt sagen, dass die Lernwelt wieder mehr von einer Lebensumwelt bekommen müsste, in der Schülerinnen und Schüler zum aktiven Zugriff auf dortige konkrete Situationen ermuntert werden – z. B. zur Raum- oder Schulhofgestaltung, zur Herstellung einer Schulzeitung, zur Organisation einer Ausstellung, zur Vorbereitung von Festen, auch Sportfesten, Zirkusveranstaltungen, Tanz und Theatervorstellungen … (Wie sähe es aus, wenn z. B. in einer Projektwoche alle Schulräume neu gestaltet werden: zu Wahrnehmungsräumen – Hör-, Riech-, Tasträumen-, zu Erkundungs- oder „action"-Räumen, zu Spiel-, Ausstellungs-, Tanzräumen, zu einem Besinnungsraum, Begegnungsraum, Ruheraum etc.). Erst in der Verschränkung solch komplexer Vorhaben, die vielfältiges Tätigsein ermöglichen, mit ästhetischen Lern- und Übungsprozessen wird vielleicht der Grundimpuls ästhetischen Verhaltens wirklich spürbar: sich seine Welt(erfahrungen) sinnlich-symbolisch zu vergegenwärtigen.

Hinweise für die Unterrichtspraxis

Wie sieht die Methode bzw. sehen verschiedene Methoden ästhetischen Lernens aus, gibt es nicht noch genauere Anhaltspunkte? Ich verstehe die Fragen als Bemühungen, um möglichst weitgehende Hilfen für die Unterrichtspraxis, zumindest um die Verdeutlichung der Verbindung zur Praxis sehen zu können.

Nun wären methodische Angaben im engeren Sinne – wie die im Sportunterricht gängigen methodischen Übungsreihen oder Ansteuerungsprogramme, die linear auf definierte Zielformen hinführen – für einen entdeckend-gestalterischen Auseinandersetzungsprozess ein Widerspruch in sich. In einem weiteren Verständnis von „Methode" jedoch ließen sich Hinweise zu Unterrichtsprinzipien, Bedingungen ästhetischen Lernens, Strukturierungshilfen, Inhaltsauswahl geben. Dazu möchte ich einen zentralen Punkt meiner Ausführungen aufgreifen und dessen Konkretisierung in Verbindung zur Praxis skizzieren (vgl. FRITSCH 1987, 291 ff.).

Wenn im Lehr-/Lernprozess ästhetisches Verhalten entwickelt und ausdifferenziert werden soll, sind Erlebnisse ästhetischen Wahrnehmens und Gestaltens wichtig und wünschenswert, aber nicht hinreichend; es muss auch Widerständigkeit erfahrbar werden. Das bezieht sich nicht nur auf das „Instrument" Körper, sondern ist ein durchgängiges Prinzip ästhetischer Lernprozesse. Erst dadurch können intensive Auseinandersetzungen in Gang kommen, können auch vorhandene Routinen und Schemata aufgebrochen werden. Der Lehrende muss Widerständigkeit durch die Themen, Aufgaben und Bedingungen, die er setzt, regelrecht „erzeugen". Wie kann er das? Hier seien wichtige einzelne Prinzipien genannt:

- Durch *Einengungen* auf eine begrenzte Bewegungsaufgabe, auf ein Körperteil, ein Sinnesorgan, das zum „Thema" wird (z. B., wenn die Füße zum Thema von Wahrnehmungs- und auch Gestaltungsprozessen werden).
- Durch *Erschwerungen* des Bewegens mittels „behindernder" Kostümierungen oder „diktierender" Raumsituationen (z. B. durch Kostüme des Traidischen Balletts von O. Schlemmer).
- Durch *Verfremdungen / Verwandlungen* in verrückten, ungewohnten Bewegungssituationen, durch merkwürdige Klänge, dazwischengeschaltete Materialien (z. B. die Verfremdung der Alltagssituation „Wartezimmer" durch Zeitungspapier).
- Durch *Transformationen* von Bildern, Plastiken, Musiken, Gedichten in Bewegung und umgekehrt (z. B. wenn Bilder in Tänze „überführt" werden).
- Auch durch *Verlangsamen* oder *Anhalten* des Bewegens, wodurch ein Spüren und Gewahrwerden im eigenen Bewegen intensiviert wird (das wäre bei allen Themen möglich).

Widerständigkeit, die die Suche nach eigenen Formen anregt und Phantasien provoziert, macht auch die Notwendigkeit von handwerklich-technischem Üben deutlich, bei dem der Musik, der Bewegung, dem Material dessen bzw. deren Eigen-Sinn „abzulauschen" ist (SELLE 1986). Jene Übungen brauchen zwar Zeit, sollten sich aber nicht völlig verselbstständigen: ästhetische Lehr-/Lernprozesse bedeuten ein komplexes Ineinander von Erleben, Widerstände erfahren, Suchen, Üben, Finden. Sie verlaufen eher spiralförmig. Dennoch soll hier versucht werden, die im Unterricht durch Anleitung mögliche Folge von verschiedenen Phasen eines Gestaltungsprozesses aufzuzeichnen:

- *Konfrontation der Schülerinnen und Schüler mit einem „ansteckenden", neugierig machenden, lustigen oder auch befremdlichen (Bewegungs-, Musik-, Bild-, Wort-)Material, bei dem keine routinemäßigen, schnellen Einordnungen möglich sind.*
- *Spielerisches Probieren, Experimentieren, Erkunden;* Sich-Einlassen auf das Material und ihm dabei etwas „ablauschen".
- Widerständige *Einengungen, Erschwerungen, Verfremdungen* ..., die das mitgebrachte, vielleicht noch „glatte" Material aufrauhen, in ein neues Licht rücken, Perspektiven öffnen, die sich erweitern und Phantasie-Entwicklung anregen.
- Gezielteres *Suchen, Üben,* auch handwerkliches *Erarbeiten;* dabei immer schon wichtige „Funde" registrieren.
- Die anfänglich *weite Thematik* jetzt *schärfer* oder *neu fassen* und themenbezogene Gütekriterien entwickeln.
- *Gestaltpräzisierungen* im Sinne subjektiv gültiger Formen (das „Subjekt" kann auch die Klein-Gruppe sein).

– Eventuell noch (und häufig sehr empfehlenswert): *Darbietung* der Gestaltung vor anderen (Schülern, Eltern, Freunden) und auch gemeinsame „Werkbetrachtung" (Rezensions- bzw. Interpretationsversuche durch Mitschüler, Diskussion der Gütekriterien).

Ein solcher mehrphasiger und spiralförmig sich in den Phasen wiederholender ästhetischer Lernprozess lässt sich schwerlich in eine einzige Unterrichtsstunde pressen. Um einer Weiterentwicklung eine Chance zu geben, müssten zumindest mehrere Unterrichtsstunden dafür zur Verfügung stehen (Projektunterricht); besonders geeignet erscheinen Kompaktveranstaltungen (Projektwoche).

Wie das, bitteschön, gehen soll? Diese Frage lässt sich immer wieder, und das sicher mit Recht, stellen. Unsicherheit, ob und wie es „gehen" soll, ist jedoch nicht nur negativ. Für ästhetisches Lernen, scheint mir, gehört sie sogar wesentlich dazu (auch beim „Könner"); sie kann fruchtbares Moment für Entwicklungs-Spielräume sein, wenn sie nicht so groß ist, dass von vornherein abgeblockt wird. Für sich allzu unsicher Fühlende vielleicht noch der Rat: den ästhetischen Lernprozess zunächst einmal in den hier aufgezeichneten ersten beiden Phasen für sich und die Schüler zu erproben. Erst wenn es „geht", sollte man dabei nicht stehen bleiben.

Anmerkung

[1] Leicht redaktionell veränderter Wiederabdruck des Beitrags aus: sportpädagogik, Heft 5, 1989, S. 11–16 unter dem Titel: „Ästhetische Erziehung: Der Körper als Ausdrucksorgan".

Literatur

ANDERS, G.: Die Antiquiertheit des Menschen. 1. Bd. München 1980[5], 2. Bd. München 1981[2].

BOURDIEU, P.: Sozialer Sinn. Frankfurt/M. 1997.

BRÄUER, G.: Zugänge zur ästhetischen Elementarerziehung. Hrsg. vom Deutschen Institut für Fernstudien. Tübingen 1989.

DEWEY, J.: Kunst als Erfahrung (1934). Frankfurt/M. 1980.

FRITSCH, U.: Tanz, Bewegungskultur, Gesellschaft. Verluste und Chancen symbolisch-expressiven Bewegens. Frankfurt/M. 1987.

KAMPER, D./KNÖDLER-BUNTE, E./PLESSEN, M.-L./WULF, C.: Tendenzen der Kulturgesellschaft. In: Ästhetik und Kommunikation. Heftthema: „Kulturgesellschaft. Inszenierte Ereignisse". Berlin: 1988, S. 111–128.

LANGER, S.: Philosophie auf neuem Wege. Das Symbol im Denken, im Ritus und in der Kunst (1942). Frankfurt/M. 1984.

LIPPE, R. z.: Sinnenbewußtsein. Grundlegung einer anthropologischen Ästhetik. Reinbek 1987.

MOLLENHAUER, K.: Ästhetische Bildung und Kultur – Begriffe, Untersuchungen, Perspektiven. Hrsg. vom Deutschen Institut für Fernstudien. Tübingen 1988.

PUTTKAMER, M. v.: Gestalt und Gebärde – Wegweiser zum Wort. In: Poiesis (1988), 4.

RUMPF, H.: Mit fremdem Blick. Weinheim, Basel 1986.

DERS.: Belebungsversuche. Weinheim, München 1987.

DERS.: Ernstes Spiel. Anmerkungen zur „Stadt der Kinder" im Olympiapark München. In: Süddeutsche Zeitung 1988.

DERS.: Aus einer elementarpraktischen Übung. In: Poiesis (1986), 1.

SELLE, G.: Gebrauch der Sinne. Eine kunstpädagogische Praxis. Reinbek 1988.

SIEGFRIED, W.: Stadttanz. Übungen zur Ganzheit. In: Poiesis (1988), 4.

SKOLOVSKIJ, V.: Die Kunst als Verfahren. In: Striedter, J.: Russischer Formalismus. München 1981[3].

WIGMAN, M.: Die Sprache des Tanzes. München 1986[2].

ZACHARIAS, W.: Ästhetisches Lernen in der Lebenswelt. In: Jahrbuch Ästhetische Erziehung 1. Berlin 1983.

ECKART BALZ / PETER NEUMANN

Erziehender Sportunterricht

1. Einleitung

Das „Taschenbuch des Sportunterrichts" enthält in seiner dritten Auflage – im ersten Teil des ersten Bandes – einen zentralen sportpädagogischen Beitrag von GÜNZEL (1985) über „Sportunterricht und emanzipatorische Erziehung". Mit diesem Text wird versucht, unter Rückgriff auf kritische Erziehungsansätze „Emanzipation" als pädagogische Leitidee für den Sport in der Schule auszuweisen. Möglichkeiten einer emanzipatorischen Erziehung im Sportunterricht werden in den offensichtlichen Spielräumen gesehen, die unser Fach den am Unterricht Beteiligten bietet; Grenzen werden u. a. in den latenten Auffassungen von „Praktikern" vermutet, die den überhöhten Erziehungsanspruch für ein „Bewegungsfach" in Zweifel zögen.

In der vorliegenden Ausgabe des Taschenbuchs wird dieser emanzipatorische Anspruch nicht mehr explizit vertreten. Das hängt wohl auch damit zusammen, dass sich eine stringente Orientierung an allgemeinen (und scheinbar beliebigen) Zielvorstellungen sportdidaktisch nicht durchsetzen konnte. Dennoch mehren sich wieder die Anzeichen, dass nach einer Phase der Dominanz pragmatischer Ansätze nun eine fachdidaktische Hinwendung zur *pädagogischen* Akzentuierung unseres Faches stattfindet. Dafür sprechen insbesondere jene Diskussionen, die gegenwärtig angesichts bildungspolitischer Umbrüche und eines wachsenden Legitimationsdrucks auf den Sportunterricht geführt werden. Auch die verschiedenen Beiträge zur Umwelt- und Gesundheits-, Geschlechter- und Sozialerziehung – z. B. in diesem Band – betonen erzieherische Aufgaben (vgl. dazu u. a. BALZ / NEUMANN 1997).

Im Folgenden wollen wir einige Überlegungen zum Konzept eines erziehenden Sportunterrichts beisteuern, ohne bereits einen abgeschlossenen Entwurf vorlegen zu können. Wir werden zunächst (sport-)pädagogische Begründungen aufarbeiten (I), dann aktuelle fachdidaktische Entwicklungen markieren (II) und schließlich auch praktische Orientierungen für einen erziehenden Sportunterricht geben (III).

2. Pädagogische Grundlagen

Die nachstehenden Versuche einer (sport-)pädagogischen Konzeption des erziehenden Unterrichts setzen an einem Vorverständnis der beiden zentralen Begriffe „Erziehung" und „Unterricht" an (I. 1) und nehmen Argumente aus der Tradition dieses Konzepts – nach HERBART – auf (I. 2). Darüber hinaus wird Anschluss an die allgemeine und fachbezogene – bildungstheoretische – Didaktik gesucht (I. 3) und eine Verbindung zum postmodernen Diskurs in der Sportpädagogik hergestellt (I. 4). Eine systematische Aufarbeitung weiterer Begründungen, vor allem aus entwicklungs- und schultheoretischen Ansätzen, kann an dieser Stelle nicht geleistet werden (vgl. ansatzweise sportpädagogik 1/97, 14–28).

2.1 Zum Verständnis von Erziehung und Unterricht

In der Schule liegt dem Unterrichtsfach „Sport", wie jedem anderen Schulfach auch, ein verpflichtender Erziehungs- und Unterrichtsauftrag zu Grunde. Erläuternde Formulierungen werden in den jeweiligen Lehrplänen schul- und stufenspezifisch ausgewiesen; diese Aussagen differieren je nach Bundesland (vgl. II. 4). Kann man angesichts dieser Differenzierungen und Unterschiede von *einem* Verständnis von Erziehung und Unterricht ausgehen?

Wohl kaum, denn nicht nur, dass die curricularen Erziehungs- und Unterrichtsvorstellungen differieren, auch die Sportdidaktik vertritt unterschiedliche Erziehungsvorstellungen und Unterrichtskonzepte. So geht beispielsweise GRÖSSING (1988) von folgenden für den Sportunterricht ausgewiesenen Erziehungsaufgaben aus: Bewegungserziehung, Spielerziehung, Sporterziehung und Gesundheitserziehung (83–88). Insofern diese Erziehungsaufgaben im Unterricht angesteuert und eingelöst werden sollen, haben sie Einfluss auf die Gestaltung von Unterricht. Erziehung und Unterricht sind nicht dasselbe, wenngleich beides im schulischen „Sportunterricht" ausdrücklich (dem Lehrer) aufgetragen ist. Worin lassen sich Erziehung und Unterricht unterscheiden und in welchem Verhältnis stehen diese zueinander?

Erziehung lässt sich differenzieren in intentionale und funktionale Erziehung. Im Sportunterricht erzieht die Sportlehrkraft. Sie versucht, vorab bestimmte und ihr wichtige Erziehungsziele zu verfolgen und ein Erreichen zukünftiger Wirkungen, wie z. B. gesundheitliche Effekte, anzubahnen. In diesem Sinne werden die Schülerinnen und Schüler intentional erzogen, also mit Absicht und zumeist auf der Grundlage von Verbesserungen ihrer Fertigkeiten und Fähigkeiten. Eine formale oder funktionale Erziehung wurde dagegen in der Zeit der bildungstheoretischen Fachdidaktik eingefordert; man ging davon aus, dass durch das Betreiben von Leibesübungen bestimmte, der Sache inhärente Bildungsgehalte mitvollzogen würden, ohne dass es dazu einer besonderen unterrichtlichen Aufbereitung bedurft hätte (vgl. GRUPE/KRÜGER 1997, 161 f.).

Erziehung im Sportunterricht ist aber an festgelegte Orte, Zeiten, Normen und Bestimmungen gebunden, die man als „Strukturen" bezeichnen kann. Auch diese Strukturen erziehen im Sportunterricht. So werden die Schülerinnen und Schüler z. B. von zeitlichen Vorgaben erzogen: Weil sie pünktlich in der nächsten Unterrichtsstunde sein müssen, kann das begeisternde Spiel nicht zu Ende gebracht werden. Auch nimmt die Schule eine jahrgangshomogene Selektion vor, so dass in den

Schulklassen zumeist gleichaltrige Schüler unterrichtet werden (vgl. THIEL/NEU-MANN 1998).

Eine vorläufige Definition von Erziehung kann in Anlehnung an GRUPE/ KRÜGER (1997) wie folgt lauten: „Erziehung bezeichnet somit sowohl das konkrete erzieherische Handeln einzelner Erziehungspersonen als auch die unterschiedlichen Sinnbezüge und die strukturellen Zusammenhänge, in die Erzieher, zu Erziehende und Erzogene eingebunden sind" (65). Unbestimmt geblieben ist jedoch bislang die Art und Weise, wie Erziehung im Unterricht eingelöst werden soll. In Anlehnung an BENNER vertritt SCHERLER (1997, 9) ein Erziehungsverständnis, das Erziehung als „Aufforderung zur Selbsttätigkeit" versteht. Der zu Erziehende soll im Sportunterricht aufgefordert werden, sich selbst handelnd und denkend zu beteiligen; denn „kein Lehrer kann Schülern das Lernen abnehmen. Er kann sie dabei nur unterstützen" (ebd.). Die Herausgeber der Zeitschrift sportpädagogik (1/97) formulieren ein ähnliches Erziehungsverständnis, in dem Erziehung als Aufforderung zur Selbsterziehung ausgewiesen wird. Weil der Erzieher nicht über die Wirkung seiner erzieherischen Intention beim Schüler im Sportunterricht verfügen kann, wird von einem als freiwillig zu verstehenden Erziehungsangebot ausgegangen. Diese „Freiwilligkeit" meint nicht die freigestellte Teilnahme am Sportunterricht, sondern Freiwilligkeit bezieht sich auf die individuelle Akzeptanz bewegungsbezogener Herausforderungen in einer dialogischen Auseinandersetzung mit dem Erzieher. Der Schüler kann den erzieherischen Absichten des Lehrers widersprechen.

Erziehung beinhaltet somit zwei Seiten, zu denen erzogen wird: Zum einen wird im Sportunterricht die individuelle Bildung der Persönlichkeit angestrebt und zum anderen soll eine Ausbildung sportlicher Kompetenzen und eine Einführung in sportliche Handlungskontexte geleistet werden. Verfolgt man eine analytische Unterscheidung, dann kann der Erziehungsprozess in eine personenbezogene Erziehung und eine sachbezogene unterrichtliche Ausbildung gegliedert werden (vgl. BECKERS 1985, 92). Analytisch ist eine solche Unterscheidung deshalb zu nennen, weil im Sportunterricht dieses Getrennte gewöhnlich zusammenfällt. Man kann von der empirischen These ausgehen, dass schulischer Unterricht ohne Erziehung nicht denkbar ist, weil die institutionalisierte Form schulischer Erziehung in den Unterricht hineinwirkt (vgl. MEYER 1997, 27). Zumindest sollte das eine (Unterricht) das andere (Erziehung) nicht ausschließen. Unterrichten heißt also, die Sache die Schüler zu lehren. Wie die Sache den Schülerinnen und Schülern nahegebracht wird, hängt nicht zuletzt vom jeweiligen Erziehungsverständnis der Lehrperson ab.

Im erziehenden Sportunterricht wird der Ausgangspunkt erzieherischer Bemühungen in der Auseinandersetzung der Schülerinnen und Schüler mit sportlich-spielerischen Handlungssituationen gesehen. Intendiert wird neben der Einführung in den Sport und einer kritischen Distanz zum Sport, eine stärkere Betonung pädagogischer Aufgaben des Schulsports.

2.2 Erziehender Unterricht in der pädagogischen Tradition

Der Begriff des erziehenden Unterrichts wurde von HERBART geprägt. Ihm ging es über die bloße Vermittlung von Wissen und Können hinaus vor allem darum, bei jungen Menschen auch Interesse für eine Sache zu wecken, sie zur Mitgestaltung des Unterrichts anzuregen und ihre Charakterstärke zu kultivieren: „Und ich gestehe gleich hier, keinen Begriff zu haben von Erziehung ohne Unterricht, sowie ich … keinen Unterricht anerkenne, der nicht erzieht" (HERBART 1806, 22). Mit dieser zweifachen Abgrenzung unterstreicht HERBART, daß „sowohl eine direkte, den 'Umweg' über den Unterricht vermeidende Erziehung als auch 'bloßer' Unterricht defiziente Formen pädagogischer Praxis darstellen" (BENNER 1997, 51).

Wenn HERBARTs Pädagogik später mit einer Formalisierung und Methodisierung des Lehrens in Verbindung gebracht wurde, so liegt das wohl eher an jenem Unterrichtsverständnis, das von anderen in seinem Namen als technokratische Unterrichtslehre entwickelt wurde. Jedoch ist die Idee eines schulischen Unterrichts, der immer auch erzieherisches Handeln einbezieht, nie verloren gegangen. Zur Zeit der Reformpädagogik etwa rückten solche Vorstellungen wieder ins Zentrum, und mit den Bemühungen um eine pädagogische Schulreform zeichnet sich seit einigen Jahren eine vergleichbare Tendenz ab.

Dabei lässt sich der erziehende Unterricht in Unterscheidung zu anderen Unterrichtskonzepten – allgemein gesprochen – an folgenden Merkmalen festmachen (vgl. BALZ 1990; DIEDERICH 1985; LEHNEN u. a. 1977):

(1) Erziehender Unterricht ist ganzheitlich angelegt: Kinder und Jugendliche brauchen, um ihre Persönlichkeit sowie ihre soziale Handlungsfähigkeit und Sachkompetenz entfalten zu können, eine komplexe Förderung, die gleichermaßen auf „Kopf, Herz und Hand" gerichtet ist.

(2) Erziehender Unterricht behandelt fachübergreifende Themen: Die Grenzen der Unterrichtsfächer sollen mit Blick auf unsere vielschichtige Lebenswirklichkeit und die lebensweltlichen Verstrickungen der Schülerinnen und Schüler durch eine bewusste Erfahrungs- und Handlungsorientierung, Projekte und Vorhaben überschritten werden.

(3) Erziehender Unterricht lässt die Schüler mitbestimmen: Auf der Grundlage eines praxiswirksamen Demokratieverständnisses ist beabsichtigt, Kinder und Jugendliche an Entscheidungen über die Auswahl von Themen und die Bestimmung von Lernwegen in zunehmenden Maße teilhaben zu lassen.

(4) Erziehender Unterricht setzt auf selbstständiges Handeln: Die Schülerinnen und Schüler sollen durch offene, problemorientierte Vorgehensweisen angeregt werden, möglichst selbsttätig zu arbeiten, ihre Initiative und Kreativität zu nutzen und sich so eine Sache wirklich anzueignen.

(5) Erziehender Unterricht benötigt rollenbewusste Lehrkräfte: Das Selbstverständnis der Lehrerinnen und Lehrer muss über ihre Funktion als Sachver-

walter und Unterrichtsexperten hinausgehen, die Reflexion ihrer Erziehungs-
aufgabe und Vorbildwirkung einschließen und in ein freudvolles Engagement
für die Schülerinnen und Schüler und den Unterricht münden.

(6) Erziehender Unterricht durchdringt das Schulleben: Der Anspruch einer Verknüpfung von Erziehung und Unterricht zielt auf die „ganze" Schule als Lern-
und Lebensraum; an der Gestaltung, Entwicklung und Öffnung von Schule
sollen die Betroffenen beteiligt werden.

Das besondere Verdienst einer zeitgemäßen Aufarbeitung des erziehenden Unterrichts nach HERBART gebührt heute RAMSEGER (1991). Er sieht die Grundzüge der Lehre vom erziehenden Unterricht in der „auf allgemeine Menschenbildung" zielenden Pädagogik (1991, 22) und in HERBARTs Vorstellung von „Mündigkeit oder 'Moralität' als 'ganzer' Zweck der Erziehung" (21): „Der erziehende
Unterricht soll ... den Zögling in die Lage versetzen, sich eigene Zwecke zu setzen" (22). Zentrale Bestimmungsstücke dieses Konzepts sind ein Lernbegriff, „der
Lernen als Wechselspiel zwischen Vertiefung und Besinnung, also zwischen Weltan-
eignung und Selbsterfahrung begreift" (54), die Mitwirkung am eigenen Lernpro-
zeß und ein „Fächergrenzen transzendierender Unterricht" (55). Dementsprechend impliziert der erziehende Unterricht erstens eine thematische Öffnung für
vielseitige Handlungs- und Erfahrungsgelegenheiten, zweitens eine methodische
Öffnung für selbstständige Mitgestaltungsmöglichkeiten und drittens eine institu-
tionelle Öffnung für außerschulische Lern- und Lebensfelder (vgl. ebd., 63). In
diesem Sinne muss die Schule auch „'Zucht' ausüben, d. h. die Lernenden an geeigneten Punkten und in geeigneten Projekten zum Handeln in realen Lebenssituatio-
nen auffordern" (109).

RAMSEGER bezieht nun solche Überlegungen auf gegenwärtige pädagogische
Reformprogramme und kommt zu dem Ergebnis, dass insbesondere „Projekte
praktischen Lernens" die Idee eines erziehenden Unterrichts transportieren können und Hinweise geben, „wie man beides miteinander vereinen kann: die Qualifi-
kation der Schüler durch innerunterrichtliche Analyse der Lebenswirklichkeit voranzutreiben und die Sinnstiftung für ihre analytischen Bemühungen im praktischen
Handeln ... sicherzustellen. Solche Projekte erweisen sich jedoch erst dadurch als
Projekte erziehenden Unterrichts, daß das praktische Handeln in ihnen gerade
nicht zum Zwecke der Motivation oder um der Schulung praktischer Kompetenzen
willen erfolgt, sondern 'aus eignem richtigen Sinn', d. h. um der Sache selbst willen" (231). Diesen Gedanken hat übrigens SCHIERZ (1995) für den Sportunterricht sowohl grundsätzlich – unter Rückgriff auf das schulpädagogische Prinzip der
Lebensnähe – erläutert als auch exemplarisch an einem (wenn auch nur erfunde-
nen) Bewegungsvorhaben von Schülern der neunten Klasse in einer Hamburger
„Nachbarschaftsschule" ausgeführt.

Bilanzierend macht RAMSEGER darauf aufmerksam, dass die „Bedingungen der
Möglichkeit" selbstverständlich „nicht identisch mit den Bedingungen der Wirk-

lichkeit" sind (233): Erziehender Unterricht dürfe keineswegs bloß durch Richtlinien und Lehrpläne gestützt werden, in denen dies bereits verbreitet und formelhaft niedergeschrieben sei (vgl. II. 4), sondern müsse vor allem auch durch engagierte Lehrkräfte vor Ort sowie durch politisches Handeln mit Blick auf die „Strukturen unserer Bildungsinstitutionen" (233) vorangetrieben werden. Diese Widersprüchlichkeit zwischen pädagogischen Zielen und schulischen Strukturen monieren nicht zuletzt CACHAY/THIEL (1996), wenn sie auf notwendige Veränderungen der Zensurengebung etc. unter dem Anspruch intentionaler Erziehung im Sportunterricht verweisen.

Wir wollen trotz solcher institutionellen und organisatorischen Widerstände am Konzept des erziehenden Unterrichts ansetzen (vgl. BENNER 1985): Fachdidaktische Konsequenzen für einen erziehenden Sportunterricht werden im Folgenden zuerst vorläufig aus bildungstheoretischer Sicht (vgl. I. 3), dann vertiefend aus der Beziehung zwischen Mehrperspektivität und erziehendem Sportunterricht (vgl. II. 2) und schließlich praxisorientiert an Beispielen aus der Wagnis- und Gesundheitserziehung entfaltet (vgl. III).

2.3 Anhaltspunkte aus der bildungstheoretischen Didaktik

Bildung und Mündigkeit können als Ziel von Erziehung begriffen werden (vgl. I. 1 und 2). Dabei meint Bildung eine zwischen Mensch und Welt vermittelte Gesamtverfassung, die individuelle Entwicklungen und sozialisatorische Einflüsse einschließt. Während die Pädagogik über erzieherische Einflussnahme zum Zweck der Bildung allgemein reflektiert, beschäftigt sich die Didaktik mit derselben Frage bezogen auf *unterrichtliche* Prozesse (in der Schule). Didaktische Modelle sind zahlreich und verschieden: Nebeneinander stehen u. a. informations- und lerntheoretische, materialistische und kritisch-kommunikative, systemtheoretische und bildungstheoretische Modelle (vgl. KRON 1994, 117 ff.). Die bildungstheoretische Didaktik nach KLAFKI (1996) kann in diesem Zusammenhang als der am weitesten ausgearbeitete und verbreitete Ansatz gelten; aus ihm lassen sich auch ergänzende Anhaltspunkte für den erziehenden Unterricht gewinnen.

KLAFKI unternimmt die Fundierung seiner Didaktik durch eine Bildungstheorie. Grundlage ist ein Begriff von Bildung „verstanden als Befähigung zu vernünftiger Selbstbestimmung"; „deshalb ist denn auch *Selbsttätigkeit* die zentrale Vollzugsform des Bildungsprozesses" (1996, 19). Das Konzept allgemeiner Bildung soll zugleich Bildung für alle und Bildung im Medium eines (objektiv-kulturell) Allgemeinen sein. Und sie ist „auch insofern *allgemeine* Bildung, als sie Entfaltung aller *menschlichen 'Kräfte'* ..., *umfassende Menschenbildung oder Bildung von 'Kopf, Herz und Hand'* ... oder *Bildung der 'Vielseitigkeit des Interesses'* (wie HERBART formuliert) sein soll" (30). Den eigentlichen Bildungsauftrag macht KLAFKI nun an bestimmten „epochaltypischen Schlüsselproblemen" fest, die sich auf gesellschaftliche Fragen der sozialen Ungleichheit und des Geschlechterverhältnisses, von Frieden, Umwelt und Medien beziehen. Bei der exemplarischen Auseinandersetzung mit solchen Schlüsselproblemen geht es dann sowohl um die Erarbeitung problemspezifischer Einsichten als auch um die Aneignung grundsätzlicher Fähigkeiten wie z. B. Empathie (vgl. 56–63).

Eine bildungstheoretische Didaktik in kritisch-konstruktiver Absicht ist für KLAFKI stets *kategorial* auszulegen, d. h. in der „wechselseitigen Erschließung" von Subjekt und Wirklichkeit aufgehoben (96). Die Kategorien der Erschließung sind nicht explizit vorgegeben, sondern können sich zum einen an Schlüsselproblemen orientieren und müssen sich zum anderen nach dem didaktischen „Prinzip des exemplarischen Lehrens und Lernens" (142) sachgemäß entfalten. „Exemplarisch" bedeutet in diesem Kontext, wesentliche Strukturen und Funktionen eines Allgemeinen jeweils im Besonderen erfahrbar zu machen (vgl. 143–145; SCHEUERL 1969, 80–86). Die Bestimmung angemessener Kategorien sowie die Zuordnung ausgewählter Beispiele sind zwar situativ zu konkretisieren, lassen sich aber – etwa mit Blick auf den Sportunterricht – durchaus sinnvoll anbahnen: So könnte sich kategoriale Bildung gerade in jener Mehrperspektivität eines erziehenden Sportunterrichts erweisen, wie sie von GIEL/HILLER/KRÄMER (1974) allgemein-didaktisch vorgedacht und von EHNI (1977), KURZ (1990) und anderen fachdidaktisch weiterentwickelt wurde (vgl. II. 2); ihre Exempel wären jene sport- und bewegungsbezogenen Themen, die sich unter bestimmten Perspektiven, wie Gesundheits- und Sozialerziehung, lohnend bearbeiten lassen (vgl. die Unterrichtsbeispiele in Kap. III).

KLAFKI hat seine bildungstheoretische Didaktik auch in ein Konzept der Unterrichtsplanung überführt; in ihm besitzen Fragen nach der (exemplarischen) Bedeutung eines Themas – für die Entwicklung des Individuums und der Gesellschaft – neben Überlegungen zur thematischen Strukturierung und methodischen Aufbereitung einen zentralen Stellenwert (vgl. 1996, 251–284). Im Vergleich dazu müssen sportdidaktische Konzepte als weitgehend theorielos erscheinen (vgl. II. 1), was u. a. der pragmatischen Position der Handlungsfähigkeit oder der alternativen Position der Körpererfahrung auch vorgeworfen wird. Nachdem Ansätze zu einer bildungstheoretischen Didaktik der Leibesübungen – mit ihren typischen „Bildungsgehalten" Spiel, Gestaltung, Leistung und Wetteifer – bis Ende der 60er Jahre systematisch verfolgt wurden, ist heute jedoch festzustellen, dass „keine geschlossene Bildungstheorie des Sports oder der Bewegung" vorliegt (KURZ 1997, 15). Nur vereinzelt finden sich noch Hinweise auf den „Bildungswert von Bewegung, Spiel und Sport" (vgl. HECKER 1997).

Mit gewisser Kontinuität und in deutlicher Anlehnung an KLAFKI haben in der Sportdidaktik vor allem ELFLEIN und HILMER (zuletzt 1995) bildungstheoretische Gedanken aufgenommen. Ihre kritische sportpädagogische Anwendung der „didaktischen Analyse" führt zwar zu speziellen fachdidaktischen Reflexionen am Beispiel der Schwimmvermittlung, bleibt aber noch hinter dem Anspruch auf bildungstheoretische Grundlegung und sportunterrichtliche Konkretisierung zurück (vgl. 1995, 101–114). Im Blick auf die „erneute Legitimationskrise des Faches" versucht auch BECKERS „eine Rückbesinnung auf den Begriff der Bildung" (1997, 15). Er bezieht sich ebenfalls auf KLAFKI und dessen Rede von „epochaltypischen Schlüsselproblemen", um so eine „*pädagogische* Wendung" in der Fachdidaktik einzuleiten (17). Das vermeintliche Bildungspotenzial des Sportunterrichts sieht BECKERS im Wahrnehmen, Erfahren und Gestalten individueller Bewegungsmöglichkeiten angesichts vorgeformter gesellschaftlicher Muster; dabei gehe es insbesondere um den „Widerspruch zum Erwarteten und Gewohnten" (23), also um eine „Erweiterung der Perspektiven" (28), wenn Schülerinnen und Schüler im Sportunterricht sowohl „sportspezifische Muster" als auch „andere Formen des Umgangs mit dem Körper" kennenlernten (28). Und genau diese „zweifache Aufgabe" der Erziehung (26) müsse ein auf Bildung zielender Sportunterricht erfüllen.

Trotz der potenziellen Konsistenz bildungstheoretischer Entwürfe scheinen sich in der fachdidaktischen Debatte eher andere Positionen zu behaupten (vgl. II. 1). Dies mag auch an der – prinzipiellen? – Offenheit von Bildungstheorien für eine gedachte Praxis des Sportunterrichts liegen. Allerdings ist die Sportdidaktik zunehmend aufgefordert, ihren Beitrag zur Allgemeinbildung (in der Schule) angesichts heftiger bildungspolitischer und erziehungswissenschaftlicher Diskussionen klarer zu bestimmen (vgl. SCHIERZ 1997). Sofern dies nicht geschieht, wächst vermutlich die Gefahr, in grundsätzlichen Visionen über die „Zukunft der Bildung" und die „Schule der Zukunft" (vgl. BILDUNGSKOMMISSION NRW 1995) übersehen zu werden. In diesem Zusammenhang dürfte es auch einen Versuch wert sein, über pädagogische Begründungen hinauszugelangen, die das „Aussehen von Patchwork" haben, „das für vergleichbare wissenschaftliche Vorhaben in der Postmoderne allerdings typisch zu sein scheint" (KURZ 1997, 15).

2.4 Postmoderne: Lebensweltbezug und Vielheitsfähigkeit

Um jenseits des motorisch-konditionellen Bereichs liegende Ziele für den Sportunterricht zu reklamieren und eine Einlösung derselben in Aussicht zu stellen, wird im Allgemeinen und im Besonderen – z. B. in der Umwelterziehung – ein relevanter Bezug zur jeweiligen Lebenswelt oder Lebenswirklichkeit der Schülerinnen und Schüler gefordert (vgl. CACHAY 1991, 62). Zur Analyse dieser jeweils als relevant erkannten Lebensweltausschnitte sind in der Sportpädagogik die unterschiedlichsten Interpretationsfolien herangezogen worden. Eine mögliche und in der Sportpädagogik bislang eher marginal genutzte Interpretationshilfe ist die Postmodernedebatte (vgl. THIELE 1996; 1997).

THIELE geht von drei wesentlichen Postmoderneaspekten aus: einem veränderten Stellenwert von Paradoxien, einer Radikalisierung von Pluralität und einem Bedeutungszuwachs von Dissensstrukturen (vgl. 1997). Paradoxien machen uns aufmerksam auf Entwicklungen im Sport, in dem scheinbar Gegenläufiges zur selben Zeit zu beobachten ist, wie z. B. die Beobachtung BETTEs der Gleichzeitigkeit von Körperaufwertung und -verdrängung in modernen Gesellschaften (vgl. 1989). Weitere paradoxe Situationen sind z. B. verbunden mit der Suche des Menschen nach Einzigartigkeit in extremen Sportabenteuern und dem Effekt der Tilgung durch Nachahmer: Wenn alle Außergewöhnliches tun, ist es gewöhnlich, außergewöhnlich zu sein (vgl. BETTE 1992, 49). Untersucht man dies genauer, können weitere paradoxe Effekte festgestellt werden zwischen einer wachsenden medial vermittelten, also eher passiv angelegten Abenteuersuche in „Surrogatformen des Erlebens" (SELLE zit. nach SCHULTHEIS 1997, 357) und der gleichzeitig anwachsenden Befriedigung von Unmittelbarkeits- und Authentizitätserwartungen in Outdoorsportarten. Paradoxien stehen einseitig angelegten, vereinheitlichenden Interpretationen entgegen, sie verweigern die Nivellierung von Widersprüchlichem und Disperatem.

Kennzeichnend für die Postmoderne ist auch die Forderung nach Pluralität, nach Mehrdeutigkeit und Vielfalt, wobei es nicht um das bunte Allerlei, um schillernde Facetten und oberflächliche Formen geht, sondern Pluralität gilt als „Schlüsselbegriff" der Postmoderne (vgl. WELSCH 1993) und als Basisdifferenz hinsichtlich der Wissensformen, Lebensentwürfe und Handlungsmuster (vgl. ebd., 5). Postmoderne rekurriert auf „eine nicht reduzierbare Vielfalt von Lebensformen, Wissensformen, Werthaltungen usw., die nur um den Preis eines Unrechts gegenüber dem jeweiligen Einzelnen wieder vereinheitlicht werden könnte" (FROMME 1995, 143). Rationalitätsveränderungen aufgrund von Vermischungen von Realem und Zeichen z. B. in Computermedien schaffen Simultanität und Virtualität – eine „Hyperrealität" –, mit der Kinder und Jugendliche heutzutage umzugehen lernen. Denn die resultierende Ununterscheidbarkeit von Realität und Irrealität löst traditionelle Wissensbestände auf. Auch die prinzipielle Zunahme individueller Handlungs-, Erfahrungs- und Wertemuster erfordert von Kindern und Jugendlichen neue, postmoderne Fähigkeiten: Postmodern ist nach WELSCH, „wer sich jenseits von Einheitsobsessionen der irreduziblen Vielfalt der Sprach-, Denk- und Lebensformen bewußt ist und damit umzugehen weiß" (1993, 35).

Postmodernität ist nun nicht als Qualitätssiegel komplexer Gesellschaften zu verstehen, sondern die Lebensbedingungen in postmodernen Gesellschaften bedingen besondere pädagogische Stellungnahmen wie z. B. das Akzeptieren des Nebeneinander von Unterschiedlichem. Beispielsweise sind leiblich-sinnliche Erfahrungsweisen nicht pauschal gegenüber kognitiven zu fördern oder miteinander zu harmonisieren, sondern beide Erfahrungsweisen vermitteln differente Wirklichkeitsausschnitte und haben deshalb eine Bedeutung (vgl. SCHULTHEIS 1997, 362). Differenzen und Differenzierungen sind auch im Sport beobachtbar, schon auf der Ebene der Handlungsmuster sind eine Vielzahl neuer sportlicher Bewegungsweisen entdeckt, kommerziell induziert und verbreitet worden. Sport, so scheint es, ist Element einer jugendkulturellen Lebensform und präferiert ein Selbsterleben und eine Selbstinszenierung, die nicht mehr den traditionellen Wertvorstellungen folgt (vgl. SCHWIER 1998).

Verbunden mit den pluralen Lebensformen ist von veränderten, individualisierten Beziehungen der Menschen zum Sport und verschiedenen „Stilen" des Sporttreibens auszugehen. Es herrscht Dissenz, was Sport ist und was nicht; heute gibt es nicht mehr *den* Sport (vgl. THIELE 1997, 10). Wenn Postmoderne anfängt, „wo das Ganze aufhört" (WELSCH 1993, 39), dann müssen Fähigkeiten ausgebildet werden, die diesem Einheitsverlust gerecht werden. Nach THIELE bedarf es einer „Pluralitätsfreundlichkeit" hinsichtlich der im Alltag beobachtbaren vielfältigen sportlichen Wirklichkeiten (vgl. 1997, 17). Für den Sportwissenschaftler ebenso wie für den Sportlehrer müssen Konzepte in Frage gestellt werden, in denen ex ante entschieden ist, was richtiger und falscher, was guter und schlechter Sportunterricht ist. Denn vermittelt würden tradierte Wert- und Wirklichkeitsvorstellungen, die restaurativ neuen Formen gegenüberstehen und die Kinder und Jugendliche mit einem Sport konfrontieren, den es in der Lebenswelt nicht (mehr) gibt.

Pädagogische Option sollte nach THIELE eine „Vielheitsfähigkeit" sein (vgl. 1997, 17; vgl. auch KOLB 1997, 137). Darunter versteht THIELE eine Befähigung „im Umgang mit plural nebeneinander existierenden, sich gegenseitig möglicherweise ausschließenden oder ergänzenden Wirklichkeiten und deren Konstruktion zu einem individuellen Lebensmuster" (ebd., 17). Dass mit diesem Ruf nach kompetenter Vielheitsbewältigung etwas anderes gemeint ist als ein sportlicher „Supercoper" (Coping = Bewältigung) oder ein umfassendes sportlich-motorisches Bewegungsgenie, dürfte angesichts der gesellschaftlich eingeforderten Teilhabe an divergierenden sportlichen Settings einsichtig sein.

Inwieweit Sportunterricht dieser weitreichenden Forderung nachkommen kann, hängt auch vom Sport- und Erziehungsverständnis der Lehrkraft ab. Doch dürfen dessen Ein- und Ausschließungen sportlicher Themen und Inhalte nicht alleiniger Sinnbezug im Unterricht sein. Sportarten sind Orientierungs- und Sinnangebote; diese sollten gegenüber Eingriffen und Veränderungen der Schülerinnen und Schüler nicht verschlossen werden. Wenn das Pluralitätskonzept Beachtung im Sportunterricht finden soll, dann ist von einer tiefer verstandenen Vielfalt im Sport auszugehen. Der hohe Anspruch einer Vielheitsfähigkeit besteht nicht darin, viel im Sport zu können, sondern nicht jeder Facette zu folgen und gegebenenfalls seine Ansichten verändern zu können.

3. Fachdidaktische Entwicklungen

Ausgehend von den obigen, vornehmlich allgemein-pädagogischen Grundlagen und Begründungen für einen erziehenden (Sport-)Unterricht wird mit diesem zweiten Teil des Beitrags ein *fach*didaktischer Bezug hergestellt. Wir wollen hier aus sportdidaktischer Sicht jene Entwicklungen aufzeigen, die mit der Vorstellung vom erziehenden Sportunterricht in engem Zusammenhang stehen: Begonnen wird mit einer überblicksartigen Besprechung gegenwärtiger Positionen in der Sportdidaktik (3. 1), um dann die Bedeutung der Mehrperspektivität für den erziehenden Sportunterricht zu reflektieren (3. 2) und den Vorwurf einer pädagogischen Verzweckung des Sports zu bedenken (3. 3); schließlich soll auf aktuelle Lehrplantendenzen und den in ihnen vorfindbaren Erziehungsanspruch eingegangen werden (3. 4). Dass sich angesichts der nachstehend beschriebenen Entwicklungen die These erhärten könnte, in der Sportdidaktik sei die „Zeit der großen Entwürfe" abgelaufen (SCHIERZ 1997a), vermögen wir noch nicht zu beurteilen.

3.1 Sportdidaktische Positionen in der Diskussion

Die gegenwärtige fachdidaktische Diskussion ist weder übersichtlich noch einheitlich. Nach einer stabilen bildungstheoretischen Phase (in den 50er und 60er Jahren) und einem praktisch wenig wirksamen curriculumtheoretischen Übergang begann ab Mitte der 70er Jahre in Westdeutschland die Karriere einer pragmatischen Sportdidaktik. Sie übersteigt mit ihrer Leitidee der „Handlungsfähigkeit" einerseits reduzierte Ansprüche des sogenannten „Sportarten-Programms", wird aber andererseits z. B. durch alternative Ansätze zur Körpererfahrung und Bewegungserziehung in die Kritik genommen. Darüber hinaus sind als konkurrierende Positionen zumindest noch die eher fundamentale Vorstellung von „Spaß" als sog. Leitidee für den Schulsport sowie das Intensivierungs- und das Könnenskonzept aus den neuen Bundesländern zu berücksichtigen; die folgenden Skizzen sollen einen entsprechenden Überblick geben (vgl. dazu BALZ 1996).

Die traditionelle Position des Sportarten-Programms

Eine Befähigung und Motivation zu lebenslangem Sporttreiben sind Ziel dieses Programms, das vor allem in der Schulsportpraxis noch immer einen hohen Stellenwert haben dürfte. Weiterreichende pädagogische Absichten werden kaum gehegt, so dass die Rede von einer „Didaktik reduzierter Ansprüche" berechtigt scheint. Die begrenzte Aufgabe besteht darin, Schülerinnen und Schüler durch die Ausbildung motorischer Fähigkeiten und Fertigkeiten für den außerschulischen Sport zu qualifizieren. Klassische Individualsportarten, ausgewählte Sportspiele und nur wenig anderes definieren den gängigen Kanon, der auf einem angemessenen Niveau zu vermitteln sei. Dieser Vermittlungsprozess wird vornehmlich durch die Struktur der Sache und die methodische Kompetenz der Lehrkraft bestimmt; empfohlene Lehrweisen können zumeist als effizient, geschlossen und lehrerzentriert gelten (vgl. u. a. SÖLL 1988).

Die perpetuelle Position der Intensivierung und Grundlagenbildung

In Fortschreibung des vornehmlich konditionell ausgerichteten Intensivierungs-konzepts und der ebenfalls straff angelegten körperlich-sportlichen Grundlagen-bildung entfaltet sich eine weitere – eher konservative – fachdidaktische Position. Auch auf die Gefahr hin, hier zwei unterschiedliche Konzepte aus der Tradition der ehemaligen DDR in Zusammenhang zu bringen, kann doch ihre gemeinsame Stoßrichtung aufgezeigt werden. Sie liegt darin, dass vor allem eine „spezielle Handlungsfähigkeit" (vgl. II. 3) im Sinne konditioneller Voraussetzungen und mo-torischen Könnens ausgebildet werden soll. Dabei geht es sowohl um eine „Intensi-vierung und Rationalisierung der Unterrichtsgestaltung" (HUMMEL 1995, 124) als auch um eine „Befähigung zum Sportlichen-Handeln-Können" (126). Die Ent-wicklung körperlicher Leistungsfähigkeit und Aneignung sportartspezifischer Kompetenz stehen hier im Zentrum eines durchgeplanten, bewegungsintensiven Sportunterrichts.

Die pragmatische Position der Handlungsfähigkeit

„Handlungsfähigkeit im Sport" ist insofern ein pragmatischer Ansatz, als unter Rückgriff auf typische Aufgaben des Faches eine mittlere Position zwischen pädagogischer Anspruchslosigkeit und erzieherischer Überhöhung vertreten wird (vgl. KURZ 1990). Menschliches Handeln lässt sich dabei als sinngeleitetes und sinnsuchendes Tun verstehen, so dass es im Sportunterricht vorrangig um eine sinn-volle Auseinandersetzung mit sportlicher Aktivität geht. Unter den Sinnrichtungen Leistung, Gesundheit, Miteinander, Spannung, Eindruck und Ausdruck soll an Er-wartungen der Schülerinnen und Schüler angeknüpft und ihre Entwicklung geför-dert werden (vgl. II. 2). Handlungsfähig wären diejenigen, die aus der Vielfalt sportlicher Sinnbezüge einige ihnen gemäße Formen finden und diese im eigenen Sporttreiben verwirklichen können. Das erfordert eine ständige Bereitschaft zur schülergerechten Veränderung des normierten Sports, eine stärkere Beachtung auch kognitiver und sozialer Handlungsbezüge sowie eine mehrperspektivische Vermittlung der jeweiligen Inhalte.

Die fundamentale Position der Spaßorientierung

Das Fundamentale dieser fachdidaktischen Position liegt in der nachhaltigen Ori-entierung am Spaßerleben (vgl. BRÄUTIGAM 1994) sowie in der konsequenten Abwehr einer potenziellen Pädagogisierung und Methodisierung des Sports in der Schule. Für den Sport, der schon in sich unmittelbar reizvoll sei, bestehe nämlich die Gefahr einer Verzweckung der in ihm liegenden Möglichkeiten. Demgegen-über sollen Schülerinnen und Schüler insbesondere die Herausforderung erfahren, willkürliche Bewegungsaufgaben mit vorwiegend körperlichen Mitteln zu lösen; Sportunterricht ermögliche sozusagen „Sinn- und Identitätsfindung aus dem

Erlebnis der Tat" (VOLKAMER 1987, 135). Ein lustvolles Erleben sportlicher Aktivität muss zugleich mit dem Bemühen einhergehen, sich von den Zwängen der Schule – wie Teilnahmepflicht, Lehrpläne, Zensuren – zu befreien und für eine partielle Entschulung zu sorgen. Die ausdrückliche Festlegung auf bestimmte Inhalte entfällt, die Lehrkräfte fungieren als engangierte Berater im intrinsisch motivierten Lernprozess.

Die alternative Position der Körper- und Bewegungserziehung

Im Mittelpunkt dieser sportkritischen Position steht der individuelle (junge) Mensch – mit dem Bedürfnis nach Bewegung – in seinen leiblichen Beziehungen zur Welt. Diese sind im Schulsport so zu thematisieren und zu entfalten, dass vielfältige Körpererfahrungen und Bewegungsmöglichkeiten erschlossen sowie die Selbsterziehungskräfte angeregt werden. Zur Teilhabe an der dominanten Sportkultur besteht deutliche Distanz, der Gegenstand unseres Faches wird recht weit durch „Bewegung, Spiel und Sport" ausgelegt. Charakteristische Beispiele sind freie Bewegungsarrangements, differenzierte Erfahrungssituationen, Gerätelandschaften, Wahrnehmungsübungen, Bewegungskünste ... Besonderer Wert wird auf eine Vermittlung gelegt, die sich an den Schülerinnen und Schülern ausrichtet, ihre Bewegungsabsichten einbezieht, um Verständigung in gemeinsamen Gesprächen ringt und auf eine zunehmende Öffnung des Unterrichts hinausläuft (vgl. u. a. FUNKE 1991).

Der Stellenwert solcher Positionen verändert sich in wissenschaftlicher und schulpraktischer Hinsicht ständig. So kann man beobachten, dass die (z. T. heimliche) Dominanz traditioneller bzw. konservativer Positionen allmählich aufzuweichen scheint, während die pragmatische Position der Handlungsfähigkeit für viele noch einen tragfähigen Konsens bildet; andere öffnen sich zusehends den Alternativen einer Körper- und Bewegungserziehung, und fast alle Sportlehrkräfte verbinden mit ihrem Fach wohl den gefühlsmäßigen Wunsch nach Spaßerleben. Darüber hinaus lässt sich auch eine gewisse Renaissance bildungstheoretischer Ansätze konstatieren (vgl. I. 3).

Bemerkenswert ist jedenfalls, dass inzwischen verbreitet eine pädagogische Akzentuierung des Sportunterrichts gefordert (vgl. z. B. GRÖSSING 1993; KRUSE 1993) und gerade in Überschreitung der Handlungsfähigkeit *im* Sport versucht wird (vgl. BALZ/NEUMANN 1997); eine solche Tendenz spiegelt sich übrigens auch in aktuellen Lehrplanentwicklungen wider (vgl. II. 4). Für uns liegt ein aussichtsreicher fachdidaktischer Weg in der Betonung und mehrperspektivischen Verknüpfung von pädagogischen Aufgaben wie: ästhetische Erziehung, Gesundheits- und Sozialerziehung, Leistungs- und Wagniserziehung, die in ihrem fachübergreifenden Anspruch immer schon über den Sport hinausweisen (vgl. I. 2 und II. 2). Ob zudem durch die vehemente Diskussion um eine „Bewegte Schule", die sich weg vom *Fach* „Sport" hin zum *Prinzip* „Bewegung" entwickelt (vgl. sportpädagogik 6/

95), ein weiterer sportdidaktischer Paradigmenwechsel bevorsteht oder bereits vollzieht, muss derzeit noch dahingestellt bleiben.

3.2 Mehrperspektivität und erziehender Sportunterricht

Mehrperspektivität ist keine Erfindung der Sportdidaktik, sondern dahinter steht ein didaktischer Ansatz, der zuerst von GIEL und HILLER (1974) für den Sachunterricht der Primarstufe entwickelt wurde (neuerdings HILLER/POPP 1994; auch DUNCKER 1995). Im Mittelpunkt steht der Begriff „Handlungsfähigkeit" und die Frage, wie sich Kinder gesellschaftliche Wirklichkeit aneignen können, ohne der vorgefundenen Wirklichkeit „blind" folgen zu müssen. In der durch Alltagshandeln bekannten Wirklichkeit soll Mehrperspektivität auf didaktisch relevante Aspekte wie z. B. verborgene Handlungs- und Sinnzusammenhänge hindeuten (vgl. EHNI 1977, 104–112). Mehrperspektivischer Unterricht meint allgemein „die Rekonstruktion von Wirklichkeit unter verschiedenen Perspektiven" (108).

Nach EHNI soll den Schülern die „Mache" des Sports einsichtig werden. Dazu ist es notwendig, am „Sinn" des Sports anzusetzen und den Schülerinnen und Schülern zu zeigen, wie und durch wen Sinn in den Sport gebracht wird, so dass dieser gesellschaftliche Wirklichkeit wird (vgl. 1977, 125). Unterschieden wird bei EHNI folgerichtig zwischen dem subjektiven Sinn der Akteure, die mit unterschiedlichen Sinngebungen oder Motiven ihren Sport gestalten, und gesellschaftlich bedeutsamen Perspektiven wie z. B. Gesundheit. Weil Sport den Kindern und Jugendlichen nicht nur im praktisch-alltäglichen Handeln bekannt ist, sondern auch „sekundär" über mediale Vermittlungen (wie z. B. Fernsehen, Illustrierte) erlebt wird, soll mehrperspektivischer Sportunterricht diese gesellschaftliche Perspektive kritisch einbeziehen.

Mehrperspektivischer Sportunterricht nach EHNI entwickelt zunächst über die Ausbildung sportlicher Fertigkeiten und Fähigkeiten eine „spezifische Handlungsfähigkeit". Im zweiten Schritt geht es um eine „produktive Distanz", d. h. die Schüler sollen lernen, im Sinne einer „allgemeinen Handlungsfähigkeit" selbstständig über das Selbstverständliche (den bekannten Sport) zu bestimmen: „Schüler sollen den Sport machen, aber auch lassen können" (EHNI 1977, 134). In einem dritten Schritt geht es um eine Neuordnung („Übersteigung") des Selbstverständlichen, indem mit den Schülerinnen und Schülern sinnvolle Reduktionen des Sports entweder durch Einsinnigkeit (verfolgt wird nur eine Sinngebung) oder durch Offenheit (neue Sinngebungen einbeziehen) erarbeitet werden (vgl. ebd.).

Der erzieherische Anspruch geht deutlich über das Sporttreiben hinaus, denn die Schülerinnen und Schüler sollen nicht nur im Sport sinnorientiert agieren können (spezielle Handlungsfähigkeit), sondern das Durchschauen der „Mache" bezieht sich auch auf übergeordnete Kompetenzen und Wissensbestände (allgemeine Handlungsfähigkeit). Pädagogische Intention ist u. a. die Förderung der Selbstständigkeit der Schülerinnen und Schüler; diese werden nicht bloß angeleitet, sondern ihre Kreativität ist ein Anknüpfungspunkt im Unterricht.

Verbreitet wird die Idee des mehrperspektivischen Sportunterrichts insbesondere auch von KURZ (1990; 1995; 1997). KURZ bezieht Mehrperspektivität pragmatisch auf die pädagogischen Möglichkeiten, d. h. auf pädagogisch ausgewiesene Sinnperspektiven im Sport. In Anlehnung an Motivationsuntersuchungen werden von KURZ sechs verschiedene Sinngebungen (Motive) bestimmt, denen auch pädagogisch wertvolle Erfahrungszusammenhänge zugrunde liegen. Zuletzt nennt KURZ (1997, 16–30) die Sinnperspektiven: „die Wahrnehmungsfähigkeit verbessern, Bewegungserfahrungen erweitern", „sich ausdrücken, Bewegungen gestalten", „etwas wagen und verantworten", „das Leisten erfahren und reflektieren", „gemeinsam handeln, wettkämpfen und sich verständigen" und „die Fitneß verbessern, Gesundheitsbewußtsein entwickeln".

Sportunterricht nach KURZ hat die Aufgabe, die Vielfalt sportlichen Sinns zu thematisieren. Die Schülerinnen und Schüler sollen „in zunehmender Selbstständigkeit und sozialer Verantwortung" (1997, 30) mit der Sache Sport umgehen können. Sie sollen befähigt werden, ihren Sport zukünftig (nach der Schulzeit) selbst bestimmen und individuell passend auswählen zu können. Der pädagogische Anspruch lässt sich wie folgt eingrenzen: Erzogen werden soll zu einem selbstbestimmten Sporttreiben, das um die pädagogische Ambivalenz des Sports weiß – denn nicht jeder Sport ist für jeden Menschen im selben Maße angemessen. Dabei soll der Lehrer Vorentscheidungen treffen, wie dies die methodischen Verfahrensweisen im mehrperspektivischen Unterrichten nahelegen (vgl. KURZ 1990a; 1997):

Akzentuieren heißt, eine untypische oder nicht erwartete Sinngebung mit der Sache (Sportart, Bewegungsform) anzusprechen. Z. B. ist beim Ausdauerlaufen die Aufmerksamkeit auf körperliche Eindrücke und Empfindungen zu lenken. Damit sollen dominierende Sinngebungen (z. B. Leistung) in den Hintergrund treten. Es soll gezeigt werden, dass sportliche Tätigkeiten mehr Sinn enthalten als es die sportlichen Vorerfahrungen der Schülerinnen und Schüler vermuten lassen.

Kontrastieren bedeutet, eine Bewegungsgrundform mit verschiedenen Sinngebungen auszuüben und zu erleben. Auch TREBELS (1988) verweist auf unterschiedliche Formen des Springens (hoch, weit, von oben herab etc.) und auf unterschiedliche Bedeutungen (Springen als messbare Leistung, als Eindrucksempfindung „Fliegen"). Die Thematisierung unterschiedlicher Sinngebungen schildert BALZ (1989) am Beispiel des Ausdauerlaufens; BRUCKMANN/BRUCKMANN (1997) erläutern sie am Beispiel des Wasserspringens.

Integrieren nimmt Bezug auf Handlungssituationen im Sport, bei denen mehrere Sinngebungen gleichzeitig erlebt werden. Beispielsweise ergänzen sich in einem gelungenen Sportspiel idealerweise drei Sinngebungen: Erlebt werden Leistungsaspekte, soziale Situationen des Miteinander-Spielens und resultierend aus der Offenheit des Spiels auch Spannungseffekte.

Welche Position beziehen wir im erziehenden Sportunterricht? Wenn das Erzieherische verstärkt in den Vordergrund treten soll, dann genügt eine „Addition" sportlicher Sinngebungen im Unterricht nicht (vgl. BECKERS 1993, 250). Vermehrt zuzulassen bzw. anzuregen sind Sinngebungen, die durch die Schülerinnen und Schüler eingebracht werden. Denn das Erkennen des sportlichen Sinns bedarf maßgeblich der Distanz und nicht nur des Erlebens (vgl. auch SCHIERZ 1997). Um hinter
die Oberfläche des Bekannten zu gelangen, muss man zum einen darüber verfügen
können und zum anderen die Bedingungen des Zustandekommens kennen.

Weil „Sport" den Kindern und Jugendlichen heute zunehmend in kommerzialisier-
ten Formen begegnet – z. b. im Fitnessstudio, in den Medien und als sportliches
Equipement –, darf die gesellschaftliche Perspektive des Sports nicht ausgegrenzt
werden. Neben individueller Sinnbelegung und unterrichtlicher Aufbereitung
muss eine Auseinandersetzung mit der gesellschaftlichen Sinngebung erfolgen.
Dazu genügt es beispielsweise nicht, kompensatorisch ein „Fitnessstudio" im
Sportunterricht nachzubauen. Denn nur vor Ort kann die gesellschaftliche (ökono-
mische) Sinnbelegung am eigenen Leib einsichtig werden: Wer mit der glitzernden
Stahl- und Chromlandschaft und dem einsinnig funktionalen Übungsverständnis
nichts anzufangen weiß, wer vergeblich versucht hat, andere Sinnerfahrungen zu
machen, z. B. die Geräte alternativ zu benutzen oder umzustellen, der wird
belehrt, dass über den möglichen Sinn hier schon entschieden wurde.

3.3 Zur pädagogischen Verzweckung des Sports

Wohl kaum eine Auseinandersetzung hat die Sportpädagogik so auf- und angeregt
wie die Frage, inwieweit Sport zum Zweck von Erziehung werden darf. In der sog.
Instrumentalisierungsdebatte prallen sehr unterschiedliche Positionen aufeinander: Die einen wollen den Schulsport weitestgehend freihalten von allgemeinen
„extrasportiven" Erziehungszielen und argumentieren mit der Annahme einer „Eigenständigkeit des Sports" (vgl. SCHALLER 1992; BERNETT 1993); die anderen
pochen auf den Erziehungsauftrag der Schule und sehen den Sport als Bestandteil
gesellschaftlich-kultureller Bedingungen (vgl. BECKERS 1993; 1994). Die umfangreiche und unübersichtliche Diskussion hat zuletzt SCHERLER (1997) be-
grifflich zu präzisieren versucht und eine Zweckfreiheit des Sports als Chimäre
(philosophische Fiktion) dargestellt. Doch die Diskussion geht weiter, wie die Ein-
wände von GÜLDENPFENNIG (1998) und die Bearbeitungsvorschläge bei
BALZ/NEUMANN (1997) dokumentieren.

Konsens in dieser Frage kann in der Sportpädagogik nicht unterstellt werden, denn
die Reaktionen reichen von philosophisch-analytischen Vergewisserungen (vgl.
COURT 1996), einem pauschalen Beschränktheitsvorwurf an die Instrumentalisie-
rungskritiker (vgl. SCHIERZ 1997, 48) bis zum Unverständnis der Betroffenen
selbst: den Sportlehrkräften (vgl. DRESCHER 1998). So schreibt DRESCHER,
er sei nach der Lektüre von SCHERLERs Instrumentalisierungsanalyse zwar ver-
unsichert, „ob ich meinen Sportunterricht als Mittel einsetze, ob ich Zwecke und

Ziele verfolge, ob ich sie nicht fälschlicherweise am Ende gleichsetze und damit Verzweckung und Fremdbestimmung mit Instrumentalisierung in einen Topf werfe" (1998, 5), aber nach wie vor sehe er ein wichtiges Ziel in der Befähigung seiner Schülerinnen und Schüler zur Selbstbestimmung.

Welche Argumente sind für den erziehenden Sportunterricht bedeutsam? Die Instrumentalisierungsgegner führen in der Auseinandersetzung an, dass Sport als Schulfach nur über eine Eigenständigkeit der Sache, die ihren Grund in der zweckfreien Struktur des Sports selbst habe, begründbar wird. Sie wollen vor einer pädagogischen und einer viel bedrohlicheren politischen Vereinnahmung des Sports warnen (vgl. BERNETT 1993). Deshalb soll eine Sporterziehung primär aus der Sache selbst abgeleitet werden. Dazu wird die „Primärmotivation" (SCHALLER 1992), der autotelische Charakter des Sports ins Zentrum der Betrachtung gerückt. Gemeint ist damit der motivationale Sachverhalt, dass Sport vor allem „um seiner selbst Willen" betrieben werde und nicht zur Erreichung externer Ziele. Sport gilt als prinzipiell zweckfrei – wie das Spiel –, als materiell folgenlos, aber nicht als pädagogisch wirkungslos (vgl. SCHALLER 1992; VOLKAMER 1993; KURZ 1993). VOLKAMER verweist auf die Willkür des Sports: warum wird der Basketball in einen Korb geworfen, der unten offen ist (vgl. ebd. 1987)?

Sinn bekommt Sport erst durch die Menschen zugesprochen, die Sport treiben: „Sport gibt es nicht als solchen, sondern es gibt ihn nur in der Form, in der die beteiligten Menschen ihn verstehen und in der sie das Hergestellte mit Bedeutung versehen" (FUNKE 1997, 152). Eine Instrumentalisierung in der Sportpädagogik liegt nach KURZ dann vor, wenn gegen die Wünsche und Motive der Schülerinnen und Schüler unterrichtet wird (vgl. 1993). So wohldurchdacht diese Charakterisierungen klingen, nichtsdestotrotz spiegeln sich darin idealistische, zumindest aber sehr idealtypische Positionen wider. Denn den „wahren, echten oder wirklichen Sport . . . , gibt es nicht" (SCHERLER 1997, 7 f.). Sport ist nicht frei *von* Zwecksetzungen, sondern Sport ist gerade frei *für* unterschiedliche Zweckbestimmungen.

Wenn man den Streit um die Instrumentalisierung allerdings nicht vorschnell als Streitfall im sportpädagogischen „Elfenbeinturm" ohne praxisrelevante Perspektiven abtut, kann daraus auch für den eigenen Unterricht gelernt werden. Ausgangspunkt pädagogischer Reflexionen und unterrichtlicher Maßnahmen sollte der zu Erziehende sein. Dessen Persönlichkeit ist zu stärken und seine Entwicklungsmöglichkeiten sind im Sportunterricht zu fördern. Nach SCHLEIERMACHER (1768– 1834) wird der zu Erziehende (das Kind) dann verzweckt, wenn Erziehung einseitig auf Zukunft konzipiert ist und z. B. allein auf Sozialisation abzielt. Wenn die gegenwärtigen Bedürfnisse des Kindes in der Erziehung nicht befriedigt werden, dann wird das Kind Mittel zum Zweck von Erziehung.

Das Besondere der Sporterziehung kann darin gesehen werden, dass das oftmals spielerisch-freiwillige Handeln im Sport einen gegenwartsbetonten eigenständigen Zugang zur Welt darstellt: Erinnert sei hier an GRUPEs anthropologische Betrachtung und seine Annahme, dass „Sport und Spiel ihrem eigentlichen Sinn nach zuallererst ein Stück unmittelbare Gegenwart und unverstellten Lebens" sind (1969, 146).

Sinn und Wirkung des Sports sind nicht identisch. Die Freude der Schülerinnen und Schüler im Sportunterricht rekurriert auf den gegenwärtigen Sinn, die Erfüllung im Augenblick des Geschehens, das Hoffen der Pädagogik bezieht sich aber auf die zukünftige Wirkung, wie z. B. die beabsichtigte Vorbereitung auf den außer- bzw. nachschulischen Sport. Einer Verzweckung der Schüler ist im erziehenden Sportunterricht damit vorzubeugen, dass mögliche gegenwärtige Bedürfnisse und Wünsche nicht übersehen werden, aber das heißt eben auch, gesellschaftliche Defizite zu kompensieren, kritische Tendenzen im außerschulischen Sport zu problematisieren, Verhaltensweisen der Schüler im Unterricht zu reflektieren und Zugänge zu sportbezogenen Aktivitäten zu fördern.

3.4 Der Erziehungsanspruch in Lehrplänen für den Sport

Mit gewisser Verzögerung sind Richtlinien und Lehrpläne für den Sport in der Schule ein Spiegel der Fachdiskussion und zugleich Ergebnis bildungspolitischer Kompromisse. Aufgrund der Unterschiedlichkeit von Curricula in den 16 Ländern der Bundesrepublik Deutschland ist allerdings nur schwer darüber Aufschluss zu gewinnen, wie weit der formulierte Erziehungsanspruch reicht. Bei einer Analyse bundesdeutscher Lehrpläne (vgl. BALZ 1996 a) kann aber immerhin festgestellt werden, dass sich auch hier eine zunehmende pädagogische Akzentuierung der mit dem Sportunterricht verknüpften Ziele abzeichnet. In fast allen neueren Lehrplantexten finden sich Sollensaussagen über den Beitrag des Sports in der Schule zur gesunden Lebensführung, Fairness und Sozialkompetenz sowie zur Bewältigung von Freizeit- und Umweltanforderungen; gelegentlich wird – wie jüngst in Schleswig-Holstein – auch auf sogenannte Schlüsselprobleme und Schlüsselqualifikationen abgehoben (z. B. vernetztes Denken, Teamfähigkeit, Kreativität).

Ein frühes Beispiel für diese fachübergreifende Tendenz liefert bereits der Lehrplan Sport aus Baden-Württemberg für das Gymnasium (MKS 1984). Erziehender Unterricht tritt dort mit dem Anspruch ganzheitlicher Entwicklungsförderung an, die Kindern und Jugendlichen im Umgang mit Sachen, mit sich selbst und mit anderen zur Selbstbestimmung verhelfen soll und eine Trennung von Lehren und Erziehen verbietet. Neben Sekundärtugenden wie Pünktlichkeit und Ordnungsliebe werden vor allem Leistungsbereitschaft und Selbsterfahrung, Ausdrucksfähigkeit und soziale Kompetenz als Erziehungsziele hervorgehoben. In diesem Sinne sind fachübergreifende Themen, kulturelle Aktivitäten und außerunterrichtliche Veranstaltungen zentrale Elemente des erziehenden Unterrichts; dabei sollen die Schülerinnen und Schüler in einer anschaulichen und an ihren Interessen orientierten Form verschiedene Lebensmöglichkeiten durch die Auseinandersetzung mit bestimmten Unterrichtsgegenständen erfahren können. Schulsport ist „wesentlicher Bestandteil" (1984, 944) dieses Erziehungsauftrags und hat insbesondere für die „Entfaltung der Gesamtpersönlichkeit", eine „vielseitige Bewegungserziehung" und für Anregungen „zu eigener sportlicher Betätigung" zu sorgen (ebd.).

Dass die späteren Ausführungen im Lehrplan zum sogenannten Kernbereich sehr sportartspezifisch ausfallen, kaum der notwendigen „stofflichen Entlastung" zur Stärkung des pädagogischen Freiraums gerecht werden und auch nur wenige Bezüge zu den genannten Erziehungszielen herstellen, bleibt allerdings ein Grundproblem nicht nur dieses Lehrplans. Offenbar wird beim „Abschied vom reinen Fachcurriculum" (ASCHEBROCK 1997, 64) weitgehend vernachlässigt, die neuen allgemein-pädagogischen Leitideen nun auch durch eine angemessene inhaltliche bzw. thematische Orientierung der Schulsportpraxis zu befördern. So kann ASCHEBROCK bei seiner exemplarischen Analyse curricularer Entwicklungen zwar zu Recht darauf hinweisen, dass insbesondere Hessen, Schleswig-Holstein und Bayern fachübergreifende Erziehung und programmatische Schulentwicklung groß schreiben; er muss aber gleichzeitig zur Kenntnis nehmen, dass in diesen Lehrplänen nur (sehr) begrenzt schlüssige Hinweise zur Umsetzung des pädagogischen Konzepts in die sportunterrichtliche Praxis folgen.

Am ehesten scheint dieser schwierige Brückenschlag derzeit noch in Bayern zu gelingen, wo auf den oberen Lehrplanebenen fächerübergreifende Aufgaben und Vernetzungsmöglichkeiten beschrieben werden, um dann auf der untersten Ebene des Lehrplans Sport vier zentrale Lernbereiche zu formulieren: Gesundheit, Fairness / Kooperation, Umwelt und Leisten / Spielen / Gestalten. Diese Lernbereiche sind pädagogisch jeweils hinreichend differenziert und werden konsequenterweise in ihrer Bedeutung für jede Klassenstufe und jede Sportart auch näher erläutert (vgl. KWMBI 1992). Beim Leichtathletik-Unterricht mit einer 5. Klasse des Gymnasiums soll beispielsweise darauf hingewirkt werden, dass die Schülerinnen und Schüler grundlegende Bewegungserfahrungen im Laufen, Werfen und Springen machen und etwa in gesundheitlicher Hinsicht sensibel für verschiedene Körperreaktionen werden (vgl. 762) oder unter der Perspektive Umwelt die Schönheit und Verletzlichkeit der Natur erfahren (vgl. 763); Querverbindungen zu anderen Fächern sind im Lehrplantext immer schon hergestellt; und mit den Bereichen „Selbstverteidigung" und „Bewegungskünste" kommt (im differenzierten Sportunterricht) auch Neues hinzu.

Interessant dürfte in diesem Zusammenhang nicht zuletzt sein, wie sich die (oft als wegweisend bezeichneten) Richtlinien und Lehrpläne für den Sport in nordrhein-westfälischen Schulen weiterentwickeln. Die seit Mitte der 1990er Jahre unterbreiteten Vorschläge zur Curriculumrevision in diesem Bundesland deuten darauf hin, dass die „pädagogischen Rahmenvorgaben für den Schulsport inhaltlich und formal stärker als bisher auch in die Richtlinien und Lehrpläne der verschiedenen Schulformen integriert werden" sollen (LSW 1997, 7) und dass zu diesem Zweck auch Aussagen über die „Beiträge des Schulsports zu fächerübergreifenden Aufgaben der Schule" aufzunehmen sind (1997, 43–47). Die im Rahmen der Curriculumrevision entworfene pädagogische Grundlegung mündet bei KURZ (1997, 8–42) zwar wiederum in sechs „pädagogische Perspektiven auf den Sport in der Schule", führt aber auch – und das ist neu – zu weiterreichenden „Prinzipien eines erziehenden Sportunterrichts" (vgl. 36–39). Diese Prinzipien der Gestaltung und Vermittlung des Sports in der Schule, über deren Zustandekommen nichts Näheres gesagt ist, lauten: „Mehrperspektivisch unterrichten", „Selbsttätigkeit anregen" und „Gegenwart erfüllen". Sie richten sich auf gewünschte Handlungsformen der Lehrkraft, die bei den Schülerinnen und Schülern das Erschließen von Sinn, die Selbstständigkeit im Handeln und das Erfahren erfüllter Gegenwart begünstigen soll.

In Nordrhein-Westfalen wird auf diese Weise eine *pädagogische* Fortschreibung des Lehrplans unternommen. Neben einer solchen – auch auf Kontinuität setzenden – Weiterentwicklung curricularer Vorgaben gibt es noch den Typus einer gründlichen Revision (wie in Bayern) sowie die Variante eines (scheinbaren) Neuentwurfs, der nach der politischen Wende vor allem in den neuen Bundesländern vorgelegt wurde. Nur spekulieren lässt sich derzeit darüber, ob und inwieweit die sich wandelnde Stellung des Faches „Sportunterricht" in der Institution Schule demnächst curriculare Veränderungen zur Folge haben könnte: etwa in schmaleren Richtlinientexten für ein durch Stundenkürzungen an Bedeutung verlierendes Unterrichtsfach, vielleicht aber auch in fachübergreifenden Lehrplanpassagen für einen ästhetischen Lernbereich (zusammen mit Musik und Kunst) oder in lediglich noch vagen Richtungsvorgaben für eine autonome – und vielleicht bewegte – Schule.

4. Sportunterrichtliche Orientierungen

Mehrperspektivität in einem erziehenden Sportunterricht bedeutet für uns vor allem, sich an zentralen pädagogischen Perspektiven auf den Schulsport zu orientieren: Diese sind insbesondere in der ästhetischen Erziehung, der Wagnis- und Leistungserziehung, der Sozial- und Gesundheitserziehung zu sehen; weitere Perspektiven wie die Umwelt- oder Geschlechtererziehung ließen sich ergänzen, scheinen uns jedoch eher „quer" zu den genannten Perspektiven zu liegen. Ausgeführt werden hier die Gesundheitserziehung und die Wagniserziehung in ihrer sportunterrichtlichen Orientierung – und zwar jeweils auch anhand eines Unterrichtsbeispiels. Den Anwendungsbezug für solche Exempel eines erziehenden Sportunterrichts bilden die Klassen 5–10 (Sekundarstufe I), während z. B. in der Primarstufe die pädagogische Aufgabe treffender unter einer allgemeinen Bewegungserziehung gefasst werden kann.

4.1 Gesundheitserziehung als pädagogische Perspektive

Gesundheit war für die Leibesübungen schon immer ein zentrales Legitimationsmittel und ein – mehr oder weniger – wichtiges Erziehungsziel. Seit Mitte der 80er

Jahre avancierte Gesundheitserziehung zum entscheidenden Bezugspunkt fachdidaktischer Auseinandersetzung und weithin auch zur dominanten Aufgabe des Schulsports. Will man die bisherige Diskussion bilanzieren, so lassen sich drei gesundheitsbezogene Standpunkte herausheben (vgl. BALZ 1998):

a) Gesundheitsförderung im Sinne präventiven Trainings zielt mit spezifischen gesundheitssportlichen Programmen auf die Verbesserung konditioneller Fähigkeiten als Schutz vor verbreiteten Zivilisationskrankheiten;

b) Gesundheitsförderung im Sinne individueller Befindlichkeitsstärkung soll unter ganzheitlichem Anspruch vielfältige Bewegungsanlässe als Quelle der Selbsterfahrung und des Wohlbefindens nutzen;

c) Gesundheitsförderung im Sinne kooperativer Schulentwicklung meint das Bemühen um eine gemeinschaftliche Weiterentwicklung des gesamten Bewegungsraums Schule in gesundheitlicher Absicht.

Diese Sichtweisen können zwar in gewissen Widerspruch geraten, scheinen sich aber im Wesentlichen gewinnbringend zu ergänzen. Dabei würde dann in integrativer Weise sowohl das persönliche Verhalten (sprich: körperliches Handeln und psychisches Erleben) als auch das sozialökologische Umfeld bedacht. Ein solcher Versuch der gesundheitspädagogischen Fokussierung auf erziehenden Sportunterricht liegt u. a. bei BALZ (1995) vor – dort heißt es:

„Was folgt nun aus der Leitidee 'Erziehliche Mehrperspektivität' für die Gesundheitserziehung im Schulsport? Zunächst dies: Gesundheit ist nur eine pädagogische Perspektive des Sports in der Schule, der weitere erzieherische Aufgaben prinzipiell gleichgestellt sind; sie zuallererst oder gar ausschließlich behandeln zu wollen, widerspräche dem Postulat der Mehrperspektivität und würde weder dem vielseitigen Interesse der Schüler noch dem umfassenderen Auftrag einer Entwicklungsförderung gerecht. ... Allerdings scheint auch eine Beschränkung des gesundheitspädagogischen Anspruchs auf bestimmte Maßnahmen einer trainingsorientierten Gesundheitsförderung ... – unter Wahrung des erzieherischen Anliegens von Schule und Schulsport – unzulässig. Überzeugende Orientierungen und Beispiele für eine gesunde Lebensführung müssen nicht zuletzt aus dem Sportunterricht kommen. Zu einer Reduktion der gesundheitserzieherischen Aufgabe kann man in diesem Zusammenhang somit wohl nur über den Ansatz am Exemplarischen gelangen. ... Erziehliche Mehrperspektivität des Schulsports sollte dann auch bedeuten, die Gesundheitsperspektive so zu thematisieren, daß schülergemäße attraktive Formen gefunden, Hintergründe bewußt gemacht und entsprechende Gewohnheiten entwickelt werden" (128).

Diese komplexe Aufgabe der Gesundheitserziehung lässt sich erst vor dem Hintergrund des jeweiligen Situationszusammenhangs (z. B. einer sechsten Gesamtschulklasse) und auch dann immer nur in spezifischer ausschnitthafter Form – für ganz bestimmte Themen, Fragen, Initiativen – konkretisieren (vgl. III 2). Dennoch kann die in dieser pädagogischen Perspektive liegende gesundheitserzieherische Aufgabe als Orientierungshilfe zunächst grundsätzlich vorformuliert werden; ein entsprechender Vorschlag lautet: „Der Schulsport soll die Aufmerksamkeit für gesundheitlich bedeutsame Situationen schärfen und den Schülerinnen und Schülern das Sporttreiben als eine sinnhafte, freudvolle Tätigkeit erhalten, die ihrer körperlichen Gesundheit nicht schadet und ihrem Wohlbefinden möglichst zuträglich ist. Darüber hinaus sollten auch gesundheitserzieherische Schwerpunkte gesetzt und sportartspezifische, sportartübergreifende oder sportbegleitende Gesundheitsthemen bearbeitet werden; insbesondere beim Thema 'Trainieren' können die Schülerinnen und Schüler lernen, sich richtig zu belasten und zugleich wohlzufühlen. Schließlich kann Sport in der Schule ein Fach sein, von dem Initiativen für eine gesündere Schule und Lebensführung aller Beteiligten ausgehen; engagierte Lehrkräfte sollten dies mittragen" (199–200).

Bei einer solchen Auslegung wird sich die gesundheitspädagogische Perspektive auf den Sport in der Schule (erstens situativ, zweitens thematisch und drittens schulorganisatorisch) allerdings nur insofern entfalten können, als Sportunterricht auch in seiner erzieherischen Aufgabe und seinen fachübergreifenden Möglichkeiten angenommen wird. Das damit verbundene Ziel der Handlungsfähigkeit im und durch Sport umreißt einen sportpädagogischen Anspruch, der unter den z. T. widrigen Rahmenbedingungen des Schulsports oft bloß partiell oder näherungsweise einzulösen sein dürfte. Auch deshalb scheint es angebracht, in der Vermittlung zwischen Anspruch und Wirklichkeit den Blick nicht zuletzt auf praktische Unterrichtsbeispiele zu lenken.

4.2 Ein Unterrichtsbeispiel aus gesundheitspädagogischer Sicht

Für die Umsetzung einer Gesundheitserziehung bzw. Gesundheitsförderung im Schulsport liegen mittlerweile zahlreiche Handreichungen, Materialien und Praxisbeispiele vor, wie z. B. allein schon drei (!) diesbezügliche Themenhefte der Zeitschrift „sportpädagogik" belegen. Unser Unterrichtsbeispiel dokumentiert keine thematisch geschlossene Unterrichtseinheit, sondern beschreibt eine Szene aus dem Sportunterricht, die zum Anlass der Auseinandersetzung mit einer alltäglichen Frage aus gesundheitspädagogischer Sicht wird (vgl. BALZ 1995, 172–173).

„Wer hat denn überhaupt geduscht?"

In der heutigen Doppelstunde sind die meisten Schülerinnen und Schüler mal wieder richtig ins Schwitzen gekommen. Lehrerin S. fordert die Jungen und Mädchen ihrer sechsten Klasse daher beim Verlassen der Sporthalle besonders eindringlich auf, doch unter die Dusche zu gehen. Da die kurze Pause zwischen der dritten und vierten Stunde durchgemacht wird, endet der Sportunterricht entsprechend früher, so daß genügend Zeit für die Körperpflege bleibt.

Aufgrund der zurückliegenden Erfahrungen ist Lehrerin S. sogar optimistisch, daß ein Großteil der Klasse auch wirklich duschen wird. Vor allem das halbe Jahr Schwimmunterricht habe die Schüler daran gewöhnt, sich (vor und) nach dem Sport unter die Dusche zu stellen und abzuseifen. Auch jetzt sollen alle immer Handtuch und Seife dabei haben, um sich zumindest gründlich waschen zu können.

Heute klappt das zwar bei der Mehrzahl der Mädchen, die Jungen aber betreiben bis auf drei, vier Ausnahmen alles andere als Körperpflege: Manche steigen umgehend wieder in ihre Alltagskluft, manche laufen über den Flur zur Umkleidekabine der Mädchen (um zu „sehen", wie die sich duschen), andere behaupten allen Ernstes, sie hätten sich gewaschen, obwohl das nachweislich nicht stimmt, oder erklären einfach, sie hätten ihr Waschzeug diesmal vergessen. Lehrerin S. ist angesichts dieser Bilanz enttäuscht und sagt den Jungen, daß es so nicht weitergehen könne.

Im anschließenden Biologieunterricht, wo Fragen des Schwitzens und der Hygiene schon behandelt wurden, greift Lehrerin S. das Problem noch einmal auf. Die Notwendigkeit des Duschens bzw. Waschens wird von den Schülern auch eingesehen und keineswegs bezweifelt; insbesondere die Mädchen äußern, daß sie nicht neben so einem „Stinker" sitzen wollen. Und die Jungen wirken nun etwas verlegen. Daß ihre mangelnde Körperpflege etwas mit Bequemlichkeit oder auch Schamgefühl zu tun haben könnte, sagt jedoch niemand. Das Unterrichtsgespräch endet mit dem Hinweis von Lehrerin S., in Zukunft (wieder) verstärkt darauf zu achten, daß alle ihr Waschzeug mitbringen und es auch benutzen.

Die pädagogischen Probleme mit dem unzureichenden Hygieneverhalten vor allem der Jungen sind offensichtlich: Wie kann man sie zum Duschen oder Waschen anhalten, wo Lehrerin S. obendrein keinen Zugang zu ihrer Umkleidekabine hat? Werden die Nachbesprechung und Ermahnung überhaupt fruchten? Muss man möglicherweise die Erwartungen niedriger ansetzen und sich auch mit weniger zufrieden geben? Schnelle und sichere Antworten auf solche Fragen scheinen uns kaum möglich. Allerdings kann man zunächst feststellen, dass die Voraussetzungen für praktizierte Körperpflege erstens auf Grund der Vorerfahrungen aus dem Schwimmunterricht und zweitens wegen des am Stundenende verfügbaren Zeitbudgets immerhin recht günstig sind. Der dennoch eingetretene Misserfolg hängt wohl auch damit zusammen, dass Körperpflege – ja gesundheitliche Aspekte insgesamt – in diesem Alter und gerade bei den Jungen kein besonders interessantes Thema darstellen.

Vielleicht könnte Lehrerin S. aber die „Herren" in ihrer Verlegenheit noch einmal ansprechen und nach Gründen für solche Nachlässigkeit suchen: Bloße Bequemlichkeit wäre zu kritisieren, subtiles Schamgefühl dezent aufzuarbeiten. Der ebenfalls von Lehrerin S. erteilte Biologieunterricht bietet hier gute Chancen konkreter Reflexion und fachübergreifenden Lernens (am Beispiel einer für den Sport typischen gesundheitsgerechten Handlungsgewohnheit). Die Wege zur Selbstbestimmung bleiben jedoch – auch in diesem Beispiel einer angestrebten (vernünftigen und freiwilligen) Körperpflege nach körperlicher Betätigung – kurvenreich und verschlungen.

Gewiss muss man hier einige Geduld aufbringen, darf nicht glauben, dass ein – im
Schulsportalltag derart verbreitetes – Problem ohne Weiteres zu lösen sein wird;
langer Atem und ein Stück pädagogische Hoffnung dürften unentbehrlich sein.
Jedoch glauben wir auch, dass ein gewisses Maß an Nachdruck und Konsequenz
dazugehören: Vereinbarte Regeln (des Verhaltens im Sport *und* im Unterricht) sollten befolgt, Übertretungen gegebenenfalls sanktioniert werden. Die Regel, dass
man ohne Sportzeug nicht am Sportunterricht teilnehmen darf, könnte in Rück-
sprache mit der Klasse u. U. auf das Mitbringen von Waschzeug ausgedehnt
werden.

Darüber hinaus wäre zu prüfen, inwieweit ein mehr oder weniger gesundheitsge-
rechtes Verhalten der Schülerinnen und Schüler nicht auch Bestandteil unterrichtlicher Beurteilung sein kann: „Wenn Gesundheitserziehung im Schulsport allerdings ernst genommen werden will und mehr als die Kontrolle von Pulswerten und
Trainingserfolgen sein soll, dann muß eine Zensurengebung in diesem Bereich –
ohne falsche Scheu – bewußter und umfassender erfolgen. Ansatzpunkte dafür
sind oben genannt (Kenntnisse, Lernfortschritte, Verhaltensweisen des einzelnen
im Klassenverband und spezifische Kompetenzen wie die Wahrnehmungs- und
Steuerungsfähigkeit von Belastungen). Um hier anzuknüpfen, wird es auch erforderlich sein, entsprechende Beurteilungskriterien vorab offenzulegen und die
Sportnote damit für Schülerinnen und Schüler transparent zu machen" (BALZ
1995, 191–192).

4.3 Wagniserziehung als pädagogische Perspektive

GRUPE (1969, 146–152) und KURZ (1990, 100–101; 1995) formulieren vorläufige
Hinweise zur pädagogischen Bedeutung dieser Perspektive. GRUPE geht von
„Spiel, Bewegungsfreude, Zwecklosigkeit" aus und verweist anthropologisch be-
gründet auf lebensbereichernde Aspekte des Wagnisses im Spiel. Auch KURZ
stellt das Spiel in den Mittelpunkt seiner Betrachtung, wobei die Ungewissheit des
Spielausgangs die entscheidende Spannungsquelle markiert; seine Sinnrichtung
heißt „Spiel, Spannung, Abenteuer, Risiko, Wettkampf" und neuerdings auch
„Wagnis" (vgl. 1995).

Der pädagogische Kern der Perspektive bleibt bisher jedoch unscharf; zu hetero-
gen sind die Begriffe und zu unübersichtlich das bezeichnete Handlungsfeld (vgl.
auch SCHLESKE 1977). Der Wagnisbegriff soll die pädagogische Diskussion präzisieren (vgl. ausführlicher NEUMANN 1997): Das Wagnis steht für eine persönliche Herausforderung im Sport, die im Grenzbereich des sportlich-motorischen
Könnens liegt und bei deren Misslingen leibliche Folgen drohen. Die resultierende
Unsicherheit gilt es im Rückgriff auf eigene sportliche Kompetenzen zu überwinden.

Von zentraler pädagogischer Bedeutung sind sportbezogene Kompetenzzugewin-
ne des Wagenden, die Einfluss auf sein Selbstvertrauen und seine Persönlichkeitsentwicklung haben können, sowie soziale Lerngelegenheiten. Sportliche Wagnisse

stellen motorisch und koordinativ anspruchsvolle Aufgaben dar. Bei der Überwindung entsprechender Balancier- oder Kletterparcours müssen z. B. Gleichgewichtsfähigkeiten eingesetzt oder entwickelt werden. Erforderlich ist bei Kletterübungen auch ein gewisser Krafteinsatz, vor allem aber die Bereitschaft, sich zu trauen. Je nach individueller Risikobereitschaft werden die Wagnisschwierigkeiten differieren, die als bewältigbar erscheinen. Weil das Wagnis jedoch keine Mutprobe darstellt, wie beispielsweise das Bungee-Springen, wo sich der Springer der technischen Apparatur ausliefert, muss die Risikobereitschaft in einem realistischen Verhältnis zu situationsbezogenen Fertigkeiten und Fähigkeiten stehen. Das lustvolle Erleben von Angst bei der Überwindung des Wagnisses hängt also von der jeweils eingebrachten sportlichen Kompetenz ab. Je gekonnter z. B. die Kletterbewegungen sind und je schwieriger der Kletterer steigen kann, desto eher kann das in diesem Sportbereich liegende Wagnis positiv erlebt werden. In der Wagniserziehung müssen deshalb die zur Bewältigung erforderlichen Fertigkeiten auch ausgebildet werden.

Wagnissituationen im Sport bieten wichtige Lerngelegenheiten, in denen eigene Fähigkeiten realistisch eingeschätzt werden müssen (vgl. HECKER 1989). Vor dem Hintergrund möglichen Scheiterns kommt es zu einem Kontrast aus situativen Anforderungen und vorhandenen Kompetenzen. Derjenige, der seine eigenen Fähigkeiten nicht kennt oder sie falsch bzw. unrealistisch einschätzt, wird das Wagnis kaum erfolgreich bewältigen können. Im Wagnis können demnach psychisch-physische Grenzerfahrungen liegen. Ein pädagogischer Gewinn ergibt sich in der möglichen Ausbildung realistischen Selbstvertrauens und spezifischer Handlungszuversicht bei unsicheren Ausgangslagen; doch zugleich können auch Bedenken gegenüber einer Wagniserziehung geltend gemacht werden, denn im Schulsport muss ausgeschlossen sein, dass sich die Schülerinnen und Schüler leichtfertig gefährden oder dem Erlebniskonsum hingeben.

Deshalb sind den Schülerinnen und Schülern in der Wagniserziehung auch keine erlebniszentrierten Spannnungssituationen anzubieten, wie z. B. Fallversuche vom Trapez auf einen Mattenberg, sondern es müssen kompetenzabhängige Herausforderungen bewältigt werden, die auf zu erwerbenden Fertigkeiten und Fähigkeiten beruhen. Einsichten in die Wirksamkeit des eigenen Handelns sollen gefördert werden, und mit Hilfe eines abwägenden Handelns sind auch angstinduzierte Situationen lustvoll zu gestalten. Nach SCHLESKE (1991) können Effekte der „Selbstermutigung" und „Entängstigung" angezielt werden; d. h. durch erfolgreiches Handeln kann Angst vor ähnlichen, unsicheren Situationen im Sport entgegengewirkt werden.

Dieser Reiz lässt sich als Angstlust, Nervenkitzel oder Thrill bezeichnen und steht für eine positive Erlebnisspannung (vgl. RHEINBERG 1996). Pädagogisch von Bedeutung sind diese Erlebniszustände, weil sie eine lebensbereichernde Wirkung besitzen: Im spannungsarm erlebten Alltag bieten sportliche Wagnisse legitime Möglichkeiten eines herausragenden Spannungserlebens. Das Prickeln und die

Konzentration beim Überwinden einer unsicheren Kletterstelle im Schulsport lassen sich sicher nicht mit extremen Spannungseindrücken beim Fallschirmspringen, Drachenfliegen etc. vergleichen – doch: die Tiefe des Erlebniseindrucks hängt von individuellen Vorausetzungen und Vorerfahrungen ab.

Im außerschulischen Sport (beim Skateboarden, Mountainbiken etc.) dominieren Wagnissituationen, in denen sich der einzelne Sportler allein exponiert. Wagniserziehung im Schulsport sollte auch soziale Kompetenzen fördern. Die Gefahren einer Bergbesteigung werden z. B. durch den Mechanismus des Vertrauens reduziert: Gelingen kann das Wagnis aber nur, wenn nicht nur der Kletternde vertraut, sondern der Sichernde auch fähig ist, die Verantwortung für den Kletternden zu übernehmen. Geschult wird in der Wagniserziehung insoweit eine wichtige soziale Kompetenz, nämlich Vertrauen zu schenken und Verantwortung zu übernehmen.

Diese sozialen Kompetenzen ergeben sich jedoch nicht voraussetzungslos, sondern die Lehrkraft muss durch geeignete vertrauensaufbauende Spielformen eine Sensibilität bei den Schülerinnen und Schülern bewirken. Auf eine verantwortungsbewusste Ausübung seitens der Schülerinnen und Schüler ist zu achten, denn im Wagnis besteht das Vertrauen aus der jederzeit revidierbaren Erwartung in eine zukünftig verlässliche Unterstützung.

4.4 Ein Unterrichtsbeispiel aus wagnispädagogischer Sicht

Wie die voranstehende Charakterisierung der Wagniserziehung zeigt, sollen den Schülerinnen und Schülern sportliche Herausforderungen auf der Basis eigenmotorischer Fertigkeiten angeboten werden. Dieser Zuschnitt ist wichtig und nicht selbstverständlich, denn vielen praktischen Vorschlägen zu „Abenteuerspielsituationen" (SCHMIDT 1991) oder zum Erlebnisturnen fehlt nicht nur der abenteuerliche Inhalt, sondern oft auch eine fertigkeitsbezogene Komponente. Diese ist jedoch Grundlage für verantwortbare Steigerungen des Wagnisgehalts. Wo können Wagnisse im Sportunterricht gefunden, und wie sollen sie angeboten werden?

Unter sportlichen Wagnissen stellt man sich typischerweise zunächst Situationen in sog. Risikosportarten vor, wie beispielsweise Drachenfliegen, Sportklettern, Bergsteigen, Surfen, Kanufahren. Schulsport tut sich aufgrund der Rahmenbedingungen jedoch schwer, diese Sportarten angemessen im Sportunterricht zu berücksichtigen (vgl. KLAFKI 1992), wenngleich in der Literatur Vorschläge existieren und die eine oder andere Sportart mittweile Eingang in den Schulsport gefunden hat: Indoor-Sportklettern ist z. B. in bayerischen Schulen im differenzierten Sportunterricht möglich. Allerdings müssen im Sportunterricht nicht unbedingt diese aufwendigen sportlichen Formen realisiert werden. Grundsituationen des Wagnisses z. B. beim Springen können gut im Turn- oder Schwimmunterricht angesprochen werden, wie auch das folgende Unterrichtsbeispiel illustriert.

„Katrin stand auf dem 3-m-Brett und zitterte. Eben war sie noch mutig genug gewesen, die Leiter zum Sprungbrett hinaufzuklettern. Jetzt aber, beim Anblick der endlosen Tiefe, verließ sie der Mut. Da halfen auch nicht die anfeuernden Rufe der

Klassenkameraden. Ängstlich tastete sie sich mit den Füßen Richtung Brettkante. Der Blick nach unten, wechselte zu den Zuschauern am Rand. Plötzlich trat sie den Rückzug an, um wenig später sich wieder zögerlich nach vorn zu wagen. Endlich entschied sie sich. Sie drehte achselzuckend um und kletterte mit hängendem Kopf die Leiter wieder hinunter. Tröstende Worte von mitfühlenden Klassenkameradinnen empfingen sie. Aber einige drehten sich auch mit einer abfälligen Handbewegung weg. Für Katrin war dieser Schulausflug in die Badeanstalt ein bedrückendes Erlebnis" (BRUCKMANN/BRUCKMANN 1997, 244).

Diese Situation im Sportunterricht einer siebten Klasse bildet den Anlass zu einer Unterrichtsreihe zum Thema Wagnis und Risiko. Ziel dieser Reihe ist der richtige (selbstbewusste) Umgang mit Wagnissituationen im Sport. Dazu unternehmen die Schülerinnen und Schüler zunächst freiwillige Sprungversuche vom Rand, vom 1-m-Brett oder vom 3-m-Brett. In der zweiten Stunde lernen sie Körperspannung halten und Sicherheitsregeln beim Springen. In der dritten Stunde werden „Rettungssprünge" geübt und Sprünge aus dem Anlauf mit Abfedern ausprobiert. In den weiteren Stunden soll ein schwieriger, aber „machbarer" Sprung erlernt werden; dazu schließen sich die Schüler in Kleingruppen zusammen, korrigieren und helfen sich. Zum Abschluss der Reihe können die eingeübten „Risikosprünge" demonstriert werden, wobei der Partner den Sprung erläutert und den erfolgten Sprung kommentiert (vgl. ebd., 246–251).

Im Verlauf dieser Unterrichtsreihe schöpft Katrin Mut, und ihr gelingt der ausgewählte Sprung vom 3-m-Brett. Ebenso wichtig wie dieser persönliche Erfolg ist jedoch die den Schülerinnen und Schülern zugestandene Selbstständigkeit beim Erlernen gewagter Sprünge. Dies wird ermöglicht durch Unterstützungsangebote der Lehrkraft; diese gewährt den Schülerinnen und Schülern nicht nur freiwillige Sprungvarianten, sondern lehrt auch wichtige Fertigkeiten und Fähigkeiten zum sicheren Springen. Die Schülerinnen und Schüler können das Gelernte anschließend auf ihren frei wählbaren Zielsprung übertragen und sich sicher fühlen. Die Selbstständigkeit beim Ausprobieren schließt Korrekturen durch den Erzieher allerdings nicht aus, denn allzu risikobereite und sich überschätzende Schülerinnen und Schüler müssen bei ihren Sprungversuchen gebremst werden. Zum Abschluss der Unterrichtsreihe trägt dieser Lernweg nicht allein Früchte in Form der demonstrierten Sprungfertigkeiten, sondern die Schülerinnen und Schüler verfolgen beim Springen mehrperspektivische Ziele: Die Wagniserfahrung tritt allmählich in den Hintergrund, und die Schüler „entdecken" weitere Sinnrichtungen beim Springen ohne dass diese ihnen vorgegeben werden: wie ein Miteinander-Springen, möglichst gekonnt zu springen und sich vergleichen, Wahrnehmungseindrücke wie Schwerelosigkeit genießen und immer wieder Neues zu versuchen (vgl. ebd., 252).

Deutlich wird in dieser Reihe neben einem fachlichen Auftrag auch ein erzieherischer Anspruch: Die Basis bildet eine grundlegende Fertigkeitsausbildung in Verbindung mit einem einfühlsamen Wagnisverständnis. Zum Wagnis soll niemand gezwungen werden – weder durch die Lehrperson noch durch die Mitschüler –, denn nicht zu unterschätzen ist die Gefahr, dass Wagnisse eingegangen werden, weil Dritte zuschauen und obwohl eigene Fertigkeiten fehlen.

Literatur

ASCHEBROCK, H.: Neue pädagogische Leitideen in den Sportcurricula. In: BALZ, E.; NEU-MANN, P. (Hrsg.): Wie pädagogisch soll der Schulsport sein? Schorndorf 1997, 63–78.

BALZ, E.: Mehrperspektivisches Ausdauerlaufen. Teil I: Grundlagen einer Unterrichtsreihe. In: Lehrhilfen für den sportunterricht 38 (1989) 8, 117–121.

BALZ, E.: Mehrperspektivisches Ausdauerlaufen. Teil II: Durchführung einer Unterrichtsreihe. In: Lehrhilfen für den sportunterricht 38 (1989) 9, 129–133.

BALZ, E.: Erziehender Unterricht – auch im Schulsport? In: Lehren und Lernen 16 (1990) 9, 13–16 und 49–65.

BALZ, E.: Fachdidaktische Konzepte oder: Woran soll sich der Schulsport orientieren? In: sportpädagogik 16 (1992) 2, 13–22.

BALZ, E.: Gesundheitserziehung im Schulsport. Grundlagen und Möglichkeiten einer diätetischen Praxis. Schorndorf 1995.

BALZ, E.: Sportdidaktische Positionen. In: SportPraxis 37 (1996) 2, 3–8.

BALZ, E.: Analyse bundesdeutscher Lehrpläne (Regensburger Beiträge zur Sportwissenschaft, Nr. 3). Regensburg 1996 (a).

BALZ, E.: Schulsport und Gesundheit. In: BÖS, K.; BREHM, W. (Hrsg.): Gesundheitssport. Ein Handbuch. Schorndorf 1998.

BALZ, E.; NEUMANN, P.: Mit dem Wagnis unterwegs. In: sportpädagogik 18 (1994) 5, 49–52.

BALZ, E.; NEUMANN, P. (Hrsg.): Wie pädagogisch soll der Schulsport sein? Auf der Suche nach fachdidaktischen Antworten. Schorndorf 1997.

BENNER, D.: Was heißt: Durch Unterricht erziehen? In: Zeitschrift für Pädagogik 31 (1985) 4, 441–450.

BECKERS, E.: Sportlehrer als Berater? Pädagogische Überlegungen zur erzieherischen Funktion des Sportlehrers. In: ders.: Sport und Erziehung. Aufsätze gegen den Rückzug aus pädagogischer Verantwortung. Köln 1985, 72–121.

BECKERS, E.: Der Instrumentalisierungs-Vorwurf: Ende des Nachdenkens oder Alibi für die eigene Position? In: Sportwissenschaft 23 (1993) 3, 233–258.

BECKERS, E.: Darf Sport ein pädagogisches Mittel sein? In: Sportwissenschaft 24 (1994) 1, 82–88.

BECKERS, E.: Über das Bildungspotential des Sportunterrichts. In: BALZ, E.; NEUMANN, P. (Hrsg.): Wie pädagogisch soll der Schulsport sein? Auf der Suche nach fachdidaktischen Antworten. Schorndorf 1997, 15–31.

BENNER, D. (Hrsg.): Johann Friedrich Herbart. Systematische Pädagogik (Band 2: Interpretationen). Weinheim 1997.

BERNETT, H.: Das Ende des Nachdenkens. Antwort auf EDGAR BECKERS. In: Sportwissenschaft 23 (1993) 4, 404–409.

BETTE, K.-H.: Körperspuren. Zur Semantik und Paradoxie moderner Körperlichkeit. Berlin 1989.

BETTE, K.-H.: Sport und Individualisierung. In: Spectrum der Sportwissenschaften 5 (1992) 1, 34–55.

BILDUNGSKOMMISSION NRW: Zukunft der Bildung – Schule der Zukunft. Neuwied 1995.

BRÄUTIGAM, M.: Spaß als Leitidee jugendlicher Sportengagements. Konsequenzen für die Sportdidaktik? In: sportunterricht 43 (1994) 6, 236–244.

BRUCKMANN, M.; BRUCKMANN, K.: Warum Uli bei uns nicht hätte springen müssen. Der Umgang mit Wagnis und Risiko als pädagogische Perspektive. In: BALZ, E.; NEUMANN, P. (Hrsg.): Wie pädagogisch soll der Schulsport sein? Auf der Suche nach fachdidaktischen Antworten. Schorndorf 1997, 243–254.

CACHAY, K.: Sportpädagogik und Gesellschaftstheorie. In: Spectrum der Sportwissenschaften 3 (1991) 1, 51–66.

CACHAY, K.; THIEL, A.: Erziehung im und durch Sport in der Schule. System-theoretisch-konstruktivistische Überlegungen. In: VOSS, R. (Hrsg.): Die Schule neu erfinden. Neuwied 1996, 333–351.

COURT, J.: Der pädagogische Sinn des Sports und die Instrumentalisierungs-Frage. In: Sportwissenschaft 26 (1996) 2, 157–169.

DIEDERICH, J.: Herbart heute? In: ders. (Hrsg.): Erziehender Unterricht – Fiktion und Faktum? Frankfurt a. M. 1985, 23–30.

DRESCHER, S.: Begründungspflicht für den Sport in der Schule. In: sportpädagogik 22 (1998) 1, 4–5.

DUNCKER, L.: Mit anderen Augen sehen lernen. Zur Aktualisierung des Prinzips der „Mehrperspektivität". In: Die Deutsche Schule 87 (1995) 4, 421–433.

EHNI, H.: Sport und Schulsport. Schorndorf 1977.

ELFLEIN, P.; HILMER, J.: Inhalte des Schulsports und sportpädagogische Praxis – Bedeutungsmomente, Kritik und Revision der Didaktischen Analyse. In: BORKENHAGEN, F.; SCHERLER, K. (Hrsg.): Inhalte und Themen des Schulsports (Schriften der dvs, 66). Sankt Augustin 1995, 101–114.

FROMME, J.: Pädagogik als Sprachspiel. Zur Pluralisierung der Wissensformen und zu ihren Implikationen für Freizeit und Bildung im Zeichen der Postmoderne. Bielefelder Habilitationsschrift 1995.

FUNKE, J.: Unterricht öffnen – offener unterrichten. In: sportpädagogik 15 (1991) 2, 12–18.

FUNKE, J.: Die technische Zubereitung sportlicher Erfahrung als (un-)heimliches Curriculum. In: ders.: Vermitteln zwischen Kind und Sache. Erläuterungen zur Sportpädagogik. Seelze 1997, 133–153.

GIEL, K.; HILLER, G.; KRÄMER, H.: Stücke zu einem mehrperspektivischen Unterricht. Aufsätze zur Konzeption 1+2. Stuttgart 1974.

GRÖSSING, S.: Einführung in die Sportdidaktik. Wiesbaden 1988 5.

GRÖSSING, S.: Bewegungskultur und Bewegungserziehung. Grundlagen einer sinnorientierten Bewegungspädagogik. Schorndorf 1993.

GRUPE, O.: Grundlagen der Sportpädagogik. München 1969 2.

GRUPE, O.; Krüger, M.: Einführung in die Sportpädagogik. Schorndorf 1997.

GÜLDENPFENNIG, S.: Noch einmal: Instrumentalisierung in der Sportpädagogik. In: sportpädagogik 22 (1998) 1, 3–4.

GÜNZEL, W.: Sportunterricht und emanzipatorische Erziehung. In: ders. (Hrsg.): Taschenbuch des Sportunterrichts. Beiträge zur Theorie und Praxis (Band I). Baltmannsweiler 1985 3.

HECKER, G.: Abenteuer und Wagnis im Sport – Sinn oder Unsinn? In: Deutsche Zeitschrift für Sportmedizin 40 (1989) 9, 328–331.

HECKER, G.: Zum Bildungswert von Bewegung, Spiel und Sport. In: HENDRICKS, W., u. a. (Hrsg.): Bildungsfragen in kritisch-konstruktiver Perspektive. Weinheim 1997, 115–122.

HERBART, J. F.: Allgemeine Pädagogik aus dem Zwecke der Erziehung abgeleitet. Göttingen 1806 (zitiert nach W. ASMUS: JOHANN FRIEDRICH HERBART: Pädagogische Schriften, Bd. II. Düsseldorf 1965).

HILLER, G. G.; POPP, W.: Unterricht als produktive Irritation – oder: Zur Aktualität des Mehrperspektivischen Unterrichts. In: DUNCKER, L.; POPP, W. (Hrsg.): Kind und Sache. Zur pädagogischen Grundlegung des Sachunterrichts. Weinheim 1994, 93–116.

HUMMEL, A.: Historische und gegenwärtige Modelle zum Schulsport in der Diskussion (II). In: Körpererziehung 45 (1995) 4, 123–129.

KLAFKI, W.: Gedanken zu Grundfragen der Sportdidaktik. In: ERDMANN, R. (Hrsg.): Alte Fragen neu gestellt. Anmerkungen zu einer zeitgemäßen Sportdidaktik. Schorndorf 1992, 11–25.

KLAFKI, W.: Neue Studien zur Bildungstheorie und Didaktik. Zeitgemäße Allgemeinbildung und kritisch-konstruktive Didaktik. Weinheim, Basel 1996[5].

KOLB, M.: Die Entwicklung der Leibwahrnehmung. In: BALZ, E.; NEUMANN, P. (Hrsg.): Wie pädagogisch soll der Schulsport sein? Auf der Suche anch fachdidaktischen Antworten. Schorndorf 1997, 127–140.

KRON, F. W.: Grundwissen Didaktik. München, Basel 1994[2].

KRUSE, C.: Erziehung – eine aktuelle Aufgabe sportpädagogischen Handelns? In: sportunterricht 42 (1993) 11, 467–474.

KURZ, D.: Elemente des Schulsports. Grundlagen einer pragmatischen Fachdidaktik. Schorndorf 1990[3].

KURZ, D.: Sport mehrperspektivisch unterrichten. Warum und wie? Vortragsmanuskript zum 11. ADL-Kongreß in Bayreuth 1990 a.

KURZ, D.: Sinn, Folgen und Zwecke. Zur Instrumentalisierungs-Debatte im Sport. In: Sportwissenschaft 23 (1993) 4, 410–415.

KURZ, D.: Handlungsfähigkeit im Sport – Leitidee eines mehrperspektivischen Unterrichtskonzepts. In: ZEUNER, A. u. a. (Hrsg.): Sport unterrichten – Anspruch und Wirklichkeit. Sankt Augustin 1995, 41–48.

KURZ, D.: Braucht der Schulsport eine neue curriculare Leitidee? In: Landesinstitut für Schule und Weiterbildung (Hrsg.): Schulsport in Bewegung. Erstes Schulsport Symposium Nordrhein-Westfalens. Soest 1995 a, 63–80.

KURZ, D.: Zur pädagogischen Grundlegung des Schulsports in Nordrhein-Westfalen. In: Landesinstitut für Schule und Weiterbildung (Hrsg.): Vorschläge zur Curriculumrevision im Schulsport in Nordrhein-Westfalen. Soest 1997, 8–42.

KWMBI [Bayerisches Staatsministerium für Unterricht, Kultus, Wissenschaft und Kunst] (Hrsg.): Lehrplan für das bayerische Gymnasium. Fachlehrplan Sport (Teil I, Amtsblatt So.-Nr. 17). München 1992, 753–817.

LEHNEN, A. u. a.: Erziehender Unterricht – Praxisorientierte Hilfen. Limburg 1977.

LSW [Landesinstitut für Schule und Weiterbildung] (Hrsg.): Vorschläge zur Curriculumrevision im Schulsport in Nordrhein-Westfalen. Soest 1997.

MEYER, H.: Schulpädagogik. Berlin 1997.

MIETHLING, W.-D.: Ängste von SportlehrerInnen. In: sportpädagogik 16 (1992) 5, 17–22.

MKS [Ministerium für Kultus und Sport Baden-Württemberg] (Hrsg.): Lehrplan Gymnasium – Sport. In: Kultus und Unterricht 8/1984 (Bildungsplan für das Gymnasium der Normalform, Bd. 1), 943–1004.

NEUMANN, P.: Vom sportlichen Wagnis zur Wagniserziehung im Sport. In: BALZ, E.; NEUMANN, P. (Hrsg.): Wie pädagogisch soll der Schulsport sein? Auf der Suche nach fachdidaktischen Antworten. Schorndorf 1997, 155–167.

NEUMANN, P.: „No risk no fun" oder: Wagniserziehung im Schulsport. In: sportunterricht 47 (1998) 1, 4–12.

RAMSEGER, J.: Was heißt „durch Unterricht erziehen"? Erziehender Unterricht und Schulreform. Weinheim, Basel 1991.

RHEINBERG, F.: Flow-Erleben, Freude an riskantem Sport und andere 'unvernünftige' Motivationen. In: HECKHAUSEN, H.; KUHL, J. (Hrsg.): Motivation, Volition und Handlung. Enzyklopädie der Psychologie. Bd. 4. Göttingen 1996, 101–118.

SCHALLER, H.: Instrumentelle Tendenzen in der Sportpädagogik. In: Sportwissenschaft 22 (1992) 1, 9–31.

SCHERLER, K.: Die Instrumentalisierungsdebatte in der Sportpädagogik. In: sportpädagogik 21 (1997) 2, 5–11.

SCHEUERL, H.: Die exemplarische Lehre. Sinn und Grenzen eines didaktischen Prinzips. Tübingen 1969[3].

SCHIERZ, M.: Das schulpädagogische Prinzip der Lebensnähe und seine Bedeutung für den Schulsport. In: BORKENHAGEN, F.; SCHERLER, K. (Hrsg.): Inhalte und Themen des Schulsports (Schriften der dvs, 66). Sankt Augustin 1995, 13–33.

SCHIERZ, M.: Sportunterricht und sein (möglicher) Beitrag zur Allgemeinbildung. In: Pädagogik (1997) 5, 44–48.

SCHIERZ, M.: Narrative Didaktik. Von großen Entwürfen zu kleinen Geschichten. Weinheim, Basel 1997 a.

SCHLESKE, W.: Abenteuer – Wagnis – Risiko im Sport. Schorndorf 1977.

SCHLESKE, W.: Grenzerfahrungen in den Erlebnissportarten – gesteigertes Leben, konstruktive Selbstdarstellung und aktive Selbstermutigung. In: REDL, S.; SOBOTKA, R.; RUSS, A. (Hrsg.): Sport an der Wende. Wien 1991, 84–93.

SCHMIDT, G.: Abenteuer-Spielstunden: 200 neue Spielstationen für Lehrer, Animation, Schule und Verein. Insbruck 1991.

SCHRAAG, M.; DURLACH, F.-J.; MANN, C.: Erlebniswelt Sport. Ideen für die Praxis in Schule, Verein und Kindergarten. Schorndorf 1996.

SCHULTHEIS, K.: Ästhetisierung als Regression oder Chance? Anmerkungen zur Rezeption der Postmoderne in der Pädagogik. In: Vierteljahresschrift für Wissenschaftliche Pädagogik 73 (1997) 3, 354–366.

SCHWIER, J.: Der Schulsport und die beschleunigte Jugendkultur. Kann (und soll) der Schulsport die beschleunigte Jugendkultur pädagogisch einholen? In: sportunterricht 47 (1998) 1, 13–21.

SÖLL, W.: Didaktische Vorüberlegungen als Grundlage methodischen Handelns. In: CZWALINA, C. (Hrsg.): Methodisches Handeln im Sportunterricht. Schorndorf 1988, 31–61.

SPORTPÄDAGOGIK 19 (1995) 6: „Bewegte Schule".

SPORTPÄDAGOGIK 21 (1997) 1: „Schulsport – wohin? Sportpädagogische Grundfragen".

THIEL, A.; Neumann, P.: Eigenzeiten. In: sportpädagogik 22 (1998) 1, 15–18.

THIELE, J.: Körpererfahrung, Bewegungserfahrung, Leibliche Erfahrung – Leitideen einer zukünftigen Sportpädagogik. St. Augustin 1996.

THIELE, J.: Skeptische Sportpädagogik – Überlegungen zu den pädagogischen Herausforderungen der 'Postmoderne'. In: Spectrum der Sportwissenschaften (1997) 1, 6–21.

TREBELS, A.: Springen. In: sportpädagogik 12 (1988) 1, 14–21.

VOLKAMER, M.: Von der Last mit der Lust im Schulsport. Probleme der Pädagogisierung des Sports. Schorndorf 1987.

VOLKAMER, M.: Zweck oder Wirkung? Zur pädagogischen Instrumentalisierung des Sports. In: Sportwissenschaft 23 (1993) 4, 423–429.

WELSCH, W.: Unsere postmoderne Moderne. Berlin 1993[4].

CLAUDIA KUGELMANN

Koedukation im Sportunterricht oder: Mädchen und Jungen gemeinsam in Spiel, Sport und Bewegung unterrichten
– ein altes Thema neu betrachtet

Fall 1: Fußballspielen (6. Klasse Gymnasium, Erweiterter Basissportunterricht, 6 Mädchen, 10 Jungen)

Aufwärmen: verschiedene Formen zur Ballgewöhnung. Ein Schüler demonstriert auf Anweisung des Lehrers die nächste Übung: Slalomlauf mit Ball durch „lebende" Slalomstangen.

L.: „Gerd, du bist ja ein Talent!"

Die Schülerinnen und Schüler sollen die Übung einzeln nachmachen. Zwei Jungen beginnen. L.: „So, jetzt kommen die Profis. Gut, ja ganz gut!"

Ein Mädchen läuft durch den Parcours. L.: „Nicht mit dem Zeh hinhauen, die Innenseite nehmen!" Nach einer weiteren Übungsform. L.: „Stopp einmal. Vor allem die Mädchen, die Jungs beherrschen das schon gut."

Eine Art „Tigerball"-Spiel wird in einem Jungen- und einem Mädchenkreis gespielt. Der Lehrer, der zuerst bei den Mädchen mitgespielt hat, geht zu den Jungen und sagt: „So, bei den Buben machen wir jetzt eine Erschwernis." Zu den Mädchen gewandt: „Macht ihr noch so weiter. Das ist für euch zu schwer." Während der Lehrer bei den Jungen bleibt, wird das Mädchenspiel immer lustloser. Manchmal wird der Ball absichtlich aus dem Kreis hinausgeschossen, so dass er immer wieder geholt werden muss. Geteilte Meinungen werden laut: „Das ist doch kein Sport." „Ich möchte jetzt richtig Fußball spielen."

Der Lehrer ruft die Klasse zusammen. Für das abschließende Spiel sollen zwei Mannschaften gebildet werden.

L.: „So, die Mädchen nehmen wir einfach mit rein. Drei Mädchen auf jeder Seite, dann die Jungs. Zu den Jungen gewandt: „Wer von euch spielt im Verein?" Zwei melden sich. L.: „Ihr dürft wählen – aber erst die ganzen Mädchen aufteilen!".

Fall 2: Wir spielen Ball über die Schnur (2. Klasse)

Zum Ende der Sportstunde, nach Aufwärmen, Gymnastik, Ballübungen zu zweit, soll noch ein „richtiges" Spiel stattfinden: Ball über die Schnur. Die Kinder wissen schon von früheren Stunden, wie das geht. Eine Zauberschnur wird quer durch die Halle gespannt und teilt damit zwei Spielfeldhälften voneinander ab. Während die Lehrerin damit beschäftigt ist, folgen ihr einige Kinder mit lautem Rufen: „Darf ich wählen?" „Nein, ich will mal wählen." „Heute wählen wir nicht, das kostet zuviel Zeit," sagt die Lehrerin. „Wir spielen einfach Mädchen gegen Jungen." Triumphgeheul von den Jungen, leises Murren von den Mädchen ist die Antwort. Trotzdem haben sich die Kinder schnell verteilt.

Doch nun taucht ein Problem auf: Es sind drei Jungen mehr als Mädchen. „Das ist ungerecht," rufen die Mädchen. „Da müssen eben einer oder zwei von euch rüber," sagt die Lehrerin zu den Jungen. „Wer geht freiwillig?" „Zu den Weibern geh ich nicht," ruft einer laut. „Ich auch nicht. Ich bin doch nicht blöd." So oder ähnlich geht das Gebrüll durcheinander. Die Mädchen halten sich still, warten ab.

„Dann muss ich halt selbst jemand bestimmen," verkündet die Lehrerin. „Peter geh du rüber!" Die Jungen lachen lauthals: „Der Peter ist verliebt, der Peter hat ne Freundin" Peter läuft rot an, schüttelt langsam den Kopf, bleibt wie angewurzelt stehen. Nun wird die Lehrerin doch etwas ungeduldig. „Ziert euch doch nicht so. Was ist denn schon dabei, wenn einer von euch bei den Mädchen spielt. Wenn ihr solange braucht, bis ihr zwei gleiche Mannschaften zustande bringt, dann geht das von eurer Spielzeit ab. Gibts denn keinen, der mit dem Peter rübergeht? Dann ist er nicht so allein. Martin, was ist? Willst nicht du dich opfern?"

Martin gibt sich einen Ruck. Er fasst Peter an der Schulter, „Komm", sagt er. Endlich kann das Spiel beginnen.

1. Probleme des koedukativen Sportunterrichts

Koedukation im Sportunterricht – es gibt kaum ein sportpädagogisches Thema, das seit so langer Zeit derart kontrovers diskutiert wird. Andere fachliche Grundsatzthemen, „Leistung im Sportunterricht" zum Beispiel, oder „Motivation" sind längst ausgetragen, Für und Wider genannt, ein akzeptabler Standpunkt gefunden. Das Problem „Koedukation" dagegen war schon mehrmals totgesagt und taucht trotzdem gerade jetzt wieder – neu und ungelöst – in der öffentlichen Diskussion auf.

Nach flammenden Plädoyers für die Koedukation in der Zeit der Reformpädagogik und der ersten Frauenbewegung vor knapp 60 Jahren, nach fast 30 Jahren kontroversen Meinungsaustausches über diese Unterrichtsform in neuerer Zeit, und ebenso vielen Jahren Erfahrung mit koedukativem Unterricht in allen Bundesländern, ist es auf den ersten Blick verwunderlich, dass wir immer noch nicht die eine, allgemein anerkannte Auffassung darüber gewonnen haben. „Zurück zur Mädchenschule?", „Macker und Mieze schon im Klassenzimmer", „Lernen Mädchen besser ohne Buben?" oder „Sport, nach Geschlechtern getrennt: eine Chance für Jungen?" – solche Fragen der Gegner finden sich in der Presse und aktuellen Fachliteratur ebenso, wie die Aussagen der Befürworter „Koedukation als Gestaltungsprinzip von Bildung", oder das Zitat eines Mädchens „Mit Jungen ist einfach mehr Power drin!".

Die Einführung koedukativer Schulen im Zuge der Bildungsreform in den 60er Jahren entsprach dem Ziel, „dem politischen Willen nach einem gleichberechtigten Zusammenleben der Geschlechter näherzukommen … Die Koedukation hat entscheidend dazu beigetragen, das Bildungsdefizit der Mädchen zu beheben. Gehörten Mädchen früher zu den bildungsbenachteiligten Gruppen, so ist heute die quantitative Benachteiligung abgebaut. Mädchen haben beim Erwerb weiterführender Bildungsabschlüsse aufgeholt ... Sie erlangen in der Regel die besseren Noten, stellen den weitaus kleineren Teil der lernauffälligen Schüler und haben eine wesentlich geringere Sitzenbleiberquote." So positiv denkt die Bildungskommission in Nordrhein-Westfalen (1995, 126 f). Warum ist trotz dieser optimistischen Einschätzung der Koedukation die Diskussion über den koedukativen Sportunterricht nie abgerissen (und in einigen anderen, vor allem in den naturwissenschaftlichen Fächern) wieder neu aufgebrochen? Anscheinend gibt es Probleme zwischen den Geschlechtern gerade in diesen Bereichen, die allein mit politischer Willensbekundung nicht zu beheben sind.

Die oben beschriebenen Szenen aus dem Alltag des „koedukativen" Sportunterrichts haben zwei gemeinsame Aspekte: die Schüler und Schülerinnen geraten wegen ihrer Geschlechtszugehörigkeit in Konflikt zueinander und die Lehrkraft führt Regie, indem sie den Ablauf des Geschehens selbst veranlasst oder zumindest hinnimmt. Es liegt auf der Hand, dass dies keine vorbildlichen Beispiele für koedukativen Sportunterricht sein können, der doch dem Anspruch unterliegt, Mädchen und Jungen gleich zu behandeln und die Gleichberechtigung der Geschlechter anzustreben. Doch solche und ähnliche Ereignisse werden immer wieder berichtet: Jungen trumpfen auf, Mädchen lassen sich von ihnen dominieren und herabsetzen, selten nur wehren sie sich dagegen, Lehrkräfte schauen verständnislos, hilflos oder desinteressiert zu, ja manche Lehrerinnen erscheinen selbst als Opfer männlicher Aggression (vgl. dazu FIRLEY-LORENZ 1995, 4). Sind „Macker" und „Miezen" also tatsächlich an der Tagesordnung im geschlechtsheterogenen Sportunterricht? Bedeutet die von den Mädchen bewunderte „Power" der Jungen eher einen Nachteil für sie? Sollten beide Geschlechter nicht besser unter sich bleiben?

Andererseits, wenn wir Mädchen und Jungen in ihrem Alltagsleben beobachten, in ihrer Freizeit, in der Familie, in der Öffentlichkeit, scheint häufig zwischen ihnen kein besonderer Unterschied mehr zu sein: auf der Schaukel, auf dem Fahrrad, auch auf Inline-Skates schauen sie ziemlich ähnlich aus, Jeans, Oversized-Pullis, T-Shirts und Westen, karierte Holzfällerhemden, Mützen mit dem Schild nach vorn oder hinten, Sportschuhe oder Gummistiefel, bei Bedarf Knieschützer und Helm – ihr Gerät und Outfit sind gleichermaßen funktional wie modisch, aber häufig unisex.

Wenn sich Mädchen und Jungen nicht in institutionalisierten, festen Gruppen sondern zu zweit oder zu wenigen begegnen, treten die aus der Schule und dem Schulsport berichteten Animositäten wesentlich seltener auf. Gemischte Geburtstagsparties, gemeinsame Schwimmbadbesuche, Verabredungen am Nachmittag unter Nachbarskindern sind nicht ungewöhnlich. Die Unterschiede zwischen den Geschlechtern verringern sich in vielen Bereichen. So unrecht hat der Freiburger Kulturwissenschaftler G. Kaiser offensichtlich nicht, wenn er meint: „Obwohl die Vorstellungen davon, was männlich und was weiblich ist, oft ungebrochen weitergelten, kann kein Zweifel daran bestehen ..., dass wir Zeitgenossen ihrer Auflösung sind und dass dieser Zerfall sein historisches Recht und eine gesellschaftliche Notwendigkeit hat." (Spiegel 11/1998, 118)

In diesem Spannungsfeld zwischen der zukunftsweisenden Veränderung der Geschlechterverhältnisse und der Beharrung auf tradierten Werten müssen die Heranwachsenden heute im Prozess ihrer Ich-Findung Orientierung suchen. In einer Zeit, in der die gesellschaftliche Entwicklung und die Veränderung von Normen derart schnell fortschreitet wie in der unsrigen, wo nichts mehr so sicher ist, wie es früher schien – Familie, Kirche, Arbeitsplatz, soziale Rollen, entstehen zwar Freiheiten, Offenheit und neue Chancen. Die Buntheit gegenwärtiger Jugendkultur, der Trend zur Androgynität in der Mode sind Zeichen dafür.

Gleichzeitig aber erwächst aus dem schnellen Wandel auch Unsicherheit, die „Lücken in die fragile Architektur jugendlicher Identität" reißen kann (JANSEN 1997, 81). Die Suche nach Halt in einer Situation, in der alles wegzurutschen droht, führt zwangsläufig zu tradierten Werten und Verhaltensweisen. Darum spiegelt die klare Einteilung der Welt in „männlich" und „weiblich", als bewährte Geschlechterordnung, Verlässlichkeit vor. Es wird verständlich, dass für junge Menschen der Aufbau einer eindeutigen Geschlechtsidentität eine zentrale Aufgabe der Persönlichkeitsentwicklung darstellt. In den Feldern von Leiblichkeit und Sich-Bewegen ist die Entwicklung eines „Habitus" im Sinne BOURDIEUS (1981) besonders effektiv; auch dessen Einschätzung durch andere bezieht sich vor allem auf die leiblichen Ausdrucksmöglichkeiten: wie sich jemand kleidet, sich bewegt, sich in der Öffentlichkeit benimmt (Necken, Ärgern, Raufen, Schlagen, vgl. dazu OSWALD u. a. in PFISTER; 1988), welche Sportarten man bevorzugt und welche Rolle dabei spielt – all das ist Ausdruck des Ich. Viele versuchen noch mehr Selbstsicherheit zu gewinnen, indem sie sich in dem einen oder anderen Bereich als Mädchen oder Junge akzentuieren, sich abgrenzen vom anderen Geschlecht. Die Konflikte zwischen den Geschlechtern im Sportunterricht können demnach als verständliches Ergebnis schwieriger Entwicklungsprozesse interpretiert werden.

Gesellschaftliche Kräfte, wie z. B. die Medien, die Mode, die Wirtschaft, in gewisser Hinsicht auch die Schule unterstützen die Bemühungen der Jugendlichen, es sich im Schutz bestehender Ordnungen bequem zu machen (vgl. dazu KUGELMANN 1996, Kap. 1 und 2). Geschlecht und Geschlechterordnung werden so als soziale Konstruktionen begreifbar, denen das Individuum unterworfen, aber an denen es auch selbst handelnd beteiligt ist. Die folgenden Skizzen zur Lebens-, Bewegungs- und Sportwelt der Mädchen und Jungen verdeutlichen diesen Sachverhalt.

2. Mädchen heute

Schon bald entwickeln viele Mädchen ihre besonderen Interessen. Ihre Spiele haben eher sozialen als Wettkampf-Charakter, sie sind weniger auf öffentlichen

Plätzen zu finden. Sie gleiten zwar auch auf zwei mal vier Rollen, aber wenn die Jungen an Geländern entlanggrinden oder Roll-Hockey spielen, sucht man Mädchen meist vergebens. Mädchen von heute haben das rosa Mädchenrad früherer Generationen gegen ein pink-schwarzes Mixte-Rad mit 21 Gängen eingetauscht. Doch die Entscheidung für diese Schaltung haben zumeist nicht sie selbst getroffen, sondern ihre technikinformierten Väter oder Brüder. Sie fahren damit zur Schule, zum Ballett, zur Klavierstunde, zum Sonntagsausflug mit den Eltern – meist ohne groß zu schalten. Sie stromern jedoch nicht, wie viele Jungen, allein und einfach so durch schwieriges und dreckiges Gelände (vgl. dazu NISSEN u. a. 1992). Wenn es allerdings um die Gestaltung von Sprüngen beim Gummitwist geht, um Rollenspiele und Kunststücke an den Turngeräten des Spielplatzes – da sind vor allem Mädchen zu finden.

Einige Verkrustungen von gestern im Bewegungsleben von Jungen und Mädchen haben sich aufgelöst, mehr Mädchen als früher spielen Fußball oder Volleyball im Verein, probieren die neuen Sportgeräte aus, kleiden sich frech und burschikos. Aber immer noch überlassen viele von ihnen gewisse Bewegungsräume und -gelegenheiten den Jungen. Immer noch verabschiedet sich eine große Zahl von ihnen mit der Pubertät von Bewegung, Spiel und Sport: Nach einer Umfrage in NRW, deren Ergebnisse auch für Bayern ähnlich sein dürften, sind es vor allem die Mädchen, die nach dem 12. Lebensjahr den Verein verlassen (KURZ 1995). Nach wie vor sind die Schönheit, die Schlankheit, die sexuelle Anziehungskraft Hauptthemen der weiblichen Lebensgestaltung. Der Wunsch, den Körper nach den geltenden Weiblichkeitsklischees zu modellieren beherrscht auch gegenwärtig das Bewegungs- und Sportleben der Mädchen. Ihnen entgeht durch diese Selbstbescheidung eine Menge neuer Bewegungs- und Lebenserfahrungen.

Öffentlich präsentierte Vorbilder gelungener Weiblichkeit sind Frauen, die gängige Weiblickkeitsideale verkörpern, z. B. Pamela Andersen, Claudia Schiffer, Nina Hoss. Die Mädchen selber scheinen sich vom frühen Kindesalter an immer wieder neu von jenen Weiblichkeitsklischees angezogen zu fühlen. Ein Zeichen und Symbol dieser Tendenz ist die unverminderte Attraktivität der Barbie-Puppe mit langen schlanken Beinen, großem Busen und langen blonden Haaren. Seit fast vierzig Jahren steht sie bei Mädchen zumindest im Grundschulalter auf dem Wunschzettel – auch wenn sich manche Mütter deshalb die eigenen Haare raufen. Der neueste Renner ist „Barbie-Schönheits-Salon" zum virtuellen Frisieren, Ankleiden und Schminken auf CD-Rom „mit eigenem Drucker" – so die Werbung.

Mädchen sind also nicht nur Opfer, sondern auch aktive Mitgestalterinnen ihrer weiblichen Sozialisation.

3. Jungen heute

Auf der anderen Seite ist nach wie vor die Auffassung verbreitet, zu einem „richti-
gen" Jungen gehöre zum Beispiel, stark zu sein, Schmerzen klaglos zu ertragen, die
Gefahr zu suchen und weder Angst noch andere Gefühle zu zeigen. Spektakuläre
Skate-Board-, Bike- und Inline-Skate-Kunststücke auf Asphalt, Treppen oder in
Half-pipes sind Phänomene einer männlich geprägten Jugendkultur. Die meisten
Ballsportarten werden hauptsächlich von männlichen Heranwachsenden betrieben
– Eishockey, Streetball, Football, Fußball – und die Spieler gehen dabei gewöhnlich
hart zur Sache. Wer ein rechter Junge sein will, liebt zum Beispiel nicht nur das Fuß-
ballspielen an sich, sondern hat auch die Motivation, dies erfolgreich zu tun. Er will
Tore schießen, sich durchsetzen in der eigenen Mannschaft und gegen die Gegner.
Deshalb ist es nicht ungewöhnlich, wenn im Verein versteckte Fouls trainiert werden, wenn von den Medien vor allem die spektakulären Torszenen hervorgehoben
werden. Hart sein ist männlich, diese Idealvorstellung vermitteln Identifikationsfi-
guren wie Sylvester Stallone, Arnold Schwarzenegger oder Lothar Matthäus.

Aber auch Jungen, die eher musisch, emotional, weicher sind, die eine harte Kon-
frontation im Sport und das Wagnis eher meiden, gibt es genug. Nur haben sie oft
Schwierigkeiten, in ihrer Peer-group Anerkennung zu finden, finden nicht so leicht
Vorbilder, an denen sie sich orientieren könnten.

Selbstverständlich ist auch in Bezug auf männliche Geschlechterklischees vieles in
Bewegung geraten. Die Diskussion um den „Neuen Mann" vor wenigen Jahren
zeigte, dass herkömmliche Männlichkeitsbilder fragwürdig geworden sind. Die Be-
kleidungs-, Sport- und Parfümreklame präsentierte uns Bilder von androgynen
Männerkörpern, von schönen, weicheren Männergesichtern, von einer Lust an
Farben und Formen, die früher nur bei den Frauen anzutreffen war. Seit einiger
Zeit ist es auch für Jungen zunehmend wichtig, schön und schlank zu sein – die
wachsende Zahl von männlichen Magersüchtigen und Bulimikern ist das Ergebnis
dieser Entwicklung. Allerdings deutet vieles darauf hin, dass diese Tendenz zur Androgynität neuerdings wieder abgelöst wird von einem männlich-markantem, ma-
chohaftem Habitus – der Drang zur „klaren" männlichen Identität korrespondiert
mit der zunehmenden Verunsicherung durch aktuelle gesellschaftliche Entwicklungen auf dem Arbeitsmarkt, im Sozialbereich, in der Politik.

Besonders im Kindes- und Jugendalter scheinen nach wie vor die eindeutigen
Männlichkeitsbilder mehr Anziehungskraft zu besitzen. „Egal ob auf dem Schulhof
oder im Jungentreff: Der coole Macker gibt den Ton an. Anerkennung kann nur erreichen, wer den gängigen Männlichkeitsidealen entspricht, und das heißt: keine
Schwächen zeigen, gegenüber Mädchen den Überlegenen markieren und ruhig
mal ein bißchen rücksichtslos sein, den Mädchen auf dem Schulhof die Röcke
hochheben oder den BH-Träger schnallen lassen – an den Spielchen, mit denen
männliche Macht unter Beweis gestellt wird, hat sich seit Jahrzehnten nichts

geändert ... Mädchen-ärgern wird zum Sport, Grapschen zur Mutprobe." (PETZ, 1996, 66)

Auch Jungen sind nicht nur Objekt, sondern auch Subjekt ihrer (männlichen) Sozialisation.

4. Unterschiedlichkeit – Ergebnis gesellschaftlicher Bedingungen und individueller Lebenspraxis

Der Einfluss traditionalistischer gesellschaftlicher Kräfte ist gerade im Bereich der geschlechtspezifischen Sozialisation jedoch nach wie vor stark. Die Ergebnisse neuerer empirischer Sozialforschungen zu Bewegungs- und Spielräumen von Kindern (vgl. NISSEN 1992, 138) zeigen, dass Mädchen in einigen Bereichen deutlich unterrepräsentiert und damit potenziell in der Entwicklung ihrer Möglichkeiten gegenüber Jungen benachteiligt sind.

4.1 Beispiel „öffentliche Räume"

Es gibt zum Beispiel deutliche geschlechtsspezifische Unterschiede hinsichtlich der Raumnutzung: Öffentliche Freiräume „werden in jeder Region, auf jeder Altersstufe und innerhalb jeder Schicht beträchtlich mehr von Jungen als von Mädchen genutzt" (a. a. O. 146). In der Stadt beträgt das Verhältnis 35 % (Jungen) zu 22 % (Mädchen), in Landgemeinden 25 % zu 14 %. Nissen erklärt dieses Verhalten aufgrund ihrer Untersuchungsergebnisse zum einen mit der Tatsache, dass Mädchen „immer noch deutlich mehr Hausarbeit machen als die Jungen: 43 % der Mädchen, aber nur 27 % der Jungen gaben an, täglich bis einmal in der Woche Hausarbeiten machen zu müssen" (a. a. O. 146). Zum andern wird Mädchen der Aufenthalt an bestimmten Orten des öffentlichen Freiraums weit häufiger als den Jungen verboten.

Der Grund dafür ist – wie bereits für die Tendenz, Mädchen mehr als Jungen im Auto zu transportieren – auch hier die Angst der Eltern vor sexueller Gewalt an ihren Töchtern. So äußerten sich fast doppelt soviele Eltern von Mädchen (40 %) wie von Jungen (22 %), unabhängig von sozialer Schicht, Region und Alter der Kinder. Auch Mädchen selbst nannten fast doppelt so oft wie Jungen Angst als Erklärung dafür, dass sie nicht in Wald oder Park spielen wollten (vgl. NISSEN 1992, 147). Angesichts der neuesten Fälle von Verschleppung, Vergewaltigung und Mord in Deutschland und anderen europäischen Ländern und der damit verbundenen öffentlichen Diskussion über die Gefährdung von Mädchen in der Öffentlichkeit dürfte diese Angst und damit die Bindung der Mädchen ans Haus noch zunehmen.

Bei schichtspezifischer Betrachtung sind Mädchen der oberen Mittelschicht am wenigsten, Jungen der unteren Mittelschicht am häufigsten auf „der Straße" anzutreffen.

4.2 Individuelle Unterschiede

Kinder reagieren aber, wie wir gesehen haben, nicht nur auf gesellschaftliche Bedingungen, sie interpretieren selbst aus subjektiver Sicht die in den gesellschaftlichen Lebensverhältnissen enthaltenen Möglichkeiten – sie sind in der Lage, ihr Leben in gewissen Grenzen selbst zu gestalten. (HURRELMANN 1983; NISSEN
1992, 138). Allerdings spielen dabei – so BOURDIEU – soziale Gegebenheiten,
der lebensweltliche Kontext, in den ein Kind hineingeboren wird, eine entscheidende Rolle – z. B. Klassen- und Schichtzugehörigkeit, finanzielle Ressourcen und
Bildungschancen, regionale und kulturelle Gegebenheiten, traditionelle Verbote
und Gebote oder eher moderne Freiräume. Von diesen Bedingungen hängt es ab,
ob der Einfluss durch die Sozialisation scharfe Geschlechterabgrenzungen verursacht oder eher die Grenzen verwischt. Von den sozialen Umständen hängt es auch
ab, in welchem Ausschnitt aus dem Universum der Praxis ein Heranwachsender individuelle Spielräume wahrnehmen kann oder nicht (vgl. dazu LIEBAU 1992,
139 f.). Dazu sei noch einmal auf das Beispiel der Mithilfe im Haushalt verwiesen:
Die Unterschiede zwischen Mädchen und Jungen bezüglich der Hausarbeit gibt es
in allen Bevölkerungskreisen, gar nicht zu helfen ist jedoch für Jungen aus der Un-
terschicht und mit Hauptschulniveau üblich; 50 % der 15–17jährigen Mädchen aus
Familien mit ganztags erwerbstätigen Müttern arbeiten bis zu 4 Stunden pro Woche
im Haushalt (vgl. dazu TILLMANN 1992, 44) – die Konsequenzen dieser Sachverhalte für die geschlechtsspezifische Sozialisation gerade in Bezug auf Freizeit und
Sport liegen auf der Hand.

Durch das dialektische Spannungsverhältnis zwischen personaler Welt des Kindes
und öffentlicher Welt gibt es zwar unterschiedlich große, aber immerhin vorhandene Spielräume für die Ausgestaltung der Geschlechterverhältnisse, die zwischen
Anpassung an Gepflogenheiten und zukunftsweisendem Wandel vielfältig variieren können. Sie verursachen die Konflikte, die den koedukativen Sportunterricht
häufig so schwierig machen, sie enthalten aber auch Chancen, die Ideen der
Koedukation zu verwirklichen.

4.3 Koedukativer Sportunterricht – eine Chance für die Gleichberechtigung der Geschlechter?

Trotz der geschlechtsspezifischen Unterschiede in der Sozialisation, aber auch
wegen ihnen, gilt die Forderung nach „Koedukation als Gestaltungsprinzip von
Bildung" als unumstritten. Das Konzept der Koedukation zielt darauf hin, die Unterschiede ohne alle Gleichmacherei dort zu beheben, wo sie den jungen Menschen
zum Nachteil geraten, die Defizite der jeweiligen Geschlechtsrollenkultur auszugleichen und Verständnis zu schaffen für das andere Geschlecht. Geschlechtergren-
zen sollen nicht der Abschottung dienen, sondern zur Überschreitung einladen. In
der Denkschrift der Bildungskommission NRW „Zukunft der Bildung – Schule der

Zukunft" (1995, 126 ff.) wird zwar festgestellt, dass Geschlechterstereotype weiterhin den Schulalltag bestimmen, dass sie immer noch die Gleichwertigkeit von Mädchen und Jungen und damit das persönliche Gleichgewicht der Kinder verhindern. Gerade deshalb soll „Koedukation" in allen Fächern, auch im Sportunterricht der Regelfall bleiben: „Koedukative Schulen gehören zur Selbstverständlichkeit der Bildungslandschaft. Die positiven Wirkungen der Koedukation als einer der wichtigsten bildungspolitischen Maßnahmen zur Umsetzung des im Grundgesetz festgelegten Gleicheitsgebots sind unbestritten" (BILDUNGSKOMMISSION NRW 1995, 127).

Dies gilt grundsätzlich für alle Fächer, auch wenn in den naturwissenschaftlichen in dieser Beziehung in letzter Zeit Zweifel auftauchen (vgl. SZ vom 27.2.98).

Was jedoch den Sportunterricht betrifft, so ist in der Fachliteratur nach wie vor unentschieden, ob die geschlechtshomogene oder -heterogene Form die wünschenswerte ist, um gleiche Bildungschancen für beide Geschlechter zu gewährleisten. In einigen Bundesländern wird der Sportunterricht nur in den ersten vier Schuljahren geschlechtsheterogen organisiert, später ist diese Unterrichtsform auf einige wenige Sportarten im Differenzierten Sportunterricht beschränkt. Der offizielle Grund dafür ist, unsittliche Körperkontakte zwischen Kindern und zwischen Mädchen und Lehrern beim Sporttreiben zu vermeiden. In Wirklichkeit ist die Trennung der Mädchen und Jungen jedoch vermutlich das Ergebnis der tendenziell eher traditionellen Kultur und Lebensstile, die auf der traditionellen Geschlechterordnung beruhen, sie hervorbringen und aufrechterhalten. Ein Indiz für diese These sehe ich z. B. darin, dass noch im 1992 gültigen Lehrplan Sport für das Bayerische Gymnasium teilweise unterschiedliche Inhalte für Mädchen und Jungen ausgewiesen sind: Im Umgang mit Ball und Seil, Reifen und Band sollen Jungen die Kondition und Geschicklichkeit verbessern und „Kunststücke" machen, Mädchen auch „Übungsverbindungen" zeigen (S. 770 ff.); auch bei den Sportspielen (S. 777) und beim Turnen (S. 782) werden Unterschiede gemacht. Die Trennung ab der 5. Klasse ist im Gegensatz zu den anderen Bundesländern zum Regelfall geworden. Schreckensmeldungen über die Schwierigkeiten mit gemischten Klassen andernorts halten die Sportlehrerinnen und -lehrer davon ab, Änderung zu fordern.

Obwohl es sicher zahlreiche mit der gemeinsamen Unterrichtsform zufriedene Kinder und Lehrkräfte gibt (vgl. dazu Untersuchungen von Gieß-Stüber 1993 und Scheffel 1996), enthält unbestritten nach wie vor der geschlechtsheterogene Sportunterricht spannungsgeladene Substanz. Konflikte zwischen Mädchen und Jungen sind scheinbar an vielen Orten an der Tagesordnung, verallgemeinerbare Rezepte für geglückte Lösungen liegen nicht vor.

Warum klare Antworten auf die Fragen, die die koedukative Unterrichtsform aufwirft, nicht so leicht zu geben sind, kann aus der Geschichte der Koedukationsdebatte zumindest zum Teil erschlossen werden. Sie zeigt, dass die Standpunkte, die zu dieser Unterrichtsform im Laufe der Zeit vertreten wurden, immer auch Ausdruck des Zeitgeistes, der jeweils aktuellen Auffassung über die Geschlechterverhältnisse, der Bildungspolitik, der Körper- und Sportpolitik waren.

5. Geschichte der Koedukation

Eine Analyse des historischen Wandels der Argumentation zur Koedukation im Sportunterricht kann somit den heutigen Stand der Debatte erklären und gleichzeitig zum Ausgangspunkt für neue Antworten auf die Koedukationsfrage sein.

Ich werde im Folgenden also die Entwicklung der Koedukationsdebatte in Bezug auf den Sportunterricht skizzieren. Dabei werden die positiven Anregungen der Koedukationsdiskussion und -praxis für unser Fach aus heutiger Sicht beschrieben und die jeweils verbliebenen ungelösten Probleme genannt.

5.1 Eine „heile Welt" wird gestört

Die ersten Anstöße für die Veränderung der Konzeption eines nach Geschlechtern getrennten Schulsportunterrichts erfolgten in der Mitte der 70er-Jahre. FUNKE (1974) kritisierte die geschlechtsspezifische Sozialisation im Schulsport, BREHM (1975) den „Sport als Sozialisationsinstanz traditioneller Geschlechtsrollen". ENGEL/KÜPPER, PETERSEN, BUCHBINDER/BUCHBINDER veröffentlichten Unterrichtsversuche zum gemeinsamen Sportunterricht von Jungen und Mädchen zur selben Zeit. KRÖNER kam mit ihrer Untersuchung zu „Sport und Geschlecht" 1976 heraus. Ihrer Argumentation, dass Mädchen, die zum Mädchensportunterricht gezwungen werden, gegenüber Jungen in ihren Entwicklungsmöglichkeiten benachteiligt sind, folgten BRODTMANN / JOST („Materialien zum Seminarthema Koedukation im Sportunterricht" 1977), FUNKE/HEINE/SCHMERBITZ von der Bielefelder Laborschule (1979) und KUGELMANN (1980). Auch PFISTER/LANGENFELD (1980) zweifelten daran, dass die „Leibesübungen für das weibliche Geschlecht" ein Mittel für die „Emanzipation der Frau" gewesen seien.

Sie alle suchten Wege, um die Idee der Gleichbehandlung und Gleichberechtigung von Mädchen und Jungen zu verwirklichen. Sie konnten nicht aktzeptieren, dass die Idee der Koedukation auf die wissenschaftlichen Fächer beschränkt bleiben sollte. Gerade bei Sport, Spiel und Bewegung könnten sich doch die Geschlechter in unverfänglicher Weise auch leiblich begegnen und kennenlernen. So schien die Chance größer, Vorurteile und Geschlechtsstereotypien zu überwinden. Die schulische Realität, war zu dieser Zeit dadurch charakterisiert, dass Jungen und Mädchen ganz selbstverständlich je spezifische Inhalte, Ziele, Räume, Anforderungen im Fach „Leibeserziehung" zugewiesen wurden. Theorie und Praxis der Leibeserziehung wirkten verstärkend auf die traditionellen Geschlechterrollen ein.

In diesen beschaulichen Schulsportalltag brachen nun auf einmal die neuen Ideen ein. Der Gedanke der Emanzipation von Rollenklischees auch im Sportunterricht sollte Wirklichkeit werden, um „das ungleiche und die Frau weitgehend benachteiligende Verhältnis der Geschlechter zu regeln" (JOST 1977, 2 f.) und geschlechtsspezifische Vorurteile im Feld des Sports auszuräumen. Vom „Aufbrechen" der tradierten Geschlechterrollen war mehrfach die Rede.

Besonders die sportlichen Defizite der Mädchen und Jungen sollten durch Unterweisung in Bewegungsangeboten, die für das jeweils andere Geschlecht typisch sind, ausgeglichen werden. Mädchen sollten mehr Sportspiele, vor allem das Fußballspiel kennenlernen. Die Jungen sollten merken, dass sie im Seilchenhüpfen und im Tanz den Mädchen weit unterlegen waren und Aufholbedarf zugeben mussten. Vor allem aber war geplant, dass Jungen und Mädchen allmählich und langfristig das Sporttreiben in gemischten Gruppen für selbstverständlich halten sollten.

Im Rückblick erscheinen die Ergebnisse dieser Versuche insgesamt eher mager zu sein:

Erfreulich ist zwar, dass die soziale Komponente von Sportunterricht stärker als zuvor ins Blickfeld geraten ist. Die Regelung der sozialen Beziehungen zwischen den Beteiligten wird als unverzichtbare Voraussetzung für das Gelingen von gemeinsamen bewegungsbezogenen Unternehmungen erkannt. Soziales Lernen erhält durchwegs höheren Stellenwert als die Verbesserung der sportlichen Leistung.

Das Ziel des gemeinsamen sportlichen Handelns in und außerhalb der Schule wurde langfristig nicht erreicht – die Bildung gemischter Gruppen wurde ebensowenig selbstverständlich wie die gleichberechtigte Einbeziehung der Mädchen ins Sportspiel. Seilspringen war und blieb eben „Weiberkram", während Fußball „richtiger" Sport und damit Männersache war, bei dem „die Weiber" nichts verloren haben.

Diese ersten Unterrichtsversuche haben das Problem des Koedukationsgedankens verdeutlicht, konnten es jedoch nicht lösen. Ein Grund für diesen Misserfolg ist sicher in den schwierigen Praxisbedingungen zu suchen – große Klassen, zu wenige Sportstunden, wenig Möglichkeiten zum fächerübergreifenden Unterricht.

5.2 Die Theorie schreitet vor – die Praxis bleibt zurück

Die gesellschaftspolitische Entwicklung in der Bundesrepublik Ende der 70er Jahre (Phase der wirtschaftlichen Prosperität) hatte im Rahmen der Bildungsreform die gemeinsame Unterrichtung von Mädchen und Jungen selbstverständlich werden lassen. Auch der Sport konnte und sollte nicht davon ausgenommen werden. Im Grunde waren es jedoch eher organisatorische als pädagogische Gründe, die der Koedukation zur flächendeckenden Durchsetzung verhalfen. Einzelne Schulen wurden zu großen Schulzentren zusammengefasst, in denen es unmöglich war, die geschlechtsheterogenen Klassen nur für den Sportunterricht zu trennen. Da also überzeugende sportpädagogische Konzepte für die Realisierung der Koedukation fehlten, setzte sich eine ähnliche, aber grundsätzlich verschiedene Unterrichtsform durch – „Koinstruktion" genannt. Hier waren zwar Mädchen und Jungen am selben Ort anwesend, doch es gab keine oder zu wenige Impulse **miteinander** Sport zu treiben oder zu spielen oder sich gar mit geschlechtsbedingten Konflikten auseinanderzusetzen.

Die bisher veröffentlichten gelungenen Unterrichtsversuche zur Koedukation im Sportunterricht wurden nicht als Grundlage alltäglicher Praxis betrachtet. Es handelte sich bei ihnen zumeist um Dokumente einzelner Unterrichtseinheiten im Bereich der Orientierungsstufe, der längste systematisch begleitete Zeitraum war ein Schuljahr (KUGELMANN 1980). Die langfristige Realisierung der erwünschten sozialen Zielsetzungen, vor allem für Jugendliche in der Pubertät, war nicht nachweisbar. Es herrschte Uneinigkeit darüber, ob es besser sei, die Schülerinnen und Schüler mit geschlechtsspezifisch „vorbelasteten" Inhalten wie Fußball und Seilspringen zu konfrontieren oder sie mit eher „neutralen" Sportarten allmählich aneinander zu gewöhnen. Es zeigte sich in der alltäglichen Schulsportroutine auch, dass die erwünschte selbstverständliche heterogene Gruppen- und Mannschaftsbildung einfach nicht stattfand. Vielmehr versuchten die Jungen häufig, ihre Spiele ohne Mädchen abzuwickeln, die Mädchen ihrerseits zogen sich eher vor den dominanten Jungen zurück (vgl. SCHULZ 1997, 42; KUGELMANN 1985).

Solche Schwierigkeiten waren ein willkommener Anlass für die Koedukations-Gegner, das gesamte pädagogische Konzept infrage zu stellen. Sie fürchteten, dass die hergebrachte Geschlechterordnung und mit ihr der Sport in seiner institutionalisierten, fast durchgängig geschlechtsspezifischen Form verfälscht werden könnten. Einige Fachkollegen befürworten deshalb die Geschlechtertrennung im Sportunterricht mit dem Hinweis auf biologisch bedingte Verhaltensunterschiede zwischen Mädchen und Jungen. Sie warnen dringend vor Gleichmacherei und setzen auf die Differenzierung der Geschlechter (zum Beispiel der Verband katholischer Lehrerinnen, vgl. PFISTER 1985, 194 und SÖLL 1981).

Die pädagogisch-didaktische Reflexion über Koedukation wird von ihren Befürwortern aber gerade wegen der auch von ihnen erkannten Probleme der Integration von Mädchen und Jungen mit neuen Gedanken fortgeführt. KRÖNER/ PFISTER veröffentlichen 1985 einen Sammelband „Nachdenken über Koedukation im Sport", in dem die meisten Kolleginnen und Kollegen, die sich schon 10 Jahre früher zum Problemkreis geäußert hatten, ihre neuen Positionen darstellten. BRODTMANN / KUGELMANN geben ein Themenheft „Mädchen und Jungen im Schulsport" heraus (SPORTPÄDAGOGIK 1984, Heft 4). ALFERMANN präsentiert 1992 eine neue empirische Untersuchung zur „Koedukation im Sportunterricht". BLUMENTHAL (1993) überlegt, wie Jungen und Mädchen vom Nebeneinander zum Miteinander im Sportunterricht gelangen könnten.

Die Argumentation in dieser Phase ist gekennzeichnet von der Suche nach noch überzeugenderen Begründungen für gemeinsamen Sportunterricht für Mädchen und Jungen, nach den Ursachen der noch unbewältigten Probleme der Koedukation und nach besseren didaktischen Konzepten, um die erzieherischen Absichten realisieren zu können.

Einig ist man sich weitgehend darüber, dass die Konfrontationsmethode Fußball (= männlich) und Gymnastik (= weiblich) – als didaktischer Trick zur Anregung sozialen Lernens gut gemeint – Kinder zumindest im Primarstufenalter überfordert. Einigkeit herrscht auch in der Auffassung, die nicht nur für geschlechtsheterogen durchgeführten Sportunterricht gilt, dass nämlich die eindimensionale Leistungsorientierung des Sports zugunsten kooperativer Formen im Sportunterricht zu überwinden sei, wenn Jungen und Mädchen im gleichberechtigten Miteinander voneinander lernen sollen. Durchgängiger theoretischer Bezugspunkt ist auch in dieser Phase die Rollentheorie des symbolischen Interaktionismus.

BRODTMANN/KUGELMANN (1984) beschreiten mit dem Begriff einer Geschlechtsrollen-„Kultur" einen eigenen Argumentationsweg. Ihnen geht es nicht mehr um das letztlich destruktive „Aufbrechen" von Rollen und Rollenerwartungen. Im Sportunterricht können die Unterschiede zwischen beiden Bewegungskulturen wahrgenommen werden, die jeweils andere Kultur kann kennengelernt und die unterschiedliche Bewertung von weiblicher und männlicher Bewegungskultur dabei deutlich werden. Das Trennende zwischen den Geschlechtern soll schließlich in einem Klima gegenseitiger Anerkennung überwunden werden.

Ein weiterer Aspekt gewinnt an Bedeutung: Die Heranwachsenden sind mit der Aufgabe, das Geschlechterrollenkonzept zu erweitern, überfordert, wenn sie dabei nicht von Lehrkräften unterstützt werden, die eben in dieser Beziehung Vorbild sein können. Wiederholt wird gefordert, dass Lehrende ihre eigene Befangenheit in ihrer Geschlechtsrolle erkennen und überwinden und so Vorbilder für Schülerinnen und Schüler sein sollen. PETERSEN bezeichnet die „Person des Sportlehrers" als eine „zentrale Bezugsgröße" für „die Prozesse der Rollenübernahme und Rollenerweiterung im Sport" (1985, 100). KRÖNER fordert „eine gründliche Auseinandersetzung über veränderte weibliche und männliche Leitbilder" (1985, 38) und schlägt „Androgynität" als neues Leitbild vor. BRODTMANN / KUGELMANN (1984) sprechen von den potenziellen „pädagogischen Einflußmöglichkeiten" eines „modellhaften Lehrerverhaltens" (15).

Positiv aus heutiger Sicht ist zu bewerten, dass durch die damals geführte Diskussion die bis dahin übliche Konzentration der sportwissenschaftlichen Reflexion auf die Belange der Jungen zumindest ansatzweise durchbrochen wurde. Die Focussierung der Aufmerksamkeit auf männliche Zielgruppen war und ist heute noch in der einschlägigen Fachliteratur weit verbreitet (vgl. KUGELMANN 1996). Dies ist zwangsläufig so, solange das Sportsystem insgesamt (als gesellschaftliches Teilsystem) männlich dominiert ist.

Wichtig ist auch die Erweiterung der Perspektive auf die Person der Lehrkraft. Dadurch wird der Blick auf eine bisher vernachlässigte Facette des Sportunterrichts gerichtet. Enttäuschende Unterrichtserfahrungen werden von geschlechtsspezifischen Fixierungen der Lehrerinnen und Lehrer her erklärbar, wenn auch nicht lösbar.

Keiner der Autorinnen und Autoren ist es gelungen, Lösungen für das Problem zu entwickeln, das sich aus der Dominanz des Männlichen im Sport ergibt. Sie machten nicht deutlich, dass Schule und Schulsport nur soviel Gleichberechtigung von Jungen und Mädchen, von Lehrerinnen und Lehrern ermöglichen können, wie es die Gesellschaft erlaubt bzw. wie es absichtsvoll gegen die gesellschaftlichen Zwänge und gegen die herrschende Geschlechterordnung angestrebt wird. Weil bis dahin der Weg noch so weit ist, erschien einigen die besondere Unterstützung der Mädcheninteressen im Sportunterricht bzw. sogar die Rückkehr zum getrennten Sportunterricht als zunächst bessere Lösung.

Wenn in den beiden folgenden Abschnitten die Argumente der Mädchen- und Jungenparteilichkeit beschrieben und analysiert werden, dann verweist dies zwar einerseits auf den Stand der Diskussion über den geschlechtergetrennten Sportunterricht. Auf der anderen Seite jedoch – und das ist eine durchaus interessante Wendung der Debatte, ergeben sich gerade aus der Kombination dieser beiden Positionen neue Perspektiven für die Entwicklung eines Konzepts der Koedukation im Sinne von „Bewegung, Spiel und Sport für Mädchen und Jungen gemeinsam unterrichten".

5.3 Mädchenparteilichkeit

Ihrer Enttäuschung über verpasste Chancen der Koedukation gibt KRÖNER 1993 Ausdruck mit den Worten: „Mit der Forderung nach Koedukation im Sport seit Beginn der 70er Jahre, war eine Hoffnung auf mehr Gleichheit und Integration für Mädchen in Schule und Sport verbunden. Diese Hoffnung hat sich im großen und ganzen nicht erfüllt. Im Gegenteil: Mit Beginn der systematischen Erfassung mädchendiskriminierender Strukturen in Schule und im gemeinsamen Sportunterricht ... wuchs / wächst die Erkenntnis, daß die Koedukationspraxis für Mädchen und junge Frauen keine Besserung ihrer benachteiligten Situation gebracht hat, diese eher noch beim gemeinsamen Unterricht, bei Freizeit- und Sportaktivitäten verstärkt wird". (12) Die Ohnmacht der Lehrkräfte angesichts alltäglicher Diskriminierung von Mädchen im Schulsport, angesichts der alltäglichen Anmache und körperlicher Übergriffe durch Jungen im koedukativen Sportunterricht, angesichts der alltäglichen Selbstverachtung und Rückzugsstrategien von Mädchen und Frauen im Sport, war der Anlass, verstärkt über Konzepte nachzudenken, die es Lehrerinnen erleichtern, ihre Schülerinnen bei der Entwicklung von mehr Selbstbewusstsein zu unterstützen. Die Forderung nach „Mädchenparteilichkeit" bzw. „Frauenparteilichkeit" ist das Ergebnis dieser Überlegungen (vgl. dazu z.B. PALZKILL 1990; KUGELMANN / KNETSCH / PASTUZCYK 1990; KUGELMANN 1991; SCHEFFEL 1991 und 1996; THIEN 1991; THIES 1991; KRÖNER 1993; PFISTER 1991).

Es ist kein Zufall, dass diese Impulse von der Frauenforschung in der Sportwissenschaft ausgingen. Diese Wissenschaftlerinnen haben als Sportlerinnen nicht nur selbst Benachteiligungen erfahren, weil sie Frauen sind, sie haben auch gespürt, dass befriedigende Körper-, Bewegungs- und Sporterfahrungen eine Chance für ihr Selbstbewusstsein bedeuten.

Aus dieser Betroffenheit heraus haben sie begonnen, über körper- und bewegungsbezogene Ursachen der Diskriminierung ihres Geschlechts zu forschen. Sie kommen zu der Überzeugung, dass Frauen lernen müssen, sich selbst zu helfen.

Sie fordern Parteilichkeit für Mädchen, „die bewußte Hinwendung zu Mädchen" (SCHEFFEL 1991, 41) und „die aktive Unterstützung der Mädchen bei ihren Körper-, Bewegungs- und Sportproblemen" (KUGELMANN 1991 a, 24). Vor allem die Rolle der Mädchen als „soziale Puffer" in lebhaften Jungenklassen wird kritisiert, aber auch die Selbstverständlichkeit, mit der viele Jungen ihre Interessen auf Kosten der Mädchen vertreten. Diese Parteilichkeit soll den koedukativen Sportunterricht verändern, aber auch Bewegungsangebote mit eigenen Räumen und eigenen Themen für Mädchen und Frauen rechtfertigen.

Mädchen- und Frauenarbeit im Sport führt zu neuen Themen:

– „Frauen-Räume. Körper und Identität im Sport." (KRÖNER/PFISTER 1992) Hier geht es darum, dass Mädchen und Frauen lernen, für sich Raum zu beanspruchen. Die selbst und von andern bestimmten Grenzen sollen erweitert werden.

– „Bei den eigenen Stärken bleiben . . . Im Kontakt mit anderen" (KRÖNER 1993, 153 ff.): Mädchen / Frauen vermeiden häufig sportliche Situationen, wo es eng zugeht, wo unmittelbarer Körperkontakt unumgänglich ist. Bei diesem Thema können sie die eigenen Körperkräfte in der kämpferischen Auseinandersetzung mit anderen erfahren.

– „Leiten und leiten lassen. Mädchen zwischen Anpassung und Aus-der-Reihe-tanzen" (KRÖNER 1993, 148 ff.): Über Sich-Bewegen können mädchentypische Verhaltensweisen bewusst gemacht und verändert werden.

– „Springen, Fliegen, Raufen, Boxen – Spielerische Bewegungskünste" (KRÖNER 1993, 116 ff.): Diese Angebote sollen den Mädchen Erfahrungen ermöglichen, „die nicht unbedingt zum gewöhnlichen Bewegungsalltag eines jeden Mädchens gehören". (119)

– „Frauen spielen Fußball" (vgl. dazu auch KUGELMANN 1991 b, 1992; KÖHLE 1996.): Auch bei diesem Thema geht es darum, die Beschränkungen der Mädchensozialisation zu überschreiten, neue Fähigkeiten und Stärken zu entdecken, einen mädchengemäßen Zugang zum Spielen mit dem Ball zu finden.

Solche und ähnliche Themen sind die Antwort auf genau die Defizite weiblicher Sozialisation, die es den Frauen schwer machen, selbst etwas für die Durchsetzung ihrer Interessen zu tun.

Das Konzept der „Mädchenparteilichkeit" wirkt selbstverständlich provokativ. Das soll es auch tun, wendet sich doch seine Vertreterinnen mit Recht gegen die lange Tradition androzentrischer, d. h. an den Interessen von Jungen und Männern einseitig orientierten Theorie und Praxis des Sportunterrichts (vgl. dazu PFISTER 1991; ROSE 1994 und KUGELMANN 1995). Es ist von daher nicht verwunderlich, dass sich mancher davon angegriffen fühlt, fürchtet, nun seinerseits benachteiligt zu werden. Ich sehe keine Gefahr in dieser Richtung, zumindest solange Fürsorglichkeit bei der weiblichen Sozialisation einen so hohen Stellenwert hat. SCHEFFEL (1991) ist sicher nicht die einzige Lehrerin, die sich geradezu zwingen muss, den Jungen manchmal weniger Aufmerksamkeit zu geben als gewohnt und als diese wie selbstverständlich fordern.

Zusammenfassend bleibt festzuhalten, dass der feministische Beitrag zur Koedukationsdebatte das Machtgefälle der Geschlechter im Sportsystem deutlich gemacht hat. Er lenkt die Aufmerksamkeit auf die negativen Auswirkungen männlich dominierter Strukturen auf Körper-, Bewegungs- und Sporterfahrungen von Frauen. Zudem wird die Trennung von Sportunterricht und Alltag abgelehnt zugunsten der Entwicklung lebensweltbezogener Bewegungsthemen. „Mädchenparteilichkeit" ist die Folge einer von verkrusteten Machtstrukturen eingeengten Schulsportpraxis.

Die Begrenzungen dieser Position werden sichtbar, wenn wir davon ausgehen, dass die Geschlechtertrennung im Sportunterricht – als Schutzmaßnahme für Mädchen und Frauen gedacht – gerade sie wieder in die Defizitsituation versetzen kann, aus der sie ja herausfinden wollen. Nicht alle Mädchen empfinden den Sportunterricht in eigenen Gruppen als stärkend, viele Jungen betrachten die Mädchenkurse verachtungsvoll. Die Gründe dafür sind verständlich, wer sich ausgeschlossen fühlt, reagiert leicht mit Aggression und Herabsetzung. Doch dies ändert nichts daran, dass Gleichberechtigung letztlich nur in der aktiven Auseinandersetzung mit dem anderen Geschlecht erkämpft und erreicht werden kann. Schutzräume sind nur Übergangslösungen. Mädchenparteilichkeit also ein zwar wichtiger Schritt zur Gleichberechtigung, vermutlich sogar die Voraussetzung dafür. Sie müsste jedoch in einem gelungenen koedukativen Sportunterricht überflüssig werden.

5.4 Jungenarbeit

Der Tenor der anfänglichen Diskussionen über die Koedukation bestand in der Befürchtung, Jungen könnten wegen des geschlechtsbedingten Leistungsgefälles unterfordert sein. Später sah man eher die Nachteile für die in die Ecke gedrängten Mädchen. Für ihre Interessen traten vor allem die Frauen ein, die Lehrerinnen und Sportwissenschaftlerinnen. Doch auch eine zunehmende Anzahl von Fach-Männern setzte sich dafür ein, die Mädchen gegenüber den dominanten Jungen zu unterstützen.

„Jungen schienen diejenigen zu sein, die über Bewegung, Sport und Spiel am meisten in ihrer Persönlichkeitsentwicklung profitieren, die ihr Selbstwertgefühl besonders aus ihrer Überlegenheit Mädchen gegenüber beziehen" (SCHMERBITZ / SEIDENSTICKER 1997, 26).

Zaghaft zwar, doch immer deutlicher entdeckt man in neuerer Zeit, dass auch Jungen „Probleme mit sich und anderen haben ..." Es genügt also nicht, „daß sie im koedukativen Sportunterricht lediglich dazu angehalten werden ..., Mädchen größere Teilnahmechancen einzuräumen" (a.a.O., 26).

Die Autoren des SPORTPÄDAGOGIK-Schwerpunkthefts „Jungen" zeigen in mehreren Beispielen, dass auch Jungen „durch Sport in ihren Entfaltungsmöglichkeiten erheblich eingeschränkt werden können" (a.a.O., 26). Ihr Fazit besteht in der klaren Erkenntnis, „daß die psychosozialen Schwierigkeiten der Jungen primär damit zu tun haben, daß sie Jungen sind." Die Anforderungen der männlichen Sozialisation – stark, mutig, hart und der Beste sein zu müssen – erzeugen auf viele Heranwachsende einen ungeheuren Druck, der mit dem Begriff „Überlegenheitsimperativ" (BILDUNGSKOMMISSION NORDRHEIN-WESTFALEN 1995, 128) zutreffend bezeichnet wird.

Männliches Verhalten im Sportunterricht – aggressives Zweikampfverhalten im Sportspiel, unbedingter Wille zum Erfolg vor allem gegenüber den Mädchen, Zusammenbeißen der Zähne trotz Schmerzen – wird durch die Forderungen dieses „Männlichkeitszwangs" erklärbar. Was geschieht, wenn Jungen immer wieder versuchen, diesen Zwängen gerecht zu werden, beschreiben SCHNACK / NEUTZLING (1990, 37): Der Mythos der männlichen Überlegenheit führt dazu, dass Jungen alle Erfahrungen verdrängen und umwerten müssen, die sie an ihrer grundsätzlichen Überlegenheit zweifeln lassen. Wenn ein Sieg ein Kriterium für Männlichkeit ist, dann zeigt eine persönliche Niederlage die eigene Unmännlichkeit."

Die Ziele der Jungenarbeit bestehen darin,

– das Selbstwertgefühl zu stärken, um dem Druck der Peer-group und der gesellschaftlich vermittelten Männlichkeitsbilder besser widerstehen zu lernen,

– Sensibilität und Nachdenklichkeit zu fördern, um eigene Gefühle und die der anderen besser wahrnehmen zu können,

– ein verändertes Verständnis vom eigenen Körper zu entwickeln, um auch die zarten und sensiblen Seiten des Ich kennenzulernen und die Folgen von Gewalt und Aggression besser abschätzen zu können,

– ein verändertes Verständnis von Sport und Bewegung zu erwerben, um die Dominanz des Wettkampfmotivs zu überwinden,

– Freundschaften und Gemeinschaftsgefühl zu erfahren, um verlässliche Beziehungen ohne Überlegenheits- und Machtansprüche entwickeln zu können,

– Kommunikation- und Konfliktfähigkeit zu erlernen und die Ursachen von Aggression und Gewalt erkennen und reflektieren lernen.

Ebenso wie im Zusammenhang mit Mädchenparteilichkeit stellt sich angesichts dieser Perspektiven der Jungenarbeit die Frage, ob sie besser im koedukativen oder im von Mädchen getrennten Unterricht zu verwirklichen sind. SCHULZ (1997) geht der Frage nach, ob nach Geschlechtern getrennter Sport für Jungen eine Chance bedeutet. Ihr Unterrichtsversuch an der Laborschule in Bielefeld ergibt keine eindeutige Bevorzugung der einen oder anderen Unterrichstform. Phasenweise ist ein positiver Effekt von geschlechtergetrenntem Sportunterricht ihrer Meinung nach möglich, doch ein generelles Plädoyer dafür will sie nicht abgeben. Die „geschlechterbewusste" Auseinandersetzung mit Jungen ist jedoch in jedem Fall eine unabdingbare Voraussetzung für gelungenen Sportunterricht (vgl. SCHULZ 1997, 45).

Neue, im Jungen-Sportunterricht bisher ungewöhnliche Themen konnten aus den Zielsetzungen der Jungenarbeit gewonnen werden, z. B.

– „Wie ein Außenseiter zur Gruppe und die Gruppe zu ihm findet" (TRENNER 1997)

– „Jungen-Ängste. Vom Stark-sein-Wollen und Nicht-schwach-sein-Können" (STOFFERS 1997)

– „Kampfspiele – friedlich und fair" (ABEL/RAITHEL 1997)

Wie im koedukativen und im mädchenparteilichen Sportunterricht, ist auch in jungenorientierten Bewegungsangeboten der Sportlehrer, seine Persönlichkeit, seine Berufsauffassung und sein Verständnis von Männlichkeit von besonderer Bedeutung. Gerade in einer Gesellschaft, wo die Väter berufsbedingt für ihre Söhne oft nicht ausreichend präsent sein können (oder wollen, vgl. BENARD/SCHAFFER 1991), ist das Vorbild des Sportlehrers oft eine wichtige Orientierungsmöglichkeit für Jungen. Deshalb fordern SEIDENSTICKER und SCHMERBITZ, dass Sportlehrer die Notwendigkeit von Jungenarbeit in der Erziehung erkennen und sich mit ihrer eigenen Persönlichkeit auseinandersetzen, um die Sorgen und Nöte von Jungen besser zu verstehen. Auch KÖPPE/KUHLMANN (1997) fordern Perspektivenübernahme und Offenheit von Lehrern, die „als Vorbild im Sport unterrichten" sollen. Auch Sportlehrerinnen können im Umgang mit Jungen aus einem reflektierten Erziehungsprozess im Interesse der Jungen lernen und profitieren (vgl. dazu PALZKILL/SCHEFFEL 1997, 18ff.).

6. Koedukation ja – aber wie?

Trotz aller kritischen und ablehnenden Argumente überwiegen doch letztlich die Gründe für den gemeinsamen Sportunterricht. Zwar ist Sport zunächst ein Ort, wo die geltende Geschlechterordnung in Spiel, Sport und Bewegung besonders effektiv durchgesetzt wird, weil sie spürbar und sichtbar in den Erfahrungsfeldern Leiblichkeit und Sich-Bewegen weitervermittelt wird. Doch Sportunterricht kann, wenn er pädagogisch und geschlechtersensibel inszeniert wird, zum Ort für die konstruktive Auseinandersetzung mit den Geschlechterverhältnissen werden.

6.1 Statt Koedukation – „Mädchen und Jungen gemeinsam unterrichten"

Dies ist jedoch nur unter bestimmten Bedingungen möglich. So muss zum Beispiel gewährleistet sein, dass die am gemeinsamen Sportunterricht beteiligten Lehrenden und Lernenden die Konflikte und ihre Ursachen begreifen und den Willen haben, sich auf ihre Lösung einzulassen. Die Bildungskommission in NRW (1995) spricht deshalb vom Prinzip der „reflexiven Koedukation" und bezeichnet in diesem Zusammenhang „die bedürfnisorientierte, situationsangepasste, flexible Handhabung des gemeinsamen Unterrichts von Mädchen und Jungen." Allerdings haben die Befürworter der Koedukation immer schon das Moment der Reflexivität für unabdingbar gehalten. Die Forderung allein hilft demnach nicht unbedingt weiter, wenn im Alltag die bekannten Probleme auftauchen.

Eine weiterreichende Lösung könnte darin bestehen, ähnlich zu verfahren wie bei der Lösung des eingangs genannten Leistungs- und Motivationsproblems. Indem man – statt allgemein und verdinglicht von „Leistung" und von „Motivation" zu reden – pädagogisch orientiert von „Leisten" und von den „persönlichen Motiven" sprach, war es möglich, die individuelle Situation des einzelnen lernenden Menschen differenzierter zu erfassen und ihm so besser gerecht zu werden.

In Bezug auf Jungen und Mädchen bedeutet das, statt von „Koedukation" vom „gemeinsam unterrichten" oder vom „gemeinsam lehren und lernen" zu sprechen. Das bildungspolitisch brauchbare, griffige Ding-Wort wird zum pädagogisch relevanten „Tun"-Wort: Es drückt aus, dass etwas zu tun ist, dass die beteiligten Lehrenden und Lernenden selbst handeln müssen, um befriedigende Lösungen für geschlechterbezogene Unterrichtsprobleme zu finden.

Unterrichten ist ein fortwährender Verständigungsprozess zwischen Lehrenden und Lernenden (vgl. FUNKE 1993) – Mädchen und Jungen und Lehrkräfte sind also gemeinsam dafür verantwortlich, dass ihr Spielen, Bewegen, Sporttreiben gelingt. Im Sportunterricht geht es zunächst darum, zwischen dem „Kind" und der „Sache" des Bewegens zu vermitteln (FUNKE-WIENEKE 1995). Wenn die Sache, die Bewegungs-, Sport und Spielhandlung, gemeinsam von zwei oder mehreren Kindern gelernt und ausgeübt werden soll, dann muss auch zwischen Kind und Kind vermittelt werden. Da aber jedes Kind bzw. jeder Jugendliche anders ist, ist der Lernprozess entsprechend den jeweiligen Vorerfahrungen und Möglichkeiten individuell zu gestalten. So, wie jeder Mensch beim Schwimmen- oder Skifahrenlernen die Bewegungssituationen persönlich-subjektiv deutet und deshalb seinen eigenen, individuellen Lernprozess durchlaufen muss, so ist auch in sozialen Lernprozessen der persönliche Weg unabdingbar.

Aus sportpädagogischer Perspektive ist das gemeinsame Unterrichten von Mädchen und Jungen im Sport wünschenswert, wenn die Bedingung der Verständigung über gemeinsames Handeln (-Lernen) in Spiel, Sport und Bewegung erfüllt ist. Wenn dies nicht gelingt, dann kann ein Unterricht im Sinne der „reflexiven Koedukation" nicht stattfinden. Da die Schwierigkeiten in bestimmten Gruppen, in gewissen sozialen Umfeldern und wegen mangelnder Einsicht in die Problematik kurzfristig oft unüberwindlich sind, wäre dort ein nach Geschlecht getrennter Sportunterricht unter Umständen besser.

Mit anderen Worten: All die Ziele und Forderungen, die unter dem Aspekt der Jungenarbeit und aus mädchenparteilicher Sicht formuliert wurden, sind selbstverständlich für das gemeinsame Lernen genauso relevant. Allerdings muss man sich hüten, zu erwarten, dass es bestimmte Rezepte zu ihrer Realisierung geben könnte. Nicht alle Klassen sind gleich, nicht alle Mädchen und Jungen sind gleich, nicht alle Bewegungsanlässe sind gleich problematisch – oft wird die Geschlechterfrage im Sportunterricht gar nicht aktuell sein und braucht deshalb auch nicht zum Thema werden. Sich-Bewegen und Spielen kann nebeneinander und miteinander stattfinden, ohne konfliktträchtige Ereignisse; diese können oft schon im Vorfeld durch rechtzeitiges Handeln an Schlüsselstellen des Unterrichtsgeschehens vermieden oder entschärft werden. Doch wenn die Situation eintritt, wenn geschlechtsrelevante Erfahrungen aktuell werden, wenn jemand wegen seines Geschlechts benachteiligt ist oder auch nur Gefahr läuft, es zu sein, dann muss das beachtet und thematisiert werden. Wo die Bedingungen nicht stimmen, wo Verständigung über gemeinsame Ziele nicht hergestellt werden kann, wo die schulischen und/oder außerschulischen Gegebenheiten permanent für Konfliktstoff sorgen, sollte ganz oder zeitweise nach Geschlechtern getrennt unterrichtet werden. Die Antwort auf die Frage „Koedukation ja oder nein" lautet also: grundsätzlich ja – jedoch nur unter bestimmten Voraussetzungen, die es langfristig erlauben, Mädchen und Jungen gemeinsam zu unterrichten.

6.2 Gemeinsam unterrichten – Kommentar zum Fall 1: Fußballspielen

Das Nachdenken über die anfangs berichteten Unterrichtsszenen kann die Richtung weisen, worin „rechtzeitiges Handeln im Vorfeld" oder die Behandlung eines geschlechtsthematischen Anliegens bestehen kann. Überlegungen zum „Fall 1: Fußballspielen" zeigen, welche Gedanken dabei relevant sein könnten:

Die Botschaft dieser Stunde im Sinne des „geheimen" Lehrplans (vgl. MARAUN 1978) besteht darin, den Mädchen vor Augen zu führen, welche „Flaschen" sie – im Vergleich zu Jungen – im Sport sind. Den Mitschülern wird ein Überlegenheitsgefühl geradezu aufgedrängt: Beim Aufwärmen soll der Ball mit dem Fuß im Slalomlauf geführt werden. Warum wird dies überhaupt demonstriert? Warum muss dies ausgerechnet ein Junge tun? Die Aufstellung der Gruppe gibt doch den Laufweg ohnehin vor und zum richtigen Technik-Üben ist die Bewegungssituation zu komplex – es geht um spielerische Ballgewöhnung. Und was soll individuelles Ball-dribbling durch Stangen, wenn die Absicht des Lehrers ein gemeinsames Spiel in gemischten Gruppen ist? Diese Übung eignet sich kaum dazu, kooperative Spiel-handlungen vorzubereiten.

Ein Kind zu loben, ein anderes zu korrigieren mag ja vielleicht motivierend, zumindest üblich zu sein. Aber worin besteht der methodisch-didaktische Gewinn für Lehrer und Kinder, abschließend die Mädchen pauschal abzuwerten gegenüber allen Jungen, die „das schon gut *beherrschen*"? Man beachte die Stärke des Lobs in anbetracht der Situation: Ob wirklich alle 10 Buben dieser 6. Klasse das Slalom-dribbling beherrschen?

Und damit nicht genug: Im folgenden Tigerballspiel wird nach Geschlecht und gleichzeitig pauschal nach Können differenziert: Die Jungen erhalten eine Aufgabe, die für Mädchen angeblich zu schwierig ist – und das wird auch noch besonders betont. Wen wunderts, wenn diese die Lust verlässt?

Schließlich bildet die Art der Mannschaftsbildung einen vorläufigen Höhepunkt: Die Mädchen nach Können auf die beiden Gruppen zu verteilen lohnt scheinbar nicht. Wenigstens müssen sie das meist beschämende Wahlverfahren nicht über sich ergehen lassen, könnte man denken. Doch fällt hier die Entscheidung schwer, was herabsetzender ist – warten auf die Erlösung oder wie Stückgut verteilt werden. So etwas nennt man „den Teufel mit dem Beelzebub austreiben".

Aus der Sicht der Mädchenparteilichkeit fällt der diskriminierende Grundzug der Sportstunde auf. Die Mädchen erscheinen als Opfer, weil ihnen als Gruppe keine Gelegenheit gegeben wird, sich zu wehren. Ihre Distanzierung von der Situation besteht im Rückzug. Die spielerfahrenen unter ihnen finden keine Anerkennung für ihr Können. Die weniger Geübten fühlen sich nicht ermutigt, haben gar keine Chance, als Mitspielerinnen akzeptiert zu werden.

Aus der Sicht der Jungenarbeit ist bedenklich, dass die Schüler als Gruppe geradezu in eine dominante Rolle gedrängt werden. Erzeugt dies nicht auf Dauer – gerade bei denen, die sich so stark fühlen – einen ungeheuren Druck, die Erwartungen des Lehrers nicht zu enttäuschen und führt womöglich dazu, Erfolg im Spiel mit allen Mitteln zu erzwingen? Was geschieht bei den Schwächeren unter ihnen? Fühlen sie sich nicht manchmal überfordert? Und diejenigen, die sich mit dem einen oder anderen Mädchen in der Pause, im Fachunterricht, auf dem Schulweg, gut verstehen – wird ihnen nicht die Gelegenheit, einfach aus Freude am Geschehen miteinander zu spielen, verdorben? Bei der Mannschaftswahl bleiben die Schwächsten von ihnen bis zuletzt übrig – vor aller Augen. Ein Anlass, die Peinlichkeit bei nächster Gelegenheit mit einer aggressiven Tat, einem unfairen Foul, einer gemeinen Bemerkung – womöglich auf Kosten der Mädchen – zu kompensieren?

Nun könnte man das Ganze mit der Bemerkung abtun, das alles sei ja ohnehin schlechter und damit zwangsläufig auch schlechter koedukativer Sportunterricht. Damit wird man der Situation aber nicht ganz gerecht. Die Unterrichtsszene zeigt in ihrer groben Machart nur besonders deutlich, worin die alltäglichen Defizite bestehen, wenn das gemeinsame Lernen, Bewegen und Spielen nicht geschlechtssensibel gestaltet wird. In anderen Situationen passiert Vergleichbares nur subtiler und verdeckter. Die Wirkung bleibt die gleiche.

Gemeinsames Unterrichten des Fußballspielens für Mädchen und Jungen darf nicht pauschale Etikettierungen verursachen, sondern muss die einzelnen Schülerinnen und Schüler in ihrer besonderen Lernsituation erkennen und unterstützen. Wenn sich die Beteiligten auf das Thema „Miteinander-Spielen" verständigt haben, dann muss es darum gehen, durch geeignete Rahmenbedingungen, Regelungen und Aufgabenstellungen die Teamarbeit zu inszenieren. Das sportliche Können der Einzelnen ist nur insofern relevant, als es die Gemeinsamkeit stärken oder stören kann. Was dies im Einzelnen bedeutet, kann nur jeweils in der konkreten Situation entschieden werden.

Wie könnte die Sportstunde im Sinne des „gemeinsam Unterrichtens" besser gestaltet werden? Ohne die genauen Umstände der kritisierten Unterrichtssituation zu kennen, können an dieser Stelle nur einige Anregungen dafür gegeben werden. Nicht immer und in jeder Situation ist die Präsenz von Mädchen und Jungen gleich problematisch und bedarf besonderer Thematisierung. Zunächst geht es also erst einmal um das gemeinsame Spielen. Nur wenn es einen Anlass gibt, das Mädchen-Jungen-Verhältnis zu beachten, z.B. weil verbale oder handfeste Aggressionen auftreten oder weil ein Kind aufgrund seines Geschlechts benachteiligt ist, muss dies zum Thema werden. Störungen haben Vorrang.

- **Zur Inhalts- und Themenwahl:** Für diese Klasse, in der anscheinend bisher noch wenig Gemeinsames zustande gekommen ist und zu der einige Vereinsspieler gehören, halte ich das Fußballspiel mit seinem geschlechtsspezifischen und mediengefärbten Hintergrund weniger geeignet. Miteinander-Spielen als Thema der Stunde könnte leichter gelingen mit einer eher unbekannten Spielidee, z.B. Hockey oder Tschouk-Ball. Ein Mädchen-Jungen-Problem könnte auftreten bei der Auswahl des Spiels. Hier ist darauf zu achten, dass beim Verständigungsprozess darüber auch Minderheiten zu Wort kommen und gehört werden.

- **Zur Mannschaftseinteilung und -größe:** Das Wählen führt zwar meist zu etwa gleichstarken Gruppen, ist jedoch pädagogisch problematisch. Wenn in relativ großen Mannschaften gespielt werden soll, kann die Lehrkraft selbst einteilen oder ein Zufallsprinzip anwenden, wenn Eile geboten ist. Kleine Gruppen können das oft schon allein, ohne den Wahlvorgang. Sie eignen sich ohnehin besser, um miteinander zu Spielen. Soll das Mädchen-Jungen-Verhältnis bei der Mannschaftsbildung problematisiert werden, dann muss dies vermutlich in einer Reflexions- und Gesprächsphase besprochen werden.

- **Zum Lehr-Lernweg:** Wenn das Thema „Miteinander-Spielen" heißt, dann ist es sinnvoll, alle Teile der Unterrichtsstunde auf dieses Thema hin zu beziehen. Die zum Gelingen beitragenden handlungsleitenden Qualifikationen sind dabei doch eher solche wie Kooperationsfähigkeit, Empathie, Spielüberblick und Spielverständnis als technische Brillianz oder Durchsetzungsvermögen. Deshalb wäre ein kooperatives Spiel in der Aufwärmphase sinnvoller. Mädchen und Jungen könnten gegebenenfalls durch ihre geschlechtstypische Sozialisation besondere Betreuung brauchen: „männlicher" Durchsetzungswille oder „weibliche" Zaghaftigkeit könnten besprochen, Regeln für ihre Überwindung gemeinsam gesucht und gefunden werden.

- <u>Zum Verhalten des Lehrers:</u> Er müsste sich zunächst bewusst werden, was es bedeutet, mit Mädchen und Jungen im Sportunterricht zu tun zu haben. Er müsste sich fragen, welcher männliche „Überlegenheitsimperativ" ihn aus welchem Grund dazu zwingt, in einer Art mit Mädchen und Jungen im Sport umzugehen, die jede Gemeinsamkeit abwürgt. Was bedeutet für ihn das Fußballspiel? Warum hat er ausgerechnet dieses zum Inhalt der Stunde gewählt? Welche Erfahrungen hat er selbst mit Erfolgen und Misserfolgen in diesem Spiel? Was hat er sich dabei gedacht, gemischte Mannschaften zu bilden? Was sollte er sich dabei denken? Die Aufgabe der Lehrkraft besteht – neben der Leitung der Unterrichtsstunde und der Betreuung und Beratung der Lernenden – darin, zu beachten, wann Regeln des fairen Miteinanders übertreten werden und wenn nötig, d. h., wenn die Kinder mit der Problemlösung überfordert sind, selbst Grenzen zu setzen. Schwierig dabei ist sicher abzuwägen, wann ein Eingreifen vorschnell oder richtig ist. Wer seine Schülerinnen und Schüler gut kennt, wird das rechte Vertrauen in deren selbstverantwortliche Handlungsfähigkeit mit der Zeit entwickeln.

Das andere Beispiel misslungener Koedukation „Wir spielen Ball über die Schnur" und zahlreiche ähnliche können genauso analysiert werden wie es für das erste hier ausgeführt ist. Leitende Fragestellungen können dabei sein:

- Welches Sportverständnis herrscht vor?
- Wird das Thema der Stunde geschlechtssensibel gestaltet oder nicht? Durch welche Entscheidungen? An welchen Stellen?
- Was lernen die Jungen für sich als Jungen? Was in Bezug auf die Mädchen als weibliche Mitmenschen? Gibt es Unterschiede zwischen den Jungen?
- Was lernen die Mädchen für sich als Mädchen? Was in Bezug auf die Jungen als männliche Mitmenschen? Gibt es Unterschiede zwischen den Mädchen?
- Welche Rolle spielt die Lehrkraft dabei? Was kennzeichnet ihre Geschlechtsidentität? Welche Möglichkeiten der pädagogischen Intervention versäumt sie, welche könnte sie anwenden?
- Welche Unterrichtssituationen gibt es in einer solchen Stunde möglicherweise, um individuelle Lernprozesse bei den Schülerinnen und Schülern anzuregen?

Diese und ähnliche Fragen können zur Analyse jeder gemeinsamen Sportunterrichtsstunde gestellt werden, um den Grad ihrer „Geschlechtersensibilität" zu prüfen.

Da die Rahmenbedingungen des Sportunterrichts oft nicht zu verändern sind, liegt das Gelingen des gemeinsamen Unterrichts der Mädchen und Jungen im Sport zu einem großen Teil in der Kompetenz der Lehrkräfte. Sie müssen erkennen, inwieweit sie selbst durch stereotypes Geschlechtsrollenverhalten und Vorurteile an der Aufrechterhaltung der Geschlechterverhältnisse mitbeteiligt sind. Sie müssen lernen, sich selbst als Person, als Frau oder Mann wahrzunehmen, reflexive Distanz zu sich herzustellen und sich gegebenenfalls zu verändern. Das erfordert Mut, aber auch die Möglichkeit einer praxisnahen und persönlichkeitsbildenden Aus- und Fortbildung.

Mädchen und Jungen im Feld der Leiblichkeit und des Sich-Bewegens gemeinsam zu unterrichten ist also nur dort realisierbar, wo Schule mehr ist als nur Anstalt zur Wissensvermittlung und Institution zur Verteilung von Lebenschancen – nämlich eine Lernwerkstatt für alle.

Literatur

ABEL, A./RAITHEL, J.: „Kampfspiele – friedlich und fair". In: sportpädagogik 21 (1997), H. 6, 49–51.

ALFERMANN, D.: Koedukation im Sportunterricht. In: Sportwissenschaft 22/(1992) H. 3, 323–343.

BENARD, Ch./SCHAFFER, E.: Sagt uns, wo die Väter sind. Von der Arbeitssucht und Fahnenflucht des zweiten Elternteils. Hamburg 1991.

BILDUNGSKOMMISSION NRW: Zukunft der Bildung – Schule der Zukunft. Neuwied, Kriftel, Berlin 1995.

BLUMENTHAL, E.: Koedukativer Sportunterricht – Chance sozialer Erfahrungen oder Erfahrung ungleicher Chancen? In: sportunterricht 42 (1993), 300–304.

BOURDIEU, P.: Über die feinen Unterschiede. Kritik der gesellschaftlichen Urteilskraft. Frankfurt/M. 1982.

BREHM, W.: Sport als Sozialisationsinstanz traditioneller Geschlechtsrollen. Gießen, Lollar 1975.

BRODTMANN, D./JOST, E.: Koedukation im Sportunterricht. In: Zeitschrift für Sportpädagogik 1 (1977), 1 (Materialien zum Seminarthema Koedukation).

BRODTMANN, D./KUGELMANN, C.: Mädchen und Jungen im Schulsport. In: sportpädagogik 8 (1984) 2, 8–16.

BUCHBINDER, D./BUCHBINDER, U.: Zur Frage der Einführung in den koedukativen Sportunterricht – ein Bericht über einen Unterrichtsversuch in zwei 6. Klassen zur Veränderung der Unterrichtspraxis. In: sportunterricht 24 (1975) 8, 268–272.

ENDRES-DRAGÄSSER, U./FUCHS, G.: Interaktionen der Geschlechter. Sexismusstrukturen in der Schule. Eine Untersuchung an hessischen Schulen im Auftrag des Hessischen Instituts für Bildungsplanung und Schulentwicklung. Weinheim, München 1989.

ENGEL, R./MESENHOLL, W./NIERMANN, J./WÜSTENHAGEN, R.: Ist koedukativer Sportunterricht in der Primarstufe notwendig? – Empirische Befunde zu einer pädagogischen Begründung. In: KRÖNER, S./PFISTER, G. (Hrsg.): Nachdenken über Koedukation im Sport. Ahrensburg 1985, 68–92.

ENGEL, R./KÜPPER, D.: Koedukation im Sportunterricht – Versuch einer Bestimmung des aktuellen Diskussionsstandes und der Möglichkeiten empirischer Erfassung. In: sportunterricht 24 (1975), 257–262.

FIRLEY-LORENZ, M.: Sportlehrerinnen in der Schule – ein kritischer Beitrag zu einem ver-
nachlässigten Thema. In: sportunterricht 43 (1994), 148–157.

FUNKE, J.: Geschlechtsspezifische Sozialisation im Schulsport. In: ADL (Hrsg.): Sozialisation
im Sport. Schorndorf 1974.

FUNKE-WIENEKE, J.: Vermitteln. In: sportpädagogik 19 (1995), H. 5, 10–17.

FUNKE, J./HEINE, E./SCHMERBITZ, H.: Wir üben für eine Zirkusvorstellung. Jungen und
Mädchen gestalten ihren Turnkurs selbst. In: BRETTSCHNEIDER, W.-D.: Sportunterricht
5–10. München 1981.

GIESS-STÜBER, P.: „Teilzeittrennung" als mädchenparteiliche Maßnahme. Bericht über einen
Unterrichtsversuch in einer Gesamtschule. In: Schulsport heute – Aspekte einer zeitgemäßen
Konzeption. Brennpunkte der Wissenschaft 7 (1993), H. 2, 166–186.

HAGEMANN-WHITE, C.: Sozialisation: Weiblich – männlich? Opladen 1984.

HURRELMANN, K.: Das Modell des produktiv realitätsverarbeitenden Subjekts in der Sozialisationsforschung. In: Zeitschrift für Sozialisationsforschung und Erziehungssoziologie 3
(1983), 91–103.

JANSSEN, I.: Unisex und Calvin Klein. Annäherung der Geschlechter? In: Stars – Idole – Vorbilder. Jahresheft Schüler. Seelze (1997) 80/81.

JOST, E.: Zum Problem der Koedukation im Sportunterricht. In: BRODTMANN, E./JOST, E.
(Hrsg.): Koedukation im Sportunterricht. Ahrensburg 1977, 2–13.

KÖHLE, U.: Wir fallen aus dem Rahmen! Fußball für Mädchen. In: sportpädagogik 20 (1996),
H. 1, 53–56.

KRAPPMANN, L.: Soziologische Dimensionen der Identität. Stuttgart 1973.

KRÖNER, S.: Sport und Geschlecht. Eine soziologische Analyse sportlichen Verhaltens in der
Freizeit. Ahrensburg 1976.

KRÖNER, S.: Leitbild Androgynität – Eine Utopie im Sport? In: KRÖNER, S./PFISTER, G.
(Hrsg.): Nachdenken über Koedukation im Sport. Ahrensburg 1985, 37–52.

KRÖNER, S./PFISTER, G. (Hrsg.): Frauen-Räume. Pfaffenweiler 1992.

KRÖNER, S. (Hrsg.): Annäherungen an eine andere Bewegungskultur. Pfaffenweiler 1993.

KRÖNER, S./Pfister, G. (Hrsg.): Nachdenken über Koedukation im Sport. Ahrensburg 1985.

KUGELMANN, C.: Koedukation im Sportunterricht. Bad Homburg 1980.

KUGELMANN, C.: Koedukation 1976 – und sieben Jahre danach? In: KRÖNER, S./PFI-
STER, G. (Hrsg.): Nachdenken über Koedukation im Sport. Ahrensburg 1985, 103–113.

KUGELMANN, C.: Mädchen im Sportunterricht heute – Frauen in Bewegung morgen. In:
sportpädagogik 15 (1991a) 4, 17–25.

KUGELMANN, C.: Hanteln statt Bälle – Neue Perspektiven in der Bewegungserziehung der
Frauen. In: Leibesübungen – Leibeserziehung. 45 (1991b) 2, 4–7.

KUGELMANN, C.: Mädchenparteilich für mehr Miteinander. In: sportpädagogik 16 (1992) 1,
54–56.

KUGELMANN, C.: Starke Mädchen – Schöne Frauen? Weiblichkeitszwang und Sport im Alltag. Butzbach 1996.

KUGELMANN, C./KNETSCH, H./PASTUSZYK, M.: Handreichungen für den Sportunterricht mit weiblichen Auszubildenden. München 1990.

KURZ, D.: Sport und Sportverein in NRW. Eine empirische Studie. Bielefeld 1995.

LIEBAU, E.: Habitus, Lebenslage und Geschlecht – Über Sozioanalyse und Geschlechtersozia-
lisation. In: TILLMANN, K.-J. (Hrsg.): Jugend weiblich – Jugend männlich. Opladen 1992,
134–148.

NISSEN, U.: Raum und Zeit in der Nachmittagsgestaltung von Kindern. In: NISSEN, U.
(Hrsg.): Was tun Kinder am Nachmittag? München 1992, 127–170.

PALZKILL, B.: Zwischen Turnschuh und Stöckelschuh. Bielefeld 1990.

PALZKILL, B./SCHEFFEL, H.: Sportlehrerinnen unterrichten Jungen. In: sportpädagogik 21 (1997), 6, 18–22.

PETERSEN, U.: Geschlechtsrollen im Sport – Analyse und Diskussion eines Unterrichtsversuchs. In: KRÖNER, S./PFISTER, G. (Hrsg.): Nachdenken über Koedukation im Sport. Ahrensburg 1985, 93–102.

PETERSEN, U.: Geschlechtsrollen im Sport – ein Unterrichtsversuch. In: sportunterricht 24 (1975), 272–277.

PETZ, S.: Zärtlichkeit, Mitfühlen, Solidarität. In: Psychologie Heute 23 (1996), 62–66.

PFISTER, G./LANGENFELD, H.: Die Leibesübungen für das weibliche Geschlecht – ein Mittel zur Emanzipation der Frau? In: UEBERHORST, H. (Hrsg.): Geschichte der Leibesübungen. Bd. 3/1. Berlin 1980, 485–521.

PFISTER, G.: Mädchenspiele – zum Zusammenhang von Raumaneignung, Körperlichkeit und Bewegungskultur. In: Sportunterricht 40 (1991), 165–175.

PFISTER, G.: Zur Ausgrenzung von Weiblichkeit. Entwicklungen und Verhinderungen des koedukativen Unterrichts. In: KRÖNER, S./PFISTER, G. (Hrsg.): Nachdenken über Koedukation im Sport. Ahrensburg 1985, 11–36.

ROSE, L.: Pippi Langstrumpf und andere „wilde Mädchen". In: sportpädagogik 18 (1994) H. 5, 17–22.

SCHEFFEL, H./Palzkill, B.: Macht und Ohnmacht von Sportlehrerinnen im koedukativen Sportunterricht. In: sportunterricht 43 (1994), 159–166.

SCHEFFEL, H.: MädchenJungenSpiel. Was ist das Gemeinsame am gemeinsamen Spiel von Jungen und Mädchen? In: PALZKILL, B./SCHEFFEL, H./SOBIECH, G. (Hrsg.): Bewegungs(t)räume. Frauen, Körper, Sport. München 1991, 86–95.

SCHEFFEL, H.: MädchenSport und Koedukation. Aspekte einer feministischen SportPraxis. Butzbach, Griedel 1996.

SCHMERBITZ, H./SEIDENSTICKER, W.: Sportunterricht und Jungenarbeit. In: sportpädagogik 21 (1997), 6, 25–37.

SCHNACK, D./NEUTZLING, R.: Kleine Helden in Not. Jungen auf der Suche nach Männlichkeit. Hamburg 1990.

SCHULZ, G.: Sport, nach Geschlechtern getrennt: eine Chance für die Jungen? In: sportpädagogik 21 (1997), 6, 42–45.

SÖLL, W.: Betrachtungen zum Problem der Koedukation im Sportunterricht. In: sportunterricht 30 (1981), 27–30.

STOFFERS, W.: Jungen-Ängste. Vom Stark-sein-Wollen und Nicht-schwach-sein-Können. In: sportpädagogik 21 (1997), 6, 46–48.

THIEN, J.: Parteilich unterrichten. In: sportpädagogik 15 (1991) 4, 46–47.

THIES, W.: Pferde wiehern in jeder Turnhalle. In: sportpädagogik 15 (1991) 4, 26–35.

TILLMANN, K.-J.: Söhne und Töchter in bundesdeutschen Familien – Mehr Kontinuität als Wandel? In: TILLMANN, K.-J. (Hrsg.): Jugend weiblich – Jugend männlich. Opladen 1992, 40–48.

TREBELS, A.: Bewegen und Wahrnehmen. In: sportpädagogik 17 (1993) 6, 19–27.

TRENNER, B.: Ernsthafte Gespräche und ein neues Spiel. Wie ein Außenseiter zur Gruppe und die Gruppe zu ihm findet. In: sportpädagogik 21 (1997), 6, 38–41.

TURNER, R.H.: Role-Taking: Process Versus Conformity. In: ROSE, A.M. (Hrsg.): Human Behavior and Social Processes. London 1963.

CHRISTIAN WOPP

Lebenswelt, Jugendkulturen und Sport in der Schule

1. Einleitung

Ich möchte Sie bitten, sich die Zeit zu nehmen, um an einem Platz in der Innenstadt die vielen Inline skatenden oder Skateboard fahrenden Jugendlichen zu beobachten.

Warum ist das so spannend? Vermutlich deshalb, weil dort ein Blick in eine andere Welt des Sports geworfen werden kann, die sich nahezu vollständig vom Schulsport unterscheidet; weil jene ursprünglichen, selbstbestimmten und kreativen Formen des Lernens und Trainierens zu beobachten sind, die wir uns für manche Stunde im Sportunterricht wünschen.

Die veränderten Lebensbedingungen und Sport-Welten der Jugendlichen fordern heraus, über den Schulsport nachzudenken. Sollen und können die vielfältigen neuen Sportformen im Unterricht aufgenommen werden oder sollte durch den Schulsport bewusst eine Gegenwelt zu den außerschulischen Sportwelten geschaffen werden, um unabhängig von aktuellen, modischen Strömungen langfristig pädagogisch wirken zu können?

Zur Beantwortung dieser Fragen sollen zunächst einige bedeutsame Veränderungen in der Lebenswelt Jugendlicher benannt werden, um danach einen Blick auf den Sport Jugendlicher zu werfen. Abschließend sollen Konsequenzen für den Schulsport gezogen werden.

2. Die Lebenswelt Jugendlicher

Nachfolgend werden einige Besonderheiten hervorgehoben, die für die Lebenswelt Jugendlicher prägend sind.

Umfang der Jugendphase

Noch in den 70er Jahren wurde die Jugendphase als eine Lebenszwischenphase angesehen, die zwischen dem Ende der Kindheit (ca. 15. Lebensjahr) und dem Beginn des Erwachsenenalters (ca. 21. Lebensjahr) lag. Gegenwärtig „frisst" sich die Jugendphase zunehmend in die Kindheit und in das Erwachsenenalter hinein (FISCHER 1997). Kinder möchten relativ früh als Jugendliche gelten und Erwachsene sind bemüht, möglichst lange jugendlich zu wirken.

Die Jugendphase kennzeichnet einen **eigenständigen Lebensabschnitt**, der mehr als zehn Jahre umfasst. Dieser Abschnitt scheint eine magische Anziehungskraft auszuüben. Anders ist es kaum zu erklären, warum sich angesichts des Rückgangs des quantitativen Anteils von Jugendlichen in der Gesamtbevölkerung viele Bereiche wie z. B. Kleidung, Werbung, Musik usw. am Geschmack Jugendlicher orientieren.

Die „Sowohl-als-auch" Generation

Beim Betreten eines Klassenraumes oder einer Sporthalle steht jeder Unterrichtende vor einer Gruppe junger Menschen, die sich durch eine bunte Vielfalt an Stilen und Verhaltensmustern auszeichnet. Es ist nicht möglich, von **der Jugend** zu sprechen.

So verwundert es nicht, dass in der empirischen Jugendforschung uneinheitliche, teilweise sich widersprechende Bilder von der Jugend ermittelt werden. Danach sind Jugendliche sowohl angepasst als auch widerspenstig, sowohl engagiert als auch desinteressiert, sowohl konsumorientiert als auch kreativ, sowohl zukunftsängstlich als auch zukunftsoptimistisch (SPIEGEL SPECIAL 1994; JUGEND-WERK DER DEUTSCHEN SHELL 1997).

Nicht das „Entweder-Oder" charakterisiert junge Menschen, sondern das „Sowohl-als-auch" als die Kombination scheinbar gegensätzlicher Verhaltensmuster und Einstellungen. Thesen und Antithesen werden zu **persönlichen Synthesen** vereinigt (HORX 1997).

Unstrukturierte Lebensbedingungen

Anders als in der Vergangenheit verlaufen Biographien gegenwärtig nicht mehr in geordneten Phasen (Kindheit, Jugend, Beruf, Familie usw.). Ständig sind Prozesse des Um- und Neuorientierens, der Fort- und Weiterbildung, des Festhaltens und Loslassens erforderlich, um in Lebensbedingungen bestehen zu können, die kaum noch feste Strukturen aufweisen.

Die Prozesse des Sich-Zurechtfindens in den unstrukturierten Lebensbedingungen verlaufen nicht immer konfliktfrei und erfolgreich. Kennzeichnend sind erhebliche Unsicherheiten und Ängste. Insbesondere die **Angst vor der Arbeitslosigkeit** ist zum zentralen Problem vieler Jugendlicher geworden (JUGENDWERK DER DEUTSCHEN SHELL 1997). Nach der Schulzeit besteht keine Sicherheit, einen Ausbildungs- oder Studienplatz nach Wunsch zu erhalten. Falls doch, gibt es oft keine Garantien, den erlernten Beruf tatsächlich ausüben zu können und wenn dieser ausgeübt wird, besteht keine Sicherheit, ihn behalten zu können.

In den zurückliegenden Jahren hat die Zahl Jugendlicher erheblich zugenommen, die **sozial an den Rand** der Gesellschaft gedrängt werden, wo ihnen nahezu alles gleichgültig ist. Unübersehbar ist die statistisch zu belegende Zunahme von Jugendgewalt und Jugendkriminalität.

COUPLAND (1992) spricht von der Generation X, die versucht, sich irgendwie über Wasser zu halten. Ein Teil der Jugendlichen übernimmt sogenannte Mc Jobs, die eine Absicherung eines halbwegs erträglichen ökonomischen Niveaus ermöglichen sollen. Bindungen zu diesen Jobs werden ebensowenig hergestellt, wie Perspektiven für eine zukünftige Berufsausübung aufgebaut.

Eine andere, nicht unbedeutende Gruppe von Jugendlichen, lebt von der Hoffnung, durch gute Qualifikationen und engagiertes Mitarbeiten später an der Verteilung des Reichtums der Gesellschaft erfolgreich teilhaben zu können. Sowohl die **Reichtums-** als auch die **Qualifikationsschere** bei Jugendlichen läuft immer stärker auseinander.

Die Tugend der Orientierungslosigkeit

Jugendliche werden heute mit Problemen konfrontiert, für die Eltern, Lehrer oder Politiker häufig keine akzeptablen Lösungen anbieten können. Um sich in den unübersichtlich gewordenen Lebensbedingungen zurechtzufinden, sind viele Jugendliche auf sich alleine gestellt.

Bei der Suche nach Orientierungen glauben und zweifeln Jugendliche gleichermaßen. Viele Jugendliche lehnen die Wertvorstellungen ihrer Eltern ab und haben gleichzeitig Sehnsüchte nach stabilen Werten (HURRELMANN 1998).

So entstehen sehr individuelle Orientierungen, die für Außenstehende häufig widersprüchlich und verwirrend sind und den Eindruck einer angeblich orientierungslos gewordenen Jugend vermitteln (KRÜGER 1996, 25). Dieser Eindruck drängt sich jedoch nur jenen auf, die ihr Denken auf Kategoriensysteme aufbauen, die für die komplexe und komplizierte Wirklichkeit nicht zutreffend sind.

GOEBEL/CLERMONT (1997) sprechen von der Tugend der Orientierungslosigkeit und meinen damit, dass für Jugendliche zur Bewältigung der Anforderungen des Alltags nicht ein starres Festhalten an vermeintlich traditionellen Werten hilfreich ist, sondern eine gewisse Flexibilität und Pragmatik in den Orientierungen. So verwundert es nicht, dass sich viele Jugendliche durch eine **egozentrische Weltsicht** kombiniert mit einem **abgeklärten Realismus ohne große Visionen** auszeichnen.

Lebensstile und Szenen

Für das Zurechtfinden in den unübersichtlichen Lebensbedingungen bieten Lebensstile besondere Hilfen. Ohne sich ständig neu orientieren zu müssen, können durch die Lebensstile eigene Orientierungen, ästhetische Präferenzen und bevorzugte Verhaltensmuster sichtbar für andere Menschen zum Ausdruck gebracht werden.

In der Jugendstudie der Shell-AG werden folgende große Lebensstilgruppen angeführt:

– Gesellschaftskritisch-Loyale
– Traditionelle
– Konventionelle
– (Noch) Nicht-Integrierte

Unterhalb dieser noch überschaubaren Lebensstile besteht eine verwirrende Vielfalt an Jugendkulturen, die in verschiedenen Szenen sichtbar wird, wie z. B. Punks, Ökos, Heavy-Metals, Hooligans usw. (FERCHOFF 1997).

Durch Szenen entstehen verlässliche soziale Bezüge und enge überschaubare Freundeskreise. Insofern können Szenen auch als ein Reflex auf Veränderungen in den sozialen Bezügen interpretiert werden. Zunehmend mehr Jugendliche werden außerhalb traditioneller Familienstrukturen groß. Beobachtbar ist eine Vielfalt der Formen des Zusammenlebens (WOPP 1997). Verbunden damit sind Erfahrungen über die Brüchigkeit sozialer Bezüge. Gesucht werden neue Formen der Gemeinschaft als Bindungen an kleine überschaubare Gruppen ohne formale Zwänge.

Das Bild einer angeblich egoistischen Jugend ist somit pauschal nicht zutreffend. Einerseits ist ein Individualisierungsschub (BECK 1986) unübersehbar, was angesichts der Notwendigkeiten, sich in unstrukturierten Lebensbedingungen zurecht finden zu müssen, nicht verwundert. Andererseits werden feste Gemeinschaften gesucht, was auch als **Clanning** bezeichnet wird (POPCORN 1996, 31). Die auf Freiwilligkeit beruhende Mitgliedschaft ist jederzeit aufkündbar, falls die Gemeinschaft nicht den eigenen Vorstellungen entspricht. Insofern sind viele Jugendliche weniger Egozentriker als vielmehr **Egotaktiker** (STOLZE 1997).

Erlebnisversprechen und die Kunst des Auswählens

Ein wesentliches Merkmal gegenwärtiger Lebensbedingungen ist die Vermehrung von Handlungsmöglichkeiten. Jugendliche stehen vor einem riesigen Angebot an Waren, Dienstleistungen, sportlichen und kulturellen Möglichkeiten. Das **Auswählen** ist vielfach bedeutsamer als das Herstellen und Gestalten von Handlungsmöglichkeiten.

Um die Prozesse des Auswählens zu beeinflussen, werden viele Angebote mit Erlebnisversprechungen gekoppelt (SCHULZE 1992). Ein Stück Seife ist dann nicht mehr nur praktisch für die Hygiene, sondern verspricht auch den Duft von Irland, die Freiheit der Natur oder den fröhlichen Morgen.

Erlebnisversprechungen lösen Erlebniserwartungen aus. Treten diese nicht unmittelbar ein, findet ein relativ schneller Wechsel zu neuen Angeboten statt, so dass bei Jugendlichen eine **geringe Bindung an Produkte und Angebote** und verbunden damit eine hohe **Fluktuation** beobachtbar ist.

Das Ende traditioneller Vermittlungsketten

Insbesondere durch die Entwicklung moderner Technologien sind Anforderungen entstanden, die teilweise von der jüngeren Generation besser als von der älteren bewältigt werden. Wird in einer Familie ein neues Video-Gerät angeschafft, sind es überwiegend die Kinder, die das Gerät programmieren, während die Eltern schon bei der Lektüre der Bedienungsanleitung verzweifeln.

In vielen Lebensbereichen ist die traditionelle Kette der Vermittlung von Wissen beendet, wonach die ältere Generation die jüngere unterrichtet. Auf Erfahrungswissen kann vielfach zur Bewältigung neuer Anforderungen nicht mehr zurückgegriffen werden.

Generationenkonflikte

Die Bevölkerung in Deutschland wird im Durchschnitt zunehmend älter. Einer quantitativ geringer werdenden Zahl an Jugendlichen stehen immer mehr ältere Erwachsene gegenüber. Diese besetzen nahezu alle Schlüsselpositionen und zeigen kaum Bereitschaft, Stellen für Jugendliche freizumachen oder sie mit ihnen zu teilen.

Hinzu kommt, dass der jüngeren Generation riesige Lasten in finanziellen und ökologischen Bereichen aufgeladen werden. So verwundert es nicht, dass die Gräben zwischen jüngeren und älteren Menschen zunehmend größer werden. Sichtbar wird die Differenz u. a. an der **Altershomogenität von Szenen**. Jüngere Menschen versuchen sich dadurch der Bevormundung durch ältere Menschen zu entziehen. Für die Mitglieder bestimmter Szenen gibt es nichts Schlimmeres als das Eindringen älterer Menschen. Überwiegend löst das bei jüngeren Menschen Fluchtbewegungen aus, um sich in neuen, wiederum altershomogenen Szenen zu treffen.

Sehnsucht nach Vorbildern

Die meisten Jugendlichen lehnen traditionelle Autoritäten wie Eltern, Lehrer und Politiker ab, weil deren Orientierungen und Verhaltensmuster als nicht akzeptabel für die eigenen Lebensentwürfe erachtet werden (JANKE 1997). Parallel dazu gibt es Sehnsüchte nach Vorbildern, die Orientierungshilfen geben können.

Die Medien versuchen durch die Produktion von Stars, diesem Wunsch vieler Jugendlicher zu entsprechen. Obwohl viele von ihnen eine gewisse Zeit lang solche Stars verehren, scheinen doch viele Jugendliche die Irrationalität von Starkults zu durchschauen. Das drückt sich u. a. durch den ständigen Wechsel zu neuen Stars aus.

Tatsächlich gesucht werden **alltagsnahe Vorbilder**, die in ihren Handlungsweisen authentisch und nachprüfbar sind (ENGELHART 1997, 29).

Streetculture

Eine zunehmende Urbanisierung mit Versiegelungen großer Flächen ist prägend für den Alltag vieler Jugendlicher. Diese haben darauf mit der Inanspruchnahme und teilweisen Umnutzung von Straßen und Plätzen reagiert, die scheinbar magisch anziehend wirken. Treffpunkte sind u. a. Eingänge zu Kaufhäusern, U-Bahn- und Bus-Stationen, Schulhöfe am Nachmittag usw. Dadurch entstehen häufig Konflikte mit Anliegern, Hausmeistern oder Stadtverwaltungen. Diese Konflikte werden nicht zwingend gesucht, gehören teilweise aber auch zu den Ritualen entsprechender Szenen.

Lost in Cyberspace?

Durch die modernen Medien sind neben der realen Welt virtuelle Welten entstanden. Am PC können durch Spiele oder durch das Surfen im Internet Jugendliche in Phantasiewelten eintauchen. Jugendliche gehören zu den intensivsten Nutzern der neuen Medien (OPASCHOWSKI 1997).

Gelebt wird in Parallelwelten. Der Wechsel zwischen dem Cyberspace und realer Welt, der als **Crossing** bezeichnet wird (NEGROPONTE 1995), gehört für viele Jugendliche zu den neuen Selbstverständlichkeiten. Beobachtbar ist, dass ein Teil der Jugendlichen erhebliche Schwierigkeiten hat, zwischen Realität und Fiktion zu unterscheiden. Andere Jugendliche hingegen erwerben durch das Crossing neue Kulturtechniken, die für viele Berufe von Bedeutung sind.

Die Mediatisierung des Alltags hat aber nicht nur einen Boom des Cyberspaces ausgelöst, sondern weckt offensichtlich auch **Sehnsüchte nach Authentizität**. Anders ist kaum zu erklären, wie später noch zu zeigen sein wird, dass das eigene Sporttreiben bei Jugendlichen einen herausragenden Stellenwert hat.

Markt und Marken

Es gibt ein dialektisches Verhältnis von Jugendkulturen und Kulturindustrie. Einerseits werden nahezu alle Accessoires von Jugendszenen industriell hergestellt. Andererseits gehen Jugendliche auf Distanz, wenn Szenen zu sehr von der Industrie vereinnahmt werden (MEDIENCONCRET SPECIAL 1/97, 17). Ist das der Fall, verlassen viele Jugendliche eine Szene und wenden sich einer neuen zu, was als **Trendzapping** bezeichnet wird. Andere Jugendliche reagieren flexibel auf die Vermarktung ihrer Szene, indem sie Veränderungen und Umdeutungen der Accessoires vornehmen. Es entsteht das, was als **subversiver Eigensinn** bezeichnet wird.

Die Kultur- und Konsumgüterindustrie hechelt ständig hinter dem Trendzapping und dem subversivem Eigensinn der Jugendlichen hinterher (STOLZ 1996).

3. Jugendkulturen und Sport

Eingebunden in die allgemeinen Lebensbedingungen sind Bewegung, Spiel und Sport der Jugendlichen. Sport und Sportlichkeit gehören zu den wesentlichen Bestimmungsmomenten von Jugendlichkeit.

Umfang der Sportaktivitäten

Nahezu jeder Jugendliche betreibt Sport. Einerseits durch den Schulsport als Pflichtsport und andererseits außerhalb der Schule in den Formen der Selbstorganisation und/oder der Mitgliedschaft in einem Verein. 80% der Jungen und 70% der Mädchen geben an, in ihrer Freizeit Sport zu treiben (KURZ u. a. 1996). Bis zum 7. Schuljahr waren in Nordrhein-Westfalen fast 80% der Kinder im Sportverein aktiv. Danach verlassen viele Jugendliche die Vereine. Den Höhepunkt erreicht die Austrittswelle nach dem 9. Schuljahr.

Der Umfang der Sportaktivitäten nimmt bei Jugendlichen mit zunehmendem Alter ab. 73% der 14 bis 17jährigen, aber nur noch 56% der 18 bis 24jährigen geben an, sportlich aktiv zu sein. Davon waren 40% der 14 bis 17jährigen und 24% der 18 bis 24jährigen regelmäßig sportlich aktiv (OPASCHOWSKI/DUNCKER 1996, 34f.).

Mit zunehmenden Alter der Jugendlichen nimmt die Bedeutung des Vereinssports ab und parallel dazu die Bedeutung des anders organisierten Sports zu (KURZ u. a. 1996). Im Sinne des „Sowohl-als-auch" ist zu beobachten, dass viele Jugendliche sowohl im als auch außerhalb des Sportvereins aktiv sind. Fußball im Verein, Inlineskaten auf der Straße und der Besuch eines öffentlichen Bades schließen sich nicht aus, sondern sind verschiedene Facetten eines sportlichen Lebensstils.

Vielfalt der Sportangebote

Jugendliche treffen auf eine nahezu unüberschaubare Vielfalt von Sportangeboten. Das hängt u. a. damit zusammen, dass aus anderen Ländern und Kulturkreisen neue Sportarten Eingang gefunden haben. Dazu gehören u. a. American Football und Baseball aus Nord-Amerika, Karate und Kick-Boxen aus Asien und Bumerang werfen aus Australien. Schon verloren geglaubte Formen wie Jonglieren oder andere Bereiche der Bewegungskultur, wie Zirkus, Seilspringen (heute als Rope-Skipping bezeichnet) oder neue Geräte wie z. B. Frisbees oder Snow-Boards bereichern die Angebote.

Hinzu kommt, dass innerhalb einzelner Sportarten Ausdifferenzierungen stattfinden. So umfasst z. B. der Begriff Tanzen mehr als 50 verschiedene Tanzformen, die vom Standardtanz bis zum Hip-Hop reichen.

Viele, teilweise traditionelle Sportarten sind in den zurückliegenden Jahren modernisiert worden. Die schwerfälligen Rollschuhe wurden von Inline-Skates abgelöst. Aus den einstmals einheitlichen Fahrrädern wurde die Vielfalt der BMX-Räder, Rennräder, Tourenräder, Mountainbikes usw. Basketball wurde durch Streetball und Volleyball durch Beach-Volleyball modernisiert. Mit den Modernisierungen veränderten sich auch die Regeln und Handlungsmuster der Akteure. So ist z. B. im einstmals körperlosen Basketballspiel der Körpereinsatz erlaubt, im Volleyball kann der Ball auch mit dem Fuß gespielt werden.

Während Jugendliche die Modernisierungsprozesse durch ihre Offenheit und Experimentierfreude förderten, verhielten sich die Verantwortlichen im Schul- und Vereinssport überwiegend abwartend, teilweise abweisend.

Jugendliche stehen heute vor der Vielfalt der Angebote, in denen heftig um neue Konsumenten geworben wird. Dabei wählen sportaktive Jugendliche bis zu vier Sportarten aus (BRETTSCHNEIDER 1994). Im Sinne des „Sowohl-als-auch" gilt hier ebenfalls, dass sich das Ausüben traditioneller und neuer Sportarten nicht ausschließen.

Bevorzugte Sportarten bei den 14 bis 19jährigen sind Schwimmen / Baden gehen (31 %), Fußball (27 %), Tennis (20 %), Radfahren / Mountainbiking (18 %), Volleyball (16 %), Basketball (14 %), Jogging (13 %) (nach OPASCHOWSKI / DUNCKER 1996, 37).

Bei der Aus- und Abwahl von Angeboten wenden Jugendliche vergleichbare Strategien wie beim Fernsehkonsum an. Zwischen Angeboten wird **geswitcht**. Unliebsame Angebote werden **weggezappt**. Auf Modewellen wird **gesurft**.

Dadurch gibt es „Gewinner-" und „Verlierer-Sportarten". Zu den Gewinnern gehören u. a.:

– Risiko- und Abenteuersportarten (z. B. Karate, Climbing, Gliding),
– Gleichgewichts- und Geschwindigkeitssportarten (z. B. Inline-Skating, Snow-Boarding, Biking),
– Fitnessangebote und expressive Formen (z. B. Aerobic, Hip Hop),
– Einige Teamsportarten (z. B. Fußball, Streetball, American Football).

Zu den „Verlierer-Sportarten" gehören vor allem traditionelle Sportarten wie Leichtathletik, Gerätturnen, Handball und neuerdings Tennis (TROSIEN 1996). Überwiegend handelt es sich um jene Sportarten, die das Kernangebot des Schulsports bilden.

Weites Sportverständnis

Der große Umfang der Sportaktivitäten bei Jugendlichen hängt neben den ausgeweiteten Angeboten und den damit erleichterten Zugangsmöglichkeiten auch mit einem veränderten Sportverständnis zusammen. Während für die ältere Generation der Begriff Sport vor allem die normierten, standardisierten und wettkampfmäßig auszuübenden Sportarten umfasst, gehen Jugendliche von einem weiten Sportverständnis aus. Dazu gehören neben den traditionellen Sportarten auch vielfältige Spiel- und Bewegungsformen.

Die so entstandene Unschärfe im Sportbegriff bereitet weniger den Jugendlichen als vielmehr älteren Menschen Probleme, die von den vermeintlich guten alten Zeiten des Sports und dem früher angeblich größeren Engagement der Jugendlichen schwärmen. Dabei wird übersehen, dass Jugendliche heute sogar mehr als früher sportlich aktiv sind. Ihre Aktivitäten haben sich jedoch von den traditionellen in vielfältige andere Sportformen verlagert.

Verbunden mit dem weiten Sportverständnis hat auch eine Verlagerung der Sinn-orientierungen des Sporttreibens stattgefunden. Während früher Wettbewerb und Leistungen im Mittelpunkt standen, ist bei Jugendlichen der **Spaß** (Fun) zu einer zentralen Kategorie geworden (BRETTSCHNEIDER / BRÄUTIGAM 1990, 55). Sport, der keinen Spaß bereitet, wird abgewählt. Dabei schließen Spaß und Leistung sich nicht aus, wie die vielen Events veranschaulichen. In diesen werden Wettbewerbe mit Partys verbunden.

Sportive Lebensstile und Sportszenen

Im Sport haben BRETTSCHNEIDER / BRÄUTIGAM (1990) folgende Lebens-konzepttypen ausfindig gemacht:

– Ausgeglichenheit im Lebenskonzept (15 %),
– Zentralität von „action" und „motion" (4 %),
– Beeinträchtigung des Lebenskonzepts durch negatives Körperkonzept (17 %),
– Suchbewegung als Merkmal des Lebenskonzepts (13 %),
– Ausbalanciertes, positives Lebenskonzept (61 %).

Auch wenn die Untersuchungsergebnisse nicht mehr ganz aktuell sind, so sprechen doch einige Indizien dafür, dass der Spaß ein bedeutsames Motiv für den Sport ist, aber dennoch nicht von einer einseitigen Aktion- und Fun-Orientierung die Rede sein kann.

Unterhalb sportiver Lebensstile gibt es vielfältige Szenen, in denen Bewegung, Spiel und Sport einen besonderen Stellenwert haben. Solche Szenen sind u. a.:

– Kick-Box-Szene, Skater-Szene, Inline-Skater-Szene, Techno-Szene, Hip-Hop-Szene, Streetball-Szene, Baseball-Szene, American-Football-Szene, Free-Climb-Szene, BMX-Fahrer-Szene, Surf-Szene, Snow-Board-Szene, Trecking-Szene, Jonglier-Szene, Beach-Volleyball-Szene.

Auch im traditionellen Sport ist häufig von Szenen die Rede, wie z. B. bei der Ruderszene, Badmintonszene oder Triathlonszene.

Viele Szenen, wie z. B. die Jonglier- und Baseball-Szene haben keinerlei Berüh-rungspunkte. Während die Jonglierszene eher dem alternativen Spektrum mit öko-logischer Grundorientierung zugeordnet werden kann, zeichnet sich die Baseball-Szene durch eine Orientierung am konservativ-amerikanischen Lebensstil aus.

Manche Szenen begegnen sich feindlich, wie z. B. die Skater und Inline-Skater, weil das Skaten größere, motorische Anforderungen stellt und somit die Inline-Skater aus der Sicht der Skater lediglich modische Yuppies sind.

In anderen Szenen sind die Übergänge fließend, wie z. B. zwischen der Streetball- und Hip-Hop-Szene, weil der gleiche Musikgeschmack vorherrscht (NIEHUES 1997).

Szenen bieten den Vorteil, in überschaubaren sozialen Bezügen, verbunden mit eindeutigen Verhaltensregeln, die persönliche Lebenseinstellung sichtbar nach außen zum Ausdruck bringen zu können. Insofern sind Szenen für Jugendliche wichtige **Eprobungsfelder** sowohl für das soziale Handeln als auch für die Entwicklung der eigenen Persönlichkeit. Die Mitgliedschaft in einer Szene ist vergleichbar der Durchführung eines zeitlich begrenzten **Projekts**, das im Ausgang offen ist.

Amerikanisierung der Sportkultur

Besonders großen Einfluss auf viele Szenen übt die amerikanische Sportkultur aus. Vielfach versuchen Jugendliche das Leben amerikanischer Streetkids zu imitieren (z. B. beim Streetball), ohne jedoch dieses im Original zu kennen. Als Informationsquellen dienen Videos, Filme und Zeitschriften (KOLB 1996).

Dabei wird das Original nicht vollständig kopiert. Beobachtbar ist so etwas wie **subversiver Eigensinn**. So entstehen z. B. durch die Verbindung amerikanischer Ideome mit regionalen Dialekten spezifische Slangs (LÖFFLER 1997). Nicht jene Jugendlichen genießen in der Szene das höchste Ansehen, die alles originalgetreu kopieren, sondern die jeweils persönliche Veränderungen einbringen (RUSCH/ THIEMANN 1998).

Relativ unbeachtet von den Medien haben sich neben den amerikanisch orientierten Szenen auch Szenen etabliert, denen vor allem Aussiedler oder türkische Jugendliche angehören und die sich häufig an asiatischen Kampfformen (z. B. Kick-Boxen) orientieren (JANSSEN 1998).

Da viele Szenen auf strikte Abgrenzungen bedacht sind, scheint das Ideal einer multikulturellen Gesellschaft von vielen Jugendlichen nicht mehr angestrebt zu werden. Es zeichnen sich Entwicklungen zum Entstehen einer **polikulturellen Gesellschaft** ab (BECKER u. a. 1995).

Dominanz von Jungen in Szenen

Auffallend ist, dass vielen Szenen fast ausschließlich Jungen angehören. Typische Mädchenszenen sind die Girli-Szene und die Fan-Szene der Boy-Groups. Lediglich die Techno-Szene zeichnet sich durch ein ausgeglichenes Verhältnis von Jungen und Mädchen aus. In Inline-Skater-Szenen und Snow-Board-Szenen ist in jüngster Zeit eine erhebliche Zunahme aktiver Mädchen beobachtbar, wohingegen z. B. die Skater- und Streetballer-Szene fest in Händen der Jungen sind.

Zu beobachten ist, dass in vielen Sportszenen sehr bewusst die traditionellen Rollenmuster von Jungen und Mädchen verfestigt werden. Während z. B. die Jungen American-Football spielen, bilden die Mädchen die dazugehörige Szene der Cheerleaders. Die Interpretation solcher Verhaltensmuster bereitet erhebliche Schwierigkeiten, weil sie scheinbar einen Rückschritt hinsichtlich der Errungenschaften der Frauenbewegung bedeuten. Die Übernahme traditioneller Rollenmuster ist offensichtlich für viele Jungen und Mädchen kein Problem, weil dadurch Abgrenzungen gegenüber einer Elterngeneration möglich sind, für die eine Gleichberechtigung von Männern und Frauen bedeutsam war. Die Mädchen von heute scheinen Errungenschaften der Frauenemanzipation zu übernehmen, ohne deren Ideologien oder Theorien zu teilen. Im Sinne eines **Postfeminismus** werden geschlechtsspezifische Differenzen betont und wird die postpubertäre Weiblichkeit aufgewertet (FERCHOFF 1997, 10).

Alltagsorientierung im Sport

Durch Szenen sind Spiel, Bewegung und Sport für viele Jugendliche zum selbstverständlichen Bestandteil des Alltags geworden. Sichtbar wird dieser Sachverhalt an der Alltagstauglichkeit vieler Sportgeräte. So können Inline-Skates, Frisbees, Basketbälle oder Ropes (Seile) auf Straßen, Schulhöfen und Plätzen eingesetzt werden.

Eine schleichende **Versportlichung des Alltags** (GRUPE 1998) ist auch an der Kleidung ablesbar, die sowohl im Sport als auch im Alltag getragen werden kann (z. B. Sportschuhe, Capes, Trainingsjacken usw.). Verhaltensmuster, die Sportlichkeit, Fitness und Dynamik signalisieren sollen, gehören zu den üblichen Umgangsformen. Die Werbung nutzt Bilder des Sports, um die Attraktivität von Produkten zu steigern (z. B. bei Getränken, Dusch- oder Nahrungsmitteln).

Rückeroberung von Bewegungsräumen

Durch die Alltagsorientierung benötigen Jugendliche für ihren Sport keine speziellen Sportstätten. Ursprünglich für Spiel und Bewegung nicht gedachte Flächen wie Treppen, Parkhäuser oder Fußgängerzonen werden durch Sportszenen erobert.

Ein Ausweichen der Jugendlichen auf öffentliche Flächen hängt u. a. damit zusammen, dass das Sehen und Gesehen-werden große Bedeutung hat. Hinzu kommt, dass Jugendliche überwiegend vor verschlossenen Sportanlagen stehen, die nur für spezielle Sportarten gedacht sind und lediglich dem Schul- und Vereinssport zugänglich sind.

Jugendliche haben zur Überraschung vieler Stadtplaner und Pädagogen demonstriert, wie Flächen **umdefiniert** und für Bewegung **rückerobert** werden können. Nicht im Schulsport, der überwiegend den normierten Vorgaben sportspezifischer Räume angepasst ist, haben sich Jugendliche die dazu erforderlichen Ideen geholt und Strategien angeeignet, sondern durch eigenes Erproben.

Neues Lernen im Sport

In Szenen wird völlig anders als in der Schule gelernt. Auffallend ist zunächst, dass in Szenen das Machen von **Fehlern** zu den Selbstverständlichkeiten gehört. Es wird probiert, imitiert und intensiv geübt. Systematische Lern- und Trainingsprozesse,

wie sie im Schulsport dominierend sind, werden in Szenen so gut wie nicht angewendet. Im Mittelpunkt steht das Lernen nach **Versuch und Irrtum**, das zu den einfachsten ursprünglichen Lernstrategien gehört (AEBLI 1983).

Hinzu kommt, dass Informationen überwiegend selbstständig beschafft werden
müssen. Dazu werden unterschiedliche Quellen wie Abteilungen in den Kaufhäusern, Sportgeschäfte, Videos, Fernsehsender und Sportzeitschriften genutzt. Viele
Jugendliche haben dabei erhebliche Kompetenzen des Sich-Zurechtfindens im
Informationsdschungel erworben.

Die Hilfe ältere Menschen, sowohl bei der Informationsbeschaffung als auch bei
der Aneignung der Bewegungstechniken, wird kaum in Anspruch genommen und
ist in den meisten Fällen auch nicht erwünscht, da es nicht nur um die Aneignung
von Techniken, sondern um die Übernahme von Verhaltensmustern der entsprechenden Szene geht.

Szenen bieten durch ihre Altershomogenität Möglichkeiten, sich der **Bevormundung** durch ältere Menschen zu **entziehen**. Dieser Sachverhalt bedeutet jedoch
nicht, dass ältere Menschen generell als Vorbilder abgelehnt werden. So sehen z. B.
20 % der Jugendlichen den Übungsleiter oder die Übungsleiterin in ihrem Verein
als Vorbild an (Sport in Niedersachsen 6/1998, 25). Es sollte jedoch nachdenklich
stimmen, dass Sportlehrerinnen und Sportlehrer kaum als Vorbilder benannt
werden (VOLKAMER 1996).

4. Konsequenzen für den Sport an der Schule mit Jugendlichen

Viele Jugendliche haben durch ihre Offenheit, Experimentierfreude und Kreativität den Sport tiefgreifend verändert. Es mag paradox erscheinen, dass ausgerechnet jenen Sport vermittelt werden soll, die aktiv diese Veränderungen mitgestaltet
haben. Unterrichten sollen Lehrerinnen und Lehrer, die an diesen Veränderungen
kaum beteiligt waren. Diese Paradoxi lassen sich vielleicht durch zwei Strategien
aufheben.

a) Leitidee: Schule als Gegenwelt

Eine Strategie kann darin bestehen, dass durch den Sport in der Schule sehr
bewusst eine Gegenwelt zum außerschulischen Sport aufgebaut wird. Es wird angenommen, dass es im Schulsport nicht um die Reproduktion von Sportwelten
gehen kann, die Jugendliche ohnehin an Nachmittagen vorfinden. Im Mittelpunkt
stehen dann weiterhin traditionelle Kernsportarten, die grundlegend für die Herausbildung motorischer Fähigkeiten und Fertigkeiten sind.

Für eine solche Konzeption, die in der Pädagogik von GIESECKE (1997) unter
dem Schlagwort der Wissenschaftsschule und in der Sportpädagogik durch eine
Orientierung an Sportarten von SÖLL (1996) vertreten wird, spricht das enorme
Wachstum des außerschulischen Sports. Die Unabhängigkeit des Schulsports von

modischen Strömungen hat offensichtlich die Entwicklung des Sports nicht aufgehalten. Vielleicht war sie sogar ein Garant dafür, dass sich die Vielfalt des Sports entwickeln konnte.

Gegen diese Argumentation spricht, dass der Sportunterricht zu einem Biotop verkommt, in dem nicht mehr auf das Leben, sondern auf einen kaum noch existierenden Sport vorbereitet wird. Niemand würde es im Physikunterricht als ausreichend erachten, wenn dort nur die Gesetze der Mechanik vermittelt werden.

b) Leitidee: Sport mit Jugendlichen

Eine andere Strategie zur Aufhebung der Paradoxi kann darin bestehen, Sport nicht für, sondern **mit Jugendlichen** an der Schule durchzuführen. Jugendliche werden nicht weiter als Menschen angesehen, denen geholfen werden muss. Auch wenn unübersehbar ist, dass viele Jugendliche erhebliche Defizite in die Schule mitbringen, ist Schule überfordert, alle Defizite beseitigen zu wollen, die in der Gesellschaft bestehen. Vielmehr geht es darum, Jugendliche zu begleiten, ihre Fachkompetenzen zu nutzen, von ihnen zu lernen und immer Hilfen dann anzubieten, wenn diese durch Lehrende nötig und möglich sind oder wenn sie von den Jugendlichen selbst gewünscht werden.

Für ein solches Konzept, das eine Kombination aus Erfahrungsschule (MEYER / VOGT 1998) und Lebenshilfeschule (STRUCK 1995) ist, spricht, dass Brücken zur Lebenswelt hergestellt werden. Problematisch ist lediglich, dass das Fach Sport durch seine Offenheit gegenüber den vielfältigen Formen und Inszenierungen von Spiel, Bewegung und Sport seine Eindeutigkeit verliert, und Lehrerinnen und Lehrer ein neues Rollenverständnis entwickeln müssen. Das Schulfach Sport droht seine Besonderheit nicht zu verlieren, weil es zu unbedeutend geworden ist, sondern weil es zu attraktiv geworden ist und in nahezu alle Lebensbereiche eindringen konnte.

Nachfolgend wird diese Leitidee favorisiert, und es werden Konsequenzen für einen Sport mit Jugendlichen benannt.

4.1 Ziele des Sportunterrichts mit Jugendlichen

Vielfalt des Sports erlebbar machen

Wenn die Vielfalt ein wesentliches Merkmal des außerschulischen Sports ist, dann sollte es Aufgabe des Schulsports sein, diese Vielfalt der Sinnorientierungen, Praxis- und Inszenierungsformen erlebbar zu machen. Dazu ist von einem **offenen Sportverständnis** auszugehen.

Das Erleben der Vielfalt bedeutet für viele Jugendliche eine **Horizonterweiterung**, da im Alltag der Jugendlichen Einseitigkeit und Einschränkungen unübersehbar sind. Diese können nicht immer aufgehoben, wohl aber durch zusätzliche Erlebnisse ergänzt werden.

Strategien des Sich-Zurechtfindens vermitteln

Aufgrund unstrukturierter Lebensbedingungen sollte es Aufgabe von Schule und Schulsport sein, Jugendlichen zu helfen, sich in diesen Bedingungen zurechtzufinden.

Verfehlt wäre es, Illusionen zu wecken, dass die Lebensbedingungen vollständig strukturiert werden könnten. Auch die Einheit des Sports, wenn sie überhaupt jemals bestand, lässt sich nicht wiederherstellen.

Notwendig ist daher, im Unterricht **Strategien zur selbständigen Lösung von Aufgaben und Problemen** zu erproben, um sowohl in gegenwärtigen als auch in zukünftigen und zur Zeit nicht vorhersehbaren Bedingungen handlungsfähig zu sein. Während sich Inhalte und Formen des Sports ständig ändern, weisen Problemlösestrategien eine große Stabilität auf.

Modernisierungsprozesse des Sports mitgestalten können

Der Sport unterliegt ständigen Modernisierungsprozessen. Die modernen Formen des Sports sollten auch zum Thema des Sportunterrichts gemacht werden, um durch das Erleben zu Reflexionsprozessen über Modernisierungsprozesse zu gelangen.

Im Sinne einer **reflexiven Modernisierung** sollten im Sportunterricht Erlebnisgrundqualitäten der behandelten Sportformen herausgearbeitet werden, um zu ermitteln, was modische Ergänzungen sind und wo grundlegende Veränderungen oder Neuerungen vorliegen. Die ermittelten Erkenntnisse sollen ein aktives Mitgestalten von Modernisierungsprozessen eröffnen, in die Jugendliche ihren subversiven Eigensinn ebenso einbringen können wie ihre Wünsche und Ideen.

4.2 Inhalte des Sportunterrichts

Arbeiten in Themenfeldern

Jugendliche demonstrieren im außerschulischen Sport, dass nicht ausschließlich Sportarten, sondern Lebensstile und Szenen im Mittelpunkt stehen, in die Spiel, Bewegung und Sport integriert sind. Die **Eingebundenheit des Sports** verweist darauf, nicht von Sportarten, sondern von Themenfeldern auszugehen, um Formen und Inhalte des Sports möglichst ganzheitlich bearbeiten zu können.

Sportszenen und Schulsport

Wenn die Absicht besteht, Brücken zwischen außerschulischem und schulischem Sport herzustellen, besteht die Notwendigkeit, auch Sportszenen im Sportunterricht zu thematisieren. Dabei kann es jedoch nicht um die unkritische Übernahme aktueller Sportszenen gehen, um einen vermeintlich zeitgemäßen Sportunterricht anzubieten. Dadurch würde lediglich wiederholt, was Jugendliche außerschulisch teilweise besser als in der Schule erleben. Unübersehbar ist, dass es in vielen Jugendszenen Einseitigkeit, restringierte Sinnorientierungen und problematische Rituale gibt.

Vielmehr sollte es um die **reflexive Bearbeitung des Themenfelds „Szenen"** gehen, um z. B. Jungen-Mädchen-Rollen, Offen- und Geschlossenheit, Rituale und Verhaltensmuster, Konsumgewohnheiten und Eigensinn zu thematisieren. Dadurch können Jugendliche ihre Lebenswelt in den Unterricht einbringen und neue Einblicke gewinnen, ohne dass der Schulsport zu einer bloßen Kopie jugendlicher Sportszenen wird.

Probleme der Inhaltsauswahl

Für den Sport an der Schule steht nur ein begrenzter Zeitrahmen zur Verfügung, so dass eine Auswahl aus der Vielfalt des Sports erfolgen muß.

Kriterien für die Auswahl der Inhalte gibt es kaum, und die meisten Rahmenrichtlinien eröffnen große Handlungsspielräume. Es ist kaum zu begründen, warum Leichtathletik bedeutsamer als Inline-Skating, warum Handball bedeutsamer als Streetball, warum Geräteturnen bedeutsamer als Klettern sein soll.

Angesichts dieser Auswahlprobleme bietet es sich zunächst einmal an, Jugendliche an der **Auswahl der Inhalte zu beteiligen**. Da hierbei jedoch die Gefahr besteht, lediglich Bekanntes und Gewohntes zu reproduzieren, sollte die Inhaltsauswahl auch dazu beitragen, neue Erlebnisse und Erfahrungen machen zu lassen. Der Sport sollte in das Schulleben und das Schulprofil eingebunden sein und regionale Besonderheiten berücksichtigen.

4.3 Methoden im Sportunterricht mit Jugendlichen

Begleitung durch den Dschungel des Lebens

Sportunterricht mit Jugendlichen bedeutet, diesen beim Navigieren durch den Dschungel des Lebens und durch die Unübersichtlichkeit des Sports behilflich zu sein. Dieses Begleiten ist kein Belehren, sondern ein gemeinsames Lernen, da die traditionelle Kette der Weitergabe des Wissens von Lehrerinnen und Lehrern an Jugendliche vielfach nicht mehr funktioniert.

Die Rolle der Lehrenden ist dabei mit einem **Chaospiloten** vergleichbar, der bestimmte Instrumente zur Verfügung hat, aber nicht immer sicher sein kann, alles zu beherrschen. Solche Piloten sollten humorvoll und ernsthaft, engagiert und von Zeit zu Zeit distanziert, offen und dennoch nicht beliebig und gleichgültig sein. Durch dieses Verhalten werden Lehrerinnen und Lehrer zu **reflexiven Vorbildern**. Sie lassen die Grenzen ihrer Kompetenzen erkennen, ohne dabei die Verantwortung für die Unterrichtsgestaltung ausschließlich bei den Jugendlichen abzuladen.

Kompetenzen Jugendlicher nutzen und erweitern

Der Sportunterricht sollte so gestaltet sein, dass Jugendliche ihre Kompetenzen, die sie sich im außerschulischen Sport erworben haben, einbringen können. Dazu können sie an der Planung und Durchführung verschiedener Abschnitte beteiligt werden und diese teilweise verantwortlich übernehmen. Es gibt mittlerweile erfolgreich erprobte Modelle, **Schülerinnen und Schüler als Lehrende** einzusetzen, wie z. B. in Baden-Württemberg mit dem Schülermentorenprogramm.

Aufgabe von Schule ist es, neue Kompetenzen zu vermitteln. Daher sollten im Sportunterricht Anforderungen und Herausforderungen geschaffen werden, in denen bekannte Lösungsstrategien an Grenzen stoßen und neue entwickelt werden müssen.

Einfachheit des Lernens und Übens in den Mittelpunkt stellen

Jugendliche demonstrieren im außerschulischen Bereich, wie einfach Lernen und Üben sein können. Nicht Verkomplizierungen von Lernprozessen, wie sie häufig durch methodische Reihen oder zergliederte Lernschritte produziert werden, sondern das unterstützte Probieren und Versuchen sollten im Zentrum von Lernprozessen stehen. Übungsprozesse sollten in Sinnzusammenhänge eingebunden sein, um Gründe für lohnende Anstrengungen erkennbar zu machen. **Fehler** sollten **selbstverständlich** sein und nicht durch Benotungen sanktioniert werden, sondern Anlaß zur Reflexion bieten.

Die Einfachheit des Lernens stößt dort an Grenzen, wo Gefahren und sehr komplexe Aufgaben bestehen. Pädagogische Maßnahmen sollten jedoch nicht primär auf Gefahrenreduzierung und Vereinfachungen ausgerichtet sein, sondern auf das selbstständige Erkennen der Probleme und auf die Entwicklung adäquater Handlungsstrategien.

Projektmäßiges Lernen

Die Behandlungen von Themenfeldern erfordert projektmäßiges Arbeiten. Dazu gehören u. a. die selbstständige Beschaffung von Informationen, wie das im außerschulischen Bereich zur Selbstverständlichkeit geworden ist. Weiterhin gehören dazu das gemeinsame Erkennen und Bearbeiten von Problemen aus möglichst **unterschiedlichen Perspektiven** und die öffentliche Präsentation von Ergebnissen. So können z. B. bei der Behandlung des Themas „Sportszenen" am Ende die Organisation von Streetball-Turnieren, Musik- und Tanzvorführungen oder der Bau von Rampen und Geräten stehen.

4.4 Erwachsenenfreie Zonen schaffen

Die meisten Jugendszenen sind erwachsenenfreie Zonen. Dieser Sachverhalt steht in einem krassen Gegensatz zur Institution Schule, die durch Erwachsene hochgradig kontrolliert wird. Um jedoch die Eigenständigkeit von Schülerinnen und Schülern zu fördern, ist mit diesen gemeinsam zu prüfen, welche Bereiche in der Schule von den Jugendlichen verantwortlich selber betreut werden können. Hier sollten sie dann **verantwortlich in die Pflicht genommen** werden.

Solche Zonen können räumliche Bereiche, aber auch Arbeitsgemeinschaften unter Anleitung von Schülerinnen und Schülern sein.

4.5 Erschließung neuer Räume

Jugendliche haben durch ihr sportives Handeln neue Räume für Spiel und Bewegung erschlossen. Daraus kann für den Sport in der Schule gelernt werden, viel mehr noch als bisher die schulischen Räumlichkeiten für Spiel, Bewegung und Sport zu erschließen. Dazu gehören nicht nur Basketballkörbe und Tischtennisplatten auf den Schulhöfen, sondern auch Kletterwände, Bereiche für Rollaktivitäten, Sandflächen für Volleyball und Beach-Soccer, Stationen zum Ausleihen von Geräten usw.

Erforderlich sind überdachte Bereiche, nicht aber aufwendige Sporthallen, um von Witterungseinflüssen unabhängig zu sein und dennoch Sport an der frischen Luft treiben zu können.

Zu den Themenfeldern des Sportunterrichts sollte auch die Erkundung außerschulischer Spiel- und Bewegungsräume gehören. Es können z. B. Stadtpläne mit den besten Inlineskate-Routen, Hitlisten der Spielplätze, Routen für Bikes usw. angefertigt werden.

4.6 Sport als Arbeitsplatz

Wenn für Jugendliche die Angst vor der Arbeitslosigkeit von zentraler Bedeutung ist, dann sollte dieser Sachverhalt auch im Schulsport Berücksichtigung finden. Dabei ist weniger daran zu denken, Strategien zur Angstregulierung und -bewältigung zu vermitteln, die hinsichtlich der Ausführung spezieller Bewegungstechniken (z. B. beim Wasserspringen, Trampolin, Klettern) durchaus erfolgreich sind. Solche Strategien dürften zur Bekämpfung der Angst vor einer drohenden Arbeitslosigkeit kaum wirksam sein.

Vielmehr geht es darum, mit Jugendlichen zu erarbeiten, dass auch der Sport mittlerweile zu einem umfassenden Arbeitsfeld geworden ist. Dieses reicht von der Pflege der Sportfreiflächen über Trainer, Vereinsmanager bis zum Sportlehrer oder zur -lehrerin. Daneben sollten Möglichkeiten des ehrenamtlichen Engagements aufgezeigt werden, weil dadurch Erfahrungen gemacht werden können, die in vielen Berufen bedeutend sind.

Literatur

AEBLI, H.: Zwölf Grundformen des Lehrens. Stuttgart 1983.

BASTIAN, J.: Schülerinnen und Schüler als Lehrende. In: Pädagogik 11/1997, 6–10.

BECKER, U u. a. (Hrsg.): Top-Trends. Düsseldorf, München 1995.

BRETTSCHNEIDER W. D. / BRÄUTIGAM, M.: Sport in der Alltagswelt von Jugendlichen. Düsseldorf 1990.

BRETTSCHNEIDER, W.-D.: Bindungsarme Sporthopper. In: Olympische Jugend 11/1994, 10–14.

COUPLAND, D.: Generation X. Geschichte für eine immer schneller werdende Kultur. Hamburg 1992.

DEESE; U. u. a. (Hrsg.): Jugend und Jugendmacher. Das Leben in den Szenen der Neunziger. Düsseldorf 1996.

DEUTSCHE SPORTJUGEND (Hrsg.): Zukunftswerkstatt „Jugendarbeit im Sport". Frankfurt/M 1997.

ENGELHARDT, M. v.: Vom Wandervogel zur Technokultur. In: Schüler '97. Seelze 1997, 26–29.

FERCHOFF, W./NEUBAUER, G.: Patchwork-Jugend. Eine Einführung in postmoderne Perspektiven. Opladen 1996.

FERCHOFF, W.: Gestalten der Großstadt. Jugendkulturelle Szenen vor der Jahrhundertwende. In: MEDIENCONCRET Special 1/1997, 7–13.

FISCHER, A.: Engagement von jungen Menschen. In: DEUTSCHE SPORTJUGEND a. a. O., 10–17.

GIESECKE, H.: Die pädagogische Beziehung. Weinheim, München 1997.

GOEBEL, J. / CLERMONT, C.: Die Tugend der Orientierungslosigkeit. Berlin 1997.

GRUPE, O.: Kultur des Sports / Sportkultur. In: GRUPE, O./MIETH, D.: Lexikon der Ethik des Sports. Schorndorf 1998, 315–318.

HORX, M.: Das Zukunftsmanifest. Düsseldorf 1997.

HURRELMANN, K.: Hallo '98. Was bringt die Zukunft. In: Olympische Jugend 1/1998, 4–6.

JANKE, K.: Stars, Idole, Vorbilder. In: Schüler '97. Seelze 1997, 18–21.

JANSSEN, I.: Sehnsucht nach Werten. In: Olympische Jugend 4/5 1997, 4–7.

JUGENDWERK DER DEUTSCHEN SHELL (HRSG.): Jugend '97. Opladen 1997.

KRÜGER, C.: Die Egotaktiker in der Medienfalle. In: DEESE u. a., a. a. O., 25–31.

KURZ, D. / SACK, H.-D./BRINKHOFF, K.-P.: Kindheit, Jugend und Sport in Nordrhein-Westfalen. Der Sportverein und seine Leistungen. Düsseldorf 1996.

LÖFFLER, F.: Herausforderungen made in USA. In: Olympische Jugend 6/1997, 4–7.

MEYER, H./VOGT, D.: Schulpädagogik, Bd. I. Oldenburg 1997.

NEGROPONTE, N.: Total Digital. München 1995.

OPASCHOWSKI, H.-W./DUNCKER, C.: Jugend und Freizeit. Hamburg 1996.

OPASCHOWSKI, H. W.: Deutschland 2010. Hamburg 1997.

POPCORN, F.: Clicking. Der neue Popcorn-Report. München 1996.

RUSCH, H./THIEMANN, F.: Stefan steht nur am Rand. Wie die Industrialisierung der Kinder scheitert. In: Pädagogik 4/1998, 42–45.

SCHULZE, G.: Die Erlebnisgesellschaft. Frankfurt/M 1992.

SÖLL, W.: Sportunterricht – Sport unterrichten. Ein Handbuch für Sportlehrer. Schorndorf 1996.

SPIEGEL special. Die Eigensinnigen. Selbstportrait einer Generation. Hamburg 1994.

STOLZ, M.: Quo Vadis Jugend? In DEESE u. a., a. a. O., 15–24.

STRUCK, P.: Schulreport. Reinbeck 1995.

TROSIEN, G.: Kids und die Sporttrends der 90er Jahre. In: Olympische Jugend 5/1996, 10–13.

VOLKAMER, M.: Schulsport, Vereinssport – Zwei völlig verschiedene Dinge? In: Sportunterricht (45) 1/1996, 9–19.

WOPP, C.: Familiensport. Auslauf- oder Zukunftsmodell? In: FVA-Info 1/Juli 1997, 3–10.

WOPP, C.: Thesen zum Verhältnis von Jugend und Sport. In: DEUTSCHE SPORTJUGEND a. a. O., 18–20.

RALF LAGING

Sportunterricht offen gestalten und inszenieren

1. Vorbemerkungen: Lernen inszenieren

Die Gestaltung des Sportunterrichts in der Schule basiert einerseits auf institutionellen Rahmenbedingungen, deren Gestaltungsspielraum im Sinne pädagogisch motivierter Schulautonomie für eine von Schule zu Schule unterschiedliche Schul- und Unterrichtskultur genutzt werden kann. Andererseits ist sie auf die beteiligten Schülerinnen und Schüler sowie auf die Lehrerin bzw. den Lehrer verwiesen und in ihrer Variationsbreite vor allem von den Partizipationsmöglichkeiten der Lernenden abhängig. In diese Gestaltungsmöglichkeiten mischen sich die didaktischen Brechungen des gesellschaftlich bedeutsamen Sports. Im Rahmen des Transformationsprozesses zur didaktischen Reduktion und Entwicklung von Vorstellungen über die Inszenierung bewegungsbezogener Inhalte muss eine Reflexion der jeweiligen Perspektive erfolgen. Dabei geht es weniger um die ausschließlich quantitative Reduktion komplexer und vielfältiger sportlicher Betätigungsmöglichkeiten – dies auch –, aber weit mehr geht es um die qualitative Strukturierung menschlicher Bewegungsmöglichkeiten und die damit verbundene Vermittlung von Sachstruktur *und* Lernstruktur der Schülerinnen und Schüler – wie sich also Lernende Wirklichkeit aneignen (vgl. JANK/MEYER 1996⁵, 8ff.). Damit wird eine rein sachstrukturelle Methodik, auch wenn sie durch objektive motorische Lerntheorien begründet erscheint, als unzureichend angesehen. Vielmehr ist es notwendig, die subjektive Lernstruktur des Schülers bzw. der Schülerin als Grundlage des Dialogs der gegenstandsbezogenen Auseinandersetzung in den Prozess der didaktischen Inszenierung einzubeziehen. Lernen findet in diesem Verständnis immer im Kontext der eigenen Biografie statt. Lernen ist ein Erfahrungsprozess, dessen Ausgangspunkt die subjektiv vorgängige Erfahrung ist, die sowohl an geschichtlich gewordenen Gegenständen gewonnen wurde, als auch im Subjekt selbst eine eigene Lerngeschichte auslöst. Das Paradoxon also, dass wir „schon wissen müssen, um zu lernen, als auch, daß wir gerade insofern auch nicht wissen, als wir ja lernen" (BUCK 1969², 31), macht uns auf den biografisch bestimmten Lernweg aufmerksam. Insofern „zeigt sich Lernen als Prozeß der Erfahrung, der Strukturierung und Modifizierung von Erfahrungshorizonten, des geschichtlich-konkreten Zur-Welt-Seins, für das die logische Ordnung der Dinge nur *eine* mögliche Perspektive unter anderen ist . . . Lernen in dieser Bedeutung ist kein linearer Prozeß . . ., sondern ein Prozeß der *Konfrontation* zwischen unausdrücklich leitendem Vorwissen und neuer Sicht . . ." (MEYER-DRAWE 1984², 34). Dieses phänomenologische Lernverständnis unterscheidet sich grundlegend von rein sachstrukturellen Methoden und Methodenkonzepten wie sie in der Sportmethodik (z. B. FETZ 1979[8], STIEHLER 1974, SÖLL 1997[2]) mit deduktiven und induktiven Verfahren, dem Lehren von geschlossenen und offenen Fertigkeiten (ROTH 1998[3]/BREHM 1998[3]) oder methodischen Maßnahmen wie „Bewegungsanweisungen", „Vormachen" usw. angeboten werden. Bewegungslernen erscheint hier dagegen kontrastiv im subjektiven Erfahrungshorizont, in dem es um die Vermittlung von sachbezogenen Herausforderungen und individuellen Lerngeschichten im biografischen Kontext des Lernenden geht (vgl. LAGING 1999a und 1999b). Daher muss jede didaktische Reduktion und damit die quantitative und qualitative Auswahl der Lerninhalte verbunden werden mit einer didaktischen Inszenierung, die es dem Lernenden ermöglicht, sich die Wirklichkeit (die zum Inhalt des Unterrichts werden soll) aus einem neuen Blickwinkel unter Einbeziehung des subjektiven Erfahrungshorizontes anzueignen. Unterrichtliche Inhalte gibt es nicht an sich, sondern Schülerinnen und Schüler lernen den Inhalt aus einer je spezifischen Perspektive kennen – die gewählten Methoden sind, da sie jeweils für eine bestimmte Perspektive stehen, gegenstands- bzw. inhaltskonstitutiv. Methoden zur Neu-Inszenierung eröffnen damit je spezifische Lernmöglichkeiten (vgl. LAGING 2006).

Vor diesem Hintergrund sollen in den folgenden Ausführungen bedeutsame Inszenierungsformen des Sportunterrichts pädagogisch-didaktisch reflektiert werden. Die Aufgabe des Sportlehrers bzw. der Sportlehrerin besteht ja vor allem darin, Lernmöglichkeiten zu eröffnen. Der Inhalt des Unterrichts, das jeweilige „Stück" also, wird unter „Anleitung" des Lehrers bzw. der Lehrerin für die Lernenden immer wieder neu inszeniert. Welche Inszenierungsmöglichkeiten sich für die Gestaltung des Sportunterrichts anbieten, soll dieser Beitrag aufzeigen.[1] Zunächst werden anhand zweier Szenen didaktische Perspektiven und Lernmöglichkeiten kritisch reflektiert. Daran schließt sich eine theoretische Grundlegung in zwei Schritten an: Im ersten Schritt geht es um den Perspektivenwechsel von der „Sportmethodik" zur „Vermittlung" und im zweiten Schritt wird dargestellt, wie aus dem Vermitteln ein Inszenieren wird. Mit Blick auf die Praxis lassen sich dann auf dieser theoretischen Grundlage Inszenierungsformen zur Gestaltung des Sportunterrichts darstellen.

2. Szenen aus dem Sportunterricht

Die Aufgabe des Lehrers bzw. der Lehrerin besteht darin, einen Inhalt oder Gegenstand des Sportunterrichts zum Zweck der lernenden Auseinandersetzung immer neu zu inszenieren. Die Inszenierung meint das Gesamt des unterrichtlichen und bewegungsbezogenen Handelns. Um die Komplexität einer Inszenierung zu verdeutlichen, wird zunächst eine eher problematische Szene aus einer klassisch strukturierten Sportstunde vorgestellt, die Anhaltspunkte für die didaktische Konstruktion von Inszenierungen liefern soll. Die zweite Szene stammt aus einer besonderen Variante des offenen Sportunterrichts, die zeigen soll, wie bedeutsam das aktive und selbstständige Handeln der Schülerinnen und Schüler für eine Inszenierung werden kann.

2.1 Fußballspielen in einer koedukativen sechsten Klasse

> *Die Klasse ist auf dem Allwettersportplatz des Schulgeländes versammelt. „In den nächsten Stunden wollen wir Fußball spielen", kündigt der Lehrer an. Während sich einige – überwiegend Jungen – begeistert umklammern und bereits Teambildungen andeuten, sind andere – überwiegend Mädchen – zurückhaltend oder kommentieren das Lehrervorhaben abwertend mit „keine Lust" oder „so etwas Blödes". Der Lehrer nimmt die unterschiedliche Stimmungslage wahr: „Wartet doch erst einmal ab, was Ihr machen sollt! Also, da einige von Euch im Verein Fußball spielen, andere aber nicht, müssen wir erst einmal gemeinsam die Technik lernen. Dabei üben die guten Spieler mit den Fußballanfängern". Wieder entsteht Unruhe, vor allem bei den Jungen. Einer ruft laut: „Ich dachte, wir wollen spielen!" Der Lehrer weist die unruhigen Jungen zurecht und beginnt mit seiner Aufgabenstellung: „Heute üben wir das Zuspiel mit dem Innenseitstoß und das Stoppen des Balles". Er erklärt die Technik, lässt sie mehrfach vormachen und demonstriert sie schließlich selbst. Während dieser Zeit wenden sich einige Mädchen und Jungen – übrigens auch spielbegeisterte – von der Gesamtgruppe ab. Als nur noch etwa die Hälfte der Klasse zuhört, stellt der Lehrer schließlich die konkrete Aufgabe: „Findet Euch zu zweit zusammen, immer ein guter Spieler und ein Anfänger, und stellt Euch hier in einer Gasse im Abstand von 10 Metern auf. Ihr könnt gleich anfangen zu üben. Ich komme herum und korrigiere Euch." Die Schüler und Schülerinnen holen sich zumeist lustlos zu zweit einen Ball und fangen an. Einige „Fußballjungs" bewegen sich nach und nach in Richtung Tor, um dort ihr Torschussspiel zu spielen. Einigen Mädchen und Jungen, die der Fußballtechnik noch nicht mächtig sind, gelingt fast gar nichts, so dass sie bald aufgeben und sich an den Rand des Spielfeldes setzen.*

Bei schlichter Betrachtung dieser kurzen Szene stellt man fest, dass es eine Reihe von Verwerfungen zwischen allen Beteiligten zum Thema gegeben hat. Die folgende Reflexion weist einige dieser Schwierigkeiten aus und deutet auf die für die Inszenierung von Sportunterricht wichtigen Fragen hin.

Mit der Ankündigung „Fußball" unterstellt der Lehrer ganz selbstverständlich, dass es nur eine, nämlich seine sportiv und bewegungstechnisch orientierte Deutungsmöglichkeit der Sache „Fußball" gibt. Er übersieht, welche verschiedenen Interpretationen diese Ankündigung bei den Schülerinnen und Schülern auslösen kann: Fußball als Fernsehsport, Rowdytum, vollendete Technik, Ballspiel, Nichtkönnen, Angst, usw. Im Hinblick auf die Inszenierung von Sportunterricht stellt sich die didaktische Frage, wie es gelingen kann, durch die Art der Inszenierung den Schülerinnen und Schülern zu ermöglichen, zum Unterrichtsgegenstand eine eigene Vorstellung und Beziehung zu entwickeln, um Fragen an den Gegenstand zu stellen, die dazu beitragen, dass „Fußball" zu ihrer Sache werden kann und hinterher nicht das, was durch die missglückte Stunde erfahren wurde, für die Wirklichkeit selbst gehalten wird.

Eine zweite problematische Stelle dieser Szene betrifft die Folgen aus der einseitigen Sachauslegung. Der durch die Eröffnungsinszenierung entstandene Unmut der Lernenden über die Art der Thematisierung des angekündigten Unterrichtsgegenstandes kann vom Lehrer nur durch Sanktionierung zurückgedrängt werden. Für eine didaktische Inszenierung ist es aber konstitutiv, dass sich alle Akteure der Szene darstellen können müssen – und dies sowohl als Kritik an der Thematisierung eines Unterrichtsgegenstandes als auch als Unterstützung der vorgeschlagenen Thematisierung. Der in der vorgestellten Szene von den Schülerinnen und Schülern geäußerte Protest ist in dieser Situation die Form, mit der sie sich überhaupt zum Gegenstand verhalten können. Wiederum im Hinblick auf didaktische Fragen zur Inszenierung müsste der Lehrer ermöglichen, dass es für die Schülerinnen und Schüler nachvollziehbar wird, womit sie sich befassen sollen. Dazu muss der Lehrer seine Sicht zum Unterrichtsgegenstand Fußball darstellen und die Lernenden fragen, was sie über den Gegenstand denken, was sie dazu bereits erfahren haben und welche Vorstellungen sie von der Thematisierung bereits mitbringen. Auf diese Weise können die Schülerinnen und Schüler ihre Vorstellungen von dem Inhalt und ihre Form der Auseinandersetzung mit dem Gegenstand zu erkennen geben, – die Schülerinnen und Schüler würden sich so dem Lehrer zeigen, und er sich ihnen. „Nicht das bloße 'Dies da' des Wirklichen ist Unterrichtsgegenstand, sondern seine Rekonstruktion durch Denken, Anschauen, Sagen und Machen" (RAUSCHENBERGER 1985, 54).

Die in der dargestellten Szene gewählte Inszenierung gibt den Schülerinnen und Schüler keine Chance, ihre Vorstellungen zum Gegenstand zu äußern. Im Gegenteil, der Lehrer konkretisiert seine Thematisierung mit der weiteren Aufgabenstellung zum Techniktraining. Auch hierbei gibt er keine Möglichkeit der *Mit*gestaltung an der Inszenierung, sondern nur des widerspruchsfreien Nachvollzugs. Die Technikvermittlung findet als Informieren und Demonstrieren, also als einfaches Mitteilen statt: „So geht es". Aus didaktischer Perspektive ist hier zu fragen, wie denn die Lernenden in das Thema verwickelt werden sollen und wie sie in die Sachstruktur des Dargestellten hineingezogen und durch sie herausgefordert werden können. Wie kann an ihren biografischen Bewegungserfahrungen angeknüpft werden, um einen Bezug von der vorgeschlagenen Thematisierung zur sportlichen Wirklichkeit herzustellen. Die Schülerinnen und Schüler benötigen eine Chance, so mit dem Gegenstand umzugehen, wie es ihren Voraussetzungen entspricht.

Die methodische Überlegung des Sportlehrers, die guten Fußballspieler und -spielerinnen mit den Anfängern und Anfängerinnen üben zu lassen, stößt nicht gerade auf Gegenliebe. Eine Inszenierung kann aber nur gelingen, wenn die Schülerinnen und Schüler sie durch Mitarbeit und persönlichen Dialog unterstützen. Dies bedarf einer prinzipiellen Verständigungsbereitschaft. Das Beispiel zeigt deutliche Verständigungsschwierigkeiten, die nicht einer Klärung zugänglich gemacht, sondern durch Zurechtweisung unterdrückt werden. Dies fördert nicht die Bereitschaft der

Lernenden, sich auf das Arrangement einzulassen. Verweigerung ist in diesem Machtkampf die Folge. Die Lernenden geben dem Lehrer zu verstehen, dass sie mit dieser Inszenierungsform nicht einverstanden sind. Im Rahmen einer gelingenden Inszenierung müsste es dem Lehrer aber darum gehen, Formen zu finden, „in denen die Schüler aktiv sowohl ihre Mitarbeit als auch ihre Beziehung zu ihm gestalten und ausdrücken können" (RAUSCHENBERGER 1985, 62). In solchen Formen manifestiert sich so etwas wie ein persönlicher Unterrichtsstil, durch dessen Anwendung die Lehrerin oder der Lehrer ein Geschehen inszeniert, um seinen Gegenstand zum gemeinsamen Thema von Schülern und Lehrende/m zu machen. Mit einer Verweigerung gibt ein Schüler zu erkennen, „dass er entweder thematisch nicht auf seine Kosten kommt oder dass er die Inszenierungsform nicht akzeptiert" (RAUSCHENBERGER 1985, 65).

2.2 Bewegungsaktivitäten in der Wunschsportstunde einer altersgemischten Eingangsstufe (0. bis 2. Schuljahr) [2]

… „Spielst du mit mir Family-Tennis?", „Wer baut mit mir eine Höhle?" … – die Besprechung des Tagesablaufs am Ende des Morgenkreises gerät etwas durcheinander, nachdem für den späten Vormittag die „Wunschsportstunde" angekündigt wird. … Spätestens in der großen Hofpause entscheiden sich die meisten der 5 bis 7-jährigen Schülerinnen und Schüler für eine Aktivität. Andere warten aber auch erst mal ab, ob sie sich einer der vielen Ideen anschließen können. So beginnt nach einem gemeinsamen, – oft von den Kindern selbst initiierten – Aufwärmspiel im Gesprächskreis gleich eine lebhafte Diskussion. „Wir wollen eine Höhle bauen", ruft Lara. „Dazu brauchen wir Kästen und Matten, auch ein Rollbrett als Auto, wir sind dann Panda-Bären." „Kann ich bei Euch noch mitmachen?", fragt Bernhard, der noch Schwierigkeiten hat, eigene Ideen zu entwickeln und zu verwirklichen. „Kein Problem", entscheidet Jenny, „aber noch mehr Kinder können dann nicht mehr mitmachen, sonst wird es in der Höhle zu eng." „Ich möchte gern Fußballspielen", äußert der 7-jährige Mirco seinen Wunsch … Nachdem sich alle 21 Kinder für eine Aktivität entschieden haben, besprechen wir noch die Aufteilung der Sporthalle. Je ein Fußball- und ein Hockeyfeld werden durch Bänke abgegrenzt, zum Bockspringen wird Anlauf durch die Tür zum Umkleideraum genommen, die Höhlenbauaktion findet an der Sprossenwand statt, so dass die Panda-Bären ihrem Naturell entsprechend auch klettern können. Für den Bus und zum Rollbrettfahren bleibt dazwischen noch genug Platz. Adrian und Jonathan, die sich morgens schon zum Family-Tennis verabredet hatten, haben sich umentschieden. Jonathan ist beim Bockspringen dabei, Adrian spielt lieber Fußball. Auch Ayse und Jutta, die am liebsten den Barren zum Spielen und Klettern haben wollten, haben sich – wegen des zu großen Aufwandes für zwei Kinder – auf das nächste Mal, wenn mehr Schülerinnen und Schüler daran turnen möchten, vertrösten lassen und fahren nun mit Rollbrettern durch die Halle. Axel, der gern für sich allein ist, hat sich für „Basketball" entschieden; er versucht, den Ball möglichst oft durch den Korb zu werfen. Nach einer Weile wird es dem 6-jährigen dann aber doch zu langweilig. Er würde am liebsten etwas anderes spielen, kommt zu mir und fragt: „Wann ist denn endlich Halbzeit?" … Manchmal ergeben sich aber auch „Querverbindungen" während des Spiels. So sind inzwischen Ayse und Jutta mit ihren Rollbrettern als Taxifahrerinnen für die Panda-Bären im Einsatz.

Diese Szene ist ein Gegenstück zum ersten Beispiel. Die gewählte Inszenierungsform ist unmittelbar auf die Verständigung mit und unter den Schülerinnen und
Schülern angewiesen, da es sich um eine „Initiativstunde" (FUNKE/HEINE/
SCHMERBITZ 1979) handelt, die nur gelingen kann, wenn den Lernenden Raum
für die eigene Initiative und Verständigung gegeben wird. Das erste Unterrichtsbeispiel dagegen bediente sich, einer informierenden und anweisenden Inszenierungsform, die die unmittelbar notwendigen Verständigungsprozesse nicht in der Weise
eröffnete, wie es sich im Hinblick auf ein inszeniertes Lernen unter Mitwirkung der
Schülerinnen und Schüler als sinnvoll erweisen würde. An dem Beispiel der
Wunschsportstunde lässt sich nun besonders deutlich zeigen, wie wichtig gemeinsame Verständigungsprozesse für eine von allen mitgestaltete Inszenierung ist.

Die Ankündigung der Wunschsportstunde löst eine rege Eigenaktivität aus. Mit
der Wunschsportstunde schafft die Lehrerin dieser Stunde einen organisatorischen
Rahmen, der die Selbstständigkeit und Mitarbeit der Kinder fordert und fördert.
Offenbar ist den Kindern dieser Stunde der Ablauf und die Möglichkeit zur Mitwirkung bekannt, sie treten mit den anderen Kindern und der Lehrerin in einen Verständigungsprozess, der schließlich zur Einigung über die Geräte und Aktivitäten
führt. Noch etwas kommt hinzu: die Schülerinnen und Schüler können ihre persönliche Beziehung zu den von ihnen ausgewählten „Sachen" „ins Spiel bringen". Die
in der Szene beschriebene lebhafte Diskussion darüber, wer was und wer mit wem
Bewegungsaktivitäten entwickelt, wird vor allem dadurch möglich, dass die bera-
tend-begleitende Lehrerin in einen sehr persönlichen Dialog mit den Kindern tritt.
Da haben sich Ayse und Jutta, die am liebsten den Barren zum Spielen und Klettern haben wollten, auf das nächste Mal vertrösten lassen und Axel wendet sich an
die Lehrerin, als er den Wunsch nach Veränderung hat. Hier wird deutlich, dass die
Kinder den persönlichen Dialog mit der Lehrerin akzeptieren und dass sie sie in ihrer Rahmengebung durch Mitarbeit unterstützen. Beim Lesen der Szene entsteht
die Vorstellung von einem Unterrichtsgeschehen, das „weitgehend dramatisch bestimmt" (HAUSMANN 1959, 144) ist. Die Handlung spitzt sich vom Morgenkreis
bis zur Realisierung der Wunschsportstunde zu: Die Kinder versuchen, Partner
bzw. Partnerinnen für ihre Wünsche zu finden, Aktivitäten anderer Kinder mit aufzunehmen oder auszugrenzen, für die benötigten Geräte und den gewünschten
Raum zu sorgen, Varianten in Erwägung zu ziehen, Entscheidungen wieder zu ver-
werfen und Neues zu beginnen. Die Kinder gehen in dieser Sportstunde mit Bewegungsideen und Geräten selbstverständlich und in eigenverantworteter Weise um,
sie erleben die anderen und sich selbst im Spiegel der anderen. Offensichtlich liegt
hier eine stillschweigende Übereinkunft zwischen Lehrerin und den Kindern vor:
alle Beteiligten kennen die Inszenierung von Wunschsportstunden. Vieles muss
nicht mehr erklärt werden, es ist klar, sobald das Stichwort „Wunschsportstunde"
fällt. Selbstverständlich ist diese Inszenierung irgendwann einmal „eingeübt" worden, so wie auch der im ersten Beispiel vorherrschende Ablauf als Inszenierung

„eingeübt" worden ist. Während die Inszenierung im ersten Beispiel ein dominantes Auftreten des Lehrers verlangt, um das Thema am Gegenstand „Fußball" – auch gegen die Schülerinnen und Schüler – zu arrangieren, so macht die Wunschsportstunde eher ein unauffälliges begleitendes Inszenieren erforderlich, um die Bewegungsthemen der Kinder zur Entfaltung kommen zu lassen. Das Inszenieren ist insofern „keine für sich bestehende Technik", sondern die inszenatorische Leistung verdankt sich dem, „was man in einem Stück hervorheben will" (RAUSCHENBERGER 1985, 65). Dies heißt noch nicht, dass jede Inszenierung gelingt (dies ist auch im Theater nicht anders). Eine gelingende Inszenierung ist vor allem vom Unterricht als Verständigungsgeschehen, von den Methoden als Vermittlungsinstanz, von der Thematisierung der Inhalte und nicht zuletzt von der Person des Lehrers bzw. der Lehrerin abhängig. Hierauf soll im Folgenden in theoretisch-systematischer Weise eingegangen werden, bevor im letzten Kapitel ausgewählte Inszenierungsformen vorgestellt werden.

3. Von der Methodik zur Vermittlung

Die beiden Szenen zeigen, dass der Sportlehrer bzw. die Sportlehrerin eine Reihe von Inszenierungsleistungen zu vollbringen hat: gegenüber der Sache, der Verständnisfähigkeit der Schülerinnen und Schüler und im Hinblick auf die Darstellung für das Verständnis der Schülerinnen und Schüler. Dies zeigt, wie verflochten die Methoden mit dem Handeln von Lernenden und Lehrenden sind. Denn Ziele und Inhalte werden ebenso erst im Handeln aller Beteiligten zur Wirklichkeit und können nicht als isolierte „Größen" in den Unterricht eingebracht werden.

In der Didaktik und Methodik des Sportunterrichts wird jedoch immer wieder so getan, als könnten Ziele, Inhalte und aus der Sache abgeleitete Methoden losgelöst vom unterrichtlichen Handlungskontext geplant und eingesetzt werden.[3] BRODTMANN (1979, 170) ist einer der wenigen, die in einem sportpädagogischen Lehrbuch Unterrichtsmethoden in dieser Hinsicht kritisch reflektiert haben. In der sportdidaktischen Literatur spielt die grundsätzliche Diskussion der Methodenproblematik kaum noch eine Rolle. Ich werde daher im Folgenden zunächst das technisch-instrumentelle Verständnis von Methoden kritisch darstellen, um dann daraus Folgerungen für eine zeitgemäße Position der Vermittlung zwischen Kind und Sache zu gewinnen.

3.1 Die technische Verkürzung der Methoden

In den Standardwerken zur Methodik des Sportunterrichts beispielsweise von FETZ (1979[8]), STIEHLER (1974) oder KRUBER (1984[5]) wird der eigenständige Charakter der Methoden im Handlungsgefüge des Sportunterrichts, besonders gegenüber der Didaktik, betont. GRÖSSING vertritt in einer älteren Auflage seiner „Sportdidaktik" (1977[2], 139) die Auffassung, Methoden und Verfahren des Unterrichts seien „jenes didaktische Problemfeld, das im Bereich des Schulsports am gründlichsten durchdacht und dargestellt ist".[4] Unter Methode wird dann z. B. nach FETZ (1971[4], 19) „ein planmäßiges Verfahren (Vorgehen) zur Erreichung eines vorschwebenden Ziels" verstanden. Methoden sind hier Strategien zur Durchsetzung von Zielen und Inhalten. In einem solchen Verständnis werden „Methoden in der Regel als objektive Gebilde behandelt: als Instrumente oder Mittel, die man benutzen, als Formen oder Muster, zwischen denen man wählen, als Konzepte oder Modelle, nach denen man sich richten kann" (SCHULZE 1978, 28). Gerade die scheinbar objektive Sichtweise verleitet zu einer Verselbstständigung und Verdinglichung von Methoden: „Methoden gelten als 'wertvoll', 'progressiv', 'optimal', als 'ungünstig', 'falsch', 'restriktiv' – unabhängig von der Situation und von der Art, in der sie gebraucht werden" (SCHULZE 1978, 29). Auf diese Weise erlangen Methoden einen Warencharakter, der suggeriert, dass man sich in diesem pädagogischen Bauchladen bedienen könne. Dies ist besonders deswegen bedeutungsvoll, weil die Durchsetzung vorabbestimmter und kontrollierbarer, ebenfalls unabhängig vom unterrichtlichen Kontext formulierter sportlicher Fertigkeiten und Fähigkeiten so am besten sichergestellt werden kann. Die Strukturen des gesellschaftlich bedeuteten Sports – wie sie die FRANKFURTER ARBEITSGRUPPE (1982, 61; neu: 1992[2]) mit Selektion, Spezialisierung und Instrumentalisierung beschrieben hat – bleiben unberührt, weil der instrumentelle Einsatz von Methoden die Macht des Lehrers bzw. der Lehrerin zur Durchsetzung „des" Sports stützt und die Schülerinnen und Schüler wie in einem hierarchisch geordneten Verwaltungsbetrieb zu abhängigen Individuen macht.

Stellen wir uns einmal vor, Schülerinnen und Schüler würden sich mit dem oder der Lehrenden darauf verständigen, dass sie in freier Form Ball-Spiele mit dem Fuß neu kreieren oder nacherfinden wollen, dabei aber nur wenige das Fußballspiel im Sinn haben, andere Fuß-Hand-Spiele, Passmaximierung statt Torschuss, Fuß-Ball-Kunststücke oder Rückschussspiele entwerfen. In solchen Beispielen lassen sich Methoden nicht instrumentell einsetzen, sie können nur einen Handlungsrahmen für gemeinsame, noch nicht eindeutig vorabbestimmte Entwicklungsprozesse abgeben. Dieser Gedanke veranlasst mich zu der These, *dass ein instrumentell-technisches Methodenverständnis dem Geist der verwalteten Schule folgt, einer Schule, die durch einen bis in die Turnhalle wirkenden Verwaltungsapparat dafür Sorge trägt, dass das planmäßige, kontrollierbare, schrittweise, zeitlich und inhaltlich abgezirkelte Lehren nicht gestört wird.*

Sicher kann man einwenden, dass die Richtlinien und Erlasse genügend Handlungsspielräume für Lehrende und so auch für Schülerinnen und Schüler lassen – „aber es sind Handlungsspielräume in einem mit Sorgfalt konstruierten Labyrinth", wie Horst RUMPF (1986, 187) nach einer „Erlassbesichtigung" bemerkt. In einem Labyrinth entstehen Fragen eigener Art: *„Was darf ich, muß ich, soll ich – wie oft, wo, unter Berücksichtigung wessen? Lauter Fragen, um nicht anzustoßen.*

Nicht eine Einzelvorschrift ist bedenklich – aber das Gitterwerk eines bestimmten Denkens, das die Aufmerksamkeit für pädagogische Geschehnisse zu löschen das Zeug hat" (RUMPF 1986, 187 f.).

Zu diesem Gitterwerk zähle ich vor allem das technische Methodendenken, das eine lange Tradition in der allgemein-didaktischen wie sportspezifischen methodischen Literatur hat. Unsere eigene Schulbiografie wie auch unsere Ausbildungserfahrung ist von dieser Denkrichtung beeinflusst. Ich möchte behaupten, dass die beharrliche Dauerhaftigkeit etablierter Unterrichtsverläufe und damit die Immunität gegen Reformbestrebungen zu einem erheblichen Teil auf die Methoden als Lehrtechniken zurückzuführen sind. So wird in einer von HAGE u. a. (1985) durchgeführten empirischen Untersuchung zum Methodenrepertoire den Lehrerinnen und Lehrern eine erstaunliche „methodische Monostruktur" (HAGE u. a. 1985, 174) bescheinigt. Nach dieser Untersuchung dominiert mit fast 50 % das Unterrichtsgespräch als Methode die Lernkultur in den Klassenzimmern.[5] Eine eigene Untersuchung über Unterrichtsverläufe im Fach Sport hat über verschiedene Schulen und Lehrpersonen hinweg in Bezug auf die geschlossenen Unterrichtsformen eine kaum noch zu überbietende Gleichförmigkeit im Ablauf des Unterrichts hervorgebracht (LAGING 1984, 225 ff.).[6] In geschlossenen Unterrichtsverläufen wird das Geschehen durch lehrerdominante Methoden mit einem engen Rahmen für das Schüler-Handeln bestimmt. Methoden zur Förderung selbstbestimmter Handlungsmöglichkeiten, sowohl in der Organisation als auch in der Thematisierung der Inhalte, finden sich erst mit einer Öffnung des Unterrichts. In ihr werden Methoden nicht mehr als Durchsetzungsstrategien verstanden, sondern als Verständigungsrahmen zur Vermittlung zwischen Kind und Sache.

3.2 Vermitteln als Kategorie der Öffnung von Sportunterricht

Versuche, Sportunterricht zu öffnen, verlangen vor allem ein Neudenken bisheriger Methodenkonzepte. Sie führen manchmal zu problematischen Situationen, die deswegen scheitern, weil sie doch mit den hergebrachten Methoden initiiert worden sind oder eine Öffnung nur scheinbar zulassen. Die vor etwa 20 Jahren begonnene Entwicklung zur Öffnung des Sportunterrichts[7] lässt sich schon deswegen nicht mit dem etablierten Methodenverständnis realisieren, weil sie die subjektive Gestaltung der Beziehung zwischen Lehrerin bzw. Lehrer und Schülerinnen bzw. Schüler zum konstituierenden Teil des Unterrichts erklärt, während das technische Methodenverständnis genau dieses ausklammert. Im Sinne einer Verwaltungslogik wird davon ausgegangen, dass die Vereinfachung oder Reihung komplexer Sachverhalte gleichsam auch den *Unterricht*sprozess konstituieren und strukturieren kann.

Eine erste Grundlage für ein anderes Methodenverständnis hat FUNKE-WIENEKE (1995) geschaffen, in dem er versucht, die Komplexität einer „Lehr-Lern-Situation" vor allem aus der Sicht der lernenden und lehrenden Personen, ihren Wünschen, Ängsten und Vorstellungen zu bestimmen. FUNKE-WIENEKE (1995,

10) spricht von der „bewegungsbezogenen Interaktion" zwischen Lehrpersonen und Schülerinnen und Schülern, die verwoben ist mit den jeweiligen Umfeldbedingungen, in denen die Lernenden aufwachsen. Von daher ist für ihn der Vermittlungsbegriff der umfassendere, der die aus der klassischen Methodenlehre herrührende und scheinbar notwendige Orientierung an isolierten Gesetzmäßigkeiten der Sache überschreitet. Das Vermitteln beschreibt die bewegungsbezogene Interaktion von Kind und Sache mit dem Anspruch subjektiver Auslegung, im Kontext einer schulischen Lerngruppe. Nach FUNKE-WIENEKE (1995, 14) sollte erst dann von „Vermittlung" oder „Vermitteln" gesprochen werden, *„wenn eine Art des Unterrichtens bezeichnet wird, die sich vom (durchgreifenden) Lehren deutlich abhebt ... Das mit dem Vermitteln gemeinte andere Unterrichten zeichnet sich aus durch den impliziten oder ausdrücklichen Bezug zu einer pädagogischen Anthropologie, in der der Lernende als zielsetzendes und problemlösendes Subjekt seiner eigenen Entwicklung gesehen und in der seine schöpferische Freiheit in der Bewegungsentwicklung anerkannt und für praktisch bedeutsam gehalten wird. Es zeichnet sich weiter aus durch einen Umgang miteinander, bei dem der Lehrer als Mitinterpret der Lage auftritt, einer Lage, in der sich der Lernende in seinen Bemühungen um motorisches Problemlösen befindet. Dieses Mitinterpretieren betrifft dabei sowohl die sachliche wie die emotionale Lage. Ziel des Mitinterpretierens ist es – zugespitzt gesagt – zunächst nicht, die Lage zu erleichtern (das auch), sondern sie zuallererst verständlich, einsehbar und dadurch weiter für den Lernenden bearbeitbar zu machen, und zwar im Dialog mit dem Lernenden. Dazu gehört auf der Seite des Vermittlers vor allem ein Hinweisen auf und Appellieren an die dem Lehrenden selbst gegebenen Kräfte zur Problemlösung".*

Mit der Verwendung des Begriffs Vermittlung wird ein deutlicher Wechsel in der Methodik des Sportunterrichts vollzogen. Es geht um eine Abkehr von einem rein sachstrukturell hergeleitetem Lehren, das Methoden technisch-instrumentell einsetzt und um eine Hinwendung zum Lernenden als einem kompetenten Subjekt, das sich auf der Grundlage der eigenen biografischen Erfahrung zielsetzend, selbstständig und problemlösend mit Aufgaben auseinandersetzen kann und so auf eigenen Wegen lernt. Methoden dienen hier der unterrichtlichen Inszenierung von Verständigungsprozessen zur Vermittlung zwischen Lernendem und sachbezogener Aufgabe. Im Folgenden soll es nun um diese Inszenierung von Verständigungsprozessen zur Vermittlung gehen.

4. Die Öffnung des Sportunterrichts durch Inszenierung von Verständigungsprozessen

Ich gehe davon aus, dass Schülerinnen und Schüler im Sportunterricht zu einem die Sport- und Bewegungskultur betreffenden kritisch-reflexiven und selbstbestimmten sowie selbstständigen bewegungsbezogenen Umgang mit ihrem Körper befähigt werden sollen. Diese Zielsetzung geht weit über die vielfach immer noch übliche pragmatische Leitidee der „Handlungsfähigkeit im Sport" hinaus (vgl. KURZ 1979, 114; 1995; BRETTSCHNEIDER 1981, 23).[8] Das Bild vom Sport, vom eigenen Körper und dem bewegungsbezogenen Umgang mit ihm sind einem ständigen gesellschaftlichen Wandel unterworfen. Dies geht einher mit dem neuen Interesse vieler Kinder und Jugendlicher an nicht klassisch-sportiven Bewegungsaktivitäten wie z. B. Skatebordfahren, Inlineskaten, Jonglieren, Akrobatik, Tanz, Fitness, Klettern, Yoga oder Tai Chi (vgl. die Beiträge von HINSCHING und WOPP in diesem Buch). Die zunehmende Objektivierung und Instrumentalisierung des Körpers im Zusammenhang mit der Rationalisierung unserer Lebensverhältnisse (vgl. KLEIN 1984) ergeben offenbar den Kontext für diesen Bedürfniswandel. In Anbetracht dieser Herausforderungen scheint eine Neuformulierung der Leitidee für den Bewegungs-, Spiel- und Sportunterricht unter Einbeziehung der Körperdimension und der neuen Bewegungskultur unumgänglich zu sein. Ein selbstbestimmter und selbstständiger bewegungsbezogener Umgang mit dem eigenen Körper muss die Befähigung zum selbstständigen Arrangieren von Bewegungssituationen miteinschließen. Unterrichtsmethoden im Sinne des Vermittelns müssen daher die Einbeziehung der Schülerinnen und Schüler in die Inszenierung ermöglichen. „Noch so intensive Lehrbemühungen sind wenig wert, wenn sie nicht irgendwann zum selbständigen Handeln der Schüler führen. Erst dann, wenn sich die Schüler mit eigenen Zielstellungen und Handlungsabsichten, mit Phantasien, Tagträumen, Vorlieben und Abneigungen in den Unterrichtsprozess einmischen, kann das Lernen beginnen" (MEYER 1987, 50). Aus der Spannung zwischen den subjektiven Interessen und Bedürfnissen der Schülerinnen und Schüler und dem Vorhaben des Lehrers bzw. der Lehrerin erwächst dann ein zentrales konstruktives Moment, das keine Bedrohung, sondern eine Bereicherung für den Unterricht darstellt. Wir brauchen somit eine Änderung des Methodenverständnisses im Ganzen. Es reicht nicht aus, die alltäglichen Schwierigkeiten und die neu an Schule herangetragenen Forderungen durch Schönheitsreparaturen oder Ergänzungen aus dem Bereich (falsch verstandener) offener Unterrichtskonzepte zu beheben. Die oft zitierte Frage: „Müssen wir heute wieder machen, was wir wollen?" ist Ausdruck einer solchen missglückten Reparaturarbeit. Unterrichtsmethoden sollen stattdessen helfen, einen Prozess der Verständigung, der Sach- und Sozialvermittlung zu inszenieren, der Erfahrungs- und Lerngelegenheiten bietet, nicht aber vorschreibt.

Ein solches Methodenverständnis erfordert ein radikales Umdenken in Bezug auf unterrichtskonzeptionelle Überlegungen. Ich verstehe unter einem Unterrichtskonzept mit MEYER „*Gesamtorientierungen* zum methodischen Handeln in einem Schulfach, auf einer Schulstufe, in einer Schulform oder für Unterricht überhaupt" (1987, 208). Das Unterrichtskonzept ist demnach der Rahmen für das mögliche methodische Handeln. So sind Unterrichtskonzepte, auch wenn sie in vielen Methodenempfehlungen nicht expliziert werden, dennoch wirksam. Dies wird vielfach in der sportmethodischen Fachliteratur übersehen. Die BIELEFELDER SPORTPÄDAGOGEN (1989) vertreten beispielsweise (auch in der 3. Auflage 1998) in ihrem Methodenbuch die Auffassung, Methodenempfehlungen keinem Unterrichtskonzept zuordnen zu können oder zu wollen, da Unterrichtskonzepte sehr vielfältig seien und zugleich jeder Lehrer/jede Lehrerin sein/ihr eigenes Konzept verfolge, das sich zudem im Laufe der Biografie noch wandelt (KURZ 1989,188; 19983, 219/220). Auch wenn dies im Einzelnen richtig ist, lassen sich Methodenentscheidungen gar nicht ohne Bezug zu einem Unterrichtkonzept fällen oder auch nur belangvoll theoretisieren; alles andere fördert ein werkzeugähnliches instrumentelles Methodenverständnis, das die Lernenden als Personen nicht kennt, sondern lediglich der scheinbaren Sachlogik folgt. Insofern kann man über Methoden im Sport*unterricht* nur in Verbindung *mit* einem Unterrichtskonzept diskutieren und Praxis wirksam beeinflussen. Darauf weist vor allem MEYER (1987, 208) hin, der für seine Überlegungen zum methodischen Handeln ein „bestimmtes Unterrichtskonzept" zugrunde legt, das er mit dem Schlagwort 'handlungsorientiert' (MEYER 1987, 210) bezeichnet. Folgerichtig werden auch die in diesem Beitrag vertretenen „Unterrichts-Inszenierungen" in einen Zusammenhang mit einem bestimmten Unterrichtskonzept gestellt, nämlich der Öffnung des Sportunterrichts. Methodische Überlegungen sind damit impliziter Teil unterrichtlicher Inszenierungen zur Herstellung verständigungsorientierter Vermittlungsprozesse.

Unter dem Verständigungsaspekt meint eine handlungsorientierte oder offene Unterrichtskonzeption die tendenzielle Aufhebung der Machtausübung durch die Lehrenden im Sinne von mehr Mitsprache und Mitentscheidung durch die Schülerinnen und Schüler. Von dem Lehrer bzw. der Lehrerin wird auf diese Weise eine Mitinterpretation unterrichtlicher Situationen erwartet, die zwingend auf Verständigung mit den Schülerinnen und Schülern im Sinne eines sachlich-persönlichen Dialogs setzt. Verständigung bedeutet demnach das gegenseitige Verstehen-Wollen und die Einigung auf einen gemeinsamen Inhalt. Vor dem Hintergrund von *Vermittlung* ist offener Unterricht auf Verstehensversuche verwiesen, um eine Verständigung über die Inhalte zu erzielen. Verständigung meint, „daß wir uns dem anderen verständlich machen und gleichzeitig mit ihm über bestimmte Erfahrungsinhalte in Übereinstimmung gelangen wollen" (UHLE 1978, 34); dies beschreibt den Kern eines offenen, erfahrungsbegleitenden oder schülerorientierten (Sport-)unterrichts.[9]

Der Verständigungsgedanke im unterrichtlichen Kontext verweist nun auf die Bedeutung des prozesshaften Unterrichtsgeschehens. HAUSMANN (1959, 145) macht in Abgrenzung zu formalen unterrichtsmethodischen Gliederungsschemata auf das „handlungsmäßige Unterrichtsgeschehen" aufmerksam, das die eigentlich bildende Kraft entfalte. Dementsprechend deutet er das Bildungsgeschehen als „dramatisch bestimmt" und mit „kathartischem Sinn" versehen.[10] Damit macht er auf einen m. E. bis heute bestehenden Mangel in der Didaktik und speziell der

Methodenlehre aufmerksam, der darin besteht, dass erst die Verwicklung des Individuums mit der Sache zu einer „originalen Begegnung" (Heinrich ROTH) oder zu einem „ergriffenen Ergreifen" (Martin WAGENSCHEIN) führen kann. Bildung geschieht demnach in einem „handlungsmäßigen Gepräge", das „spannungsgeladen" ist: *„Es kommt von Unklarheiten oder Gegensätzen aus in Gang und schließt sich an Werdendes, Unfertiges, noch Unabgeschlossenes und Offenes an ... Im dramatischen Bildungsgeschehen wird der Gestaltenreichtum der Welt sichtbar, ihre Widersprüchlichkeit wird sinnbildlich offenbar und an Hand eines einzelnen Falles zur Lösung gebracht. Dieses Ereignis spricht den inneren Sinn an und drängt ihn von einem bestimmten inneren Blickpunkt aus perspektivisch zu einem tieferen Erfassen der Welt"* (HAUSMANN 1959, 145). Das Unterrichtsgeschehen kann nach HAUSMANN (1959, 147) grundsätzlich eine „geschlossene oder offene Tektonik erhalten", was allerdings jeweils unterschiedliche methodische Maßnahmen zur Folge hat: *„Der tektonisch offene Typus des Unterrichts ist nicht pyramidal aufgebaut ... Sein thematisches Motiv und sein Ziel stehen anfangs noch nicht eindeutig fest. Er gewinnt erst während des Fortgangs zunehmend an Einheit und Richtungsbestimmtheit. Seine Handlung zielt nicht von vornherein auf eine Entscheidung, sondern ist eine Entwicklungs- und Aufhellungshandlung"*. Das Unterrichtsgeschehen ist in diesem Sinne von einer Beziehung zwischen Lehrenden und Lernenden bestimmt, „die es beiden erlaubt, Lehren und Lernen als sachlich-persönliche Bearbeitungsprozesse zu kultivieren" (RAUSCHENBERGER 1985, 62).

Um die Maßnahmen, die der Lehrer bzw. die Lehrerin zur Vermittlung von Kind und Sache anwendet, umfassend beschreiben zu können, habe ich in den bisherigen Ausführungen für das, was alles dabei zu tun ist, den Begriff der Inszenierung verwendet. Jede Inszenierung entfaltet ihre Wirkung an dem, was von einem „Stück" hervorgehoben werden soll. Übertragen auf den Sportunterricht heißt das, dass die Inszenierung nicht an irgendeiner Sache des Bewegens, Spielens und Sportens erfolgen kann, sondern an dem, was der Lehrende davon als *sein* Thema in den Verständigungsprozess einbringt, damit das Thema verhandelbar wird. Wollen Lehrende in einem dramatisch bestimmten Unterrichtsprozess Darstellende ihres Themas sein, so muss dies ihnen selbst etwas bedeuten und sie müssen es als für sich bedeutsam inszenieren (vgl. HENTIG 1981). Thematisierung und Inszenierung hängen insofern eng zusammen, wobei die Inszenierung im Sinne eines Mit-Spieltheaters verstanden wird, zu dem der bzw. die Lehrende eine Vor-Thematisierung und eine Vor-Inszenierung erstellt hat (vgl. LAGING 1983).

5. Inszenierungsformen

Sportunterricht im Sinne einer zunehmenden Öffnung kommt nach den bisherigen Ausführungen zum Verständnis von Methoden nicht ohne eine komplexe und subjektorientierte Sicht aus, die ja hier als didaktische Inszenierung begriffen werden soll. Grundsätzlich sind natürlich Inszenierungen immer auch ohne die konstruktive Mit-Beteiligung der Schülerinnen und Schüler erforderlich – dann aber nur im Sinne eines hierarchisch geordneten „Regietheaters". Diese Formen sind hier aber nicht gemeint, sie würden eher der klassischen sachstrukturellen Methodik folgen. In diesem Beitrag soll der Versuch unternommen werden, solche *Inszenierungsformen* zu erläutern, die über das methodische Handeln der bzw. des Lehrenden die Schülerinnen und Schüler in einen gemeinsamen Verständigungsprozess hineinholen. Die vorzustellenden Inszenierungsformen basieren auf Bündelungen ähnlicher Handlungsmuster, die für ein Gesamt eines konstruierbaren Unterrichtsverlaufs stehen. Diese sind zwar nicht geeignet, Praxis *abbildhaft* anzuleiten, vielmehr sind sie summarische Verdichtungen denkbarer Verständigungsprozesse mit jeweils anderer Handlungsabsicht und dienen auf diese Weise als *Anregung* für die eigene Inszenierung von Sportunterricht. Jede genannte Inszenierungsform akzentuiert eine wesentliche unterrichtsmethodische Tätigkeit der Lehrperson. Um diesen Akzent herum gruppiert sich der gesamte Unterrichtsablauf, der dadurch eine gewisse Typik erhält – es entsteht so etwas wie ein komplexes Unterrichtsmuster. Aus den schon angesprochenen didaktischen und methodischen Überlegungen zur Öffnung des Sportunterrichts lassen sich solche Akzente benennen, die jeweils – gegenüber einem geschlossenen Unterrichtsmuster – andere inszenierende Tätigkeiten vom Lehrer bzw. von der Lehrerin verlangen. Wenn der Akzent eher die Übernahme von bekannten Lösungen oder das Erkennen von Zusammenhängen anspricht, wird es um inszenierende Tätigkeiten wie das Darstellen, Zeigen, Informieren, Analysieren, Differenzieren und Lösen gehen. Liegt der Akzent auf dem Konstruieren und Produzieren, so wird die Tätigkeit werkstattähnliche und projektartige Unterstützungen verlangen, die das praktische Tun der Lernenden in einem Prozess von „Denken und Machen" fördern. Ganz anders wird es sich verhalten, wenn der Akzent die spielerische Überschreitung ins Unbekannte und Neue anspricht, dann wird es eher um Inszenierungen gehen, die das Spielen, Entdecken oder Gestalten ansprechen. Im Folgenden werden die für die Öffnung von Sportunterricht wesentlichen Inszenierungsformen vorgestellt.[11] Sie ermöglichen Veränderungen im methodischen Gang des Unterrichtsgeschehens, sofern der Gedanke der Verständigung geteilt wird.

5.1 Darstellen und Zeigen

Der Sportunterricht ist geradezu prädestiniert, vollständig in einer geschlossenen Auslegung dieser Form der Inszenierung aufzugehen. Orientiert man sich nämlich an der klassischen Methodik und dem engeren Verständnis eines Sportartensports, so geht es ständig darum, Bewegungs- und Spielabläufe darzustellen oder vorzuzeigen, auf die bewegungstechnischen Probleme hinzuweisen, über sie durch Bewegungsanalysen zu informieren und sie zu korrigieren. Das klassische Methodenrepertoire mit Bewegungsanweisung, Bewegungskorrektur, Vorzeigen usw. könnte vollständig zum Tragen kommen. Problematisch wäre an dieser Form der Inszenierung, dass viele Lehrpersonen tatsächlich glauben, Wirklichkeit als solche darstellen zu können. Diese Form unterrichtlicher Inszenierung holt die Schülerinnen und Schüler nicht wirklich in die Inszenierung hinein und beteiligt sie nicht mit ihren Bedürfnissen und Wünschen. Im Gegensatz dazu wird hier von der Konstruktion von Wirklichkeit nach wissenssoziologischer Auffassung (vgl. BERGER/LUCKMANN 1982) ausgegangen, dass nämlich Wirklichkeit immer unter einer bestimmten Bedeutung verdichtet und für andere mitteilbar gemacht wird. Eine für die Öffnung des Sportunterrichts didaktisch interessante Inszenierung von *Darstellen und Zeigen* beginnt also erst dort, wo die Schülerinnen und Schüler die Bedeutung des Dargestellten nach- und mitvollziehen, wo sich Fragen auftun und wo Vor-Stellungen gebildet werden können, wo also die SchülerInnen zu Mitinterpreten des Dargestellten werden. Das Darstellen *von etwas* bezieht sich auch hier in erster Linie auf die Techniken und Formen des gesellschaftlich bedeutsamen Sports. Zum Darstellen gehört dann auch, dass der / die Lehrperson ihren Bezug zur Sache für die Schülerinnen und Schüler nachvollziehbar macht. An der Person der bzw. des Lehrenden müssen die Lernenden das Dargestellte erfahren und es als für sich bedeutsames Thema bearbeiten können. Dabei helfen oft einfache Hinweise auf eine gelungene Bewegungsausführung oder ein grundlegendes Bewegungsproblem, solange diese Hinweise nicht vorschreiben, sondern „Verständigungskontexte erst ... öffnen" (RAUSCHENBERGER 1985, 56). Verständigung über etwas kann dann erfolgen, wenn die bzw. der Lehrende die (Bewegungs-) Äußerungen der Lernenden aufnimmt und zu verstehen versucht. Ähnlich ist es mit dem informierenden Darstellen des Lerngegenstandes. Informationen über die zu lernenden Bewegungen sind wenig hilfreich, wenn sie als Neuigkeit verstanden werden. Vielmehr muss das Darzustellende so im Informieren erscheinen, dass es die Lernenden in die Vorstellungsstruktur des Dargestellten hinein holt. Informieren soll anregen, in Erinnerung rufen, herausfordern, „es stellt den Bezug zur Wirklichkeit der Schüler her" (RAUSCHENBERGER 1995, 58). Schließlich gehört zum *Darstellen und Zeigen* das Interpretieren des Dargestellten. Für die Schülerinnen und Schüler muss immer verstehbar bleiben, dass es die bzw. der Lehrende ist, die bzw. der die Sache so und nicht anders darstellt. Die Interpretation von einzelnen Bewegungsabläufen oder Spielen liefert die/der Lehrende als Erwachsene/r. Auf diese Weise entsteht eine Darstellung, mit der sich Kinder und Jugendliche auseinandersetzen können. Interpretationen müssen zudem die Aufnahmefähigkeit der Lernenden berücksichtigen und zugleich für diese verständlich sein (RAUSCHENBERGER 1985, 60f). Die Folge eines vom Lernenden her gedachten Darstellens ist darin zu sehen, dass das Dargestellte auf sehr unterschiedliche, aber die Subjektivität der Lernenden berücksichtigende Weise zur Auseinandersetzung angeboten werden muss. Dies macht eine Differenzierung unumgänglich.

Auf der Grundlage dieser Überlegungen zum *„Darstellen und Zeigen"* lassen sich drei verschiedene Möglichkeiten zur unterrichtlichen Inszenierung verfolgen. Die erste Möglichkeit inszeniert das *Darstellen und Zeigen* eher in der Form des *„Zergliederns und Aufbauens"*, die zweite wählt eher das *„Nacherfinden und Problemlösen"* und die dritte Form setzt auf das *„Differenzieren und Individualisieren"*. Alle drei Inszenierungsvarianten sollen kurz erläutert werden.

5.1.1 Zergliedern und Aufbauen

Diese beiden Aspekte lassen sich nicht trennen; sie sind immer aufeinander bezogen und daran orientiert, Bewegungsfertigkeiten, Spiele oder Bewegungsgestaltungen in einen Zusammenhang zu bringen. Ein „Sachverhalt, bei dem einzelne Teile sich benennen und als bedeutsam erkennen lassen, erscheint gerade durch den Vorgang des Aufgliederns als zusammengesetztes Ganzes, von dem jeder Teil sozusagen zwei Bedeutungen hat, nämlich seine eigene und darüber hinaus diejenige, die es als Teil vom Ganzen hernimmt" (RAUSCHENBERGER 1985, 67). Das Zerlegen von Bewegungsfertigkeiten, Spielen und Bewegungsgestaltungen macht im traditionellen Verständnis der Unterrichtsmethode einen Hauptteil des methodischen Handelns der bzw. des Lehrenden aus. Meist wird dabei die zweite Bedeutung, dass das Teil sich vom Ganzen her bestimmt, vernachlässigt. Die Einzelteile erlangen so einen Selbstzweck. Sich Bewegen ist aber auf das Ganze gerichtet. Insofern ist mit dieser inszenierenden Tätigkeit gemeint, die Bewegungsaufgabe immer als synthetische zu stellen und das Analysierende zugleich mitzudenken, z. B.: *„Es wird gruppenweise an einem Gerät geturnt. Wenn Ihr nun eine gemeinsame Bewegungsfolge an dem Gerät turnt, müsst Ihr überlegen, welche Einzelteile dafür verwendet werden sollen. Wie müssen die Teile beschaffen sein, damit sie in die Bewegungsfolge hineinpassen?"*

Bei dieser Fragestellung findet die Konstruktion und Analyse des Sportunterrichts unter der Perspektive des Zusammenfügens statt. Die inszenierende Leistung der bzw. des Lehrenden besteht darin, das Zergliedern und Aufbauen in ihrem inneren Zusammenhang widerzuspiegeln.

5.1.2 Nacherfinden und Problemlösen

Die Bewegungs-, Spiel- und Sportkultur stellt sich als eine Sammlung von Problemlösungen zur motorischen Umweltbewältigung dar. Für viele Herausforderungen durch Spiel und Sport gibt es bereits Lösungen, die wir als das Spiel und *den* Sport schlechthin begreifen. Für die Schülerinnen und Schüler stellt sich dann nicht die Frage, *wie* etwas (ein Bewegungsproblem) zu lösen ist, sondern ob sie die Lösung können oder nicht.

Die inszenierende Aufgabe der bzw. des Lehrenden besteht nun darin, Lernsituationen zu arrangieren, in denen die bereits bekannte Lösung eines Bewegungsproblems nacherfunden werden kann, aber so, dass die Schülerinnen und Schüler sich als Urheber gefundener Bewegungslösungen begreifen können. Dabei soll die bekannte Lösung individuell gestaltet oder verändert oder eine subjektive Variante möglich werden.

Die Inszenierungsfrage stellt sich hier in Verbindung mit dem, was BRODT-MANN/LANDAU (1982, 16) mit dem problemorientierten Vorgehen beschrieben haben. Da die Zielsetzung auf das Begreifen von Bewegungsproblemen gerichtet ist, liegt die Inszenierungstätigkeit weniger in der lösungsbezogenen als vielmehr in der problembezogenen Hilfe und Beratung. Nicht die vorzeitige Eindeutigkeit der Problemsituation ist gefragt, sondern das Offenhalten für einen Prozess des Nacherfindens und eigenwilligen Lösens sich stellender Bewegungsprobleme, „die in die Sache eingelassen sind" und die die Schülerinnen und Schüler für sich als handhabbar entdecken sollen (BRODTMANN/LANDAU 1982, 19).

Auf diese Weise werden die Bewegungsprobleme offenkundig. Sie erleben eine Spannung zwischen „Körper als Objekt" und „Leib als Subjekt" (TAMBOER 1979, 18), die sie nur durch Lernen und angemessenes Üben wieder zu einer Übereinstimmung bringen können. Die initiierten Lernvorschläge sollen hierzu Anlässe bieten. Über sie werden die Bewegungslösungen individuell differenziert und spezialisiert.

Während es bei konkreten Bewegungstechniken eher um ein Nacherfinden mit subjektiven Bewegungsauslegungen geht, hieße die problemorientierte Inszenierung bei offenen Bewegungssituationen, individuell verschiedene Erfahrungen und Lösungen an der originalen Sache (z. B. Bewegungen an Gerätearrangements) zu ermöglichen.

5.1.3 Differenzieren und Individualisieren

Mit dieser Inszenierungsform wird die Heterogenität der Schüler und Schülerinnen in konstruktiver Weise thematisiert. Nicht alle sind an der Realisierung konkret vorgegebener Bewegungs- und Spielformen gleichermaßen interessiert oder bringen dazu die Voraussetzungen mit. Wichtiger wäre es, statt den Erwerb einer Bewegungsvorgabe voranzutreiben, die grundlegenden Körper- und Bewegungserfahrungen, die sich in den Bewegungs- und Spielformen oft spezialisiert ausdrükken, zu vermitteln. Diese sollten an den biografischen Bewegungsgeschichten der Schüler und Schülerinnen anknüpfen und sie dort fördern, wo sie auf individuellem Weg ihre Erfahrungsmöglichkeiten nach eigenem Anspruch auszubauen in der Lage sind. Die inszenierende Tätigkeit bezieht sich einerseits darauf, differenzierte Erfahrungssituationen, wie FUNKE (1987, 22) dieses Vorgehen im Gegensatz zur methodischen Übungsreihe genannt hat, herzustellen, andererseits aber auch eine individualisierte Beziehung zwischen Schüler bzw. Schülerin und Sache zu stiften, die das Anders-Können nicht als Defizit, sondern als identitätsstärkenden Wert begreift. Im Gegensatz zur Übungsreihe, bei der das Ziel erst am Ende erreicht ist und somit die Norm für gelungen bzw. nicht gelungen darstellt, kann in der differenzierten Erfahrungssituation das Ziel auf jedem Niveau erfahren werden.

„Differenzieren" und *„Individualisieren"* meinen das Bereitstellen von Lernvorschlägen mit unterschiedlichen Schwierigkeitsgraden, so dass die Schülerinnen und
Schüler gleichzeitig *„Unterschiedliches tun können, indem sie nach eigener Einschätzung dasjenige auswählen, was ihnen (ggf. durch Beratung unterstützt) sinnvoll und förderlich erscheint"* (FUNKE 1987, 22). Die Differenzierung reicht also
bis zur individualisierten Lernmöglichkeit und Bewegungslösung.

5.2 Konstruieren und Produzieren

Anders als beim „Darstellen und Zeigen" einer bereits vorhandenen Bewegungs-,
Spiel- und Sportkultur geht es beim *„Konstruieren und Produzieren"* eher um das
Ziel, ein Werk oder ein Produkt herzustellen, für das sich die Schülerinnen und
Schüler weitgehend selbst entschieden und das sie selbst zu erarbeiten haben. Ein
solches zu konstruierendes Werk oder Produkt besteht im Sportunterricht aus
selbst entwickelten Bewegungsformen oder Bewegungsgestalten in selbst entwor-
fenen Bewegungssituationen. Inwieweit Materialien und Geräte – vorhandene
oder selbst konstruierte – dabei eine Rolle spielen, ist vom Ziel des Produktes abhängig. Entsprechend liegt die inszenierende Tätigkeit der Lehrperson weniger in
der Formgebung als in der begleitenden Beratung zur Herstellung des Produktes.
Dieser Inszenierungstypus verlagert das Inszenieren soweit wie möglich auf die
Schülerinnen und Schüler selbst. Für die Lehrperson stellt sich im Hinblick auf die
Fähigkeit einer Lerngruppe selbstständig zu arbeiten die Frage, welche Inszenierung notwendig ist, um den Schülerinnen und Schüler zur Selbstinszenierung zu
verhelfen. Für den Lehrer geht es vor allem darum, „die von Kindern mitgebrachten Ziele aufzuspüren und so herauszuarbeiten, daß sie sich in praktische Tätigkeiten umsetzen lassen. In den meisten Fällen muß er den Kindern gar keine Erfahrungen vermitteln; es kommt vielmehr darauf an, daß er die Erfahrungen, über die
sie bereits verfügen, erkennen lernt, um sie zusammen mit den Kindern ... zu gestalten" (RAUSCHENBERGER 1985, 72). Durch kleinere Themen und zunehmende Ausweitung auf größere Zusammenhänge kann ein Spannungsbogen für
ein gesamtes Produkt entwickelt werden. Die unabdingbare Kooperation unter
den Schülerinnen und Schülern innerhalb dieser Inszenierungsform muss zu einem
großen Teil von der Lehrperson vorgelebt werden, indem sie mit den Kindern
selbst kooperiert, also gemeinsames Arbeiten nachmachbar zeigt. Begleitend ergibt es sich immer wieder, dass – wie in einer Werkstatt – manche (Bewegungs-) Fertigkeiten immer wieder geübt werden müssen. Hierzu muss die Lehrperson kleine
Aufgaben formulieren, die das projektartige Vorhaben der Lernenden stützen und
befördern.

Das *„Konstruieren und Produzieren"* lässt sich wiederum in drei Varianten mit je
unterschiedlicher Weite im Hinblick auf die Selbstinszenierung durch die Schülerinnen und Schüler anwenden. Zunächst geht es um eine Form von *„Freiarbeit und
Werkstatt"*, die sich als Wunschsportstunde etablieren lässt, im weiteren geht es um
„Projekte und Vorhaben", die die weiteste Selbstinszenierung verlangen und

schließlich geht es darum, das *„Bauen und Entwickeln"* von Bewegungsstationen im Kontext des Unterrichts zu ermöglichen. Alle drei Inszenierungsvarianten haben das „Produkt" als gemeinsamen Akzent, sie werden im Folgenden erläutert.

5.2.1 Freiarbeit und Werkstatt

Im Zuge schulreformerischer Bemühungen hat die Freiarbeit inzwischen vor allem im Grundschulunterricht einen festen Platz gefunden. In Verbindung mit der Idee von Lernwerkstätten oder den Ateliers von FREINET kann das grundlegende pädagogische Anliegen auch auf den Bewegungs- und Sportunterricht übertragen werden (vgl. LAGING 1997).

Freie Arbeit ist durch die Wahlfreiheit in der Sache gekennzeichnet. Im definierten und regelmäßig wiederkehrenden Rahmen entscheiden sich die Schülerinnen und Schüler individuell, welchen Tätigkeiten sie allein oder mit anderen nachgehen wollen. Erst durch die Bestimmung des inhaltlichen Umfangs, der didaktischen Struktur und der Organisation können die Wahlmöglichkeiten variiert werden. Durch die Strukturierung des „Marktes" entstehen spezifische Lernsituationen, die nach Bewusstmachung der Lernmöglichkeiten ihre pädagogische und didaktische Qualität erhalten.

Mit der Freiarbeit wird den Lernenden ermöglicht, die Dinge aus unterschiedlichen Sichtweisen in Erfahrung zu bringen. Nicht die Sichtweise, die der Lehrer bei der Vermittlung zugrunde legen würde, und auch nicht jene, die die Lernenden möglicherweise verfolgen könnten, sind maßgeblich: die subjektiven Deutungen der Dinge und die eigenen Wege zur Aneignung stehen bei dieser Inszenierungsform im Mittelpunkt. Die Kinder selbst bringen die Lernanregungen durch die Unterschiedlichkeit in der Bedeutung der Dinge hervor. Ein solcher Unterricht verpflichtet die Kinder auf *ihre* Sache. Für sie entsteht aus der Offenheit eine Verbindlichkeit der Situation, indem sie gefordert sind, sich für eine Aufgabe zu entscheiden, die sie auch zu Ende führen. Für die Durchführung und Bearbeitung der Aufgabe gibt es Regeln, an die sich alle halten müssen.

Aufbauend auf die Freiarbeit als Werkstattunterricht kann das Konzept der Wunschsportstunde verfolgt werden.[12] Oberstes Prinzip ist auch hier die Wahlfreiheit in einer gemeinsam verabredeten Rahmensituation. Der inhaltliche Umfang (Weite der Themen), die didaktische Struktur (Art der Materialien, Möglichkeiten zum Explorieren, Experimentieren, Problemlösen, Nacherfinden u. a.) und die Organisation (als Landschaft, Materialausleihe oder Stationsbetrieb im wöchentlichen Wechsel mit der thematisch orientierten Sportstunde, als epochal wiederkehrende Veranstaltung oder als Teil des wöchentlichen Schulsports) können dabei als Vorgaben des Lehrers bzw. der Lehrerin in den Verständigungsprozess eingehen. Die Materialien und Geräte werden zentral entweder vorher vom Lehrer bzw. der Lehrerin zusammengestellt und stehen im Bewegungsraum zur Verfügung oder können im Geräteraum ausgegeben oder selbst herausgeholt werden.

In der Regel sollen sich immer mehrere Kinder zu einem Wunsch zusammenfinden. Sofern es räumlich möglich ist, können auch Einzelaktivitäten akzeptiert werden. Der Einigung über diese Fragen folgt die selbstorganisierte und vom Lehrer bzw. der Lehrerin begleitete und unterstützte Aufbau- bzw. Materialbeschaffungsphase. Dabei sollte die Lehrperson vorher festlegen, was von ihm/ihr ausgegeben wird und was sich die Kinder selber holen können. Sobald sich eine Gruppe oder ein Kind die eigene Bewegungssituation eingerichtet hat, kann mit Bewegungsaktionen begonnen werden. Diese Phase dauert für die einzelnen Gruppen bzw. für einzelne Kinder unterschiedlich lange, je nach Geräte- und Aufbaubedarf. Meist entstehen bei den ersten Bewegungsaktionen neue Wünsche oder Nachbesserungsforderungen, so dass zusätzlich eine wichtige Beratungstätigkeit auf den Lehrer / die Lehrerin zukommt. Die Entscheidungen darüber sollten jedoch gemeinsam mit den Kinder getroffen werden. Als Regel für die Bewegungszeit gilt, dass die Kinder „verpflichtet" sind, bei ihrem Wunsch zu bleiben, Änderungen der Stationen sind mit allen Schülerinnen und Schülern zu besprechen. Auf diese Weise wird von ihnen verlangt, sich über eine gewisse Dauer auf die selbstgewählte Bewegungssituation einzulassen. Die inszenierende Tätigkeit des Lehrers bzw. der Lehrerin erstreckt sich vor allem auf die begleitende Beratung zur Freiarbeit in einer Art Bewegungswerkstatt.

5.2.2 Vorhaben und Projekte

Projekte haben im heutigen Schulalltag Konjunktur, sie treten vor allem als Projektwochen in Erscheinung. Dort sind sie weitgehend auf handwerkliche, erkundende und künstlerische Aktivitäten reduziert und oft an „toten Stellen" des Schulalltags platziert (z. B. kurz vor den Ferien). Dies steht im krassen Gegensatz zur ursprünglichen Grundidee von Projekten und Vorhaben, innerhalb derer ein lebensnahes Problem ganzheitlich und selbständig bearbeitet werden soll. Ähnlich ist es mit der Vorhaben-Idee: Vorhaben gehen von einem Bildungsverständnis aus, das sich auf die aktive, selbstbestimmte und selbsttätige Auseinandersetzung und Durchdringung von lohnenden praktischen Problemen oder Themen durch die Schülerinnen und Schüler bezieht (vgl. LAGING 1996).[13]

Sie suchen ihren Ausgangspunkt bei den thematisch gewordenen Bewegungsinteressen und -bedürfnissen der Kinder und Jugendlichen. Diese sollen in einem längeren Verständigungsprozess zunächst erkannt und präzisiert werden. Sie sind in der Regel eingebunden in den „normalen" Schulalltag, verstehen sich themen- und *nicht* fachorientiert und greifen insofern über das Fach Sport hinaus. Bewegungsvorhaben stellen das eigeninitiative, kreative und reflexive bewegungs- und körperbezogene Schaffen in den Mittelpunkt, an dessen Ende ein Themenabschluss, ein Werk, eine Aufführung, eine Ausstellung oder ein Produkt steht. Bewegungsvorhaben können ganz unterschiedlich in den Schul- und Unterrichtsalltag eingebunden werden.

Als „*Zwischendrin-Vorhaben*" unterbrechen sie die laufende sport(art)bezogene Unterrichtseinheit. Ausgewählte Bewegungsinteressen können auch als „*Neben-bei-Vorhaben*" den weiterlaufenden Sportunterricht und gegebenfalls anderen Fachunterricht begleiten. Hierfür eignen sich besonders Themen aus den Bereichen Tanzen, Akrobatik, Jonglieren, neue Trendsportarten und andere Bewegungsaktivitäten. Möglicherweise gibt es für „Zwischendrin" und „Nebenbei" auch Interesse an kleinen und großen Spielen. „*Persönliche Vorhaben*" können an speziellen „Vorhaben-Tagen" als Umsetzung persönlich thematischer Bewegungsinteressen realisiert werden. Vielleicht lässt sich auch ein bestimmter Zeitraum während des obligatorischen Sportunterrichts festlegen, der den Schülerinnen und Schülern Gelegenheit für ihre persönlichen Vorhaben gibt. Denkbar ist auch, dass sich nicht alle Lernenden an einem persönlichen Vorhaben beteiligen und so Bewegungsvorhaben neben anderen methodischen Formen gleichzeitig stattfinden. Vorhaben können auch systematisch in die Schuljahresplanung einbezogen werden. Hier können „*Klassen-Vorhaben*" oder „*Kleingruppen-Vorhaben*" entstehen, die innerhalb eines bestimmten Zeitraumes bearbeitet werden und zu einem vorzeigbaren Ergebnis führen müssen. Dabei können alle traditionellen Sportarten und -bereiche wie auch Aktivitäten einer neuen Bewegungskultur zum Thema werden. Schließlich ist denkbar, dass sich eine Klasse ein „*Langzeit-Vorhaben*" vornimmt, das sie von Zeit zu Zeit immer wieder aufnimmt und weiterentwickelt. Beispielsweise kann der Sportunterricht unter gestaltender Beteiligung der Schülerinnen und Schüler immer wieder, auch in Verbindung mit anderen Fächern, thematisch mit der Umgestaltung des Bewegungsraums Schule befasst sein oder als Daueraufgabe Spiele für die Pause entwickeln oder als Kurs ein halbes Schuljahr ausschließlich an einer interessanten Bewegungsthematik arbeiten.

Mit diesen Möglichkeiten von *Vorhaben und Projekten* wird der Lehrer bzw. die Lehrerin eher im Aufspüren, Verstärken und Unterstützen von subjektiven Bewegungsinteressen inszenierend tätig. Wichtiger als das Anleiten von Bewegungsformen ist hier das praktische „Mit-Wirken" an der Herstellung eines „Bewegungs-Produktes".

5.2.3 Bauen und Entwickeln

Vor allem dort, wo mit Turngeräten oder einfachen Materialien der Bewegungserziehung vielfältig erprobend und selbsterkundend umgegangen wird, bietet sich die Inszenierung durch „*Bauen und Entwickeln*" an. Gibt man den Schülerinnen und Schülern aller Altersstufen die Gelegenheit, mit einfachen, noch nicht vorweg bestimmten Materialien, aber auch in diesem Sinne mit Turngeräten zu bauen, dann konstruieren sie Bewegungsstationen zum Klettern, Rollen, Balancieren oder Springen. Bauen meint hier den Herstellungsprozess einer Bewegungssituation, es ist die aktive Auseinandersetzung mit Geräten und Materialien (vgl. dazu besonders KRETSCHMER 1996). Ähnlich wie die Idee der Bewegungsbaustelle von MIEDZINSKI (1996[7]) geht es um das Konstruieren eigener, auch mit eigenem

Sinn belegter Bewegungssituationen. Die Materialien und Geräte werden wie in einem Baukastensystem mit Brettern, Würfeln und Quadern oder Bänken, Leitern, Tauen usw. in einem Wechselspiel von „Denken und Machen" zu Bewegungssituationen nach eigenen Bewegungsabsichten entwickelt.[14] Im Rahmen dieser Inszenierungsform müssen vereinbarte Bewegungsthemen und -absichten erst durch Geräte und Materialien umsetzbar gemacht werden, es muß also nach „materialisierenden Einlösungen" (FUNKE-WIENEKE 1992) für die eigenen Bewegungsinteressen gesucht werden. Die inszenierende Tätigkeit des Lehrers bzw. der Lehrerin besteht vor allem darin, Bewegungsthemen anzuregen und zu vereinbaren. Sie müssen für die Inszenierung Vor-Überlegungen darüber anstellen, welche Materialien und Geräte für dieses Thema bereitgestellt werden können und ob die Schülerinnen und Schüler alleine, in Partnerarbeit oder in Gruppen arbeiten sollen. Ziel dieser Inszenierungsform ist die absichtsvolle Herstellung von selbstarrangierten Bewegungssituationen mit verabredeter thematischer Orientierung.

5.3 Entdecken und Spielen

Mit dem „*Entdecken und Spielen*" scheinen auf den ersten Blick zwei gegensätzliche Inszenierungsformen angesprochen zu werden. Einerseits werden beim Entdecken Neugierde und Forscherdrang angesprochen. Inszeniert wird das Entdeckenlassen durch die Freigabe der unterrichtlichen Situation. Andererseits wird über das Spielen eine Regelhaftigkeit hergestellt, die eine Sicherheit im Handeln erzeugt. Jedes Spiel hat konstitutive oder strukturelle Regeln, die sich aus dem Spiel selbst heraus stellen, und ihm eine Identität geben. So kann das Fußballspielen immer wieder daran erkannt werden, dass ein Ball mit dem Fuß gespielt und in ein Ziel befördert werden soll. Spiele haben aber auch etwas zu Vereinbarendes, etwa wie lange, mit wie vielen Spielern gespielt wird, wie groß das Spielfeld ist usw. Hier können wir von konventionellen Regeln sprechen, die dazu dienen, das Spielritual zu kodifizieren, also einen für die Spieler verbindlichen Rahmen zu schaffen. Die Verbindung von Entdecken und Spielen als Inszenierungsform ist darin zu suchen, dass viele Spiel- und Bewegungsideen spielerisch nach verabredeten Regeln erprobt und entdeckt werden können. Die Inszenierung schafft eine Konvention darüber, nach welchen Regeln ein Material, eine Bewegungs- oder Spielidee zum Tragen kommen kann. Im Entdecken entstehen ebenfalls im praktischen Tun Regeln darüber, wie der Prozess voranschreiten soll. Die Schülerinnen und Schüler müssen Verabredungen schaffen, um ihre material- oder gerätebezogenen Bewegungsentdeckungen gemeinsam durchführen zu können. Die inszenierende Leistung der bzw. des Lehrenden liegt hier weniger in der Schaffung einer Spielkonvention, sondern vielmehr darin, Materialien, Geräte oder natürliche Umgebungen für Erkundungen und Entdeckungen freizugeben oder anzuregen. In beiden Formen geht es um Spiel-Räume: einerseits um die Auslegungen und Vereinbarungen zu einer Spielidee (mit etwas, als etwas, um etwas zu spielen), also um den verabredeten Spielrahmen und anderseits um den freien Raum, um etwas (die Beschaffenheit eines Materials) über Bewegung oder die Bewegung selbst (die Möglichkeiten und Formen an einem Gerät) zu entdecken. Innerhalb eines solchen Spiel-Raumes lassen sich weitere Akzente setzen: es geht um das erkundende Herantasten an ein Gerät oder eine Bewegung, um das Darstellen im Spiel, aber auch um das Gestalten einer Vielzahl von Bewegungsvarianten innerhalb eines Spielraumes. Die inszenierende Tätigkeit der bzw. des Lehrenden ist also vor allem auf das Freisetzen von Selbstaktivitäten, Eigeninitiativen und Spielphantasie gerichtet. Dazu muss für das Zusammenkommen der Schülerinnen und Schüler „mit den noch verhüllten Gegenständen" gesorgt und der Prozess des Entdeckens und Spielens begleitet und unterstützt werden (RAUSCHENBERGER 1985, 66). Im Folgenden werden drei bedeutende Varianten dieser Inszenierungsform vorgestellt.

5.3.1 Entdecken und Erkunden

Gemeint ist ein Lernarrangement, bei dem für alle Lernenden gleiche oder unterschiedliche Materialien und Geräte mit oder ohne Vorgabe von bestimmten Bewegungsthemen zur freien Erkundung zur Verfügung stehen. Dahinter steht die Vorstellung, dass viele Geräte und Materialien (aus dem Alltagsgebrauch, aus der natürlichen Umgebung, aus der Turnhalle, aus anderen Spielzusammenhängen), zum Sich-Bewegen auffordern. Gefördert werden soll das spontane und unmittelbare problemlose Eingehen auf die arrangierte Bewegungssituation, also die „direkte Überschreitung", wie TAMBOER (1979, 17) diese Form beschrieben hat. Der Lehrer bzw. die Lehrerin überlässt es den Schülerinnen und Schülern, selbst zu entdecken, welche Bewegungsmöglichkeiten die Materialien, Geräte oder Umgebungsbedingungen zulassen. Es wird – außer der materialbestimmten Situation – nichts vorweg bestimmt. Was nicht entdeckt wird, bleibt unbearbeitet. Damit aber die Voraussetzungen dafür geschaffen werden, dass die Schülerinnen und Schüler überhaupt mit dem Unbekannten und Entdeckenswerten zusammenkommen, bedarf es einer Inszenierung, die die selbsttätige Suchhandlung stützt. Dabei geht es um ein Entdecken-Lassen, aber auch um die Entdeckung beim Lehrenden, was alles entdeckt wird, wenn man die Schülerinnen und Schüler nur lässt.

5.3.2 Spielen und Darstellen

Das Spielen ist eine der bedeutendsten Inszenierungsformen für den Sportunterricht. Über vereinbarte Regeln wird eine eigene Welt geschaffen, die Distanz zur gewohnten Realität hält. Die geregelte Spielsituation lebt von der Spannung, die durch das Offenhalten des Ausgangs vermittelt wird: mit Bekanntem spielen und das Unbekannte entdecken. Mit Spielen ist hier weniger die Vermittlung geregelter (Sport-)spiele gemeint, sondern die Inszenierung von *vereinbarten* Spielhandlungen, in denen die Regeln von allen anerkannt und in jeder Situation gleichartig gedeutet und angewendet werden. Spielen heißt aber nicht nur Gekonntes anzuwenden, sondern meint auch das lustbetonte Überschreiten von Bekanntem zum Entdecken von Neuem. Geht es eher um die individuelle Ausgestaltung von Rollen in Symbol- oder Darstellungsspielen, dann lebt das Spiel von der sich entwickelnden Dramaturgie. Sind aber Bewegungsspiele die Vermittlungsabsicht, dann geht es darum, zur Realisierung einer Spielidee (z. B. Fangen) Regeln zu finden, an die sich alle halten. Auch mit (Turn-)Geräten und anderen Bewegungsmaterialien kann „gespielt" werden. Die Turngeräte können in ein Spiel der „Bergüberquerung", des „Dschungellebens" oder in eine künstlerische Darbietung eingebunden werden, ja sie fordern oft die Darstellung des Erarbeiteten oder ein Spiel mit den Geräten heraus. Im spielerischen Umgang mit Geräten wird eine eigene Welt geschaffen, in die ich für einen Augenblick eintauchen kann.

Das Spielen geht leicht in das Darstellen über, nicht nur in der Form von Darstellungsspielen an und mit Geräten, sondern vor allem als Darstellung einer möglichst in Gruppen organisierten Bewegungsgestaltung, in das Darstellen eines Produktes. In dieser Inszenierung ist wichtig, dass es vor allem um die Produktion einer Bewegungsgestalt selbst geht, die nicht vorab durch festgelegte Regeln oder Normvorschriften sanktioniert wird. Kreativität und schöpferische Ästhetik sind hier maßgebend. Die inszenierende Tätigkeit des Lehrenden bezieht sich auf die Anregung solcher Spiel- und Darstellungsmöglichkeiten: ein Spiel an Geräten selbst organisieren oder mit den Schülerinnen und Schülern entwickeln, eine Präsentation von Gruppenarbeiten vorbereiten, die dafür notwendigen Anhaltspunkte liefern und schließlich für den entsprechenden Rahmen einer Aufführung sorgen. Spielen und Darstellen leben von der sich entwickelnden Dramaturgie des Geschehens. Die Zirkuskünste können hier als Vorlage dienen. Grenzen der Spielvorgaben sind durch die Inszenierung des Lehrers bzw. der Lehrerin so zu wählen, dass die Lernenden aus ihnen kreativ werden können. Spielregeln müssen zwar eingehalten werden, aber auch jederzeit veränderbar sein, damit aus den Spielen wieder neue Spiele entstehen können.

5.3.3 Gestalten und Variieren

In Erweiterung des Spielens und Darstellens bezieht sich das „*Gestalten und Variieren*" darauf, erfinderisch das Bekannte zu überschreiten und in neue Situationen zu stellen. In Anlehnung an TAMBOER (1979, 18) handelt es sich um das „erfinderische Überschreiten". Hier ist die Perspektive auf die Kombination und Variation von Spielideen, Bewegungsabsichten, Geräten, Materialien und Bewegungen selbst gerichtet. Schülerinnen und Schüler entwickeln einzeln oder als Gruppe eine Bewegungsfolge, die durch eine kreative Komposition hervortritt. Ging es beim Spielen und Darstellen noch eher um das „veranlasste" Spiel, so steht hier das freie kreative Schaffen im Vordergrund, das an die Grenzen des klassischen Sports heran reicht. Als Inszenierungsleistung wird die unterstützende Tätigkeit des Lehrers bzw. der Lehrerin verlangt. Soweit eine ernsthafte Auseinandersetzung mit einer

Gestaltungsidee besteht, sollte der Lehrer bzw. die Lehrerin den Schülerinnen und Schülern freien Lauf lassen. Grenzen in der Gestaltungsfreiheit liegen eher im äußeren Rahmen begründet. Vom Kern her geht es um die Inszenierung von Bewegungskünsten, auch an und mit Geräten.

6. Inszenierungsformen statt Methoden

Mit der beispielhaften Darstellung von Inszenierungsformen sollte verdeutlicht werden, dass jede Entscheidung über Methoden immer in einen komplexen Zusammenhang von Verständigungsprozessen zwischen Lehrenden und Lernenden eingebunden ist. Was als Inhalt in den Sportunterricht gelangt und was davon wie zum Thema und aus welcher Perspektive für die SchülerInnen in Erfahrung gebracht und gelernt werden kann, ist vom jeweils gewählten „Unterrichtsmuster", von den hier dargestellten Inszenierungsformen, abhängig. Dabei wird nicht von den Bewegungstechniken des Sports ausgegangen, die einer instrumentell verstandenen Methode bedürfen, sondern von den Lernenden selbst. Unterricht muss sich für die Bewegungsabsichten und -bedürfnisse der Lernenden öffnen und diese in den Verständigungsprozess mit den Lehrabsichten und Vorstellungen der Lehrenden bringen. Dies zu inszenieren, ist mehr als die Organisation von aufeinander folgenden Lernschritten. Es geht um den komplexen Zusammenhang von eigenen Lerninteressen der Schülerinnen und Schüler, den Bedingungen der Schule, einer ganzheitlichen Vermittlung zwischen Lernenden und Sache und der Thematisierung einer Sache. Einzelmethoden zum Erlernen von Bewegungsformen und Spielen kommen erst durch einen Verständigungsprozess innerhalb einzelner Inszenierungsformen zum Tragen – aber ob sie dann noch so sind, wie sie losgelöst von der Unterrichtssituationen vergegenständlicht existieren, bleibt fraglich. „Durch die im Inszenieren sich ausdrückende prinzipielle Flexibilität der zureichenden Gestaltung jedes Themas (...) eignet sich die in diesem Begriff enthaltene Handlungsperspektive zur Überwindung der Kategorie der Unterrichtsmethode, sofern dadurch festgefügte, nachmachbare und für sich bestehende Verlaufsmuster des Unterrichts bezeichnet werden" (RAUSCHENBERGER 1985, 73).

Anmerkungen

[1] Dieser Beitrag ist die vollständige und wesentlich erweiterte Neufassung meines Beitrag „Verständigen statt Verwalten. Für eine veränderte Unterrichtsmethodik" (LAGING 1991). Ausführlich wird die Methodenfrage in meinem Buch „Methodisches Handeln im Sportunterricht" dargestellt (LAGING 2006).

[2] Das Beispiel habe ich dem Beitrag von SCHIELING (1993, 17) entnommen.

[3] Der Zusammenhang von Methode und methodischem Handeln ist ebenso wie die Wechselwirkung von Zielen, Inhalten und Methoden hinreichend in der Literatur beschrieben (HEIMANN 1962, SCHULZ 1965, BLANKERTZ 1975[9], SCHULZE 1978, TERHART 1983 und

1989; MEYER 1987). Dahinter verbirgt sich eine vorerst abgeschlossene Kontroverse über das Verhältnis von Didaktik und Methodik (KAISER/MENCK 1972; KLAFKI 1976; ADL-AMI-NI 1981; MEYER 1987, 71; für den Sport z.B.: GRÖSSING 1977; HECKER 1979; FI-SCHER/RIEDER 1986).

[4] In den neueren Auflagen (1993[6] und 1997[7]) hat GRÖSSING diese Auffassung leicht revidiert. Er spricht nun davon, dass es „keinen Inhalt des Sportunterrichts (gibt), der nicht gründlich aufbereitet ist hinsichtlich seiner Vermittlungsverfahren" (1993[6], 135). Gleichzeitig kritisiert er nun die wenig beachteten implikativen Zusammenhänge des Unterrichtsgeschehens. In der neuesten Auflage von 1997[7] (165) wiederholt er diese Auffassung mit einer etwas offeneren Formulierung zum „Lehren und Lernen", was ich als eine Hinwendung zur komplexeren Sichtweise deute.

[5] Die Untersuchung umfasst 181 Unterrichtsstunden von 88 Lehrerinnen und Lehrern an Mittelstufen von Gymnasien, Haupt- und Realschulen in NRW. Im 5-Minuten Zeittakt wurden unterrichtsmethodische Dimensionen registriert. Dabei wurden die Fächer Deutsch, Gesellschaftslehre und Naturlehre berücksichtigt.

[6] In die Untersuchung sind insgesamt 150 Sportstunden von 20 Lehrerinnen und Lehrern an 12 Schulen der Sekundarstufe I in Nordhessen eingegangen. In einer Clusteranalyse wurden die eher geschlossenen Unterrichtsformen als ähnlich in der Häufigkeitsverteilung unterrichtlicher Situationen erkannt und einer Gruppe zugeordnet, während die eher offen inszenierten Unterrichtsstunden drei verschiedenen Gruppen in Bezug auf die Häufigkeitsverteilung der unterrichtlichen Situationen zugeordnet wurden.

[7] Vgl. dazu z.B. HILDEBRANDT/LAGING 1981; FRANKFURTER ARBEITSGRUPPE 1982 bzw 1992[2]; BRODTMANN 1979, 1984; FUNKE 1983, 1991; FUNKE-WIENEKE 1995; LAGING 1991[2], 1993, 1997.

[8] In den letzten Jahren hat über eine neue Auslegung dieser Formel eine lebhafte Diskussion stattgefunden (BECKERS 1995, BALZ 1994), die mittlerweile auch in den neuen Grundsätzen für den Schulsport in NRW seinen Niederschlag gefunden hat (LANDESINSTITUT 1998).

[9] In diesem Sinne ist auch der konzeptionelle Entwurf eines offeneren Unterrichtens von FUN-KE (1991) zu verstehen. Problematisch ist seine Gegenüberstellung von geschlossenem und offenem Unterricht, weil sie hinsichtlich des offenen Unterrichts ein Phantombild verwendet, dass allenfalls von den Gegnern eines offenen Unterrichts verbreitet wird und als Alltagswissen von Sportlehrerinnen und -lehrern existiert. Die schulpädagogische und unterrichtstheoretische Debatte ist wissenschaftlich wesentlicher fundierter und entspricht in der unterrichtspraktischen Konsequenz etwa dem, was FUNKE schließlich als Kompromiss anbietet, wenn er „lieber von einer verständigungsbedingten Bewegung des Öffnens und Schließens bestimmter Strukturmerkmale sprechen" möchte (FUNKE 1991, 14).

[10] In einem Gang durch die Geschichte der Didaktik zeichnet HAUSMANN in vergleichender Weise nach, dass das Dramatische und Dramaturgische didaktische Urphänomene sind. Er begründet über die Dramaturgie – die für die Dichtung und das Theater entfaltet worden ist, für Bildung und Schule aber nicht – einen Schlüssel zur Didaktik und zum Bildungsverständnis. Die Didaktik von HAUSMANN behandelt nicht eine unterrichtskonzeptionelle Kontroverse, sondern macht konsequent auf das handlungsmäßige und prozesshafte eines dramatisch verlaufenden Unterrichtsgeschehens aufmerksam, in dem alle didaktischen Vorwegnahmen erst wirksam vollzogen und bildende Auseinandersetzung ermöglicht werden können.

[11] Die Darstellung der Inszenierungsformen folgt im Grundanliegen dem Beitrag von RAU-SCHENBERGER (1985) mit dem Titel: „Unterricht als Darstellung und Inszenierung". Ich habe die dort vorgeschlagenen Formen in lockerer Anlehnung übernommen oder variiert und neue hinzugefügt. Hinzuweisen ist an dieser Stelle darauf, dass RAUSCHENBERGER das „Darstellen" nicht als Inszenierungsform auffasst, sondern grundlegend für das Unterrichten überhaupt hält. Im Gegensatz dazu habe ich aus dem Darstellen eine Inszenierungsform

begründet. Dies lässt die von mir gewählte Auslegung des Darstellens m. E. auch zu und ist für die sportdidaktische Diskussion eher hilfreich.

[12] Vgl. hierzu das eingangs beschriebene Beispiel einer Wunschsportstunde. Zur Konzeption und Praxis von Wunschsportstunden vgl. LAGING 1993, 9; SCHIELING 1993; MAAß 1996.

[13] Die Idee des „Vorhabens" geht auf die Reformpädagogen Johannes KRETSCHMANN, Otto HAASE und Adolf REICHWEIN zurück. Das Konzept und die Übertragung auf den Sportunterricht findet sich in dem sportpädagogik-Heft „Bewegungs-Vorhaben" (LAGING 1996).

[14] Die FRANKFURTER ARBEITSGRUPPE (1982 bzw. 1992[2]) hat eine Reihe von Bau-Vorschlägen entwickelt.

Literatur

ADL-AMINI, B.: Didaktik, Methodik und das ungelöste Problem der Interdependenz. In: ADL-AMINI, B. (Hrsg.): Didaktik und Methodik. Weinheim 1981.

BALZ, E.: Fachdidaktische Konzepte oder: Woran soll sich der Schulsport orientieren? In: sportpädagogik 16 (1992), 2, 13–22.

BENNER, D.: Allgemeine Pädagogik. Eine systematisch-problemgeschichtliche Einführung in die Grundstruktur pädagogischen Denkens und Handelns. Weinheim und München 1996[3].

BERGER, P./LUCKMANN, T.: Die gesellschaftliche Konstruktion der Wirklichkeit. Eine Theorie der Wissenssoziologie. Frankfurt 1972[2].

BIELEFELDER SPORTPÄDAGOGEN: Methoden im Sportunterricht. Schorndorf 1989 (3. neubearbeitete Auflage 1998).

BLANKERTZ; H.: Theorien und Modelle der Didaktik. München 1975[9].

BREHM, W.: Wie lehrt man offene Fertigkeiten? In: Bielefelder Sportpädagogen: Methoden im Sportunterricht. Ein Lehrbuch in 14 Lektionen. Schorndorf 1998[3], 47–64.

BRETTSCHNEIDER, W.-D.: Sportunterricht 5–10. München 1981.

BRODTMANN, D.: Sportunterricht und Schulsport. Bad Heilbrunn 1979.

BRODTMANN, D./TREBELS, A. (Hrsg.): Sport begreifen und verändern. Reinbek 1983.

BRODTMANN, D. (Hrsg.): Unterrichtsmodelle zum problemorientierten Sportunterricht. Reinbek 1984.

BRODTMANN, D./LANDAU, G.: An Problemen lernen. In: sportpädagogik 6 (1982), 3, 16.

BUCK, G.: Lernen und Erfahrung. Stuttgart 1969[2].

FETZ, F.: Allgemeine Methodik der Leibesübungen. Frankfurt 1971[4] (1979[8]).

FISCHER, G./RIEDER, H.: Methodik und Didaktik im Sport. München 1986.

FRANKFURTER ARBEITSGRUPPE: Offener Sportunterricht – Analysieren und Planen. Reinbek 1982. (Neuauflage unter dem Titel „Werkstatt Sportunterricht". Butzbach 1992).

FUNKE, J./HEINE, E./SCHMERBITZ, H.: Initiativstunde. Erfahrungen in einer 6. Klasse der Bielefelder Laborschule. In: sportpädagogik 3 (1979), 1, 36–39.

FUNKE, J. (Hrsg.): Sportunterricht als Körpererfahrung. Reinbek 1983.

FUNKE, J.: Von der Methodischen Übungsreihe zur Differenzierten Erfahrungs-Situation. In: Sportpädagogik 11 (1987), 5, 22–26.

FUNKE, J.: Unterricht öffnen – offener unterrichten. In: sportpädagogik 15 (1991), 2, 12–18.

FUNKE-WIENEKE, J.: Vermitteln – Schritte zu einem „ökologischen" Unterrichtskonzept. In: sportpädagogik 19 (1995), 5, 10–17.

FUNKE-WIENEKE, J.: Grundzüge einer zeitgemäßen Turndidaktik. In: Leibesübungen – Leibeserziehung 46 (1992), 5, 3–7.

GRÖSSING, ST.: Einführung in die Sportdidaktik. Bad Homburg 1977[2] (Neuauflagen 1994[6] und 1997[7]).

HAGE, K. u. a.: Das Methoden-Repertoire von Lehrern. Opladen 1985.

HAUSMANN; G.: Didaktik als Dramaturgie des Unterrrichts. Heidelberg 1959.

HECKER, G.: Sport. München 1979.

HEIMANN, P.: Didaktik als Theorie und Lehre. In: Die Deutsche Schule 54 (1962), 407.

HENTIG, H. v.: Vom Verkäufer zum Darsteller. In: Neue Sammlung 21 (1981), 2 u. 3, 100 u. 221.

HILDEBRANDT, R./LAGING, R.: Offene Konzepte im Sportunterricht. Bad Homburg 1981.

JANK, W./MEYER, H.: Didaktische Modelle. Frankfurt a. M. 1996[5].

KAISER, H.-J./MENCK, P.: Methodik und Didaktik. In: MENCK, P./THOMA, G. (Hrsg.): Unterrichtsmethode. München 1972, 9.

KLAFKI, W.: Zum Verhältnis von Didaktik und Methodik. In: Z.f. Pädagogik 22 (1976), 77.

KLEIN, M. (Hrsg.): Sport und Körper. Reinbek 1984.

KRETSCHMER, J.: Bauen und Bewegen. In: sportpädagogik 18 (1994), 4.

KRUBER, D.: Die Sportstunde. Berlin 1976 (Heinsberg 1984[5]).

KURZ, D.: Elemente des Schulsports. Schorndorf 1979[2].

KURZ, D.: Braucht der Schulsport eine neue curriculare Leitidee? In: Landesinstitut für Schule und Weiterbildung (Hrsg.): Schulsport in Bewegung. Erstes Schulsport-Symposion NRW. Dokumentation. Soest 1995, 38–63.

KURZ, D.: Wie offen soll und darf der Sportunterricht sein? In: BIELEFELDER SPORTPÄDAGOGEN: Methoden im Sportunterricht. Ein Lehrbuch in 14 Lektionen. Schorndorf 1998[3], 219–236 (1989, 187–199).

LAGING, R.: Praxis im Sportunterricht. Eine theoretische Begründung und empirische Untersuchung von Unterrichtsverläufen. Dissertation Kassel 1984.

LAGING, R.: Stundenblätter Turnen. Bewegungsgelegenheiten zum Erkunden – Lernen – Gestalten. Stuttgart 1991[2].

LAGING, R.: Vormachen heißt auch: Vorleben. In: Sportpädagogik 7 (1983), 2, 68–71.

LAGING, R.: Verständigen statt Verwalten. Für eine veränderte Unterrichtsmethodik. In: sportpädagogik 15 (1991), 4, 8–14.

LAGING, R.: Bewegung in die Schule! In: Die Grundschulzeitschrift 7 (1993), 70, 8–15.

LAGING, R.: Bewegungs-Vorhaben. In: sportpädagogik 20 (1996), 6, 15–27.

LAGING, R.: Die Bewegungswerkstatt – ein bewegter Lernort. In: sportunterricht 46 (1997) 12, 517–529.

LAGING, R.: Bewegung und schulisches Lernen. Eine phänomenologische Beziehung. In: motorik 22 (1999a), 1, 2–11.

LAGING, R.: Bewegungslernen im Kontext biografischer Erfahrung. In: HEINZ, B./LAGING, R.: Bewegungslernen in Bildung und Erziehung. Hamburg 1999b, 247–258. Wiederabdruck in: LAGING, R./PROHL, R. (Hrsg.): Bewegungskompetenz als Bildungsdimension. Hamburg 2005, 221–231.

LAGING, R.: Methodisches Handeln im Sportunterricht. Grundzüge einer bewegungspädagogischen Unterrichtslehre. Velber 2006.

LANDESINSTITUT FÜR SCHULE UND WEITERBILDUNG IN NRW: Pädagogische Rahmenvorgaben für den Schulsport in NRW. (Skript). Soest 24.8.1998.

MAAß, P.: Die Wunschsportstunde. In: sportpädagogik 20 (1996), 6, 37–40.

MEYER, H.: Unterrichtsmethoden Band I. Frankfurt 1987.

MEYER-DRAWE, K.: Lernen als Umlernen. Zur Negativität des Lernprozesses. In: LIPPITZ, W. / MEYER-DRAWE, K. (Hrsg.): Lernen und seine Horizonte. Frankfurt a. M. 1984[2], 19–45.

MIEDZINSKI, K.: Die Bewegungsbaustelle. Kinder bauen ihre Bewegungsanlässe selbst. Dortmund 1996[7].

RAUSCHENBERGER, H: Unterricht als Darstellung und Inszenierung. In: Enzyklopädie Erziehungswissenschaft Band 7. Stuttgart 1985, 51–74.

ROTH, K.: Wie lehrt man schwierige geschlossene Fertigkeiten? In: BIELEFELDER SPORTPÄDAGOGEN: Methoden im Sportunterricht. Ein Lehrbuch in 14 Lektionen. Schorndorf 1998[3], 27–46.

RUMPF, H.: Mit fremdem Blick. Stücke gegen die Verbiederung der Welt. Weinheim 1986.

SCHIELING, G.: An Einfällen mangelt es nie. Unterrichtsprotokoll einer Wunschsportstunde. In: Die Grundschulzeitschrift 7 (1993), 70, 16–17.

SCHULZ, W.: Unterricht – Analyse und Planung. In: HEIMANN, P. u. a. (Hrsg.): Unterricht – Analyse und Planung. Hannover 1965, 13–47.

SCHULZE, TH.: Methoden und Medien der Erziehung. München 1978.

SÖLL, W.: Sportunterricht – Sport unterrichten. Schorndorf 1997[2].

STIEHLER; G.: Methodik des Sportunterrichts. Berlin-Ost 1974.

TAMBOER, J.: Sich bewegen – ein Dialog zwischen Mensch und Welt. In: sportpädagogik (1979), 2, 14–19.

TERHART, E.: Lehr-Lern-Methoden. Weinheim und München 1989.

TERHART, E.: Unterrichtsmethode als Problem. Weinheim und Basel 1983.

UHLE, R.: Verstehen und Verständigung im Unterricht. München 1978.

WOLF-DIETRICH MIETHLING

Leisten, Bewerten, Zensieren

0. Einleitung

In vielen Klassen und Kursen gliedert sich der Lehrrhythmus nach den geplanten Zensierungen. Wie ein *Taktgeber* formen sie den Prozess unterrichtlicher Inszenierungen. Gleichwohl neigen gerade Sportlehrer zu eher *„weicher"* Notengebung. Sie haben offenbar Gründe dafür, das Benotungsspektrum nicht auszuschöpfen, sondern überwiegend positive Noten (vgl. DIGEL 1996, 328) zu verteilen. Manch „guter" Sportschüler pocht auf sein *Recht der Sportnote*, während für viele „schlechte" Schüler die *Prüfungsrituale zur Tortur* werden. Zusätzliche Bestätigung für die einen, zusätzliche Belastung für die anderen.

Die diskutierten Gründe und Ziele für eine allgemeine Benotungspraxis sind vielfältig. Wir finden das Argument der *Erfolgskontrollen für die Lernleistungen* der Schüler und – seltener erwähnt – für die *Lehrleistungen* der Lehrer. Darüber hinaus sollen Zensuren eine *Motivierungs-Hilfe* für antriebsschwache oder orientierungslose Schüler bilden und nicht selten betont man auch ihre Notwendigkeit als *Disziplinierungs-Mittel* zur Sicherung unterrichtlicher Ordnung. Schulintern wird auf die somit erreichte *Gleichstellung des Sportunterrichts* im Fächerkanon verwiesen und bildungspolitisch die Erfordernisse der Unterscheidung und *Auslese von 'Begabten' und 'Unbegabten'* hervorgehoben. Entwicklungspsychologisch betrachtet gilt sie schließlich als *Informationsquelle* für Eltern *über den Entwicklungsstand* ihrer Kinder.

Betrachtet man all diese verschiedenartigen Bedeutungen und Funktionen, die den schulischen Bewertungen und Benotungen zugeschrieben werden, so erscheint die Zensurengebung wie ein wundersames Mehrzweck-Mittel, das in sehr unterschiedlichen Belangen jeweils andere Wirkungsweisen entfalten soll. Zweifel sind angebracht, ob dieses Patent-Rezept für ein multifunktionales Wirkungsspektrum tatsächlich die postulierten Erwartungen erfüllen kann und wie sich dabei die beabsichtigten Wirkungen mit den unbeabsichtigten Nebenwirkungen vertragen.

Das Bewerten und Zensieren richtet sich vordergründig vor allem auf den Prozess und/oder das Produkt individuellen oder kollektiven Leistens. Es ist deshalb für den Fortgang der Betrachtungen zunächst einmal zu klären, welches Verständnis von 'Leisten' und 'Leistung' hier bevorzugt wird. Dieses Verständnis wird im folgenden Abschnitt entfaltet.

1. Zitate und Positionen zum Thema 'Leisten und Leistung'

(1) Nach Artikel 33 des Grundgesetzes der BRD hat „Jeder Deutsche . . . nach seiner Eignung, Befähigung und fachlichen Leistung gleichen Zugang zu jedem öffentlichen Amt" (zitiert nach REINHOLD 1992, 366).

(2) „Leistung: Definition für Arbeit, die unterschiedlich gemessen werden kann, etwa als Ertrag einer wirtschaftlichen Tätigkeit (Produktion von Gütern), einer intellektuellen Anstrengung (Examen, Veröffentlichung) oder Erreichung eines sportlichen Zieles (100-m-Lauf in 10,0 Sekunden). Drei unterschiedliche Perspektiven lassen sich bei der Leistungszumessung unterscheiden: Die Ertrags-, Aufwands- und Wettbewerbsperspektive. So klärt ein Soziologie-Lexikon (1992, 365) den Begriff 'Leistung'.

(3) HECKHAUSEN definiert das Leistungsmotiv als „Bestreben, die eigene Tüchtigkeit zu steigern oder möglichst hochzuhalten, in denen man einen Gütemaßstab für verbindlich hält und deren Ausführung deshalb gelingen oder mißlingen kann" (1965, 604 und 1980, 221).

(4) ERDMANN fordert: „Die pädagogische Aufgabe liegt darin, die Standards zu modifizieren und den konkreten Möglichkeiten anzupassen, ihren Erwerb zu fördern und den Umgang mit den Maßstäben realistisch (für Betroffene) und persongebunden zu vermitteln. Die beliebte, „motivierend" gemeinte Frage: „Wer kann am schnellsten, weitesten usw.?" erlaubt strenggenommen nur wenigen, darin eine realistische Aufgabe zu erkennen. Unsere Kinder sind allerdings schon so daran gewöhnt, dass sie kaum auf die Idee kommen, mit der Bemerkung „ich nicht" aus dem Felde zu gehen" (1997, 83).

(5) VOLKAMER warnt: „Ich halte unter diesem Aspekt die kalkulierbare Berücksichtigung des Leistungswillens keineswegs für 'pädagogisch', sondern für höchst fragwürdig. Unsere jüngste Geschichte hat gezeigt, daß Leistungswille und Gehorsam ohne inhaltliche Reflexion zu recht gefährlichen Tugenden werden können" (1987, 91).

(6) GRUPE/KRÜGER betonen: „Wettkampf und Leistung sind Grundprinzipien des Sports . . . Der Mensch ist in anthropologischer Sicht auch ein „leistendes" Wesen (LENK 1972; 1983); sein Zusammenleben mit anderen ist nicht nur von Harmonie und Gemeinsamkeit, sondern auch von Konkurrenz und Auseinandersetzungen geprägt. Die „Agonalität" ist seit der griechischen Antike als ein Strukturmerkmal der abendländischen Kultur angesehen worden. Was aber jeweils Leisten und Wettkämpfen heißt, was als sportliche Leistung und sportlicher Wettkampf verstanden wird, ist kulturell und historisch unterschiedlich. Leisten und Wetteifern oder Wettkämpfen sind von individuellen, kulturellen und sozialen Wertvorstellungen abhängig, und sie stehen auch im Zusammenhang mit weltanschaulich-religiösen Grundeinstellungen" (1997, 256).

(7) Und DIETRICH stellt kritisch fest: „Das Abstrahieren des Leistungsbegriffes
     von konkreten Handlungsbereichen (des alltäglichen Handelns, der Kunst,
     der Produktion), die Forderung nach Leistung an sich wird in unserer Gesell-
     schaft duch einen zweiten Begriff gestützt und scheinbar legitimiert, den der
     Leistungssteigerung. Es geht nicht mehr allein um die Erfüllung von selbst-
     oder fremdgesetzten Maßstäben und Standards, sondern um das ständige
     Streben nach Steigerung der Leistung; die überbietbare Durchschnitts-, Best-,
     Höchst- und Rekordleistung wird zum Wert … Das Ganze müßte einen Sport-
     pädagogen nur am Rande interessieren, wenn es nicht deutliche Hinweise da-
     für gäbe, daß diese Fortschrittsidee im Sport zur „praktizierten Ideologie"
     (KAMPER 1974) geworden ist. Sie hat solche Erscheinungen wie Doping im
     Sport geradezu hervorgebracht" (1993, 19).

(8) Auf die problematischen Folgen der singulären Erfolgsmaximierung im Spit-
     zensport, oft genug als gesellschaftliches Ideal-Bild gepriesen und nicht selten
     in Teilen auch modellhaft, macht LENK aufmerksam: „In Hochleistungssy-
     stemen, die den Erfolg absolut setzen, unbedingt unnachgiebig anstreben,
     entwickeln sich zwangsläufig rücksichtslose und auch betrügerische Strategi-
     en, um zum Erfolg zu gelangen. Dabei gilt es natürlich, das 'Elfte Gebot', die
     heimliche Obernorm: 'Du sollst Dich nicht erwischen lassen', zu wahren. Es
     folgt eine Spaltung der Moralen in eine zum Teil heimliche Erfolgs- und eine
     öffentliche Compliance-Moral (die gesellschaftlich akzeptierten Vorstellun-
     gen zu entsprechen scheint) bei Akteuren, unter Umständen aber auch bei Or-
     ganisatoren, Managern und Betreuern. Damit gehen Verwischungs- und Ab-
     schiebungsstrategien, Alibi- und Ablenkungstaktiken bezüglich der Verant-
     wortlichkeiten einher. Das 'Elfte Gebot' dominiert offensichtlich auch im
     Spitzensport – wie auf der Autobahn" (1995, 1).

In diesen Zitaten scheinen die vielfältigen Bezüge und Argumentationslinien des
Leistungsthemas auf, die zweifellos zu einer ausführlicheren Diskussion dieser
Thematik anregen. Mangels Raum muss eine solche Diskussion hier jedoch zu-
rückstehen; stattdessen soll im Folgenden hinsichtlich der aufgezeigten Aspekte eine (selbstverständlich kritisierbare) Position skizziert werden. Denn ohne eine solche Position wären die anschließend weitergehenden pädagogischen Auseinandersetzungen letztlich nicht begründet.

*Unstrittig scheint die Annahme zu sein, dass unsere Entwicklung zum Menschen
und als Menschen von der Fähigkeit abhing und abhängt, tatkräftig zu handeln,
Widerstände zu überwinden, Aufgaben zu lösen und Herausforderungen zu bewältigen.* Ohne eine solche Fähigkeit ist das Überleben, die Verbreitung und der heutige Entwicklungsstand der Menschen kaum vorstellbar. Wer eine solche „Lei-
stungs-" Perspektive jedoch zur Zentral-Perspektive anthropologischer und kultureller Entwicklung erklärt und in Verbindung mit dem Wettkampf-Gedanken als
'Agonalität' zum 'Grundprinzip' des Sports wie zum 'Strukturmerkmal' der abend-

ländischen Kultur aufbaut, der läuft Gefahr, verkürzte, triviale und vordergründige Auffassungen zu befördern. Denn zum einen hängt unsere Entwicklung mindestens ebenso schwerwiegend – und eng verwoben mit der „Leistungsfähigkeit" – von der Bildung anderer Kompetenzen ab, wie insbesondere der Lernfähigkeit und der Fähigkeit zur Gestaltung differenzierter und kooperativer Arbeitsbeziehungen. Und zum anderen ist das, was unter 'Leisten' und 'Leistung' jeweils zu verstehen ist, historisch und kulturell unterschiedlich, darauf verweisen auch GRUPE/ KRÜGER (s.o.). So diente der treffende oder verfehlende Pfeilschuss des jagenden Bogenschützen unserer Frühgeschichte der kollektiven Existenzsicherung, war Ausdruck seiner technisch-handwerklichen Lerngeschichte und beruhte auf einer bestimmten Art der Arbeitsteilung. Seine „Leistung" mit der eines heutigen Bogenschützen vergleichen zu wollen, ist sinnlos; denn diese ist Teil des (postmodernen) Kulturphänomens 'Sport', dient i. a. nicht direkt der kollektiven Existenzsicherung, beruht stattdessen auf Regeln und Zielsetzungen, die konventionell vereinbart und veränderbar sind und kann sehr unterschiedliche individuelle und soziale Bedeutungen und Funktionen haben (von meditativer Kunst bis hin zum siegfixierten Wettkampf, von der Gesundheitsfürsorge bis hin zum politischen Repräsentations-Objekt). *'Leisten' und 'Leistung' sind also keineswegs eindimensional zu verstehende Begriffe, sondern vielgestaltig: Sie unterliegen erheblichen kulturellen Differenzen und Wandlungen, werden durch die jeweilige Gesellschaft spezifisch konstruiert und variieren selbst in gesellschaftlichen Teilsystemen, wie dem Sport mit seinen sehr verschiedenen Inhalten, Erwartungen, Zielsetzungen, Organisationsformen und Funktionen.*

Die individuelle Genese und Funktionsweise des Leistungsstrebens ist vor allem durch die von HECKHAUSEN (s.o.) angestoßene und vorangetriebene Leistungsmotivationsforschung erkundet worden. Diese hat auch die sportpädagogische Landschaft erkennbar mitgestaltet (vgl. KLEINE 1980, HECKER 1984, ERDMANN 1997, WESSLING-LÜNNEMANN 1982, BERNDT 1989). *Bei dieser Erforschung der „Psycho-Logik" des individuellen Tüchtigkeits-Bestrebens sind zweifellos wichtige Förderungselemente zur Motivationsverbesserung gewonnen worden. Die Erkenntnisse über typische Unterschiede zwischen erfolgszuversichtlichen und misserfolgsängstlichen Schülern hinsichtlich Anspruchsniveau, Ursachenzuschreibung und Bezugsnormen können auch sportpädagogisch genutzt werden.* Doch wie bei jedem technischen Fortschritt, so entscheidet auch bei dieser „psycho-techno-logischen" Neuerung erst die Art und Weise der Verwendung über ihren Wert. Das geschickt kalkulierte, isolierte Training des Leistungswillens ohne inhaltliche Reflexion und Bezüge zu anderen Entwicklungsaufgaben steht in der Gefahr, zur gezielten Schulung von „Sekundär-Tugenden" (vgl. VOLKAMER s.o.) zu werden und in gesellschaftlicher Perspektive – mit KAMPER (s.o.) gesprochen – ein Beitrag zu „praktizierter Ideologie" zu bilden.

Das heißt, das 'Leisten' und sein 'Streben' wird überhaupt erst im Bezug und im Vollzug seiner inhaltlichen Komponente sinnvoll und damit reflektierbar und bewertbar; ansonsten bleibt es eine abstrakte Kategorie – gleichgültig, ob als 'menschlicher Wesenszug', 'gesellschaftliches Prinzip' oder als 'Sekundär-Tugend' verstanden – , die beliebig (miss-)brauchbar ist.

Will man im Sinne einer Kultivierung des Leistens und Leistungsstrebens im Sportunterricht den gezeigten komplexen Zusammehängen gerecht werden, so muss die didaktische Strukturierung (zur Planung und Reflexion) entsprechend differenziert sein. *Leitend können dabei die sogenannten W-Fragen sein, also: Wer leistet (will oder soll) was (leisten), wozu, wie, unter welchen Bedingungen und warum?* Das 'Wer' meint dann die Frage des personalen Bezugs bzw. der individuellen Bedeutung; das 'Was' bezeichnet den möglichen oder tatsächlichen Ertrag im Hinblick auf den Unterrichtsgegenstand; das 'Wozu' spricht die individuellen und kollektiven Handlungsintentionen an, das 'Wie' fragt nach der Art und Weise des Erzeugungsprozesses; 'Welche Bedingungen' betreffen die engeren Umstände (Wo und Wann), aber auch den weiteren Kontext (Sportunterricht, Schule, Gesellschaft); und im 'Warum' finden wir schließlich die Begründungs- und Rechtfertigungsfrage im Hinblick auf die Sport-, Spiel- und Bewegungserziehung.

2. Bewerten und Zensieren

Bewertungen nehmen wir – bewusst oder unterbewusst – permanent vor. Jede Situation, z. B. im Turnen, Schwimmen, Inlineskaten oder Federball-Spielen schätzen wir dahingehend ein, ob sie etwa unwichtig, herausfordernd oder gefährlich ist, wir überprüfen unsere Kompetenzen und Bewältigungsmöglichkeiten und kommen zu einer Gesamtbewertung; danach handeln wir – oder lassen es sein –, schließlich bewerten wir den (Miss-)Erfolg des Handelns oder Nicht-Handelns und nicht zuletzt erfahren wir uns selbst im Handeln und beziehen daraus ein erhöhtes, bestärktes oder gemindertes Selbstwertgefühl. Darüber hinaus erzeugt unser Handeln oder Nicht-Handeln Wirkungen in der sozialen und dinglichen Umwelt, die andere zu Bewertungen und Handlungen herausfordern. Deren Reaktionen verändern die Situation, die erneute Bewertungen unsererseits erfordern usw. *Der Handlungs- und Interaktionsstrom des unterrichtlichen, schulischen und sonstigen Alltags enthält also permanent viele und vielfältige Selbst-Bewertungsvorgänge, die für die Entwicklung des Einzelnen bedeutsam sein können.*

Zensuren sind in wenige Zahlen gegossene komplexe Fremd-Bewertungen von Schülern durch Lehrer, die zumeist in besonderen Situationen erstellt werden. Zensieren stellt also einen Sonderfall von Bewerten dar, bei dem das Definitionsmonopol der Bewertungskriterien nicht bei den Schülerinnen und Schülern liegt. Die Maßstäbe und Normen dieser Fremd-Beurteilungen entstehen im Allgemeinen auch nicht als Vereinbarungen zwischen Schülern und Lehrern, sondern werden vom gesellschaftlichen Umfeld in Entscheidungsprozessen festgelegt, die für die Betroffenen (Schüler und Lehrer) zumeist als undurchsichtig, unbeeinflussbar und somit häufig als willkürlich empfunden werden. Die Funktion dieser Fremd-Beurteilungen ist es vor allem, Schüler hinsichtlich ihrer Leistungsfähigkeit zu differenzieren, um sie unterschiedlichen Bildungswegen zuzuordnen: die Selektionsfunktion. Dort, wo die Selektionsfunktion enfällt – in den unteren Grundschulklassen, an Haupt- und Sonderschulen –, verliert die Zensurengebung auch an Bedeutung oder wird in Form eines schulischen Rituals aufrechterhalten.

Die laufenden Selbstbewertungsprozesse werden also in Benotungs-Situationen mit kompakt-justierten Fremd-Beurteilungen konfrontiert. Individuelle Entwicklung trifft auf gesellschaftliche Verteilungsregularien. *Die Spannung zwischen den entwicklungsbedeutsamen Selbstbewertungsprozessen und den selegierenden Fremd-Beurteilungen ist grundlegend für Unterricht und stellt die Lehrer häufig vor ein Dilemma: Die Entscheidung für ein Mehr des einen bedeutet die Reduzierung des anderen und umgekehrt.* Anders formuliert: Der Differenz von (Selbst-)-Bewerten und (Fremd-)Zensieren entspricht die erzieherische Differenz von *Fördern* oder *Selegieren*, deren Auflösung zugunsten einer Dominanz des Zensierens im Unterricht auf Kosten individueller Lern- und Entwicklungsförderung ginge.

3. Testen und Zensieren

Wer numerische Bewertungen festschreibt, handelt als testender Diagnostiker. Die Güte der Bewertungen richtet sich also nach den klassischen Test-Kriterien der Objektivität, Reliabilität (Zuverlässigkeit) und Validität (Gültigkeit).

Schon in älteren Untersuchungen von VOLKAMER (1979; 1987), JOST (1980) und ZIEGENSPECK (1980) zeigte sich, dass die sportunterrichtliche Zensurengebung diese Kriterien nicht hinreichend erfüllen kann. Sie ist anfällig für diverse Verzerrungen. Solche sind etwa:

– Schichten- und geschlechtsspezifische Effekte, also Zusammenhänge zwischen sozio-biographischen Hintergründen von Lehrern und Schülern;

– Milde / Strenge- und Tendenz-zur-Mitte-Effekte, also anhaltende Präferenzen bestimmter „Lehrer-Typen" für bestimmte Notenbereiche;

– Orientierung an der Normalverteilung, die zwangsläufig stets wenige gute, viele mittelmäßige und wenige schlechte Beurteilungen hervorbringt;

– Der Reihungs-Effekt, also der Einfluss, den die vorhergehende Leistungsbeurteilung auf die nachfolgende ausübt;

– Halo-Effekt und logische Fehler, also Fehlschlüsse, die durch Übertragung vom Allgemeineindruck oder spezifischen Einschätzungen einer Person auf andere Merkmale derselben Person entstehen;

– Einfluss von Stereotypen oder „implizierter Persönlichkeitstheorie", also typisierende Etikettierungen von Schülern wie etwa „der Chaot", „der Spieler", „der Kasper" usw.

Darüber hinaus stellt sich das (nur willkürlich oder per Konvention, ansonsten prinzipiell nicht lösbare) Problem der Verrechnung von Teil-Noten zur Gesamtzensur. So ist beispielsweise im Rahmen der Lehrplan-Revision für die Sekundarstufe I in Schleswig-Holstein eine Beurteilungskriterien-Liste von insgesamt achtzehn Kriterien entwickelt worden (KOLB/SIEGMON 1997, 44), die folgende Aspekte umfasst: Sportliche Leistung; Steigerung der sportlichen Leistung; Vielseitigkeit; Lernfähigkeit und -bereitschaft; Anstrengungsbereitschaft; Selbstständigkeit; Zuverlässigkeit; Hilfsbereitschaft; Rücksichtnahme; Tolerierung von Könnensdifferenzen; Fairness im Spiel, Kooperationsfähigkeit und -bereitschaft; gewaltfreie Konfliktbewältigung; Verständnis für Trainings- und Bewegungsphänomene; Spielverständnis; Regelkenntnisse; methodische Einsicht; Interesse an und Wissen um Gesundheit und Hygiene. Zweifellos liefert eine solche Liste relevante und differenzierte Anhaltspunkte zur Planung und Reflexion von Sportunterricht. Doch als – so gedachte – „Grundlage für die Notenfindung" kann sie das zentrale Verrechnungs-Problem nicht lösen, denn: „Wie kombiniert man die Weite im Kugelstoßen, das Ergebnis eines motorischen Tests, fürsorgliche Achtsamkeit für Mitschüler und Interesse an Hygiene, und wie reduziert man diese Mischung 'praktikabel und einfach' auf eine Ziffer zwischen 1 und 5?" (VOLKAMER 1998, 4).

Bei relativ einfachen motorischen Handlungsabläufen (etwa einem 50-Meter-Lauf) mögen solche Testungen noch eher gelingen. *Würde man deshalb, wie gelegentlich vorgeschlagen, vor allem das bewerten (und unterrichten), was gut testbar ist, also z. B. motorische Grundqualifikationen, so blieben nicht nur die Transformationsprobleme der Test-Ergebnisse in das Notenspektrum (s. VOLKAMER), sondern es ginge auch der Sinn sportlicher Handlungen verloren, und damit wäre die Validität der Sportnote minimiert.* Pointiert gesagt: Je reduzierter und sinnärmer der Lerngegenstand ist, desto leichter lassen sich Lernerfolge und -gesetzmäßigkeiten testen; und je bedeutungshaltiger er ist, desto mehr Probleme der Veränderungsfeststellungen ergeben sich.

4. Heimlicher Lehrplan

Das Argument der sinnverstellenden oder -entleerenden Wirkung eines auf Benotungen abgestellten Sportunterrichts erhält weiterreichende Bedeutung, wenn man die Entwicklung unserer Sportlandschaft in Betracht zieht. Die Vielfalt von Motiven, Interessengruppen, Aktionsweisen und Organisationsformen in der modernen Bewegungs- und Sportkultur entfaltet für heutigen Sportunterricht einen neuen Bezugshorizont; damit verknüpft sind neue sportpädagogische Perspektiven wie das Konzept der Körpererfahrung oder das der Gesundheitserziehung entstanden.

Wenn es also immer mehr um die exemplarische Vermittlung, erprobende Teilhabe und reflektierende Auseinandersetzung hinsichtlich einer sich rasch wandelnden und differenzierenden Bewegungs- und Sportwelt im Sportunterricht geht und dabei bestimmte pädagogisch gut begründete Perspektiven entwickelt werden sollen, müssen die den Unterricht bestimmenden Bedingungen, wie z. B. Benotungsvorgaben, auf ihre förderlichen oder hinderlichen Wirkungen hin neu befragt werden. Rückmeldungen und Bewertungen über den Erfolg oder Misserfolg des Vermittlungsprogramms sind dabei zweifellos belangvoll, die Form der festschreibenden Benotungen scheint dafür problematisch zu sein.

„Denken Sie bei Ihren Stundenentwürfen daran, dass Sie den Schülern am Ende der Unterrichtsreihe Benotungen und am Halbjahresende Zensuren geben müssen!" Diese beiläufig geäußerte Warnung eines Seminarleiters an seine Referendare kann wie eine „Schere im Kopf" wirken – nicht nur für Referendare. Wer eben noch über ein „spielgemäßes Konzept" und im Hinblick auf Technik-Schulung etwa über Formen „entdeckenden Lernens" nachgedacht hat, der beginnt umzudenken. Ihn wird die Unwägbarkeit und Planungsoffenheit solcher Konzepte irritieren, die dadurch entstehen, dass sie die Schüler nicht als programmierbare Lernmaschinen, sondern als handelnde Subjekte auffassen, deren Handlungs- und Lernbereitschaften zu berücksichtigen und zu födern sind. Schnelle, in bestimmten Abschnitten kalkulierbare und zensierbare Lernerfolge sind dadurch nicht präzise voraussagbar.

So wird der Lehrende die Auswahl des Inhalts und seines Vermittlungsweges nach dem richten, was sich – scheinbar – leichter zensieren lässt. Er wird sich vielleicht Rat in den Handreichungen für Sportlehrer zur „Leistungsbewertung im Sportunterricht" der Kultusministerien suchen. Hier findet er zumeist sehr differenzierte und ausführliche Listen von Bewertungskriterien und Normen zur Leistungseinstufung der verschiedenen Schüler-Jahrgänge. *Indem er sich diese Kriterien und Normen zu eigen macht und seine Lehrwege daraufhin ausrichtet, wird die Zensurengebung zum (un)heimlichen Lehrplan seines Unterrichts. Dabei übersieht er, dass solche Handreichungen zumeist anders zu verstehen sind.* So formuliert das Kultusministerium von Sachsen-Anhalt beispielsweise explizit den Anspruch: „Der unterrichtende Lehrer muss jedoch stets davon ausgehen, dass die nachfolgenden Hinweise und Empfehlungen keine Anweisungen sind und seine pädagogische Verantwortung nicht einschränken" (1994, 4).

Eine Stunde 'Einführung in die Technik des Korblegers', zwei Stunden 'Üben und Vertiefen des Korblegers' und nun steht 'Leistungskontrolle und Benotung' auf dem Programm. „Dann haben wir das hinter uns und können noch spielen!", sagt der Sportlehrer einer 10 c im Gymnasium H. Jeder Schüler darf/soll mit acht Versuchen möglichst häufig den Basketball in den Korb legen. Die Vereins-Basketballer lächeln – „Tausendmal geübt" –, die Streetballer sind optimistisch – „hundertfach probiert" –, die anderen eher skeptisch – „einige Male versucht, oft ging's schief".

Die Prüfung nimmt ihren Lauf, Können und Unvermögen offenbaren sich, ein bisschen Glück hier, ein bisschen Pech dort, etwas Aufregung kommt hinzu – die Erfolgsquote lässt zu wünschen übrig. Der Lehrer bewertet und beziffert die Treffer-Quoten in Noten: Acht Treffer werden zur Note 1, sieben Treffer zur 1 bis 2, sechs Treffer ergibt 'gut' usw. Die Schüler sind überwiegend enttäuscht, empfinden die Prozedur als ziemlich willkürlich und etwas lächerlich. Aber sie nehmen es hin und dürfen nun – wie zur Belohnung – Basketball spielen.

Offenbar überwiegt in dieser Art der Prüfung die Form anstelle des Inhalts. Aus dem Gegenstand 'Basketball-Spielen' wird ein spezifisches Handlungsschema (Korbleger) isoliert und in der Aufgabenstellung so präpariert, dass es zu leicht mess- bzw. zählbaren Resultaten führen kann. Das Basketball-Spielen wird zur nebensächlichen Kür, die Demonstration eines parzellierten Handlungsschemas zur hervorragenden Pflicht. *In der Prüfung setzen sich solchermaßen die schulischen Regularien selbst in Szene. Es entsteht ein Ritualismus, der bei den Schülern den faden Geschmack des Sinnlosen (– aber vielleicht Notwendigen –) hinterlässt.*

5. Folgerungen

Die Kritik an der Bewertungspraxis meint nicht die ersatzlose Abschaffung von jeglicher Form der Rückmeldung und Bewertung, oder gar den Verzicht auf Förderungsmöglichkeiten des Leistens. Statt dessen begeben wir uns mit den folgenden Vorschlägen auf die Suche nach solchen Formen und Verfahrensweisen, die der Entwicklung von Schülerinnen und Schülern dienen, die Lust am Lernen, Selbstständigkeit, Sozialfähigkeiten und nicht zuletzt Erfahrungen in den sportlichen Sinnperspektiven fördern sollen.

Bedeutungen des Sich-Bewegens vermitteln

Wird das Leisten als Fähigkeit verstanden, tatkräftig zu handeln, innere und äußere Widerstände zu überwinden, Aufgaben zu lösen und Herausforderungen zu bewältigen, so ist es wichtiger Bestandteil gerade auch sportunterrichtlicher Erziehungskonzepte. Denn nicht die abstrakten Kategorien des Leistungswillens, des Leistungsstrebens und des Leistungsvollzuges machen sportpädagogische Bemühungen schon sinnvoll, weil diese die Gefahr „praktizierter Ideologie" und des (frühen oder späteren) Missbrauchs bergen. Vielmehr geht es darum, die verschiedenartigen Bedeutungen des Sich-Bewegens (im Sport, im Spiel, im Tanz und anderen Formen der Bewegungskultur) zu erschließen, um entwicklungsförderliche Auseinandersetzungen zwischen Kind / Schüler und Umwelt zu ermöglichen.

Selbstbewertungen fördern

Damit ist gemeint, den Blick weg von den anonymen Leistungsnormen hin zu den individuellen Könnenserfahrungen der Schüler zu richten. Gefragt sind all jene

Verfahrensweisen (s. z. B. GRÖBERT 1997, 28 ff.), die geeignet dafür sind, dass Schüler sich selbst Rechenschaft über ihren Leistungsstand und ihre Lernentwicklung geben und dies zum Ausgangspunkt neuer Lernbemühungen nehmen können. Allgemeiner gesagt handelt es sich um eine Form des intra-individuellen Vergleichs, der über verschiedene Fähigkeitsaspekte zu einem individuellen Profil führt, anhand dessen sich Schüler eigene Rückmeldungen über ihren Könnens- und Entwicklungsstand geben und das zugleich für den Lehrenden aufschlussreich und anregend im Hinblick auf die Schülerperspektiven in seinem Unterricht sein kann.

Darauf aufbauend lassen sich auch individuelle Lernziele bis hin zur Frage der Leistungsgrenzen ermitteln und zum Gegenstand unterrichtlicher Bemühungen machen. Solche Selbsteinschätzungen, das Setzen und Verfolgen eigener Ziele, versuchte Grenzüberschreitungen und Grenzerfahrungen sind nicht nur motivationsfördernd, sondern für die Entwicklung stabiler Persönlichkeiten von entscheidender Bedeutung.

Mit Schüler-Schüler-Bewertungen arbeiten

Schüler nehmen sich im Unterricht wechselseitig recht aufmerksam und keineswegs nur unkritisch wahr. Diese Wahrnehmungen nach den Regeln eines konstruktiven S-S-Feedbacks auszutauschen, ist nicht nur eine gute Möglichkeit, eigene Fähigkeiten und Leistungen im Spiegel der jeweils anderen betrachten zu können, sondern es bildet zugleich einen wichtigen Bestandteil sozialen Lernens im Sportunterricht.

Eine besondere Form dessen bieten sog. Beobachtungsaufgaben für Schüler. Dabei lernen sie genauer zu sehen, wie andere sich bewegen, Vergleiche untereinander anzustellen und sie müssen sich damit auseinandersetzen, wie sie anderen Rückmeldungen geben können, ohne zu pauschalieren, andere zu diskriminieren oder herabzusetzen. Ebenso wird ihre Bereitschaft und Fähigkeit gefordert, sich mit den Beobachtungen durch andere auseinanderzusetzen und deren Wahrnehmungen für sich zu verwerten.

Eine weitreichende Form stellt die Beteiligung der Schüler als Unterrichtende dar. Schüler sind insbesondere in den „neuen Sportarten" mitunter ebensolche (oder bessere) Sach-Experten wie ihre Lehrer. Die Kompetenzen von Schülern als Mit-Unterrichtende zu nutzen, weicht zwar die klassische Rollenverteilung auf, führt jedoch dazu, dass der Unterricht stärker als „Gemeinschafts-Projekt" von Schülern und Lehrenden erlebt wird, in dem wechselseitige Rückmeldungen und nicht zuletzt das Aushandeln von Gütemaßstäben obligatorisch werden.

Gütemaßstäbe und Prüfungsbedingungen verhandeln

„Wie alle Fächer, so hat auch der Sport zu vermitteln zwischen den Leistungserwartungen der Gesellschaft und den Leistungsbereitschaften der Schüler. In einer demokratischen Schule kann ein solcher Vermittlungsprozeß in einer pädagogisch vertretbaren Weise nur organisiert werden, wenn die Beziehungen zwischen Leistungserwartungen und persönlichem Leistungsbedürfnis transparent werden" (DIETRICH 1993, 21).

Deshalb sollten Gütemaßstäbe transparent und ihre Gültigkeit prinzipiell disponibel und revidierbar, also auch zwischen Lehrenden und Lernenden verhandelbar sein. Schüler sollten erkennen können, nach welchen Maßstäben und Kriterien der Lehrende ihre Leistungen bewerten möchte und sie sollten die Angemessenheit der Bewertungsmaßstäbe im Hinblick auf ihre Bedingungen hinterfragen dürfen.

Dazu gehört auch, dass ihnen Wahlmöglichkeiten bei Organisation, Modus und Inhalten von Prüfungen gegeben werden: Die Entscheidung darüber, wann eine Leistung als erbracht gilt – gleitende oder punktuelle Prüfungen –, sind genauso vereinbar wie das Arrangement – „öffentlich" oder „in kleinem Kreis" –, das die Schüler vor Bloßstellungen mehr oder weniger schützen kann; schließlich ergeben sich nicht nur Entscheidungsfreiräume und Mitbestimmungsmöglichkeiten bei den Prüfungsinhalten – nicht alle Schüler müssen in denselben Inhaltsbereichen bewertet werden –, sondern es können darüber hinaus auch die individuellen, z. B. körperlichen Voraussetzungen der Schüler berücksichtigt werden. WOZNIK (1997) zeigt beispielhaft am Kugelstoßen, wie die vereinbarte Berücksichtigung der körperlichen Voraussetzungen (Größe, Gewicht, Hebelverhältnisse) der Schüler für die Ermittlung von Leistungsbewertungen zu mehr Akzeptanz und Gerechtigkeitserleben führt und zugleich die Problematik statistisch ermittelter Bewertungsnormen erkennbar und behandelbar wird.

Bewertungsrituale pflegen

Rituale sind für das Funktionieren und die Sicherung sozialer Systeme wichtig. Auch die Formen der Noten- und Zensurengebung können als Rituale betrachtet werden, die die Funktionsfähigkeit der Schule in den leitenden Orientierungsdimensionen von „Leistung" und „sozialer Ordnung" – einschließlich des Machtgefälles zwischen Lehrern und Schülern – symbolhaft darstellen und zugleich einüben. Deshalb werden Veränderungen solcher Rituale zumeist mit Skepsis und der Befürchtung bedacht, dass dadurch Verbindlichkeiten verloren gingen und stattdessen Unsicherheiten und Orientierungslosigkeit hervorgerufen würden.

Deshalb sollte beim Abbau des Benotungs-Rituals zugleich der Aufbau pädagogisch vertretbarer anderer Bewertungsrituale betrieben werden, die Verhaltenssicherheiten, soziale Regelungen und Orientierungen vermitteln. Für den Sportunterricht gibt es viele solcher Möglichkeiten. Sie reichen von regelmäßigen

Planungs- und Abschlussbesprechungen, durch die der Austausch und die Abstimmung von Lehr-/Lernzielen und die Bewertung des Lernverlaufs durch Lehrer und Schüler erfolgen kann, bis hin zu fest verankerten Aufführungen, Wettkämpfen, Projekten und Vorhaben, in denen die Schüler den Wert ihrer sportlichen Lernbemühungen und Befähigungen in verschiedener Weise realisieren, präsentieren und spiegeln können. Wichtig in diesem Zusammenhang ist, dass all diese Vorgehensweisen ihre Funktion als sinnvolles Ritual erst dann erfüllen können, wenn sie ein bestimmtes Maß an Verbindlichkeit und Gewohnheit erreichen, also gepflegt werden und nicht als lückenfüllendes Randgeschehen verkümmern.

Den Stellenwert der Benotungen relativieren

Wer den vorangehenden Überlegungen und skizzierten Vorschlägen folgt, kommt nicht umhin, die Rolle des Lehrenden zu überdenken. Wenn er erkennen muss, dass die Notenvergabepraxis weder nach wissenschaftlichen Verfahrensregeln hinreichend abgesichert noch pädagogisch stichhaltig begründet werden kann, wird er eine „innere Distanz" dazu gewinnen und den Stellenwert der Benotung in seinem Unterricht relativieren. Stattdessen wird er den Aspekt des Bewertens betonen, also stärker darauf achten, die Selbst-Bewertungsprozesse bei seinen Schülern zu fördern, konstruktive Bewertungen zwischen seinen Schülern gezielt herbeizuführen und nicht zuletzt nach Inszenierungsweisen trachten, durch die Schüler ihr Sporttreiben als wertvoll erfahren können.

Wenn er – aus welchen Gründen auch immer – Zensuren vergeben will oder soll, so gilt es dabei zu berücksichtigen, dass seine Verfahrensweisen die Motivation insbesondere der sportunerfahrenen Schüler nicht mindern, dass er die Möglichkeiten zur individuellen Leistungsbewertung nutzt, dass er Gesamteindrücke, die er z. B. anhand eines „Pädagogischen Tagebuchs" gewinnen kann, mit Teil-Beobachtungen vergleicht, dass seine Gütemaßstäbe und Bewertungskriterien transparent und verhandelbar bleiben und die Schüler somit die Problematik des Zensierens (soweit wie möglich) nachvollziehen lernen und unter Maßgabe ihres Gerechtigkeitesempfindens auch beurteilen können.

6. Weiterführende Literatur-Empfehlungen

Die folgenden Empfehlungen zur weiterführenden Literatur müssen angesichts der Schriftenfülle zum Thema 'Leisten, Bewerten, Zensieren' notwendigerweise stark selektiv sein. Der Wert hier nicht aufgeführter Abhandlungen soll dadurch keineswegs geschmälert werden.

– Meinhart VOLKAMER (1978): *Messen und Zensieren im Sportunterricht.*
Das Buch kann als Klassiker bezeichnet werden. Es arbeitet grundlegend und differenziert, vor allem (aber nicht nur) aus testtheoretischer Sicht die prinzipiellen

Differenzen zwischen Anspruch und (un-)möglicher Realisierung des Messens, Bewertens und Zensierens im Sportunterricht auf.

– Zeitschrift 'Körpererziehung' (2/1996): *Bewerten und Zensieren*, sowie *Notenfindung*.

Zunächst bietet das Heft eine anregende Experten-Diskussion zum Thema 'Bewerten und Zensieren' durch Vertreter der universitären Lehrerausbildung und des Deutschen Sportlehrer-Verbandes. Des Weiteren finden sich mehrere Beiträge über Erfahrungen bei der Konstruktion und Verwendung bestimmter Verfahrensweisen der Notenfindung.

– Zeitschrift 'sportpädagogik' (3/1993; 4/1997): *Leisten, sowie Bewerten und Zensieren*.

Das Thema 'Leisten' wird in den Basis-Artikeln unter motivationspsychologischen und gesellschaftstheoretischen Gesichtspunkten, das Thema 'Bewerten und Zensieren' – ähnlich wie im vorliegenden Beitrag – mehrperspektivisch behandelt. Die in den Basis-Artikeln entwickelten Leitlinien finden sodann ihre praktische (Ver-)-Wendung und Reflexion in einer Reihe von relevanten Erfahrungs-Beiträgen aus dem Sportunterricht.

– FRIEDRICH Jahresheft (1996): *Prüfen und Beurteilen*.

Das Heft spiegelt die Komplexität des Themas in zahlreichen, prägnanten Beiträgen zu den Aspekten des Rückmeldens und Bewertens, der Aufgaben und Fehler, von Klassenarbeiten und Klausuren, sowie von Zeugnissen und Prüfungen wider. Die Beiträge sind zum (kleineren) Teil auf Sportunterricht bezogen, betreffen auch viele andere Schulfächer und beinhalten darüber hinaus fächerübergreifende Analysen im Hinblick auf (Lern-)Entwicklungen der Schüler und die gesellschaftliche Steuerungsfunktion schulischer Beurteilungspraxis.

– Karl-Heinz INGENKAMP (1991): *Pädagogische Diagnostik*.

Dieser Artikel aus dem Handbuch der Pädagogik (ROTH 1991) gibt weitreichende Einblicke in die diagnostischen Möglichkeiten für Lehr-Lern-Prozesse auf dem Hintergrund ihrer institutionellen Rahmenbedingungen aus der Perspektive „pädagogischer Psychologie". Geschichtliche Betrachtungen finden sich darin ebenso wie die Darstellung und Diskussion traditioneller und alternativer Methoden zur Ermittlung von Lernvoraussetzungen, schulischen Lernerfolgen und Bildungsübergängen.

Literatur

BERNDT, I.: Wie motiviere ich meine Schülerinnen und Schüler? In: BIELEFELDER SPORT-PÄDAGOGEN: Methoden im Sportunterricht. Schorndorf 1989, 159–171.

DIETRICH, K.: Warum soll ich den Fosbury-Flop lernen? In: Sportpädagogik 17 (1993) 3, 18–21.

DIGEL, H.: Schulsport – wie ihn Schüler sehen. Eine Studie zum Schulsport in Südhessen (Teil 1). In: Sportunterricht 45 (1996) 8, 324–339.

ERDMANN, R.: Leisten und pädagogische Verantwortung. In: BALZ, E.; NEUMANN, P.: Wie pädagogisch soll der Schulsport sein? Schorndorf 1997.

FRIEDRICH Jahresheft XIV: Prüfen und Beurteilen. Seelze 1996.

GRÖBERT, D.: Bewerten, was Kinder können: Ein „Kann-Buch". In: Sportpädagogik 21 (1997) 4, 28–30.

GRUPE, O.; KRÜGER, M.: Einführung in die Sportpädagogik. Schorndorf 1997.

HECKER, G.: Möglichkeiten der Motivationsförderung im Sportunterricht. In: HACKFORT, D. (Hrsg.): Handeln im Sportunterricht. Köln 1984, 210–233.

HECKHAUSEN, H.: Leistungsmotivation. In: THOMAE, H. (Hrsg.): Handbuch der Psychologie, Bd. 2. Göttingen 1965, 602–702.

HECKHAUSEN, H.: Motivation und Handeln. Lehrbuch der Motivationspsychologie. Berlin 1980.

INGENKAMP, K.: Pädagogische Diagnostik. In: ROTH, L. (Hrsg.): Pädagogik. Handbuch für Studium und Praxis. München 1991, 760–785.

JOST, E.: Zensieren. In: Sportpädagogik 4 (1980) 6, 13–20.

KAMPER, D.: Statement zur Podiumsdiskussion zum Kongreßthema „Sozialisation im Sport". In: ADL (Hrsg.): Sozialisation im Sport. Schorndorf 1974, 16–19.

KLEINE, W.: Leistungsmotiv-Schulung im Grundschulsport. Eine motivationspsychologische Studie unter sportpädagogischen Aspekten. Schorndorf 1980.

KOLB, M.; SIEGMON, H.: Eine Beurteilungskriterienliste für den Sportunterricht. In: Sportpädagogik 21 (1997) 4, 43–45.

KULTUSMINISTERIUM DES LANDES SACHSEN-ANHALT: Leistungsbewertung im Sportunterricht. Magdeburg 1994.

LENK, H.: Leistungssport: Ideologie oder Mythos? Stuttgart 1972.

LENK, H.: Eigenleistung. Plädoyer für eine positive Leistungskultur. Osnabrück / Zürich 1983.

LENK, H.: Von der menschlichen und unmenschlichen Leistungsgesellschaft. In: Olympisches Feuer (1995) 1, 9–10.

REINHOLD, G. (Hrsg.): Soziologie-Lexikon. München, Wien 1992.

VOLKAMER, M.: Messen und Zensieren im Sportunterricht. Schorndorf 1979.

VOLKAMER, M.: Und wieder mal die Sportzensur. In: ders.: Von der Last mit der Lust im Schulsport. Schorndorf 1987, 87–95.

VOLKAMER, M.: Die Sportzensur ist und bleibt ein Dauerbrenner. In: Sportpädagogik 22 (1998) 2, 4–5.

WESSLING-LÜNNEMANN, G.: Lehrertraining für Leistungsmotivations-Förderung im Sportunterricht. Entwicklung und Evaluation einer Fortbildungskonzeption. Köln 1982.

WOZNIK, T.: Individuelle Leistungsbewertung beim Kugelstoßen. In: Sportpädagogik 21 (1997) 4, 38–42.

ZEITSCHRIFT 'KÖRPERERZIEHUNG': Themenschwerpunkt 'Bewerten und Zensieren', 46 (1996) 2.

ZEITSCHRIFT 'SPORTPÄDAGOGIK' 'Leisten', 17 (1993) 3.

ZEITSCHRIFT 'SPORTPÄDAGOGIK' 'Bewerten und Zensieren', 21 (1997) 4.

ZIEGENSPECK, J.: Zensur und Zeugnis. In: Sportpädagogik 4 (1980) 6, 20–25.

3. Konzepte und Beispiele für die Unterrichtspraxis

DETLEF KUHLMANN

Kleine Spiele

1. Einleitung

Das Thema Spielen im Sport(-unterricht) wird seit Jahrzehnten so umfangreich und vielgestaltig wie kaum ein anderes bearbeitet: Die Anzahl der sog. Spielebücher wächst unaufhörlich, und es gibt z. B. kaum ein Heft unserer gängigen Fachzeitschriften, in denen nicht irgendwo Beiträge zum Thema Spielen oder wenigstens Beispiele von Spielen vorkommen. Die sog. „Kleinen Spiele" – darüber besteht weitgehend Konsens bei allen im Sport Lehrenden – gehören unmittelbar dazu und scheinen sich nach wie vor großer Beliebtheit zu erfreuen. Und es kommt noch etwas ganz entscheidendes hinzu: Je mehr wir auf der einen Seite eine Mediatisierung bzw. Technisierung von Spielwelten und den Verlust von natürlichen Spielräumen etc. beklagen, um so mehr müssen wir auf der anderen Seite dafür Sorge tragen, attraktive und authentische Spielgelegenheiten weiter sicherzustellen und immer wieder neu zu entdecken. Kleine Spiele könnten also auch künftig kräftig Konjunktur haben ...

An den unterschiedlichsten Spielideen und unzähligen Spielvorschlägen (dem sog. „Spielegut") scheint es dafür bis jetzt nicht zu mangeln. Mehr noch: Wer sich gerade angesichts der Literaturfülle mit dem Thema Spielen näher beschäftigen will, kann leicht in Gefahr geraten, darin die Übersicht zu verlieren. Genau dieser Gefahr will der folgende Beitrag ein wenig begegnen: Er will Übersicht schaffen. Er will etwas von dem Know-how der Kleinen Spiele erläutern. Dabei geht es um die Klärung zentraler Begriffe genauso wie z. B. um die Benennung von Einsatzmöglichkeiten Kleiner Spiele und um praktische Empfehlungen zu ihrer Durchführung. Der Beitrag will somit einige wichtige Wegweiser aufstellen, damit jede/jeder Lehrende im Sport ihren/seinen eigenen Weg in die große Welt der Kleinen Spiele findet, ohne dass ein (Spiel-)Ende jemals abzusehen ist.

Diese Aufgabe wird in insgesamt sieben Schritten (Kap. 2 bis 8) angegangen. Die Frageform zu den einzelnen Abschnitten ist auch deswegen gewählt worden, damit jede Leserin/jeder Leser hinterher für sich entscheiden kann, ob die vorgelegte Antwort ausreichend erscheint bzw. ob und ggf. wo die Antwortsuche weitergehen muss oder sich neue Fragen zur Klärung anschließen lassen; ausgewählte Literaturhinweise sollen dieses Unternehmen erleichtern helfen. Denn grundsätzlich gilt: Wer sich auf bestimmte Fragestellungen konzentriert, blendet zwangsläufig dabei andere aus. Niemand kann alles auf einmal klären, genauso wie man nicht mehrere Kleine Spiele gleichzeitig spielen kann. Der Beitrag schließt mit einer („kleinen") Präsentation einiger Bücher mit Kleinen Spielen.

2. Wie lassen sich Kleine Spiele definieren?

Der Begriff Kleine Spiele gehört seit Sportlehrergenerationen zum kollektiven Code. Das großgeschriebene Adjektiv „Kleine" verdeutlicht sogar aus grammatikalischer Sicht den Begriff als feststehende Größe und verweist auf die Bedeutung dieses Gegenstandes für Lehr-Lernsituationen im Sport(-unterricht). Mag sein, dass die neuzeitliche Karriere des Begriffs Kleine Spiele mit dem Erscheinen der ersten Auflage des (ehemaligen) DDR-Klassikers „Kleine Spiele" (DÖBLER) im Jahre 1963 zusammenhängt; jedenfalls ist dieses Buch – nach Bekunden von Verlag und Autoren – nach wie vor die größte deutschsprachige Sammlung von Kleinen Spielen im Sport. Davon einmal abgesehen, taucht der Begriff in vielen anderen Zusammenhängen auf, sei es in den schulischen Lehrplänen, sei es als Titel von Büchern etc.: Alle, die im Sport lehren, sollten eigentlich ziemlich exakt wissen, was Kleine Spiele sind, und gespielt haben dürften sie sie allemal schon reichlich.

Also: Was sind Kleine Spiele? Versucht man, eine erste kurze Definition zu geben, dann bieten z. B. DÖBLER (1996) folgende Orientierung: „Als Kleines Spiel bezeichnen wir demnach eine von einem bestimmten Spielgedanken beziehungsweise einer Aufgabe ausgehende Folge von freudvollen Handlungen, die durch motorische Leistung und soziale Aktivität bestimmt werden. Kleine Spiele tragen meist Wettbewerbscharakter; sie werden andererseits aber auch nur aus Freude am Miteinander gespielt, ohne die Ermittlung von Siegern" (15). Das klingt beim ersten Lesen einleuchtend, aber spätestens beim zweiten auch herausfordernd: Was unterscheidet Kleine Spiele von den sog. Großen (Sport-) Spielen? Und: Warum sind z. B. Karten- und Computerspiele keine Kleinen Spiele?

Eine Begriffsbestimmung muss demnach weitergehen und auch die wesentlichsten Merkmale beschreiben, die die Kleinen Spiele auszeichnen und eben von anderen Spielen grundlegend unterscheiden (vgl. dazu ausführlicher SCHERLER 1983, 115): Kleine Spiele verfügen über kein international festgelegtes Regelwerk, sondern allenfalls über knappe Spielbeschreibungen, die je nach Voraussetzungen der Spielenden und den situativen Rahmenbedingungen angepasst werden müssen bzw. veränderbar sind, ohne dass irgendwelche normierten Spielgeräte eingesetzt werden müssen. Die überwiegend motorischen Spielanforderungen sind offenbar einladend einfach, so dass möglichst schnell ein für alle anregend-aufregendes Spielerlebnis zustande kommt. Spaß und Freude am Spiel stehen im Vordergrund. Die Ermittlung von Siegern bzw. der Vergleich von zählbaren Leistungen sind zwar grundsätzlich möglich, bleiben aber mehr oder weniger folgenlos für die Spielenden. Sieger bei Kleinen Spielen erhalten keine Werbeverträge und Verlierer verpassen keine Aufstiegsprämie.

3. Wie lassen sich Kleine Spiele systematisieren?

Zwei Kriterien aus der eben gelieferten Begriffsbestimmung müssen in Erinnerung gehalten werden, wenn es jetzt gilt, die Kleinen Spiele genauer zu systematisieren: Bei Kleinen Spielen handelt es sich erstens im weitesten Sinne um Bewegungsspiele, also mit überwiegend motorischen Aktivitäten der Spielerinnen und Spieler, und zweitens unterscheiden sich Kleine Spiele – wie der Name schon sagt – prinzipiell von anderen, den sog. Großen Sportspielen wie z. B. Fußball und Volleyball mit ihrer weltweiten Verbreitung nach einem kodifizierten Regelwerk. Was die Möglichkeiten zur Bündelung von Kleinen Spielen anbelangt, so gibt es vermutlich mindestens soviel Systematiken wie Bücher mit Kleinen Spielen – das soll auch heißen: Wer Kleine Spiele sammelt, muss sich zwangsläufig auch sinnvolle Kriterien überlegen, nach denen er seine Spiele ordnet – vordergründig etwa nach einem geeigneten Spielort (z. B. in der Halle, im Wasser), nach der Notwendigkeit bestimmter Spielgeräte (z. B. mit Bällen) etc.

Im Folgenden möchte ich drei ganz unterschiedliche Ordnungsversuche gegenüberstellen und damit die breite Palette von Möglichkeiten aufzeigen, nach denen sich Kleine Spiele systematisieren lassen. Der erste stammt von DÖBLER (1996, 17–19). Diese Systematik sieht eine sog. Grobgliederung mit Gruppennamen vor. Die Autoren nennen jeweils die Grundformen der körperlichen Bewegung und verweisen auf die Art der hauptsächlichen Spieltätigkeit. Dazu zählen dann: Singspiele, Laufspiele, Ballspiele, Sportliche Freizeitspiele, Kraft- und Gewandtheitsspiele, Spiele zur Übung der Sinne, Kleine Spiele im Wasser, Kleine Spiele bei Schnee und Eis, Geländespiele sowie Heim- und Partyspiele. Zu diesen Spielgruppen werden in der Sammlung von DÖBLER jeweils etliche Kleine Spiele vorgestellt. Diese Art der Systematik verdeutlicht die Möglichkeiten, aber auch die Grenzen einer trennscharfen Abgrenzung von Spielgruppen – mit ein paar Fragen lassen sich die Probleme konkretisieren: Finden z. B. Partyspiele nicht auch genauso in der Freizeit statt wie die Sportlichen Freizeitspiele? Benötigt man beim Spiel im Schnee und auf Eis nicht auch Kraft und Gewandtheit, wie dies bei den gleichnamigen Spielen der Fall ist? Solche Fragen deuten an, dass es immer nur Versuche sein können, das Spielegut zu ordnen.

Als Ergebnis lässt sich demnach festhalten: Eine verbindliche und endgültige Systematik von Kleinen Spielen gibt es nicht und kann es auch gar nicht geben. Entscheidend ist immer der Verwendungszweck: Alle weiteren Ordnungssysteme sind daher lediglich als Hilfen zur Selbsthilfe zu betrachten, nämlich sich selbst möglichst gut und schnell mit den unzähligen Kleinen Spielen zurechtzufinden, bzw. um seine eigenen Kleinen Spiele zu inventarisieren. Vor diesem Hintergrund ist die didaktische Ordnung in Anlehnung an WEICHERT (1995, bes. 153–156) als zweiter Systematisierungsvorschlag hilfreich. Er versucht zunächst, das jeweils Typische eines Spiels herauszustellen und dadurch von anderen Spielen abzugrenzen. Die zentrale Frage lautet dabei: Worin besteht die Spielidee? Bei dem Kleinen

Spiel mit dem Namen „Rollball" kommt es z. B. darauf an, einen Ball rollender-
weise zu Mitspielern und dabei möglichst schnell in ein Ziel zu befördern, während
man beim „Plumpsack" jemandem hinterherlaufen muss etc. Nimmt man die
Spielidee als Kriterium zur Systematisierung, dann lassen sich drei Typen von
Spielen unterscheiden, denen man dann jeweils die entsprechenden Spiele zuordnen und weiter differenzieren kann (zu dieser Systematisierung vgl. auch schon
DIETRICH 1980 im Rückgriff auf BUYTENDIJK 1970, bes. 12):

(1) *Spielen mit etwas*: Dies sind Spiele mit Gegenständen, Materialien, Objek-
ten, mit denen etwas ausprobiert wird. Sie werden in Bewegung gebracht, und
dabei bewegen sich die Spielenden selbst mit. Es entsteht so gesehen ein Bewegungsdialog mit den Gegenständen.

(2) *Spielen als etwas*: Dies sind Spiele, bei denen die Spielenden selbst etwas darstellen, etwas imitieren, eine gespielte Wirklichkeit in Bewegung setzen und
zur Aufführung bringen. Sie selbst übernehmen dabei bestimmte bewegende
Rollen.

(3) *Spielen um etwas*: Dies sind Spiele, bei denen nach frei vereinbarten und inso-
fern „künstlichen" Regeln widerstreitende Spielerinnen und Spieler und/oder
Parteien mit- und gegeneinander spielen. Sie versuchen dabei, ein („das")
Spielziel zu verwirklichen, z. B. einen Ball in ein aufgestelltes Tor zu werfen.

Spannungselemente und ein Aufforderungscharakter zum Spielen sind in allen drei
Typen vorhanden, aber jeweils verschieden ausgeprägt: Beim Spielen mit etwas resultiert er aus dem Können bzw. Nicht-Können im Umgang mit dem Spielobjekt,
beim Spielen als etwas aus der Übernahme und dem Hineinversetzen, aber auch
aus dem Wechsel von Rollen und den damit verbundenen neuen spielerischen Möglichkeiten zur Rollengestaltung. Beim Spielen um etwas liegt die Dramatik wesentlich darin, dass ihnen Ungewissheit zugrunde liegt, was im Spiel gelingt bzw. miss-
lingt bzw. wer am Ende gewinnt oder verliert. Die hauptsächlichen Bewegungs-
funktionen lassen sich demnach idealtypisch beim Spielen mit etwas als explorativ
und produktiv, beim Spielen als etwas als expressiv und kommunikativ sowie beim
Spielen um etwas als komparativ und strategisch bezeichnen (vgl. nochmals
DIETRICH 1980, bes. 18).

Fast als eine Art Synthese aus den beiden bisher präsentierten Systematisierungs-
möglichkeiten lässt sich der dritte Ordnungsversuch Kleiner Spiele ankündigen. Er
geht zurück auf BRINCKMANN/TREEß (1980) und davon aus, dass Kleine Spiele immer und zuallererst abhängig sind von der räumlichen und materiellen Gege-
benheit, in der sie gespielt werden sollen. Im Blick auf Spielsituationen des Schulsports kann das auch als Aufforderung verstanden werden, für Kleine Spiele die an
sich naheliegenden Spielorte zu verlassen, um andere (wieder neu) zu entdecken.
Insofern liegt die Systematik von BRINCKMANN/TREEß nahe, wenn sie ihre
Spielideen nach sog. Grundsituationen ordnen, die sich teilweise wiederum über-
schneiden. Folgende sechs Grundsituationen gehören dazu:

- Spielobjekte und Materialien (Spiele mit Reifen, Kartons, Seilen, Bällen etc.)
- Spielfläche nach Größe und Bodenbeschaffenheit (Halle, Park, Rasen etc.)
- Musik (mit Klängen und Geräuschen, sei es selbst erstellt bzw. auf Kassette etc.)
- Spielgelände (Spiellandschaften mit Geräten im Raum oder open air)
- Eis und Schnee (auf Hängen und Pisten bzw. auf Eis von Teichen und Flüssen)
- Wasser (Spielanlässe im oder auf dem Wasser mit Spielgeräten)

4. Wie können Kleine Spiele eingesetzt werden?

Eine erste Antwort auf diese Frage ist ziemlich naheliegend: Kleine Spiele können überall dort vorkommen, wo gespielt werden kann. Kleine Spiele dürfen / können / sollen eigentlich alle spielen, die gerade Lust zum Spielen haben. Für die Beantwortung der Frage nach den Einsatzmöglichkeiten von Kleinen Spielen gilt aber auf der anderen Seite: Kleine Spiele sind nirgendwo zwingend notwendig vorgeschrieben. Es sind eben viele Situationen und Anlässe vorstellbar, in denen Kleine Spiele sinnvoll und möglich sind. Ihre besonderen Einsatzmöglichkeiten im Sport(-unterricht) lassen sich danach etwa so näher kennzeichnen:

Kleine Spiele können beispielsweise zu jeder Phase innerhalb einer (Sport-) Unterrichtsstunde in der Schule gespielt werden, sei es zu Beginn im Rahmen der Erwärmung, sei es im Hauptteil als Abwechslung zu anderen mehr nicht-spielerischen Aktivitäten oder sei es zeitlich am Schluss einer Stunde als spielerischer Ausklang; ganz zu schweigen etwa von reinen Spielstunden oder von den Einsatzmöglichkeiten Kleiner Spiele außerhalb des Sportunterrichts bzw. außerhalb von Schule, wo Menschen z. B. aus einem ganz anderen Anlass zusammenkommen und wo „plötzlich und unerwartet" zum Spielen eingeladen wird, weil die dafür eigens ausgewählten Kleinen Spiele evtl. das Programm eines Festes bereichern oder eine Pause beim Wandertag gestalten helfen sollen.

Diese Möglichkeiten zum Einsatz von Kleinen Spielen folgen einer Gliederung nach dem (Stunden-) Ereignis bzw. seiner chronologischen Rahmung: Kleine Spiele können und sollen dort, wo sie plaziert werden, einen bestimmten Zweck erfüllen. Als ein ganz wichtiges Kriterium dabei ist festzuhalten: Dieser unterstellte Zweck ergibt sich nicht so sehr aus dem Spielgeschehen selbst, sondern aus der Situation, in der das ausgewählte Kleine Spiel gespielt wird. Die Ziele des Spiels entstehen zuallererst in den Köpfen und Konzepten derjenigen, die die Kleine Spiele für andere inszenieren. Wir versprechen uns von Kleinen Spielen etwas, was anders vielleicht gar nicht, aber durch sie eben sehr viel besser oder zumindest ganz gut erreicht werden kann. Ob die Spielenden diese Zwecke überhaupt erkennen und den situativen Anlass von Kleinen Spielen daher genauso sehen, ist eine ganz andere, nämlich eine weitgehend empirische Frage: Wie „testet" man eigentlich die Zweckerfüllung von Kleinen Spielen?

Wer die Kleinen Spiele nach ihren Verwendungsmöglichkeiten zu betrachten versucht, stellt sie damit prinzipiell in einen funktionalen Zusammenhang. Kleine Spiele erhalten ein „um zu"-Motiv. Viele Bücher mit Sammlungen von Kleinen Spielen lassen eine solche Funktionalisierung oftmals schon im Titel erkennen und versuchen, ihr Spielegut vordergründig danach zu gliedern, welche Zwecke mit ihnen jeweils erfüllt werden können. Durch den Vollzug von Kleinen Spielen sollen sich bestimmte Effekte bei den Spielenden einstellen (können). Solche Funktionszusammenhänge können z. B. sein (vgl. dazu ähnlich GÜNZEL 1990):

(1) Kleine Spiele dienen der Vorbereitung auf andere Spiele, nämlich meistens den sog. Großen Sportspielen. Kleine Spiele erhalten ihren Stellenwert wesentlich dadurch, dass mehrere Kleine Spiele aneinandergereiht und nacheinander gespielt werden. Mit Bezeichnungen wie z. B. „Vom Turmballspiel zum Basketballspiel" wird dieser Typ von Funktionalisierung in seiner Phasierung beschrieben. Ein Teil der (älteren) Diskussion um die Vermittlung von Sportspielen basiert gerade auf der Annahme, dass mit Hilfe von Kleinen die Großen Spiele naheliegend eingeführt werden können.

(2) Kleine Spiele dienen der Schulung von Kraft, Schnelligkeit, Ausdauer, Koordination etc. Kleine Spiele erhalten hier ihren Stellenwert wesentlich dadurch, dass durch sie konditionelle Anpassungsleistungen erzielt werden sollen: Kleine Spiele werden demnach nicht einfach so gespielt, sondern man verspricht sich durch die „Verordnung" von Kleinen Spielen z. B. die Verbesserung seiner Fitness in spielerischer Form. Kleine Spiele werden gespielt, um etwas anderes zu erreichen. Sie sind danach auszuwählen und zu beurteilen, inwiefern gerade mit „gezielter" Hilfe des Kleinen Spiels A. genau jener Zweck B. erfüllt werden kann: Es wird quasi nur A. gespielt, um B. zu erreichen.

(3) Kleine Spiele dienen der Förderung des sozialen Lernens. Durch Kleine Spiele sind vielfältige Anlässe zum Erwerb sozialer Kompetenzen gegeben. Wer gemeinsam mit anderen (und womöglich noch gegen andere) spielt, der muss bestimmte Aufgaben und Rollen im Spiel übernehmen, soll vereinbarte Regeln möglichst immer einhalten, ist auf Unterstützung von Partnern angewiesen, geht Auseinandersetzungen ein etc. Kleine Spiele schaffen permanent soziale Lerngelegenheiten.

So eindrucksvoll der Verweis auf Einsatzmöglichkeiten nach möglichen Funktionen von Kleinen Spielen auf den ersten Blick auch sein mag, er bleibt in dieser Darstellung mehr oder minder außengerichtet. Eine solche Sichtweise erweist sich bei näherer Betrachtung als nicht ganz unproblematisch – wiederum mindestens in zweifacher Hinsicht muss nachgehakt werden: Wer Kleine Spiele nur einsetzen will, um z. B. die allgemeine Laufausdauer zu schulen und zu verbessern, sollte ebenfalls Überlegungen anstellen, ob er dies nicht anderswie noch viel effektiver erreichen kann. Anders und zweitens: Wenn jemand dennoch an Kleinen Spielen festhalten will, muss er ebenso darüber nachdenken, worin denn der besondere

Reiz und Gewinn von Kleinen Spielen gegenüber anderen eben nicht-spielerischen Übungsformen und Lerngegenständen liegen könnte. Damit kann übergeleitet werden zum nächsten Abschnitt und der darin gestellten Frage.

5. Welche pädagogischen Wirkungen bieten Kleine Spiele?

Für die Beantwortung dieser Frage ist eine Annahme grundlegend, die sich aus dem Gegensatz zu der Funktionalisierung von Kleinen Spielen im letzten Abschnitt ergibt. Es erfolgt damit nun eine Betrachtungsweise, die innengerichtet ist. Dahinter steht die Prämisse: Kleine Spiele erhalten ihren Sinn aus sich selbst heraus. Kleine Spiele stehen nicht per se in irgendeinem übergeordneten Begründungszusammenhang. Ihre Einsatzmöglichkeiten werden nicht prinzipiell über irgendwelche äußeren Zielorientierungen bestimmt. Sie sind demzufolge eigenständige Spiele und gerade deswegen so bedeutsam für den Sport(-unterricht), weil sie durch nichts anderes zu ersetzen sind. Wirkliches Spielen kann nur dort entstehen, wo Zweckfreiheit gegeben ist. Damit wird der Blick auf den aktuellen Vollzug von Kleinen Spielen und auf das komplexe Spielgeschehen selbst gerichtet, das sich vor unseren Augen „live" abspielt und wo wir selbst mittendrin sind und zugleich von einem diffusen „Drumherum" umgeben werden.

Dennoch bleibt die Frage nach den möglichen pädagogischen Wirkungen von Kleinen Spielen bedeutsam, und zwar immer dann, wenn wir einerseits ihre Eigenständigkeit akzeptieren, aber andererseits und zugleich nach dem „Mehr" suchen, das Kleine Spiele aus sich heraus bewirken können. Kleine Spiele bleiben so gesehen auch nicht gänzlich folgenlos für die Mitspielenden. Diese Widersprüchlichkeit lässt sich aufbrechen, wenn wir nach den pädagogischen Möglichkeiten fragen, die sich beim Spielen im Sport beispielhaft abspielen. Dabei ergibt sich eine dialektische Betrachtungsweise. Sie lässt sich etwa so differenzieren (vgl. dazu EHNI 1995, 145):

- *Erziehung zum Spiel*: Hierbei geht es um die Erfahrung der das Spiel konstituierenden Merkmale – nämlich um das Einlassen auf eine Spielidee und die Teilnahme an einem an sich völlig harmlosen, weil zweckfreien Kleinen Spiel. Dies wiederum bedeutet, mit einem Höchstmaß an Freiheit und Offenheit umzugehen und diese ins Spiel zu bringen: Sinnfindung zum Spiel. Diese Herangehensweise an das Spiel schließt jedoch nicht grundsätzlich aus, dass der Sinn des Spiels auch verfehlt oder missbraucht werden kann.

- *Erziehung durch Spiel*: Hierbei geht es um die Wirkungen, die das Spiel unvermeidlich in sich führt: Diese Wirkungen müssen jedoch in den Selbstzweck des Spiels integriert bleiben. Sie können sich durch das Spiel entwickeln und sind wesentlich danach zu beurteilen, inwiefern sie überhaupt pädagogisch wünschenswert sind: Sinnfindung durch Spiel. Diese Herangehensweise an das Spiel schließt die Ursachen und Tatsachen mit ein, die vor dem Spiel liegen und so Mittel zum Zweck werden können, jedoch ohne dass die Zielsetzung des Spiels vorab von seinem erreichten Ende bestimmt werden könnte.

Diese dialektische Struktur ist spielimmanent. Sie lässt sich weder in eine Richtung hin gänzlich beseitigen noch bei Bedarf zeitweilig entsorgen. Sie kann und muss mit ihrer Widersprüchlichkeit ertragen werden. Sie erzeugt zwangsläufig Spannungen und enthält eine Dynamik um des Spielens willen. Darin liegt der eigentliche Witz des Spiels, dass sich zwei vermeintlich gleichstarke Kräfte ins Spiel bringen bzw. zum Spielen gebracht werden, um sodann wechselseitig ihre Kräfte zu reduzieren und zu negieren (vgl. nochmals EHNI 1995, bes. 147). Vor diesem Hintergrund wird jetzt erst recht die folgende Frage relevant.

6. Wann ist ein Kleines Spiel ein „gutes" Spiel?

Ein paar Voraussetzungen zur Bearbeitung dieser Frage wurden bereits in den vorherigen Abschnitten geschaffen: Der wesentliche Reiz des Spiels liegt offensichtlich darin, sich in ein spielerisches Spannungsfeld zu begeben, ohne vorher absehen zu können, was darin genau abgeht. Spiele generell lassen sich nicht von ihrem Ende her bestimmen – mehr noch: Je länger sein Ausgang für alle Beteiligten offenbleibt, desto dramatischer wird das wechselseitige Spielgeschehen erlebt. Je größer die Spannung, desto intensiver das Spiel!

Die Anziehungskraft des Spiels und das Spannungsfeld im Spiel sind aber nicht allein ausreichend, um immer und allemal ein Spiel „gut" zu spielen. In pädagogischer Absicht müssen wir gezielter danach fragen (vgl. dazu schon KURZ 1995, 44): Welche förderlichen Bedingungen können dazu beitragen bzw. müssen vorhanden sein, damit ein Kleines Spiel ein „gutes" Spiel wird? Die folgende Darstellung dazu geht zurück auf WEICHERT (1995; vgl. bes. 151–153) und die von ihm sog. Trias, mit der er das „gute" Spielen ausweist. Sie lässt sich knapp etwa so zusammenfassen:

(1) *Gut spielen heißt vielsinnig spielen*: Jedes Spiel kann von denen, die spielen, mehrfach mit Sinnmerkmalen belegt werden. Spannung erleben und Spaß haben sind dann nur erste oberflächliche Beschreibungen, die sich in vielfacher Hinsicht ausweiten lassen: sich in einer Spielerrolle zeigen und sich darin möglichst auch wohlfühlen können, sich selbst etwas abverlangen und seinen Körper (regelgerecht) ins Spiel bringen, mit seinem persönlichen Einsatz zum Spielerfolg beitragen und dabei Geschick und Können einsetzen etc., sind demnach einige weitere Hinsichten. Ein gutes Spiel im pädagogischen Kontext sollte möglichst etliche solcher vielsinnigen Aspekte befriedigen können – etwa im Gegensatz zu einem einsinnigen Glücksspiel am Automaten, wo weder besonderes Können noch intensive Kooperation mit anderen gefragt sind.

(2) *Gut spielen heißt dialektisch spielen*: Die Dialektik des Spiels ist zwar spielimmanent, aber sie lässt sich ebensowenig in ihrem Verlauf vorprogrammieren. Das Spannungsfeld des Spiels produzieren die Mitspielenden mit ihren (vielsinnigen) Handlungen selbst. Es entstehen permanent wechselnde Konfigura-

tionen z. B. zwischen Aktivität und Passivität (der Anteilnahme am Spielgeschehen), zwischen Zufall und Planung (des Spielablaufs), zwischen Offenheit und Geschlossenheit (der Regelanwendung), zwischen Kooperation und Konkurrenz (im Zusammenspiel) etc. Ein gutes Spiel im dialektischen Sinne bedeutet, so zu spielen, dass eine Balance im Spannungsfeld gefunden wird, die die Beteiligten insgesamt als reizvoll empfinden. Sie liegt immer dann vor, wenn die Spielenden ganz im Spiel aufgehen und das Spielen als eine Art *flow*-Erlebnis empfinden (z. b. CSIKSZENTMIHALYI 1992).

(3) *Gut spielen heißt selbstständig spielen*: Ein Spiel läuft immer dann gut, wenn es wie von selbst läuft und jeder Eingriff von außen spielzerstörend wirken könnte. Das klingt einleuchtend, aber zugleich für manche ein wenig realitätsfremd. Selbstständig spielen bedeutet nämlich auch, unterschiedliche Freiheitsgrade dabei zu erfahren und nach und nach Handlungskompetenzen darin zu erwerben. Dieser pädagogische Anspruch, Schülerinnen und Schüler zu befähigen, ein Spiel in eigener Verantwortung zu regeln, erfordert ein schrittweises und behutsames Vorgehen in mehreren Richtungen: etwa zunehmend selbstständiger im Spiel zu handeln, und nicht etwa immer nur auf Handlungsanweisungen von außen („Spiel doch so und so …") zu reagieren; etwa zunehmend selbstständiger das Spiel zu regeln, anstatt etwa immer nur auf eine Schiedsrichterentscheidung zu warten; oder auch ein Spiel dann selbstständig zu verändern, wenn sein Spannungsfeld an Balance zu verlieren droht …

Fazit: Wenn also Kleine Spiele zum Thema im Sport (-unterricht) in der Schule werden, kommt es nicht einzig darauf an, irgendwelche Spiele irgendwie spielen zu lassen. Es sollten förderliche Bedingungen dafür geschaffen und immer wieder neu eingerichtet werden, dass alle Spiele möglichst „gut" gespielt werden können. Und Lehrende im Sport müssen sich dann klar darüber sein, was und wie sie selbst zu einem guten Spiel beitragen können. Damit kann übergeleitet werden zu der vorletzten Frage in diesem Beitrag.

7. Welche Aufgaben sollen Spielleiterinnen und Spielleiter wahrnehmen?

Im vorherigen Abschnitt war u. a. davon die Rede, dass beim Spielen sukzessiv ein Höchstmaß an Selbstständigkeit der Spielenden erreicht werden soll. Daraus könnte gefolgert werden, dass ein Spiel nur dann gut ist, wenn der Spielleiter bzw. die Spielleiterin (wg. Selbstständigkeit) gänzlich überflüssig geworden ist. Halt: So einfach lässt sich diese Gleichung nicht auflösen, und Spielen ohne Lehrperson hieße zwangsläufig, das Spiel aus seinem pädagogischen Kontext zu entlassen – anders: Wer seine Aufgaben als Spielleiter „gut" wahrnehmen will, hat maßgeblich dafür Sorge zu tragen, optimale Bedingungen für gelingendes Spielen zu schaffen, aufrechtzuerhalten und ggf. bei „Defekten" wiederherzustellen. Spiele lehren bedeutet in erster Linie, ein Spiel-Lernen zu ermöglichen, und zwar durch Herstellen einer authentischen Spielwirklichkeit um des Spielens willen.

Wie kann das konkret in der Spielpraxis aussehen? Wohl kaum jemand ist in der Lage, alle möglichen Aufgaben eines Spielleiters bzw. einer Spielleiterin jemals vollständig und präzise zu benennen und zu beschreiben; allenfalls eine bescheidene Bündelung von Bereichen ist denkbar. Sie kann sich beispielsweise an den Aufgaben in einer chronologischen Reihenfolge orientieren, bei der alle hauptsächlichen Tätigkeiten des Spielleiters bzw. der Spielleiterin zunächst speziell in der Vorbereitung eines Kleinen Spiels, sodann bei der Durchführung und schließlich bei der Auswertung zusammengetragen werden.

In diesem Abschnitt wird der Blick zunächst schwerpunktmäßig auf alle Aktivitäten des Spielleiters bzw. der Spielleiterin gerichtet, die während eines laufenden Spiels bedeutsam sein können. Im nächsten Kapitel folgt dann eine noch konkretere Betrachtung dessen, was als Inszenierung von Kleinen Spielen bezeichnet wird. In die einem Kleinen Spiel vorausgehende Inszenierung können auch Auswertungsprozesse gleichsam mit einfließen, zumal wenn man sich beide Prozesse als zirkuläre rund um das Spiel vorstellt, die ineinander übergehen können. Die folgende dreigliedrige Bündelung von Aufgaben eines Spielleiters während des Spiels basiert auf einem Vorschlag von STEMPER/SCHÖTTLER/LAGERSTRÖM (1983, 44–47) (vgl. daneben auch WEICHERT 1995, 156, und SCHERLER 1983, 123):

(1) *Genaues Beobachten*: Ist ein Kleines Spiel in Gang gekommen, bedeutet das keinesfalls den totalen Rückzug des Spielleiters – im Gegenteil: Er bleibt (vermutlich als einziger Betrachter am Spielfeldrand!) dem Spiel von außen weiter verbunden. Er kann sich jedoch zurückhalten, wenn es läuft. Er bleibt dann ein stiller, aber (hoffentlich!) aufmerksamer Beobachter des Spielgeschehens, und zwar in aller Regel solange, bis seine Beobachtungen übergehen und einfließen in:

(2) *Gezieltes Eingreifen*: Ein solches Eingreifen kann dann vorliegen, wenn die Balance im Spannungsfeld des Spiels zu kippen droht, wenn die Spielstörungen so groß sind, dass sie gutes Spielen gänzlich verhindern. Gezieltes Eingreifen des Spielleiters kann unterschiedlich aussehen, aber es besteht immer aus helfender Tätigkeit, und zwar dann und dort, wo Unterstützung notwendig und sinnvoll ist: ein persönliches, aber beiläufiges Ansprechen eines einzelnen Mitspielers oder ein spielunterbrechendes „time-out", das zur Reflexion von vorausgegangenen Aktionen und evtl. zur Modifikation des zukünftigen Spielgeschehens führen kann.

(3) *Engagiertes Mitspielen*: Als Spielleiter muss man nicht per se darauf verzichten, selbst mitzuspielen. Im Einklang mit den Aufgabenbereichen von (1) und (2) kommt es darauf an, gerade solche Spielphasen zu erkennen und zu nutzen, wo es sich ganz gut macht, sich selbst als („engagierten") Mitspieler einzubringen und dann womöglich auch irgendwann wieder ohne großen Aufsehens zurückzuziehen.

8. Wie lassen sich Kleine Spiele inszenieren?

Bei der Klärung diese Frage geht es noch einmal um alle jene Tätigkeiten, die einem Kleinen Spiel vorausgehen müssen. Die Inszenierung von Kleinen Spielen lenkt den Blick auf jene manchmal „zeitraubende" Phase, die vor jedem Spiel unumgänglich stattzufinden hat – denn: Ein kleines Spiel lässt sich nicht automatisch beginnen, wie es in einem Raum hell wird, wenn nur der Lichtschalter angeknipst wird. Zu jedem Spiel gehört eine Inszenierung, die all diejenigen Fragen zu klären versucht, deren Antworten hinterher im Spielgeschehen sichtbar werden. Aber Vorsicht: Wie „gut" eine Inszenierung tatsächlich war, sieht man eben meistens erst hinterher.

Die Inszenierung eines Kleinen Spiels umfasst ganz allgemein eine Gesprächssituation, in der alle am Spiel Beteiligten Verständigung über das Spiel erzielen müssen. Was ist nun konkret vor Spielbeginn inszenierungsbedürftig? Um darüber eine Vorstellung zu erlangen, werden im Folgenden lediglich einige „big-points" benannt, von denen angenommen wird, dass sie bei der Inszenierung eines jeden Kleinen Spiels mehr oder weniger zu bedenken sind. Ohne Anspruch auf Vollständigkeit und Ausformulierung von Detailfragen gehören in einer offenen Strichaufzählung dazu:

– Spielnamen nennen: Wie heißt das Kleine Spiel? Ist das Spiel bzw. sein Name bei den Mitspielenden bereits bekannt? Hat es überhaupt einen Namen?

– Spielidee beschreiben: Worin besteht der hauptsächliche Spielgedanke? Was ist der Sinn bzw. das Ziel des Spiels?

– Spielaufgaben stellen: Welche spielerischen Anforderungen und Herausforderungen stellen sich aufgrund des Spielgedankens? Welche Aufgaben sollen von wem bewältigt werden?

– Spielregeln erläutern: Welche Regeln sollen gelten (z. B. im Umgang mit dem Spielgerät)? Was ist erlaubt? Was darf nicht sein? Was geschieht bei einem Regelverstoß?

– Spielgruppen finden: Wer spielt mit wem und ggf. gegen wen? Wie sollen die Gruppen / Mannschaften zusammengesetzt sein? Welche Spielrollen (z. B. Fänger etc.) sind besonders zu vergeben?

– Spielfeld eingrenzen/aufbauen: Wo soll gespielt werden? Wie muss ggf. das Spielfeld markiert werden? Gibt es parallele Spielfelder?

– Spielgeräte bereitstellen: Welche besonderen Geräte und Materialien werden benötigt? Welche sind spielkonstitutiv (z. B. der Spielball)? Welche haben eher Hilfsfunktion (z. B. Parteibänder, Pylonen, Plastiktüten)?

– Spielmodus bekanntgeben: Wie lange soll das Spiel dauern? Wann ist sein Ziel erreicht? Gibt es ein von außen gesetztes Spielende? Was geschieht danach?

– Spielsicherheit gewährleisten: Welche besonderen Maßnahmen sind zu treffen, damit die Spielenden „sicher" spielen können? Wo können Gefahren entstehen? Wie lassen sie sich vorgreifend möglichst ausschalten?

– ... (Raum für ein paar weitere Inszenierungsaufgaben!)

9. Schluss – oder: Eine „kleine" Lektüre „großer" Spielebücher

Formen und Inhalte der Spiele ändern sich permanent, weil sich die Interessen und Erwartungen der Spielenden ändern. Spielebücher müssen daher immer wieder neu geschrieben werden. Diesen Gedanken hat sinngemäß einmal JOST (1985, bes. 9) geäußert. Daraus ließe sich u. a. folgern: Die neuesten Spiele sind die, die noch nirgendwo niedergeschrieben sind, und die besten Spieleerfinder sind die Spielenden selbst. Wer wollte dem gleich energisch widersprechen? Trotzdem halten wir uns immer wieder gern an die diversen Bücher mit Spielvorschlägen, um für unsere eigene Spielpraxis neue, bisher noch nicht gekannte, vermeintlich attraktive und eben „passende" Spiele zu finden bzw. auszuwählen.

Niemand wird wohl auch zukünftig auf diese Recherchebasis verzichten wollen. Und es kommt etwas ganz Wesentliches hinzu: Was sozusagen als kollektives Spielgedächtnis bereits in Spielebüchern abgelegt ist, muss ja nicht per se deswegen schon veraltet, falsch oder gar so schlecht sein, dass man diese Spiele nie und nimmer mehr spielen sollte. Denn diejenigen, die Spielbücher publizieren, versprechen uns ja allzu häufig, dass ihre Spiele neu und überhaupt total super sind. Doch sind das dann wirklich immer alle Spiele? Für uns als Leser von Spielebüchern gilt es, dies genauer zu überprüfen, sich dabei seines persönlichen „Spielegutes" neu zu vergewissern und es sodann womöglich hier und da selbst mit neuen Spielideen anzureichern.

Wer also eine eigene „Stammdatei" mit Kleinen Spielen auf- oder auch nur seine bereits vorhandene ausbauen bzw. mit den hier aufgeführten Titeln abgleichen will, dem sei im Folgenden eine „bunte Liste" mit einigen (neueren) Spielebüchern wie folgt angekündigt: Nach der bibliographischen „headline" folgt eine Kurzpräsentation von höchstens 10 bis 15 Zeilen, die als Rezension zu bezeichnen vermessen wäre. Eher könnte der in Verlagskreisen übliche Terminus eines sog. „Waschzettels" zutreffend sein. Spielebücher, auf die hier im Text bereits mit Literaturangabe hingewiesen wird, sind nun nicht nochmals aufgeführt (nämlich: DÖBLER 1996 als selbsternannter „Bestseller" von Kleinen Spielen; JOST 1985 mit Bewegungsspielen mit Gegenständen, Symbolen und nach Regeln; STEMPER/SCHÖTTLER/ LAGERSTRÖM 1983 mit ihrer Spielesammlung in gesundheitsfördernder Absicht).

Ferner ist vorab noch wichtig zu wissen bzw. in Erinnerung zu halten: Die Anzahl der gegenwärtig auf dem Markt angebotenen Spielebücher ist immens; zudem sind mittlerweile auch Video-Kassetten zum Spielen mit Kindern (vgl. z. B. „Wahrnehmen und Bewegen" vom Bundesverband der Unfallversicherungsträger der öffentlichen Hand, „BAGUV") oder Spiele-Datenbanken (vgl. dazu Informationen z. B. von RHEKER 1997) handelsüblich geworden. Wer nur einschlägige Prospekte unserer Fachbuchpresse durchblättert, kommt schnell auf über 100 (!) lieferbare Titel zum Thema Kleine Spiele. Niemand kann und muss sie alle kennen. Zudem behaupte ich, dass die meisten Bücher irgendwie mit anderen verwandt sind, am meisten wohl dann mit (den „Großeltern") DÖBLER. Auch deswegen sind hier in erster Linie solche Bücher aufgenommen worden, die die „breite" Palette der derzeit vorhandenen Spielebücher ein wenig ausweisen sollen. Es bleibt aber nur beim Beginn einer Auflistung in loser Reihenfolge:

Kleine Spiele, Wettkämpfe und Herausforderungen (BRODTMANN 1995)

Die Herausgeber der Zs. „sportpädagogik" haben mit diesem 128-seitigen Sonderdruck eine Folge begründet, in der sie thematisch akzentuierte Unterrichtsbeispiele, Ideen und Anregungen aus früheren und zum Teil vergriffenen Heften in Bild und Text neu zusammengestellt haben. Dieses Heft enthält Beiträge mit insgesamt 40 „Kleinen Spielen", 12 „Kleinen Wettkämpfen" und 14 „Kleinen Herausforderungen an Gewandtheit und Geschicklichkeit". Alle Beispiele sind dem Anspruch der Zs. „sportpädagogik" verpflichtet, indem sie speziell hier u. a. den Kooperationsgedanken und Formen des gegenseitigen Helfens beim Spielen in den Vordergrund stellen, um dabei auch selbstständiges Problemlösen von Spielaufgaben mit Orientierung an selbstgesetzten Leistungsmaßstäben zu fördern (aus dem Vorwort des Herausgebers).

New games – neue Spiele (FLUEGELMAN 1979 und 1982)

Diese Spiele müssten eigentlich alle kennen, die schon in den 80er Jahren gespielt haben. Zu dieser Zeit jedenfalls wurde die gleichnamige Bewegung aus den USA zu uns „rübergespielt" und u. a. vom Deutschen Sportbund mit Spielfesten und der „Spiel-mit"-Kampagne im Breitensport propagiert. New games kann jeder überall spielen. New games benötigen keine methodische Einführung o. a. Die wichtigsten Spielregeln lauten: Spiel intensiv! Spiel fair! Tu niemandem weh! Zu den prominentesten Spielideen gehörten damals (wer erinnert sich?) u. a. Schoßsitzen, Gordischer Knoten, Spiele mit dem Fallschirm etc. In den letzten Jahren scheint es etwas ruhiger um die New games-Bewegung geworden zu sein. Trotzdem tauchen „alte" New games immer wieder mal in Spielebüchern auf. Kritische Stimmen haben die new games längst zu „never never games" umgetauft, weil sie zwar kurzfristiges Amüsement, aber keine dauerhaften Herausforderungen zum Spielen enthalten. Aber um das beurteilen zu können, muss man Aura, Spirale, Plätzchenbacken, Tintenfisch – und wie sie alle heißen – mindestens selbst einmal (wieder) spielen . . .

Die tollen 5-Minuten-Spiele (HOFFMANN 1997)

Manchmal kann ein Blick über den „Spielfeldrand" hinaus ganz hilfreich sein – das soll heißen: nach Autoren und Titeln Ausschau halten, die außerhalb der uns mehr vertrauten Sport-Buch-Szene erscheinen. So gibt es z. b. auch und gerade im „spielpädagogischen Markt-Segment" zahlreiche Bücher mit (Bewegungs-)Spielen, die teilweise ganz anregend sein können – exemplarisch herausgegriffen sei eines aus der „HosenTaschenBuch"-Reihe für „Gruppen, Klassenfahrten, Feste und Feiern" (Untertitel), wobei die tollen fünf Minuten wohl mehr als Motto denn als regelgerechtes und spannungsgeladenes Zeitlimit der insgesamt 75 Spiele zu verstehen ist. Aber: Die meisten kann man frau mal eben so nebenbei oder „zwischenmang" spielen, so jedenfalls kündigt der Autor seine Sammlung im Vorwort an: Pyramidenbau, Kommando Pimperle, Rollmops, Spots in Movement usw. – sie mögen für einige allerdings längst bekannt, für andere womöglich neu sein . . .

Kreative Bewegungsspiele (ZIMMER 1995)

Moment mal: In diesem Buch geht es laut Untertitel („Psychomotorische Förderung im Kindergarten") eindeutig um Spiele im Elementarbereich – was haben die in der Schule zu suchen? Auf den ersten Blick mag die Frage berechtigt sein, aber dennoch ist es wohl nicht verboten, Bewegungsspiele aus dem Kindergarten in den Primarbereich der Schule (und anderswohin!) „rüberzuretten". Dieses Buch jedenfalls enthält sowohl wichtige Passagen zur kindlichen Bewegungsförderung allgemein, als auch und vor allem vielfältige Angebote zum („kreativen") Spielen selbst. Diese sind differenziert dargestellt (a) unter Einbeziehung von Alltagsmaterialien (z. B. Joghurtbecher, Pappkartons und Wolldecken) sowie (b) unter Verwendung von sog. psychomotorischen Geräten (z. B. Pezzi-Ball, Pedalos und Rollbretter). Dabei geht es der Autorin nicht so sehr um eine präzise Beschreibung bzw. Ausführung irgendwelcher Spielgedanken, sondern mehr um das kreative Gestalten von Spielanlässen mit Aufforderungscharakter für die Kinder. Wer sich auf die Spielideen einlässt, wird schnell bemerken können, dass sie nicht nur auf das Kindergartenalter beschränkt bleiben müssen . . .

Spiele-Kartotheken (SCHUBERT u. a. 1987, 1989, 1993)

Irgendwann Anfang der 80er Jahre kam die Idee auf, die Karteikarte (im Postkartenformat) als Arbeitsmittel auch im Sport nutzbar zu machen, um Spiele und Übungsformen niederzuschreiben und graphisch zu skizzieren. Der praktische Vorteil: Man muss sich nicht irgendwelche komplexen Abläufe merken, geschweige denn irgendetwas aus Büchern abschreiben, die Karteikarte dient als „Spickzettel". Daraufhin sind u. a. in den Sportspielen (zuerst wohl im Handball) ganze Sammlungen in Karteikästen entstanden: Die „Kartothek" avancierte seitdem zum terminus technicus. Auch für den Bereich Kleine Spiele gibt es inzwischen etliche diverse Sammlungen – wie beispielsweise die (vermeintlich älteste) einer (ehemaligen) Bielefelder Gruppe um Renate SCHUBERT mit: Spiele mit Bällen (1987), Lauf- und Abschlagspiele (1989) und Spiele mit Kleingeräten (1993).

Spiel und Sport an jedem Ort (WALTER 1991)

Der plakative Titel verweist schon darauf, dass hier auch solche Kleinen Spiele vorgestellt werden, die im außerschulischen Bereich (insbesondere dann auch von Erwachsenen) gespielt werden können. Die Sammlung enthält über 400 Spielvorschläge mit ca. 300 Abbildungen; voraus geht ein ca. 50-seitiger theoretischer Teil. Der Autor versteht das Werk selbst als „umfangreiches Nachschlagebuch der Spielfreude". Nicht zuletzt deswegen empfiehlt es sich, zunächst die siebenseitige Systematik der Spiele zu lesen, nämlich mit Beispielen für: Laufspiele, Ballspiele, Kraft- und Gewandtheitsspiele, Kurzweilspiele, Kleine Spiele im Wasser, Geländespiele, Heim–, Freizeit- und Gesellschaftsspiele. Diese sieben Gruppen sind dann nochmals mehrschichtig unterteilt (z. B. Staffeln, Platzsuchspiele etc.).

Kleine Spiele – wozu? (RAMMLER/ZÖLLER 1996)

Dieses Buch kündigt bereits seine selbstgestellte Zielsetzung im Titel an: Die Autoren fragen (analog zu DÖBLER) nach den Absichten, die mit der Durchführung von Kleinen Spielen verfolgt werden können, und unterlegen ihrer Sammlung ein Ordnungsprinzip, das von der jeweiligen Zieldimension des Spiels definiert wird. Das Werk enthält in der neuesten Auflage nun insgesamt 176 Kleine Spiele, und zwar: Spiele zur Schulung von Kraft, Schnelligkeit und Ausdauer; zur Schulung von Beweglichkeit, Geschicklichkeit und Gewandtheit; zur Schulung von Sehen, Hören und Fühlen; zur Förderung von sozialem Verhalten; zur Förderung von kreativem Verhalten; zur Vorbereitung auf die Großen Spiele Basketball, Fußball, Handball, Hockey, Volleyball; zur Vorbereitung auf die Individualrückschlagspiele Badminton und Tischtennis.

Literatur

BRINCKMANN, A.; TREEß, U.: Bewegungsspiele. Reinbek 1980.

BRODTMANN, D. (Hrsg.): Kleine Spiele, Wettkämpfe und Herausforderungen. Sonderdruck sportpädagogik. Seelze 1995.

BUYTENDIJK, F. J. J.: Das Spielerische und der Spieler. In: Ausschuß Deutscher Leibeserzieher (Hrsg.): Spiel und Wetteifer. Schorndorf 1970, 9–25.

CSIKSZENTMIHALYI, M.: Flow. Das Geheimnis des Glücks. Stuttgart 1992.

DIETRICH, K.: Spielen. In: sportpädagogik 4 (1980) 1, 13–20.

DÖBLER, E. und H.: Kleine Spiele. 20. Jubiläumsauflage, überarbeitet und ergänzt. Berlin 1996.

EHNI, H.: Spiele lehren – Spielen lernen oder: Geht das Spiel im Sportunterricht baden? In: ZEUNER; SENF; HOFMANN 1995, 142–149.

FLUEGELMAN, A.: die neuen spiele. 2 Bde. München 1979 und 1982.

GÜNZEL, W.: Einleitung. In: GÜNZEL, W. (Hrsg.): Spiele vermitteln und erleben – verändern und erfinden. Baltmannsweiler 1990, 1–7.

HOFFMANN, W.: Die tollen 5-Minuten-Spiele. Für Gruppen, Klassenfahrten, Feste und Feiern. Lichtenau 1997.

JOST, E.: Grundlagen des Bewegungsspiels. In: JOST, E. (Hrsg.): Spielanregungen – Bewegungsspiele. Reinbek 1985, 9–35.

KURZ, D.: Handlungsfähigkeit im Sport – Leitidee eines mehrperspektivischen Unterrichtskonzepts. In: ZEUNER; SENF; HOFMANN 1995, 41–48.

RAMMLER, H.; ZÖLLER, H.: Kleine Spiele – wozu? Bad Homburg 1985, 1996.

RHEKER, U.: Spielesammlung / Spiele-Datenbank. In: Spectrum der Sportwissenschaften 9 (1997) 2, 119–120.

SCHERLER, K.: Spielen. In: DIGEL, H. (Hrsg.): Lehren im Sport. Ein Handbuch für Sportlehrer, Sportstudierende und Übungsleiter. Reinbek 1983, 113–124.

SCHUBERT, R.; KUHLMANN, D.; SCHÜTTE, U.; SPILLER, R.: Spiele-Kartotheken 1–3. (Spiele mit Bällen, Lauf- und Abschlagspiele, Spiele mit Kleingeräten). Münster 1987, 1989, 1993.

STEMPER, T.; SCHÖTTLER, B.; LAGERSTRÖM, D.: Fit durch Bewegungsspiele. Mit Spielesammlung für Anfänger und Fortgeschrittene. Erlangen 1983.

WALTER, M.: Spiel und Sport an jedem Ort. Spielsammlung für Vereins-, Schul- und Freizeitsport. Schorndorf 1991.

WEICHERT, W.: Spiele didaktisch ordnen, pädagogisch vermitteln und „gut" spielen. In: ZEUNER; SENF; HOFMANN 1995, 150–158.

ZEUNER, A.; SENF, G.; HOFMANN, S. (Hrsg.): Sport unterrichten. Anspruch und Wirklichkeit. Kongressbericht. St. Augustin 1995.

ZIMMER, R.: Kreative Bewegungsspiele. Psychomotorische Förderung im Kindergarten. Freiburg 1995[7].

DETLEF KUHLMANN

Zur Vermittlung von Sportspielen

1. Einleitung

Solange Sportspiele im Sport(-unterricht) der Schule vermittelt werden, solange
gibt es weitverbreitete Diskussionen darüber, wie die Sportspiele „richtig", „gut"
oder „sinnvoll" oder sonstwie zu unterrichten sind. Alle dazu vorgelegten Konzepte und methodischen Entwürfe sind auf je eigene Weise von dem Bestreben geprägt, ein möglichst befriedigendes und nachhaltiges Spielerlebnis für die beteiligten Schülerinnen und Schüler herbeizuführen. Ob dies tatsächlich auch dann so gelingt, weiß man eigentlich immer erst hinterher. Und: Darüber entscheiden einzig
und allein die Spieler und Spielerinnen selbst! Sie sind es, die eben mal das eine
Sportspiel „mega-geil" finden und auf das andere mal wieder überhaupt „keinen
Bock" haben.

Seit mehr als drei Jahrzehnten wird nun bereits innerhalb der Sportdidaktik eine li-
teratur-intensive Diskussion über die Vermittlung von Sportspielen in der Schule
geführt, und sie schreitet unaufhörlich fort. Einiges davon hat sich in dieser Zeit
verändert, anderes hat Kontinuität bewiesen. Wesentlich an diesen Vermittlungs-
vorschlägen ist jedoch, dass es sich weitgehend um theoretische Entwürfe handelt,
die sich nicht sogleich im 1:1-Verhältnis in die schulische Praxis übertragen bzw.
dorthin kopieren lassen. Sie bieten demnach auch keine endgültige Garantie für eine erfolgreiche Umsetzung, aber sie können Begründungshilfen liefern und Ent-
scheidungssicherheit für die Vermittlung von Sportspielen geben, über Zusammenhänge aufklären und so insgesamt die eigene Unterrichtspraxis in den Sportspielen
neu wahrnehmen und bewerten helfen. Und genau darum geht es auch in diesem
Beitrag.

Im Folgenden soll über einige wesentliche Fragen „Zur Vermittlung von Sportspielen" Verständigung erzielt werden. Ein solches Vorhaben ist allerdings nur aus-
schnitthaft zu realisieren – das soll heißen: Jede Konzentration auf eine ganz bestimmte Frage bedeutet zugleich eine Ausblendung viele anderer, und jede Antwort kann viele neue Fragen aufwerfen. Hinzu kommt, dass es hier auch nicht darum geht, einen speziellen „Lehrgang" für irgendein Sportspiel vorzustellen, der so
oder so ähnlich als Unterrichtsreihe im Sport der Schule umgesetzt werden könnte.
Dieser Aufgabe stellen sich andere Sportspiel-Beiträge in diesem Buch (vgl. z.B.
WESTPHAL/GASSE zum Volleyball und SAHRE zum Basketball), ferner z.B.
dazu auch schon die früheren Beispiele im Sammelband von GÜNZEL (1990).
Mein Artikel ist zunächst fokussiert auf insgesamt sieben Fragen, von denen ich
annehme, dass ihre Beantwortung eine Orientierung für all diejenigen Sportlehr-

kräfte und Sportstudierende sein kann, die sich planvoll und verantwortungsbewusst um eine (adressaten-)angemessene Vermittlung ihrer Sportspiele in der Schule bemühen. In dieser Hinsicht soll der Text einige Wissensangebote bereitstellen.

Zur Gliederung des Beitrags im Einzelnen: Die aufgeführten Fragen werden mehr oder weniger additiv behandelt – das bedeutet auch: Sie bauen nicht alle unmittelbar aufeinander auf, und ihre Antworten lassen sich ebenso in anderer Reihenfolge ganz gut lesen. Versucht man dennoch, einen „Kern" in diesem Beitrag zu markieren, dann könnte dieser am ehesten in der Behandlung der vierten Frage (vgl. Kap. 5) liegen, bei der es um die Benennung und die jeweils knappe Erläuterung, also um eine genauere „Verortung" von gängigen Vermittlungskonzepten zu den Sportspielen geht. Alle anderen Fragen versuchen jeweils in ausgewählten Aspekten einer Diskussion zusammenfassend nachzugehen, die in der einschlägigen Sportspiel-Literatur mittlerweile diffuse, manchmal geradezu enzyklopädische Ausformungen gefunden hat. Der Beitrag schließt mit einer Kurz-Präsentation einiger „handelsüblicher" Sportspiel-Bücher.

2. Wie hat sich die Diskussion um die Lehrweise der Sportspiele entwickelt?

Am Anfang stand in den 1960er-Jahren die Idee, zunächst Kinder und Jugendliche beim Fußball- und Handballspielen im freien Bewegungsleben näher zu beobachten, um daraus Konsequenzen für die Sportspielvermittlung in der Schule abzuleiten (vgl. den grundlegenden Beitrag von DIETRICH/LANDAU 1976 sowie die dabei entstandenen Lehrfilm-Dokumente). Dazu hatten damals Knut DIETRICH und sein Mitarbeiterteam Kinder beim Spielen „auf der Straße" aufgesucht und u. a. herausgefunden, dass sie dort nicht das Fuß- bzw. Handballspiel betreiben, sondern in kleineren Mannschaften und in für sie überschaubaren Räumen spielen, aber nicht üben (vgl. dazu im Original schon DIETRICH 1964; neuerdings resümierend SÖLL 1996, 196 f.).

Diese „Feldstudien" haben – das lässt sich aus heutiger Sicht bilanzieren – die Lehrweise der Sportspiele in der Schule geradezu „spielerisch" revolutioniert, obwohl streng genommen diese filmischen Beobachtungen noch kein fertiges Vermittlungskonzept darstellten. Zudem wusste man damals wie heute nicht so ganz genau, welche Sportspiele auf welche Weise überhaupt in der Schule gelehrt werden. Die seinerzeit gewonnenen Erkenntnisse haben aber insgesamt dazu geführt, fortan eine Diskussion um die Vermittlung der Sportspiele in der Schule auszulösen und differenzierte Entwürfe für die einzelnen Ballspiele überhaupt erst herzustellen.

Im Ganzen gesehen geht es seitdem um die Präferenzsetzung des Spielens gegenüber dem Üben eines Spiels und somit um die Realisierung einer Spielidee als didaktischen Leitgedanken. Als „Klassiker" zu den vier Großen Sportspielen, in dem sich diese Überlegungen detailliert niedergeschlagen haben, gilt das nach wie vor auf dem Markt befindliche Buch der Autorengruppe von DIETRICH/DÜRR-WÄCHTER/SCHALLER (vgl. zuletzt 1994), das sich von der ersten Auflage im Jahre 1975 bis zur vierten (der derzeit neuesten!) allerdings nur marginal verändert zu haben scheint, obwohl – wie weiter unten zu zeigen sein wird – die Diskussion längst fortgeschritten ist ...

Versucht man dennoch die zahlreichen Arbeiten, die vor allem Knut DIETRICH (z. B. 1964, 1968, 1976, 1984a und b, 1985, 1986; jüngst daneben BALZ/DIET-RICH 1996) zur (neueren) Lehrweise der Sportspiele im Laufe der Zeit vorgelegt hat, im Kern zu bilanzieren, dann ist festzuhalten: Die Spielidee gilt als kleinste Ganzheit eines Spiels; exemplifiziert für das Fußballspiel lautet sie etwa so: Es ist da ein Ball als Spielgerät vorhanden, der mit dem Fuß, dem Kopf oder mit anderen Körperteilen (Arme und Hände sind dabei aber ausgenommen) in ein Ziel (näm-lich das Tor) befördert werden soll.

Diese Spielidee versuchen zwei Mannschaften wechselseitig zu verwirklichen. Sie versuchen dies insofern widerstreitend, als gleichzeitig Tore zu erzielen und Tore zu verhindern sind. Aus dieser Art der parallel pro Team ablaufenden Angriffs- und Abwehrhandlungen resultieren die Prinzipien der sog. Korrespondenz und Simul-tanität von Spielsituationen, die je nach Art des gewählten Ballspiels verschiedene Ausformungen (z. B. körper-räumliche Nähe zum Gegner; Ausnutzung des Spiel-feldes) annehmen können – aber: Abwehrhandlungen von Team A korrespondie-ren immerzu mit Angriffshandlungen von Team B und umgekehrt; beide laufen si-multan ab (vgl. dazu zusammenfassend auch KUHLMANN 1998, 139).

Nebenbei: Bemerkenswert ist in diesem Zusammenhang, dass es eine vergleichba-re didaktische Diskussion um die Aufbereitung bzw. Lehrweise der Sportspiele in der Schule auf dem Terrain der DDR dort damals – sofern ein solches Urteil jetzt überhaupt gestattet ist – offensichtlich nicht in dieser Form oder zumindest nicht in einem solchen Ausmaß wie in der (alten) BRD gegeben hat. Die einschlägigen Ver-öffentlichungen lassen allerdings auch erkennen, dass die Vermittlung der Sport-spiele selbst dort angewiesen war auf die sog. Kleinen Spiele, und zwar in ihrer sportspielvorbereitenden Funktion (z. B. bei DÖBLER/DÖBLER zuletzt 1996, bes. 28; vgl. auch die Sammlung mit Spielformen und den sog. vorbereitenden Spielen bei KONZAG 1973, 36–109 sowie einschlägige Hinweise zu den Zielen, den Aufgaben und zur Planung der Sportspielausbildung im Sportunterricht der Schule bei STIEHLER/KONZAG/DÖBLER 1988, 142–148; schließlich exem-plarisch daneben als Schülersportbuch zum Basketball KÖHLER 1982).

3. Wie lässt sich die Zielsetzung der Sportspielvermittlung in der Schule beschreiben?

Worum geht es bei der Sportspielvermittlung in der Schule? Wie unterscheidet sich diese z. B. von dem, was Kinder und Jugendliche in Sportvereinen oder anderswo vorfinden? Stark verkürzt lässt sich die Zielsetzung für die Schule zunächst etwa so andeuten: Die Schülerinnen und Schüler sollen durch vielfältigste Bewegungs-, Spiel- und Sportangebote dazu angeleitet werden, auch außerhalb der Schule sinnvoll (ihren) Sport zu treiben. Erfahrungen in den Sportspielen im Sportunterricht der Schule zu machen ist dabei eine wichtige Bezugsgröße. Sie zielt insbesondere darauf ab, mit dem Potenzial der verschiedenen Sportspiele (den Regeln, den unterschiedlichen situativen Bedingungen, den verschiedenen Spielerrollen etc.) souverän umgehen zu lernen, d. h. Handlungsfähigkeit darin zu erwerben und ständig situativ zu erweitern (vgl. dazu z. B. die Notizen von KURZ 1995, 44).

Zur genaueren Beschreibung dessen, was insbesondere die Sportspiele zu dieser anvisierten Handlungsfähigkeit beizutragen in der Lage sind, hat sich der Begriff der Spielfähigkeit als eine zentrale Leitidee etabliert. Spielfähigkeit zu erwerben meint ganz allgemein die Herausbildung aller Tätigkeiten innerhalb eines Spiels sowie jener Interaktionsprozesse, die ein Spiel begleiten. Hierin gilt es Erfahrungen zu sammeln und dabei zunehmend Kompetenzen zu erwerben. Was den Begriff Spielfähigkeit anbelangt, haben sich jedoch mit der Zeit einige semantische Nuancen herauskristallisiert, die es zu unterscheiden gilt. Die m. E. wichtigsten Vorstellungen und Positionen zum Begriff Spielfähigkeit lassen sich knapp etwa so darstellen:

Die gezielte Entwicklung von Spielfähigkeit basiert beispielsweise nach KONZAG (1973) auf der sukzessiven Verbesserung der physisch-psychischen Anforderungen des Spiels und des variablen Einsatzes seiner technisch-taktischen Elemente im Spiel. Spielfähigkeit ist danach eine komplexe Größe, „auf der Grundlage konditioneller und koordinativer Leistungsvoraussetzungen intellektuelle und taktische Fähigkeiten sowie technisch-taktische Fertigkeiten in komplexen Spielhandlungen situationsadäquat anzuwenden und damit die Wettspielanforderungen zweckmäßig zu erfüllen" (Auszug aus einer längeren Definition von DÖBLER/SCHNABEL/THIESS 1989, 167).

Eine Unterscheidung von allgemeiner und spezieller Spielfähigkeit hat dagegen als erster DIETRICH (1984b) vorgeschlagen. Die allgemeine Spielfähigkeit, die der speziellen übergeordnet wird, betrifft schwerpunktmäßig das „Drumherum" des Spiels, nämlich ein Spiel zu organisieren, die besonderen Spielbedingungen herzustellen (dabei z. B. auch Mannschaften einzuteilen, Spielrollen abzustimmen etc.), ggf. auf Spielstörungen aufmerksam zu werden und diese sinnvoll zu reduzieren bzw. ganz zu vermeiden versuchen. Die spezielle Spielfähigkeit setzt im Gegensatz dazu beim motorischen Können vorzugsweise im Umgang mit dem Spielgerät

(z. B. einen Ball werfen und fangen können) sowie im regelkonformen Verhalten zum Gegenspieler an (z. B. nicht festhalten) und schließt den Erfahrungszuwachs in den wesentlichen Spielsituationen bzw. der Übernahme von Spielpositionen mit ein.

Versucht man somit, Spielfähigkeit als zentrale Zieldimension für den Sportunterricht der Schule herauszupräparieren, dann sollen folglich die Schülerinnen und Schüler dazu angeleitet werden, in den jeweiligen Sportspielen mitmachen zu können, und sie sollen dabei lernen, die Spiele zunehmend selbst zu organisieren und durchzuführen. Ferner sollen sie begreifen lernen, dass und wie sie selbst „ihr" Sportspiel gestalten können, um es z. B. durch Modifizierungen ihren besonderen Interessen und Bedürfnissen weiter anzupassen (vgl. ähnlich dazu nochmals DIETRICH 1985, 13). Die Spielfähigkeit in dieser Hinsicht zu entwickeln und die Spiele angemessen auszuformen, genau darin liegen Aufgabe und Anreiz der Sportspielvermittlung in der Schule.

Einen erweiterten Definitionsvorschlag zum Begriff Spielfähigkeit auf der DIETRICH'schen Basis hat jüngst KÖNIG (1997 a, b) vorgelegt. Er differenziert das Konstrukt Spielfähigkeit in eine im weiteren Sinne und daneben in eine im engeren Sinne. Die erste beinhaltet die Fähigkeit, das Spiel überhaupt in Gang zu bringen und in seinem Verlauf zu sichern (analog zur allgemeinen Spielfähigkeit von DIETRICH). Die Spielfähigkeit im engeren Sinne befasst sich mit den konditionellen, koordinativen und den technisch-taktischen Fähigkeiten (analog zur speziellen Fähigkeit von DIETRICH). Seine Spielfähigkeit im engeren Sinne unterteilt KÖNIG dann nochmals in eine allgemeine und eine spezielle (oder spezifische) Spielfähigkeit: Während die letzte sich in ihrem Anwendungsbereich ausschließlich auf ein bestimmtes Sportspiel bezieht und demzufolge an jenen spezifischen Strukturmerkmalen orientiert ist, die das jeweilige Spiel ausmachen (z. B. Lösung von 1 : 1-Handlungen im Handballspiel gegenüber jenen im Fußballspiel etc.), beinhaltet die allgemeine Spielfähigkeit demgemäß jene Grundlagen, die für alle Sportspiele gleichermaßen bedeutsam sind (z. B. Antizipationsfähigkeit, peripheres Sehen, Orientierungsfähigkeit in komplexen Spielsituationen etc.).

4. Wie lassen sich Sportspiele vereinfachen?

Wer in der Schule, aber grundsätzlich auch anderswo ein Sportspiel vermitteln will, wird wohl kaum jemals auf die irre Idee kommen, sich zu allererst ein Regelheft zu besorgen, um mit Hilfe des dort abgefassten verbands-offiziellen Regelinventars das betreffende Spiel zu inszenieren – anders: Jede Sportspielvermittlung basiert auf der Vorstellung, das Spiel irgendwie zu vereinfachen, um so den Beteiligten das („ihr") Spiel möglichst schnell näherzubringen. Dieses Spiel ist dann auch nicht gleichzusetzen mit jener medienüberlieferten Form. Es bedarf schon generell einiger Modifizierungen, um Überforderungen und andere Spielgefährdungen adressatenbezogen zu vermeiden – Frage also hier: Wie lassen sich die Sportspiele vereinfachen?

Alle Vermittlungsmodelle, die weiter unten näher präsentiert werden, basieren mehr oder weniger implizit auf verschiedenen Vereinfachungsstrategien. Trotzdem soll hier der Versuch unternommen werden, solche möglichen Vereinfachungsstrategien in systematischer Absicht vorab zu erfassen. Mindestens die folgenden vier Typen gehören dazu; sie weisen teilweise wiederum Überschneidungen zueinander auf. Die Auflistung und Beschreibung dieser Vereinfachungsstrategien erfolgt in enger Anlehnung an jene beiden Vorschläge von SÖLL (1996, 201 f.) und KUHL-MANN (1998, 136–138):

(1) Vereinfachungen durch Regeln: Regeln als zentrales Bauprinzip des Sports überhaupt legen fest, was sein soll und was nicht sein darf – und sie sind prinzipiell und damit jederzeit veränderbar. Regelvereinfachungen im engeren Sinne betreffen hier in erster Linie die kodifizierten, d.h. die irgendwo (offiziell) festgeschriebenen Regeln (z.B. Verzicht auf die Schrittregel beim Handball, Spiel mit Auffangen beim Volleyball etc.). Alle anderen Vereinfachungsstrategien bauen im Grunde ganz ähnlich auf solchen Regelveränderungen auf und zielen insbesondere darauf ab, das Spiel für seine Akteure irgendwie „passend" zu machen.

(2) Vereinfachungen durch Spielerzahl etc.: Wie lassen sich Spielerzahl und Spielfeldgröße optimal zusammenführen? Hinter dieser Frage verbirgt sich z.B. die Möglichkeit, zunächst etwa in kleineren Mannschaften, aber auch auf kleinerem Spielfeld ein Spiel einzuführen, damit so intensives (d.h. dramatisches) Spielen zustande kommt und Überforderungen vermieden werden. SÖLL (vgl. 1996, 201 f.) hat zu dieser Vereinfachungsstrategie drei prägnante Merksätze formuliert, die indirekt auf die Prinzipien der Verminderung der Gegnerbehinderung und Partnerunterstützung verweisen, und zwar an die Lehrkräfte gerichtet: 1.) Spiele zunächst mit der geringstmöglichen Spielerzahl! 2.) Überschreite nicht die für eine bestimmte Spielfeldgröße angemessene Spielerzahl! 3.) Versuche, die Spielanteile möglichst gleichmäßig zu verteilen!

(3) Vereinfachungen durch technisch-taktische Handlungsanforderungen: Hierunter fallen alle Möglichkeiten, vermeintlich komplizierte technische Handlungsabläufe und ausgefeilte taktische Handlungsstrategien vorerst zurückzustellen und durch einfachere bzw. offene Formen zu ersetzen. Das kann beispielsweise beim Tennisspiel die Ausführung des Aufschlags („von unten") betreffen oder beim Basketball der Verzicht auf eine bestimmte vorher festgelegte Deckungsform sein. Diese Vereinfachungen halten aber grundsätzlich an der Realisierung des Spiels in seiner Ganzheit bzw. auf der Grundlage der Spielidee fest.

(4) Vereinfachungen durch Rahmenbedingungen: Die Rahmenbedingungen sind gerade im schulischen Sportunterricht in aller Regel mehr oder weniger kon-

stant vorgegeben, oft sogar sportspielwidrig (z. B. bei Dreiteilung einer großen Sporthalle) und daher situativ nur geringfügig veränderbar. Wenn solche
Rahmenbedingungen hier nun ausdrücklich als Vereinfachungsstrategie ausgewiesen sind, dann geschieht dies auch vor allem deswegen, um sie möglicherweise hier und da speziell sportspielbezogen in ihrem gestalterischen Po-
tential zu nutzen, vielleicht sogar ein wenig neu zu entdecken und dabei Formen des Spiels zu finden, die zu einem möglichst authentischen Spielrahmen
für die Schülerinnen und Schüler beitragen können; vgl. dazu z. B. auch die
neuere Konzeption für das Handballspielen in der Schule von OPPER-
MANN/SCHUBERT/EHRET (1997, bes. 32–36), wo auch zahlreiche praktische Tipps zur Spielorganisation gegeben werden.

5. Welche „gängigen" Vermittlungskonzepte lassen sich unterscheiden?

Diese Frage führt hin zum Kern der Diskussion um die Sportspielvermittlung in der
Schule. Dies ist vorweg festzuhalten: Keines der im Folgenden aufgeführten Konzepte kommt wohl in seiner theoretischen Reinschrift so konsequent in der Schulsportpraxis vor. Gleichwohl sind die Konzepte Anhaltspunkte dafür, wie man ein
Sportspiel für die Schule aufbereiten bzw. dort einführen kann. Aber: Diese Konzepte bedürfen immer einer weiteren Konkretisierung. Während hier lediglich das
„Original" des Ansatzes in seinen wichtigsten Grundzügen vorgestellt werden
kann, muss man als Lehrkraft die Übersetzungsarbeit für eine (adressaten-)ange-
messene Sportspiel-Inszenierung „vor Ort" selbst noch leisten. Dieser Transfer beinhaltet jedoch grundsätzlich und zuerst die Entscheidung darüber, welchen Ansatz
man überhaupt favorisiert bzw. welcher Richtung man tendenziell und begründe-
termaßen folgen will. In gleicher Weise ist zu überlegen, welche Verbindungen mit
anderen Ansätzen existieren. Es folgen ein paar knappe Notizen zu den sechs m. E.
(traditionell wie aktuell) „gängigen" Vermittlungskonzepten:

Die Konfrontationsmethode

Bei der Konfrontationsmethode (vgl. dazu zuerst DIETRICH/DÜRRWÄCH-
TER/SCHALLER 1994, 37) wird möglichst schnell – quasi von allem Anfang an –
das Spiel „richtig" gespielt, zumindest in einer sog. Rohform des Zielspiels. Dieser
Begriff deutet schon an, dass auch hierbei Vereinfachungsstrategien zur Anwendung kommen müssen bzw. können. Im Grunde steht hinter dieser Methode der zu
realisierende Anspruch: „Spielen lernt man am besten durch Spielen!" Innerhalb
der Konfrontationsmethode werden einige Varianten unterschieden, und zwar sind
dies in Anlehnung an SÖLL (1996, 198): 1.) die reine Konfrontationsmethode, bei
der die Akteure sofort mit dem „fertigen" Spiel konfrontiert werden; 2.) die aufbe-
reitete Konfrontationsmethode, bei der Vereinfachungen Schritt für Schritt zu-

rückgenommen werden und dadurch die Komplexität des Spiels erhöht wird; 3.) die indirekte Konfrontationsmethode, wo mit einer Reihe sog. Kleiner Spiele operiert und das Zielspiel dadurch vorbereitet wird.

Die Zergliederungsmethode

Bei der Zergliederungsmethode geht es zunächst im Wesentlichen um das Erlernen und Verbessern der technischen und taktischen Grundelemente eines Spiels, gepaart mit der Entwicklung konditioneller Grundlagen. Dahinter steht die Vorstellung, dass die wichtigsten Grundfertigkeiten erst beherrscht werden müssen, bevor sie im Spiel um- und eingesetzt werden können (vgl. dazu auch die weiterführenden Hinweise bei DIETRICH/DÜRRWÄCHTER/SCHALLER 1994, 39–41). Gewissermaßen als Prototyp zu dieser Methode gilt der (frühe) Ansatz von STÖCKER (1966) zur Einführung des Basketballspiels in der Schule, der auf den vier Elementen (Passen und Fangen, Dribbeln, Zweierrhythmus und Korbwurf, vgl. bes. 12) basiert. Dazu wird von Stöcker eine Aneinanderreihung von Spielformen (besser wohl: Übungsformen!) vorgelegt, die jeweils zu einer vereinfachten (Vor-) Form des Basketballs beitragen sollen.

Das spielgemäße Konzept

Das spielgemäße Konzept lässt sich als Synthese aus den beiden bislang dargestellten Methoden bezeichnen. Hier steht die Spielreihe als Sammlung von diversen Spielformen im Mittelpunkt. Übungsformen haben lediglich einen ergänzenden Charakter, um wichtige Techniken und taktische Handlungsmuster des Spiels situativ einzufügen und zu erlernen. Mit der Spielreihe als Basis dieses Konzepts soll sichergestellt werden, dass die Schülerinnen und Schüler möglichst rasch Gelegenheit erhalten, „ein Spiel, das sie lernen wollen, von Beginn an in seiner Grundidee zu erfahren und sich mit wachsendem Können an zunehmend schwierigeren Formen zu versuchen" (DIETRICH/DÜRRWÄCHTER/SCHALLER 1994, 41). Kleine Spiele und die sog. Mini-Spiele gehören demnach zum Repertoire, das die Grundform des Zielspiels repräsentiert. Eine Erweiterung des Spielreihenmodells, und zwar spezifiziert für das Handballspiel, hat z. B. EMRICH (1994) (vgl. zusammengefasst auch 1995, 1997) vorgelegt.

Das Spielen in Situationsarrangements

Dieser Ansatz geht ursprünglich zurück auf ein Rahmenkonzept zur Einführung des Handballspiels für 6- bis 10-jährige Kinder (vgl. SCHUBERT/OPPERMANN/ SPÄTE 1991). Er sollte die herkömmlichen Ansätze zum Mini-Handballspiel ablösen bzw. erweitern. Ausgangspunkt ist dabei die elementare Situation beim Handball, in der ein Spieler bzw. eine Spielerin ohne Unterstützung durch andere Mitspielende, aber eben auch ohne weitere Gegnerbehinderung auf das Tor werfen kann, das allerdings mit einem Torwart „besetzt" ist. Dieser Ansatz lässt sich auch so umschreiben: Die Spielidee (analog zu DIETRICH) wird bis auf die wichtigste und wesentlichste Spielsituation – nämlich den „Torwurf nach Ballaufnahme (1-0)"

– entkernt. Auf diese Weise lässt sich nun nach und nach das Zielspiel Handball (über das Grundspiel Mini-Handball) systematisch einführen, und zwar mit Hilfe von diversen Situationsarrangements, denen jeweils weitere Grundsituationen des Spiels (z. B. „Torwurf aus der Grundsituation 2-1") zugeordnet werden. Dieses Konzept hat inzwischen Nachahmung auch für das Basketballspiel gefunden, das z. B. bei SAHRE/POMMERENING (1995 a; b) in elf Schritten zum Spiel 5-5 spielnah und situationsgerecht entwickelt wird; Situationsarrangements zu anderen Sportspielen sind ebenso denkbar. Vergleichbar aufgebaut ist auch die Inszenierung von Grundsituationen im sog. Weingärtner Übertragungsmodell von SCHEUER (1995).

Zwischenbemerkung: Während sich die vorherigen vier Vermittlungsmodelle immer auf ein einziges, aber nicht per se bestimmtes Sportspiel bezogen, gehen die beiden folgenden Ansätze anders vor: Sie sind prinzipiell nicht auf die Vermittlung irgendeines Sportspiels fixiert. Ihnen gemeinsam ist, dass sie – stark vereinfacht ausgedrückt – sportspielbezogene Fähigkeiten vermitteln helfen, die in verschiedene Spiele eingehen können und dann den Spielenden irgendwie zugute kommen.

Der integrative Ansatz

Unter dem integrativen Ansatz werden mittlerweile sehr verschiedene methodisch-didaktische Vorschläge zur Sportspielvermittlung gebündelt – primär und prinzipiell: Integration bedeutet mehr als in anderen Ansätzen Weg und Ziel zugleich. Die Vielzahl von Spielen ist in einer entwicklungsgemäßen Ordnung zusammenzustellen, so dass beispielsweise zwischen den Kleinen und den Großen Sportspielen eine dritte („integrative") Gruppe entsteht: Spielen (z. B. Regelspiele), Spiele (z. B. Wurfspiele) und Spiel (z. B. Basketball) lautet dann der strukturelle Drei-Schritt, der sich dadurch kennzeichnen lässt, dass er gemeinsame Strukturen offenlegt und dass die Vielfalt der Spiele sukzessive abnimmt, während die psycho-motorischen Anforderungen an ein Spiel dabei Schritt für Schritt wachsen (vgl. diesen Ansatz zuerst bei GROTH/KUHLMANN 1989, zusammenfassend auch 1992). Ein integratives Lehrkonzept für die hochschulische Ausbildung in den Rückschlagspielen hat SCHOCK (1997) begründet und beschrieben. Dieses ist z. B. vergleichbar (bes. 164–167) mit dem integrativen Vermittlungsmodell am Beispiel der Zielschussspiele von HÖNL u. a. (1992, 365–367). Bei beiden steht nicht die isolierte Einführung irgendeines Spiels, sondern der Erwerb grundlegender Kompetenzen für diverse Sportspiele im Mittelpunkt, und zwar in drei aufeinander aufbauenden Stufen: 1. in einem allgemeinen grundlegenden Teil, den sog. Basisfähigkeiten (z. B. Schlagen mit diversen Schlägern und Bällen), 2. in den sportspielübergreifenden Komponenten bzw. den sog. Grundlagenfähigkeiten und 3. in den sportspielspezifischen Komponenten, den sog. Spezialfähigkeiten; vgl. dazu ausführlich das sog. Kasseler Modell für den integrativen Sportspielunterricht von ADOLPH/HÖNL (1998, 37–49).

Der sportspielübergreifende Ansatz

Zuweilen hat man den Eindruck, als würden integrative und sportspielübergreifende Vermittlungsansätze synonym verwendet: Wo gemeinsames integriert werden kann, lässt es sich auch übergreifend schulen. Die Ansätze sehen aus wie zwei Seiten einer Medaille. Die explizit sportspielübergreifenden Ansätze (vgl. hierzu NAGEL 1997a) gehen davon aus, dass alle Sportspiele insofern eine Vernetzung zueinander aufweisen, als sie über sog. Grundfunktionen verfügen (z. B. „Ball-Impuls" oder „Raum beherrschen"), die sie zu einem „Feld natürlicher Kontraste, Variationen und Analogien" (NAGEL 1997b, 221) machen. Beim Konzept der sportspielübergreifenden Vermittlung geht es insbesondere um den Aufbau solcher übergreifenden Erfahrungsstrukturen mit flexiblem Einsatz; vgl. dazu die Aufgaben-Beispiele in den sog. Lerngärten mit provozierenden Bewegungsaufgaben von NAGEL/GLOY/KLEIPOEDSZUS (1997), die zur Herausbildung stabil-variabler Muster beitragen sollen.

Zu weiteren Ansätzen

Die Auflistung der sechs Ansätze könnte den Eindruck erwecken, als gäbe es nur diese. Das ist natürlich so nicht richtig. Dennoch stellt sich bei gründlicher Recherche schnell die Frage, ob jeder Beitrag zur Sportspielvermittlung immer zugleich als eigenständiger Ansatz aufzufassen ist. Wenigstens kursorisch werden im Folgenden ein paar weitere Ansätze bzw. deren Autoren genannt, die in je unterschiedlicher Nähe – teilweise sogar als explizite Vorläufer oder Weiterführungen – zu den bisher dargestellten stehen. Zeitgeschichtlich könnte man den Bogen spannen zu den frühen sog. Mini-Sportspielen (zuerst z. B. MÜLLER/SCHIFFLER/THILL 1978 für das Handballspiel) und den derzeit populären Beach- und Street-Varianten. Als eine Fortführung seines Spielreihen-Konzepts hat DIETRICH (1984b) das sog. spielgenetische Lernen apostrophiert, bei dem der Weg zum (Ziel-)Spiel als eigentliche Spiel-Aufgabe für die Beteiligten anzusehen ist. Einen Vermittlungsweg über sog. Basisspiele haben z. B. BREMER u. a. (1981), BEHRENS (1983) und KURSAWE/PFLUGRADT (1986) vorgeschlagen, während NABBEFELD (zuerst 1983) für eine Situationsreihe plädiert hat, die inzwischen durch das Spielen in Situationsarrangements abgelöst worden ist (vgl. genauer nochmals KUHLMANN 1998, 140–143).

Alle hier aufgeführten Vermittlungsmodelle sind mehr oder weniger idealtypisch (als „Kopf-Konzepte") beschrieben worden; Ähnlichkeiten und Überschneidungen sind hier und da zu erkennen. Grundsätzlich geht es bei allen Konzepten um den je unterscheidbaren Zusammenhang zwischen Spielen und Üben. Zu einer abschließenden Beurteilung, die Vor- und Nachteile der Ansätze, aber auch manche Unvergleichbarkeit herausarbeitet, gehört ebenso nochmals der wichtige Hinweis, daß die Differenzen der Ansätze untereinander in der Unterrichtspraxis deutlich geringer ausfallen dürften als in ihrer theoretischen Darstellung, wie sie hier geleistet wurde (vgl. mehr dazu u. a. auch bei SÖLL 1996, 200f.). Auch das noch: Jeder

Leser bzw. jede Leserin kann in Kenntnis dieser Vermittlungsmodelle für sich selbst retrospektiv entscheiden, ob und ggf. nach welchen Konzepten er/sie früher einmal Sportspiele „am eigenen Leibe" erleben konnte ...

6. Wie kommen Sportspiele in den Lehrplänen etc. der Schule vor?

Bereits in Kap. 1 dieses Beitrags war davon die Rede, dass wohl niemand derzeit so genau weiß, welche Sportspiele wie und in welchen Umfängen tatsächlich im Sportunterricht an den Schulen gespielt werden. Diese Annahme soll hier nun keinesfalls widerlegt werden, zumal größere empirische Erhebungen über den Schulsport in Deutschland generell zwar schon seit einiger Zeit von verschiedenen Stellen immer wieder angemahnt, aber bislang eben noch nicht vorgelegt worden sind. So kann und soll in diesem Abschnitt lediglich der Frage ein wenig nachgegangen werden, wie die Sportspiele in den Lehrplänen und Richtlinien der Schulen überhaupt vorkommen. Inwiefern sich die Sportlehrkräfte dieser Hinweise dann auch wirklich bedienen, ob und ggf. wie „getreu" sie diese Vorgaben übersetzen, das ist eine ganz andere Frage, die eigentlich nur jeder für sich (später) beantworten kann, der irgendwo Sportspiele in der Schule unterrichtet (vgl. auch z. B. die Anregungen zur Umsetzungswirksamkeit von Richtlinien allgemein von HÜBNER 1995).

Soviel jedoch gleich vorweg: In sämtlichen Lehrplänen aller 16 Bundesländer kommen – das mag kaum überraschend klingen – zumindest die vier großen Sportspiele irgendwie vor, rein nominell werden demnach Basket-, Fuß-, Hand- und Volleyball überall landauf, landab (noch) gespielt. In den Richtlinien einiger Bundesländer sind für bestimmte Schulstufen auch noch einige weitere Sportspiele (z. B. Tischtennis, Rugby, Eishockey) vorgesehen, in anderen finden sich die Sportspiele gruppiert nach typischen Handlungsanforderungen (z. B. Wurfspiele, Rückschlagspiele und Torschußspiele) wieder. Die Verbindlichkeit zum Unterrichten lässt sich weiterhin an einer Unterteilung nach Pflicht–, Wahlpflicht- oder Ergänzungsangeboten festmachen. Eine Übersicht zu Inhalten, Zielen und zur Organisation des Sportunterrichts in allen 16 Bundesländern hat einschließlich der Sportspiele z. B. HELMKE (1995a, b) für die gymnasiale Oberstufe zusammengestellt; zur sportspielbezogenen Analyse des Bildungsplanes speziell in Baden-Württemberg vgl. nochmals KÖNIG (1997b) mit dem Verweis auf Spielfähigkeit als Leitgedanken.

Was steht nun in den Lehrplänen zu den einzelnen Sportspielen? Diese Frage soll im Rahmen dieses Beitrags wenigstens skizzenhaft und durch beispielhaften Vergleich zweier (mehr oder weniger unbedacht ausgewählter!) Bundesländer – nämlich Berlin und Bayern – beantwortet werden. Der „Vorläufige Rahmenplan für Unterricht und Erziehung in der Berliner Schule" (vgl. *Senatsverwaltung für Schule, Berufsbildung und Sport* 1993) ist dreigliedrig nach Schulstufen unterteilt und kennt in der Grundschule „Spielen" im dort sog. vorfachlichen Unterricht (Klassen

1 bis 4) und greift in den Klassen 5 und 6 dann jeweils die Mini-Versionen der vier großen Ballspiele auf. Diese finden ihre Fortsetzung im „richtigen" Basketballspiel etc. Die Hinweise zur Unterrichtsgestaltung gehen immer von sog. Mindestanforderungen aus (z. B. „die technischen Grundformen Dribbeln, Passen, Fangen und Korbwurf festigen"), denen spezifische Lerninhalte zugeordnet werden (z. B. „Stationäres Üben des beidhändigen Brustpasses in Verbindung mit Sternschritt" etc.). Die Nomenklatur zu den einzelnen Sportspielen ähnelt, insbesondere für den Bereich der gymnasialen Oberstufe, der verbandlich propagierten Version der Spiele (z. B. „Herausspielen des Balles, Heraustreten auf den ballbesitzenden Spieler, Decken der Wurfarmseite" etc. als Elemente des individuellen Abwehrverhaltens im Handball).

Im Gegensatz dazu lässt sich der Fachlehrplan Sport für das bayerische Gymnasium (vgl. *Amtsblatt des Bayerischen Staatsministeriums für Unterricht, Kultus, Wissenschaft und Kunst* 1992) zunächst durch diese vier Lernbereiche kennzeichnen: (1) Gesundheit, (2) Fairneß, Kooperation, (3) Umwelt, (4) Leisten, Gestalten, Spielen, wobei der letzte insofern eine Doppelfunktion innehat, als er Bewegungs- und Spielformen für die anderen drei liefert und dazu noch eine eigenständige Vermittlungsrolle von Sportarten, inklusive der Sportspiele wahrzunehmen hat (zum Aufbau des Fachlehrplans Sport für Bayern vgl. z. B. den Bericht von VORLEUTER 1995). Für die einzelnen Sportspiele werden dann z. B. im differenzierten Sportunterricht der Jahrgangsstufe 7 textliche Erläuterungen zu den vier Lernbereichen gegeben, speziell zu Lernbereich 4 (Leisten, Gestalten, Spielen) sind die Hinweise dann unterteilt in Technik (z. B. Varianten des Zuspiels und der Ballannahme), Taktik (z. B. Doppelpaß, Freiwurfvarianten etc. als Gruppentaktik), sportartspezifische Kondition und Koordination (z. B. Trainingsformen zur Erhöhung von Grundlagenausdauer, Schnellkraft etc.) sowie in Theorie (z. B. Fachsprache, Spielregeln, Bewegungsanalyse und Fehlerkorrektur).

Eine Sichtung von Lehrplänen darf generell nicht dabei stehenbleiben, nur festzustellen, welche Sportspiele mit welchen Vorgaben und Inhalten vorkommen. Lehrpläne können – salopp formuliert – auch gegen den Strich gelesen werden (vgl. Hinweise bei KUHLMANN 1996, 85 f.): Wo bestehen z. B. Möglichkeiten, andere („neue") Sportspiele unterzubringen, auch wenn sie nicht explizit genannt sind? Welcher Grad an Offenheit bzw. welche Leerstellen sind per se in den Richtlinien enthalten? Lehrpläne sind von ihrer administrativen Funktion her immer rückständig, umso mehr muss dann überlegt werden, ob und ggf. inwiefern sich dabei z. B. die Forderung „Neue Sportarten in die Schule" (vgl. gleichnamigen Beitrag von BALZ/BRINKHOFF/WEGNER 1994) verwirklichen lässt. Dort werden in einem didaktischen Ordnungsversuch neben Risiko-, Fitness-, expressiven und Gleichgewichts-Sportarten sowie meditativen Bewegungskulturen auch einige neuere sog. Team-Sportarten (z. B. American Football, Baseball, Beach-Volleyball) aufgeführt und dafür Gestaltungsideen vorgestellt (z. B. „Den Einführungs-

charakter betonen!", „Durch Schülerinitiative vermitteln!"), um sie so möglicherweise im Sport der Schule zu inszenieren.

7 Was kann es heißen, ein Sportspiel „gut" zu spielen?

Diese Frage greift noch einmal die Spielfähigkeit als die entscheidende Zieldimension bei der Vermittlung von Sportspielen auf. Ganz allgemein steht dahinter die
Forderung, dass die Schülerinnen und Schüler lernen sollen, ein Sportspiel möglichst „gut" zu spielen. Im schulischen Kontext „gut" spielen heißt dann allerdings
und in erster Linie, dass möglichst viele, am besten alle Schüler und Schülerinnen
in ihrer Spielfähigkeit optimal gefordert und gefördert werden, dass die Mannschaften, die gegen- bzw. miteinander spielen, nach Möglichkeit so ausgeglichen
zusammengesetzt sind, dass der Ausgang des Spiels lange in der Schwebe bleibt,
das Spiel also immer spannend ist.

Ein Spiel bzw. ein Sportspiel ist so gesehen dann „gut", wenn es gelingt, dass die
Agierenden dabei eine fließende und zugleich emotional-energetische Beanspruchung finden, die in Anlehnung an die Arbeiten des US-amerikanischen Psycholo-
gen CSIKSZENTMIHALYI gern auch als *flow* bezeichnet wird: Wir sind dann in
die Spielsituation so gespannt-angespannt eingebunden und gehen dabei in unserem Tun auf, dass uns während dieser Zeit nichts als nur das Spiel selbst beschäftigt.
Wir sind ganz bei der Sache, nehmen voll konzentriert am Spielgeschehen teil. Dabei kann es dann sogar passieren, dass wir uns ein wenig wundern, wenn das Spiel
plötzlich zu Ende geht, ja nur deswegen zu Ende gehen muss, weil – zumindest im
Schulbereich – das Signal zur Beendigung der Unterrichtsstunde ertönt. Das Spielerlebnis wird quasi abrupt von außen gestört und bricht dadurch in seiner inneren
Unendlichkeit zusammen, in der wir uns soeben noch befunden haben.

Um jedoch *flow* überhaupt zu erreichen, ist es wichtig, dass wir uns klar darüber
werden, welche Voraussetzungen dabei erfüllt sein müssen: Idealtypisch ist eine
Spielwirklichkeit anzustreben, in der die durch das Sportspiel immanent vorgegebenen Handlungssituationen und die persönlichen Ressourcen der Mitspielenden
optimal eingebunden sind – auf *flow* übertragen bedeutet das: Es ist ein *flow*-Kanal
zu installieren, der einerseits vor Angst und Langeweile schützt und in dem andererseits die Herausforderungen an die Spielenden sukzessiv zunehmen, um dadurch die Fähigkeiten zum Spielen gleichzeitig zu erweitern (vgl. dazu die Abbildung und ausführliche Beschreibung von *flow* bei CSIKSZENTMIHALYI 1992,
107 bzw. 104–110).

Wachstum von Spielkompetenz und Entdecken von immer neuen Spielherausfor-
derungen lösen sich dabei ständig ab. Es kommt zum Spiel mit dem Spiel – und
„gut" spielen kann dann auch heißen, „ein beherrschtes Wissen und Können ins
Spiel bringen, d. h. sich freiwillig den Momenten der Ambivalenz, Offenheit, Un-
gewißheit und also auch den Möglichkeiten des Scheiterns und Nichtmehrkönnens

auszusetzen" (EHNI 1995, 147; vgl. ferner die Ausführungen zum „guten" Spielen im Beitrag von KUHLMANN zu Kleinen Spielen in diesem Band).

8 Spielen Mädchen Ballspiele anders als Jungen?

Zugegeben: Die Überschrift zu diesem Kap. ist abgekupfert – das soll heißen: Sie geht zurück auf die ähnlich lautende Frage „Lernen Mädchen anders spielen als Jungen?" in einem neueren Beitrag von KUGELMANN (1997) zur geschlechtsspezifischen Sportspieldidaktik. Sie verweist insbesondere darauf, dass Mädchen und Jungen in aller Regel eine geschlechtsspezifisch unterschiedliche (Sport-) Spielsozialisation durchlaufen, wonach Mädchen beispielsweise deutlich weniger mit Bällen spielen (können) als Jungen und diese wenigen Erfahrungen oft dazu noch negativ durchtränkt sind. Anders: Vielen Mädchen bleibt die große Faszination von Sportspielen (leider häufig ein Leben lang!) verborgen.

Diese Barrieren und Defizite gilt es im Sportspielunterricht der Schule gezielt zu überwinden bzw. zu beseitigen. Es ist gleichsam nach geschlechtsangemessenen Lehr-Lerngelegenheiten speziell in den Sportspielen zu suchen. Die Sportspielvermittlung scheint diese Aufgabe – so das ernüchterne Fazit von KUGELMANN (1995, 58) – bislang noch nicht genügend angegangen zu sein bzw. eher verdrängt zu haben. Ausgangspunkte müssen hierbei zunächst die allgemeinen Ziele eines koedukativen Sportunterrichts sein, nämlich nach Chancen zum Miteinander- und Voneinander-Lernen auch in den Sportspielen zu suchen, was z. B. geschlechtsgleichberechtigte (Inter-) Aktionen bedingt. Schülerinnen und Schüler sollen dabei ihre sportliche Leistungsfähigkeit und die der anderen realistisch einzuschätzen und in ihren Stärken gegenseitig anzuerkennen lernen (vgl. dazu ALFERMANN 1992, 332).

Aber: Wer über den Ausgleich von Defiziten für Mädchen nachdenkt, kann andererseits auch eine sog. reflexive Jungenerziehung – zumal in den Ballspielen – in den Blick nehmen und als Chance zur weiterführenden Koedukation zu nutzen versuchen. In dieser Richtung jedenfalls zielen z. B die beiden Erfahrungsberichte von SCHULZ (1997) und SCHMERBITZ/SEIDENSTICKER (1997) aus der Laborschule in Bielefeld. Sie plädieren dort u. a. für eine zeitweilig nach Geschlechtern getrennte Vermittlung bestimmter Unterrichtsinhalte, und zwar insbesondere auch in den Ballspielen (vgl. die Szenen-Schilderungen zum Fußball- und zum Basketballspiel).

Das Erfordernis einer vorübergehenden Trennung nach Geschlechtern kann ihrer Einschätzung nach insbesondere dann sinnvoll sein, „wenn ungleiche sportmotorische Voraussetzungen oder stark differierende sportspezifische Interessen und Wertorientierungen vorliegen, wenn Sportarten vermittelt werden, die von ihrer Struktur sinnliche, nicht funktionale Körpererfahrungen ermöglichen (...) oder wenn körperliche Auseinandersetzungen und Überbietungsprinzipien zum konstitutiven Bestandteil gehören (insbesondere in Sportspielen)" (SCHMERBITZ/ SEIDENSTICKER 1997, 192). In solchen Unterrichtsphasen können Jungen ihren geschlechtsbedingten Bedürfnissen nach Erfolg und körperbetonter Auseinandersetzung im Spiel intensiver nachkommen; andererseits zeigt sich auch in geschlechtsgetrennten Gruppierungen, dass es Leistungsunterschiede unter den Beteiligten gibt, was wiederum für die Lehrkräfte zu einem Balanceakt der Beachtung und Bewertung von einem „Zuviel" an Erfolgsstreben und einem „Zuwenig" an Integration der Schwächeren führen kann (vgl. dazu 191).

Eine eindeutige Lösung des Jungen-Mädchen-Problems im Sportunterricht – so das Erfahrungs-Fazit von SCHULZ (1997) – gibt es jedoch nicht. Getrenntgeschlechtlicher Unterricht, zumal in den Sportspielen, kann aber „unter bestimmten Bedingungen eine brauchbare methodische Variante" (459) darstellen, kann aber Koeduktion nicht gänzlich außer Kraft setzen. Und: Auf keinen Fall darf eine geschlechtsbewusste Auseinandersetzung in der Sportspielvermittlung in dem bloßen Bemühen erstarren, bestehende Geschlechterhierarchien lediglich zu bestätigen, wenn in einem Spiel weibliche Defizite in der Weise „belohnt" werden, dass beispielsweise „Mädchentore doppelt zählen" oder „Jungen ohne Schuhe spielen müssen" (vgl. die Kritik zu diesen zweifelhaften Koedukations-Konventionen bei KUGELMANN 1996, 285).

9 Schluss – oder: Von „großen" Sportspiel-Büchern

Die Ankündigung zu diesem Abschnitt mag überraschen: Warum gibt es am Schluss des Beitrags noch eine Präsentation von Sportspiel-Büchern? Schließlich ist doch eigentlich ziemlich klar, um welche Ballspiele es bei den sog. Sportspielen geht; und einschlägige Literatur dazu ist ebenfalls reichlich vorhanden: Genau darin liegt allerdings der Aufhänger für die folgende kleine Kollektion von Sportspiel-Büchern, die allesamt mehr als nur die etablierten Sportspiele Basket-, Fuß-, Hand- und Volleyball, evtl. noch Hockey beinhalten. Noch genauer: In den letzten Jahren hat es immer mal wieder und neuerdings mit auffallend steigender Tendenz Buchveröffentlichungen gegeben, die vor allem solche Ballspiele enthalten, die über die vier großen Sportspiele hinausgehen und Alternativen oder zumindest Variationen zu ihnen anbieten.

Auch wenn sie nicht unbedingt immer gleich auf neuen methodischen Konzepten basieren, stellen sie – soviel als Fazit insgesamt schon an dieser Stelle vorweg – eine neue Dimension der Sportspielentwicklung dar. Diesen Neuigkeitswert gilt es pauschal zu würdigen, wenngleich eine endgültige (qualitative) Bewertung erst durch die praktische Erprobung der Spielvorschläge möglich wird. Ihr soll und kann durch die kurzen Kommentare zu den einzelnen Büchern keineswegs vorgegriffen werden. Zudem gilt auch hier der gleiche Hinweis wie in der Lektion zu den Kleinen Spielen (vgl. nochmals KUHLMANN in diesem Band): Die folgenden

Notizen stellen wiederum nur den Beginn einer Aufzählung von neueren „großen" Sportspiel-Büchern in loser Reihenfolge dar, bei der die meisten (wg. unübersehbarer Vielzahl!) ohnehin fehlen und von Ihnen bei Bedarf zu ergänzen sind:

Streetball und 120 andere coole Spielideen (HEITMANN 1995)

Wenn eine ebenso coole Übersetzung des Buchtitels erlaubt ist, dann könnte „Sportspiele light gemacht" ganz gut zutreffend sein. Denn das Motto, das den Spielen und Spielideen unterlegt ist, lautet „Sport sofort", also eine Spielinszenierung (angeblich) ohne große und aufwendige Organisation und ohne irgendwelche methodischen Raffinessen. Laut Klappentext geht es dem Autor vor allem um „die neuen Fungames", aber auch um einige „traditionelle Sportarten". Welche wozu gehören? Bitte selbst zuordnen: Unihoc, Ultimate, Baseball, Brennball, Faustball, Beach-Volleyball, Eishockey etc. etc. Man muss sich das Seiten-Layout des Buches übrigens so vorstellen, dass jeweils auf einer Doppelseite das Spiel mit Regeln und Rahmen (anhand einer Spielfeldskizze) erläutert wird und darüber hinaus z. B. Hinweise zur Ausrüstung, Verbandsanschriften usw. gegeben werden.

Ballspiele: Praxiserprobte Spielideen für Freizeit, Schule und Verein (2 Bände; GLORIUS/LEUE 1996)

Diese beiden Bücher enthalten vorwiegend neue Spiele (Bd. 1), die zwar einerseits zu den sog. Großen Sportspielen gehören, aber auf deutschen Spielfeldern bislang noch keine große Verbreitung gefunden haben bzw. evtl. gerade zu den Trendsportspielen aufsteigen oder schon dazu zählen sind (z. B. Baseball, Korfball, Goba). Der zweite Band setzt sich dann zusammen aus Variationen und Kombinationen von Kleinen Spielen und den bei uns populären fünf Ballspielen Basket-, Fuß-, Hand-, Volleyball und Hockey. Insgesamt werden ca. 50 Spiele mit mehr als 200 Modifizierungen angeboten, die teilweise von den beiden Autoren selbst konzipiert worden sind. Zum Verwendungsraum Schule ist besonders festzuhalten: GLORIUS/LEUE unterstreichen, dass ihre Ballspiele in jeder normalen Sporthalle mit vielen Spielern gespielt werden können, und zwar auch und vor allem in gemischtgeschlechtlichen Gruppen; gleichwohl lassen sie sich auch im außerunterrichtlichen Schulsport sowie in Verein und Freizeit (siehe Titel) einsetzen. Der Gebrauchswert der Bände wird durch eine übersichtliche Darstellung der Spiele (respektive durch die Rubrik: „Der schnelle Einstieg") sehr leserfreundlich erhöht.

Lehrplan des Deutschen Turner-Bundes. Band 4: Sportspiele (HARTMANN/ KREITER 1984)

Genau genommen gehört dieses Buch eigentlich gar nicht in die Reihe aktueller bzw. neuerer Sportspiel-Publikationen, und zwar einmal hinsichtlich seines Erscheinungsdatums, und zum anderen wegen der dort präsentierten Sportspiele selbst. Sie verfügen nämlich allesamt über reichlich Tradition und gehören zu jenen sog. „Turnspielen", die vom Deutschen Turner-Bund (DTB) betreut werden und für die der DTB als Fachverband zuständig zeichnet. Schon daraus kann man folgern, dass die Spiele nicht ausdrücklich auf den Sport in der Schule abzielen, sondern eher für eine Verbreitung außerhalb bestimmt sind. Trotzdem: Vielleicht liegt gerade darin ein Reiz, sie „neu" für den Schulsport zu entdecken. Von welchen Spielen im Band die Rede ist? Es handelt sich in alphabetischer Reihenfolge um: Faustball, Korbball, Korfball, Prellball, Ringtennis und Schleuderball.

Spaß für alle durch Kleine Ballspiele (MÜLLER 1998)

Ich zögere immer noch ein wenig: Soll ich dieses Buch nun primär wegen seines dezidierten spielpädagogischen Ansatzes oder doch mehr wegen seiner besonderen Spielesammlung würdigen? Klar ist: Lesenswert sind beide Teile gleichermaßen. Der Autor gibt „Hilfen zur Spieleerziehung" (Teil 1) und präsentiert dann „Mehr als 'nur' Spielideen" (Teil 2). Seinen Ausführungen zur methodischen Gestaltung von Kleinen Ballspielen als eigenständige Lernsituationen im Sportunterricht folgen – ebenso ausführlich beschrieben – insgesamt 16 (un-) bekannte Spielvorschläge mit zahlreichen (un-) bekannten Variationsmöglichkeiten, und zwar gegliedert nach einfachen Zielwurfspielen (z. B. Kegel umwerfen) und einfachen Mannschaftsspielen, die wiederum separiert werden in solche, bei denen räumlich getrennt gespielt wird (z. B. Brennball), und in solche, die auf einem gemeinsamen Spielfeld (also mit Gegnerbildung) stattfinden (z. B. Reaktionsball). Mein Eindruck nach einer ersten Lektüre: Auf dieses Buch wird man immer wieder gern zurückgreifen!

Literatur

ADOLPH, H.; HÖNL, M.: Integrative Sportspielvermittlung. Kassel 1998[4].

ALFERMANN, D.: Koedukation im Sportunterricht. In: Sportwissenschaft 22 (1992), 323–343.

AMTSBLATT DES BAYERISCHEN STAATSMINISTERIUMS FÜR UNTERRICHT, KULTUS, WISSENSCHAFT UND KUNST: Lehrplan für das bayerische Gymnasium. Fachlehrplan Sport Teil I und II. München 1992.

BALZ, E.; BRINKHOFF, K.-P.; WEGNER, U.: Neue Sportarten in die Schule! In: sportpädagogik 18 (1994): 2, 17–24.

BALZ, E.; DIETRICH, K.: Fußball – ein Spiel in Spannungen. In: sportpädagogik 20 (1996): 1, 21–28.

BEHRENDS, G.: Zum Problem der Vermittlung von „Spielfähigkeit". In: GÖHNER, U.; KARL, H. (Red.): 5. Sportwissenschaftlicher Hochschultag 1982, Spiel, Spiele, Spielen in Tübingen. Kurzreferate. Clausthal-Zellerfeld 1983, 2–5.

BREMER, D.; PFISTER, J.; WEINBERG, P.: (Hrsg.): Gemeinsame Strukturen großer Spiele. Wuppertal 1981.

CSIKSZENTMIHALYI, M.: FLOW: Das Geheimnis des Glücks. Stuttgart 1992.

DIETRICH, K.: Didaktische Überlegungen zum Schulfußball. In: Die Leibeserziehung 13 (1964), 237–241.

DIETRICH, K.: Fußball. Spielgemäß lernen – spielgemäß üben. Schorndorf 1968, [6]1984.

DIETRICH, K.: Zur Methodik der Sportspiele. In: DIETRICH; LANDAU 1976, 76–86.

DIETRICH, K.: Sportspiele im Sportunterricht. In: sportpädagogik 8 (1984): 1, 17–18 (a).

DIETRICH, K.: Vermitteln Spielreihen Spielfähigkeit? In: sportpädagogik 8 (1984): 1, 19–21 (b).

DIETRICH, K.: Sportspiele. In: DIETRICH, K. (Hrsg.): Sportspiele. Reinbek 1985, 8–21.

DIETRICH, K.: Historische Entwicklung und Stand der sportspieldidaktischen Diskussion. In: ANDRESEN, R. (Hrsg.): Beiträge zur Sportspielforschung. 6. Internationales Berliner Sportspiel-Symposion. Ahrensburg 1986, 9–17.

DIETRICH, K.; DÜRRWÄCHTER, G.; SCHALLER, H.-J.: Die Großen Spiele. Aachen 1994.

DIETRICH, K.; LANDAU, G.: Handballspielen und Fußballspielen im freien Bewegungsleben der Kinder und Jugendlichen. In: DIETRICH; LANDAU 1976, 57–71.

DIETRICH, K.; LANDAU, G. (Hrsg.): Beiträge zur Didaktik der Sportspiele. Teil I: Spiel in der Leibeserziehung. Schorndorf 1974, 1976².

DÖBLER, E. und H.: Kleine Spiele. 20. Jubiläumsauflage, überarbeitet und ergänzt. Berlin 1996.

DÖBLER, H.; SCHNABEL, G.; THIESS, G. (Ltg.): Grundbegriffe der Sportspiele. Berlin 1989.

EHNI, H.: Spiele lehren – Spielen lernen oder: Geht das Spiel im Sportunterricht baden? In: ZEUNER; SENF; HOFMANN 1995, 142–149.

EMRICH, A.: Spielend Handball lernen in Schule und Verein. Wiesbaden 1994.

EMRICH, A.: Wann spielen wir richtig. In: ZEUNER; SENF; HOFMANN 1995, 165–167.

EMRICH, A.: Spielend Handball lernen in Schule und Verein. In: HOSSNER; ROTH 1997, 226–228.

GLORIUS, S.; LEUE, W.: Ballspiele. Praxiserprobte Spielideen für Freizeit, Schule und Verein. 2 Bde. Aachen 1996.

GÜNZEL, W. (Hrsg.): Spiele vermitteln und erleben – verändern und erfinden. Baltmannsweiler 1990.

GROTH, K.; KUHLMANN, D.: Integrative Sportspielvermittlung in Theorie und Praxis. In: sportunterricht 38 (1989), 386–393.

GROTH, K.; KUHLMANN, D.: Spielfähigkeit entwickeln – ein integratives Konzept. In: ZIE-SCHANG, K.; BUCHMEIER, W. (Hrsg.): SPORT zwischen Tradition und Zukunft. Schorndorf 1992, 52–54.

HARTMANN, H.; KREITER, C. (Gesamtredaktion): Lehrplan Deutscher Turner-Bund. Bd. 4. Sportspiele. München 1984.

HEITMANN, F.: Streetball und 120 andere coole Spielideen. Mülheim 1995.

HELMKE, C.: Ziele, Inhalte und Organisation des Sportunterrichts in der gymnasialen Oberstufe. In: sportunterricht 44 (1995), 196–206 (a).

HELMKE, C.: Ziele, Inhalte und Organisation des Sportunterrichts in der gymnasialen Oberstufe. In: ZEUNER; SENF; HOFMANN 1995, 366–371 (b).

HÖNL, M.; ADOLPH, H.; BÖTTCHER, G.; POLLMANN, E.: Integrative Sportspielvermittlung am Beispiel der Zielschußspiele. In: sportunterricht 41 (1992), 361–371.

HOSSNER, E.-J.; ROTH, K. (Hrsg.): Sport – Spiel – Forschung. Zwischen Trainerbank und Lehrstuhl. Hamburg 1997.

HÜBNER, H.: Wie können Richtlinien und Lehrpläne für die Praxis des Schulsports wirksamer werden? In: ZEUNER; SENF; HOFMANN 1995, 307–308.

KÖHLER, I.: Basketball. Berlin 1982.

KÖNIG, S.: Zur Ausbildung einer spezifischen Spielfähigkeit Handball im Schulsport. In: HOSSNER; ROTH 1997, 209–210 a.

KÖNIG, S.: Zur Vermittlung von Spielfähigkeit in der Schule. In: sportunterricht 46 (1997), 476–486.

KONZAG, G. (Ltg.): Übungsformen für die Sportspiele. Eine Übungssammlung für Basketball, Fußball, Handball, Volleyball sowie vorbereitende Spiele. Berlin 1973.

KUGELMANN, C.: Ein Spiel auch für Mädchen. In: sportpädagogik 19 (1995) 1, 58–64.

KUGELMANN, C.: Koedukation im Sportunterricht – 20 Jahre Diskussion und kein Ende. In: Sportwissenschaft 26 (1996), 272–289.

KUGELMANN, C.: Lernen Mädchen anders spielen? In: HOSSNER; ROTH 1997, 175–178.

KUHLMANN, D.: Wie führt man Spiele ein? In: Bielefelder Sportpädagogen: Methoden im Sportunterricht. Ein Lehrbuch in 14 Lektionen. Schorndorf 1998[3], 135–147.

KUHLMANN, D.: Schüler im Spiel – Spiele für Schüler. Ansätze zur Gestaltung von Sportspielen in der Schule. In: Körpererziehung 46 (1996), 83–87.

KURSAWE, H. G.; PFLUGRADT, M.: Vom Basisspiel zum Sportspiel. Grundsätzliche Überlegungen und ein praktischer Vorschlag. In: sportunterricht (Lehrhilfen) 35 (1986), 113–117.

KURZ, D.: Handlungsfähigkeit im Sport – Leitidee eines mehrperspektivischen Unterrichtskonzepts. In: ZEUNER; SENF; HOFMANN 1995, 41–48.

MÜLLER, B.: Spaß für alle durch Kleine Ballspiele. Bd. 1. Aachen 1998.

MÜLLER, H. J.; SCHIFFLER, K.; THILL, G.: Minihandball. Saarbrücken 1978.

NABBEFELD, R.: Schulgemäßes Konzept zum Erlernen des Handballspiels über Situationsreihen. In: sportunterricht (Lehrhilfen) 32 (1983), 1–12.

NAGEL, V.: Sportspielübergreifend lernen und trainieren. Hamburg 1997 (a).

NAGEL, V.: Ein Konzept sportspielübergreifender Vermittlung. In: HOSSNER; ROTH 1997, 220–222 (b).

NAGEL, V.; GLOY, A.; KLEIPOEDSZUS, A.: Zwischen den Spielen: Sportspielübergreifende Handlungsmuster spielerisch provozieren. In: HOSSNER; ROTH 1997, 202–205.

OPPERMANN, H.-P.: SCHUBERT, R.; EHRET, A.: Handball-Handbuch 6: Handball spielen mit Kindern. Münster 1997.

SAHRE, E.; POMMERENING, G.: Basketball und Streetball. Vom Anfänger zum Könner. Reinbek 1995 (a).

SAHRE, E.; POMMERENING, G.: Basketball – spielnah und situationsgerecht. Ein „Lightfaden" für die Anfängerschulung. In: ZEUNER; SENF; HOFMANN 1995, 168–172 (b).

SCHMERBITZ, H.; SEIDENSTICKER, W.: Jungenarbeit – eine Chance für Koedukation. In: BALZ, E.; NEUMANN, P. (Hrsg.): Wie pädagogisch soll der Schulsport sein? Auf der Suche nach fachdidaktischen Antworten. Schorndorf 1997, 185–201.

SCHEUER, W.: Spiele lernen – Spielen lernen. In: ZEUNER; SENF; HOFMANN 1995, 158–164.

SCHOCK, K. K.: Das integrative Lehrkonzept „Rückschlagspiele" an der Universität Bielefeld. In: HOFFMANN, B.; KOCH, P. (Hrsg.): Integrative Aspekte in Theorie und Praxis der Rückschlagspiele. Hamburg 1997, 161–171.

SCHUBERT, R.; OPPERMANN, H.-P.; SPÄTE, D.: Handball-Handbuch 1: Spielen und Üben mit Kindern. Münster 1991[3].

SCHULZ, G.: Sport, nach Geschlechtern getrennt: eine Chance für Jungen? In: sportpädagogik 21 (1997), 6, 42–45.

SENATSVERWALTUNG FÜR SCHULE, BERUFSBILDUNG UND SPORT: Vorläufiger Rahmenplan für Unterricht und Erziehung in der Berliner Schule. Fach Sport. 3 Bde. Berlin 1993.

SÖLL, W.: SPORTunterricht sportUNTERRICHTEN. Ein Handbuch für Sportlehrer. Schorndorf 1996.

STIEHLER, G.; KONZAG, I.; DÖBLER, H. (Ltg.): Sportspiele. Hochschullehrbuch. Berlin 1988.

STÖCKER, G.: Schulspiel Basketball. Vom Spielen zum Spiel. Schorndorf 1966.

VORLEUTER, H.: Ein neuer Lehrplan für das bayerische Gymnasium – Ein neuer Fachlehrplan für Sport. In: BORKENHAGEN, F.; SCHERLER, K. (Hrsg.): Inhalte und Themen des Schulsports. St. Augustin 1995, 195–205.

ZEUNER, A.; SENF, G.; HOFMANN, S. (Hrsg.): Sport unterrichten. Anspruch und Wirklichkeit. Kongressbericht. St. Augustin 1995.

MICHAEL GASSE / GERD WESTPHAL

Volley-Ball-Spielen vermitteln

1. Einleitung

Das Spiel ist anders geworden! Nicht nur, dass in den letzten Jahren neue technische und taktische Elemente wie Sprungaufschlag, Hinterfeldangriff oder Libero das Spiel beleben: Volleyball wird inzwischen in zwei olympischen Disziplinen gespielt!

Motor dieser Veränderungen ist ein Spielgedanke, der zu immer neuen Variationen auffordert: **„volley spielen"**! Spielgerät, Spielumgebung, Partner oder Gegner, sowie Kooperationsformen sind nur einige Kategorien, nach denen sich Variationen und Variationsmöglichkeiten systematisieren lassen. Spaß an der Bewegung, Unterhaltung, attraktive Freizeitgestaltung, Leistung, Selbstdarstellung und Teamgeist sind mögliche Intentionen, sich auf das Spiel mit dem *„fliegenden Ball"* einzulassen und immer Neues zu erproben.

Dem Volleyballspiel ist mit der Trendsportart *„Beach-Volleyball"* eine neue Spiel- und Freizeitkultur mit eigenen Regeln, mit eigenen Riten und eigenen Helden erwachsen. Und das Indoor-Spiel, bislang noch prägende Vorstellung für das Rückschlagspiel *„Volleyball"*, hat sich auf den Weg gemacht, im Wettstreit um die Gunst der Freizeitsportler neue Attraktivität zu gewinnen. Veränderte Regeln sollen dazu beitragen, häufiger spektakuläre, lange Ballwechsel mit überraschenden Angriffsvarianten und rasanten Abwehraktionen zu ermöglichen.

Variabilität, Attraktivität und die Faszination der Spielidee **miteinander gegeneinander volley zu spielen** sind in diesen Veränderungsprozessen bleibende Strukturmerkmale des Spiels.

Für Volleyball als Schulsport bedeutet dies, dass jedes Vermittlungskonzept aufgrund dieser Beobachtung im **Ansatz** offen sein muss. Offen für die schnellen und „publikumswirksamen" Veränderungen des Spiels, offen für unterschiedlichste Intentionen, sich diesem Spiel zuzuwenden, offen für unterschiedlichste methodische Zugriffe und offen für unterschiedlichste Zielsetzungen, die innerhalb einer Unterrichtssequenz mit Schülerinnen und Schülern erarbeitet werden sollen. Dies um so mehr, als die Kinder und Jugendlichen direkt oder indirekt jedes Sportangebot an den Bildern der Medien und den Helden der Sportkanäle messen und u. a. hierüber ihre Identifikationen und Idole finden.

Andererseits eröffnet die Variabilität und Mehrdimensionalität des Spiels die Möglichkeit, das Spiel im Lichte verschiedenster pädagogischer Perspektiven zu brechen und tiefer liegende Sinndimensionen des Spiels und des Sporttreibens zu eröffnen.

So kann ich Volleyball spielen, um mich darzustellen, um mich zu vergleichen, um meine Grenzen zu erfahren und etwas zu wagen (z. B. in der Abwehr), um wettzukämpfen oder gemeinsam mit anderen ein Ziel zu erreichen bzw. etwas zu leisten. Das Spiel eröffnet Erfahrungen von Teamarbeit, Stressbewältigung und von systematischer Leistungsentwicklung. Diese werden z. B. im Rahmen von gemeinsam geplanten Zyklen von Beanspruchung, Ermüdung und Erholung auf dem Weg zur Leistungssteigerung erlebt.

Die Veränderungen und die Veränderbarkeit des normierten Spiels zeigen ebenso wie die Vielfalt der Erscheinungsformen des Freizeitspiels Volleyball, dass das Spiel selbst vielfältige Perspektiven und Dimensionen wie „Erleben", „Sinn erfahren", „sich und seine Grenzen zu erproben", anbietet.

Um diese Möglichkeiten der Sportart in der Unterrichtspraxis entfalten zu können, wird also ein Zugriff gesucht, flexible und offene Unterrichtskonzepte zu entwikkeln, die das Spiel in seiner Vielfalt und Flexibilität erfahrbar machen, ohne den Charakter der Sportart zu verfremden.

Dabei geht es nicht darum, das Spiel neu zu erfinden oder die Methodik zu „revolutionieren". Wir wollen mit diesem Beitrag Vorschläge machen, das Spiel so zu systematisieren, dass es effizienter, schneller und spielnäher entwickelt werden kann. Gleichzeitig soll auf diesem Weg neueren didaktischen Überlegungen zur Einbindung der Sportarten in einen Sportunterricht unter speziellen pädagogischen Perspektiven Rechnung getragen werden. Unser Ziel ist es, zu zeigen, dass „Volleyball pur" in allen Facetten des Sporttreibens so angeboten werden kann, dass die Sportart jeder der Perspektiven zugeordnet werden kann.

Dieser Zugriff führt zu einer veränderten Auswahl und Gewichtung bekannter Inhalte und zu veränderter Unterrichtsorganisation und Kommunikation in Lern-, Spiel- und Übungssituationen. Schließlich sollte es nicht so sein, dass am Ende eines als mehrdimensional und mehrperspektivisch aufgeblasenen Vermittlungsansatzes doch wieder nur alltägliche Lernprozesse stehen . . .

2. Wie verstehen wir das Spiel?

Leitidee, die zur Entstehung des Volleyballspiels führte, ist der Gedanke, den Ball **volley** – im Flug zu spielen.

Alle Beteiligten wollen im Spiel entweder verhindern, dass der Ball in ihrem Feld auf den Boden fällt: „. . . **wir wollen den Ball in der Luft halten** bzw. **unser Feld verteidigen!**", oder sie sind bemüht, den Ball auf den Boden des Spielfeldes der anderen Mannschaft bzw. der anderen Spieler zu befördern: **„. . . wir wollen den Punkt machen!"**

In diesem Spannungsfeld von Defensive und Offensive wechseln die Ausrichtungen des Spiels zwischen **Kooperation** (miteinander spielen, der Mannschaft im

Spielaufbau optimale Optionen erarbeiten) und **Wettkampf** (sich mit einer anderen Mannschaft vergleichen, eigene Stärken gegen die anderer stellen).

Der Antagonismus von der defensiven und offensiven Ausrichtung wird durch das Zusammenspiel von **Einzel-** und **Mannschaftsleistung** getragen. So ist der spektakuläre Schmetterschlag einerseits die Leistung des Angreifers, andererseits das Ergebnis des Spielaufbaus, der von der Mannschaft geleistet wurde.

Diese drei Aspekte, die im Mannschaftsrückschlagspiel Volleyball in der Umsetzung des Spielgedankens entstehen, sind für das Volleyballspiel und seine Vorformen (Ball über die Schnur) und Variationen konstitutiv. Auf eine kurze Formel gebracht bedeutet Volleyball für uns

> **In einer Mannschaft in definiertem Feld einen Ball miteinander gegeneinander volley-spielen.**

Diese Kurzform bietet Anknüpfungspunkte zu Weiterentwicklungen und Variationen und benennt feste Strukturmerkmale des Spiels (vgl. Abb. 1).

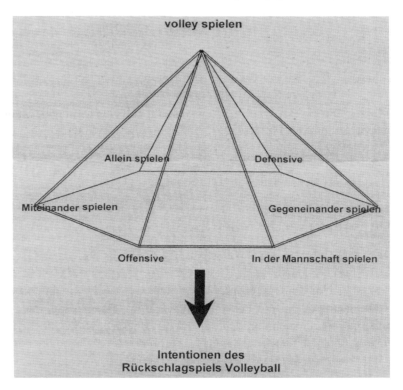

Abb. 1 Strukturmerkmale des Spielgedankens „volley-spielen"

Geht man von dieser Basis aus, kann man einerseits angemessen auf die Perspektive und Motivation derjenigen eingehen, die zum und für das Spiel etwas lernen wollen. Andererseits kann man Intentionen des Spiels in Inhalten aufgreifen, die unabhängig von formalen Kriterien flexibel und sinnvoll ausgewählt und arrangiert werden können.

Wir sehen sechs mit Spiel und Spielgedanken verbundene Intentionen oder Schwerpunkte, die das Spiel strukturieren und auf jedem Lern- und Spielniveau in Spiel- und Übungssituationen anzutreffen sind und dort angemessen aufgegriffen und bearbeitet werden können:

1. **Den Ball in der Luft halten!**
2. **Das Feld verteidigen!**
3. **Mit dem Partner spielen!**
4. **In der Mannschaft spielen!**
5. **Auf dem Normalfeld spielen!**
6. **Gegen andere den Punkt machen wollen!**

Diese Intentionen lassen sich den drei Gegensatzpaaren, die aus dem Spielgedanken „volley-spielen" entstehen, zuordnen. Sie beschreiben Schwerpunkte, von denen ausgehend sich die Spielfähigkeit spielnah, und den Interessen der Schüler und Schülerinnen angepasst, ausbilden lässt. Sie sind so eng miteinander verbunden, dass über jede der Intentionen die jeweils anderen im Lern- und Übungsprozess erschlossen werden können.

Darüber hinaus bieten die Intentionen die Möglichkeit, die Handlungsketten (wie „Zuspiel nach Annahme" oder „Aufschlag – Annahme") des Spiels so zu systematisieren, dass z. B. in Übungsformen die Ausrichtung und Zielsetzung der thematisierten Handlungssequenz zum zentralen Aspekt der methodischen Überlegungen wird.

Eine Situation, wie das „Zuspiel nach Abwehraktionen", kann formal Unterrichtsgegenstand sein, dem in vertiefenden Überlegungen dann im Planungsprozess eine Zielrichtung zugewiesen wird. Auf diesem Wege kann die Handlungssequenz für unterschiedlichste Schwerpunkte im Lern- und Übungsprozess instrumentalisiert werden, ohne dass der Sinnzusammenhang (hier: *den Punkt machen wollen*), der Einsatz, Konzentration und Beteiligung der Schüler leitet, verloren geht.

Der Intention „*den Punkt machen wollen*" zugeordnet, hat diese Sequenz im Übungsprozess von Beginn an eine klare Ausrichtung und macht den Sinn des Übens unmittelbar nachvollziehbar.

Der Vorschlag, das Spiel nach Intentionen zu systematisieren, bietet neben dem Vorteil der Überschaubarkeit und Spielnähe für alle methodisch-didaktischen Überlegungen die Chance, den Übungsprozess näher an die Motivationen der Schüler und Schülerinnen anzulehnen und das Spiel für die Themen eines an den

pädagogischen Perspektiven orientierten Sportunterrichtes unmittelbar zugänglich zu machen.

Mit jeder Intention ist ein Bündel von Anforderungen verbunden, deren Bewältigung für die Entwicklung der Spielfähigkeit grundlegend ist. Mit wachsendem Lernfortschritt müssen sie differenziert und (situativ) konkretisiert werden.

Mit der Formulierung dieser Intentionen wird, vom Spiel und Spielgedanken ausgehend, der Schüler bzw. die Schülerin mit dem Ziel in das Zentrum der Aufmerksamkeit gestellt, seine Handlungsfähigkeit im Spiel zu entwickeln. Die Auswahl der Inhalte und die methodische Gestaltung zur Entwicklung der für ihn relevanten Fähigkeiten und Fertigkeiten, die in spielgebundenen Situationen entwickelt werden, wird damit aus der Sicht des Schülers bzw. der Schülerin begründet.

3. Wie sieht das praktisch aus?

Grundsätzlich sind für alle methodischen Vorüberlegungen mit dem Spiel und den Spielenden die Eckpunkte genannt, von denen jedes Unterrichtskonzept ausgehen sollte. So ergeben sich zunächst auch für die hier vorgestellte Betrachtungsweise zwei Fragen:

- Was sollen die Schüler und Schülerinnen können?
- Was wollen die Schüler und Schülerinnen?

Was sollen die Schüler und Schülerinnen können?

Aus der oben skizzierten Spielauffassung stellt sich die Frage nach den Fähigkeiten, Fertigkeiten und weiteren Voraussetzungen, die erforderlich sind, erfolgreich am Spiel teilzunehmen, grundsätzlicher:

Um Volleyball bzw. den Ball volley spielen zu können, muss ein Schüler bzw. eine Schülerin

- **den Ball beobachten und die Flugbahn des Balles einschätzen können,**
- **schnell einen fliegenden Ball erlaufen können,**
- **den Ball mit allen Körperteilen in der Luft halten können,**
- **sich gut koordiniert bewegen können,**
- **vom scharfen Sehen auf ganzheitliches Sehen wechseln können,**
- **peripher wahrnehmen und situationsgebunden Blickbewegungsstrategien entwickeln können,**
- **räumliche Tiefe („vor-hinter"-Entscheidungen) gut differenzieren können,**
- **Spielverläufe analysieren, kennen und vorausnehmen können, d. h. Aktionen von Partnern und Gegnern in eigene Handlungen einbeziehen können,**
- **unter Zeitdruck handeln können,**
- **aufgabenspezifisch mit Mitspielern kooperieren können,**
- **sich in Kooperation aufgabengebunden mit anderen verständigen können,**

- **unter standardisierten Bedingungen üben und trainieren können,**
- **Handlungsalternativen situationsgerecht entscheiden können.**

Diese Fähigkeiten lassen sich im Rahmen der Intentionen und daraus entwickelter Spielsituationen konkretisieren (s. u.). Mit steigendem Spielniveau sind sie um die konditionellen Leistungsfaktoren zu ergänzen (vgl. u. a.: HERZOG/VOIGT/WESTPHAL 1985 oder VOIGT/RICHTER 1991).

4. Was wollen Schüler und Schülerinnen?

Schüler und Schülerinnen wollen

- viel spielen,
- lange Ballwechsel mit vielen Ballkontakten,
- Bälle mit großem Einsatz retten,
- ausgeglichene Spiele,
- gegeneinander spielen,
- früh das Zielspiel spielen.

(vgl. FISCHER/ZOGLOWEK 1990a; BRETTSCHNEIDER 1990)

Um diesen Wünschen entgegenzukommen, muss die Vermittlung im Gegensatz zu früher andere Schwerpunkte setzen. Es müssen Spielformen gefunden werden, die diese Voraussetzungen / Wünsche erfüllen können. Gleichzeitig soll aber auch inhaltlich sichergestellt sein, dass die Ausbildung nicht nur Spaß bringt, sondern auch im Hinblick auf die Ausbildung der Spielfähigkeit erfolgreich ist. So sollte man Situationen vermeiden,

- in denen Schüler und Schülerinnen nur in großen Intervallen am Ball sind (unnötig lange Pausen, seltener Ballkontakt),
- in denen durch Aufschläge (Asse und Fehler) viele Punkte gemacht werden bzw. schnelle Wechsel des Aufschlagrechts erfolgen, ohne dass ein Spielrhythmus entsteht.

Bindet man Schülerwünsche und Anforderungen des Spiels zusammen, lassen sie sich ohne Weiteres in die bekannten methodischen Konzepte zur Einführung des Spiels integrieren.

Will man das Spiel in seiner Variabilität zeigen, die Wünsche der Schüler und Schülerinnen favorisieren und das Spiel in den Zusammenhang eines themenorientierten Sportunterrichtes stellen, gelingt es, dies unter der Wahrung des Prinzips „Spielnähe" zu realisieren, wenn das Spiel im Sinne der sechs Intentionen systematisiert wird (vgl. Abb. 2).

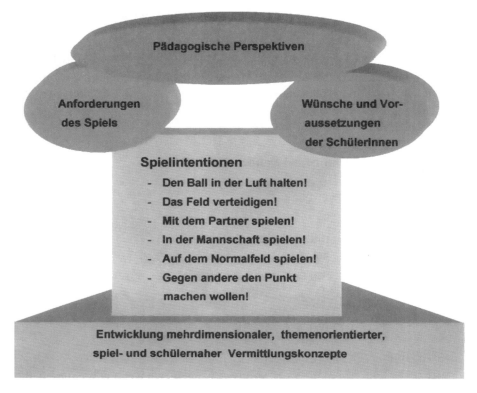

Abb. 2. Spielintentionen als Schlüssel zu Entwicklung spielnaher themen- und schülerorientierter Vermittlungskonzepte

5. Wie kann die Spielvermittlung nach Intentionen aufbereitet werden?

Den Schülerwünschen und ihren Voraussetzungen entsprechend werden den Intentionen zugeordnete Anforderungen formuliert und in Spielen, Spiel- und Übungsformen sowie entsprechenden Spielsituationen bearbeitet.

5.1 Den Ball in der Luft halten

Der fliegende Ball steht im Mittelpunkt aller Bemühungen der Beteiligten. Wie kann ich erreichen, dass er nicht auf die Erde fällt? Wie kann ich ihn „volley" spielen? Welche Möglichkeiten habe ich, um dieses Ziel zu erreichen?

Diese Intention behält auf allen Spielniveaus vom Anfänger bis zum Spitzenspieler ihre Bedeutung, wie nicht zuletzt die aktuellen Regeländerungen im Beach- und Indoor-Volleyball belegen!

■ **Was muss ich können?**

– Den Ball jonglieren, balancieren,
– den Ball beobachten (scharf sehen),
– die eigenen Bewegungen mit dem heranfliegenden Ball koordinieren,
– die Flugbahn des Balles abschätzen,
– alle Körperteile zum Spielen des Balles nutzen,
– Grundformen der Technik (Baggern, Pritschen),
– standardisierte Abwehrtechniken erproben.

■ **Wie kann ich dem Schüler helfen?**

Zunächst sollten die Bedingungen erleichtert werden, indem man leichte und langsam fliegende Bälle (Luftballon, Wasserbälle, Schaumstoffbälle) verwenden. Der zur Verfügung stehende Bewegungsraum ist noch groß und wird kontinuierlich verkleinert. Nach Übungen im Stand sollen sich die Schüler und Schülerinnen vorwärts und durcheinander bewegen.

■ **Beispiele**

– Allein den Ball balancieren: im Stand und in der Bewegung,
– den Ball mit allen Körperteilen in der Luft halten,
– dabei die Höhe des gespielten Balles verändern, den Bewegungsraum verkleinern, den Ball in der Bewegung in der Luft halten,
– zu zweit den Ball in der Luft halten: im Stand in der Bewegung, im Sitzen, über eine Schnur,
– zu dritt oder im Kreis den Ball in der Luft halten,
– zu zweit den Ball mit Pritschen und Baggern möglichst oft spielen,
– Angriff und Abwehr zu zweit oder in der Dreiergruppe mit möglichst vielen Ballkontakten,
– Spiel „3 mit 3" über das Netz mit möglichst vielen Netzüberquerungen des Balles (ebenso mit Angriffen aus dem Hinterfeld).

5.2 Das Feld verteidigen!

Während im ersten Schwerpunkt die Aufmerksamkeit hauptsächlich dem fliegenden Ball gilt, wird jetzt der definierte Spielraum einbezogen. Als Anfänger lernt der Schüler bzw. die Schülerin in festgelegten Bereichen auf der Grundlage einer guten Orientierungsfähigkeit die Flugbahn des Balles zu beobachten und einzuschätzen, um dann gegebenenfalls zum Ball zu laufen und das Feld zu verteidigen. Begleitend ist es nötig, die Möglichkeiten des Gegenspielers in Abhängigkeit von seiner Spielposition zu analysieren und in eigene Handlungen umzusetzen. Hier können erste „wenn-dann-Beziehungen" aufgebaut werden, die mit fortschreitendem Spielniveau ständig aktualisiert werden müssen (vgl. WESTPHAL / GASSE / RICHTERING 1987).

■ **Was muss ich können?**
– den Ball nicht auf die Erde kommen lassen,
– den Ball erlaufen,
– Aktionsfeld/Handlungsbereich erschließen,
– Auftreffpunkt des Balles berechnen,
– Abspielrichtungen erkennen.

■ **Wie kann ich dem Schüler helfen?**
Durch zunächst noch langsam fliegende Bälle kann der Zeitdruck der abwehrenden Spieler noch niedrig gehalten werden. Die Größe des zu verteidigenden Feldes wird kontinuierlich gesteigert, bis das Feld nicht mehr allein zu verteidigen ist und ein Partner helfen muss. Tabuzonen wie beim Spiel „Ball über die Bank" verhindern zu schnelle Erfolge der Angreifer. Eine hochgespannte Schnur (Netz) oder ähnliche Hindernisse bewirken einen längeren Ballflug, verringern die Angriffsmöglichkeiten und erleichtern damit die Abwehr. Dieses gilt auch nach der Einführung von Angriffstechniken.

■ **Beispiele**

– Auf einer Matte stehen und verhindern, dass der Ball die Matte berührt,
– Tor verteidigen: allein, zu zweit,
– Bälle verteidigen, die unter einer Bank auf ein Tor gerollt werden,
– Ball über die Bank auch mit Tabuzone (Abb. 3),
– Ball über die Schnur mit Variationen (im Sprung werfen, Zusatzaufgaben wie Linie berühren, Platzwechsel) (Abb. 4),
– Übungsformen zu Abwehrtechniken und ihren Vorformen,
– Spiel 2:2: erste Abwehraktion = Ball irgendwie hochspielen und der Partner fängt,
– Angriffe ohne Block gegen eine Dreiergruppe, die mindestens zwei Ballkontakte erreichen soll,
– Aufschläge in ein Spielfeld, in dem zwei Spieler versuchen, den Ball an das Netz zu spielen.

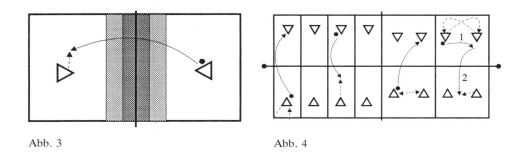

Abb. 3   Abb. 4

5.3 Mit dem Partner spielen!

Die Abstimmung der Partner ist eine weitere grundlegende Bezugsgröße für das Handeln im Spiel und eine wesentliche Voraussetzung für alle Mannschaftsspiele. Denn jede Handlung eines Partners erfordert eine Folgehandlung eines anderen. Dies begründet die Notwendigkeit von Aufgabenteilung, Kommunikation und laufender Aktualisierung von Absprachen.

Bei nur zwei Spielern ist die Abstimmung noch relativ leicht und die Gefahr einer Konzentrationspause wie beim Spiel mit 6 Spielern noch nicht so groß. Deshalb ist es zu Beginn entscheidend, die Spielerzahl auf dem Anfängerniveau überschaubar zu halten!

Grundlage aller Aktionen sind nämlich wesentliche Wahrnehmungsfähigkeiten, wie ganzheitliches peripheres Sehen, Tiefensehen und antizipative Augenfolgebewegungen. Durch eine angemessene Aufmerksamkeitslenkung auf die wesentlichen Diagnosemerkmale kann der Schüler bzw. die Schülerin die geplanten Aktionen des Partners (und auch des Gegners) frühzeitig erkennen und die eigene Handlung darauf abstimmen.

■ Was muss ich können?

–   Partner beobachten,
–   den Blick vom Ball lösen,
–   genaues Zuspiel zum Partner (Pritschen und Baggern),
–   Handlungsabsichten des Partners / Gegners erkennen,
–   „wenn-dann-Beziehungen" aufbauen (vgl. GASSE 1990; WESTPHAL/ GASSE/RICHTERING 1987),
–   Aufgabenverteilung mit dem Partner vornehmen,
–   gezielt und aufgabenrelevant kommunizieren.

■ Wie kann ich dem Schüler helfen?

Klare Absprachen über die Aufgabenverteilung erleichtern die Lösung der Spielsituationen. Auch hier ist eine Erarbeitung von „wenn-dann-Beziehungen" erforder-

lich: „wenn mein Partner den ersten Ball annehmen / abwehren muss, muss ich vor-
laufen". Die optimale Abfolge von Ball- und Laufwegen kann mit den Schülern erarbeitet werden. Variationen der Spielfeldgröße (lang / schmal oder kurz / breit) erfordern unterschiedliche Annahme- und Abwehraufstellungen, die Konsequenzen
für die Aufgabenverteilungen haben.

■ **Beispiele**

- Wahrnehmungsschulung mit Partner und in der Gruppe (siehe VOIGT/
  WESTPHAL 1995),
- Zuspieltechniken festigen, auch in Verbindung mit Antizipationsschulung,
- Spiel „2 mit 2" mit festen Ballwegen,
- Spiel 2: 2 auf kleinem Feld: Abwehr- und Angriffsaufgaben,
- Spielform verändern (Abb. 5 und 5a),
- Spiel 2:2 mit Baggern, Pritschen und Aufschlag von unten als Spieleröff-
  nung,
- Turniere,
- Beach-Volleyball 3:3 und 2:2,
- 2:2 auf normalem Spielfeld mit Angriffen aus dem Hinterfeld.

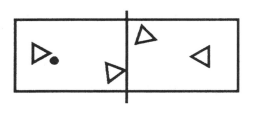

Abb. 5

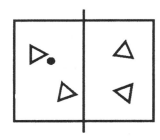

Abb. 5a

5.4 In der Mannschaft spielen!

Unter diesem Aspekt wird die systematische Entwicklung der Fähigkeiten thematisiert, in hoch komplexen Zusammenhängen unter Zeitdruck zu handeln. Das
Mannschaftsspiel erfordert sowohl gutes Verständigen mit den Partnern als auch
die Fähigkeit, mögliche Missverständnisse in sachlicher Form zu problematisieren
und miteinander zu besseren Lösungen zu kommen.

Die Entwicklung und Umsetzung situativer Handlungskonzepte für die Mannschaft in Angriff, Annahme und Abwehr erfordert die Vertiefung, Neuorientierung und Verfeinerung der in der dritten Intention angesprochenen Fähigkeiten und Leistungen:

- klare Aufgabenteilungen in Spielaufbau, Annahme- und Abwehrsituationen
- lautes verbales Verständigen in mehrdeutigen Situationen

Mit diesen Entwicklungsschritten zählt die Ausbildung von Spezialisierungen ebenso zu den Themen dieser Intention wie die Anpassung der Wahrnehmungs- und Erkennensleistungen, sowie der konditionellen Leistungsfaktoren.

■ Was muss ich können?

- Abstimmung der Aktionsbereiche mit dem Partner in Annahme und Feldverteidigung,
- miteinander verständigen, z. B.: wer nicht abwehrt läuft!
- helfen und kooperieren,
- Wahrnehmungsfähigkeiten situativ anwenden,
- Lücken beim Gegner sehen!
- komplexere Situationen erkennen und antizipieren,
- Problem- und Konfliktsituationen miteinander lösen.

■ Wie kann ich dem Schüler bzw. der Schülerin helfen?

Eine klare Aufgabenverteilung in den Annahme- und Abwehrsituationen mit zunächst wenig Spielerinnen und Spielern verringert ebenso die Zahl möglicher Fehler, wie die Schaffung möglichst eindeutiger Verantwortlichkeiten mit geringer Überschneidung der Handlungsbereiche.

Die Spezialisierung auf höherem Niveau kann nicht nur die Effektivität, sondern auch die Aufgabenverteilung verbessern (Beispiel: der Zuspieler ist für den zweiten Ball zuständig!).

Beim Mannschaftsspiel auf kleinem Feld helfen in diesem Sinne klare Regelungen für die Annahme, die Fehlerquote deutlich zu senken. Beispielhaft sei als Hilfe eine Empfehlung zur Annahme etwas ausführlicher dargestellt:

Welche Aufstellungen empfehlen wir in der Annahme?

Grundsätzlich versuchen wir, durch klare Aufgabenzuweisungen mögliche Abstimmungsfehler zu verhindern bzw. zu verringern. Durch Reduzierung der Anzahl der Überschneidungsbereiche soll die Konzentration der beteiligten Spieler und Spielerinnen auf einem hohen Niveau gehalten werden. Das bedeutet für alle Aufstellungen auf einem kurzen und breiten Feld eine Annahmeaufstellung durch Spieler und Spielerinnen **nebeneinander**, während bei einem schmalen, langen Feld die Spieler eher hintereinander stehen und gegebenenfalls allein für die Annahme verantwortlich sind. Abb. 6 und 6a zeigen, wie dies im Spiel 3 : 3 umgesetzt werden kann.

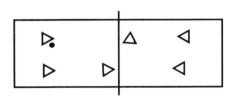

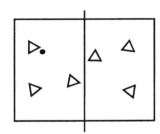

Abb. 6   Abb. 6a

Für das Spiel 4:4 empfehlen wir die Annahme im Dreierriegel (vgl. Abb. 7).
Der Übergang zum Spiel 6:6 soll auf einem normal (9 m) breiten aber auf 7 m
verkürztem Feld erfolgen. Nicht nur Untersuchungen im Anfängerbereich
(FISCHER/ZOGLOWEK 1990b), sondern auch viele Erfahrungen aus der
Praxis zeigen, dass der hintere Feldbereich bei Aufschlägen selten getroffen
wird. Die Verkürzung des Feldes ist darüber hinaus angemessen, da die Fähigkeit der Schüler und Schülerinnen, einen langen Pass zu spielen kaum vorhanden ist. Damit kann auch für die Einführung des Spiels 6:6 als erste Annahme-
formation ein Riegel der drei Hinterspieler empfohlen werden (Abb. 8). Dadurch werden die Überschneidungsbereiche verkleinert, und die Konzentration der Annahmespieler auf die entscheidenden Abläufe wird durch die Reduzierung der Wahrnehmungs- und Enscheidungsanforderungen erhöht. Die
Anwendung der normalen Rotationsregel soll dabei eine frühzeitige Spezialisierung für diesen Aufgabenbereich verhindern.

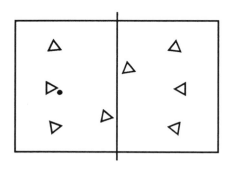

Abb. 7

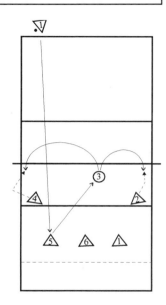

Abb. 8

■ **Beispiele**

- Spiel 3:3 mit den Grundtechniken,
- Zusatzaufgaben (vgl. VOIGT 1990),
- Zusätzliche Techniken: Sprungpass, Pritschen rückwärts über den Kopf,
- Spielfeld verändern: lang / schmal – kurz / breit,
- Angriffsaufbau über den Mittelspieler,
- Spiel 4:4: Annahme im Dreierriegel,
- Aufschlag-/Annahme-Wettkämpfe,
- Spiel „3 mit 3" / „4 mit 4" mit Zusatzaufgaben und wechselnden Aufgaben (z.B. jeder spielt zu).

5.5 Auf dem Normalfeld spielen!

Das Spiel auf dem Normalfeld ist für alle Schüler und Schülerinnen ein entscheidendes Ziel, auch wenn häufig die Voraussetzungen für interessante und bewegungsreiche Ballwechsel nicht vorhanden sind. Dies führte uns dazu, die Normierungen des Spielgedankens durch die offiziellen Regeln, einer Mannschaft den Spielraum von 81 m² zuzuweisen, als Intention des Volleyballspiels anzusprechen, da diese Festlegung für die Ausprägung und Differenzierung der bis hier in den Intentionen skizzierten Fähigkeiten und Fertigkeiten eine besondere Bedeutung besitzt:

Die erhöhte Spielerzahl und der gegenüber dem Kleinfeld größere Spielraum verlangen vielfältigere und komplexere Wahrnehmungsleistungen, sowie höhere bzw. andere Formen der Konzentration. Höheres Tempo, größere Anzahl von Handlungsalternativen, auf engem Raum vielfältige motorische Aktivitäten mehrerer Spielerinnen und Spieler, die gleichzeitig unterschiedliche Handlungsoptionen personifizieren können, erfordern mit unterschiedlichen Beanspruchungsprofilen von allen mittelbar oder unmittelbar am Ballwechsel beteiligten Spielern volles Engagement, das sich in ständiger Bewegung und Bewegungsbereitschaft ausdrückt und ständige Aufmerksamkeit fordert.

Absprachen müssen in Annahme, Spielaufbau und Abwehr noch sorgfältiger erfolgen bzw. müssen für kurzfristige Anpassungen kodiert werden, da die Zahl der Überschneidungsbereiche und Handlungsoptionen gestiegen ist.

Die Möglichkeiten der Angreifer steigen durch die Einführung neuer Techniken (Angriffsschlag, Finte) und größere Aktionsbereiche, so dass auch in der Erarbeitung der Handlungskompetenz für das Spiel unter dem Motto der Intentionen *Ball in der Luft halten* und *Feld verteidigen* neue Impulse entstehen.

Diese Bezüge und Zusammenhänge werden in der Vermittlungsarbeit unter dem Aspekt des Spiels in der Mannschaft mit entsprechenden Zielsetzungen und Ausrichtungen thematisiert.

■ **Was muss ich können?**

– Im normierten Feld Verantwortlichkeiten und Aktionsbereiche mit 6 Spielerinnen und Spielern neu festlegen,
– in Raum- und Zeitstruktur neu einfinden,
– Wahrnehmungsfähigkeiten und Antizipation in komplexeren Situationen anwenden und differenzierter entwickeln,
– den Ball über längere Distanzen zielgenau zum Partner spielen,
– in kurzer Zeit Entfernungen bis zu 3 m zur Abwehr eines Balles zurücklegen und den Ball in der Luft halten,
– den gegnerischen Angriff am Netz abwehren oder entschärfen,
– situationsangemessen Feldabwehrtechniken (auch über Kopf und seitlich) anwenden,
– dem Partner den Ball zum Angriffsschlag zuspielen,
– den Ball mit unterschiedlichen Angriffstechniken in die Lücken des gegnerischen Feldes spielen.

■ **Wie kann ich dem Schüler bzw. der Schülerin helfen?**

Die Umstellung auf das größere Spielfeld kann mit einer Verbesserung der Wahrnehmungsfähigkeiten und wesentlicher Kenntnisse über die Möglichkeiten von Angreifern und Abwehrspielern erleichtert werden. Im Anfängerbereich wird zunächst mit verkürztem Spielfeld (z. B. 7 m) gespielt, da einerseits Untersuchungen gezeigt haben, dass relativ wenig Bälle in den hinteren Spielfeldbereich gespielt werden und andererseits die Verkleinerung des Spielraumes den Schülerinnen und Schülern die Verteidigung ihres Spielfeldes erleichtert. Damit ergibt sich gleichzeitig die Möglichkeit einer eindeutigeren Aufgabenverteilung (z. B. in vorne – hinten) für die Annahme und auch die Abwehr. Der Übergang vom Spiel 4:4 zum Spiel 6:6 wird erleichtert, auch wenn mit neuen Angriffstechniken gespielt wird.

Die Zahl der Fehlhandlungen und auch der Asse beim Aufschlag verringert sich und erlaubt längere Ballwechsel mit mehr Ballkontakten. Die kürzeren Entfernungen zum Partner unterstützen das genaue Zuspiel innerhalb der eigenen Mannschaft. Erst nach einer gelungenen Anpassung an die neuen Bedingungen wird das normierte Spielfeld genutzt.

■ Beispiele

> – Annahme im Dreier- und im Fünferriegel bei Aufschlägen des Gegners,
> – Aufschlagwettkämpfe (u. a. Zielgenauigkeit),
> – Annahme auch im oberen Zuspiel bei einer Ausgangsposition in der Nähe der Angriffslinie,
> – Aufschläger gegen eine vollständige Mannschaft,
> – vorgegebene Handlungsketten zu Spielaufbau und Angriff miteinander üben,
> – Spiel 6 *mit* 6: den Ball lange in der Luft halten mit vorgegebenem Angriffsaufbau über die Position III,
> – Spiele 6 : 6 ohne Block mit entsprechender Abwehraufstellung (vgl. WESTPHAL 1992),
> – Spiele 6 : 6 mit Einer- und Zweierblock sowie entsprechenden Abwehraufstellungen.

5.6 Gegen andere den Punkt machen wollen!

Ein wesentliches Ziel des Volley(-ball)-spielens ist der Punktgewinn, sei es im Spiel *Ball über die Schnur*, beim 2 : 2 oder schließlich im Spiel 6 : 6 auf normalem Feld. Dieser Wettkampfgedanke ist bei den Schülern und Schülerinnen von Anfang an erkennbar und muss in der Umsetzung mit berücksichtigt werden. Die erforderlichen Voraussetzungen sind auch in einigen oben beschriebenen Schwerpunkten schon angesprochen.

„Den Punkt machen wollen" ist die Intention des konkurrenzorientierten Wettkampfspiels. Sie prägt die Aktionen auf jedem Niveau. Aus ihr entspringt ein Antagonismus, der in der Konkurrenz der Gegner immer neue Varianten, Techniken und Spielzüge entstehen lässt. Sie erfordern immer höhere Fähigkeiten und differenziertere Fertigkeiten, um erfolgreich angewendet werden zu können. Denn auch die andere Mannschaft möchte Punkte machen und entwickelt dazu entsprechende Abwehrmaßnahmen, Abwehrtechniken und Abwehrstrategien.

Zu Beginn können Punkte mit dem Aufschlag und dann vor allem mit der Abwehr des ersten Rückschlages (sei es durch Pritschen, Baggern oder durch Angriffsschläge) gemacht werden. Hier gilt es, die erforderlichen Techniken wie Abwehrbagger und Block sowie mannschaftstaktische Abwehrmaßnahmen zur Feldverteidigung zu erlernen und effizient anzuwenden.

Auf höherem Niveau geht es um die Perfektionierung und wachsende Präzision der Aktionen sowie die Entwicklung von Willenseigenschaften und psychischer Stabilität in Verbindung mit der athletischen Optimierung.

● **Was muss ich können?**

- Angriffsschläge in das Feld des Gegners auch am Block vorbei (Fortgeschrittene auch Hinterfeldangriffe),
- Aufschläge zielgenau in Lücken oder auf schwache Annahmespieler (Fortgeschrittene auch Sprungaufschläge),
- Einer- oder Zweierblock rechtzeitig und am richtigen Ort vornehmen,
- Beobachtungsstrategien beim Angriff des Gegners (vgl. GASSE 1983, 1990; WESTPHAL/GASSE/RICHTERING 1987; WESTPHAL 1992) anwenden,
- Beobachtungsstrategien als Blockspieler (u. a. Blicksprung des Mittelblockspielers) anwenden (VOIGT 1992),
- Abwehr von Angriffen mit einer Beobachtungsstrategie und einer angemessenen Technik (Abwehrbagger) vornehmen,
- Tiefensehen für Abwehrpositionen im Hinterfeld,
- Aufstellungen zur Feldverteidigung beim Angriff des Gegners kennen,
- Abwehr verbessern durch entsprechende Beobachtungsstrategie und angemessenes Abwehrverhalten,
- Verantwortung übernehmen,
- Risiken kalkulieren und eingehen,
- Misserfolge konstruktiv verarbeiten (ALBERDA 1997),
- Um den Erfolg kämpfen (fighting spirit) (LISKEVYCH 1997/VELASCO 1997)

■ **Wie kann ich dem Schüler helfen?**

Im Anfängerbereich kann schon beim Spiel Ball über die Schnur erfahren werden, wie eine Angriffstaktik aussehen muss, um erfolgreich Punkte machen zu können. So kann man durch die Veränderung von Rahmenbedingungen (Zusatzaufgaben, Zahl der Ballkontakte, Ballwege) Schülern und Schülerinnen den Rhythmus des Spiels nahe bringen und Schwächen des jeweiligen Gegners aufdecken.

Die Erarbeitung von Strategien zu Angriff und Abwehr kann in Zusammenarbeit mit der Lerngruppe erfolgen, die exemplarisch z. B. die Probleme von Überschneidungsbereichen in der Abwehr zusammenstellt oder Spielzüge zur effektiveren und schnelleren Nutzung der Lücken in der gegnerischen Abwehr abspricht. Für den Angriff geschieht dies z. B. mit Hilfe der Verbesserung der Angriffstechniken im Hinblick auf Zielgenauigkeit und Variabilität; für die Abwehr über die Erweiterung des Bewegungsrepertoires, um auch Bälle mit hohen Geschwindigkeiten noch abwehren zu können, und die Entwicklung angemessener Absprachen zur Feldverteidigung.

Bei immer komplexer werdenden Rahmenbedingungen durch die Vergrößerung des Spielfeldes und zunehmender Spielerzahl muss parallel eine dem jeweiligen Niveau angepasste Schulung des Wahrnehmungs- und Entscheidungsverhaltens durchgeführt werden (vgl. VOIGT/WESTPHAL 1995). Die schrittweise Erhöhung der Handlungsalternativen durch das Erlernen zusätzlicher Techniken vor allem für den Angriff erlaubt den Schülern und Schülerinnen, ihre Möglichkeiten des Punktemachens voll auszuschöpfen.

Standardisierte Übungsbedingungen und die Automation von Bewegungstechniken und Handlungsabläufen tragen zur wachsenden Perfektion und Präzision im Spiel bei. Sie helfen – bei entsprechender Gestaltung der Übungen – auch psychische Fähigkeiten weiterzuentwickeln.

■ **Beispiele**

- Ball über die Schnur 1 : 1 und 2 : 2 (auch mit Zusatzaufgaben),
- Kleinfeldspiele 2 : 2, 3 : 3, 4 : 4 mit Aufschlag,
- vorgegebene Handlungsketten zu Spielaufbau und Angriff mit Zielvorgaben und zu erreichenden Punkteständen üben,
- vorgegebene Handlungsketten zu Spielaufbau und Angriff mit variierender Zählweise (Belohnung spezieller Aktionen durch Punkteverdopplung) üben,
- Angriffe gegen Block und Abwehr,
- Wettkämpfe Angriff gegen eine komplette Mannschaft,
- Spiel 6 : 6 mit Tennisaufschlag (Flatter-, Sprungaufschlag),
- Spiele mit Sonderregeln (z. B. erfolgreicher Block = 2 Punkte).

6. Spielfähigkeit ist das Ziel!

Eckpunkte unseres Vorschlages, Situationen und Anforderungen des Spiels neu zu systematisieren, waren Schülernähe und Spielfähigkeit.

Unser Vorschlag soll ermöglichen, Spielsituationen so zu gestalten, dass sie dem Spiel der Lerngruppe entspringen, gleichzeitig aber neue Anforderungen setzen und Entwicklungen herausfordern.

Ein Weg, dies zu erreichen ist, komplexe Situationen zu arrangieren oder anzubieten und dabei zuzulassen, dass sie mit vereinfachten Techniken gelöst werden. Ein Weg, der auch der aktuellen Entwicklung des Volleyballspiels entspricht, durch Reduzierung der technischen Anforderungen beim ersten Ballkontakt (= Abwehraktion) die Möglichkeiten der Spielerinnen und Spieler zur Lösung dieser Spielaufgabe zu vergrößern und damit Spielfluss und -rhythmus zu erhalten.

Spielnähe und die Fähigkeit, sich immer neu in den Rhythmus eines aktuellen Spiels einzufinden, sollten demnach den Lernweg bestimmen: immer vom Spiel ausgehen, das Spiel als Ganzes sehen, alle Teile eines Spielsystems erarbeiten, die Bedeutung aller Teile füreinander und für das Ganze erkennen und dies zur Grundlage jeder Planung und Konzeption der Unterrichtsarbeit machen!

Empfehlenswerte Literatur

ALBERDA, J./MURPHY, P.: Team building. THE COACH 1997, 1, 22–27.

BRETTSCHNEIDER, W. D.: Unter der Lupe: Volleyball – ein Hit im Schulsport. In: Sportpädagogik 14 (1990), 2, 16–21.

BRETTSCHNEIDER, W. D./WESTPHAL, G.: „Wir wollen besser spielen können." Anregungen für eine längerfristige Planung zur Entwicklung von Spielfähigkeit in den Sportspielen. In: BRETTSCHNEIDER, W. D. (Hrsg.): Sportunterricht 5-10. München, Wien, Baltimore 1981, 218–238.

FISCHER, U./ZOGLOWEK, H.: „Volleyball-Lust – Volleyball-Frust". In: Volleyballtraining 14 (1990 a), 2, 17–21.

FISCHER, U./ZOGLOWEK, H.: Alle 104 Sekunden ein Ballkontakt! Zur Struktur des Volleyballspiels im Schulsport! In: Volleyballtraining 14 (1990 b), 4, 54–58.

FISCHER, U./ZOGLOWEK, H.: Volleyball in der Sekundarstufe I – Probleme und Lösungsansätze. In: DANNENMANN, F. (Red.): Volleyball aktuell. Hamburg 1993, 61–80.

GASSE, M.: Abwehrtaktik: Schematisch – oder besser situationsgerecht? In: Volleyball – Lehre + Praxis 7 (1983), Nr. 3, 30–32.

GASSE, M.: „Warum bin ich eigentlich immer zu spät?" In: Sportpädagogik 14 (1990), 2, 71–75.

GASSE, M.: Schmettern lernen – Wahrnehmen lernen. In: Volleyballtraining 20 (1996), 3, 33–38.

GASSE, M./WESTPHAL, G.: Zur Bedeutung der Wahrnehmung in der Fehlerkorrektur. In: DANNENMANN, F.: Volleyball '96 – Facetten des Spiels. Hamburg 1997, 175–187.

KORTMANN, O./ZIMMERMANN, B.: Feldabwehr – der Schlüssel zum Punktgewinn. In: Volleyballtraining 21 (1997), 1, 2–6.

KUHN, P.: Volleyball in Bewegung bringen. In: Lehrhilfen für den sportunterricht 44 (1995), 11, 161–173; 12, 183–188; 45 (1996), 1, 9–12.

LOIBL, J.: Genetisches Lehren und Lernen im Sportspiel aus wahrnehmungstheoretischer Sicht. In: HAGEDORN, G./HEYMEN, N. (Hrsg.): Sportspiele – Konstanz und Wandel. Hamburg 1994, 57–69.

LISKEVYCH, T.: Perfect practice makes perfect. The Coach 1997, 1, 28–31.

LISKEVYCH, T.: Drilling the built-up out of defense. The Coach 1997, 2, 8–11.

VELASCO, J.: The point Phase Philosophie. The Coach 1997, 4, 4–11.

VOIGT, H. F.: Anmerkungen zur Entwicklung von Wahrnehmungsfähigkeiten in Block und Feldabwehr. In: DANNENMANN, F. (Red.): Verteidigung im Volleyball. Frankfurt 1992, 30–63.

VOIGT, H. F./Richter, E.: betreuen, fördern, fordern. Volleyballtraining im Kindes- und Jugendalter. Münster 1991.

VOIGT, H. F./WESTPHAL, G.: Vom Sehen zum Erkennen. In: Handballtraining 17 (1995), 3/4, 21–27.

VOIGT, H. F./WESTPHAL, G.: Zur Ausbildung von Wahrnehmung und Koordination. In: Volleyballtraining 19 (1995), 4, 58–63.

VOIGT, H. F./WESTPHAL, G.: Volleyball-Kartothek 6: Wahrnehmungsschulung im Volleyball. Münster 1995.

WESTPHAL, G.: Volleyballspielen lernen. In: Sportpädagogik 14 (1990), 2, 26–30.

WESTPHAL, G.: Feldverteidigung mit System? In: Volleyballtraining 15 (1991), 1, 1–5.

WESTPHAL, G.: Vorn warten oder (von) hinten starten? In: Volleyballtraining 16 (1992), 4, 49–54.

WESTPHAL, G./GASSE, M./RICHTERING, G.: Entscheiden und Handeln im Sportspiel. Münster 1987.

ELISABETH SAHRE

Basketball und Streetball spielen

1. Einleitung – Die Faszination des Basketballspiels

„Rund 300 Millionen Menschen überall auf der Welt spielen heute noch Basketball, wann, wie und wo immer sie mögen" (STRATMANN 1993, 21).

Und es werden immer mehr: Basketball boomt in Schulen und Vereinen, auf den Straßen, in den Hinterhöfen und in den Sportarenen auf der ganzen Welt. Die faszinierende Vorstellung des Dream Teams der amerikanischen Profiliga „National Basketball Association" (NBA) bei den Olympischen Spielen 1992 in Barcelona mit den heute schon legendären Spielern Larry Bird, Magic Johnson und Michael Jordan, war Werbung für den Basketballsport in allen Ländern. Das gute Abschneiden des deutschen Teams während desselben Turniers und vor allem der Sieg der Europameisterschaft 1993 im eigenen Land waren ausschlaggebend für die zunehmende Popularität des Basketballsports in Deutschland. Das deutsche Team gewann übrigens in der Schlusssekunde mit 71:70 gegen Rußland.

Basketball wurde 1891 in den USA von Prof. Dr. James Naithsmith entwickelt. Er suchte ein Spiel zur Überbrückung der Winterpause in anderen Sportarten (Rugby, Fußball, Hockey u. a.). Die Idee war ein Hallenspiel mit möglichst vielen Teilnehmern, das attraktiver als Gymnastik und Turnen und nicht so hart wie Fußball und Hockey sein sollte. Das „körperlose" Spiel auf zwei 3,05 Meter hohe Körbe erforderte in erster Linie Geschicklichkeit und stellte weniger Anforderungen an die Kraftfähigkeiten der Spieler. Es fand bald internationalen Anklang und wurde auch in Deutschland erprobt. Basketball war 1936 erstmalig olympisch, 1946 wurde in den USA die erste Profiliga, „Basketball Association of America" (BAA), gegründet. Drei Jahre später schloss sich die BAA mit einer weiteren Liga, der „National Basketball League" (NBL), zur heute weltweit bekannten NBA („National Basketball Association") zusammen: „Drei Buchstaben, die ... weltweit für alles stehen, was Basketball unwiderstehlich macht" (STRATMANN 1993, 24).

Die Steigerung des Bekanntheitsgrades des Basketballsports sowie das positive, lustbetonte freudvolle Image des Spiels unter den Körben ist den legendären „Harlem Globetrotter" zu verdanken. Die 1927 in Chicago gegründete Profitruppe schwarzer Spieler zeigte ihr Showprogramm mit irrwitzigen Kunststücken und technischen Raffinessen und brachte das Publikum weltweit zum Lachen. Sie nannten sich auch selbst „Basketball-Botschafter der guten Laune".

In Deutschland entwickelte sich das Spiel langsamer. 1936 nahm eine Basketballmannschaft an den Olympischen Spielen im eigenen Land teil, 1939 wurde der erste Deutsche Meister ermittelt, 1949 wurde der Deutsche Basketballbund gegründet, und 1951 nahm eine Nationalmannschaft erstmalig an den Europameisterschaften teil. Die erste Bundesligasaison startete 1966/67; Höhepunkt und Durchbruch des Basketballsports in Deutschland war der Europameistertitel 1993. Auf Vereinsebene waren jahrelang Hagen, Köln und Leverkusen die bestimmenden Mannschaften, die jedoch Mitte der neunziger Jahre von Alba Berlin abgelöst wurden. Alba wurde 1995 Europapokalsieger und von 1997 bis 2003 sieben Mal Deutscher Meister hintereinander. Die Erfolge errangen sie (bis 2000) mit ihrem Trainer Svetislav Pesic, der im Europameisterschaftsjahr 1993 gleichzeitig Trainer der deutschen Nationalmannschaft war. Mittlerweile ist es um die deutsche Meisterschaft spannender geworden, die Mannschaften sind von ihrer Leistungsstärke her näher zusammengerückt, was vor allem auf das Engagement von Sponsoren und das „Einkaufen" zahlreicher starker ausländischer Spieler zurückzuführen ist. 2004 wurden die Opel Skyliners aus Frankfurt, 2005 der GHP Bamberg Deutscher Meister. Bamberg wurde von Trainer Dirk Bauermann zum Titel geführt, der im gleichen Jahr die Nationalmannschaft bei der EM in Serbien Montenegro zur Silbermedaille führte.

Es ist jedoch in erster Linie die amerikanische Profiliga „NBA", die jung und alt für den Basketballsport begeistert – Athletik, Stars und Kult, Kampf und Härte, Fernsehen, Geld, Vermarktung und Show – „Freunde am sportlichen Kunststück". Schüler und Schülerinnen und Jugendliche schwärmen für die Vereine wie Chicago Bulls, Phoenix Suns, L. A. Lakers u. v. m., vergöttern ihre Idole wie „Air" Jordan, Detlef Schrempf, Charles Barkley, Dennis Rodman und Shaquille O'Neal – sie tragen deren Trikots und verpassen kein Spiel am Fernsehen. Momentan steht Dirk Nowitzki von den Dallas Mavericks im Mittelpunkt aller Basketball- und NBA-Fans in Deutschland. Er wechselte 1998 von Würzburg in die amerikanische Profiliga und ist aktuell der einzige Deutsche in der US-Profiliga. Bisher ist er viermaliger All-Star-Spieler und hat einen Vertrag bei Dallas bis 2008. Basketball ist Lebensgefühl und Fun-Erlebnis, es ermöglicht Körpererfahrung und -stilisierung. 1993 war bei den 8–14jährigen Jugendlichen Basketball die zweitbeliebteste Sportart nach Fußball, 1996 erreichte Basketball in einer Untersuchung zu den Wünschen der Schülerinnen und Schüler im Schulsport mit 70% den höchsten Beliebtheitsgrad (DIGEL 1996, 334).

1998 erwirtschafteten die 29 NBA-Teams einen Jahresumsatz von – umgerechnet – ca. dreieinhalb Milliarden Euro. Zwei Milliarden Dollar davon werden etwa durch den Verkauf von Merchandising-Artikeln erzielt; am beliebtesten sind Artikel der Chicago Bulls und ihres Top-Stars Michael Jordan mit der Trikot-Nr. 23 (vgl. auch JOHANN 1998, 84). Er führte die Chicago Bulls nach 1991, 1992 und 1993 auch 1996, 1997 und 1998 wieder zum NBA-Champion-Titel. Daß die Chicago Bulls sogar bereit waren, für die Saison 1996/97 Jordan 30 Millionen Dollar zu zahlen und Shaquille O'Neal bei den Lakers im November 1996 einen Sieben-Jahres-Vertrag abschloss, der ihm 120 Millionen Dollar einbringt, ist ein Anlass zum Nachdenken. Dirk Nowitzki erhielt in der Saison 2005/2006 13,8 Millionen Dollar Gehalt, dazu kommen die Einnahmen aus Werbeverträgen.

Der Kommerz wird von den Schülerinnen und Schülern und Jugendlichen nicht hinterfragt. Für sie ist das Spiel auf die beiden Körbe unangefochten die Nr. 1 und jede bzw. jeder dritte wünscht sich – Umfragen zufolge – einmal im Leben einen Tag lang Michael Jordan zu sein (vgl. auch STRATMANN 1993, 9).

Auch im Frauenbereich hat sich einiges getan, wobei man bezüglich Publikumsinteresse und Kommerzialisierung den Männern hinterherhinkt. Im Sommer 1997 wurde analog zur NBA in der USA die Profiliga WNBA („Woman National Basketball Association") gegründet. Auf nationaler Ebene ist der Barmer TV (seit 2001: BTV Gold Zack Wuppertal) führend (mehrfacher Deutscher Meister und Europapokalsieger), von 2003 bis 2005 holten jedoch die Damen aus Marburg und vom TSV Wasserburg den Deutschen Meistertitel.

Im Anschluss an die folgende Kennzeichnung des Streetballspiels mit seinen belebenden Elementen sowie pädagogischen Bedeutung (Kap. 2) erwarten den Leser bzw. Leserin – zusammengefasst – Ausführungen zur Vermittlung des Basketballspiels (Kap. 3.1). Den Schwerpunkt des Aufsatzes bildet eine umfangreiche Übungssammlung zur „Schulung und Verbesserung von Fähigkeiten, Fertigkeiten und Spiel" (Kap. 3.2), die verständlicherweise nicht den Anspruch der Vollständigkeit erheben kann und erhebt.

2. Streetball – ein jugendkulturelles Phänomen

„Ungewohnte Töne erklingen von deutschen Schulhöfen, von den kleinen Sportfeldern, sogar von Parkplätzen oder breiten Garageneinfahrten. Es ist ein kräftiger Rhythmus, der sich jahrelang hinter den Wänden der Turnhallen versteckte. Plötzlich aber drängt er auch bei uns hinaus ins Freie. Pamm! Pamm! Pamm! Das ist der Klang des springenden Basketballes. Die Stimme eines faszinierenden Sports, die auch von einer eigenwilligen Mode, Musik und Sprache erzählt. Slam dunk und Fast break, Fachausdrücke dieses Ballspiels, werden auch bei uns selbstverständlich. Der Rhythmus ist typisch amerikanisch. Pamm! Pamm! Pamm!" (STRATMANN 1993, 7).

„,Straßenbasketball" stammt – wie sollte es anders sein – aus den USA. Das Spiel in den Hinterhöfen auf an Wände angebrachte Körbe diente in Armenvierteln und Ghettos der Großstädte als Zeitvertreib und als Chance, dem Elend zu entkommen und einer der ganz großen zu werden. Das Nacheifern der NBA-Stars, der Traum vom großen Geld und einer steilen Karriere, vor allem für sozial Benachteiligte, lassen Straßenbasketball zum Lebensstil vor allem männlicher Jugendlicher in Amerika werden.

„Streetball" in Deutschland ist eher „Kultur": die Demonstration jugendlichen Lebensgefühls. War Basketball bisher eher ein elitärer Sport an höheren Schulen, Universitäten und in organisierten Vereinen, hört man zunehmend den Rhythmus des orangen Balls auf Freiplätzen, Schul- und Hinterhöfen. Dazu gehören Rap- oder Hip-Hop-Musik, lässige Klamotten und ein „cooles" Auftreten: „Auf lässige, coole Art anders sein. Sich unabhängig zeigen, spontan und eigenwillig. Einen Hauch der wilden Ghetto-Luft einatmen, die mit dem Straßenbasketball aus den Staaten herübergeweht ist. Die Musik hören, die dazugehört, den Rap, der in Harlem und der Bronx geboren wurde. Den Rhythmus fühlen, der so hart und drängend ist wie ein Dribbling mit dem Basketball. Da wird das Spiel zum Hip-Hop, und Hip-Hop ist das jugendliche Gefühl unserer Zeit" (STRATMANN 1993, 60).

Drei Motive scheinen diesen Jugendlichen wichtig zu sein (vgl. auch KUGEL-MANN 1995, 15):

1. Entwicklung einer eindeutigen Identität durch die Orientierung an Idolen;
2. Präsentation des Individuums im Unterschied zu den Erwachsenen und
3. Befriedigung der Sehnsucht nach sozialer Bindung.

Gerade die unkonventionelle Art Sport zu treiben, ohne Vereinszugehörigkeit, ohne festgelegte Trainingszeiten, mit einem selbst festgelegten Regelwerk lockt die Kids zwischen 8 und 15 Jahren auf die Straße. „Körbeweise Kult genießen" wo immer, wann immer und mit wem immer man will – Streetball ist „in".

Die Popularität der neuen „Basketball-Variante" hat jedoch auch einen Motor: Sportartikelfirmen wie Nike, Reebok, adidas und Converse hoffen auf Konsum und Kommerz. Auf den organisierten Turnieren in ganz Europa bieten sie alles, was zu dieser Lebensart dazugehört, von der Kappe bis zu den Schuhen. Der Konsum ist grenzenlos, fast jeder besitzt zumindest die Schuhe, die Shorts, das Trikot oder eine Kappe seines Lieblingsvereins aus der NBA.

Streetball boomt und adidas startete im Sommer 1992 die erste Streetball-Tour in Europa (u. a. in Paris, Madrid, Stockholm, Wien und Berlin). In Berlin beispielsweise nahmen 306 Mannschaften mit ca. 1 200 Spielern teil. 1993 und 1994 folgten größere Turniere in weiteren europäischen Metropolen, Reebok und Converse führten ebenso Streetball-Turniere in Deutschland und Europa durch. Zum Vergleich: Das Eröffnungsturnier der offiziellen nationalen 3-gegen-3 Streetball-Tour der NBA in Dallas / Texas zog 3 454 Mannschaften an, die mit 13 816 Spielern auf 200 Feldern spielten. 150 000 Zuschauer sahen die Spiele (vgl. auch NIEDLICH 1995, 19). Seit 1994 richtet der Deutsche Basketballbund die Deutschen Streetballmeisterschaften aus. In NRW gibt es beispielsweise Qualifikationsturniere in 18 verschiedenen Städten, an denen jeweils zwischen 120 und 160 Mannschaften teilnehmen.

Von diesen etwas negativ anmutenden Aspekten der Kommerzialisierung des Sports liegt der Reiz des Streetballs vor allem darin, dass sich die Jugendlichen auf der Basis weniger festgelegter Grundregeln in ihrer Sportart frei entfalten können. Es genügen ein Korb an einer Wand, ein wenig Platz und (mindestens) zwei Spieler bzw. Spielerinnen sowie ein Ball. Die Spielzeiten sind nicht – wie im Verein – festgelegt und reglementiert, kein Trainer bzw. keine Trainerin führt Aufsicht oder kontrolliert: Alle sind frei von Zwängen. Die Spieler und Spielerinnen lernen, sich im

Spiel 1-1 durchzusetzen, und versuchen, mit allen erdenklichen Wurffinten und Dribbeltricks ihr Ziel zu erreichen. Dabei geht es nicht immer körperlos zur Sache, und die Kinder und Jugendlichen lösen entstehende Konfliktfälle selbstständig, da es im Streetball keinen Schiedsrichter gibt. Die Kleingruppe lässt Platz für Individualität.

Diese „pädagogisch wertvolle Selbstregulation" (SCHMIDT/NIEDLICH 1995, 155) und das „soziale Lernen", wenn es um das Absprechen und Festlegen sowie Einfordern und Einhalten von Regeln geht, macht Streetball auch für die Schule besonders interessant. Streetball findet momentan eine hohe Akzeptanz bei den Schülerinnen und Schülern, liegt im Trend und ist ideal als Vorstufe zum Erlernen des Basketballspiels, da es fast alle seine taktischen Elemente enthält. Schwächere Schüler werden besser in das Spielgeschehen einbezogen, haben mehr Ballkontakte und üben intensiver und effizienter. Gerade weil die Schüler ohne Anleitung spielen wollen, ist Streetball der ideale Sport für Pausen und Freistunden. Auf vielen Schulhöfen sind bereits Korbanlagen installiert, ansonsten sollten derartige Anschaffungen im Rahmen einer Pausenhofgestaltung oder -umgestaltung mitberücksichtigt werden. Des Weiteren bietet sich die Organisation eines Streetballturniers im Rahmen der Bundesjugendspiele oder anderer Schulsportfeste oder -wettkämpfe an.

Außerdem ermöglicht diese Form des Spielens einen offenen handlungsorientierten Zugang zum Basketballspiel und den damit verbundenen Lern- und Übungsprozessen: Ausgehend von der Idee des Streetballspiels können Schülerinnen und Schüler eigenverantwortlich im Rahmen der Gruppenarbeit variable Spielsituationen an einzelnen Körben inszenieren und dabei ihre kreativen Fähigkeiten einbringen.

SCHMIDT/NIEDLICH (1995, 158) warnen jedoch auch davor, dass die Betonung des individuellen Spiels in Egoismus ausarten kann und die eben dargestellten wertvollen sozialen Lernprozesse wie Mitverantwortung, Unterwerfung unter Gruppenziele, Engagement füreinander usw. zu kurz kommen oder entfallen. Hier muss der Lehrer bzw. die Lehrerin rechtzeitig auf mögliche Fehlentwicklungen einwirken.

Neben den Sportartikelfirmen organisieren zunehmend freizeitpädagogische Einrichtungen, wie Jugendämter, Sportjugend, Diakonie usw. Streetballturniere oder „Streetballnights", die sich steigender Beliebtheit erfreuen. Projekte wie in Köln und Harsewinkel (Kreis Gütersloh) kümmern sich um Jugendliche im Strafvollzug und versuchen, unter dem Motto „Holt die Kinder von der Straße!" der Jugendkriminalität vorzubeugen.

3. Methodische Aspekte

3.1 Methodischer Zugang aus der Spielperspektive

Wie lernen nun Schülerinnen und Schüler „richtig Basketballspielen"? Es liegt auf der Hand, dass weder eine „isolierte Technikschulung" (Zergliederungsmethode) noch das ausschließliche Spielen des Erwachsenenspiels 5-5 (Konfrontationsmethode) als extreme Positionen von Vermittlungsmodellen zum Ziel führen. Ersteres bedeutet für das Basketballspiel, dass die Schüler und Schülerinnen zunächst Korbwürfe, Dribbeln, Passen und Fangen, Rebound und die Verteidigungstechniken erlernen und erst mit dem Basketballspiel beginnen, wenn diese Fertigkeiten in der Grobform beherrscht werden. Dies ist wenig motivierend (stupide Übungsformen, Technikdrills) und birgt die Gefahr, dass aufgrund fehlender Spielsituationen und Entscheidungsmöglichkeiten eine allgemeine sowie spezielle Spielfähigkeit nur wenig oder fast gar nicht entwickelt werden. Die zweite Methode, die sogenannte Konfrontationsmethode überfordert die Spielanfänger, z. B. durch hochkomplexe Situationen, die die Spieler noch nicht adäquat lösen können. Vergleichbar ist der Skianfänger in der Buckelpiste oder der Fahrschüler bei seiner ersten Fahrstunde in der Rush-hour einer Großstadt – HAGEDORN (1996, 322) bezeichnet ein derartiges Vorgehen auch als „Lernen durch Frustration".

Sportspiel-Theoretiker sind sich darüber einig, dass die o. a. Extrempositionen nicht zum Ziel führen, und suchen nach Zwischenlösungen (NIEDLICH 1982, 11). Grundprinzip der „Spielgemäßen Konzepte" (vgl. auch DIETRICH/DÜRRWÄCHTER/SCHALLER 1994), als erstes von DIETRICH (1975) für das Fußballspiel entwickelt, ist „in kleinen Spielen, die die Grundsituationen des großen Spiels abbilden, den Schülern Orientierungs–, Bewegungs- und Handlungsgrundmuster des jeweiligen Sportspiels zu vermitteln". Lernpsychologisch stellt sich jedoch die Frage – und ein empirscher Nachweis steht noch aus –, „wie der große Raum mit seinen anderen Gesetzen der Entfernung, der Zeit, der Informationsanwendung (Spielsituationen) im kleinen Raum enthalten sein soll" (HAGEDORN 1996, 323). Darüber hinaus darf man nicht vergessen, dass Schülerinnen und Schüler jeden Alters zwar alle Spiele, und dazu gehören auch die kleinen Spiele, gerne spielen, sich aber ebenso gerne an den großen Sportspielen orientieren. Sie wollen „richtig" Basketballspielen, wie sie es im Fernsehen präsentiert bekommen, möglichst wie „Alba Berlin" oder das „Dream Team", zumindest so ähnlich.

Die vorangestellten Überlegungen finden zum Großteil in den modernen Spielvermittlungskonzepten Berücksichtigung, die fast alle als ganzheitlich-analytisch zu charakterisieren sind (z. B. SCHALLER 1994; STEINHÖFER 1991; STEINHÖFER/REMMERT 1998; LOIBL 1996, 2001; MEDLER/MIELKE/SCHUSTER 1997; SAHRE/POMMERENING 1995; SCHRÖDER/BAUER 1996; HAGEDORN 1996; KRÖGER/ROTH 1999; vgl. auch den Beitrag von KUHLMANN in diesem Band). „Da sich gewisse sportspieltypische technische und taktische Verhaltensweisen durch Spiele allein – und seien sie noch so gut aufbereitet und zusammengestellt – nicht oder nur unzureichend erlernen lassen, geht es nicht ohne Ausgliederung und spezifische Schulung. Dies berücksichtigen in der Nachfolge von DIETRICH (1975) selbst die meisten Vertreter anderer Spielreihenkonzepte bei unterschiedlicher Schwerpunktsetzung" (STEINHÖFER 1998, 60).

Im Folgenden werden Überlegungen zur Vorbereitung des Basketballspiels im Grundschulbereich angestellt (A), anschließend werden exemplarisch die Konzepte von SAHRE/POMMERENING (1995) und LOIBL (1996, 2001) unter dem Aspekt der Schulrelevanz vorgestellt (B, C).

A. Spielorientierte Vorbereitung des Basketballspiels

Insbesondere im Grundschulbereich sollten durch „Kleine Spiele", die auch basketballspezifisch variiert werden können, die notwendigen Grundlagen für das spätere Erlernen des Basketballspiels geschaffen werden. Darauf aufbauend erfolgt die Hinführung zum eigentlichen Zielspiel mittels einer „Spielentwicklungsreihe" oder eines so genannten „Spielreihen-Blocks" (vgl. auch HAGEDORN 1996, LINK 1990).

Die Kleinen Spiele der ersten Stufe können parallel zur Spielreihe weiterhin eingesetzt werden und dienen der elementaren Schulung der Wahrnehmungs- und Koordinationsfähigkeit sowie spezifischer Fertigkeiten, ohne dass die Kinder mit eintönigen oder zu schwierigen Übungsformen bzw. -reihen gelangweilt oder überfordert werden (vgl. auch Kap. 3.2.3, 3.2.5, 3.2.8; weitere Spiele siehe LINK 1990, z. B. Zauberer und Fee, Stehbock-Laufbock, Tunnel und Bogenlampe, Autoscooter, Tigerball, Tratzball, Wettwanderball, Balldiebe).

Anstelle von vorgegebenen Kleinen Spielen können die Kinder aber auch selbstständig und selbsttätig in einem eher offenen Kontext Spiel- und Übungssituationen arrangieren, wie z. B. „Wurfbuden" oder einen „Dribbelparcour bauen" (vgl. auch GÜNZEL 1990).

Am Anfang einer Spielentwicklungsreihe könnte das Spiel „Haltet die Seite frei mit Balldieben" stehen (je zwei Spieler einer Mannschaft befinden sich in der „gegnerischen" Hälfte und versuchen dort, Bälle zu erobern und in einen offenen Kasten zu werfen, der im jeweiligen Basketballzonenkreis steht) und am Ende das Zielspiel Kapitänsball oder bereits Minibasketball (siehe auch Kap. 3.2.13). Dazwischen können Spiele wie z. B. „Kastenbasketball" (ein oder zwei offene kleine Kästen werden auf je einen großen Kasten deponiert u. a.) angeordnet werden.

Im Hinblick auf die Spielauswahl sind zwei Aspekte hervorzuheben:

1. Da der Ball in oben offene Ziele gebracht werden muss, wird nicht der gerade, scharfe, sondern der bogenförmige, gefühlvolle Wurf geschult.

2. Da die Ziele in Kreisen stehen, werden durch das Spielen um den Kreis herum (Lauf- und Ballwege) und über den Kreis hinweg (Ballwege) alle Raumachsen in das Spiel einbezogen. Somit wird insbesondere das spielgerechte Raumverhalten geschult.

Selbstverständlich entsprechen die einzelnen Spiele dieser Reihe – bis auf das Zielspiel – noch nicht dem „echten" Basketballspiel, jedoch können sie auf der jeweiligen Alters-/Könnensstufe wertvolle Spielerlebnisse und -erfahrungen ermöglichen, die für den Aufbau eines komplexen Spielverhaltens und für die spätere adäquate Situationsbewältigung im Basketballspiel nützlich sind. Schon auf dieser Stufe können immer wieder Demonstrationen und Erklärungen zur basketballspezifischen Bewegungsausführung eingestreut werden.

B. Konzept von SAHRE/POMMERENING

Ein erfolgreicher Basketballer muss hinsichtlich seiner konditionellen und koordinativen Fähigkeiten und technischen Fertigkeiten gut ausgebildet sein. Darüber hinaus ist es jedoch erforderlich, dass er die erworbenen Fertigkeiten *spielnah* und *situationsgerecht* um- und einzusetzen vermag (= taktische Fähigkeiten). So bleibt z. B. ein Spieler mit einer guten Wurftechnik wenig effektiv, wenn er Schwierigkeiten hat, zu erkennen und zu entscheiden, in welcher Situation er frei auf den Korb werfen kann und wann er den Ball günstigerweise an einen besser postierten Mitspieler abspielt.

An dieser Stelle setzt das Konzept der Situationsreihe an. Das heißt, das Zielspiel wird in einzelne – weniger komplexe – Situationen zergliedert, in denen die Spielerinnen und Spieler grundlegende Techniken (in der Grobform) in Anwendungssituationen erlernen und üben. Ausgehend von der 1-0-Situation werden die technischen und taktischen Anforderungen in zunehmend komplexer werdenden Situationen (z. B. 1-1, 1-1+1, 2-0, 2-1, 2-2) systematisch und kontinuierlich erhöht (Abb. 1).

Alle Situationsarragements beinhalten die Spielidee und die Spielstruktur des Basketballspiels. Dabei stehen der Korbwurf und der Korbleger als Abschlussvarianten im Mittelpunkt jeder Einheit, um die Motivation der Spieler zu wecken und/oder aufrechtzuerhalten. Es ist jedoch unrealistisch, nur Spielformen durchzuführen. Deshalb sind zwei Einschränkungen nötig:

1. Anfänger müssen die Grobform einiger Techniken beherrschen, damit überhaupt ein Spiel zustande kommen kann. Zu diesem Zweck werden der Korbwurf und der Korbleger in mehreren Variationen ohne Gegner geübt.

2. Zu einem späteren Zeitpunkt ist es zuweilen nötig, einzelne, schwierige Techniken herauszugreifen und intensiv zu üben.

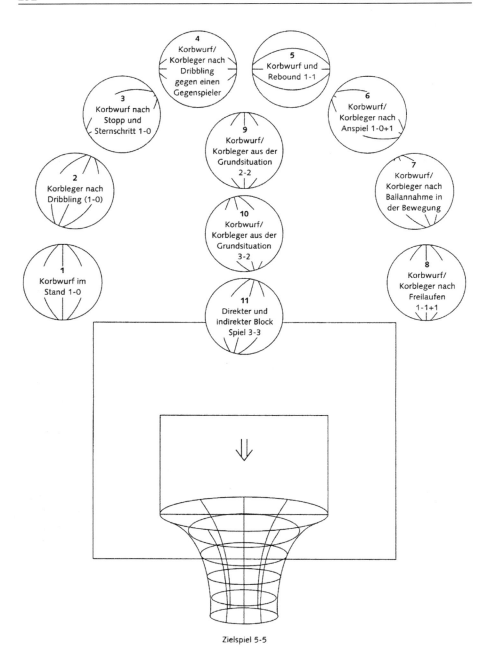

Abb. 1 Konzept von SAHRE/POMMERENING (aus: SAHRE/POMMERENING 1995, 11)

C. Konzept von LOIBL

Basketball spielen heißt „ständig möglichst optimale Lösungen für Spielsituationen zu entwickeln" (LOIBL 1996, 311). Beim *„Genetischen Lehren und Lernen"* sollen die Lernenden nicht von Experten vorgegebene Lösungen reproduzieren, sondern selbsttätig nach Lösungen suchen bzw. auch unkonventionelle Lösungen zu Spielsituationen entwickeln. Dies steigert die Einsicht in das Spiel und die Kreativität. Die Vereinfachung des Spiels, die automatisch erfolgen muss, wird nicht von der Lehrperson vorgegeben, sondern von den Lernenden selbst entwickelt bzw. erarbeitet. Der Lehrer bzw. die Lehrerin ist Berater/-in oder Moderator/-in.

Als Einstieg wird ein erstes Basketballspiel durchgeführt, wobei an die Vorerfahrungen der Spielerinnen und Spieler, an eine Videodemonstration oder den Besuch eines Basketballspieles angeknüpft wird. Im Unterrichtsgespräch wird das zentrale Problem herausgearbeitet: „In einer leistungsheterogenen Gruppe möglichst allen Beteiligten ein positives Basketball-Spielerlebnis zu ermöglichen" (LOIBL 2001, 52). Die Sensibilisierung erfolgt über Fragen wie „Hat das Spiel Spaß gemacht?" oder „Was bedeutet es den Ball zu haben?" und zeigt den Spielern, dass nicht alle Spaß am Spiel und am Ballbesitz haben.

Gemeinsam werden Lösungen erarbeitet, die immer wieder überprüft werden und veränderbar sind. LOIBL (2001) zeigt Möglichkeiten auf, wie das Spiel vereinfacht werden kann, indem man das Regelwerk abändert:

- Problem Korbwurf: größere Körbe;
- Problem Dribbling: ohne Dribbeln spielen; Schritte mit Ball in Korbnähe sind erlaubt; Verteidiger spielen mit Händen auf dem Rücken; Schrittregel wird großzügig gehandhabt;
- Problem Spielübersicht: Reduktion der Spielerzahl;
- Problem Ballbesitz: Verteidiger muss Abstand halten.

3.2 Schulung und Verbesserung von Fähigkeiten, Fertigkeiten und Spiel

Im Anschluss an einige grundsätzliche Erläuterungen zum Basketballspiel in der Schule (Verteidigung; Angriff und Angriffspositionen; Spielregeln; Kap. 3.2.1) sowie Hinweisen zur Übungsorganisation (Kap. 3.2.2) werden im Folgenden in der Praxis erprobte und bewährte Übungs- und Spielformen aufgelistet (Kap. 3.2.3 – 3.2.13). Es ist in diesem Rahmen – verständlicherweise – nur möglich, eine entsprechende **Auswahl** für die Technik- und Taktikschulung vorzustellen.

Für wen sind nun die Angebote gedacht und wie soll sie der Sportlehrer bzw. die Sportlehrerin im Unterricht einsetzen?

Die Übungs- und Spielformen haben erstens zum Ziel, Schülerinnen und Schülern grundlegende basketballspezifische Techniken zu vermitteln und diese zu verbessern. Ein zweiter Aspekt ist der Erwerb taktischer Grundmuster. Wen komplexe gruppen- und mannschaftsbezogene Angriffs- und Abwehrtaktiken interessieren, der wird am Ende der Übungssammlung auf entsprechende aktuelle Literatur verwiesen.

Begonnen wird mit Angeboten, die koordinative bzw. konditionelle Schwerpunkte setzen und grundlegende Fähigkeiten z. T. in Kombination mit basketballspezifischen Techniken schulen (Kap. 3.2.3–3.2.5). Sie eignen sich in besonderer Weise für den Aufwärmteil einer Stunde. Im Anfängerbereich sollten im Stundenhauptteil die Techniken Korbwurf, Korbleger und das Dribbling geschult werden (Kap. 3.2.6–3.2.8), bei Fortgeschrittenen bieten sich zusätzlich das Passen sowie Prinzipien der Individualverteidigung und Übungskombinationen an (Kap. 3.2.9–3.2.12). Die aufgeführten Spielformen (Kap. 3.2.13), die auf die Verbesserung taktischer Spielelemente wie Freilaufen, Raumaufteilung, Wahrnehmung und Entscheidungsverhalten abzielen (Kap. 3.2.13), können den Stundenschluss bilden, eignen sich jedoch auch – in Abhängigkeit von der Lerngruppe – für den Aufwärm- oder den Hauptteil einer Stunde.

3.2.1 Grundlagen des Spiels 5-gegen-5

Schülerinnen und Schüler, die erstmalig mit dem komplexen Basketballspiel 5-gegen-5 konfrontiert werden (bisher: Kleine Spiele, Basketball bis zum 3-3), sollten einige Vorgaben hinsichtlich des Spielverhaltens in Angriff und Verteidigung erhalten.

Die Verteidigung

Von den verschiedenen mannschaftstaktischen Abwehrsystemen empfiehlt sich im Anfängerbereich die *enge Mann-Mann-Verteidigung (M-M-V) ab Mittellinie*. Jedem Spieler bzw. jeder Spielerin ist ein fester – möglichst gleich großer und gleich starker – Gegenspieler bzw. Gegenspielerin zugeteilt. Diesen gilt es in seinen Angriffsaktionen regelgerecht zu stoppen. Die Gegenspieler bzw. Gegenspielerinnen sollen, soweit möglich, nicht getauscht werden, um ein sogenanntes „mismatch" zu verhindern, d. h., ein kleiner Spieler spielt nun gegen einen großen Spieler usw. Alle Spieler und Spielerinnen müssen jedoch aushelfen, wenn einer ihrer Mitspieler bzw. Mitspielerinnen überlaufen wird.

Vorteile der Mann-Mann-Verteidigung im Anfängerbereich sind zum einen eine klare Aufgabenzuweisung und damit auch direkte Rückmeldungen über gute bzw. schlechte Verteidigungsarbeit, zum anderen erlernen die Schülerinnen und Schüler die Grundlagen der Individualverteidigung.

Die Spieler in der Abwehr sollen ihren Gegner erst in Höhe der Mittellinie aufnehmen. Dies ermöglicht einerseits der angreifenden Mannschaft einen ruhigen Spielaufbau, andererseits werden schlechte oder langsame Verteidiger nicht schon im Rückfeld überlaufen.

Der Angriff

Im Gegensatz zur eindeutigen Aussage zum Verteidigungssystem gibt es zahlreiche Angriffsaufstellungen. Die *1-3-1-* und *1-2-2-Aufstellungen* haben sich – auch im Anfängerbereich – besonders bewährt. Sie sollen erst nach einigen Stunden eingeführt werden, während die Mann-Mann-Verteidigung bereits in vorbereitenden Spielformen zur Anwendung kommt. Prinzipiell muss man gegen eine Mann-Mann-Verteidigung viel „Bewegung ins Spiel bringen", d. h., die Schülerinnen und Schüler müssen sich viel freilaufen und möglichst variabel spielen. Eine Grundaufstellung ist jedoch mit zunehmender Spielerfahrung sinnvoll (die Schüler fordern es häufig auch): Klar definierte Angriffsaufgaben werden verteilt (Spielpositionen), um das Spiel zu „ordnen". Letzteres soll vermeiden, dass beispielsweise alle Spieler und Spielerinnen in der Anfangsaufstellung auf einer Seite sind.

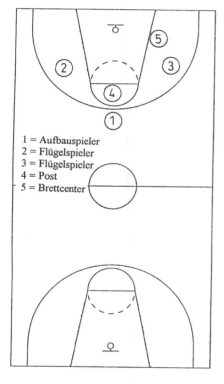

1 = Aufbauspieler
2 = Flügelspieler
3 = Flügelspieler
4 = Post
5 = Brettcenter

1 = Aufbauspieler
2 = Flügelspieler
3 = Flügelspieler
4 = Center
5 = Center

Abb. 2 1-3-1-Angriffsaufstellung   Abb. 3 1-2-2-Angriffsaufstellung

In der *1-3-1-Aufstellung* spielen ein Aufbau-, zwei Flügelspieler, ein Post und ein Brettcenter; in der *1-2-2-Aufstellung* ein Aufbau-, zwei Flügelspieler und zwei „tiefe" Center (= Brettcenter) (s. Abb. 2, 3).

Traditionell unterscheidet man drei Spielpositionen:
Der *Aufbauspieler* ist ein guter, sicherer Dribbler (der auch vom Ball weggucken kann) mit Spielübersicht. Er ist für den Spielaufbau zuständig, bringt den Ball nach vorne und setzt seine Mitspieler mit guten Pässen „in Szene". Er ist häufig klein,

aber schnell, geht dementsprechend selten zum Rebound und ist für die Rückraumsicherung zuständig.

Der *Flügelspieler* (rechts oder links) soll einen guten Wurf – vor allem aus der Mitteldistanz – haben, aber auch zum Korb ziehen können. Sein Hauptbereich ist zwischen Zonenrand und Drei-Punkte-Linie. Des Weiteren kooperieren sie mit Post und Brettcenter.

Die beiden *Center* (Post und Brettcenter) müssen gut harmonieren und flexibel sein, da sie häufig die Positonen tauschen.

Der *Post* hat seine Ausgangsposition an der Freiwurflinie. Er steht mit dem Rücken zum Korb, passt Bälle vom Aufbauspieler weiter zu den Flügelspielern und umgekehrt und schneidet zum Korb. Er ist mit Brettcenter und Werfer für den Rebound zuständig.

Der *Brettcenter* ist zumeist ein besonders großer Spieler. Er steht unter dem Korb am Zonenrand (Drei-Sekunden-Regel) und bietet sich an, indem er unter den Korb läuft bzw. dem ballbesitzenden Flügel entgegenkommt. Er ist ein sicherer Werfer aus der Nahdistanz, reboundstark und rotiert häufig mit dem Post.

Schülerinnen und Schülern ist häufig auch die differenziertere Unterteilung und Nummerierung der Spielpositionen – natürlich aus der NBA – bekannt:

Position 1: point guard, playmaker (Aufbauspieler): er bringt den Ball nach vorne und organisiert das Spiel;

Position 2: shooting guard, off guard, second guard (Kleiner Flügelspieler): er bringt den Ball eher selten nach vorne und ist zumeist etwas größer als der point guard;

Postion 3: small forward, swing forward, balance forward (Großer Flügelspieler): seine Hauptaufgabe ist es, Punkte zu erzielen;

Position 4: power forward, strong forward (Kleiner Center): stark in der „defense" und beim Rebound;

Position 5: center (Center): erzielt die Punkte.

Die Spielregeln

Das Basketballregelwerk ist sehr komplex. Deshalb empfiehlt es sich, bei Spielanfängern die Foulregel, die Schritt- und die Dribbelregel vorzugeben:

1. Jeder Körperkontakt ist ein Foul. Die Mannschaft des gefoulten Spielers bzw. der gefoulten Spielerin bekommt einen Einwurf zugesprochen.

2. Mit dem Ball in der Hand darf man nur zwei „Kontakte" machen (Ausnahme: Sternschritt).

3. Das Dribbeln ist nur einhändig erlaubt (beliebig mit rechts und links, auch abwechselnd). Wird das Dribbling beendet, indem der Ball in einer oder beiden Händen zur Ruhe kommt, darf der Spieler nicht erneut dribbeln (= Doppeldribbling).

Diese Regeln sollten – in Kurzfassung – an der Tafel stehen bzw. in der Halle auf einem Poster ausgehängt werden. So sind sie für Schiedsrichter und Spieler präsent. Während ein Foulspiel ohne Ausnahme unterbunden werden soll, muss bei der Schrittregel zumindest anfangs „pädagogisch" gepfiffen werden, um den Spielfluss zu erhalten und den Schülerinnen und Schülern nicht die Motivation am Spielen zu nehmen.

Weitere Regeln werden nun nach und nach eingeführt, folgende Reihenfolge bietet sich an: Drei-Sekunden-Regel, Einwurf, Sprungball, Ausball, Fußspiel, Rückspiel (vgl. auch die offiziellen Basketballregeln der FIBA (DBB 2004), die alle vier Jahre überarbeitet werden).

3.2.2 Zur Übungsorganisation

30 Schülerinnen und Schüler, ein Hallendrittel mit zwei Körben, nicht genügend Basketbälle – so sieht häufig der Schulalltag aus. Trotzdem versucht man als Sportlehrer bzw. Sportlehrerin, möglichst viele Schüler und Schülerinnen gleichzeitig aktiv am Unterrichtsgeschehen zu beteiligen, eine hohe Bewegungszeit bzw. -intensität zu schaffen und lange Wartezeiten zu vermeiden. Dazu einige Hinweise:

1. Reichen die Basketbälle bei Übungen, bei denen jeder Schüler bzw. jede Schülerin einen Ball benötigt, nicht aus, können auch Volley-, Fuß- und Softbälle eingesetzt werden. Die Bälle werden immer wieder ausgetauscht, so dass die Schülerinnen und Schüler automatisch auch im koordinativen Bereich geschult werden, indem sie ihre Bewegungen (Krafteinsatz, Timing, usw.) an das jeweilige Ballmaterial anpassen müssen.

2. Das Spielfeld wird bei vielen Übungen schwerpunktmäßig im Bereich der Körbe benutzt; im mittleren Hallendrittel ist somit viel Platz für zusätzliche Aufgaben (Dribbling 1-1, Finten usw.).

3. Wenn nicht bereits auf der Hallenlängsseite zusätzliche Körbe angebracht sind, kann man Zielquadrate (40 cm × 40 cm) in 3,05 m Höhe „ankleben". Hier besteht sogar die Möglichkeit, für untere Klassen die Höhe des Zieles zu variieren.

4. Alternativ zum Spiel 5-5 auf zwei Körbe bietet sich das Spiel auf einen Korb, eventuell auch mit einem oder zwei Überzahlspielern bzw. Zuspielern an. Weitere Schülerinnen und Schüler können als „Courtbeobachter" oder Schiedsrichter eingesetzt werden.

3.2.3 Übungsbeispiele mit koordinativem Schwerpunkt

Eine gut entwickelte Koordinationsfähigkeit beeinflusst positiv das schnelle Erlernen neuer Techniken, die präzise Ausführung beherrschter Fertigkeiten sowie das schnelle und sichere Anwenden beherrschter Techniken in der jeweiligen Spielsituation und ihre Anpassung an ständig wechselnde Spielsituationen. Leider kommt die Schulung der koordinativen Fähigkeiten häufig zu kurz oder wird sogar gänzlich vernachlässigt, obwohl sie grundlegend für alle Sportarten ist.

Die folgenden Übungsbeispiele können besonders gut im Aufwärmteil einer Stunde durchgeführt werden; gleichzeitig dienen sie vielfach auch zur Verbesserung des Dribblings. Prinzip ist die Kombination einfacher Bewegungen mit erschwerenden Bedingungen (vgl. auch ROTH 1993, 90; KRÖGER/ROTH 1999, 22): Koordinationsschulung soll Spaß machen, vielseitig und abwechslungsreich sein!

1. Jeder Spieler und jede Spielerin mit einem Ball; Aufstellung an der Hallenstirnseite; jede Bahn mit neuer Aufgabenstellung; evtl. Hinweg: starke Hand, Rückweg: schwache Hand:
   - vorwärts laufen, den Ball auf der ausgestreckten Hand tragen;
   - vorwärts laufen, den Ball vor dem Körper mit gestreckten Armen nur mit den Fingerspitzen von einer Hand zur anderen hin- und hertippen;
   - vorwärts laufen, den Ball um den Körper kreisen (rechts- und linksherum);
   - vorwärts laufen, den Ball mit gestreckten Armen über dem Kopf hin- und hertippen;
   - vorwärts gehen, den Ball als Acht durch die Beine geben;
   - vorwärts gehen, den Ball als Acht durch die Beine rollen;
   - Dribbling rechts, dabei Armkreisen links und umgekehrt (vorwärts u. rückwärts);
   - Dribbling rechts, dabei einbeiniges Hüpfen rechts oder links und umgekehrt (vorwärts u. rückwärts);
   - Dribbling rechts, dabei Armkreisen links und Hüpfen auf einem Bein und umgekehrt (vorwärts u. rückwärts);
   - Dribbling rechts oder links, dabei verschiedene Zusatzaufgaben: Hopserlauf, Kniehebelauf, Seitwärtsschritte, Anfersen.

2. Die Schülerinnen und Schüler versuchen, in einer leichten Grätschstellung, den Ball als Acht durch die Beine zu dribbeln.

3. Der Ball wird in einer leichten Grätschstellung mit einer Hand vorne und einer Hand hinten zwischen den Beinen gehalten. Die Hände sollen nun möglichst schnell gewechselt werden, ohne dass der Ball auf den Boden fällt. Wer schafft in 20 Sekunden die meisten Umgreifaktionen?

4. Zwei Spieler bzw. Spielerinnen wechseln sich ab und dribbeln jeweils mit zwei Bällen: am Ort und in der Bewegung, gleichmäßig und ungleichmäßig, vorwärts und rückwärts, ein Ball wird durch die Beine oder hinter dem Körper gespielt usw.

5. Wie 4., ein Ball wird gedribbelt, der andere wird gerollt, hochgeworfen und wieder aufgefangen, gegen die Wand gepasst oder mit dem Fuß geführt.

6. Wie 4. und 5., mit unterschiedlichen Bällen, z. B. Fußball und Basketball usw.

7. Dribbeln an, mit und auf Bänken: Vier Bänke werden auf die Anfangs- und Endlinien des Volleyballfeldes gestellt (Abstand ca. 6 m); die Schüler dribbeln im Slalom durch den Parcours mit folgenden Aufgabenstellungen:
   - um die Bänke dribbeln;
   - neben der Bank laufen, den Ball auf der Bank dribbeln (vorwärts u. rückwärts);

- auf der Bank laufen, den Ball neben der Bank dribbeln (vorwärts u. rückwärts);
- laufen, dabei ist die Bank zwischen den Beinen, den Ball auf der rechten oder linken Seite oder abwechselnd rechts und links dribbeln (vorwärts und rückwärts);
- frontale Aufstellung: dribbeln und dabei die Bänke überlaufen;
- frontale Aufstellung: mit rechts dribbeln, Armkreisen links und dabei die Bänke überlaufen und umgekehrt;
- frontale Aufstellung: mit rechts dribbeln, Armkreisen links und dabei die Bänke überlaufen und umgekehrt; zusätzlich auf einem Bein hüpfen.

3.2.4 Übungsbeispiele mit konditionellem Schwerpunkt

1. *Linienpendel*

Alle Spieler und Spielerinnen stehen mit Ball an der Hallenstirnseite (zu zweit hintereinander). Auf Kommando dribbeln die ersten Spieler mit rechts bis zur ersten Linie, berühren mit der linken Hand den Boden, dribbeln mit links zum Partner zurück, berühren mit rechts den Boden, dribbeln mit rechts zur zweiten Linie usw. Nach der Rückkehr von der vierten Linie (z. B. Freiwurflinie und ihre Verlängerung; Mittellinie; andere Freiwurflinie, Endlinie) startet Partner 2; eventuell mehrere Durchgänge.

2. *Fang den Dribbler*

Zweiergruppen (Fänger und Gejagter), jeder Spieler dribbelt mit einem Ball. Der „Fänger" versucht, den „Gejagten" mit der freien Hand durch eine leichte Berührung abzuschlagen. Danach erfolgt Rollentausch. Der Lehrer muss die Schülerinnen und Schüler darauf hinweisen, dass mehrere Gruppen in der Halle spielen und damit die Gefahr besteht, zusammenzustoßen.

3. *Circuittraining*

Es werden sieben Stationen (einschl. zwei Korbanlagen) doppelt aufgebaut. Die Spielerinnen und Spieler bilden Zweiergruppen, Partner 1 übt, Partner 2 hat Pause usw. (z. B. 30 Sekunden Üben, 30 Sekunden Pause):

- Quivern in der Weichbodenmatte (Ausgangsstellung ist die Verteidigungsgrundstellung: Beine schulterbreit oder etwas weiter auseinander, Gewicht auf dem Fußballen, Körperschwerpunkt liegt tief; dann wird abwechselnd der linke und der rechte Fuß mit dem Ballen schnell auf der Matte aufgesetzt);
- Slalomdribbeln um Fahnenstangen oder Pylonen, hin und zurück;
- Überkopfpässe gegen die Wand in ein Zielfeld;
- vier kleine Kästen im Viereck, einer in der Mitte; Gleitschritte mit Kastenberührungen in vorgegebener Reihenfolge, immer wieder zur Mitte zurück;

- abwechselnd Korbleger rechts und links aus dem Dribbling; nach Rebound immer wieder bis zur Freiwurflinie zurückdribbeln;
- Dribbeln, dabei im Zick-zack über die Bank springen (hin- und zurück);
- Korbwürfe außerhalb der Zone; nach Rebound wieder mit dem Ball aus der Zone dribbeln, Korbwurf usw.

3.2.5 Übungsbeispiele mit dem Schwerpunkt „Wahrnehmung"

Schülerinnen und Schüler (in Ballbesitz) sehen häufig nur sich und den Korb, sie achten weder auf den bzw. die Gegenspieler noch auf ihre Mitspieler/-innen. Um situationsgemäß, also taktisch richtig zu handeln, benötigt jeder Spieler bzw. jede Spielerin Wahrnehmungs-, Antizipations- und Entscheidungsfähigkeiten. In den folgenden Übungen steht das Wahrnehmen und Reagieren auf optische und akustische Signale im Vordergrund.

1. *„Dribbeln und Mathematik"*

Die Schülerinnen und Schüler bilden Zweiergruppen (zusammen ein Ball). Sie stellen sich in zwei bis drei Meter Abstand gegenüber an der Hallenstirnseite auf und sehen sich an, der Spieler bzw. die Spielerin mit dem Rücken zur Wand hat den Ball. Der Spieler mit Ball dribbelt auf die andere Seite, sein Partner läuft rückwärts und zeigt mit den Fingern Zahlen an, die der dribbelnde Partner bzw. die dribbelnde Partnerin laut rufen soll. Dabei bedeutet eine „Faust" zehn Punkte, so dass die Zahlen 1–15 und die Zahl 20 anzuzeigen sind. Auf der anderen Hallenseite angekommen, tauschen die Partner die Aufgaben. Mehrere Durchgänge können durchgeführt werden:

- vorwärts dribbeln mit rechts oder links + Zahlen nennen;
- vorwärts dribbeln abwechselnd mit rechts und links + Zahlen addieren;
- vorwärts dribbeln unter Verwendung zahlreicher Dribbelfinten + Zahlen fortlaufend von 100 subtrahieren.

2. *Seitenwechsel*

Alle Schülerinnen und Schüler dribbeln mit einem Ball um das Basketballfeld (ein Durchgang rechts herum, ein Durchgang links herum). Auf Kommando wechseln die Schülerinnen und Schüler dribbelnderweise die Seiten des Spielfeldes und reihen sich wieder in die Schlange ein. Zusammenstöße sollen durch Beobachtung der Mitspielerinnen und Mitspieler und Wegsehen vom Ball vermieden werden.

3. *Seitenwechsel durch Tore*
(Abb. 4)

Auf der Mittellinie werden (mit Pylonen oder Fahnenstangen) fünf Tore abgetrennt. Die eine Hälfte der Lernenden dribbelt in einem Hallenteil rechts herum, die andere Hälfte im anderen Hallenteil links herum. Die Tore werden für beide Seiten von links nach rechts durchnummeriert. Auf „Pfiff" und Ansage der Tornummer müssen die Schülerinnen und Schüler (dribbelnderweise) durch das genannte Tor die Seite wechseln. Vorsicht vor Zusammenstößen bei Tor Nr. 3!

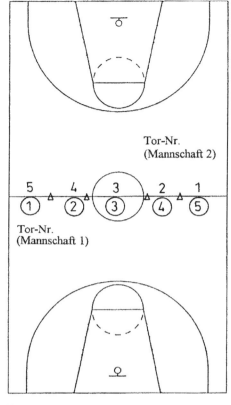

4. Die Lernenden dribbeln durch die Halle (Pylonen oder Fahnenstangen symbolisieren Gegenspieler bzw. Gegenspielerinnen) und sollen auf ein akustisches Zeichen zwei beliebige Dribbelfinten und eine vorgegebene Abschlusshandlung durchführen: 1 Pfiff = Korbleger, 2 Pfiffe = Stoppen – Korbwurf.

Abb. 4

5. Wie Übung 4. Gleichzeitig mit dem Pfiff hält ein Schüler bzw. eine Schülerin einen Tischtennisschläger oder eine farbige Karte hoch. Rot bedeutet: Dribbelwende, gelb bedeutet: Handwechsel. Nach zwei der jeweiligen Finten erfolgt der durch die Anzahl der Pfiffe vorgegebene Abschluss.

6. Zwei Schüler bzw. Schülerinnen passen sich den Ball im Laufen zu (2-0). Haben die Spieler bzw. Spielerinnen die Mittellinie überquert, signalisiert der gelbe Tischtennisschläger, dass mit einem Korbleger abgeschlossen werden soll, der rote Tischtennisschläger den Abschluss Stoppen – Wurf (mit Brust- und Bodenpässen).

3.2.6 Übungen zum Erlernen des Korbwurfes und des Korblegers

Schülerinnen und Schüler in den Klassen fünf und sechs erlernen nach meinen Erfahrungen eher das Abstoppen mit anschließendem Korbwurf als den Korbleger, bei dem die Schrittfolge und der einbeinige Absprung den Schülerinnen und Schülern sehr viele Probleme bereitet. Bei Würfen aus der Nahdistanz erzielen sie eine hohe (motivierende) Trefferquote, da sie aus der Abstoppbewegung direkt zu einem leichten Sprung ansetzen können, der die Gesamtbewegung unterstützt. Die Technik des einhändigen Postitionswurfes kann wie folgt vermittelt werden:

1. Isoliertes Üben der Streckbewegung des Armes sowie das Abklappen des Handgelenkes mit Eigenkontrolle: Der Ball muss eine Rückwärtsrotation erhalten.

2. Zwei Schüler bzw. Schülerinnen sitzen sich in ca. zwei bis drei Meter Entfernung gegenüber und werfen sich den Ball mit der erläuterten Korbwurftechnik zu. Beobachtungsschwerpunkte: Armstreckung, Abklappen des Handgelenks, hohe parabelförmige Flugkurve.

3. Wie 2.; ein dritter Schüler bzw. eine dritte Schülerin hält einen Reifen zwischen die beiden sitzenden Partner. Diese müssen den Ball durch den Reifen werfen. Sie sollen erproben, wie sie durch unterschiedlichen Krafteinsatz der Arme und des Handgelenks verschieden hohe Flugkurven erzielen können.

4. Einhändige Positionswürfe gegen die Wand: ca. einen Meter Abstand; Markierungen in 3,05 Meter Höhe anbringen.

Beim Korbleger sollen die Lernenden möglichst viele Varianten lernen (u. a. Einkontakt–, Zweikontaktkorbleger), Abstände variieren, von beiden Seiten und aus der Mitte anlaufen. Das „Anreichen" des Balles ist eine sinnvolle Übung zur Einführung, ehe erst ein, später mehrere Dribblings hinzugenommen werden und zum Schluss Korbleger nach Zupassen geübt werden:

Partnerübung (ein Ball): Spieler 1 hält den Ball innerhalb der Zone mit ausgestrecktem Arm. Spieler 2 läuft an und muss nach Ballaufnahme unter Beachtung der Schrittregel (mit ein oder zwei Kontakten) mit Korbwurf abschließen. Während er den Rebound holt und anschließend eine Position in der Zone einnimmt, ist Spieler 1 zur Drei-Punkte-Linie gelaufen und führt nun ebenfalls die Übung durch. Variation der Anlaufrichtung sowie der Abstände zum Korb.

3.2.7 Spiele zum Korbwurf und Korbleger

1. Die sechs bis acht Spielerinnen und Spieler jeder Mannschaft stehen hintereinander an einem Korb auf einer vorher festgelegten Position, die ersten beiden Spieler bzw. Spielerinnen haben einen Ball. Jeder Spieler bzw. jede Spielerin hat einen Wurfversuch, holt den Rebound, gibt dem übernächsten Spieler bzw. der übernächsten Spielerin den Ball und stellt sich hinten an. Welche Mannschaft hat zuerst zehn Treffer? Weitere Durchgänge von anderen Positionen folgen. Hinweis: Bei Korblegern muss der Abstand zum Korb für das Dribbling entsprechend erhöht werden.

2. Wie 1., drei (oder vier) Spieler und Spielerinnen müssen **hintereinander** treffen.

3. „*Wurfspiel 21*": Gruppeneinteilung wie bei Übung 1. Der erste Spieler bzw. die erste Spielerin jeder Gruppe hat einen Ball und wirft auf den Korb. Ein Treffer zählt zwei Punkte. Trifft er bzw. sie nicht und fängt den Ball, bevor dieser den Boden berührt, hat er bzw. sie einen zweiten Wurf, trifft er bzw. sie diesen, gibt

es einen Punkt. Ansonsten wird der Ball so schnell wie möglich dem nächsten Spieler zugepasst, der Werfer stellt sich hinten an. **Ein** Nachwurf ist maximal erlaubt; drei Punkte können maximal pro Durchgang erzielt werden (Treffer, Rebound, Treffer). Welche Mannschaft hat zuerst 21 Punkte erreicht? Weitere Durchgänge von verschiedenen Positionen folgen.

4. Zehn bis zwölf Spielerinnen und Spieler stehen hintereinander an der Freiwurflinie oder einen Meter näher zum Korb. Die ersten beiden Spieler bzw. Spielerinnen haben einen Ball. Der erste Spieler bzw. die erste Spielerin wirft auf den Korb und holt so lange seinen Rebound und wirft erneut, bis er trifft (dabei kann er auch zum Korb dribbeln, falls der Ball weit ins Feld gesprungen ist). Der zweite Spieler bzw. die zweite Spielerin wirft sofort nach dem ersten und versucht, seinen Vorgänger zu überholen, also eher zu treffen. Nach Korberfolg muss der Ball so schnell wie möglich zum nächsten Spieler bzw. zur nächsten Spielerin in der Gruppe zurückgepasst werden, wer überholt worden ist, scheidet aus. Sieger ist derjenige, der am Schluss allein übrig ist.

5. Zwei Mannschaften starten in den Spielfeldecken. Hinter ihnen steht jeweils eine Bank, hinter der (auf beiden Seiten) gleich viele Bälle liegen. Auf Kommando nehmen sich die Spieler einen Ball, führen einen Korbleger aus und dürfen den Ball nach Korberfolg hinter die „gegnerische" Bank legen. Treffen sie nicht, dribbeln sie zu ihrer Mannschaft zurück, um einen neuen Versuch zu starten. Welche Mannschaft hat zuerst keine Bälle mehr? *Variante*: Abschluss Stoppen – Korbwurf.

3.2.8 Übungen zum Dribbeln

Viele Dribbelübungen, wie z. B. Schatten- und Spiegeldribbeln (ein Schüler bzw. eine Schülerin macht etwas vor, der Partner bzw. die Partnerin macht es nach) oder Schwänzchen fangen (Schüler und Schülerinnen jagen sich gegenseitig die in der Hose befestigten Parteibänder ab), sind hinlänglich bekannt. Die vier folgenden Wettkampfformen zur Verbesserung der Dribbeltechnik machen den Schülerinnen und Schülern erfahrungsgemäß sehr viel Spaß.

1. *Hundehütte*

Alle Spielerinnen und Spieler haben einen Ball, gespielt wird auf dem Halbfeld. Bei dreißig Schülerinnen und Schülern werden fünf bis sechs Fänger bzw. Fängerinnen benannt (Kennzeichnung mit Parteibändern oder durch farbige T-Shirts). Sie müssen versuchen, alle übrigen Spielerinnen und Spieler abzuschlagen (durch leichte Berührung). Wer abgeschlagen ist, grätscht die Beine, hält seinen Ball in Überkopfhöhe und kann befreit werden, indem noch nicht abgeschlagene Mitspieler und -spielerinnen ihm ihren Ball durch die Beine dribbeln!

2. *Vireckendribbelwettbewerb*

Alle Spieler haben einen Ball und starten im Mittelkreis. Auf Kommando dribbeln sie so schnell wie möglich nacheinander in alle vier Ecken der Halle (Reihenfolge beliebig) und machen dort fünf Strecksprünge mit Ball. Sie müssen jedesmal durch die Mitte zurückdribbeln und dort aufpassen (Tempo verlangsamen), dass sie mit keinem ihrer Mitschüler zusammenstoßen (auch Konditions- und Wahrnehmungsschulung).

3. *Minutenpacken*

Es werden zwei Mannschaften gebildet. Mannschaft A (jeder Spieler bzw. jede Spielerin dribbelt mit einem Ball) verteilt sich im Halbfeld, die Spieler bzw. Spielerinnen von Mannschaft B stehen nebeneinander an der Mittellinie (der erste Spieler bzw. die erste Spielerin hat einen Ball). B1 versucht nun, dribbelnderweise möglichst schnell einen Spieler bzw. eine Spielerin der Mannschaft B durch Berühren abzuschlagen, dribbelt zu seiner bzw. ihrer Gruppe zurück, übergibt an den nächsten Spieler bzw. an die nächste Spielerin den Ball, usw. Der Lehrer stoppt die Zeit, wenn der letzte Schüler bzw. die letzte Schülerin abgeschlagen ist. Dann fängt Mannschaft A Mannschaft B. Welche Mannschaft ist schneller?

4. *„Körperteile berühren"*

Alle Schülerinnen und Schüler dribbeln mit einem Ball in einer Hallenhälfte oder im Volleyballfeld. Auf Kommando versucht jeder Schüler bzw. jede Schülerin, in einer vorher festgelegten Zeit möglichst viele Mitspieler bzw. Mitspielerinnen dribbelnderweise mit der freien Hand an einem vorgegebenen Körperteil (z. B.: Oberschenkel, Ellenbogen, Wade, Schulter) zu berühren, ohne gleichzeitig selbst an dieser Stelle berührt zu werden (mehrere Durchgänge mit verschiedenen Körperteilen).

3.2.9 Übungen zur Kombination von Dribbeln und Korbleger / Korbwurf

1. Alle Schülerinnen und Schüler haben einen Ball, dribbeln von Korb zu Korb und schließen mit a) Korbleger, b) Stoppen – Korbwurf ab. Nach jedem Wurfversuch dribbeln sie durch den Mittelkreis zum nächsten Korb. Wer hat zuerst zehn Treffer erzielt?

2. *Variante*: Im Feld werden Pylonen aufgestellt; vor dem nächsten Korbwurf sollen jeweils drei Dribbelfinten an den Pylonen (= Gegenspielern) ausgeführt werden.

3. Wie Übung 1. Jeder Schüler bzw. jede Schülerin hat (dem Leistungsvermögen der Gruppe angepaßt) fünf bis sieben Punkte. Bei einem erfolgreichen Wurf dürfen sie einen Punkt abziehen, bei jedem Fehlwurf kommt ein Punkt hinzu. Wer ist zuerst bei „Null"?

4. Alle Spielerinnen und Spieler mit je einem Ball dribbeln im Volleyballfeld und versuchen, sich – regelgerecht, d. h. der Ball muss seitlich oder von unten aus der Hand des Gegners gespielt werden – gegenseitig den Ball abzunehmen und gleichzeitig den eigenen Ball zu schützen. Wer erfolgreich war, darf einen Korbleger oder Korbwurf an einem beliebigen Korb ausführen; ein Treffer zählt einen Punkt. Beide Spieler setzen die Übung im Volleyballfeld fort. Wer hat nach einer vorgegebenen Zeit die meisten Punkte?

5. Vier Mannschaften stehen an der Mittellinie, jeweils zwei spielen auf einen Korb,
   die beiden ersten Spieler bzw. Spielerin-
   nen jeder Mannschaft haben einen Ball.
   Auf Kommando dribbeln sie durch ein
   Tor (Pylonen) auf die gegenüberliegende
   Seite, stoppen am Zonenrand bzw. in der
   Zone (je nach Leistungsniveau) ab, ma-
   chen einen Korbwurf, holen ihren Re-
   bound und dribbeln zur Gruppe zurück.
   Der Ball wird übergeben, der zweite
   Spieler bzw. die zweite Spielerin startet,
   wenn der bzw. die erste abstoppt. Welche
   Mannschaft hat zuerst zehn Treffer?
   (Abb. 5)

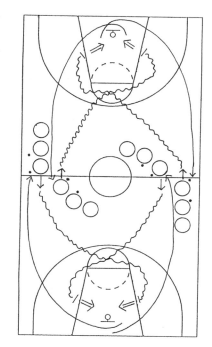

6. *Variante*: Bevor die Schülerinnen und
   Schüler durch das Tor dribbeln, müssen
   sie eine Dribbelfinte machen.

3.2.10 Übungen zum Passen

Abb. 5

Pässe müssen genau und zum richtigen Zeit-
punkt gespielt werden, der Passempfänger sollte möglichst mit einer Hand anzeigen, wohin er den Ball bekommen möchte.

1. Dreiergruppen mit einem Ball (Aufstellung s. Abb. 6). Nach jedem Pass
   (Passart wird vom Lehrer bzw. von der Lehrerin vorgegeben oder ist variabel)
   läuft der Passgeber bzw. die Passgeberin seinem bzw. ihrem Ball nach. Der Ball
   wird im Stand angenommen und im Stand gepasst; als Steigerung können Pass-
   finten eingebaut werden.

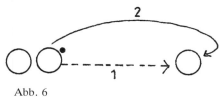

Abb. 6

2. *Tigerball*: Zwei Schülerinnen bzw. Schüler (drei bis vier Meter Abstand) passen
   sich den Ball zu. Ein Verteidiger bzw. eine Verteidigerin versucht die Pässe zu
   stören. Er bzw. sie muss den ballführenden Spieler bzw. die ballführende Spielerin jeweils angreifen. Lobpässe sind verboten, die Angreifer dürfen sich nicht
   von ihrem Platz bewegen. Fängt der Verteidiger den Ball ab oder wird ein Fehl-
   pass gespielt, wird gewechselt.

3. Passen mit zwei Bällen: Zwei Spielerinnen und Spieler stellen sich gegenüber auf, jeder hat einen Ball. Sie versuchen – nach vorhergehender Absprache – gleichzeitig unterschiedliche Pässe zu spielen (auch Koordinations- und Wahrnehmungsschulung).

3.2.11 Übungen zur Kombination von Passen und Korbleger / Korbwurf

1. Zwei „Zuspieler" stehen an der Freiwurflinie mit dem Rücken zum Korb, alle übrigen Schülerinnen und Schüler stehen mit Ball an der Mittellinie. Sie spielen mit dem Zuspieler einen Doppelpass und schließen mit Korbwurf oder Korbleger ab (Seitenwechsel nicht vergessen!). Der Wechsel der Zuspieler erfolgt selbstständig; nach acht bis zehn Pässen dribbelt der Zuspieler nach Ballerhalt selbst zum Korb, der Passgeber wird neuer Zuspieler (Abb. 7).

2. Variante: Der Zuspieler steht rechts oder links am Spielfeldrand.

3. Wie Übung 1 mit vier Zuspielern (s. Abb. 8). Der Abschluss kann variieren: Korbleger oder Abstoppen – Korbwurf; nach einiger Zeit erfolgt Seitenwechsel.

4. Zweierlaufen

5. Achterlaufen

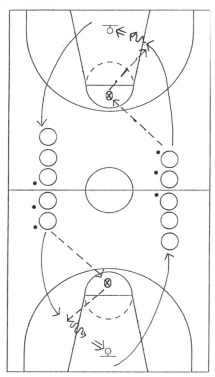

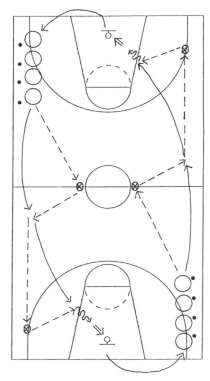

Abb. 7   Abb. 8

3.2.12 Übungen zum Erlernen der Individualverteidigung

1. *Quivern*: Die Spieler stehen ohne Ball versetzt mit Blick zum Lehrer in der Verteidigungsgrundstellung. Auf Kommando wird auf der Stelle gequivert (vgl. auch S. 163), auf Zeichen des Lehrers bzw. der Lehrerin erfolgen Richtungswechsel nach rechts, nach links, nach hinten rechts, vorne rechts usw.

2. 1-1 im einem Korridor von ca. drei Metern. Ein Angreifer mit Ball dribbelt Zick-Zack im Korridor, der Verteidiger bewegt sich im Abstand von ein bis eineinhalb Metern mit Gleitschritten rückwärts. Der Angreifer soll nicht am Verteidiger vorbeidribbeln.

3. Spiel 1-1 ab Mittellinie oder Drei-Punkte-Linie auf den Korb. Nach jedem Angriff wechseln die Rollen.

4. Zwei Spieler/-innen dribbeln ab der Mittellinie auf den Korb zu. Ein Verteidiger steht an der Freiwurflinie und entscheidet sich für einen der beiden Spieler/-innen. Der nicht angegriffene Spieler bzw. die nicht angegriffene Spielerin macht einen Korbleger, die beiden anderen spielen 1-1.

3.2.13 Spielformen zum Erlernen grundlegender taktischer Verhaltensweisen

Hier werden Spiele vorgestellt, die das Freilaufen und die Spielübersicht schulen. Das Dribbling ist zumeist untersagt, da die Schüler so gezwungen sind, sich freizulaufen und abzuspielen.

1. *Siebener-Ball*

Zwei Mannschaften (vier bis sechs Spieler) versuchen auf dem Halbfeld, sich den Ball innerhalb ihrer Mannschaft siebenmal zuzupassen. Es darf nicht gedribbelt werden, mit dem Ball darf nicht gelaufen werden, Bodenpässe sind erlaubt. Jeder Spieler hat einen festen Gegenspieler. Gelangt die Gegenmannschaft in Ballbesitz, versucht sie ebenfalls sieben Pässe zu spielen.

Variante 1: Nach sieben Pässen darf die ballbesitzende Mannschaft einen Angriff auf den gegenüberliegenden Korb starten (ob in dieser Phase Dribblings erlaubt sind, muss vorher abgesprochen sein). Nach Korberfolg oder Rebound nach einem Fehlwurf müssen erst wieder sieben Pässe innerhalb einer Mannschaft gespielt werden, ehe ein weiterer Schnellangriff erfolgen kann.

Variante 2: Siebener-Ball auf zwei Körbe mit Abschluss Korbleger.
Nach sieben Pässen darf die jeweils angreifende Mannschaft einen Korbleger ohne oder mit maximal einem Dribbling machen, wenn sich der ballbesitzende Spieler bzw. die ballbesitzende Spielerin in Korbnähe befindet.

2. *Brettball*

Zwei Mannschaften (vier bis sechs Spieler/-innen), jeder bzw. jede mit einem festen Gegenspieler spielen gegeneinander. Spielball ist ein Volleyball, der wie beim Siebener-Ball nur gepasst und nicht gedribbelt werden darf. Jede Mannschaft hat ein Basketballbrett als Zielfeld. Wirft ein Spieler bzw. eine Spielerin gegen das

Brett und fängt sein bzw. ihre Mitspieler/-in den Ball, bevor er den Boden berührt oder ein Gegenspieler bzw. -spielerin den Ball berührt oder abfängt, gibt es einen Punkt.

Variante: mit zwei Bällen.

3. *Turmball*

Zwei Mannschaften (fünf bis sieben Spieler) mit je einem Turmwächter, der auf einem kleinen Kasten steht, spielen gegeneinander. Jeder hat einen festen Gegenspieler, der Ball muss gepasst und darf nicht gedribbelt werden; ein Spieler darf mit dem Ball nicht laufen (nach Ballerhalt stehenbleiben und einen Sternschritt ausführen oder den Ball direkt weiterspielen). Die Mannschaft in Ballbesitz bekommt einen Punkt, wenn es ihr gelingt, den Ball zu ihrem „Turmwächter" zu spielen. Organisatorische Hinweise: Der Turmwächter wird nach einiger Zeit gewechselt; die Kästen können auch diagonal gegenüberstehen. Zusatzregel: Jeder Spieler muss mindestens einen Ballkontakt gehabt haben, bevor der Ball zum Turmwächter gespielt werden darf.

4. *Kapitänsball*

Wie Turmball, die Kästen stehen unter den Basketballkörben. Der Turmwächter / „Kapitän" hat nach Ballerhalt einen Korbwurfversuch, bei Erfolg gibt es einen Punkt für die jeweilige Mannschaft, die Gegenmannschaft bekommt den Ball. Nach einem Fehlwurf spielt die Mannschaft, die den Rebound erkämpft hat, weiter.

5. *Mattenball*

Wie Turmball, zwei Weichbodenmatten sind die Ziele. Sie sollen von allen Seiten erreichbar sein. Ein Punkt wird erzielt, indem ein Spieler bzw. eine Spielerin den Ball auf die Matte legt. Dies kann auch im Sprung oder nach einem Pass erfolgen. Die Matte darf von den übrigen Spielerinnen und Spielern nicht betreten werden.

6. *Basketball „ohne Dribbeln"*

Zwei Mannschaften mit je fünf Spielerinnen und Spielern spielen nach Basketballregeln auf zwei Körbe. **Ein** Dribbling ist nur zum Korbleger erlaubt, wenn ein Spieler bzw. eine Spielerin in Korbnähe den Ball erhält und keinen Gegner mehr vor sich hat.

7. *Überzahlspiele*

Die Grundsituation 1-1 wird um einen Mitspieler erweitert: 1-1 + 1. Die Angreifer spielen in Überzahl, der „Zuspieler" darf sich nur im Freiwurfkreis aufhalten und kann vom Angreifer angespielt werden. Er darf keine Körbe erzielen. Variante: Der „Ballverteiler" steht rechts oder links auf der Flügelposition. Die Rolle des Ballverteilers wechselt. Eine Spielreihe erweitert nun die Situation auf das Spiel 2-2 + 1, auch 2-2 + 2 (ein Anspieler auf jeder Seite) ist denkbar. Hier kann vor allem das „Give and Go" geschult werden. Über die Spielformen 3-3 + 1 und 4-4 +

1 gelangt man zum Spiel 5-5. Gespielt wird zumeist auf einen Korb (vgl. auch die Gesamtkonzeption einer Überzahlspielreihe von GETROST/WICHMANN 1996).

8. Streetball

Das Spiel 3-3 auf einen Korb ist beliebt und schult die grundlegenden taktischen Verhaltensweisen des großen Spiels 5-5 (vgl. auch Kap. 2).

Eine ausführliche Darstellung der Gruppen- und Mannschaftstaktik (z. b. Blocken und Abrollen, Blockabwehr, Ball-Raum-Verteidigung, Spielzüge, organisierter Schnellangriff) ist im Rahmen dieses Aufsatzes nicht möglich. Diesbezüglich sei auf die Fachliteratur verwiesen (z. b. HAGEDORN/NIEDLICH/SCHMIDT 1996; KOZOCSA 1982, 1985; NEUMANN 1990; SAHRE/POMMERENING 1995; STEINHÖFER/REMMERT 1998; BRAUN/GORISS/KÖNIG 2004).

Literatur

BRAUN, R.; GORISS, A.; KÖNIG, S.: Doppelstunde Basketball. Schorndorf 2004.

DEUTSCHER BASKETBALL BUND (Hrsg.): Offizielle Basketballregeln. Hagen 2004.

DIETRICH, K.: Fußball spielgemäß lernen – spielgemäß üben. Schorndorf 1975.

DIETRICH, K.; DÜRRWÄCHTER, G.; SCHALLER, H.-J.: Die grossen Spiele. Aachen 1994.

DIGEL: Schulsport – wie ihn Schüler sehen. In: sportunterricht 45, 8, 1996, 324–339.

GETROST, V.; WICHMANN, K.: Überzahl-Spielreihe. In: HAGEDORN, G.; NIEDLICH, D.; SCHMIDT, G.J. (Hrsg.): Das Basketball-Handbuch. Reinbek 1996, 314–317.

GÜNZEL, W.; LEHNHARD, M.: Das Handballspiel – Schüler arrangieren Übungssituationen. In: GÜNZEL, W. (Hrsg.): Spiele vermitteln und erleben, verändern und erfinden. Baltmannsweiler 1990, 81–110.

HAGEDORN, G.: Hinführung zum Mannschaftsspiel. In: HAGEDORN, G.; NIEDLICH, D.; SCHMIDT, G.J. (Hrsg.): Das Basketball-Handbuch. Reinbek 1996, 321–325.

HAGEDORN, G.; NIEDLICH, D.; SCHMIDT, G.J. (Hrsg.): Das Basketball-Handbuch. Reinbek 1996.

JOHANN, M.: Basketball. Mister Perfect. In: Sports 2, 1998, 84–87.

KOZOCSA, I.: Basketball Lehrbuch Bd. 2,3. Central-Druck Böblingen 1982, 1985.

KRÖGER, C.; ROTH, K.: Ballschule. Ein ABC für Spielanfänger. Schorndorf 1999.

KUGELMANN, C.: Basketball – ein Spiel im Wandel. In: sportpädagogik 19, 1, 1995, 13–19.

LINK, H.: Die Hinführung von Kindern zum Basketballspiel in Schule und Verein. In: GÜNZEL, W. (Hrsg.): Spiele vermitteln und erleben, verändern und erfinden. Baltmannsweiler 1990, 111–144.

LOIBL, J.: Basketball. Genetisches Lehren und Lernen. Schorndorf 2001.

LOIBL, J.: Genetisches Lehren im Basketball. In: HAGEDORN, G.; NIEDLICH, D.; SCHMIDT, G.J. (Hrsg.): Das Basketball-Handbuch. Reinbek 1996, 311–313.

MEDLER, M.; MIELKE, M.; SCHUSTER, A.: Basketball. Teil 2: Spielreihen zur Gruppentaktik. Flensburg 1997.

NEUMANN, H.: Basketballtraining. Taktik Technik Kondition. Aachen 1990.

NIEDLICH, D.: Spieltheoretische Überlegungen zur Konstruktion und Anwendung von Spiel- und Übungsformen im Sportspiel Basketball. In: NIEDLICH, D.; KRÜGER, A.: 200 neue Basketball-Drills. Schorndorf 1982.

NIEDLICH, D.: Streetballtraining. Aachen 1995.

ROTH, K.: Wie verbessert man die koordinativen Fähigkeiten? In: BIELEFELDER SPORT-PÄDAGOGEN: Methoden im Sportunterricht. 2. neubearbeitete Auflage. Schorndorf 1993, S. 85–97.

SAHRE, E.; POMMERENING, G.: Basketball und Streetball. Reinbek 1995.

SCHALLER, H.-J.: Basketball. In: DIETRICH, K.; DÜRRWÄCHTER, G.; SCHALLER, H.-J.: Die grossen Spiele. Aachen 1994, 38–82.

SCHMIDT, G.J.; NIEDLICH, D.: Streetball – auch Ausdruck eines jugendlichen Lebensstils. In: TW Sport und Medizin 7, 3, 1995, 153–158.

SCHRÖDER, J.; BAUER, C.: Basketball trainieren und spielen. Reinbek 1996.

STEINHÖFER, D.: Basketball in der Schule. Spielend geübt – übend gespielt. Münster 1991.

STEINHÖFER, D.; REMMERT, H.: Basketball in der Schule. 5. umfassend überarbeitete Auflage. Münster 1998.

STEINHÖFER, D.: Das Rad muß nicht immer neu erfunden werden. In: sportunterricht 47, 2, 1998, 60–62.

STRATMANN, J.: Basketball. Streetball. Hamburg 1995.

RALF LAGING

Turnen – Erkunden, Erfassen, Üben, Gestalten

1. Turnen als Auseinandersetzung an Geräten

Die Orientierung des Schulturnens an Standardgeräten und normgebundenen Bewegungen der sportiv konstruierten Sportart Gerätturnen hat aufgrund der expansiven Leistungsentwicklung des Kunstturnens unweigerlich zu einer unüberbrückbaren Diskrepanz zwischen den Möglichkeiten des Schulturnens und der leistungssportlichen Könnensentwicklung geführt.[1] Noch weit größer ist die Diskrepanz zum Turnen auf Spielplätzen und in den Eltern-Kind-Turngruppen der Vereine. Hier bieten die neueren Spielplätze und das Spielturnen im Verein weit mehr als nur Reckstange, Ringe oder Balken. Spielplätze sind heute eher Turngelegenheiten an Geräten, die Klettern, Rutschen, Hangeln, Schaukeln oder Balancieren in vielfältigen Varianten zulassen. Die Orientierung erfolgt dabei nicht an der normierten Sportart Gerätturnen, sondern an den sich stellenden Bewegungsthemen der Geräte.

Die Inhalte und Themen des Turnens in der Schule haben daher zum außerschulischen Kunstturnen nur eine sehr geringe oder gar beiläufige Bedeutung. Im Kontext von Schule ist das Turnen ein Erfahrungsfeld mit erzieherischem Anspruch zur Entwicklung einer Körperidentität und Bewegungsgeschicklichkeit an Geräten. Unter dieser Perspektive hilft der Vergleich mit dem leistungssportlichen Gerätturnen im Verein nicht weiter. Eher erscheinen die Möglichkeiten zum Turnen im freien Bewegungsleben der Kinder für das Turnen in der Schule eine Orientierung zu geben.

Was ist also das Erfahrbare im (Gerät-)Turnen, was fasziniert Kinder und Jugendliche, wenn sie die Gelegenheit erhalten und nutzen, sich in der Turnhalle oder auf Spielplätzen mit Begeisterung einzelnen Geräten zuzuwenden? Das Turnen ist wesentlich ein raumorientiertes Bewegen an Geräten (unter Einbezug des Turnens auf Bodenmatten). Auf diese Weise entstehen in enger Gebundenheit an je ein spezifisches „Gerät" Bewegungshandlungen, bei denen der/die Turnende kopfüber steht, sich um eine feste Achse dreht, von hier nach da fliegt, schwingt oder schaukelt, auf schmalen oder wackeligen Unterstützungsflächen das Gleichgewicht zu halten versucht, in die Luft „steigt" und wieder landet, sich in der Luft bewegt und dreht und sich auf ebenen Flächen oder Berg- und Talbahnen rollend oder überschlagend vorwärts, rückwärts, aufwärts oder abwärts bewegt. Diese Aufzählung verweist auf das grundlegende Bewegungsthema des Turnens: sich vom Boden zu lösen und raumorientierte Bewegungskunststücke an Geräten auszuführen. Turnen als Bewegen an Geräten zielt in seiner noch sportlich unvoreingenommenen Auslegung auf die Formung und Gestaltung eines individuellen Bewegungsvermögens in unabdingbarer Beziehung zu einzelnen Geräten oder Gerätekombinationen. Dabei spielt das leibliche Erleben des Sich-Bewegens an Geräten eine bedeutende Rolle. Die damit verbundenen taktilen und kinästhetischen Wahrnehmungen vermitteln Bewegungssensationen, die in der turnerischen Auseinandersetzung an Geräten entstehen. Sie enthalten ein Erlebnispotenzial, das die Bewegungswiederholungen und immer neuen Bewegungsversuche von Kindern auf Spielplätzen mit Turngelegenheiten überhaupt erst verständlich machen.[2] Turnen ist vor diesem Hintergrund die je besondere Form des Sich-Bewegens in der „Auseinandersetzung mit einer anregenden und herausfordernden Gerätewelt, die Kindern und Jugendlichen die Möglichkeit zu Bewegungshandlungen eröffnet, die sie als sinnvoll erleben und die wertvolle Körper- und Bewegungserfahrungen möglich machen" (CRUM/TREBELS 1980, 16). Diesem Verständnis von Turnen ist der Erfahrungsbegriff immanent. Es geht um die Vermittlung typisch turnerischer Bewegungserfahrungen und nicht um das Beibringen bekannter Bewegungsfertigkeiten. Die Turnenden erfahren, wie sie durch Geräte „von den Beinen geholt" und befähigt werden, „eine beliebige Lage im Raum einzunehmen" (SÖLL 1973, 303). Turnen ist damit mehr als die Summe aller Einzelfertigkeiten, die biomechanisch vermessen, im Können perfektioniert, optimiert und nach Normen stilisiert und ästhetisiert werden können. Turnen ist die Vermittlung typisch turnerischer Bewegungserfahrungen in der Auseinandersetzung mit der Gerätewelt zur Entwicklung von Lösungen sich stellender Bewegungsprobleme. Da Erfahrung eine subjektive Kategorie ist, können die subjektiven Auslegungen vielfältig sein.

Aus dieser Perspektive lässt sich eine Basis zur Verständigung über didaktische Konzeptionen des Turnens gewinnen. Auch die perfekten norm- und formorientierten Bewegungstechniken des klassischen Gerätturnens vermitteln bei gutem Können diese kinästhetischen und taktilen Bewegungssensationen. Insofern geht es im Hinblick auf das schulische Turnen nicht um die Frage, ob normierte, nach biomechanischen Prinzipien strukturierte Bewegungsfertigkeiten, vermittelt werden sollen oder nicht, sondern um das erfahrungsbezogene Lernen von Bewegungskunststücken an Geräten, unabhängig davon, in welcher Weise das Ergebnis einer normierten Turnfertigkeit entspricht. Dieser Perspektivenwechsel, mindestens jedoch die Blickerweiterung auf das weite Erfahrungspotenzial des Turnens, scheint die Kontroverse um die „richtige" turndidaktische Konzeption für die Schule in einen konstruktiven Umgang mit der Vielfalt an Auslegungs- und Anwendungsmöglichkeiten dieser elementaren Erfahrungspotenziale aufgelöst zu haben.

Darauf weisen viele Publikationen der letzten Jahre hin, vor allem auch einiger Gegner des vielfältigen Turnens. So hat der Deutsche Turner-Bund, und besonders die Deutsche Turnerjugend, die Ideen neuerer Entwicklungen in der Turndidaktik rezipiert und seit den 80er Jahren in die eigene Arbeit aufgenommen.[3] In einer Konzeptionsvorlage zum freien Turnen als Ergebnis einer Initiative des Deutschen Turnerbundes weisen BRUCKMANN/DIECKERT/HERRMANN (1994[2]) dar-

auf hin, dass die mangelnde Offenheit gegenüber neuen Entwicklungen nun endlich Konsequenzen haben müsse. Sie differenzieren das Gerätturnen in ein breiten-
sportliches formgebundenes Gerätturnen **für viele**, ein freizeitsportliches freies
Turnen an Geräten **für alle** und ein spitzensportliches Kunstturnen **für wenige**
(BRUCKMANN/DIECKERT/HERRMANN 1994², 6). Für das Freie Turnen
wird von BRUCKMANN (1994², 9 ff.) eine erfahrungsorientierte Konzeption entwickelt, die eigene Erprobungen, Turngelegenheiten, Körpererfahrungen und So-
zialbezüge in eine Reihe von der Bewegungsabsicht zur Bewegungsformung stellt.
Ebenso sind die um eine Fertigkeitsvermittlung bemühten Turndidaktiker an einer
Erweiterung ihrer Konzepte um eine Erlebnisebene interessiert. In dem Tagungs-
bericht „Ran an die Geräte" (TURNVERBAND MITTELRHEIN 1994), eine
eher dem klassischen Turnen verpflichtete Veranstaltung, finden sich Themen der
folgenden Art: „Allerlei Spielereien und Gags – Turngeräte einmal anders", „Wer
klettern kann, der kann auch turnen", „Abenteuer-Turnstunde: Gerätelandschaften – ein neuer Trend!", „Der Zirkus kommt" oder „Spaß am Schaukeln und
Schwingen. Spiel- und Übungsstunden für Groß und Klein". Unter Hinzuziehung
einer kaum noch zu überschauenden Anzahl an praktischen Beispielen zu einem erfahrungsorientierten Turnen (vgl. z. B. Themenheft der Zeitschrift SPORTPÄD-
AGOGIK, 1980, 1985, 1999; LAGING 1985, 1991²; 1992, 1999; FUNKE 1983;
FUNKE-WIENEKE 1998; TREBELS 1983; 1994; HILDEBRANDT 1998) und
den neueren Lehrplanentwicklungen, die von einem Lernbereich, Erfahrungs- und
Lernfeld oder Bewegungsfeld Turnen sprechen (z. B. Bayern, Niedersachsen, Hessen oder NRW), kann ein breiter Konsens für die Schulpraxis über ein vielseitiges,
formgebundenes **und** -ungebundenes, freies, erlebnisorientiertes und an Bewe-
gungs- und Körpererfahrungen orientiertes Turnen angenommen werden.[4] Eine
Erweiterung erfährt dieser Konsens durch eine bildungstheoretische Fundierung,
wie sie ROSCHER und POTT-KLINDWORTH (2006) vorgenommen haben.
Dort wird ähnlich wie in diesem Beitrag von grundlegenden Bewegungsthemen an
Geräten (z. B. Balancieren, Schwingen und Schaukeln) ausgegangen, die es als
Phänomene zu deuten gilt.

Im Folgenden werden zunächst die aktuellen turndidaktischen Konzepte skizziert.
Im Anschluss daran wird ein Vermittlungskonzept auf der Basis von grundlegenden
Bewegungstätigkeiten an Turngeräten für die Praxis entwickelt. Es folgen abschlie-
ßend praktische Beispiele, die das Vermittlungskonzept veranschaulichen.

2. Turndidaktische Konzepte

Die in den letzten Jahren entstandenen praxisbezogenen Beispiele und konzeptio-
nellen Überlegungen sollen im Folgenden nach ihren theoretischen Bezügen systematisiert werden.[5] Dadurch werden die für die Praxis nicht unbedeutenden theoretischen Implikationen einer jeweiligen Konzeption bewusst gemacht. In die Systematik gehen solche Turnkonzeptionen ein, die sich darum bemühen, das Turnen an
Geräten aus der fertigkeitsorientierten Sackgasse herauszuführen und dies wesent-

lich an den subjektiven Erlebnis- und Deutungsmöglichkeiten von Kindern und Jugendlichen selbst festmachen. Dazu gehören derzeit die folgenden vier Konzeptionen:

1. Turnen als Entfaltung von Bedeutungsgebieten
2. Turnen als ästhetische Selbsterziehung
3. Turnen als produktives Miteinander
4. Turnen als erlebnisreiche Fertigkeitsvermittlung

2.1 Turnen als Entfaltung von Bedeutungsgebieten

Die Turnkonzeption von TREBELS ist in das dialogische Bewegungskonzept von TAMBOER (1979, 1994, jeweils mit Bezug auf GORDIJN) eingebunden. Bewegung ist in dieser anthropologischen Deutung menschlichen Bewegungshandelns die „je spezifisch-individuelle Auseinandersetzung mit einer vorgefundenen Objektwelt, die zugleich als eigener Bewegungsraum strukturiert wird. Bezugnehmen zur Welt heißt, in einen Dialog mit der Welt und den in ihr befindlichen Dingen eintreten, diese Welt als meine Bewegungswelt erschließen und – ... – eine Welt 'motorischer Bedeutungen' zu erwerben" (TREBELS 1985, 14; vgl. auch TREBELS in diesem Buch). Dahinter steht der Grundgedanke, dass Menschen in einem dialogischen Befasstsein mit den Dingen die Dinge (Geräte, Materialien, Naturgegebenheiten ...) befragen und in motorischen Antwortversuchen individuelle Bewegungslösungen hervorbringen. Dabei handeln sie sinngeleitet aufgrund von Bedeutungen, die die Dinge für sie haben. Bezugspunkt sind die Kinder mit ihren subjektiven Deutungsmöglichkeiten. Im Hinblick auf das Turnen stellt sich die Frage, „welche motorischen Bedeutungen im Bereich des Turnens für Kinder zugänglich sind und über den Unterricht eröffnet werden müssen" (TREBELS 1985, 13). In Anlehnung an den Holländer van DRIEL u. a. soll sich der Unterricht auf die turnerischen Bedeutungsgebiete Springen, Schwingen und Balancieren beziehen. Diese Turnkonzeption ist ausdrücklich in der Auseinandersetzung mit der leistungssportlichen Perfektionierung von Fertigkeiten im Bereich des Kunstturnens entstanden. Es ging darum, insbesondere für die „Nicht-Könner" im Geräteturnen die Erfahrungspotenziale zu eröffnen, die im Turnen enthalten sind, und die sich ausschließlich erst denjenigen erschließen, die das Geräteturnen auf einem höheren Niveau beherrschen. Eine Strukturierung des Turnens sollte daher nicht nach biomechanischen Merkmalen der äußeren Bewegungsform – wie dies in der klassischen Geräteturnmethodik üblich ist – geschehen, sondern nach subjektiv zu erschließenden Bedeutungsgebieten. Turnen unterrichten heißt dann: Bewegungsarrangements und Lernvorschläge so zu konzipieren, dass diese zentralen Bewegungsbedeutungen erfasst werden können. Auf diese Weise werden für die Mehrzahl der Schüler turnerische Bewegungserfahrungen zugänglich, die ja für den „Könner" das Turnen so attraktiv machen.

Entsprechend geht es bei der Vermittlung nicht um die Abbildung vorgefundener „Turnübungen", sondern um das jeweils mit eigener Bedeutung belegte Springen,

Schwingen und Balancieren an Geräten. Damit verändert sich die Blickrichtung des Lehrers bzw. der Lehrerin von den einzelnen Fertigkeiten an den Geräten auf die drei Bedeutungsgebiete. Die Öffnung der Sache für subjektiv unterschiedliches Bewegungshandeln an Geräten ist zwingend mit einer am Subjekt orientierten Vermittlung verbunden. TREBELS (1985) bezieht das problemorientierte Unterrichten auf das dialogische Handeln in der Auseinandersetzung mit den Bewegungsarrangements und den Lernvorschlägen.

In Anlehnung an WAGENSCHEIN (1980) lässt sich mit dieser turndidaktischen Konzeption das Staunen an der Sache betonen. Die Kinder entdecken in den Bewegungssituationen Fragen und Probleme, die sie zugleich auffordern, nach Lösungen zu suchen, die Sache lehrt, der Lehrer bzw. die Lehrerin tritt als Anwalt des Problems auf, der Schüler bzw. die Schülerin folgt der Sache, der bzw. die Lehrende hilft bei individuellen Bewegungslösungen.

2.2 Turnen als ästhetische Selbsterziehung

Im Kern dieser turndidaktischen Konzeption von FUNKE (1990) geht es um subjektorientierte schöpferische Bewegungshandlungen. Turnen an Geräten enthält in seinem didaktischen Entwurf etwas Nicht-Nützliches, Überflüssiges – es dominiert das Spielerische des Turnens. Hier ließe sich das Turnen deutlich von anderen Sportarten unterscheiden, die Nützliches (wie: Schwimmen können, Abwägung von Ziel-Mittel-Relationen) und sportive Momente (wie: Sich-vergleichen im Wettbewerb mit messbaren Leistungen) weit besser repräsentieren als das Turnen, das diesem Versportlichungsprozess unterzogen wird: „... Aber Hand- und Kopfstehen? Das ist im Alltag gar nicht von Nutzen. Als Umkehr alltäglichen Sich-Bewegens birgt es sogar revolutionäre Aspekte, weil man damit ausbricht aus der Konvention anständigen Betragens. Also es ist schlicht eine Zumutung an jedes die Zwecke berücksichtigendes Denken. Versöhnlich gesehen ist es die Zumutung des sinnlich Schönen, die nichts will als sich selbst und das Gefallen als Regung im anderen. Haben wir Grund, diese, die ästhetische Deutung des Turnens anzunehmen?" (FUNKE 1989, 179). Diese Frage beantwortet FUNKE mit einem Exkurs auf das SCHILLER'sche Wort vom spielenden Menschen, der nur dort ganz Mensch ist, wo er spielt. Das ästhetische Bewegungsspiel an Geräten erweist sich in dieser Betrachtung als schöpferisch, das die feste Form eines rein technisch und regelhaft verstandenen kanonischen Kunst-Turnens überschreitet. Dem Turnen ist es eigen – so FUNKE –, das Sich-Bewegen an Geräten gerade nicht – wie dies im versportlichten Gerätturnen geschieht – von einem bestimmten Zweck, den physischen und moralischen Nötigungen der Gesetze des Daseins zu verstehen, sondern von dem Frei-Sein von diesen Zwängen her zu begreifen. Das ästhetische Spiel ist im Sinne SCHILLERs etwas Drittes, das den Widerstreit zwischen reiner Verzweckung und bloßer Sinnlichkeit zu überwinden sucht. Die Möglichkeiten der Bewegungsgestaltung an Geräten kann daher als ästhetisches Bewegungsspiel verstanden werden. Der Blick richtet sich auf das Subjekt, denn in einer dialogischen Auseinandersetzung mit diesem ästhetischen Sinn des Turnens wird so etwas wie eine Selbsterziehung eröffnet. Passend zu den modernen ästhetischen Theorien, die (ähnlich dem SCHILLER'schen Verständnis) keinen kanonischen Kunstbegriff verwenden und nicht die Produkte, sondern vor allem den spielerischen Prozess des Hervorbringens betonen, kann hier von der erfinderischen Suche nach Ästhetik im erfüllten Bewegungsdialog gesprochen werden.

2.3 Turnen als produktives Miteinander

Das Beispiel steht für das Grundprinzip „Miteinander-Turnen". BRUCKMANN hat in ihrem Konzept des so genannten freien Turnens das Partner- und Gruppenturnen als mittlerweile festen Bestandteil sowohl das Vereins- als auch des Schulturnens etabliert, und dies immer in sehr engem Kontakt zum Deutschen Turnerbund (DTB), mit dem Erfolg, hier eine ständige Veränderung nicht nur anzumahnen, sondern auch praktisch zu realisieren. Ihre Turnkonzeption ist nicht gegen das Individuelle der Individualsportart Gerätturnen gerichtet, sondern sie betont und stärkt das Kooperative des Turnens an Geräten. Die über das übliche Maß der gegenseitigen Hilfe beim Auf- und Abbauen der Geräte, bei der Bewegungskorrektur, beim Lernen und Üben hinausgehenden und von BRUCKMANN auf hohem Niveau entwickelten Möglichkeiten können mit „Partnerübungen an Geräten und Gerätekombinationen, Darstellen und Vortragen von Gruppengestaltungen sowie Gruppenwettbewerbe" (BRUCKMANN 1992, 16) beschrieben werden. Das pädagogisch Bedeutsame des Kooperativen wird in der Selbstverwirklichung, Ich-Stärkung, Sozialerfahrung, Selbsterfahrung und Gemeinschaftsgebundenheit durch und in der Gruppe gesehen. Indem Aufgaben zum Miteinanderturnen selbstständig zu lösen sind, müssen die Übenden sich Fertigkeiten und Fähigkeiten aneignen, ohne die eine Gruppenarbeit nicht möglich ist. Der theoretische Hintergrund wird hier auf rollentheoretischer Basis zum sozialen Lernen entfaltet: sich in andere hineinversetzen, die anderen als anders erfahren, Toleranz und Distanz im Sich-Einlassen auf das Gemeinsame sind wesentliche Punkte der pädagogischen Begründung von BRUCKMANN für ihre Konzeption des Miteinanderturnens.

Als wesentliche Aktionsformen für das Partner- und Gruppenturnen entwickelt BRUCKMANN das Anwenden, Experimentieren/Finden und Gestalten. Erst hierdurch wird es möglich, das Kooperative überhaupt zur Geltung kommen zu lassen. Mit dem Anwenden ist gemeint, bereits Gekonntes in neue bzw. andere Situationen zu bringen und es hier den jeweiligen Bedingungen anzupassen. „Experimentieren und Finden zielen ab auf das Entdecken und Erproben von Bewegungsmöglichkeiten in der Auseinandersetzung von Gerät, Körper, Bewegung und Partner" (BRUCKMANN 1992, 20).

In der gemeinsamen Arbeit von Partnern oder Gruppen sollen durch eigene Phantasie neue Bewegungsmöglichkeiten erschlossen werden. Mit Gestaltung verbindet BRUCKMANN (1992, 21) sowohl das *produktive Gestalten* als eine kreative Handlung für das Zusammenfügen, Verändern oder Ergänzen von vorhandenen

Bewegungsformen oder -verbindungen als auch das *Nachgestalten* im Sinne der Nachbearbeitung von vorgegebenen Gruppenübungen oder Choreographien. Das Erste verlangt eine hohe kreative Tätigkeit, das Letztere eine eher geringe. Entsprechend spielt das kreative Moment in der Konzeption von BRUCKMANN eine große Rolle: „Beim kreativen Produkt oder kreativen Weg geht es nicht um das objektiv, sondern um das jeweils subjektiv Neue, Andere. Bezugspunkt für das Kriterium 'neu' und damit für eine Leistung im kreativen Sinne ist somit ausschließlich die Erfahrungswelt des einzelnen Übenden oder der Gruppe" (BRUCKMANN 1992, 22).

2.4 Turnen als erlebnisreiche Fertigkeitsvermittlung

Das Beispiel von HERRMANN (1994[2]) steht für die vielen Bemühungen, das fertigkeitsorientierte Turnen interessant und erlebnisreich zugestalten. Dazu gehören neben der Musik vor allem Gerätekombinationen, Hinternisturnen, Üben mit vielen Abpolsterungen oder Turnen in Verbindung mit dem Mini-Trampolin. Ziel bleibt aber, die turnerisch-sportlichen Fertigkeiten zu verbessern. Zum Beispiel sollen mit Hilfe von Musik das turnerische Üben verbessert, der Bewegungsrhythmus gefördert und die einzelnen Phasen des Bewegungsablaufs gelernt werden (HERRMANN 1994[2], 108). Überall dort, wo das leistungsbezogene Turnen für Kinder und Jugendliche unerreichbar und uninteressant geworden ist, wird ein freies, aber immer noch an Fertigkeiten orientiertes Turnen eine Bereicherung darstellen. Dabei geht es darum, von der Schulung der allgemeinmotorischen Voraussetzungen über ein vielseitiges Erproben an Geräten und dem Turnen über Hindernisbahnen zu den normierten Fertigkeiten zu gelangen. Hierfür lassen sich eine Reihe von Belegen finden; ich will nur einen anführen: „Die Kunstturnerinnen und Kunstturner zeigen uns, wie man diese Geräte 'bearbeiten' und auf verschiedenste Weise 'überwinden' kann. Bis zum Erreichen des Trainingsalters muß jedoch die Basis für Erlangen eines gewissen Leistungsniveaus geschaffen werden. Ist diese Basis geschaffen, freut sich jeder Übungsleiter und Trainer (auch anderer Sportarten) auf das weitere Zusammenarbeiten mit den Jungsportlern" (SCHALL 1994, 77).

Das sich hier zeigende Anliegen steht in enger Verbindung zum Verbands- und Vereinsturnen. Der DTB und seine Landesverbände sowie die Vereine sind in den letzten Jahren sehr interessiert daran, das Gerätturnen lebendig zu halten. Bedroht durch mangelnden Nachwuchs im Wettkampfbereich versuchen der DTB und die Turnerjugend das fertigkeitsorientierte Turnen neu einzukleiden und die entsprechenden „Basisqualifikationen" für spätere Beteiligungen am Wettkampfbetrieb zu schaffen.

2.5 Turnen im Kontext von Erziehung

Soweit zur Situation derzeitiger turndidaktischer Konzeptionen. Trotz ihrer unterschiedlichen Akzente lassen sie sich doch auf ein gemeinsames Anliegen zurückführen (wobei dies bei der vierten Konzeption nur in Grenzen zutrifft): Es geht darum, den Gegenstand Turnen für subjektive und selbstinitiierte Bewegungsdialoge zu öffnen, ihn in Selbsterprobungen, soziale Kontexte und schöpferische Handlungen zu stellen und dafür Gerätewelten zur Vermittlung individueller oder vorgegebener Bewegungsformen als interessante Herausforderungen zu entwickeln. Aber weit wichtiger ist der damit verbundene erzieherische Anspruch an das Turnen, genauer an die erzieherische Inszenierung des Turnens.

Ohne hier die erzieherische Bedeutung des Turnens bis zur Hinwendung zum Sport[6] und heutigen Einbettung des Turnens in eine bewegungspädagogische Auffassung (vgl. z. B. GRÖSSING 1993; FUNKE-WIENEKE 2004) zu diskutieren, kann davon ausgegangen werden, dass das erzieherische Potenzial des Turnens an Geräten für die sportpädagogische Diskussion eine besondere Herausforderung darstellt. Mit der Versportung von Leibesübungen in der Schule ist zwar die erzieherische Dimension von Sportunterricht und Schulsport in den Hintergrund getreten (vgl. DIETRICH/LANDAU 1991), gleichwohl zeigt sich aber an der Diskussion um einen erziehenden Sportunterricht (vgl. BALZ/NEUMANN in diesem Buch) im Allgemeinen und im Turnen in Form eines vielfältigen Gestaltens, Spielens und Bewegens an Geräten im Besonderen (vgl. TREBELS 1985; FUNKE-WIENEKE 1992, 1995, 1998), wie bedeutsam die erzieherischen Erwartungen an den Sport und das Turnen sind. Gefragt werden soll nach dem heutigen erzieherischen Anspruch des Turnens, damit dieser nicht durch die heimliche Disziplinierung des Körpers in Form des normorientierten Gerätturnens mit seinen Haltungs- und Ordnungsvorschriften dominiert wird.

Im Sinne des erziehenden Unterrichts ist Turnen ein Gegenstand, zu dem der Lernende sein Selbstverhältnis durch den Erwerb eines für ihn elementaren und subjektiven Könnens an Geräten in einer schöpferisch und dialogisch orientierten Auseinandersetzung mit den so arrangierten Turngelegenheiten klärt. Darüber hinaus gehört zum erziehenden Unterricht die sozialleibliche Verständigung mit den anderen über die eigene Bewegungskunst und die so arrangierte Bewegungssituation an und mit Geräten. Beide Vermittlungsleistungen sind als Einheit zu sehen, an deren Ende ein eigener selbstbestimmter und bewegungsbezogener Umgang mit den Geräten im Sinne von sachorientierter Welterfahrung **und** leiblicher Bewegungshandlung steht.

In diesem Verständnis stelle ich das Turnen in der Schule in den Kontext eines auf Selbstbestimmung und Selbsterziehung angelegten erziehenden Sportunterrichts. Die körperdisziplinierende Erziehungsnorm der Unterwerfung unter eine Technikvorschrift mit Ordnungs- und Haltungsangaben ist erzieherisch nicht mehr begründbar. Die erzieherischen Vorstellungen der dargestellten Konzepte und der im Folgenden zu entwickelnden Vermittlungskonzeption sind auf subjektive Bedeutungsauslegung, schöpferische und soziale Gestaltung, Selbstauseinandersetzung mit geschaffenen Gerätewelten und erlebnisorientierte Einübung von Bewegungsfertigkeiten angelegt. Ihr erzieherischer Anspruch ist auf Selbstbestimmung und Mitgestaltung gerichtet. Die Frage ist also nicht, ob Handstützüberschläge sinnvoll und richtig sind, sondern in welchem erzieherischen Kontext diese Form geübt und gestaltet wird.

3. Vorschläge zur Vermittlung im erfahrungsoffenen Turnunterricht

Die bisherigen didaktischen Konzepte zum Turnen stellen die Bewegungsvielfalt, die schöpferische Gestaltung, die phantasiereiche Kombination von Turnkunststücken und die Wahrnehmung von Turngelegenheiten und mit den hier „eingelagerten" Bedeutungen (Springen, Balancieren und Schwingen) in den Mittelpunkt ihrer Überlegungen. In diesen Kontext ist auch das im Folgenden vorzustellende Vermittlungskonzept einzuordnen. Es geht von den denkbaren Grundtätigkeiten an Turngeräten aus, die Geräte bilden die Gelegenheiten zum Sich-Bewegen. Zur Einführung in die Vermittlungskonzeption wird zunächst ein Unterrichtsbeispiel zum Thema „Sich-Drehen" gegeben (vgl. LAGING 1991[2], 54):

Die Gerätearrangements beinhalten einen „Turnhügel" mit zwei schiefen Ebenen, zwei vor einer Sprossenwand hintereinander gestellte Stufenbarren mit eingebauter Mattenschräge als „Drehstangen-Gerät" und ein Reck mit drei Stangen als „Dreierreck". An allen drei „Geräten" ist es möglich, durch eine erhöhte Ausgangsstellung den Körperschwerpunkt für die Bewegung vorteilhaft einzusetzen. Der Aufbau soll das „Sich-Drehen" um feste Stangen oder auf festen Unterlagen nahelegen.

Für den Aufbau wird ein Plan erstellt, der die Schülerinnen und Schüler in die Lage versetzt, die Geräte in eigener Regie aufzubauen. Zuvor muss noch geklärt werden, wo welche Station in der Halle ihren Platz findet. Die Aufgabe heißt für alle: Bewegungslösungen zum 'Auf- und Ab-Rollen' und 'Sich auf eine Stange hoch- und wieder herunterdrehen' zu finden. Jede Gruppe experimentiert zunächst an der eigenen Station und wechselt dann zu den anderen Stationen. Der Aufbau dieser Stunde enthält beispielsweise viele Möglichkeiten, sich durch Ab- und Hochdrehen bzw. Hochrollen und Herunterrollen von einer niedrigeren in eine höhere Position oder umgekehrt zu bringen. Einige Bewegungslösungen sollen kurz genannt werden:

Turnhügel
– den Hügel von einer Seite zur anderen überrollen (vorwärts, rückwärts, seitwärts),
– von der Mitte des Hügels seitwärts mit angehockten Beinen wie eine Kugel rollen,
– von der Mitte des Hügels seitwärts gestreckt wie ein Baumstamm rollen.

Drehstangen
Hier entstehen vor allem Kombinationen aus dem Auf- und Abdrehen und Bergab- oder Bergaufrollen. Dazu ein Beispiel: Griff am hohen Holm vor der Sprossenwand, an der Sprossenwand hochlaufen und in den Stütz drehen, Abschwingen in den Stand auf der Mattenschräge, halbe Drehung, Griff am 2. hohen Holm und Hinaufdrehen mit Abdruck vom niedrigen Holm …

Dreierreck

Am Dreierreck kann man sich von Stange zu Stange hochdrehen und wieder herabdrehen, beispielsweise so: Strecksitz auf dem Boden, hinaufdrehen auf die unterste Stange und Schwung zum Stand auf die unterste Stange. Mit Griff an der mittleren Stange hinaufdrehen und wie zuvor Stand auf der mittleren Stange mit Griff an der oberen Stange …

Turngeräte fordern auf, sprechen an und eröffnen Möglichkeiten für eigene Bewegungshandlungen. Um sich ansprechen und herausfordern zu lassen, müssen Geräte interessant, bewegungsanregend, kreativ und vielfältig arrangiert werden. Das obige Beispiel zeigt, wie aufgrund des Arrangements Bewegungsabsichten für die Schülerinnen und Schüler erschließbar werden. In dieser Konzeption geht es um das Schaffen von Turngelegenheiten zum Erkunden, Erfassen, Üben und Gestalten. Die arrangierten Turngelegenheiten sollen zur selbsttätigen Auseinandersetzung mit den Geräten unter verschiedenen Perspektiven anregen. Es wird versucht – im Rahmen eines erfahrungsoffenen erziehenden Sportunterrichts – den bisher sichtbaren Graben zwischen einem erkundenden und erfinderischen Turnen einerseits und einem zielorientierten, dem Üben bzw. Lernen und Gestalten verpflichteten Turnen andererseits durch das Arrangieren interessanter und auffordernder Gerätesituationen zu überwinden.

Orientierungspunkte dieser Konzeption sind Grundtätigkeiten, wie sie GAULHOFER/STREICHER (1927; 1949) in der reformpädagogischen Zeit der zwanziger Jahre zum „Natürlichen Turnen" eingeführt haben: Springen, Hüpfen, Laufen, Schwingen, Rollen, Kriechen, Klettern, Balancieren usw. Eine an solchen Tätigkeiten orientierte didaktische und methodische Strukturierung schafft Offenheit; Bedeutungsmöglichkeiten von Gerät und Bewegung im Sinne einer subjektorientierten Auslegung bleiben erhalten.

Analysiert man denkbare raumorientierte Bewegungen in Abhängigkeit von turntypischen Gerätekonstellationen im Bewegungsleben der Kinder, so lassen sich die Vielzahl der möglichen Grundtätigkeiten mindestens zu vier deutungsreichen Bewegungsgruppen zusammenfassen: Drehen und Rollen, Springen und Überschlagen, Schwingen und Schaukeln sowie Balancieren und Klettern (vgl. Abb. 1).[7]

---

1. Drehen und Rollen:

Hier geht es um Erfahrungen der Teil- und Ganzrotation des Körpers um feste, annähernd feste und momentane Drehachsen.

2. Springen / Schweben und Überschlagen

Hier geht es um Erfahrungen des Sich-Lösens und Losbleibens vom Boden oder von Geräten zur Überwindung von Hoch-Weit-Distanzen, zur Fortsetzung von mitgenommenen Drehungen (freie Drehachsen) mit oder ohne Aufstützen der Hände.

3. Schwingen und Schaukeln

Hier geht es um Erfahrungen, sich an oder mit Geräten hängend, stützend oder sitzend hin und her zu bewegen, dabei durch eigene und/oder fremde Energie in Schwung zu kommen, den Schwung zu vergrößern, den Schwung zu erhalten und den Schwung zu variieren.

4. Balancieren und Klettern

Hier geht es um Erfahrungen zwischen Gleichgewicht-Verlieren und Gleichgewicht-Wiederherstellen im Stehen, Gehen, Laufen, Hüpfen, Steigen oder Klimmen auf schmalen oder breiten, festen oder wackeligen, hohen oder niedrigen Flächen in horizontaler und vertikaler Bewegungsrichtung.

Abb. 1 Die Bewegungsgruppen des Turnens

Diese vier Bewegungsgruppen systematisieren die grundlegenden Lern- und Erfahrungsmöglichkeiten des Turnens. Die Auswahl der Themen für den Turnunterricht bezieht sich auf diese Form der didaktischen Strukturierung der Inhalte.

Diese inhaltliche Orientierung an Grundtätigkeiten ist mit einer methodischen Orientierung am problemorientierten Lehren und Lernen verknüpft. Am Anfang steht dabei das Staunen: „Es muß eine die Spontaneität des Lernenden herausfordernde Staunensfrage sein, die dem 'Leben' möglichst nahe stehen sollte" (WAGENSCHEIN 1980, 225). Im Gegensatz zu kognitiven Lernprozessen liegt hier das Staunen in der Bewegung selbst, in der leiblich-sinnlichen Existenz. Das Staunen wird über die Bewegungssituation, im Turnen in Form von Gerätearrangements, erzeugt. Den Schülerinnen und Schülern können Geräte zum „freien Erkunden" angeboten oder „Bewegungsabsichten" vorgeschlagen werden, um eine Auseinandersetzung mit den Geräten zu initiieren. Die in den Bewegungssituationen enthaltenen motorischen Bedeutungen des Turnens sollen die Schülerinnen und Schüler damit handelnd erfassen. Das Einlassen auf die Geräte bringt die im Bewegen auftretenden Bewegungsprobleme hervor: „Im Vollzug der Bewegung muß der Schüler sich mit den Gegebenheiten der Geräte und mit den Gegebenheiten seiner leiblichen Bewegungsmöglichkeiten auseinandersetzen. Sich-bewegend erfährt er die Eigengesetzlichkeiten des Gerätes (...) wie auch die unmittelbaren Rückwirkungen auf den eigenen Leib und die für ihn verfügbaren Handlungsspielräume . . . Die Einheit von Bewegungsumwelt und Bewegungsleib konstituiert den 'Gegenstand', das Bewegungsproblem" (TREBELS 1985, 19).

Die gefundenen Bewegungslösungen können je nach individueller Bedeutung recht unterschiedlich sein; sie müssen als „gültig" und „richtig" zugelassen werden. Auf dem Weg zu einer subjektiv befriedigenden Bewegungslösung kann der Lehrer bzw. die Lehrerin über **„Lernvorschläge"** die Aufmerksamkeit der Lernenden lenken und helfen, bisherige Lösungen zu differenzieren und zu spezialisieren. Dabei werden turntypische Bewegungsformen gelernt, die den Bewegungslösungen der Schülerinnen und Schüler entsprechen. Das nun gewonnene Bewegungskönnen schafft die Voraussetzung dafür, Bewegungen und Geräte auf einem anderen Niveau durch **„erfinderisches Gestalten"** neu zu kombinieren und zu variieren: Gekonntes wird zusammengefügt, mit neuen Bedeutungen belegt und als Lernergebnis den anderen präsentiert.

Damit sind die vier methodischen Stufen des Konzepts benannt: **Erkunden**, Bewegungsabsichten **erfassen**, sich mit Lernvorschlägen **übend** auseinandersetzen und das Erprobte **gestalten**. Mit Hilfe dieser vier Vermittlungsformen wird den Schülerinnen und Schülern die Breite der Erfahrungsmöglichkeiten des Turnens angeboten. Sie stellen zugleich eine Lernabfolge für einen „Lehr-Gang" Turnen dar. Damit werden unterschiedlich stark strukturierte Bewegungssituationen zwischen Offenheit und Eindeutigkeit, Selbstständigkeit und Lenkung sowie Handeln und Reflexion (BRODTMANN/LANDAU 1982, 20) möglich.

4. Ein Beispiel aus der Praxis: Springen und Überschlagen[8]

Die dargelegte Vermittlungskonzeption soll nun an einem Beispiel aus der Bewegungsgruppe des *„Springens und Überschlagens"* erläutert werden.

4.1 Ein möglicher Einstieg: Geräte vorschlagen und erkunden

Die Lehrperson konfrontiert die Schülerinnen und Schüler mit der Frage: „Was ist denn eigentlich Turnen?" Durch diese Frage wird Selbstverständliches auf einmal fragwürdig. Die Lernenden äußern sich erfahrungsgemäß an den einzelnen Geräten orientiert: „An dem Ding da mit den zwei Stangen stützen"; „Über einen Bock springen"; „An den Tauen schwingen". Oder manchmal auch: „Handstand", „Rad", „Salto". Hier sollten die Schülerinnen und Schüler ermutigt werden, weitere Vorstellungen zu nennen. Anschließend kann weiter nach den Vorlieben der einzelnen Kinder gefragt werden. „Was turnt Ihr gerne, welches sind Eure Lieblingsgeräte?" Aus dem Gespräch sollte eine erste Strukturierung durch die Lehrperson erfolgen. Dadurch können ähnliche Wünsche zusammengefasst und Gruppierungen vorgenommen werden. Vielfach handelt es sich einfach um Gerätebezeichnungen: „Bock", „Barren", „Reck", „Ringe" usw. Bevor die einzelnen Gruppen nach und nach mit ihren Bewegungserprobungen beginnen, weist die Lehrperson darauf hin, dass zwar alles ausprobiert werden kann, aber keine risikoreichen Kunststücke ohne Hilfe der Lehrperson versucht werden dürfen. Bis auf wenige Schülerinnen und Schüler halten sich meist alle an diese Absprache. Für risikofreudige Schülerinnen und Schüler muss die Lehrperson eine besondere Aufmerksamkeit haben. Beliebt sind vor allem Sprunggeräte (Kasten/Bock) und Ringe. Hinweise auf die Sicherheitsregeln müssen besonders für das Springen gegeben werden, da hier das gute Fluggefühl zu immer risikoreicheren Sprüngen führt (z. B. Salto vom Bock in die Weichmatte). Meist lassen sich Bewegungen beobachten, wie sie beispielhaft für das Bockspringen im Folgenden aufgeführt sind (vgl. Abb. 2):

– Federn auf dem Sprungbrett mit Aufstützen der Hände (1),
– Aufhocken (2),
– Grätsche und Hocke über den Bock,
– Aufspringen – Abspringen (3),
– „Salto" vorwärts über den Bock mit Aufstützen der Hände (4),
– „Salto" vorwärts aus dem Stand vom Bock in die Weichbodenmatte und
– Freier Sprung über den Bock (5).

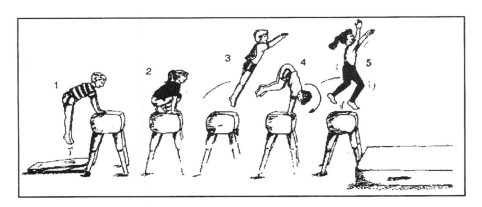

Abb. 2 Bewegungsideen am Bock

Nach ca. 10–15 Minuten versammeln sich die Schülerinnen und Schüler nach Aufforderung zu einem Gespräch. Dieses Gespräch hat die Funktion, sich über die gefundenen Bewegungsmöglichkeiten auszutauschen. Je nachdem, was mit den Schülerinnen und Schülern vereinbart wird, erfolgt mit oder ohne Wechsel der Geräte eine längere Bewegungszeit.

4.2 Bewegungsabsichten erfassen: z. B. „Fliegen"

Die während der Erkundungsstunde gemachten Erfahrungen können nun vertiefend und erweiternd aufgegriffen werden. Mit dem Springen ist immer die Phantasie eines Sich-Lösens vom Boden, eines Frei-in-der-Luft-Seins verbunden. Um diese Phantasie geht es nun, wenn die Bewegungsabsicht „Fliegen" in den Horizont der Schülerinnen und Schüler gebracht wird.

Bereits zu Beginn der Stunde baut die Lehrperson einen Sprunghügel mit einigen Schülerinnen und Schülern auf, die bereits umgezogen sind. Allerdings wird statt des Mini-Tramps ein Kasten mit halber Höhe davor gestellt (Abb. 3). Die nach und nach in die Halle kommenden Schülerinnen und Schüler werden in das „Lauf-Programm" der Lehrperson einbezogen. Dabei führen die Wege immer wieder und von allen Seiten über den Sprunghügel. Dies muss nicht so geschehen, dass alle hintereinander laufen, sondern der Sprunghügel kann auch von beiden Seiten oder gar von allen vier Seiten genutzt werden.

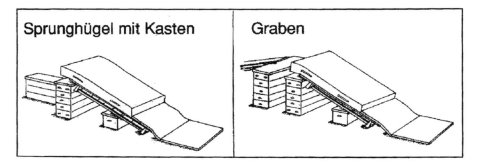

Abb. 3. Sprunghügel zum Aufwärmen

Weitere Variationen lassen sich durch einen kleinen Umbau erreichen: der große Kasten vor dem Sprunghügel wird komplettiert und mit einer Bank versehen. Zwischen beiden Kästen entsteht ein „Graben". Dieser muss übersprungen werden. So entstehen erste Bewegungsformen mit der Absicht „Fliegen". Die Weite des Grabens muss auf die individuelle Situation der Schülerinnen und Schüler eingestellt werden.

Der Aufbau der drei anderen Stationen und die Ergänzung des Sprunghügels mit einem Mini-Tramp wird in einer gemeinsamen Versammlung mit Hilfe des Aufbauplans (Abb. 4) besprochen. Falls die Halle und das Interesse der Lernenden es zulassen, sollten alle vier Stationen aufgebaut werden. Andernfalls müssten weniger Stationen aufgebaut und entsprechend größere Gruppen gebildet werden. Die folgende Beschreibung ist am Idealfall der vier Sprung- und Flugstationen orientiert.

Sobald die Gerätearrangements stehen und auf Absicherung überprüft sind, werden in einer kurzen Zusammenkunft die „Sprung- und Flugstationen" zum selbstständigen und freien Ausprobieren angeboten. Die Erprobungsphase sollte nicht länger als 5 bis 10 Minuten dauern. Sie dient vor allem dazu, dem ersten Bewegungsinteresse nachzukommen und dem Ziel, dass sich die Schülerinnen und Schüler in der Bewegung mit den Geräten vertraut machen können.

In einem Gespräch werden die Sprungerfahrungen der Schülerinnen und Schüler kurz thematisiert: *„Die Sprunghilfen haben Federeigenschaften, die helfen, vom Boden abzuheben und hoch und weit zu fliegen. Man kann aber auch von oben auf den Boden springen und dabei durch die Luft fliegen".* So oder ähnlich kann die Bewegungsabsicht „Fliegen", verknüpft mit den Erfahrungen der Schülerinnen und Schüler, veranschaulicht werden.

Daraus folgt die Aufgabe, in vier Gruppen die schönsten „Flugerlebnisse" an den Geräten zu suchen und aufzuschreiben / oder aufzumalen. Das Plakat bleibt an den Stationen liegen. Beim Gruppenwechsel probieren die neuen Gruppen die Vorschläge der anderen aus, bestätigen und ergänzen die Liste der „schönsten Flugerlebnisse". Die Gruppen sollten sich durch Zuordnung zu den Stationen bilden. Damit wird die „Erst-Motivation" in Verbindung mit Freundschaft zum Entscheidungskriterium für den Bewegungsdialog mit den Geräten. Probleme gibt es nur dann, wenn ein oder zwei Geräte übermäßig besetzt oder andere kaum gefragt sind. Ohne eine Gleichverteilung erreichen zu wollen, sollte unter Hinweis auf den Wechsel eine gleichmäßigere Verteilung durch die Lehrperson organisiert werden.

Die sofort beginnenden Bewegungsaktivitäten führen zu vielfältigen „Flugformen". Einige Beispiele seien hier als Anregung wiedergegeben (vgl. Abb. 4):

Gleitflug

- Absprung vom Mini-Tramp und Flug an das oder die Tau/e, Schwingen und „Abflug" zum Stand oder bei viel Schwung zum Abgleiten vorwärts mit Landung zum Sitz (Nora / Tim / Wiebke).

- Absprung vom Kasten/Pferd an das oder die Tau/e, Vorschwung und „Flug" zum Stand. Dabei kann versucht werden, das Tau immer höher zu fassen (Jonas).

- Wie oben, aber mit Hin-und-Her-Pendeln, um sich bei Stillstand in der Mitte „fallen" zu lassen.

- Anlauf mit Griff am Tau, Absprung von der Weichmatte und „Flug" auf den Kasten / das Pferd. Achtung: den Abstand zum Kasten beachten!

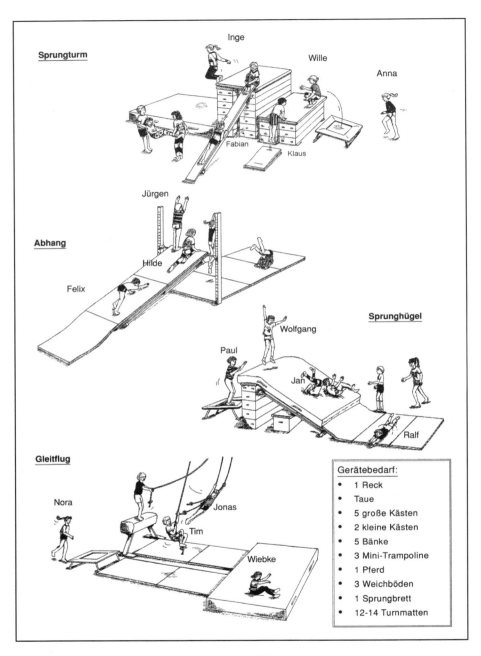

Abb. 4 Aufbauplan und Bewegungsbeispiele zum Fliegen

Abhang

Die Schräge hochlaufen/hochkrabbeln (Felix) und von oben aus der Hockstellung (Hilde) oder dem Stand (Jürgen) abspringen. Je nachdem, ob eine Weich- oder Turnmatte ausliegt, treten unterschiedliche Formen auf: Sprünge mit gestrecktem Körper, „laufenden" Beinen, „fliegenden" Armen, halben oder ganzen Drehungen. Manchmal wollen einige Schülerinnen und Schüler auch einen Salto springen. Dies sollte nur mit Hilfestellung durch die Lehrperson zugelassen sein. Weiterhin zeigen viele Schülerinnen und Schüler die oben beschriebenen Formen auch synchron mit anderen.

Sprungturm

- Auf die niedrige Plattform mit Hilfe des Sprungbrettes und des Mini-Trampolins (Anna) in den Hock- oder Kniestand (Wille) springen. Auf den Sprunghilfen kann auch mehrfach gefedert werden, wobei die Hände auf die Plattform aufsetzen (Klaus).
- Auf die hohe Plattform klettern, über die erste Plattform oder über die Bank (Fabian).
- Von der niedrigen Plattform herunterspringen.
- Von der hohen Plattform aus dem Stand oder Sitz abspringen (Inge).
- Abspringen mit Partner.
- Absprung mit Partnerhilfe (Handfassung) von unten. Viele Bewegungen sind davon abhängig, ob die Landefläche mit einer Weichmatte ausgelegt ist.

Sprunghügel

- Absprung vom Mini-Trampolin (auch nach mehrmaligem Federn) und „Flug" zum Aufhocken / Aufknien / Stehen (Paul / Wolfgang) auf dem Hügel, (Flug-)-Rollen nach unten (Jan).
- Absprung und Flug-Rolle auf den Hügel, manchmal auch als Salto („Rolle" ohne Aufstützen der Hände).
- Absprung und Flug in die gestreckte Seitenlage; seitwärts herunterrollen (Ralf).
- Sprung in den Stand.

Nach dem letzten Wechsel treffen sich alle im Sitzkreis. Die Lehrperson legt die Plakate mit den „schönsten Flugerlebnissen" in die Mitte des Kreises. Die Vorschläge werden von denen vorgelesen, die sie entwickelt oder aufgeschrieben haben. Wo die Bewegungsform unklar ist, wird sie vorgezeigt. Das Gespräch sollte das gemeinsame Erlebnis aller Sprünge (sofern sich dies aus den Formen „heraus-lesen" lässt) in den Mittelpunkt rücken, um die Bewegungsabsicht „Fliegen" und damit das subjektive Erlebnis beschreibbar zu machen: *„Fliegen ist das Abheben vom Boden und Frei-Sein in der Luft. Man kann von hier nach da, von oben nach unten und von unten nach oben fliegen. Weil wir aber so schwer sind, können wir nur ganz kurze Zeit fliegen. Nur mit Sprunghilfen und kräftigem Absprung können* *wir noch etwas länger in der Luft bleiben. Manchmal lassen sich in der Luft noch viele andere Bewegungen ausführen, z. B. wenn wir kopfüber sind (Aufrollen, Salto, Überschlagen)."*

Damit werden zugleich die Grenzen und Möglichkeiten des menschlichen Traums vom Fliegen deutlich, aber auch, wie trotz dieses kurzen Erlebnisses eine nachhaltige subjektive Erfahrung bleibt, die diese Bewegungsabsicht auszeichnet. An diesen Gedanken lassen sich auch Entscheidungen für eine Auswahl von Sprüngen treffen, die in weiteren Stunden mit Lernvorschlägen konkretisiert werden können.

4.3 Lernvorschläge: z. B. „Drauf und Drüber"

Nachdem das Wesentliche der allgemeinen Sprungerfahrung über die Absicht des „Fliegens" schon individuell angeeignet werden konnte, soll nun über den Lernvorschlag eine spezifische Erfahrung vermittelt werden.

Eine besonders erlebnisreiche Lösung für die Absicht „Frei-Sein" vom Boden entsteht, wenn die Flugdauer durch einen Handstütz verlängert und dabei eine begonnene Drehung fortgesetzt wird. Dieses Lösungsmuster wird durch die so genannten „Überschläge" verwirklicht.

Das einführende Gespräch soll sich zunächst auf die Sprung-Erfahrungen der Schülerinnen und Schüler beziehen: „Wie kann man besonders hoch/weit springen und fliegen?" Dabei sollte die notwendige Körperspannung herausgearbeitet werden, um deutlich zu machen, dass sonst die Wirkung der Sprunghilfen und damit der Absprung „geschluckt" wird. Im Folgenden wird den Schülerinnen und Schülern der Aufbau der drei Sprungstationen erklärt (Abb. 5). Hervorzuheben ist die Abpolsterung der Geräte durch Matten. Die Höhe der einzelnen Geräte muss dem Alter der Schülerinnen und Schüler angepasst werden. Dies kann durch die Anzahl der Kastenteile oder durch unter das Sprungbrett/MiniTramp gelegte Turnmatten (sofern diese fest sind) geschehen. Die Schülerinnen und Schüler teilen sich in drei Gruppen und entscheiden sich durch Absprache untereinander für eine der Sprungstationen. Im Verlauf der Stunde werden die Stationen gewechselt, damit alle die Lernvorschläge an allen Stationen ausprobieren können.

Nach dem Aufbau und der Sicherheitsüberprüfung beginnen die Lernenden mit der Realisierung der Lernvorschläge. Die Lehrperson bespricht dazu die einzelnen Lernvorschläge mit den Gruppen, um die Ideen verständlich zu machen. Der Lernprozess liegt dann weitgehend in der Verantwortung der Schülerinnen und Schüler. Die Lehrperson übernimmt die Aufgaben zur Hilfestellung, hier besonders am Mattenberg und am Sprungpolster. Nach und nach werden einzelne Schülerinnen und Schüler in die Hilfestellung eingewiesen. Wichtig ist, dass die Hilfestellung zwischen Absprunghilfe und Gerät aktiv ist. Die gefundenen Bewegungslösungen lassen sich beispielhaft wie folgt beschreiben:

Bewegungsvorschläge

Hinweis:

An allen Stationen ist gegenseitige Hilfestellung wichtig. Besprecht dies vorher mit Eurer Lehrerin / Eurem Lehrer!

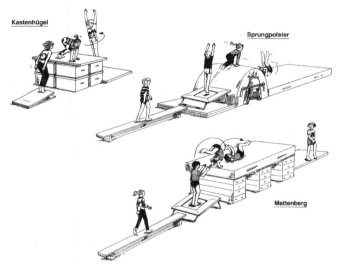

Lernvorschläge:

1. **Mit Handstütz drehen und Überschlagen**
   Laufe an, springe mit viel Spannung ab, stütze die Hand auf und überschlage / rolle Dich während des Fliegens vorwärts.

2. **Ohne Handstütz in der Luft rollen**
   Laufe an, springe mit viel Spannung ab, mache Dich klein und rolle auf oder über die Matte.
   Erst kannst Du noch die Hände dabei aufsetzen, wenn Du Dich sicher fühlst, springe ohne Handstütz.

3. **Mit Handstütz zurückdrehen auf oder über das Gerät**
   Laufe an, springe mit viel Spannung ab, stütze die Hände auf und führe die hochfliegenden Beine zurück und lande auf dem Gerät oder überspringe das Gerät!

Du kannst die 3 Lernvorschläge an allen 3 Stationen turnen.

Abb. 5 Bewegungslösungen zum Lernvorschlag „Drauf und Drüber"

Lernvorschlag 1: Mit Handstütz weiterdrehen und sich überschlagen

- Aufrollen und Weiterrollen, auch seitlich gestrecktes Aufrollen.
- Heben zum Nackenstand und Überschläge zur Rückenlage.
- Mehr oder weniger gestreckte oder gehockte Überschläge mit Handstütz.

Lernvorschlag 2: Ohne Handstütz drehen

- Rolle vorwärts auf der Matte ohne Handstütz.
- „Luftrolle" mit leichtem Aufstützen der Hände.
- Mehr oder weniger offene oder geschlossene Salto-Sprünge.

Lernvorschlag 3: Mit Handstütz zurückdrehen auf oder über das Gerät

- Aufhocken und am Ende des Gerätes abhocken.
- Überhocken am Sprungpolster.
- Sprung mit $1/2$ Drehung zum Aufsitzen / Aufknien / Aufgrätschen.
- Hockwende auf und über die Geräte.

An jeder Sprungstation wird etwa 10 Minuten geübt. Die Stationen werden nacheinander gewechselt. In einem Gespräch geht es um die Frage: „Welche Sprünge gelingen Euch gut und bei welchen habt Ihr Schwierigkeiten?" So können beispielhaft gelungene Sprünge herausgestellt und erläutert werden.

Dabei kann eine Sprunganalyse erfolgen: Anlauf, Absprung, Körperspannung, hoher erster Flug, Stütz der Arme ... Ebenso kann das zentrale Bewegungsproblem („durch einen Absprung Flughöhe gewinnen") noch einmal bewusst gemacht und nach Lösungsmöglichkeiten gesucht werden.

4.4 Gestalten: Gruppenturnen am Kasten

Alle Schülerinnen und Schüler versammeln sich zum Sitzkreis. Die Lehrperson erläutert die Idee dieser Stunde und was mit dem „erfinderischen Gestalten" gemeint ist. Die Gestaltungsperspektive für diese Stunde heißt: „In Gruppen turnen". Damit die Schülerinnen und Schüler einen Einstieg in das Thema finden, ist es sinnvoll, einen Rückblick auf vorangegangene Turnstunden mit interessanten und befriedigenden Kunststücken zu initiieren: „Welche Kunststücke habt Ihr in Erinnerung, welche turnt Ihr besonders gerne und welche würdet Ihr heute für eine Gestaltung verwenden?" Mit Hilfe eines Wandplakats oder einer Tafel können die Vorstellungen festgehalten und eine erste Auswahl von Kunststücken getroffen werden. Zum Beispiel kann daraus der Vorschlag entstehen, das Springen zum Gruppenthema zu machen (Hinauf-, Hinüber- und Hinunter-Rollen oder Springen am „Turm"). Dabei ergeben sich folgende Gestaltungsmöglichkeiten: von vier Seiten gleichzeitig oder nacheinander turnen, alle treffen sich oben (Achtung: Kreuzung!), zu allen Seiten abspringen oder abrollen usw.

Entscheidend ist – und darauf soll hingewiesen werden –, dass eine Verknüpfung der einzelnen Bewegungsaktionen erfolgt: die Bewegungskombination wird erst durch das Zusammenwirken möglich bzw. sinnvoll. Als Gestaltungshilfen können den Schülerinnen und Schülern folgende Hinweise gegeben werden:

1. Bewegungen können sich wie ein Schneeball oder eine Lawine fortpflanzen.
2. Eine Bewegungsaktion ist nur durch Mithilfe anderer möglich.
3. Alle turnen gleichzeitig dieselben oder unterschiedliche Kunststücke an einem Gerät oder im Raum an verschiedenen Geräten.

Die Lehrperson formuliert den Auftrag, dass alle am Ende der Stunde eine Gruppengestaltung vorführen sollen. Die Schülerinnen und Schüler entscheiden sich für einzelne Gestaltungsideen. Dadurch werden zugleich Gruppen gebildet. Das thematische Interesse soll neben persönlichen Gründen für die Gruppenzusammensetzung entscheidend sein. Die Gruppen sollten nicht mehr als 3 bis 5 Schülerinnen und Schüler umfassen. Sobald die Schülerinnen und Schüler sich entschieden haben, bauen sie ihre Gerätestationen auf. Es wird eine Zeit verabredet, zu der die Vorführung stattfinden soll.

In der Phase des *Erfindens* ist es sehr wichtig, die Gruppen zu beraten und mitzuhelfen, dass tatsächlich am Ende der Stunde eine Vorführung möglich ist. Wenn sich abzeichnen sollte, dass die ganze Stunde für das Einüben gebraucht wird, dann wird die Vorführung auf die nächste Stunde verschoben.

Wichtige Gestaltungshinweise können sein:

1. Sich auf wenige Bewegungsteile beschränken!
2. Einfache Bewegungen durch die Gestaltung effektvoll machen!
3. Nicht zu viele Geräte verwenden!
4. Nicht zu großräumig arbeiten!
5. Absprachen treffen und die Bewegungsfolge als Skizze auf einem Blatt Papier festhalten!

Aufgabe ist weiterhin, dass sich alle Gruppen einen Namen geben und ihr Kunststück ebenso mit einem Begriff oder Satz versehen. Die Lehrperson sollte entscheiden, wann die Vorführung beginnt. In der Regel werden mindestens 15 Minuten benötigt.

Bei der Vorführung muss deutlich werden, dass es Akteure und Zuschauer gibt. Entsprechend ist der Rahmen vorzubereiten. Die Vorführung wird durch die Lehrerperson oder einer Schülerin bzw. einem Schüler aus der Vorführgruppe angekündigt (Abb. 6). Dabei muss Ruhe und Aufmerksamkeit herrschen, damit die Gruppe sich konzentrieren und ihre Gruppengestaltung zeigen kann. Die Zuschauer sollten am Ende den gebührenden Beifall zollen! Es geht auch um die Erfahrung, sich im Spiegel der anderen zu erleben.

Abb. 6 Gestaltung in der Gruppe

Zum **Abschluss** muss allen die Chance gegeben werden, sich in einer Versammlung zu den Vorführungen zu äußern. Dabei können folgende Fragen interessant sein:

– „Wie seid Ihr zu dieser Gruppenübung gekommen?"
– „Was konntet Ihr realisieren und was ist herausgefallen?"
– „Wie hat die Gestaltung auf die anderen gewirkt?"

Eventuell ergibt sich hieraus noch eine Fortsetzung in der folgenden Stunde. Vielleicht ist auch auf einem Schulfest eine Anwendungssituation gegeben. Abschließend bauen die Gruppen ihre Geräte ab.

5. Resümee und Hinweis

Es sollte deutlich geworden sein, dass Springen als Grundtätigkeit (inhaltliche Orientierung) auf verschiedene Weise zum Thema werden kann: als **Erkunden** des Möglichen im Rahmen eigener Ideen, als **Erfassen** einer zentralen Bewegungsabsicht, als **übende** Auseinandersetzung mit einem Lernvorschlag und als **Gestalten** im Zusammenhang mit einer Gruppe. Jede dieser methodischen Vermittlungsstufen baut auf Erfahrungen der vorhergehenden auf. Jede lässt außerdem den Schülerinnen und Schülern mehr oder weniger große Freiräume für individuelle

Ansprüche und Ausführungen. Insgesamt aber entsteht ein „Lehr-Gang", der mit Aufrufen des Gekonnten beginnt und bis zur neuen Fertigkeit und Ausführung fortgesetzt wird.

Sinngemäß kann dies nun auch für die weiteren Grundtätigkeiten ausgeführt werden (vgl. LAGING 1991[2]). Damit entspricht dieser „Lehr-Gang" mit seiner Öffnung insgesamt dem Erfordernis zielgerichteter Arbeit an der Verbesserung des Bewegungsrepertoires unserer Schülerinnen und Schüler.

Hinweisen möchte ich darauf, dass das Maß, mit dem jede Vermittlungsstufe ausgekostet wird, dem „Bewegungshunger" der Gruppe entsprechen sollte. Gute Turnvermittlung in der eingangs genannten Zielsetzung entsteht schon auf jeder Stufe, auf der die Schülerinnen und Schüler gefesselt verweilen können und nicht erst durch das Ende des „Lehr-Gangs".

Anmerkungen

[1] Zur Diskussion darüber siehe den Beitrag von GÖHNER 1981 und die geführte Kontroverse von GÖHNER und LAGING 1982. Einblicke in die Diskussion eines anderen Turnens geben die sportpädagogik-Hefte 5/1980 und 5/1985. In einer neueren Fassung hat FUNKE-WIENEKE 1995 diese Kontroverse dargestellt.

[2] Dies zeigt sehr anschaulich der Film von DIETRICH/LANDAU (1996) zum Turnen im freien Bewegungsleben der Kinder.

[3] In diesem Sinne deute ich die Broschüren der Tagungen und Lehrgänge z. B. der Westfälischen Turnerjugend 1987, der Bayrischen Turnerjugend 1986, der Deutschen Turnerjugend 1985 oder des Jugendleitertreffens 1987 in Oldenburg. Vgl. auch den Band 7 des Lehrplans des Deutschen Turner-Bundes mit dem Titel: Vielseitiges Turnen an Geräten.

[4] Im Widerspruch dazu sind die Ausführungen von GRUPE/KRÜGER (1998) zu sehen, die in ihrem tendenziösen Beitrag über die sich entwickelnde Bewegungspädagogik eine Rückkehr zum klassischen Geräteturnen anmahnen, indem sie davor warnen, die hohe Qualität des spezifischen Turnens an Geräten aufzugeben. Hier sei eine Bewegungskunst hervorgebracht worden, „die verloren ginge, wenn man die Spezialisierung aufgäbe" (GRUPE / KRÜGER 1998, 184). Noch deutlicher wird KRÜGER (1998) in einem Brennpunktbeitrag der Zeitschrift Sportunterricht (Heft 8/98). Dort wirft er dem Turndidaktiker mit neuen Konzepten vor, das Turnen aus der Schule hinausbefördert zu haben: „Kippe, Handstand, Rad und Überschlag kommen in einem 'modernen' Turnunterricht nicht mehr vor" (KRÜGER 1998, 305).

[5] Eine immer noch interessante Literaturübersicht findet sich bei FUNKE 1990, 9–10.

[6] Vgl. dazu DIETRICH/LANDAU 1991, 15–42.

[7] Die Einteilung habe ich aus LAGING (1991[2], 18/19) übernommen.

[8] Das Beispiel habe ich leicht verändert aus LAGING (1991[2]) zusammengestellt.

Literatur

BRODTMANN, D./LANDAU, G.: An Problemen lernen. In: sportpädagogik (1982), 3, 16–22.

BRUCKMANN, M.: Wir turnen miteinander. Ideen, Anregungen und Beispiele für Partner- und Gruppenturnen an und mit Geräten. Stuttgart 1992.

BRUCKMANN, M./DIECKERT, J./HERRMANN, K.: Gerätturnen für alle. Freies Turnen an Geräten. Celle 1994².

BRUCKMANN, M.: Erfahrungen sammeln und Bewegungen erlernen. In: BRUCKMANN, M./DIECKERT, J./HERRMANN, K.: Gerätturnen für alle. Freies Turnen an Geräten. Celle 1994², 9–18.

CRUM, B./TREBELS, A.: Turnen. In: sportpädagogik (1980), 5, 12–18.

DEUTSCHER TURNER-BUND: Lehrplan Deutscher Turner-Bund. Band 7: Vielseitiges Turnen an Geräten. München 1985.

DIETRICH, K./LANDAU, G.: Turnen im freien Bewegungsleben der Kinder. FWU Göttingen 1966.

FUNKE, J.: Sich-Bewegen als ästhetische Selbsterziehung – ein anthropologisches Bewegungsverständnis als Grundlage einer Turndidaktik. In: Lehrhilfen für den Sportunterricht (1989), 12, 177–183 und (1990), 1, 7–10.

FUNKE-WIENEKE, J.: Ist Turnen noch zeitgemäß? In: BORKENHAGEN, F. / SCHERLER, K. (Hrsg.): Inhalte und Themen des Schulsports. Sankt Augustin 1995, 115–126.

FUNKE-WIENEKE, J.: Die Bedeutung des Turnens für die Entwicklung von Kindern und Jugendlichen. In: BRUCKMANN, M. (Red.): Gerätturnen in der Sportlehrerausbildung. Freies Turnen – Bilanz und Perspektiven. Münster 1998, 17–30.

FUNKE-WIENEKE, J.: Grundzüge einer zeitgemäßen Turndidaktik. In: Leibesübungen – Leibeserziehung. 46 (1992), 5, 3–7.

FUNKE-WIENEKE, J.: Bewegungs- und Sportpädagogik. Baltmannsweiler 2004.

GAULHOFER, K./STREICHER, M.: Natürliches Turnen. Band II. Wien 1949.

GAULHOFER, K.: Natürliches Turnen (1927). In: GAULHOFER, K./STREICHER, M. (Hrsg.): Natürliches Turnen II. Wien 1949, 1.

GÖHNER, U.: Wie man ein Überblicksreferat mißverstehen kann – eine Antwort auf Lagings kritische Stellungnahme. In: sportunterricht (1982), 6, 229.

GÖHNER, U.: Gerätturnen. In: sportunterricht (1981), 10, 377.

GRUPE, O./KRÜGER, M.: Sport und Bewegungspädagogik? Zehn Thesen zu einer Standortbestimmung. In: Sportunterricht 47 (1998), 5, 180–187.

HERRMANN, K.: Mit Musik geht alles besser. In: BRUCKMANN, M./DIECKERT, J./HERRMANN, K.: Gerätturnen für alle. Freies Turnen an Geräten. Celle 1994², 107–112.

HILDEBRANDT, R.: Turnanlässe schaffen. Der Turnbaukasten im Sportunterricht der Grundschule. Grasleben-Sport-Thieme 1999.

KRÜGER, M.: Brennpunkt. In: Sportunterricht 47 (1998), 8, 305.

LAGING, R.: Erkunden, Erfassen, Üben, Gestalten. In: Leibesübungen – Leibeserziehung. 46 (1992), 5, 8–13.

LAGING, R.: Turngelegenheiten. In: sportpädagogik (1985), 5, 20–23 u. 44–50.

LAGING, R.: Wie man Gerätturnen in seiner Unbeliebtheit belassen kann – eine kritische Stellungnahme zu GÖHNERs Beitrag 'Gerätturnen'. In: sportunterricht (1982), 6, 226–228.

LAGING, R.: Stundenblätter Turnen. Bewegungsgelegenheiten zum Erkunden, Lernen, Gestalten. Stuttgart 1991².

LAGING, R.: Turnen – ein Erfahrungs- und Lernfeld. In: Sportpädagogik (1999), 3, 17–27.

MARAUN, H.: Erfahrung als didaktische Kategorie. In: sportpädagogik. Annäherungen, Versuche, Betrachtungen. Velber 1982, 26–31.

ROSCHER, M./POTT-KLINDWORTH, M.: Turnen neu denken und unterrichten. Praktische Anregungen und theoretische Hintergründe. Baltmannsweiler 2006.

SCHALL, R.: Wer klettern kann, der kann auch Turnen – Schulung von motorischen Grundfähigkeiten. In: Turnverband Mittelrhein (Hrsg.): Ran an die Geräte. Bad Kreuznach 1994, 77–79.

SÖLL, W.: Vom Bildungswert des Gerättumens. In: sportunterricht (1973), 9, 301.

SPORTPÄDAGOGIK: Turnen vermitteln. Heft 5, 1985.

SPORTPÄDAGOGIK: Turnen. Heft 5, 1980.

SPORTPÄDAGOGIK: Turnen. Heft 3, 1999.

TAMBOER, J.: Sich bewegen – ein Dialog zwischen Mensch und Welt. In: sportpädagogik (1979), 2, 14–19.

TREBELS, A.: Spielen und Bewegen an Geräten. In: TREBELS, A. (Hrsg.): Spielen und Bewegen an Geräten. Reinbek 1983, 9–49.

TREBELS, A.: Überdrehen rückwärts an den Schaukelringen. In: Leibesübungen – Leibeserziehung. 46 (1992), 5, 25–28.

TREBELS, A.: Turnen vermitteln. In: sportpädagogik (1985), 5, 10.

TURNVERBAND MITTELRHEIN (Hrsg.): Ran an die Geräte. Bad Kreuznach 1994.

WAGENSCHEIN, M.: Naturphänomene sehen und verstehen. Genetische Lehrgänge. Stuttgart 1980.

REINER HILDEBRANDT-STRAMANN

Erfahrungsorientierter Schwimmunterricht

Meine Erwartungen an einen Schwimmunterricht in der Grundschule sind von der Vorstellung geprägt, Kinder und Jugendliche in ihrem Prozess des Schwimmenlernens so zu unterstützen, dass sie sich mit dem Wasser vertraut machen können, so dass das „Sich-Bewegen im Wasser" zu einer natürlichen und lustbetonten Handlung wird. Aus einem vielfältigen Bewegungserleben im Wasser sollen sie Lebens- und Bewegungslust schöpfen, die es ihnen ermöglicht, in einen Zustand der Harmonie mit dem Element Wasser zu gelangen. Ein Zustand, der vielleicht dann erreicht ist, wenn man sich wie ein „Fisch im Wasser" bewegt, wenn man sich dieses Element sozusagen einverleibt hat und sich dieser Gefühlszustände auch bewusst ist.

Doch wie sieht die Unterstützung eines solchen Prozesses in der Grundschule aus? Was heißt hier überhaupt erfahrungsoffenes Lernen? Wie ist ein solcher Lernprozess didaktisch-methodisch zu gestalten? Solchen und noch weiteren Fragen werde ich im Folgenden nachgehen.

1. Zur didaktischen Diskussion

Verfolgt man die didaktische Diskussion um den schulischen Schwimmunterricht in den vergangenen zwanzig Jahren, so kann man eindeutig einen Veränderungsprozess feststellen, der sich umschreiben lässt als eine Entwicklung von einer an Schwimmtechniken orientierten Ausrichtung hin zu einer subjektorientierten, erfahrungsgeleiteten, gegenwartserfüllenden Auseinandersetzung mit dem Element Wasser. So stellen KURZ/VOLCK schon 1977 die Forderung auf, dass Schwimmen in der Schule mehr als nur Technikvermittlung sei und nicht nur auf die Zielsetzung sportlicher Leistungsoptimierung zu beziehen ist. Sie unterscheiden in ihrer Analyse sieben unterschiedliche Sinnbezüge, unter denen Schwimmen in der Schule in pädagogischer Verantwortung inszeniert werden soll. Unter der Leitidee einer Erweiterung der Handlungsfähigkeit der Schülerinnen und Schüler begründen sie Schwimmen in der Schule damit, dass hier besondere Umwelt- und Leiberfahrungen gesammelt werden können, die Handlungsmöglichkeiten erweitert und die Selbstständigkeit erhöht, soziale Erfahrungen und eine neue soziale Umgebung erschlossen, Gesundheit, die Gestaltungs- und Darstellungsfähigkeit gefördert sowie Spielfähigkeit und auch sportliches Schwimmen gelernt werden können. VOLCK (1990) bündelt schließlich die Vielfalt möglicher Sinnbezüge des Schwimmens für Schülerinnen und Schüler im Sinne einer pädagogischen Zentrierung auf die drei Bezugsebenen Gesundheit, Erlebnis und Sport.

So begrüßenswert diese Entwicklung von der „Einseitigkeit zur Vielfältigkeit" (VOLCK 1990, 16) auch ist, so macht sie m. E. aber immer noch deutlich, dass hier von übergeordneten, vermeintlich objektiven Kategorien aus gedacht wird. Nun wäre dies nicht problematisch, wenn bei der Strukturierung von Lehrgängen nicht von der Sportart, von Gesundheit oder vom Spaß her, sondern vom Kind aus gedacht wird.

Eine Weiterentwicklung des didaktischen Denkens im Schwimmen in diese subjektbezogene Richtung stellen erfahrungsbezogene bzw. erfahrungsoffene Vermittlungsansätze dar, wie sie zuerst von der Frankfurter Arbeitsgruppe (1980) und in der Folge dann von SCHERLER (1981), BIBA (1982), LANDAU (1985), FRITSCH/MARAUN (1992) und HILDEBRANDT (1990; 1993; 1998) vorgelegt wurden.

Kennzeichnend für solche Ansätze ist, dass sie sich auf den Auseinandersetzungsprozess des Subjekts mit dem Wasser beziehen und auf die Bedeutungen, die von den Menschen in diesem Auseinandersetzungsprozess hervorgebracht werden. Sie berücksichtigen zuallererst die subjektive Handlungsstruktur und die Wechselbeziehung zwischen Mensch und Umwelt. Damit befinden sie sich in Übereinstimmung mit solchen bewegungspädagogischen Ansätzen, die darauf hinweisen, dass Bewegungen immer schon auf Erfahrungen treffen, dass bewegungszentrierte Mensch-Umwelt-Situationen von den Sich-Bewegenden im Lichte ihrer „Vor-Erfahrungen" gedanklich und eigenmotorisch aufgefasst, verstanden und beantwortet werden (vgl. FUNKE 1987; LANDAU 1981; MARAUN o.J., 26ff.; TREBELS 1990; LEIST/LOIBL 1990a). Daraus ergibt sich für ein pädagogisches Verständnis von „Schwimmen in der Grundschule", dass der Vermittlungsprozess offen sein muss für solche Vor-Erfahrungen.

Erfahrungsoffenheit im Schwimmen heißt dann zunächst, die biographisch gewachsenen Wassererfahrungen bei der Strukturierung von Lern- und Erfahrungsprozessen bewusst zu berücksichtigen.

Eine solche subjektorientierte Sichtweise findet sich im Entwurf der „Grundsätze für den Schulsport" des Landes Niedersachsen vom Oktober 1996 und in der ab WS 1998/1999 gültigen Neufassung der Verordnung über die Erste Staatsprüfung für Lehrämter in Niedersachsen wieder. In beiden Verordnungen wird eine Sportartenorientierung „Schwimmen" zugunsten einer „Erfahrungs- und Lernfeldorientierung 'Bewegen im Wasser'" aufgegeben. Schon der Begriff „Erfahrungs- und Lernfeld" macht deutlich, dass nicht von der Sportart her, sondern vom Menschen gedacht wird.

2. Zum pädagogischen Verständnis eines erfahrungsorientierten Schwimmunterrichts in der Grundschule

In dem vorangegangen Kapitel wurde schon auf ein Merkmal eines erfahrungsorientierten Schwimmunterrichts hingewiesen: die Berücksichtigung der lebensweltlichen und biographisch gewachsenen Wassererfahrungen bei der Gestaltung von Lernprozessen. Solche Erfahrungen sind immer unterschiedlich, weil eben die Kinder unterschiedlich sind. So mache ich in meinem Schwimmunterricht und in Schwimmkursen mit Kindern und Jugendlichen immer wieder die Beobachtung, dass Kinder, die schwimmen lernen sollen, sich nicht nur auf die von mir gewünschte Art und Weise mit dem Wasser auseinandersetzen, sondern in ihrer Bewegung mit dem Wasser Aktionen ausdrücken, die auch vom Schwimmen wegführen. Zum Beispiel äußern Kinder den Wunsch, im Wasser zu spielen, zu spritzen, ein Floß zu bauen, Boot zu fahren etc. Die Bedeutung der Begegnung mit dem Wasser liegt also nicht unbedingt von vornherein fest. Der Prozess ist nicht eindeutig, sondern vieldeutig. In einem erfahrungsorientierten Schwimmunterricht gilt es, diese Vieldeutigkeit zuzulassen und auszuleben (vgl. VOLCK 1990, 13 ff.; JOHN 1990, 42–45; LANDAU 1985, 23).

Vor dem Hintergrund dieser eher deskriptiven Darstellung soll unter Erfahrung ein Prozess verstanden werden, bei dem Ereignisse, Erlebnisse und Empfindungen wahrgenommen, verarbeitet und reflektiert werden. Sinnliche Wahrnehmungen und die Integration des durch die einzelnen Sinne Wahrgenommenen spielen bei diesem Prozess eine entscheidende Rolle. Erfahrungen sind nach LEIST (o. J.) als wiederholbare Wahrnehmungen zu verstehen. Leiblich-sinnliche Erfahrungen eröffnen dem Lernenden einen Zugang zur dinglichen und sozialen Umwelt. Der Prozesscharakter der sinnlichen Erfahrungen unterstreicht, dass es sich hierbei nicht um einen passiven, sondern um einen aktiven, selbstbestimmten Vorgang handelt, der nie abgeschlossen ist. Sportartenkonzepte steuern den Wahrnehmungs- und Erfahrungsprozess einseitig und lassen nur sportartenrelevante Erfahrungen zu. Dies führt in der Regel zu einer Überbetonung motorischen Lernens im Sinne des Nachvollzugs von Bewegungsmustern. Erfahrungsorientiertes Lernen zielt auf die selbstständige und selbsttätige Auseinandersetzung des Lernenden mit der dinglichen und sozialen Umwelt. Dabei wird Bewegung als intentionales Handeln interpretiert, in das der Handelnde seine „leib-seelischen Besonderheiten und seine lebensgeschichtlich herausgebildete Identität" (MARAUN o. J., 31) einbringt.

Unter einer subjektiven Erfahrungsperspektive scheinen mir also nicht die Fragen, welche Bewegungsformen wie zu erlernen sind, sondern „wie begegne ich dem Wasser" die adäquate Problemformulierung zu sein. Gegenstand der Gestaltung von Lehr-Lernprozessen sind dann weder die Bewegungsformen der Schwimmtechniken noch ihre biomechanisch-physikalischen Gesetzmäßigkeiten, sondern der Dialog des Einzelnen mit dem Element Wasser (vgl. VOLCK 1990; HILDEBRANDT 1990; 1993).

Damit gerät das in den Blick, was das Eigentliche des Gegenstandsbereiches ausmacht, „daß sich Menschen in einem besonderen Medium – Wasser – bewegen, daß dieses Medium in besonderer Weise auf den Körper einwirkt, das – zwar auch wie die Luft – den ganzen Körper umgibt, aber anders erlebbar macht" (VOLCK/ WILKE 1982, 192).

Dieses Besondere sowohl des Mediums Wasser als auch der menschlichen Bewegung im Wasser gilt es, in Schwimmlehrgängen zu entdecken und zu erfahren.

Als übergreifende Zielsetzung könnte man dies auch so formulieren: Der Einzelne soll die Bewegungsbedeutungen des Wassers entdecken und im Zusammenhang damit seinen Spürsinn für das Wasser entwickeln. Didaktisch bedeutet dies, dem Lernenden Gelegenheit zu geben, das Typische des Wassers individuell in Erfahrung zu bringen (vgl. HILDEBRANDT 1990).

Ich werde im Folgenden dieses subjektbezogene, eben erfahrungsoffene, Verständnis von „Schwimmen lernen" auf der Grundlage wahrnehmungstheoretischer und bewegungspädagogischer Überlegungen vertiefen.

3. Wahrnehmungstheoretische Überlegungen zu einem erfahrungsoffenen Verständnis von Schwimmen

In meinem Verständnis von Erfahrung bin ich in Anlehnung an LEIST davon ausgegangen, dass Erfahrungen als wiederholbare Wahrnehmungen zu verstehen sind. Mit Bezug auf die ökologische Wahrnehmungstheorie wird Wahrnehmung als aktive Aufnahme handlungsrelevanter Informationen in der Umwelt verstanden. Dieser aktive Zugriff liefert direkt die „semantischen Informationen" (vgl. von WEIZSÄCKER 1985, 168), z. B. über die Bedeutung des Wassers als Spielmedium, als Tauchmedium, als Abdrucksmedium etc. GIBSON (1982) spricht hier von Informationsangeboten, die die Umwelt für den Wahrnehmenden bereitstellt. In Weiterführung der ökologischen Betrachtungsweise von GIBSON hat NEISSER (1979) in seinem Modell des Wahrnehmungszyklus die führende Rolle kognitiver Strukturen, sog. antizipierender Schemata, bei der Suche nach handlungsrelevanter Information betont. Danach stellt das Gedächtnis je nach Handlungskontext unterschiedliche antizipierende Schemata bereit, die die Umwelt nach der jeweils relevanten Information absuchen.

„Wahrnehmungsschemata können dabei unterschiedliche Grade der Abstraktion aufweisen. Als Wahrnehmungshypothesen über die in der Umwelt vorzufindenden Informationen sind sie zunächst eher unpräzise. Sie werden im Verlauf des Wahrnehmungszyklus unter der Einwirkung der tatsächlich vorgefundenen Informationen zunehmend präzisiert" (LOIBL 1992, 29). Die Vertreter der ökologischen Betrachtungsweise betonen, dass bei diesem Prozess des Aufbaus und der Differenzierung wahrnehmungsleitender Schemata die wechselseitige Beziehung von Wahrnehmung und Bewegung eine entscheidende Rolle spielt. Man muss sich eben im Wasser bewegen, um den Wasserdruck zu spüren, man muss sich auf das Wasser legen, um den Auftrieb zu erfahren.

„Bewegungsräume als wahrgenommene Räume sind daher Räume wahrgenommener Handlungsmöglichkeiten, Handlungsräume" (LOIBL 1992, 29), d. h. in der Wirklichkeit des Erlebens gibt es keine konstante Form des Raumes. So ändert sich z. b. die Qualität des erlebten Raumes im handelnden Auseinandersetzungsprozess von einem anfänglich möglicherweise bedrohlich wirkenden Raum zu einem Raum des Wohlbefindens. Auf der Ebene des Schwimmenlernens ändert sich der Raum wahrnehmungsmäßig von einem eher diffusen zu einem strukturierten, bewegungsermöglichenden Raum.

Vor diesem theoretischen Hintergrund kann „Schwimmen lernen" als das Erschließen neuer Bewegungsräume verstanden werden. Dabei wird die Erschließung des Bewegungsraumes Wasser als Möglichkeit der Erweiterung bzw. Differenzierung wahrnehmungsleitender Schemata gesehen.

Wie ist vor diesem wahrnehmungstheoretischen Hintergrund ein Kurs „Schwimmen lernen" pädagogisch-didaktisch zu strukturieren? Welches sind handlungsrelevante Situationsangebote, in denen der Lernende die für die Erschließung des Bewegungsraumes Wasser weiterführenden Informationen herstellen kann?

4. Konsequenzen für die Unterrichtspraxis – das dialogische Bewegungskonzept als bewegungspädagogische Grundlage

Ein Schwimmunterricht, der von der wahrnehmungstheoretischen Bezugsgrundlage der Wechselbeziehung zwischen Mensch und Umwelt ausgeht, benötigt für die didaktische Gestaltung ein korrespondierendes bewegungspädagogisches Konzept. Ein solches sehe ich in dem dialogischen Bewegungskonzept des Niederländers GORDIJN. GORDIJN versteht Sich-Bewegen als einen subjektiven Dialog zwischen Mensch und Welt. „In seinem Bewegen bezieht sich der Mensch auf etwas außerhalb seiner selbst" (TAMBOER 1979, 16). Dies können im Schwimmen das Wasser, andere Menschen (Mitschüler und Mitschülerinnen) oder Geräte und Materialien sein. Dieses andere wird vom handelnden Subjekt auf seine Bewegungsbedeutungen befragt. Ein Kind, das sich in das Wasser begibt, befragt das Wasser nach seinen Eigenschaften zum Sich-Fortbewegen, zum Tauchen, zum Spritzen, zum Wellen-Erzeugen, zum widerstandsarmen Durchschlüpfen etc. In diesem persönlich-situativen Bewegungsdialog bringt das Kind seine subjektiven Bewegungsbedeutungen des Wassers hervor. Es macht z. B. beim Laufen im Wasser gleichzeitig die Erfahrung, dass dies anstrengend ist, weil das Wasser die Laufbewegung bremst. Beim Gleiten nach dem Abrenner kann es die Erfahrung machen, wie ein Pfeil durch das Wasser zu schießen und gleichzeitig das Wasser als ein leicht zu durchströmendes, schlüpfriges Element zu empfinden. Diese Beispiele zeigen, dass die Bedeutungen, die entstehen, immer das Ergebnis einer bewegungsmäßigen Auseinandersetzung des Subjekts mit der Umwelt darstellen. Sie sind niemals allein Eigenschaft eines Dinges und niemals allein vom Subjekt bestimmt.

Insofern macht das Individuum zugleich Erfahrungen von der Welt als auch Erfahrungen des eigenen Selbst, beide verändern sich im Vollzug des Sich-Bewegens, sie entwickeln eine subjektiv bedeutsame Struktur. TREBELS beschreibt diesen Rückbezug auf die je individuelle, persönliche Perspektive sich bewegender Kinder wie folgt: „Es geht mithin um den je individuellen Bewegungsleib, um mein Spüren und Agieren, um die sich mir entfaltende Welt als meine Bewegungswelt, die sich im Prozeß des Sich-Bewegens als 'mein' Bewegungsleib und 'meine' Bewegungswelt erst entfalten. Weder der Leib noch die sich mir eröffnende Welt sind konstant und unverrückbar, sie konstituieren sich allererst im Sich-Bewegen, im Dialog zwischen Mensch und Welt gewinnen sie jeweils Kontur, konstituieren sie sich erst in ihrem So-Sein" (1992, 24–25).

5. Zentrale Merkmale einer didaktischen Strukturierung: Problemorientierung und genetische Vorgehensweise

Ausgangspunkt in meinem Schwimmkurs ist die Entwicklung und Erarbeitung eines breiten Bewegungsspektrums für die Interpretation des Bewegungsraumes Wasser. Bewegungen im, ins und unter Wasser werden unter dem Aspekt je unterschiedlicher Umgangsarten mit dem Wasser (laufen, schwimmen, springen, spritzen, tauchen, schweben, Wellen erzeugen etc.) in Erfahrung gebracht.

Unterricht zielt hier genau auf das, was TAMBOER (1979, 17) als Erfahrungen im Sinne der „direkten Überschreitung" bezeichnet. Aus diesen Situationen des freien Erkundens ergeben sich in der Regel Bewegungsanlässe des „Sich im Wasser Fortbewegens", des „nicht im Wasser Versinkens", des „im Wasser Versinkens", des „unter Wasser Fortbewegens" und des „ins Wasser Hineinkommens". Diese Bewegungsanlässe greife ich auf und wandele sie in Problemfragen um, wie z.B. „Wie kann man sich im Wasser antreiben?", „Wie kann man im Wasser versinken bzw. das Versinken verhindern?", „Wie kann man sich unter Wasser fortbewegen?", „Wie kann man den Unterwasseraufenthalt interessant gestalten?" u. a. (vgl. hierzu auch FRANKFURTER ARBEITSGRUPPE 1982, 104 und BIBA 1981). In der Auseinandersetzung mit solchen Fragen erproben die Schülerinnen und Schüler die Gesetzmäßigkeiten des Wassers und wie sie bewegungsmäßig darauf einwirken können. Eine derartige Vorgehensweise ermöglicht es, physikalische Kategorien (Auftrieb, Vortrieb, Wasserdruck, etc.) in subjektive Kategorien umzuwandeln, so dass der ursprüngliche Phänomen- und Entdeckungszusammenhang in das Blickfeld der Überlegungen und Handlungen der Lernenden rückt. Unterricht entwickelt sich hier von einer direkten hin zu einer lernenden Überschreitung. Didaktisch gesehen handelt es sich um die Initiierung genetischer Lernvorgänge.

Genetisches Lernen bedeutet angesichts der genannten Ursprungsprobleme, dass der Schwimmanfänger – des Problems bewusst – sich auf die Auseinandersetzung mit den Gesetzmäßigkeiten des Wassers einlässt und experimentierend erprobt, wie sein Körper sich im Wasser verhalten kann. Dem Lehrer bzw. der Lehrerin

kommt beim genetischen Vorgehen die Aufgabe zu, „die Lernsituation so vorzustrukturieren, daß der Schüler einen seinen individuellen Möglichkeiten entsprechenden Zugang finden kann. In der Ausgangssituation muß den Schülern vor allem
die Grundfragestellung bewußt werden können, um dann (mit Hilfe des Lehrers)
nach produktiven Lösungen zu suchen" (BRODTMANN/LANDAU 1982, 19).

6. Beispiele für erfahrungsorientierte, genetische Schwimmlehrgänge

6.1 „Sich im Wasser fortbewegen"

Für eine problemorientierte Inszenierung dieses Themas bieten sich Fangspiele im
flachen Wasser an. Sie eignen sich hervorragend dazu, erste Wasserwiderstands-
empfindungen bewusst zu machen. Schülerinnen und Schüler erfahren sehr
schnell, dass man sich im Wasser bedeutend langsamer bewegen kann als auf dem
Land. Bewegungen werden im Wasser gebremst. Sie erfordern einen größeren
Kraftaufwand.

Beispiele

Bei einem Fangspiel mit nur einem Fänger schlagen die Schülerinnen und Schüler
meist von selbst eine Regeländerung vor, weil das Spiel für den Fänger zu anstrengend und für die anderen zu langweilig wird. Die Zahl der Fänger wird erhöht. Aus
dieser Grundsituation können verschiedene Formen des Fangspiels entwickelt werden:

- Fangspiel, bei dem der Fänger sich zu erlösen versucht, indem er einen anderen
  abschlägt und dieser dann zum Fänger wird.
- Kettenfangen: Die Abschlagenden bilden mit den Fängern eine oder mehrere
  Ketten.
- „Der Fischer und die Fische": Der Fischer hat einen Ring und will den Fisch damit fangen.
- Fangspiel, bei dem der abgeschlagene Spieler bzw. die abgeschlagene Spielerin
  eine bestimmte Stellung einnehmen muss (Grätsche, Hocke) und erst dann weiterspielen darf, wenn er bzw. sie von seinen bzw. ihren Mitspielern bzw. Mitspielerinnen z. B. durch Handschlag o. ä. erlöst wird.

Will man, dass auch die Gesichter in zunehmendem Maße Kontakt mit dem Wasser
bekommen bzw. dass der Kopf vollständig unter Wasser getaucht werden soll, kann
man den Kindern folgende Regelveränderung vorschlagen:

- Beim Fischerspiel: Wenn der Fisch nicht gefangen werden möchte, muss er den
  Kopf unter Wasser stecken.
- Beim letzten Fangspiel kann der abgeschlagene Spieler nur dann weiterspielen,
  wenn er von einem Mitspieler bzw. einer Mitspielerin befreit wird, der durch
  seine gegrätschten Beine taucht.

Aus der Erkenntnis, dass das Im-Wasser-Laufen eine ungeeignete Bewegungsmöglichkeit ist, um im Wasser schnell vorwärts zu kommen, entwickeln sich Fragen nach besseren Fortbewegungsmöglichkeiten gegen den Wasserwiderstand und nach der Nutzung des Wasserwiderstandes bei der Fortbewegung.

In einem weiteren didaktischen Schritt kommt es darauf an, dass die Schülerinnen und Schüler die Gelegenheit erhalten, in gezieltem Suchen und Experimentieren die Widerständigkeit des Wassers und seine Nutzung für die Fortbewegung in Erfahrung zu bringen.

Nach TAMBOER (1979, 18) handelt es sich hier um den didaktischen Schritt der „erlernten Überschreitung".

Das gezielte Suchen nach Informationen zur Problemlösung „Wie ein Fisch gleiten" wird vom Lehrenden durch Lernvorschläge in Form von Erfahrungssituationen unterstützt.

Beispiele

- Wie kann man nach dem Abstoßen vom Beckenrand / vom Partner in verschiedenen Körperlagen weit durchs Wasser gleiten / das Gleiten abbremsen?

- Wie kann (können) ich (mehrere Personen) gleichzeitig von einem Partner gehend / schwimmend leicht und bequem / unter großer Anstrengung durchs Wasser geschoben / gezogen (Abb. 1 und 2) werden? Wie kann man seinem Partner das Ziehen erleichtern / erschweren?

- Lass' dich von einem am Beckenrand stehenden Partner an einem Tau hängend schnell durchs Wasser ziehen. Wie kannst du deinem Partner das Ziehen erleichtern / erschweren?

- Springe fuß- oder kopfwärts vom Beckenrand / Sprungturm durch einen Reifen in das Wasser. Versuche, beim Eintauchen glatt in das Wasser (wie in ein Loch) hineinzuschlüpfen.

In der Auseinandersetzung mit solchen und anderen Erfahrungssituationen kommt es für den Schüler bzw. für die Schülerin darauf an, die Brems- und Abdruckwirkung des Wassers zu erspüren, sich sozusagen immer mehr in die Frage zu verwickeln, wie er das Wasser zum Abdruck und Halt nutzen bzw. umgekehrt trotz der Bremswirkung des Wassers leicht und geschmeidig gleiten kann. Dabei geht es letztlich darum – und das ist charakteristisch für erfahrungsbezogene Lernprozesse – über einen zunehmend differenzierenden Dialog von Hinspüren und Bewirken ein „Passungs"-Verhältnis zum Wasser bewusst herauszuarbeiten (vgl. FRITSCH/ MARAUN 1992).

Abb. 1 Durch das Wasser geschoben werden

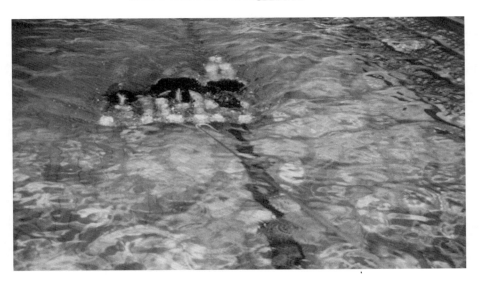

Abb. 2 Durch das Wasser gezogen werden

6.2 „Sich im Wasser antreiben"

Begibt man sich ohne Auftriebskörper ins Wasser, so ergibt sich die Notwendigkeit, sich im Wasser fortzubewegen, um über Wasser zu bleiben, wenn man nicht gerade untergehen will. Will man sich schwimmerisch fortbewegen, dann ist von der Sache her das Antreiben erforderlich.

Wie aber kann man das Antreiben so thematisieren, dass die subjektive Wahrnehmungsperspektive bedeutsam wird? Aus wahrnehmungstheoretischer Sicht geht es beim Antreiben um dreierlei: Die Schülerinnen und Schüler sollen ein Gespür dafür entwickeln,

- das Wasser mit Händen, Armen und Füßen wegdrücken bzw. sich mit Händen, Armen und Füßen vom Wasser abdrücken zu können,
- ihren Körper durch das Wasser ziehen zu können,
- ihren Körper durch Beinbewegungen durch das Wasser schieben zu können.

Auch zu dieser Thematik biete ich Erfahrungssituationen an, die es den Lernenden ermöglichen sollen, nach verschiedenen Antriebsbewegungen zu suchen und diese für sich wirksamer herauszuarbeiten. Vom Bewegungsreiz „Antreiben" geleitet, sollen sie sachgemäße, d. h. für das Vorantreiben förderliche Bewegungen und Bewegungshilfen finden und erproben.

Beispiele

- Schwimme mehrere Strecken mit verschiedenen Möglichkeiten, dich im Wasser anzutreiben.

- Ergreife beim Antreiben in verschiedenen Schwimmlagen mit den Händen und Armen möglichst viel/möglichst wenig Wasser. Wann hast du das Gefühl, viel/wenig Wasser wegzudrücken? Benutze hierzu auch verschiedene Handflossen (z. B. Handpaddles; selbst hergestellte Handflossen aus Gummihandschuhen mit auf Handflächengröße zurechtgeschnittenen und auf die Handschuhe geklebten Autoschlauchresten).

- Schiebe in verschiedenen Schwimmlagen deinen Körper durchs Wasser, indem du mit den Füßen das Wasser nach hinten peitscht. Benutze hierzu auch verschiedene Fußflossen (Flossen mit unterschiedlicher Länge; Monoflossen).

- Treibe dich so an, dass du dich möglichst schnell/langsam im Wasser fortbewegst.

- Kombiniere verschiedene Möglichkeiten des Sich-Antreibens (z. B. Kraularmzug mit Brustbeinbewegung).

Selbstverständlich beobachtet der Lehrer bzw. die Lehrerin den Übungsprozess der einzelnen Gruppen und begleitet ihn auch mit entsprechenden wahrnehmungsbezogenen Bewegungshinweisen. Erproben die Schülerinnen und Schüler z. B. die Kraulschwimmbewegungen, so können vom Lehrenden entsprechende wahrnehmungsbezogene Hinweise gegeben werden, die das gleitende Fortbewegen in dieser schwimmerischen Gestalt verbessern helfen.

Beispielhaft soll ein solcher Lehrgang beschrieben werden, der sich mit einer Gruppe von Schülerinnen und Schülern aus einer 4. Klasse im Rahmen eines differenzierten Schwimmunterrichts ergeben hat. Während des insgesamt fünfstündigen Lehrgangs zum Kraulschwimmen schwammen die Schülerinnen und Schüler immer die gesamte Lage. Allerdings wurde die Aufmerksamkeitsrichtung in den jeweiligen Stunden themenzentriert auf die Arme (1./2. Stunde), die Beine (3. Stunde), die Atmung (4. Stunde) und die Koordination (5. Stunde) gelenkt. Hier soll die techne-orientierte genetische Vorgehensweise (vgl. BRODTMANN/ LANDAU 1982) beispielhaft für das Thema „Sich mit den Armen beim Kraulschwimmen antreiben" beschrieben werden.

1. und 2. Stunde: Zu Beginn der Stunde wurden die Lernenden aufgefordert, übertrieben zu schwimmen. D. h. dort, wo sie Kraft einsetzen mussten um vorwärtszukommen, sollten sie viel Kraft und dort, wo sie glaubten, wenig Kraft einsetzen zu müssen, sollten sie noch weniger einsetzen. Nach einigen Querbahnen wurden sie gefragt, wo sie denn den Krafteinsatz gesteigert hätten. Die Antwort war eindeutig: „Natürlich unter Wasser. Da muss man das Wasser wegschieben". Die Überwasserphase wurde von allen als kraftsparend empfunden, weil „da ja nur Luft war".

Im nächsten Schritt sollten sie versuchen, ohne Kraft beim Armzug unter Wasser zu schwimmen. Bei dem Erproben mehrerer Handstellungen wie Faust, senkrecht aufgestellte Handflächen etc. hatten sie das Gefühl, fast unterzugehen. Auf die Frage, wozu denn überhaupt die Überwasserphase nützlich sei, antworteten die Schülerinnen und Schüler mit einem Achselzucken. Sie erhielten die Aufgabe, ohne Schwungphase über Wasser zu kraulen. Nach dieser sehr lustigen Übungsphase, bei der alle mehr oder weniger im „Hundepaddelstil" kraulten, war den Schülerinnen und Schülern jedoch deutlich geworden, dass ein Nach-Vorne-Führen der Arme unter Wasser die Bewegung bremst. Außerdem mussten sie die Arme über Wasser vorschwingen, „damit sie sich wieder am Wasser entlang ziehen konnten".

In der zweiten Stunde sollte die Wahrnehmung auf das Abdruckgefühl beim Unterwasserzug zentriert werden. Dazu griff die Lehrerin den „kraftlosen Unterwasserzug" aus der ersten Stunde noch einmal auf. Nach mehreren Querbahnen sollten die Schülerinnen und Schüler berichten, was sie dabei spürten. Ein Schüler sagte, „er hätte seine Hand ganz leicht durch das Wasser ziehen können, er wäre dabei aber kaum vorwärtsgekommen". Eine Schülerin berichtete, sie „hätte sich gar nicht richtig am Wasser festhalten können". In der Folge erhielten sie die Aufgabenstellung, sich mit unterschiedlichen Handstellungen und Fingerhaltungen vom Wasser abzudrücken und nach einem optimalen Abdruck zu suchen. Im anschließenden Gespräch wurden nicht nur Lösungen vorgestellt (mit der ganzen Hand Wasser wegdrücken, dabei waren für einige die Finger geschlossen, für andere ein wenig geöffnet), sondern auch neue Fragen aufgeworfen. So z. B., ob das Hand- oder auch das Ellenbogengelenk locker oder fixiert sein soll, ob nicht auch der ganze Arm Wasser wegdrückt, ob der Armzug seitlich neben dem Körper oder auch unter dem Körper ausgeführt wird usw. Ich will die Lehrgangsbeschreibung hier abbrechen. Deutlich werden sollte, dass auch in einem Lehrgang, in dem es um das Erlernen einer schwimmerischen Bewegungsform geht, durch eine auf die Wahrnehmung bezogene und problemorientierte bzw. genetisch ausgerichtete Lehrweise Subjektivität gewahrt werden kann. Sie besteht eben darin, dass der Lernende auf der Grundlage von Gegensatzerfahrungen als methodisches Mittel (vgl. VOLGER 1990) sich seine für ihn passende Fortbewegungsform im Wasser suchen muss. Im Gegensatz zu einer Vorgehensweise auf der Grundlage einer methodischen Übungsreihe sind hierbei auf zumindest zwei pädagogisch relevante Unterschiede hinzuweisen:

1. Die Bewegung wird nicht in Teilbewegungen zerlegt und isoliert geübt. Die Schülerinnen und Schüler schwammen immer in der Gesamtbewegung. Lediglich die Aufmerksamkeit wurde auf Teilaspekte der Gesamtbewegung gerichtet, wobei das Experimentieren immer auf das Suchen nach einer passenden Bewegung im Verhältnis zu den gesetzmäßig festgelegten Eigenschaften des Elements Wasser ausgerichtet war.

2. Durch das selbstständige Suchen wurden immer auch Vorstellungen angeregt, Fragen gestellt, die auf eine gedankliche Durchdringung der eigenmotorischen Erfahrung deuten und deutliche Hinweise für Verstehensprozesse sind.

6.3 Im Wasser versinken und sich unter Wasser fortbewegen

Um auch den Unterwasserraum interessant zu machen, biete ich den Schülern und Schülerinnen Problemstellungen an, wie z. B.: „Wie gelange ich auf den Beckenboden?", „Was passiert, wenn ich bei solchen Versuchen vorher tief einatme? Komme ich dann leichter nach unten oder sogar schwerer?", „Gelingt es eher, wenn ich vorher ausatme?", „Wie kann ich den Unterwasseraufenthalt verlängern?", „Wir bauen eine Tauchlandschaft!"

Durch die Auseinandersetzung mit solchen grundlegenden Problemen wird einerseits der Unterwasserraum in einen Handlungsraum umstrukturiert, und andererseits werden bewusst Erfahrungen zu den Problemen der Atmung und des begrenzten Luftvorrats gesammelt.

Um sich mit Luft unter Wasser zu versorgen, kann man gemeinsam mit den Schülerinnen und Schülern nach Problemlösungen suchen und ausprobieren, ob man

● Luft aus Schläuchen „trinken" kann,

● Luftdepots anlegen (z. B. auf dem Wasser umgestülpte und nach unten gedrückte Plastikwannen) und dann einen neuen Tauchrekord aufstellen kann (bei diesen Lösungen muss auf die Gefahr der Vergrößerung des Totraumvolumens unbedingt geachtet werden).

Um abzutauchen, kann man sich an einem von der Wasseroberfläche schräg nach unten zum Beckenboden gespannten Seil hinabhangeln.

Um auf dem Beckenboden zu sitzen oder zu gehen, kann man sich durch Gewichte (z. B. mit Sand gefüllte Plastikflaschen) auf den Beckenboden ziehen lassen.

Um die Unterwasserraumdimension interessanter zu gestalten, können die Schülerinnen und Schüler sich aus Tauchtoren, Seilen, Stangen etc. eine Unterwasserlandschaft bauen.

Als Tauchtore verwenden wir Gymnastikreifen, Hula-Hupp-Reifen, Gummischläuche und Drainagerohre. Es hat sich gezeigt, dass die Tauchtore aus farbigen Drainagerohren die interessantesten Tauchmöglichkeiten eröffnen. Das liegt daran, dass sie unter Wasser gut zu sehen sind und einen großen Grad an Variabilität aufweisen. Beim Streckentauchen kann man dann versuchen, durch Tauchtore oder einen Tauchtunnel zu schwimmen, sich um „Slalomstangen" zu schlängeln, alle Tore einer „Wasserschlange" zu bewältigen oder einem markierten Tauchweg zu folgen.

Ich habe beobachtet, dass mit zunehmendem Können der Kinder und Jugendlichen sich die Tauchsituationen dahingehend verändern, dass das Tiefwasser in die Aktionen einbezogen wird und vermehrt Transport- und Unterwasserarbeiten ausgeführt werden. Dabei zeigte sich, dass es nicht so sehr darauf ankam, die fertig gestellten Tauchparcours tauchtechnisch zu bewältigen. Viel interessanter war es, die Probleme des Aufbaus gemeinsam zu lösen und herausfordernde Tauchstationen zu erstellen.

6.4 Die Kraft von Wasser spüren

Abschließend soll das Beispiel eines fächerübergreifenden Unterrichts (Schwimmunterricht / Sachunterricht) knapp skizziert werden (vgl. HILDEBRANDT/ STRAMANN 1996). Die Wirkung von Wasser als Naturphänomen zu entdecken bietet sowohl für die Bewegungserziehung als auch für den Sachunterricht eine Vielzahl so genannter lohnender Themen. Es soll hier um die Kraftwirkung des Wassers, d. h. um seine Bremswirkung und um seine Tragfähigkeit gehen. In diesen naturwissenschaftlichen Sachverhalten stecken eine Fülle von Bewegungsabsichten, z. B. „nicht im Wasser versinken", „sich leichter als Wasser machen", „sich vom Wasser tragen lassen", usw.

Das Thema „Wasser hat Kraft" kann man z. B. dadurch in den Horizont der Schülerinnen und Schüler bringen, dass man mit ihnen Fangspiele im flachen Wasser spielt (vgl. Kap. 6.1). Des Öfteren kann man dabei beobachten, dass schon nach relativ kurzer Spielzeit die Bewegungsintensität nachlässt und das Spiel dann auch abgebrochen wird. Fragt man die Lernenden nach dem Grund, so antworten sie in der Regel, dass das Laufen im Wasser anstrengend ist und dass das am Wasser liegt, weil es bremst. Solche Erfahrungen und Äußerungen haben wir aufgegriffen, um mit den Schülerinnen und Schülern in den nächsten Schwimmstunden Experimente zu der Frage durchzuführen, wieviel Kraft das Wasser hat.

In der ersten Sachunterrichtsstunde wird der Experiementierplan gemeinsam mit den Schülern und Schülerinnen erstellt und in den Sachunterrichtsstunden, die den

Experimentierstunden in der Schwimmhalle folgen, werden die praktischen Erfahrungen reflektiert und in Verstehensprozesse überführt.

Bei der Experimentensammlung kristallisierten sich drei Experimente mit einer jeweiligen Frage heraus, die besonders interessant schienen:

1. Experimente mit Wasser und Ball: Kann ich einen Ball leicht unter Wasser drücken?
2. Experimente mit Wasser und Auftriebskörpern: Kann ich auf einem Schwimmbrett, einem Pkw- oder Lkw-Schlauch, einer Luftmatratze oder einer Bademattte stehen, sitzen, liegen, ohne unterzugehen?
3. Experimente mit Wasser und Mensch: Kann ich einen Mitschüler bzw. eine Mitschülerin, der bzw. die auf dem Wasser liegt, unter Wasser drücken?

Einige Schülerinnen und Schüler erklärten sich bereit, von zu Hause Wasserbälle, Luftmatratzen oder Auto-Schläuche mitzubringen.

6.4.1 Beispiel: Experimentiertag im Schwimmbad

Die Schwimmstunden waren wie folgt organisiert: Im Nichtschwimmerbecken sollten die Versuche 1 und 3, im tieferen Beckenteil der Versuch 2 unternommen werden. Die Lehrerin hatte alle Versuchsfragen noch einmal aufgeschrieben, in eine Plastikhülle gesteckt und am Beckenrand ausgelegt. Die Schülerinnen und Schüler konnten sich den Versuchen selbstständig und in beliebiger Reihenfolge zuwenden, sie sollten aber alle ausprobieren. Anzumerken ist an dieser Stelle, dass bis auf eine Ausnahme alle Schülerinnen und Schüler mindestens 25 Meter schwimmen konnten. Der eine Schüler war aber mit dem Wasser so gut vertraut, dass er sich an allen Experimenten beteiligen konnte.

Experiment 1: „Wasser und Ball"

Für dieses Experiment hatte die Lehrerin mehrere Gymnastikbälle (16 cm), Badebälle (35 cm) und drei Physio-Bälle (85 cm) ausgewählt. Für die Schülerinnen und Schüler hatte jeder Ball seinen Reiz. Die kleinen Gymnastikbälle ließen sich leicht unter Wasser drücken. Es bereitete den Lernenden sichtliches Vergnügen, den Gymnastikball so weit wie möglich unter die Wasseroberfläche zu drücken, um ihn dann loszulassen, damit er in einem hohen Bogen aus dem Wasser schnellte.

Einige Schülerinnen und Schüler entwickelten hieraus ein Partnerspiel, bei dem einer den Ball unter Wasser drückt und der andere den herausschießenden Ball auffangen muss. Die meisten Schülerinnen und Schüler konnten den Badeball gerade bis knapp unter die Wasseroberfläche drücken, aber nur dann, wenn sie sich mit dem ganzen Körper auf den Ball legten. Dirk äußerte sich erstaunt, dass er „kräftig drücken muss, um den Ball überhaupt unter Wasser zu kriegen". Vergebens waren die Versuche mit dem mittelgroßen Physioball. Selbst mit vereinten Kräften gelang es mehreren Schülerinnen und Schülern nicht, den Ball auch nur ein bisschen unter Wasser zu drücken.

Experiment 2: „Wasser und Auftriebskörper"

Die Materialien im Schwimmbecken regten die Kinder zu vielfältigen Experimenten an. Für Anja wurde das Schwimmbrett zum Unter-Wasser-Surfbrett, „wo man die Kraft des Wassers so gut an den Füßen spürt". Ein Lkw-Schlauch kann auch mehrere Kinder tragen, ohne auch nur ein bisschen zu versinken. Weiterhin haben die Kinder mit den Materialien dieser Experimentiersituation eigene Boote oder Flöße gebaut und überprüft, wieviele Personen ihre Wasserfahrzeuge wohl transportieren können, ohne unterzugehen.

Abb. 3 Experimentieren mit Auftriebskörpern

Experiment 3: „Wasser und Mitschüler"

Den auf dem Wasser liegenden Mitschüler unter Wasser zu drücken, war natürlich leicht, „zu leicht", wie eine Schülergruppe meinte. Die Gruppe kam auf die Idee, einen Mitschüler in eine „Schwimmboje" zu verwandeln. Er wurde so lange mit Schwimmwesten, Pull-boys, um die Hüfte gebundenen Badematten etc. „verkleidet", bis er auch dann noch auf dem Wasser liegen blieb, als mehrere Schüler zugleich versuchten, die „Boje" unterzutauchen. Sie waren erstaunt darüber, dass ihre Kraft nicht ausreichte, um den Auftrieb zu überwinden.

Abb. 4 Wieviel Kinder passen auf das Floß?

Mit einem die Schwimmstunde abschließenden Wasserexperiment wollte die Lehrerin die Aufmerksamkeit aller Schülerinnen und Schüler noch einmal deutlich auf
die tragende Kraft des Wassers konzentrieren. Sie bekamen die Aufgabe, zu zweit
oder zu dritt einen Mitschüler bzw. eine Mitschülerin an Beinen und Händen anzu-
fassen und ins Wasser zu tragen. Was passiert mit dem Gewicht des Mitschülers bzw.
der Mitschülerin? „An Land ist der ja so schwer, aber im Wasser kann ich ihn mit einer Hand oder sogar mit nur einem Finger tragen!" rief Sascha. Natürlich wollten
die Schülerinnen und Schüler wissen, ob das mit dem „Gewicht der Lehrerin auch
so ist".

In der folgenden Sachunterrichtsstunde sollten die praktischen Erfahrungen in Verstehensprozesse überführt werden. Hierzu hatte die Lehrerin einige während der Experimente spontan geäußerte Sätze der Schülerinnen und Schüler stichwortartig notiert, z. B.:

- „Das Laufen im Wasser ist aber anstrengend!"
- „Damit der Ball unter Wasser kommt, muss ich aber kräftig drücken!"
- „Der Lkw-Schlauch kann vier Personen tragen, ohne auch nur ein bisschen unterzugehen."
- „Ich kann Sascha im Wasser auf einem Finger tragen!"

Diese Aussagen wurden auf ein großes Plakat geschrieben und in einem sich an die Aktivitätsphasen anschließenden Gesprächskreis im Klassenzimmer diskutiert. (Zwischen dem Schwimmunterricht und dem Unterricht im Klassenzimmer lagen natürlich das Umkleiden, der Rückweg zur Schule und eine Frühstückspause.) In diesem Gesprächskreis fiel es den Schülerinnen und Schülern dann nicht schwer, ihre Wahrnehmungen in Sachaussagen umzuformulieren und in Merksätzen festzuhalten. Beispiele: „Das Wasser hat Kraft. Es drückt beim Laufen 'gegen die Beine' ", „Es drückt von unten gegen den Ball, gegen den Autoschlauch, gegen Sascha, so daß sie schwimmen oder leichter werden."

In den Gesprächen versuchten die Kinder immer wieder, diese Phänomene zu erklären. Dabei fielen auch physikalische Begriffe wie Widerstand und Auftrieb. Zur Ergebnissicherung erhielten die Schülerinnen und Schüler die Aufgabe, die an die Tafel geschriebenen unvollständigen Merksätze in Kleingruppenarbeit zu komplettieren, z. B.:

1. Wenn ich im Wasser laufe, spüre ich eine *Kraft*, die das Laufen anstrengend macht. Diese *Kraft* nennt man *Widerstand*.

2. Wenn ich Sascha in das Wasser trage, spüre ich, dass er *leichter wird*. Das Wasser hat die *Kraft*, Sascha zu tragen. Die *Kraft* nennt man *Auftrieb*. (Die kursiv gesetzten Wörter sollten von den Schülern und Schülerinnen in den Text eingesetzt werden.)

6.4.2 Abschließende Bemerkungen zu diesem Unterrichtsbeispiel

In einem solchen Unterricht wird die „explorative Bedeutung der Bewegung zum Ausgangspunkt einer handlungsorientierten, fächerübergreifenden Bewegungs- und Spielerziehung" (SCHERLER 1976, 30). Im Unterricht der Grundschule hat die Begegnung mit Naturphänomenen die Aufgabe, interessante Erfahrungen zu vermitteln, Fragen aufzuwerfen, Eindrücke von bestaunenswerten Vorgängen zu hinterlassen, die Neugierde für eine vertiefte Auseinandersetzung mit der Sache zu wecken. Wenn Fragen aufgeworfen sind und Neugierde angestoßen werden soll, dann müssen die Sinne der Kinder eindrucksvoll angesprochen werden: „Junge Menschen, die neue Einsichten erwerben sollen, brauchen den sinnlichen Kontakt zu den Schlüsselphänomenen, um sich eine zutreffende Vorstellung machen zu können" (KÖHNLEIN 1986, 478). KAHLERT-REBY/MIEDZINSKI (1988) schließen an diesen Gedanken folgerichtig die Frage an: „Wann wäre dieser sinnliche Kontakt enger als in Situationen, in denen der eigene Körper zum Medium der Erfahrungen wird, die naturwissenschaftlichen Phänomene also nicht nur gesehen, beobachtet, bestimmt, sondern sogar gespürt werden?"

7. Zusammenfassung

Ich habe Schwimmen lernen als erfahrungsbezogene Auseinandersetzung des Subjekts mit dem Element Wasser charakterisiert. Konstitutiv für diesen Auseinandersetzungsprozess ist der Wechselzusammenhang zwischen Mensch und Welt, hier zwischen Mensch und Wasser, der sich in einer engen Verzahnung von Wahrnehmen und Sich-Bewegen festmacht.

Aus didaktischer Sicht habe ich die Frage gestellt, wie dieser Auseinandersetzungsprozess zu gestalten ist. Meine Antwort: Er ist als Suchprozess im Sinne eines freien Bewegungsdialogs zu gestalten. Methodische Rahmenbedingungen für diesen Dialog sind problemorientierte Lernsituationen, in denen die Lernenden gezielt die verschiedenen Dimensionen und Perspektiven des Bewegungsraumes Wasser in Erfahrung bringen können. Anhand von Beispielen habe ich erfahrungsbezogenes Lernen gekennzeichnet als

a) eine Einbindung in konkrete Situationen entsprechend dem Grundsatz, dass die Situation lehrt und nicht die Instruktion (vgl. TREBELS 1990, 15) und

b) einen selbstständigen experimentierenden Umgang mit dem Element Wasser auf der Grundlage gezielter Fragestellungen gemäß dem Grundsatz, den Dingen und den in ihrem So-Sein eingelagerten Gesetzmäßigkeiten zu entsprechen (vgl. TREBELS 1990, 15).

Abschließend verweise ich auf ein Fazit, welches LOIBL (1992) angesichts ähnlicher Überlegungen zu dem Thema „Im Lehren und Lernen – Räume erschließen" zieht: „Aufgrund der Funktionalität unterschiedlicher Verhaltensweisen sollten sich bei diesem Lernen zumindest grobe Formen aktueller ... Schwimmtechniken entwickeln ... Die vorschnelle Orientierung an solchen Bewegungsformen ist für die Ausprägung funktionaler Bewegungsaktionen, für die Entwicklung differenzierter Wahrnehmungs- und Aktionsschemata, für das Sammeln von Bewegungserfahrungen und das Entwickeln von Bewegungsgefühl (vgl. LEIST/LOIBL 1990) eher hinderlich."

Diese Überlegungen gelten auch dann, wenn im Sinne sportlichen Schwimmens eine Schwimmtechnik erarbeitet werden soll. Dem weit verbreiteten Vorurteil, eine nicht an idealen Bewegungsformen ausgerichtete Vermittlung führe zum Einschleifen falscher Bewegungsmuster, ist gerade unter dem Aspekt der Funktionalität in Verbindung mit einem „Wertbewußtsein im Tun" (CHRISTIAN) die o. g. Argumentation entgegenzustellen (vgl. LEIST/LOIBL 1990).

Literatur

BIBA, W.: Schülerorientierter Schwimmunterricht. In: sportpädagogik 5 (1981) 1, 16–31.

BRODTMANN, D.; LANDAU, G.: An Problemen lernen. In: sportpädagogik 6 (1982) 3, 16–22.

FRANKFURTER ARBEITSGRUPPE: Offener Sportunterricht – analysieren und planen. Reinbek 1982.

FRITSCH, U.; MARAUN, H.-K.: Über die Behinderung von Lernen durch Lehrhilfen. In: Sportunterricht 41 (1992) 1, 36–43.

FUNKE, J.: Bewegungskünste und ästhetische Selbsterziehung – oder „Sieh mal! Kunst!" In: sportpädagogik 11 (1987) 3, 11–19.

GIBSON, J. J.: Wahrnehmung und Umwelt. München, Wien, Baltimore 1982.

HILDEBRANDT, R.: Spürsinn für das Wasser entwickeln. In: sportpädagogik 14 (1990) 3, 19–25.

HILDEBRANDT, R.: „Schwimmen lernen" als Erschließung des Bewegungsraumes Wasser. In: Sportunterricht 42 (1993) 199–204.

HILDEBRANDT, R.; STRAMANN, B.: Die Kraft von Luft und Wasser spüren. In: sportpädagogik 20 (1996) 6, 41–45.

HILDEBRANDT, R.: Bewegungserfahrungen im Wasser. In: ZIMMER, R. (Hrsg.): Kinder- und Jugendarbeit im Sport. Aachen 1998, 273–285.

JOHN, H.-G.: Vielfältige Bewegung. In: sportpädagogik 14 (1990) 3, 42–45.

KAHLERT-REBY, J.; MIEDZINSKI, K.: Physik spüren. Bewegungserfahrung mit einfachen Maschinen. In: Grundschule 20 (1988) 3, 30–33.

KÖHNLEIN, W.: Kinder auf dem Wege zum Verstehen. In: Neue Sammlung (1986) 4, 465–479.

KURZ, D.; VOLCK, G.: Zur didaktischen Begründung des Schwimmens in der Schule. In: VOLCK, G. (Hrsg.): Schwimmen in der Schule. Schorndorf 1977.

LANDAU, G.: Bewegungsraum Wasser. In: sportpädagogik 9 (1985) 3, 18–24.

LANDAU, G.: Kurse. In: sportpädagogik 5 (1981) 1, 8–13.

LEIST, K. H.; LOIBL, J.: Vom gefühlvollen Sich-Bewegen und seiner Vermittlung. In: sportpädagogik 14 (1990) 4, 19–25.

LOIBL, J.: Im Lehren und Lernen – Räume erschließen. In: sportpädagogik 16 (1992) 4, 28–31.

MARAUN, H.: Erfahrung als didaktische Kategorie. In: DIETRICH, K.; LANDAU, G. (Hrsg.): Sportpädagogik. Annäherungen, Versuche, Betrachtungen. Seelze o. J., 21–36.

NEISSER, U.: Kognition und Wirklichkeit. Stuttgart 1979.

SCHERLER, K.: Bewegung und Spiel in der Eingangsstufe. In: Die Grundschule 7 (1976) 1, 28–34.

SCHERLER, K. H.: Schwimmen. In: sportpädagogik 5 (1981) 2, 14–21.

TAMBOER, J.: Sich Bewegen – ein Dialog zwischen Mensch und Welt. In: sportpädagogik 3 (1979) 2, 14–19.

TREBELS, A.: Das dialogische Bewegungskonzept. Eine pädagogische Auslegung von Bewegung. In: Sportunterricht 41 (1992) 1, 20–29.

TREBELS, A.: Bewegung sehen und beurteilen. In: sportpädagogik 14 (1990a) 1, 12–20.

TREBELS, A.: Bewegungsgefühl: Der Zusammenhang von Spüren und Bewirken. In: sportpädagogik 14 (1996b) 4, 12–18.

VOLCK, G.: Schwimmen heute. In: sportpädagogik 14 (1990) 3, 12–18.

VOLCK, G.; WILKE, K.: Aufbau und Erweiterung der Erlebnisfähigkeit im Wasser. In: VOLCK, G. (Hrsg.): Schwimmen in der Schule. Schorndorf 1982, 192–198.

VOLGER, B.: Lehren von Bewegungen. Ahrensburg 1990, 79–105.

WEIZSÄCKER, C. F. v.: Aufbau der Physik. Wien 1985.

HELGARD LANGE

Tanz und Gymnastik in ästhetischen Erziehungs- und Bildungsprozessen

1. Einleitung

Tanz hat in den Feldern von Unterhaltung und Bildung und als vielfältige Freizeit-aktivität an gesellschaftlicher Beachtung gewonnen. Die erhöhte öffentliche Auf-merksamkeit für den Tanz im Bildungsbereich ist nicht nur auf seine starke Präsenz in den Medien zurückzuführen; auch die Kulturpolitik hat die Bedeutung des Tan-zes in der Bildungs- und Sozialarbeit entdeckt. Es gibt inzwischen europäische Kul-turförderungsprogramme; zudem sind viele regionale und städtische Tanzinitiati-ven entstanden. Die Kulturstiftung des Bundes fördert mit einem „Tanzplan Deutschland" die Sparte der Tanzkunst an den Bühnen und die professionelle Aus-bildung junger Tänzer und Tänzerinnen; darüber hinaus fördert sie im Bildungsbe-reich Modellprojekte, in denen eine Kooperation der Tanzkunstszene mit Bil-dungsinstitutionen und kulturellen Einrichtungen organisiert und finanziert wird (www.kulturstiftung-des-bundes.de).

An den Schulen haben sich die Möglichkeiten für den Tanz durch strukturelle Ver-änderungen erweitert. Im Sportunterricht hat sich die Auslegung von Tanz und Gymnastik verändert. Ein Sportunterricht, der auf Lebensnähe setzt und zugleich in der Verschränkung von mimetischen und diskursiven Lernprozessen auch eine Distanz zum unmittelbar Erlebten herstellt, kann den tänzerischen Bereich in all seinen gesellschaftlichen Ausdifferenzierungen thematisieren. Ausschlusskrite-rien, die früher gegen bestimmte Tanzformen ins Feld geführt wurden, wie etwa die Behauptung, ihr Showcharakter oder ihre eher sportliche Ausrichtung auf Wett-kampf und Körpertraining machten sie ungeeignet für ästhetische Bildungsprozes-se, sind heute nicht mehr zu begründen.

Dagegen ist die traditionelle Rhythmische Gymnastik in der Praxis des Sportunter-richts nicht mehr zuverlässig verankert. Jungen sehen sie mehrheitlich, sportliche Mädchen häufig als einen typisch weiblichen Bewegungsbereich, der ihnen unzeit-gemäß erscheint und unzugänglich geworden ist. Kinder und Jugendliche finden für Formen rhythmischer Gymnastik kaum motivierende Vorbilder. Gymnastik hat fast nur noch als funktionelle eine Bedeutung im Sportunterricht, obwohl der Be-wegungskanon der Rhythmischen Gymnastik mit den Strukturelementen von Zeit, Raum, Kraft und Dynamik ganz ähnliche Gestaltungsprozesse eröffnet wie der Tanz. Einen Zugang zur Gymnastik bieten inzwischen hybride Formen, wenn durch sportliche, tänzerische, akrobatische oder kampfsportliche Elemente bzw.

durch unübliche Materialien die traditionelle Stilistik der Rhythmischen Gymnastik aufgelöst wird, wie beim „Rope-Skipping", „Cheerleading" oder „Box-Aerobic".

Didaktische Überlegungen zum Tanz gehen nicht mehr von der Vorstellung aus, es könne Bewegung oder Tanzen „an sich" geben. Tanzen, auch im Bildungsbereich, ist „doing culture". Bewegungen und Gesten haben eine Geschichte und enthalten in ihrer Verwendung Soziales, so dass bei Entscheidungen über Inhalte, Ziele, Methoden und Themen auch die Bedeutung der sozialen Stilistik von Bewegungen zu beachten ist.

Der vorliegende Beitrag wird auf kulturelle und theoretische Entwicklungen eingehen und angesichts der Umstrukturierung von Schule und der Neudefinition der Berufsrolle von Lehrern und Lehrerinnen die Chancen für Erziehungs- und Bildungsprozesse im Bereich von Tanz und Gymnastik untersuchen.

2. Didaktische Perspektiven

2.1 Neuer Tanzboom: Tanzen als Teil der Popkultur

Kinder und Jugendliche nehmen Tanz heute vor allem als einen Teil der Popkultur wahr. Sie haben durch die enge Verbindung von Musik und Tanz neben ihren Idolen aus der Musikszene häufig auch tänzerische Vorbilder, die meist gängige Geschlechterklischees verkörpern. Die Musiksender MTV und VIVA übertragen attraktiv inszenierte Wettbewerbe, wie „DanceStar" von Detlef D! Soost oder das Dance-Projekt von Wade Robson, in denen die besten Tänzer oder Tänzerinnen Deutschlands oder der USA gesucht werden und in denen materielle Gewinne sowie die Aussicht auf eine professionelle Tanzkarriere für Spannung sorgen. Es können intensive Gefühle erlebt und dargestellt werden, wenn um Erfolg gekämpft wird oder ein Misserfolg vor Publikum zu ertragen ist.

Die Bilder, die Kinder und Jugendliche gemeinhin vom Tanzen haben, sind, obwohl geschlechtstypisch unterschiedlich, stilistisch doch recht homogen. Der Tanz hat in der Verbindung mit Musik in Video-Clips und auf der Bühne meist die Funktion, die musikalische Performance visuell eindrucksvoll zu unterstützen. Die Tanzparts männlicher HipHop-Tänzer beeindrucken in der Regel durch „coole moves", während die Tänzerinnen eher durch ihr Aussehen auf sich aufmerksam machen. Die Formensprache dieser tänzerischen Vorbilder erotisiert und sexualisiert ihre Körper und Bewegungen und gerät in Konflikt mit dem schulischen Wertekanon; deshalb können viele Original-Choreographien nicht ohne Weiteres übernommen werden. Wenn Lehrende Tanz nach solchen Vorlagen unterrichten wollen, suchen sie nach einem pädagogischen Filter für ein begründbares Erfahrungs- und Lernangebot.

Die meisten der von den Medien vermittelten Tanzwelten wollen gefallen und unterhalten, indem sie schöne Körper und ein artistisches Bewegungsvermögen zeigen. Zur Bekanntheit und zum Verständnis des breiten Spektrums von zeitgenössischem Tanz dagegen tragen die öffentlichen Fernsehsender, sieht man von ARTE und 3 SAT ab, wenig bei, zur Bekanntheit von Rhythmischer Gymnastik und Sportgymnastik fast nichts. Da Schüler und Schülerinnen ihre Vorbilder und Idole für Tanz weitgehend aus den Medien beziehen, sind sie zwar nur mit einem kleinen Ausschnitt der Tanzwelt vertraut, haben dafür aber klar umrissene Erwartungen an den Unterrichtsinhalt Tanz.

2.2 Neue Tanzlust und HipHop

Wenn Kinder und Jugendliche Tanzen als Freizeitaktivität wählen, dann deshalb, weil sie dabei Bewegungsspaß und aufregende Gefühle haben und sich selbst intensiv spüren. Ihre Tanzbegeisterung schließt häufig das Interesse an Wettbewerben und Wettkämpfen ein; und in der Konsequenz sind dann – wie im Sport – Üben und Trainieren etwas Selbstverständliches. Sie sind von einem Tanzstil fasziniert, der ein hohes Maß an Können verlangt, und wollen zu Leistungen herausgefordert werden. Für ihre Selbstdarstellung ist es entscheidend, dass sich mit den tänzerischen Bewegungen etwas Wichtiges mitteilen und anzeigen lässt, u. a. auch eine bestimmte Gruppenzugehörigkeit. Der Slogan „Tanzen ist cool" verdrängt zunehmend den diffamierenden Spruch „Tanzen ist schwul".

Vor allem die HipHop- Szene verspricht „Coole Moves" und findet Akzeptanz bei beiden Geschlechtern. Tanzfilme und das Internet, aber auch lokale und nationale „Battles" eröffnen den Zugang zu Informationen über die globalen Entwicklungen des HipHop. Durch den Film „Rize" von David LaChapelle wurde die Krump-Dancing-Bewegung des amerikanischen HipHop auch in Deutschland bekannt. Sie ist als ein Beispiel für Tanzentwicklungen außerhalb von Bildungs- und Ausbildungsinstitutionen von Bedeutung. „Clowning" ist eine Krumping-Variante, die „Tommy" – der sich zur Kunstfigur „Tommy the Clown" stilisiert und mit Tanzen den Weg aus einer Ghetto-Karriere in Los Angeles geschafft hat – gemeinsam mit Kindern und Jugendlichen in seinem Viertel entwickelt hat. Die „Kids", beiderlei Geschlechts, zeigen in „Battles" vor einem nach Hunderten zählenden Publikum ihr höchst komplexes Können und ihre individuellen neuen „Tricks". Ein für sie wichtiges Ziel der Aufführung ihrer Interpretationen ist es, mit einem Sieg an Prestige zu gewinnen.

Das Musikgeschäft hat die Faszination dieses Tanzstils, bei dem die Energie der Tanzenden förmlich überspringt, entdeckt und bucht die „Krumpers" für Auftritte in den Videos internationaler Popstars. Tanzen zu können ist für unterprivilegierte und vor allem männliche Jugendliche marginalisierter Gruppen zu einer realen Aufstiegschance geworden. Sie arbeiten hart an sich, um Zugang zum Show-Bereich zu bekommen, ganz ähnlich wie Sportler, die eine professionelle Karriere an-

streben. Zur Tanzlust des „Clowning" und „Krumping" gehört, in den Begriffen
von BOURDIEUs Theorie des Habitus und des sozialen Feldes, die Aussicht, den
Zugewinn an kulturellem Kapital auch in ökonomisches Kapital umsetzen zu
können.

Abb. 1 Battle der „Clowns" gegen die „Krumpers", Szenenfoto aus: „RIZE", Film von
    LaChapelle, Rapid Eye Movies 2006

„Krumping" ist HipHop und hat daher stilistische Ähnlichkeiten mit afrikanischen
Tanztechniken. Beim „Krumping" wird der Körper durch binnenkörperliche Bewegungen in unterschiedlichen Zentren, vor allem durch rasante Vor- und Rückbe-
wegungen des Beckens in Koordination mit Bewegungen der Knie und Beine nach
innen und außen, durch ein Vorwärts und Zurück und Kreisen des Brustkorbs und
der Arme, kombiniert mit weiteren kreisenden Gesten und Bewegungen, in ein
„Bewegungsfeuerwerk" versetzt. Die intensiven Bewegungswiederholungen können in einen Zustand des Rausches oder in einen Trancezustand führen. Im „Nor-
malzustand" während dieses Tanzens stellt sich eine quasi „unkontrollierte" Kontrolle ein, wobei starke Gefühle einen Ausdruck finden und zugleich körperlich allererst erzeugt werden. Ein geradezu unglaubliches Tempo der Einzelbewegungen
setzt vor allem beim Erlernen dieses Stils die Gesamtkoordination immer wieder
aufs Spiel.

Abb. 2 „Miss Prissy" im Battle: „Clowns" gegen „Krumpers", Szenenfoto

2.3 Erwartungen an Tanzunterricht: „Richtiges" Tanzen

Wenn Schüler und Schülerinnen sich im Sportunterricht wünschen, so wie in jugendkulturellen Tanzwelten tanzen zu lernen, und „Krumping" als Beispiel thematisiert wird, dann kann sich die tänzerische Auseinandersetzung zunächst auf das Erleben von Energie und Bewegungsfreude konzentrieren. Die Gestaltung der Tanzsituation kann aber auch die technische und/oder gestalterische Herausforderung in den Mittelpunkt stellen – oder auch die Entdeckung von Symbolisierungen und getanzten Botschaften. Welche subjektiven Bedeutungen das Tanzen für die Schüler und Schülerinnen gewinnt, hängt davon ab, welche Auseinandersetzung mit dem Gegenstand sie bei der Aneignung von Bewegungen führen. Bei einer inhaltlichen und methodischen Öffnung des Unterrichts zeichnet sich die Praxis durch Emergenz aus, d. h. sie kann sich aus sich selbst heraus weiterentwickeln.

Beim „Krumping" muss mit dem Widerspruch von Lockerheit und dynamischer Kraft und Härte als einem Stilelement umgegangen werden. Dieses Tanzen betont die Differenz zu Tanzstilen der Harmonie und Glätte und lässt somit andere Erfahrungen zu als etwa das klassische Ballett oder der zeitweilig modische irisch-amerikanische Stil des Tap-Dancing. Präsenz in der Bewegung kann in allen Tanzstilen erfahren werden; dem neuen Tanzinteresse vieler Jungen kommen dynamische und kraftbetonte Tanzstile jedoch besonders entgegen. Stile der Glätte werden eher als ein weiblich konnotiertes Tanzen gedeutet und vor allem von den Jungen gemieden.

Der Weg zum Tanzen von HipHop führt über mimetisches Lernen. Es muss ein Gefühl für Impulse und Akzente und für die Koordination der Bewegungen in unterschiedlichen Bewegungszentren erworben werden; darüber hinaus ein Gefühl für die Botschaften der Gesten. Hilfreich sind sachliche und auch metaphorische Beschreibungen der Könner darüber, wie es sich anfühlt, wenn Bewegung und Aussage stimmen. Dieses „learning by doing" kommt wiederum den Lernstilen der Jungen entgegen, die sich ihre stilistischen Vorbilder selbst wählen, voneinander lernen und sogar gern auf professionelle Lehrkräfte verzichten, während Mädchen eher die Angebote von Tanzschulen und Studios nutzen, die ihr Programm um Hip-Hop, Street Dance und immer wieder neue, durch die Medien vermittelte Tanzstile erweitern. Die Kurse können ähnlich wie im sonstigen Konsumbereich nach Markenzeichen gewählt werden: In „Dance4Fans" z. B. werden professionell erarbeitete und für die Weitergabe im kommerziellen Tanzbereich produzierte Choreographien Schritt für Schritt vermittelt, von denen Ausschnitte meist bereits durch Videoclips bekannt sind. Im „Kinderkanal" wurde in der Sendung „Star Dance" gezeigt, wie junge, gestylte Tanzlehrer Demonstrationsstunden zum Mitmachen vorführen, unterstützt durch eine Moderatorin, die der Sendung durch Interviews mit Popstars Glanz verleiht. Einer Gruppe von Jungen und Mädchen werden dort klar strukturierte Originalchoreographien aus Videoclips beigebracht. Dies geschieht außerordentlich diszipliniert in Teilschritten über Vor- und Nachmachen und durch geduldiges Erklären, wie die Bewegungen in der Musik zu zählen sind, sowie durch häufiges Wiederholen, bis die Bewegungskoordinationen denen der Vorbilder genügend ähnlich geworden sind und die Gruppe das Ganze synchron und mit einer Idee von Pop-Bühnenpräsenz tanzen kann.

Die Rezeption von Tanz, wie er in den Medien präsentiert wird, und die in kommerziellen Angeboten gewonnenen Tanzerfahrungen begünstigen einerseits die Bereitschaft, sich auf Tanzen auch im Sportunterricht einzulassen, andererseits gehört zu dieser neuen Offenheit eine Vorstellung vom „richtigen" Tanzen, die durch Anerkennung in ihrer jeweiligen Bezugsgruppe beglaubigt wird. Zur in diesem Sinne richtigen Form des Tanzens gehören passende Musik und Bekleidung, wiederum nach dem jeweiligen Geschmack der Gruppe. Schulische Unterrichtsangebote, die ästhetische Bildungsprozesse und die Förderung von Kreativität zum Ziel haben, werden im Vergleich mit den meisten außerschulischen Tanzerfahrungen etwas befremdlich anmuten, weil sie anderen Leitideen folgen. Die Orientierung an schulischen Bildungsansprüchen erfordert ein Angebot, das nicht auf die bloße Übernahme konkreter Vorbilder zielt, sondern zu einer Auseinandersetzung mit Widerständen herausfordert, in der selbstverständlich Erscheinendes fragwürdig werden kann. Hier werden, anders als bei den kommerziellen Angeboten, Anstöße zur

Dekonstruktion der Bilder von Tanz und zur Selbstreflexion gegeben. Schulische Konzepte setzen sich daher von jenen kommerziell erfolgreichen Vermittlungsmustern für Lernprozesse ab, die einen möglichst einfach zu bewältigenden Weg zur Aneignung einer fertigen Choreographie vorgeben; die Schule will hier gerade durch intendierte Störungen reibungsloser Abläufe Anstöße für bildungswirksame Neuorientierungen geben.

Jugendliche Heavy Metal-Fans oder Techno-Anhänger, die sich durch ihren Musikgeschmack und ihre Tanzstile vom Mainstream abgrenzen und in der Freizeit ihre Zugehörigkeit zu vom Mehrheitsgeschmack abweichenden Gruppen inszenieren, wissen ebenfalls genau, welche Emotionen und Körpererfahrungen sich einstellen müssen, damit sich ihr Tanzen „richtig" anfühlt. Obwohl sich viele Tanzformen einer Inszenierung im Sportunterricht und in der Sporthalle entziehen, ist es in jedem Fall die Aufgabe von Unterricht, unterschiedliche Weisen des Umgangs mit Körper und Bewegung erfahrbar zu machen, da man in der Auseinandersetzung mit der Kultur anderer über einen sinnlich-körperlichen Zugang Erkenntnisse über sich selbst und die eigene Kultur gewinnen kann.

Bildungstheorien gehen von der Perspektive des Subjekts aus und Erziehungsanliegen werden demnach erst wirksam, wenn die Subjekte die an sie herangetragenen Aufforderungen zum Lernen annehmen und in Selbstbildungsprozessen Situationen und Sachen für sich klären. Dabei können bisherige Sichtweisen bestätigt oder aber auch in Frage gestellt werden (vgl. LAGING 2005, 288–295). Bildung vollzieht sich als Selbstbildung, wenn Erfahrungen in Wissens- und Könnensordnungen integriert werden. Folglich ist über unterschiedliche Auffassungen vom „richtigen" Tanzen, die Lehrende und Lernende bewusst oder unbewusst haben, eine offene Auseinandersetzung zu führen, die allerdings nicht zum Ziel haben sollte, einen für gesellschaftlich legitim gehaltenen Musik- und Bewegungsgeschmack durchzusetzen.

Die in der Institution Schule Lehrenden sind gehalten, sich auf tanzpädagogische Konzepte und ministerielle Vorgaben für Unterricht zu beziehen (vgl. TIEDT/ TIEDT 2000, 166 f.): Jene Konzepte transportieren zum einen pragmatische Ansprüche, nach denen Schülern und Schülerinnen Angebote zu machen sind, in denen sie ihr sinnlich-körperliches Wahrnehmungsvermögen sowie ihre Bewegungsfähigkeiten und -fertigkeiten entwickeln können, die es ihnen erlauben, in attraktiven sozialen Feldern mitzuspielen. Zum anderen erheben die Konzepte kaum objektivierbare Ansprüche, die sich auf Anstöße zur Reflexion und Selbstreflexion durch die Auseinandersetzung mit tänzerischen Themen beziehen und die Entwicklung eines kritischen Verständnisses für diesen kulturellen Bereich intendieren. So soll z. B. die unterschiedliche Verwendung des Körpers von Schülern und Schülerinnen unterschiedlicher Herkunft thematisiert werden, um interkulturelles Verstehen zu fördern (ebd., 167). Diese starke Betonung von subjektiven Bildungsprozessen könnte Verständigungsschwierigkeiten auslösen, da Schüler und

Schülerinnen vom Unterricht eben auch erwarten, dass ihre Lernergebnisse nach möglichst objektiven Kriterien bewertet werden. Tanzpädagogische Konzepte sollten daher auch Orientierungen bieten für den Umgang mit Aufwertungen und Abwertungen von Tanz und mit gruppentypischen Weisen, Körper und Bewegung zu nutzen. Sie sollten helfen, Unterrichtsprobleme zu antizipieren und Lösungen zur Bewältigung von Konfliktsituationen zu finden, die beim Aufeinandertreffen schulischer und von ihnen abweichender jugendkultureller Welten im Unterricht unvermeidlich sind.

2.4 Alte Konzepte und neue Perspektiven

Als in den 70er Jahren an den Universitäten der alten Bundesländer didaktische Konzepte für Tanz und rhythmische Gymnastik entwickelt wurden, geschah das mit dem Ziel, vor allem ästhetisches Verhalten und kreatives Bewegungshandeln zu fördern. Tanz und Gymnastik schienen vielen kein legitimer Inhaltsbereich des Sportunterrichts zu sein. Dem damals dominanten Sportartenkonzept zufolge sollten ausgewählte Sportarten mit dem Ziel der Maximierung und Optimierung sportlicher Leistungsfähigkeit erlernt werden. Die didaktischen Überlegungen zu Zielen, Inhalten und Vermittlungsformen von Tanz und Gymnastik im Sportunterricht orientierten sich dagegen an Konzepten für ästhetische Erziehungs- und Bildungsprozesse, die in etwa zeitgleich für den Bereich der Bildenden Kunst entworfen wurden. In Übereinstimmung mit der Kunstdidaktik wurden vier Dimensionen ästhetischer Erziehung unterschieden, eine pragmatische, eine kritische, eine utopische und eine hedonistische Funktion. Diese Funktionen beziehen sich auf Fähigkeiten, in einem Medium zu kommunizieren, Widerstand gegen Manipulationen über die Sinne zu entwickeln, mit Phantasie die Realität zu überschreiten und sinnliche Bedürfnisse zu befriedigen (vgl. KERBS 1975, 16–19 und DREFKE 1976, 47–49).

Dem Sport wurde ein generell instrumenteller Umgang mit Körper und Bewegung unterstellt, der es verhindere, ästhetische Erfahrungen zu machen. Gymnastik und Tanz sollten deshalb Gegenwelten zum Sport eröffnen und ästhetisches Verhalten fördern, wofür sie durch ihre erklärte Nähe zur Kunst und auf Grund ihrer typischen Erfahrungs- und Handlungsfelder besonders geeignet erschienen. Die Prämisse dieser Konzepte, Gymnastik und Tanz müssten sich durch das Ziel einer kreativen Bewegungsförderung vom Sport und allen seinen modischen Ausdifferenzierungen abgrenzen, galt lange Zeit unhinterfragt.

Die traditionelle tanzpädagogische Sicht auf Gestaltungen unterscheidet zwischen einem Tanzen als Erfahrung und einem Tanzen als Mitteilung (vgl. POSTUWKA 2001, 335). Tanzen kann danach zunächst als sinnvoll erlebt werden, wenn man Erfahrungen mit dem eigenen Körper macht - mit anderen in einem gemeinsamen Tanz oder in einer erlebten stimmigen Verbindung von Musik und Bewegung. Ein zweites mögliches Ziel beim Tanzen ist es, Aussagen über Selbst- und Weltverhältnisse zu machen. Ein solches Tanzen als Mitteilung bezieht zuschauende Andere in das Erleben ein und erweitert das potenzielle Erfahrungsfeld, da die Reaktionen eines Publikums wahrgenommen werden, das auf Aussagen und Anspielungen der Tänzerinnen und Tänzer mit Gefühlsäußerungen, Stille, Unruhe usw. reagiert und so die Aufführung beeinflusst.

Vor dem Hintergrund von Theorien des Performativen sind Erfahrung und Mitteilung von vornherein miteinander verschränkt. Tanzen wird analog zum Sprechen als ein performativer Akt gesehen, der sich immer – wenn auch nur imaginiert – auf andere bezieht. Erfahrungen werden immer in sozialen Kontexten gemacht, sind beeinflusst durch alle im Raum spürbar Anwesenden und bekommen dadurch zugleich einen Mitteilungsaspekt.

Die Förderung ästhetischen Verhaltens im tänzerisch-gymnastischen Bereich soll Schüler und Schülerinnen für ästhetische Wahrnehmungen sensibilisieren und ihre Gestaltungsfähigkeit im Medium der Bewegung erweitern. Sie sollen lernen, Erlebnisse und Erfahrungen sich selbst und anderen in symbolischer Form zu vergegenwärtigen und der Reflexion zugänglich zu machen. Diese Auffassung hat sich seit den 70er Jahren im Kern nicht verändert. Veränderungen betreffen dagegen Öffnungen für neue Inhalte, Themen und Vermittlungsformen.

Die Frage, warum vielen Schülern und Schülerinnen Tanzen im Sportunterricht „sinnloser" erscheint als eine Sportart, führt auf das Verhältnis von Natur und Kultur. Warum scheint die Bewegung eines Torschusses im Fußball natürlicher zu sein, als eine „Kickbewegung" im Rock'n'Roll oder HipHop? Da auch der vermeintlich natürliche Umgang mit dem Körper ein sozialer ist und wir unseren Körper nur als einen von einer zweiten Natur haben, ist die Idee, im tänzerischen Bereich sei der uns im Alltag abverlangte „naturwidrige", unsinnige Umgang mit unserem Körper zu kompensieren, unhaltbar: Es lässt sich nicht sagen, was das „natürliche" Recht des Körpers sein könnte.

Des Weiteren wird, anders als in früheren Konzepten, heute das Lernen von Bewegungen über ein „Nachmachen" nicht mehr abgewertet. Nachmachen ist als eine Form von Mimesis, wie GEBAUER/WULF feststellen, zweierlei: es ist „Nachahmung von etwas Gegebenen *und* dessen Formung" (2003, 7f.) und somit kein „bloßes" Imitieren, dem jede Kreativität abgesprochen werden könnte. In mimetischen Lernprozessen entstehen nicht simple Kopien, sondern individuell gestaltete Bewegungsformen, die sich auf eine vorgängige oder auch nur in Phantasien vorhandene Welt beziehen. Es öffnet sich ein Zugang zu einer Welt, die nach GEBAUER/WULF „nicht allein materiell, sondern auch symbolisch existiert." (2003, 8).

Traditionelle tanzpädagogische Konzepte sind auf der Grundlage phänomenologischer und intentionaler Handlungstheorien entstanden. In diesem Theorierahmen wird angenommen, Schülerinnen und Schüler könnten einen Zugang zum Tanzen finden, wenn sie nur willens seien, sich auf Unterrichtsangebote einzulassen. Demnach kann von ihnen gefordert werden, Verweigerungshaltungen einfach aufzugeben und sich zum freudigen Mitmachen zu entschließen.

Im Denkrahmen von Körpertheorien verändert sich diese Sicht auf Unterrichtspraxis. Mit dem Habituskonzept des französischen Soziologen Pierre BOUR-
DIEU (vgl. KRAIS 2004) ist zu verstehen, dass auch ein ernst gemeintes Wollen
den Zugang zu Aufgaben und Bewegungen in einem ungewohnten Bereich nicht si-
cherstellen kann. Unser Habitus gibt uns Handlungsspielräume innerhalb bestimmter Grenzen: Unter Habitus ist ein in unserem Körper verankertes System
von Dispositionen zu verstehen, die als Erzeugungs- und Ordnungsgrundlage für
Vorstellungen und Praktiken fungieren. Konstitutiv für den Habitus sind Erfahrungen mit den Wahrnehmungs-, Bewertungs- und Denkweisen einer Gesellschaft.
Die körperliche Fundierung von Erfahrungen kann bei ungewohnten Körperpra-
xen das Gefühl geben, sie seien „falsch", fremd, unpassend, unangenehm oder
peinlich. Diese Barriere, die mit dem Körper „gewusst" wird, ist nur schwer zu
überwinden. Spezifische Bewegungen werden für „natürlich", „weiblich" oder
„männlich" gehalten, für solche, die Spaß machen oder eben nicht, ohne dass die
jeweiligen Meinungen hierzu als das Ergebnis gespeicherter körperlicher Erfahrungen bewusst wären. Das kann bedeuten, dass Überzeugungen, wie: „Boxen ist
brutal" oder „Tanzen ist weiblich" weniger über Kognitionen als vielmehr in Pra-
xen verändert werden können, in denen von bisherigen Erfahrungen abweichende,
neue gemacht werden. Hier liegen Chancen für Selbstbildungsprozesse.

Praktische Auseinandersetzung mit Fremdheitsgefühlen macht es erforderlich, didaktische Überlegungen zu Inhalten und Vermittlungsformen auf soziale und gesellschaftliche Bedingungen zu beziehen. Über praktisches Können sowie tanz-
und sportpädagogisches Wissen hinaus ist von Lehrenden eine Kompetenz für soziologische Analysen gefragt, die helfen kann, Unterricht so zu entwerfen, dass unterschiedliche Erwartungen, Wünsche und Ansprüche spannungsvolle Lernprozesse in Gang bringen. Man geht davon aus, dass Lernen in schulischen Rahmenbedingungen vor allem dann als befriedigend erlebt wird, wenn die Erweiterung des
Wissens und Könnens eine Bedeutung für die jeweilige Lebensgestaltung gewinnt.
Im tänzerischen Bereich ist es in der Praxis besonders auffällig, wie bereits mit der
Festlegung tänzerischer Inhalte und Vermittlungsweisen durch bestimmte Anfor-
derungsstrukturen und einen bestimmten Umgang mit dem Körper einzelne Gruppen von Schülern und Schülerinnen auf Grund von Geschlecht und kultureller Zugehörigkeit entweder besonders angesprochen oder ausgegrenzt werden, so dass
sie sich engagieren oder sogar selbst ausgrenzen.

2.5 Der Ästhetikbegriff in tanzpädagogischen Konzepten

Alle bisherigen tanzpädagogischen Konzepte beziehen sich auf einen weit ausge-
legten Ästhetikbegriff und gehen auf das Grundmodell der Ästhetik zurück, das als
eine philosophische Wissenschaft vom „sinnenhaften" Erkennen Mitte des 18.
Jahrhunderts entwickelt und nach dem Werk „Aesthetica" von BAUMGARTEN
benannt wurde. Jene vom heutigen alltäglichen Sprachgebrauch abweichende

Deutung des Ästhetischen als eine bestimmte Weise der Wahrnehmung und nicht als die Beschäftigung mit dem Schönen oder der Kunst, erzeugt immer wieder Schwierigkeiten bei der Verständigung über die Ziele ästhetischer Bildungsprozesse (vgl. WELSCH 1996, 79–81).

Ästhetische Erziehungskonzepte beziehen sich auf die griechischen Begriffe „aisthesis" und „poiesis". *Aisthesis* ist doppeldeutig, es kann Empfindung oder Wahrnehmung, Gefühl oder Erkenntnis bedeuten. Bei der Empfindung geht es um Lust und Genuss, bei der Wahrnehmung um Erkenntnisse. Die ästhetische Wahrnehmung ist nicht pragmatisch auf die Feststellung von Faktischem gerichtet, endet nicht in Feststellungen wie: *Das ist ein Sprung oder eine bestimmte Drehung*, sondern sie nimmt etwas hinter der Oberfläche wahr, subjektive Zusammenhänge, Botschaften, Stimmigkeiten. WELSCH bezeichnet deshalb die pragmatische Wahrnehmung als *Sinnes*wahrnehmung und die ästhetische Wahrnehmung als *Sinn*wahrnehmung (1996, 21–39). In der ästhetischen Wahrnehmung wird über das bloß sinnlich Wahrnehmbare hinaus etwas konstruiert, indem das Wahrgenommene in neuen Kontexten erscheint, von Gefühlen beeinflusst und bewertet wird. Wahrnehmen kann daher in der Formulierung von WELSCH ein „ästhetisches Denken" sein.

Ausgangspunkt der ästhetischen Wahrnehmung ist eine simple Beobachtung, die dann imaginativ zu einer Sinnvermutung und mit reflexiven Anteilen zu einer Gesamtsicht führt. (vgl. 1993, 47–50). Nach WELSCH ist Empfindungsfähigkeit die Elementarbedingung des Ästhetischen, die Voraussetzung für ästhetisches Verhalten (1993, 10). Zum Ästhetischen eines Verhaltens gehört als weiteres Bedeutungselement die *Poiesis*, d. h. die Hervorbringung von etwas Neuem. Auf der Ebene der ästhetischen Betrachtung ist es die Hervorbringung der ästhetischen Wahrnehmungsart, auf der gegenständlichen Ebene ist es die Hervorbringung von etwas Materiellem, die Gestaltung von etwas Gegenständlichem (WELSCH 1996, 31).

2.6 Mit dem Körper lernen

Ursula FRITSCH – eine der maßgeblich an der Entwicklung der universitären tanzpädagogischen Konzepte beteiligten Tanz- und Sportpädagoginnen – hat theoretisch begründet, welche Bildungsprozesse sich im tänzerisch-gymnastischen Bereich ereignen sollten, und in Unterrichtsbeispielen beschrieben, wie das Ziel, mit dem Körper mehr und anderes als äußerlich bleibende Bewegungsformen zu lernen, im Unterricht einzulösen ist. Sie hat sich bereits in den 90er Jahren auf die Habitustheorie BOURDIEUs bezogen und für den Tanz gezeigt, was wir über unsere Körper vermögen.

FRITSCH (1990, 111) geht mit BOURDIEU (vgl. oben 2.4) davon aus, dass der Körper als ein Speicher sozialer Erfahrungen und Strukturen fungiert und das Medium ist, mit dem wir implizit lernen und etwas wissen können. Sie macht didaktische Vorschläge zu einem Unterricht, der ästhetischen Erfahrungen in dem in 2.5

erläuterten Sinne eine Chance gibt und ein „Denken mit dem Körper" fördert. Die Sinne liefern dabei nicht lediglich das Material für rationale Erkenntnisse. Über den Körper erworbenes Wissen ist von einer anderen Qualität als ein diskursiv erworbenes und nicht einfach durch kognitives zu ersetzen: Wenn z. B. eine Person in einem Mannschaftsspiel mitspielt, eröffnen sich ihr andere Erkenntnismöglichkeiten, als wenn sie darüber theoretisiert, wie in einer Situation zu spielen wäre. In ästhetischen Bildungsprozessen sind beide Formen miteinander verschränkt, kognitive Formen mit sinnlich-körperlichen, intuitiven Formen. Der Körper kann Fähigkeiten präreflexiv erwerben. Es kann etwas implizit gelernt werden, das erst im nachhinein der Reflexion zugänglich wird. In der „Empfindungsdurchlässigkeit" des Körpers sieht FRITSCH (ebd. 103) ähnlich wie WELSCH eine wichtige Voraussetzung für ästhetisches Verhalten, die nicht nur von Künstlern, sondern auch von Laien entwickelt werden kann.

Zum zentralen tanzpädagogischen Methodenrepertoire gehört der Vorschlag, Aufgaben so zu stellen, dass in einer tänzerischen Darstellung die gewohnte Wahrnehmung potenziell irritiert wird. Dadurch, dass etwas als fremd auffällig wird, soll auch die eigene Wahrnehmung auffallen, so dass das nun nicht mehr selbstverständlich Erscheinende der Reflexion zugänglich wird. Bei einem solchen Auf-Distanz-Gehen zum Gewohnten kann etwas entweder ganz ohne Gespräche sinnlich-körperlich entdeckt werden; oder es können sich im Gruppengespräch über den Austausch der unterschiedlichen Erfahrungen weitere Erkenntnisprozesse anbahnen. Dieses Prinzip der Verfremdung, ein Schlüsselprinzip des BRECHTschen Theaters, kann selbstverständlich auch andere als tänzerische Aufführungen, etwa sportliche Inszenierungen zu ästhetischen Erfahrungssituationen werden lassen.

Der Körper kann in Situationen agieren, ohne dass bewusste Entscheidungen getroffen werden müssten; BOURDIEU bezeichnet dieses Vermögen als „praktischen Sinn". Sich diesem Wissen des Körpers zu überlassen ist für viele das Geheimnis des Vergnügens beim Sport oder beim Tanz: Es wird beschrieben als ein Gefühl, dass alles wie von selbst geht. Dieses körperliche Wissen erlaubt eine traumwandlerisch sichere Bewegung, ohne denken und planen zu müssen. In bestimmten Situationen kann dann angemessen und richtig praktisch gehandelt werden. Negativ gewendet kann es einschränken, da nicht bewusst sein muss, wie bereits in der jeweiligen Wahrnehmung ausgewählt, gedeutet und bewertet wurde.

Was wir wahrnehmen, mit welchen Emotionen und Bewertungen unsere Aktivitäten begleitet sind, hängt von den vorgängigen sozialen Erfahrungen ab, die wir inkorporiert haben. Wenn Ballett nicht nach unserem Geschmack ist, dann ist dies nicht ein bloßer Gedanke. Die negative Bewertung dieser Bewegungsformen hat vielmehr ein Fundament im Körper. Mit einer erzieherischen Intention können Situationen geschaffen werden, in denen Kinder und Jugendliche derartige Grenzen ihrer Handlungsspielräume bemerken. Sie werden dabei mit der Frage konfrontiert, ob sie diese Grenzen verschieben wollen. Die Erweiterung der Grenzen beträfe dann nicht nur ihr Sporttreiben oder Tanzen, sondern umfassendere Fragen ihrer Lebensführung.

Der tänzerische Bereich hat sich zu einem legitimen Inhalt des Sportunterrichts entwickelt. Zwar werden die „richtigen" Sportarten weiterhin favorisiert; doch ist die Ablehnung des Tanzens nicht mehr so dezidiert wie früher. Gleichwohl gibt es nach wie vor Akzeptanzprobleme. Die Sexuierung von Tanz ist nicht das einzige Hindernis. Das Ziel, persönliche Ausdrucksformen zu entwickeln, etwas körperlich darzustellen, zu improvisieren und sich dabei „authentisch" zu bewegen, ist – zumindest zu Beginn tänzerischer Aktivitäten – eine hohe Barriere und löst bei vielen Schülern und Schülerinnen tendenziell Befremden oder sogar Peinlichkeit aus.

3. Tanzen im Sportunterricht vermitteln

3.1 Folgen veränderter Rahmenbedingungen

Politik, Verbände, Eltern und Lehrer fordern von Schulen Innovationsfähigkeit. Sie sollen sich ein Profil geben und Schulprogramme entwickeln. Neue Organisationsformen sollen alle am Schulleben beteiligten Gruppen in gemeinsame Ziele einbinden. Schulen öffnen sich gegenüber den Angeboten außerschulischer Einrichtungen und Institutionen vor allem, wenn sie sich als Ganztagsschulen neu organisiert haben. Zur Kostenersparnis werden zunehmend „Lernhelfer" eingestellt. Auf diese Weise erweitert sich an den Schulen das Angebot beliebter Freizeitaktivitäten, zu denen eben auch sportliche und tänzerische gehören. Es ist üblich geworden, Schüler und Schülerinnen mit besonderen Kompetenzen auch mit besonderer Verantwortung am Gelingen von Schule zu beteiligen. Sie werden in einigen Bundesländern in Kooperation mit Sportvereinen darauf vorbereitet, zeitgemäße Inhalte in den Schulsport einzubringen. Sportlehrer und Sportlehrerinnen können an diesen Entwicklungen berechtigterweise manches kritisieren, dennoch müssen sie mit den strukturellen Veränderungen umgehen. Positiv ist in jedem Fall, dass ihre fachliche Kompetenz durch das spezifische Bewegungskönnen anderer ergänzt wird und sie in Verantwortung für diesen Bewegungsbereich über Inhalte und Ziele des Unterrichts und der Schulsportangebote entscheiden.

3.2 Bedeutung der eigenen Sport- und Bewegungsbiographie

Warum stoßen Sportlehrer und Sportlehrerinnen so häufig auf Schwierigkeiten, wenn sie Tanz oder Gymnastik in der Schule unterrichten? Selbst wenn – vielleicht sogar gerade wenn – sie mit langjährigen Tanz- und Bewegungserfahrungen klare Vorstellungen davon haben, was sie als Unterrichtsergebnis erreichen wollen, und wenn sie Vermittlungsmethoden kennen und beherrschen, mit denen technisches Können und Gestaltungsfähigkeit zu entwickeln sind, ist es dennoch nicht sicher, dass eine Verständigung mit den Schülern und Schülerinnen über die Gestaltung des Unterrichts gelingt.

Wenn in einem Bewegungssystem wie dem klassischen Ballett, einem Modern Dance-Stil oder der Rhythmischen Sportgymnastik gelernt wird, dann geschieht dies üblicherweise als ein übungsintensives Lernen, das nach einer Ablauflogik – auch für jede einzelne Stunde – geplant werden kann. Es werden einzelne Bewegungen und die funktionale Logik von Bewegungsabläufen gelernt, es werden Bewegungsverbindungen geübt, die in Raum- und Zeitstrukturen und ihrer Dynamik immer komplexer werden, bis Bewegungen auch in der Variation dieser Strukturen beherrscht und, in ein Tanzstück gebracht, präsentiert werden können. Dieser Zugang zum Tanzen bis zur Interpretation einer tänzerischen Studie oder eines Stücks braucht Zeit und Geduld. Er hat den Vorteil, dass die Verbindung zwischen dem Ziel und dem Weg dorthin plausibel und damit für Lernende verständlich und sinnvoll erscheint. Tänzerische Laien allerdings kann dieser Weg in ihrer Motivation und Übungsbereitschaft überfordern, wenn sich die erhoffte Bewegungsbeherrschung nicht leicht und nicht in absehbarer Zeit einstellt.

Über die zunächst dominant erscheinenden technikorientierten Übungsprozesse hinaus kann der lehrgangsförmige Unterricht in einem Bewegungssystem exemplarisch die Aufmerksamkeit auf weitere Erfahrungsmöglichkeiten lenken, etwa auf die disziplinierende Wirkung einer Angleichung an vorgegebene Formen, die einen neuen Sinn bekommen, wenn im Ringen um die Präzision einer Bewegung entdeckt wird, dass dieses Ringen zu einem angestrebten Ziel führt – zum Beispiel dazu, dass man eine Bewegungsfolge in einer Gruppe synchron tanzen kann. Die Erfahrung, auf ein Bewegungsvorbild festgelegt, kritisch auf Abweichungen hingewiesen und korrigiert zu werden, kann für die Lernenden allerdings unangenehm sein und belanglos bleiben, solange nicht Lebenskontexte und Ziele, wie z. B. die Arbeit an einem Stück für eine Aufführung, dieser selbstdisziplinierenden Arbeit eine neue und praxiswirksame Bedeutung verleihen.

Tanzen wird in unserer Bewegungskultur überwiegend in der Weise vermittelt, dass Lehr- und Lernprozesse von der Systematik eines Systems her geplant werden. Sogar für die Improvisation gibt es Aufgabensysteme. Solche Ordnungen nach technischen Merkmalen, Erfahrungsbereichen, Schwierigkeitsgraden, Trainingswirkungen und Komplexitätsanforderungen sind einerseits ein nützliches Fundament für Unterrichtsplanungen, bergen aber für Vermittlungsprozesse im Sportunterricht die Gefahr, dass die fachliche Überblicksperspektive dominiert und die Perspektive der Schüler und Schülerinnen vernachlässigt wird. Neuere Tanzentwicklungen werfen die Frage auf, ob Schüler und Schülerinnen nicht überhaupt erst Sinn stiftend lernen können, wenn sich Unterrichtsangebote auf ihr Erleben beziehen.

Zum Planungsproblem wird dabei, dass sich das Erleben in seiner Subjektivität der Berechnung entzieht. Hierfür ein Beispiel: Eine Improvisationsaufgabe, die für die eigene Körperhaltung sensibilisieren kann, ist didaktisch als ein tänzerisches

Grundlagenthema zu begründen. Die Aufgabe könnte darin bestehen, sich zu einer Musik zu bewegen, dabei einen Gymnastikstab auf dem Kopf zu balancieren und sich mit immer gewagteren Bewegungen an die Grenze heranzutasten, ab der der Stab herab fällt. Die Aufgabe könnte aber auch Teil der Erarbeitung einer gespielten Geschichte sein: „Außergewöhnliche" treffen sich zu einem Fest. Sie haben sich von klein auf angewöhnt, immer etwas auf dem Kopf zu balancieren und es dabei zu einer erstaunlichen Geschicklichkeit gebracht. Im Verlauf des Festes entdecken sie etwas Aufregendes … Was könnte geschehen?

Eine fachliche Begründung für den Sinn der Aufgabe, sie ziele auf Haltungsschulung, Sensibilisierung im Umgang mit einem Gerät, Verbesserung der Bewegungskoordination, hilft den meisten Kindern nur wenig dabei, ein interessantes Spiel mit dem ihre Bewegungen einschränkenden Gegenstand zu entwickeln. In Anbetracht der üblichen Auffassung vom Tanzen, nach der es darum geht, Schrittfolgen zu erlernen und Stücke zu machen, können Angebote, durch Explorations- und Sensibilisierungsaufgaben ein besseres Körper- und Bewegungsgefühl zu erreichen, leicht für überflüssige Umwege gehalten werden. Aufgaben werden den Schülern und Schülerinnen vor allem dann sinnvoll erscheinen, wenn sie sie auf ein angestrebtes und mit ihnen ausgehandeltes Unterrichtsziel beziehen können, und eben nicht, wenn sie nur aus der Logik eines tänzerischen Bewegungssytems heraus zu begründen sind. Es sind eigene Vorlieben für Vermittlungsformen zu reflektieren. Ziele der „Bewegungsschulung", z. B. von Gleichgewicht, können – vor allem im Unterricht mit Kindern – in Bewegungsgeschichten verpackt werden; das Gegenteil hierzu sind in ihren Zielen unverdeckte Übungsprozesse. Für die Wahl der Vermittlungsform sind Überlegungen zur Passung von Inhalten, Zielen, Methoden und Voraussetzungen der Schüler und Schülerinnen entscheidend.

Beispiele für Aufgaben, die an Erlebniskontexte anknüpfen und zugleich bezwecken, tänzerische Grundlagen zu vermitteln:

- Exploration von Bewegungsmöglichkeiten

  „Außergewöhnliche" treffen sich zu einem Fest. Sie balancieren Gegenstände auf dem Kopf, ohne sie festhalten zu müssen. Sie gehören zu ihnen wie Kleidungsstücke und fallen ihnen nur ganz selten herunter. Wie schaffen sie es, dass ihre Stäbe, Bälle oder Bücher ihnen nicht vom Kopf rutschen, wenn sie sich begrüßen, unterhalten, drehen, hinsetzen etc.? (Unterstützung durch eine ruhige Musikbegleitung)

  Bezug zu tänzerischen Grundlagen: Haltungsschulung, Bewegungsfluss, Gefühl für die Relation von Krafteinsatz und Bewegungstempo.

- Sensibilisierung zum Spiel: „Das Fest der Außergewöhnlichen"

  Die „Außergewöhnlichen" bewegen sich sehr geschmeidig, damit ihnen ihre geliebten Gegenstände nicht vom Kopf fallen. Gelingt es euch auch, so fröhlich beschwingt zu gehen, euch zu drehen oder sogar zu tanzen? Wie könnt ihr es

schaffen, euch mit eurem Gegenstand auf dem Kopf feierlich in Zeitlupe hinzu-
setzen und wieder aufzustehen?

Bezug zu tänzerischen Grundlagen: Gefühl für die Logik von Bewegungsabläufen (Körperwissen statt Konstruktionswissen), Gefühl für Lockerheit und Be-
wegungskontrolle, für Gleichgewicht und für Freiheitsgrade im Zusammenspiel
von Bewegungen, Sensibilisierung für die Bedeutung von Gesten. (Lockerungs-
aufgaben in der Aufwärmphase und eine ruhige Musikbegleitung können das
Gelingen unterstützen)

Ein „Außergewöhnlicher" mit einem Ball auf dem Kopf lässt sich kreieren, indem der Ball durch ein zu einem Ring verschlungenes Tuch Halt bekommt, eine
Technik, die in anderen Kulturen üblich ist, wenn Menschen bei ihrer Arbeit
schwere Gegenstände auf dem Kopf zu tragen haben.

Abb. 3 „Die Außergewöhnlichen"

Abb. 4 „Treffen der Außergewöhnlichen"

3.3 Tanzpädagogische Vermittlungsmethoden

Das tanzpädagogische Methodenrepertoire unterscheidet drei Weisen der Vermittlung. Sie sind für Tanz und Bewegungstheater gleich, denn in beiden Bereichen haben sie das Ziel, Gestaltungsfähigkeiten zu fördern. Lehrende können

- Bewegungen zum Nachmachen vorgeben, bzw. Anweisungen für choreographische Abläufe und Spielhandlungen geben,
- Aufgaben zum Ausprobieren und Erfinden eigener Bewegungs- und Spielmöglichkeiten stellen und
- Anregungen für eigenständige Bewegungsentwicklungen und choreographische Arbeiten geben.

Versteht man das Nachmachen als mimetisches Handeln, dann sind alle drei Vermittlungsstrategien wichtig für kreative Lernprozesse, denn das Nachgeahmte kann nie identisch sein mit dem Vorgegebenen, es stellt immer eine Interpretation von etwas vorgängig Vorhandenem zu etwas Neuem dar (vgl. oben 2.4). KLINGE (2004, 7–9) unterscheidet nach MOLLENHAUER (1996) drei Weisen der mimetischen Bezugnahme. Wenn tänzerische Vorlagen imitiert werden, ist das Ergebnis eine nachgestaltende Nachahmung; wird die Vorlage verändert, handelt es sich um eine umgestaltende Nachahmung, und als Neugestaltung ist ein Ergebnis zu bezeichnen, wenn in ihm die Vorlage (z. B. ein Erlebnis, eine literarische oder filmische Vorlage oder ein Bild) nicht mehr zu erkennen ist. Alle drei Varianten bieten Möglichkeiten für die Aneignung von Techniken und Gestaltungsfähigkeiten sowie für Selbstbildungsprozesse. Sie sind dem jeweiligen Ziel des Unterrichts und den Erwartungen und Dispositionen der Schülerinnen und Schüler entsprechend zu wählen.

NEUBER (1999) hat in seinen Arbeiten zur kreativen Bewegungserziehung einen Überblick über methodische Möglichkeiten des Unterrichts im tänzerischen Bereich gegeben. Er bezieht Inhalte, Ziele und Methoden aufeinander. Unter dem Begriff der „kreativen Bewegungserziehung" fasst er inhaltliche Bezugsfelder zusammen; dazu gehören alltägliche, sportliche, darstellerische, tänzerische und musikalische Bewegungs-, Spiel- und Ausdrucksformen. Unterrichtsziele lassen sich in einer Systematik auf unterschiedliche Zielbereiche beziehen: auf einen motorischen, einen sensorischen, einen emotionalen, einen kognitiven, einen kreativen und einen sozialen Bereich. In diesen nur analytisch zu trennenden Bereichen soll das Ausleben von Bewegungs- und Ausdrucksbedürfnissen, das Sammeln vielfältiger Körper- und Bewegungserfahrungen sowie sozialer und kognitiver Erfahrungen ermöglicht werden. Es sollen konkrete Bewegungsfertigkeiten und kreative Gestaltungsfähigkeiten entwickelt und verbessert werden. Daraus ergeben sich sechs methodische Prinzipien:

• Aufgabenstellungen müssen vorbereitet werden (Lernende nicht ins „kalte Wasser" werfen).

• Aufgabenstellungen müssen Handlungsspielräume begrenzen, um differenziertere Lösungen anzuregen.

• Unterschiedliche Aufgabenstellungen sollten kombiniert werden, da bei einem Wechselspiel der Verfahrensweisen kreative Einfälle begünstigt werden.

• Durch die Nutzung unterschiedlicher Ausgangspunkte soll ein Unterrichtsinhalt vielfältige Facetten bekommen.

• Unterricht sollte grundsätzlich offen sein für ein Ausprobieren und Entwickeln von Bewegungs-, Spiel- und Ausdrucksmöglichkeiten, also prozessorientiert sein.

• Diese Prozessorientierung ist durch eine Produktorientierung zu ergänzen, die erforderlich ist, um Bewegungsabläufe und Spielhandlungen zu klären, sie festzulegen und als Gestaltungsergebnisse wiederholbar zu machen. (vgl. NEUBER 1999, 228 und 2000, 133–135).

Unterrichtsprozesse bewegen sich zwischen Produktorientierung einerseits – mit der unter Umständen vorgegebenen Komposition als klassischer Arbeitsform – und Prozessorientierung andererseits, für die Exploration und Improvisation typisch sind. Prozess- und Produktorientierung markieren einen Spielraum zwischen Flüchtigkeit und Festlegbarkeit, der bei der Festlegung von Zielen Orientierung bieten kann. Im Rahmen performativer Theorien tritt als das Gemeinsame von Komposition und Improvisation ihre Darstellungsdimension hervor. Auch die spontan entstehende Improvisation erhält als Aufführung eine Form, in der sie existent ist, betrachtet und bewertet werden kann. Sie ist somit Prozess und Produkt zugleich – genau so, wie eine Komposition im Moment ihrer Aufführung beide Dimensionen zugleich enthält (vgl. oben 2.4).

Derartiges Wissen um methodische Möglichkeiten und Prinzipien ließe sich als reine Unterrichtstechnologie nutzen. Je offener ein Unterricht sein soll, desto komplexer werden aber die Unterrichtszusammenhänge, auf die sich dann Fragen der Passung beziehen. SCHERLER (vgl. 2004, 18 f.) erweitert deshalb den geforderten Interdependenzzusammenhang von Inhalt, Intention und Methode, indem er die Aufgaben von Lehrern und Lehrerinnen ins Zentrum stellt. Sie müssen nach seinem Prozessmodell von Unterricht immer drei Dinge zugleich im Blick haben, die Inhalte, die Schüler und die Bedingungen des Lernens. Sie müssen Inhalte präsentieren, Lernen organisieren und mit den Schülern und Schülerinnen interagieren.

3.4 Gestalten im Tanz

Lehrende haben die Aufgabe, möglichst in Absprache mit den Lernenden ein geeignetes Thema festzulegen, das eine Vielfalt von Erfahrungs- und Gestaltungsmöglichkeiten eröffnet. Innerhalb des vorgegebenen Rahmens sollten Schüler und Schülerinnen Freiräume für eigene Ideen und Entscheidungen bekommen, da sich ihre Vorstellungen über Ziele und darüber, wie sie zu Ergebnissen kommen wollen, erst im Laufe ihres Agierens und durch Gruppenprozesse klären werden. Themen können von Ideen und Wünschen ausgehen, sich mit einem Bewegungsstil, mit einer Aufführung von zeitgenössischem Tanz, mit einer Musik, mit Texten, Bildern, Anregungen aus Filmen, Comics, Träumen, Ereignissen, Erlebnissen usw. auseinander zu setzen.

Es bieten sich als Unterrichtseinstieg Gespräche an, in denen Themen, Ziele und Handlungsmöglichkeiten erörtert werden. Informationen, die das Thema erhellen, und anregendes Material können die Schüler und Schülerinnen ebenfalls motivieren, sich auf einen Themenvorschlag einzulassen. In der Sporthalle sollten die Phasen des Nachdenkens und Kommunizierens nicht länger als erforderlich ausgedehnt werden, sondern bald zum Erproben von Bewegungs- und Gestaltungsideen führen. Tänzerische Auseinandersetzungen können zum Beispiel mit bekannten Gesten und Bewegungssequenzen aus Alltagssituationen beginnen, die mit tänzerischen Gestaltungsmitteln und durch neue Kontextualisierungen verändert werden und gegenüber der Ursprungssituation neue Bedeutungen gewinnen.

Beispiel für einen Gestaltungsprozess: „Basketball tanzen":

- Mit dem Basketball typische Bewegungen und Spielsituationen ausprobieren.

- Reale Spielsituationen auswählen und sie verfremden: Dribblings rhythmisieren, Bewegungsabläufe wiederholen; den geschickten Umgang mit dem Ball zu Kunststücken steigern, die Funktionalität der Wurfbewegungen zu Gunsten einer spektakulären Bewegung oder eines neuen Bewegungsgefühls verändern; Beziehungen in Gruppenkonstellationen von Angriff und Verteidigung verdeutlichen.

- „Basketballträume" – auch ohne Ball
  Im Gestaltungsprozess sind einander bedingende Entscheidungen zu treffen über: Gruppenbildung, Musikwahl, Bewegungsformen und ihre Verbindungen. Die Beteiligten müssen sich über folgende Fragen verständigen: Wodurch wird die Arbeit am Stück interessant und das Stück selbst spannend? Welche Ideen werden aufgenommen oder verworfen, verändert, wie in eine Ordnung gebracht, und was sind stimmige Bewegungslösungen?

- Präsentation, Reflexion und Würdigung der Ergebnisse:
  Austausch von Erfahrungen, Entdeckungen, Erkenntnissen.

Dieser Weg von bekannten Bewegungen über Prozesse der Veränderung und Verfremdung zu einem tänzerischen Stück kann in die Richtung ernstgemeinter, irritierender, aufrüttelnder Botschaften gehen oder zu einem Versuch werden, unterhaltsam, witzig, „verrückt" zu sein, oder beabsichtigen, etwas zu erschaffen, was als möglichst fesselnd, anregend, poetisch wahrgenommen werden kann, oder eben auch – wie in der Bühnenkunst – noch unvorhersehbar anders.

Tanzen lernen im Sportunterricht der Schule unterscheidet sich von einer professionellen Tanzausbildung und vom Lernen und Trainieren für den Wettkampfsport durch die Art der Bezugnahme auf Bewegungssysteme. In schulischen Lernsituationen wird nicht versucht, Bewegungstechniken streng systematisch zu vermitteln, zunächst mit dem Ziel, tänzerische Grundlagen zu sichern, bevor damit später Gestaltungsprozesse und Präsentationen möglich werden. Schulisches Lernen hat eine besondere Chance, wenn technikorientierte Arbeitsphasen nicht isoliert angeboten werden, sondern Schülern und Schülerinnen verständlich sind, weil sie ihnen helfen, ihre Gestaltungsideen umzusetzen. Dies verhält sich analog zum Lernen in den Sportspielen. Gemäß neueren Sportspielkonzepten beginnt Spielen lernen mit Spielen und nicht mit vorbereitenden Übungen zur Vermittlung isolierter Techniken.

Ein Beispiel für ein Gestaltungsthema, das für unterschiedliche Bearbeitungsschwerpunkte auslegbar ist: Mit der Frage, „Was geschieht in einem „Casting", wenn z. B. von einer Künstleragentur Tänzer und Tänzerinnen für eine Produktion ausgewählt werden?" wird ein Rahmen vorgegeben, der für unterschiedliche Akzentuierungen zwischen Technikorientierung und Spielfreude offen ist.

Zunächst können dabei Vorstellungen von einer Casting-Situation ausgetauscht werden. Dies kann durch Erzählungen darüber, wie Tänzer und Tänzerinnen ausgewählt werden, geschehen oder aber, indem in den Medien zugängliche Casting-Shows und Dokumentationen betrachtet werden. Das Thema kann durch unterschiedliche Schwerpunkte eingegrenzt werden:

- Es kann eine leistungsorientierte Tanzfreude im Mittelpunkt stehen. Dann wird mit dem Ziel experimentiert, technisch anspruchsvolle Bewegungen zu lernen, um am Ende die Jury mit einer gekonnten Präsentation zu beeindrucken. Will man vor den kritischen Augen einer Jury mit einem Tanzstück bestehen, liegt die Herausforderung darin, tänzerisches Können und Präsenz darstellen zu können. Im Schutz einer Rolle mit dem eigenen Bewegungskönnen und Ausdrucksvermögen zu experimentieren und dabei von andern gesehen zu werden, kann die Freude am Tanzen und die Spannung steigern, ob intendierte Botschaften verstanden werden. Durch die Inszenierung der Casting-Situation können Leistungsstärke und Konkurrenzverhalten gespielt werden und dadurch erlebnisintensiv dargestellt und auffällig gemacht werden.

- Das Thema kann einen anderen Schwerpunkt erhalten, wenn die tänzerische Darstellung zu einer Form von Tanztheater erweitert wird, indem z. B. Zuschauerrollen hinzugenommen werden. Spielideen eröffnen Entdeckungen, z. B. kann durch Zwischenrufe wie: „Ihr tanzt viel zu langsam, ihr habt gar keinen Pep" auffallen, wie präsent uns bestimmte Publikumserwartungen sind und was wir über gelingende Aufführungen auf unterschiedlichen Bühnen wissen. Die Frage, wie Bewegungen, Körper, Kleidung sein sollten, um als für eine Rolle geeignet aufzufallen, bringt unser Wissen um Normierungen und Standards ins Spiel. Die Entdeckung des Gesellschaftlichen im tänzerischen Spiel kann darauf neugierig machen, wie Anmut, Geschmeidigkeit, Dynamik, Kraft, Tempo, Jugendlichkeit, Erotik, Individualität und Leistung für Bühnenproduktionen vermarktet werden. Was nehmen andere überhaupt wahr von dem, was man zu zeigen glaubt? Wodurch verstehen wir Symbolisierungen?

Anstöße für ästhetische Bildungsprozesse liegen in Bewegungssituationen und in Gestaltungsprozessen immer dort, wo die üblichen Wahrnehmungsroutinen gestört werden, so dass etwas als merkwürdig erscheint und unsere Aufmerksamkeit gefangen nimmt. Gestaltungsprozesse im Bereich von Tanz, Bewegungstheater und Gymnastik weisen Gemeinsamkeiten auf: Gestaltungen haben ein Thema, eine Aussageabsicht. Das wichtigste Bewertungskriterium einer Gestaltung ist Stimmigkeit zwischen Aussageabsicht und deren Umsetzung. Auf dem Weg zu einer Komposition müssen Bewegungen ausgewählt, zu Motiven verbunden und in eine logische Abfolge gebracht werden. Zur Erarbeitung von Interpretationsmöglichkeiten gehören Akzentuierungen sowie Überlegungen zu Höhepunkten und Spannungsverläufen einer Gestaltung. Es muss geprüft werden, ob sich durch räumliche, rhythmische und energetische Veränderungen das Beabsichtigte ange-

messener aussagen lässt. Es wird Neues probiert, verworfen oder integriert und geübt, bis das Ergebnis die Beteiligten befriedigt.

3.5 Ein Beispiel für didaktisch-methodische Entscheidungsmöglichkeiten: „Luftgitarre"

Nachdem in der Jugendsendung „Tracks" auf ARTE eine Dokumentation über das
„Luftgitarrespielen" gezeigt worden war, tauchte die Idee auf, es im Tanzunterricht
in der Sekundarstufe zu thematisieren. Luftgitarrenspieler geben mit einer imaginären E-Gitarre eine pantomimisch-rockige Performance, die von tänzerischer
Qualität sein kann. Was Kinder (vor dem Spiegel) attraktiv fanden, nämlich die wilden Performances von Rock-Star-Gitarristen zu imitieren, haben Jugendliche und
Erwachsene in die Öffentlichkeit verlegt und bis zu umfangreichen Festivals weiterentwickelt. In vielen Ländern sind nationale Verbände gegründet worden; und es
werden regionale, nationale Meisterschaften und Weltmeisterschaften ausgetragen. Die German Air Guitar Federation beschreibt in ihren Informationen Luftgitarrespielen als eine originelle künstlerische Ausdrucksform und sportliche Herausforderung, die sportliche Höchstleistungen und eine excessive Körperarbeit
verlangt (vgl. www.germanairguitarfederation.de).

Wie kann das Thema im Sportunterricht entfaltet werden? Beim Luftgitarrespielen
kann man drei Lernstadien durchlaufen. Man beginnt als „Purist", d.h. mit Bewegungen, die dem wirklichen Gitarrespielen entsprechen. Im zweiten Stadium wird
das mit einer Gitarre in der Hand real Mögliche überschritten. Im dritten wird
„airness" erreicht, eine Luftigkeit der Performance, die das Rationale überschreitet und in der die politischen und kulturellen Überzeugungen der Spielerinnen und
Spieler ihre Ausdrucksform finden.

Die Transformation in den Sportunterricht bietet die sinnlich-körperliche Auseinandersetzung mit einer spontan betrachtet doch als recht spleenig erscheinenden
Idee, bei der nicht so leicht zu verstehen ist, warum sie immer mehr Anhänger findet. Neben dem Verständnis von bewegungskulturellen Entwicklungen sind hier
mit der Wahl des Inhalts durchaus auch pädagogische Intentionen umzusetzen, die
die Steigerung von Bewegungskönnen und die Entwicklung von Fähigkeiten zur
Improvisation und Präsentation betreffen. Zudem können in der Improvisation
Muster entdeckt werden, die Gestaltungsprozesse strukturieren. Weiterhin ist es
für Selbstbildungsprozesse wichtig, Situationsangebote zu erhalten, in denen sich
Selbstwirksamkeit erfahren lässt – zusammen mit der Bedeutung eigener Stärken
und der der anderen für die Arbeitsergebnisse der Kleingruppe. Individuelle
Differenzierungen werden in die Regie der Kleingruppen verlagert. Im Folgenden
wird eine Planungsskizze für einen Standard-Unterrichtsablauf zum Inhalt „Luftgitarre" für die Sekundarstufe gegeben.

- Einstieg in das Thema: „Die Faszination des Luftgitarrespielens!?" Beginn mit kurzen Informationen und Anregungen zu Vorstellungen über das Thema und Handlungsmöglichkeiten: Ein geeigneter Filmausschnitt kann einen ersten Eindruck von der Sache vermitteln (z. B. 6 min. der Sendung „tracks", ARTE 14.10.2005). Die spontanen Reaktionen der Schüler und Schülerinnen können von „Sofort loslegen!" bis zu „Was soll denn das, so was mach ich nie!" reichen. Diese Unterschiede in den Zugangsmöglichkeiten können relativiert werden, wenn das gerade Angeschaute in einem temperamentvollen Aufwärmen im Beat einer rockigen Musik aufgenommen wird und im Angebot zum Mitmachen zunächst einmal Freude an der Bewegung entsteht. Es wird durch Wiederholungen und Variationen von ungewöhnlichen, aber einfachen Bewegungen versucht, ein Gefühl von Übereinstimmung mit der Musik zu erreichen. Indem mit Gesten und im gesamten Körper Bewegungsakzente im Beat gesetzt werden, entstehen Ähnlichkeiten zum gerade gesehenen Filmbeispiel bei einem hohen Aktivierungsgrad.

- Exploration: Für alle, aber besonders für die dem Thema nur zögerlich Zugewandten, kann jetzt eine ruhigere Phase des Ausprobierens angemessen und angenehm sein. Ein realer Gegenstand als Gitarrenersatz (z. B. ein Tennis- oder Badmintonschläger) vereinfacht es, sich das wirkliche Gitarrenspiel zunächst zu vergegenwärtigen und die eigenen Bewegungsabläufe zu ordnen. In der Gruppenarbeit kristallisieren sich, auch durch die Orientierung an den Bewegungsideen der anderen, als gelungen empfundene Bewegungsmotive heraus und werden durch Wiederholungen in immer prägnanteren Formen festgehalten.

- Erarbeitung: In Kleingruppen wird eine tänzerische Bewegungssequenz gemäß der eigenen Vorstellung vom Verhalten eines „Guitar-Hero" erarbeitet. Der Gitarrenersatz wirkt im zweiten Stadium der Überschreitung des realen Spiels irgendwann störend und kann zur Seite gelegt werden. Mit der Auswahl der Musikstücke kann Einfluss auf mögliche Schwierigkeiten bei der Strukturierung der Bewegungen genommen werden. Stücke von rhythmischer Klarheit fördern die Freude an einer Einheitlichkeit der Bewegungen in der Gruppe. Musikalisches „Chaos" führt zu eher solistischen Interpretationen.

Die Lernenden können sehen, dass sich in ihren Erfindungen Muster für Bewegungsabläufe herauskristallisieren, die sich als ihr Umgang mit Zeit, Raum, Dynamik und körperlichen Haltungen (im Modern Educational Dance: „Body Shapes") in Sprache fassen lassen und ihnen helfen, Bewegungssequenzen zu wiederholen. Die Entdeckung von Mustern hilft, ein vermeintliches Bewegungschaos zu strukturieren. Der/die Lehrende kann durch die Vorgabe von Mustern den Suchraum der Improvisierenden begrenzen, z. B. durch einfache räumliche oder rhythmische Muster die Schüler und Schülerinnen dabei unterstützen, für zunächst chaotisch Anmutendes Strukturen zu entdecken.

- Exkurs Bewegungstechniken: Bewegungstechniken können nicht nur nach Vorgaben erlernt werden, was bestimmten Lernertypen durchaus entgegenkommt, sondern auch über Aufgabenstellungen. Zum Beispiel kann eine Lösung zu der Frage gefunden werden, wie es gelingt, aus dem Kniestand auf die Füße zu springen. Die Frage kann durch den Hinweis ergänzt werden, mögliche Schwungunterstützungen aus dem Kniestand mit den Absprungimpulsen bei bekannten Sprungformen zu vergleichen.

- Präsentation der Ergebnisse: Es muss in der Situation entschieden werden, ob die Präsentation als Solo, Duo oder in der Gruppe geschehen soll, ob sie bestaunt und gewürdigt werden oder ob sie die Zuschauenden auch zum Mittanzen animieren soll.

- Die Stunde könnte mit einer gemeinsamen Improvisation ausklingen, mit lockeren, schwingenden Bewegungen, die den rhythmischen Impulsen einer Gitarrenmusik folgen und die es erlauben, vorherigen Überschreitungen üblicher Alltagsbewegungen nachzuspüren. Möglich ist auch ein Ausklang mit der üblichen Reflexion und dem Austausch von Erfahrungen.

Abb. 5 „Luftgitarre"

Abb. 6 „Losgelöst"

3.6 Modellprojekte – Kooperationen zwischen der Tanzkunstszene und Schulen

Tanz ist einerseits an den staatlich subventionierten Bühnen als Sparte bedroht, andererseits wird sein kulturelles Potenzial von der Politik entdeckt. In Deutschland unterstützen jetzt zentrale Programme der Kulturstiftung des Bundes ein breites Spektrum von Tanz. Es wird der tanzwissenschaftliche Bereich gefördert, z. B. der Themenbereich „Tanz als Wissenskultur". Vorrangig sollen die Ausbildungs- und Aufführungsbereiche des künstlerischen, zeitgenössischen Tanzes materiell, medial und organisatorisch gefördert werden. Neu sind Bildungsangebote für sozial benachteiligte Kinder und Jugendliche durch Tanzprojekte von Künstlern und Künstlerinnen in Kooperation mit Schulen. Sie vermitteln den Schülern und Schülerinnen Tanz- und Körpererfahrungen und erarbeiten mit ihnen Stücke für eine Aufführung. Die Presseberichte bescheinigen diesen Projekten eindrucksvolle Erfolge und dem Tanz ein großes Erziehungs- und Bildungspotenzial.

Diese Projekte haben Vorbilder, in Europa z. B. in Holland und in Großbritannien (ballettanz 06, 2005). Dort hat sich seit den 80er Jahren eine Tradition des „community dance" und „social dance" entwickelt. Nun werden solche Projekte auch bei uns erprobt, in Berlin unter dem Motto „Tanzzeit – Zeit für Tanz in den Schulen" oder in Niedersachsen unter dem Titel „tanzplan". Für die Berliner Projekte können sich Schulen um Tanzunterricht bewerben, den ein Team aus der künstlerischen Tanzszene erteilt und der sogar in der regulären Unterrichtszeit stattfindet.

3.7 Projektbeispiel: „Rhythm is it"

Das erste dieser großen Projekte, die Arbeit an Strawinskys „Sacre du Printemps", ist in dem Kinofilm „Rhythm Is It" dokumentiert worden. Die Erfolgsgeschichte des Berliner Modellprojektes, initiiert von Sir Simon Rattle und den Berliner Philharmonikern in Zusammenarbeit mit Royston Maldoom und seinem Team pädagogisch professionell ausgebildeter Tänzer und Tänzerinnen, hat ihre Fortsetzung in der Arbeit an Strawinskys „Feuervogel" und Orffs „Carmina Burana" gefunden. Sicherlich hat der Name des berühmten Dirigenten und seines Orchesters dazu beigetragen, dass die Reihe der 2002 begonnenen „Education-Programme" für die beteiligten Kinder und Jugendlichen zu einem herausragenden Ereignis wurde. Dies erklärt aber noch nicht dessen nationale Medienbeachtung. Presseberichte konzentrieren sich auf das „Wunder", das der schottische Tänzer und Choreograph Maldoom in seinen „Educational-Dance-Projects" mit „schwierigen" Kindern und Jugendlichen vollbringt.

Für Maldoom ist der künstlerische Tanz kein Feld vordergründigen Spaßes. Die Dokumentation „Rhythm Is It" zeigt, wie er auf dem Weg zu einer Aufführung Ernsthaftigkeit und Leidenschaft verlangt. Er ist glaubwürdig als jemand, der es von ganz unten geschafft hat. Er hat anders als Lehrer und Lehrerinnen mit geradliniger Biographie „street credibility" für sein Credo, dass alle Bühnen öffentlicher Aufführungen auch die des eigenen Lebens sind und der Weg nach oben über harte Arbeit an sich selbst führt. Er scheut sich nicht, die Probenarbeit auch mit Härte und Drill voranzutreiben (vgl. Interview von TRIMBORN, 2005). Er verlangt, dass die Schüler und Schülerinnen Sekundärtugenden wie Konzentration, Disziplin, Anstrengungsbereitschaft und Respekt erwerben, und er besteht darauf, dass seine Vorgaben eingehalten werden; sonst droht er die Arbeit am gemeinsamen Vorhaben aufzukündigen.

MALDOOMs Workshops für Pädagogen und Pädagoginnen sind nachgefragt, da man seinen Geheimnissen auf die Spur kommen will. Sein erstaunlicher erzieherischer Einfluss auf Menschen erklärt sich weder durch die inhaltliche Seite seiner Tanzauffassung und die Themenwahl seiner Projekte noch durch sein Vermittlungskonzept von selbst. Seine Arbeit zeigt Parallelen zu den grundlegenden tanzpädagogischen Annahmen der 70er Jahre. Zum Tanzen lernen gehört für ihn als erstes, die Wirkung von Stille zu erfahren, auf seinen Körper zu hören und alle Aufmerksamkeit auf eine Sache richten zu können. Er nennt dies „Fokus" zu haben (vgl. Interview BOXBERGER, 2005). Er hält es nicht für möglich, die Faszination von Tanz zu erleben und einer Aufführung die erforderliche Intensität zu geben, wenn man nicht sich selbst, die anderen und den Raum wahrnehmen kann. Er hofft, dass sich die Kinder und Jugendlichen mit den tänzerischen Erfahrungen grundlegende

Qualitäten der Präsentation aneignen und dass sie auch im Alltag davon profitieren werden, wenn er sagt: „Tanz lehrt aufrecht zu stehen und andere zu stützen. Daraus wächst Respekt für sich und andere." (Interview PIEPGRAS, 2006).

Eine Bewegung um ihrer selbst willen auszuführen, sei das höchste Glück, so MALDOOM und begründet dies mit dem Gefühl, dann „da" zu sein und ganz man selbst zu sein. Um dieser Botschaft Wahrheit zu verleihen, setzt er seine Autorität als Künstler und seine Glaubwürdigkeit ein, indem er seine Auffassungen von Tanz verkörpert (vgl. Interview von S. ZEKRI, 2006, 15). MALDOOM zeigt in überzeugender Weise, wie er in bestimmten sozialen Konstellationen als Choreograph zugleich erzieherisch wirken kann. Da er außerhalb der institutionellen Bedingungen von Schule und Unterricht arbeitet, ist er nicht verpflichtet, sich mit den Nebenwirkungen seines charismatischen Unterrichtsstils zu befassen. Seine Arbeitsweise beruht auf langjährigen Erfahrungen, wie Tanzen zu vermitteln ist, sowie auf klugen Einsichten über erziehungswirksame Beziehungen zwischen Lernenden und Lehrenden und die Bedeutung zwischenmenschlicher Bedürfnisse. Ein Modell für schulischen Unterricht kann seine Arbeit jedoch nicht sein.

4. Resümee

„Ästhetik", „ästhetische Erfahrung" und „ästhetische Bildung" sind keineswegs mehr lediglich marginale Themen der Kunst- oder Tanzpädagogik. Vielmehr werden sie seit den 90er Jahren im allgemeinpädagogischen Bildungsdiskurs zunehmend beachtet (FRANKE/BANNMÜLLER 2003, 8). „Ästhetische Bildung" war z. B. ein Tagungsthema der Kommission „Bildungs- und Erziehungsphilosophie" der Deutschen Gesellschaft für Erziehungswissenschaft. Auch in sportpädagogischen Diskursen werden ästhetische Erfahrungen als bildungsrelevant bezeichnet. Nach FRANKE (vgl. 2001, 63–70 und 2003, 26–35) eröffnen sie andere Erkenntnismöglichkeiten als ausschließlich kognitive Betrachtungen. Er verweist auf unser Vermögen, z. B. unterschiedliche Bewegungsausführungen vorbewusst zu vergleichen und Differenzen zwischen ihnen „mit dem Körper" zu wissen. Er bezeichnet dies als sinnlich-körperliches Reflexionsvermögen und verdeutlicht das Gemeinte am Beispiel von Rhythmen, die man mit dem Körper weiß, auch dann, wenn man sie diskursiv nicht beschreiben könnte. Ästhetische Erfahrungen haben ihm zufolge eine besondere Erkenntnislogik, durch die sie unter Umständen reflexiv sein können, auch ohne dass sie sich in Sprache fassen ließen. Sie führen zu eben jenem „Wissen mit dem Körper". Dies bedeutet, dass in Bewegungssituationen bereits auf der Ebene des Agierens etwas über Verhältnisse und Bedeutungen sinnlich-körperlich entdeckt werden kann. Prozesse der Versprachlichung von Eindrücken und Erkenntnissen haben dennoch eine wichtige Funktion, da über Sprache eine Distanz zu Erlebnissen möglich wird – und damit zugleich kritische Betrachtungsweisen und ein sozialer Austausch.

Ästhetische Erkenntnisprozesse im tänzerischen Bereich sind angewiesen auf das Erleben unterschiedlicher Weisen, mit Körper und Bewegung umzugehen, auf Gestaltungsprozesse von Beziehungen sowie auf die Reflexion kultureller Verhältnisse. Im Tanzen liegt wie in jeder kulturellen Praxis die Möglichkeit, nicht nur etwas zu gestalten – hier der Bewegung oder einem Stück eine Form zu geben – sondern auch sich selbst als Person zu formen (vgl. ALKEMEYER 2005). Tänzerische Inhalte im Sportunterricht eröffnen Selbstbildungschancen, indem sie Spielräume anbieten, mit Vorstellungen von der eigenen Person und vom eigenen Können zu experimentieren, sich in nicht-alltäglichen Beziehungen zu erleben und sich selbst nach neuen Bildern zu entwerfen.

Literatur

ALKEMEYER, T.: Formen und Umformungen. Die Bedeutung von Körpersoziologie und Historischer Anthropologie für eine kritisch-reflexive Sportpädagogik. In: FRANKE, E./ BANNMÜLLER, E.(Hrsg.): Ästhetische Bildung. Butzbach-Griedel 2003, 38–64.

ALKEMEYER, T.: Die Modellierung des Selbst. In: Harms, G. u. a. (Red.): Forschungsmagazin der Carl von Ossietzky Universität Oldenburg: Einblicke 21 (2005) 42, 4–7.

BECKERS, E.: Sportpädagogik und Erziehungswissenschaft. In: HAAG, H./HUMMEL, A. (Hrsg.): Handbuch Sportpädagogik. Schorndorf 2001, 25–34.

BOXBERGER, E.: Mein Körper, dein Körper. Royston Maldoom, Pionier einer neuen Breitenarbeit im Tanz, über die Kunst, Differenzen zu überwinden. Interview. In: ballettanz (2005) 6, 28–31.

CABRERA-RIVAS, C./KLINGE, A.: Tanzen in der Schule gestalten. In: sportpädagogik 25 (2001) 5, 2–9.

DREFKE, H.: Tanz als Teilbereich einer ästhetischen Erziehung. In: Arbeitskreis für Tanz im Bundesgebiet (Hrsg.): Tanzdidaktische Konzeptionen. Berlin 1976, 44–54.

FRANKE, E.: Einsicht in die Struktur sinnlicher Wahrnehmung – Zur ästhetischen Reflexion von Körperbildung. In: PROHL, R.(Hrsg.): Bildung und Bewegung. Hamburg 2001, 63–70.

FRANKE, E.: Ästhetische Erfahrung im Sport – ein Bildungsprozess? In: FRANKE, E./ BANNMÜLLER, E. (Hrsg.): Ästhetische Bildung. Butzbach-Griedel 2003, 17–37.

FRANKE, E./BANNMÜLLER E.: Einleitung. In: FRANKE, E./BANNMÜLLER, E. (Hrsg.): Ästhetische Bildung. Butzbach-Griedel 2003, 3–15.

FRITSCH, U.: Tanz „stellt nicht dar, sondern macht wirklich". Ästhetische Erziehung als Ausbildung tänzerischer Sprachfähigkeit. In: BANNMÜLLER, E./RÖTHIG, P. (Hrsg.): Grundlagen und Perspektiven ästhetischer und rhythmischer Bewegungserziehung. Stuttgart 1990, 99–117.

GEBAUER, G./WULF, C.: Mimetische Weltzugänge. Soziales Handeln – Rituale und Spiele – ästhetische Produktionen. Stuttgart 2003.

KERBS, D.: Zum Begriff der ästhetischen Erziehung (1970/1972). In: OTTO, G. (Hrsg.): Texte zur Ästhetischen Erziehung. Braunschweig 1975, 12–24.

KLINGE, A.: Nachmachen und Tanzen – Tanzen und Nachmachen. In: sportpädagogik 28 (2004) 5, 4–9.

KRAIS, B.: Habitus und soziale Praxis. In: STEINRÜCKE, M. (Hrsg.): Pierre Bourdieu – Politisches Forschen, Denken und Eingreifen. Hamburg 2004, 91–106.

KURZ, D.: Die pädagogische Grundlegung des Schulsports in Nordrhein-Westfalen. In: LANDESINSTITUT FÜR SCHULE UND WEITERBILDUNG (Hrsg.): Erziehender Schulsport. Pädagogische Grundlagen der Curriculumrevision in Nordrhein-Westfalen. Bönen 2000, 9–55.

LAGING, R.: Bildung im Bewegungs- und Sportunterricht. In: BIETZ, J./LAGING, R./ ROSCHER, M. (Hrsg.): Bildungstheoretische Grundlagen der Bewegungs- und Sportpädagogik. Baltmannsweiler 2005, 271–308.

LUZINA, S.: tommy the clown. Schwer gehypt: Krumping and Clowning. In: DRISCH, H. (Red.): tanzen! Beilage zu ballettanz 2006, S. 10–12.

MOLLENHAUER, K.: Grundfragen ästhetischer Bildung. Theoretische und empirische Befunde zur ästhetischen Erfahrung von Kindern. Weinheim und München 1996.

NEUBER, N.: „Vormachen verboten!?" – Bewegungslernen im Kontext kreativer Bewegungserziehung. In: HEINZ, B./LAGING, R. (Hrsg.): Bewegungslernen in Erziehung und Bildung. Hamburg 1999, 225–233.

NEUBER, N.: Kreativität und Bewegung. Grundlagen kreativer Bewegungserziehung und empirische Befunde. Sankt Augustin 2000.

NEUMANN, P.: Einführung: Mehrperspektivischer Sportunterricht. In: NEUMANN, P./ BALZ, E. (Hrsg.): Mehrperspektivischer Sportunterricht. Orientierungen und Beispiele. Schorndorf 2004, 7–18.

PIEPGRAS, I.: Der Vortänzer. Royston Maldoom bringt mit seinen Tanzprojekten Jugendlichen das Leben bei. Interview. In: Die Zeit, 12.4.2006, Nr. 16, S. 64.

POSTUWKA, G.: Lernen im Tanz – Zur Rolle von Improvisation und Gestaltung. In: PROHL, R. (Hrsg.): Bildung und Bewegung. Hamburg 2001, 335–337.

SCHERLER, K.: Sportunterricht auswerten. Hamburg 2004.

TIEDT, A./TIEDT, W.: Bericht aus dem Arbeitskreis: „Sich körperlich ausdrücken, Bewegungen gestalten." Herausforderungen für die Sportlehrerausbildung. In: BECKERS, E./ HERCHER, J./NEUBER, N. (Hrsg.): Schulsport auf neuen Wegen. Butzbach-Griedel 2000, 166–177.

TRIMBORN, J.: Rhythm Is It. Interview. In: Jahrbuch ballettanz (2005), 44–45.

WELSCH, W.: Ästhetisches Denken. 3. Aufl. Stuttgart 1993.

WELSCH, W.: Grenzgänge der Ästhetik. Stuttgart 1996.

WEST, I./GLADDIS, S.: How to Play Air Guitar. All the Greatest Moves from your Guitar Heroes. New York 2002.

ZEKRI, S.: Der Schrittmacher. Royston Maldoom, der Choreograph aus dem Film „Rhythm is it!" studiert mit Berliner Kindern die „Carmina Burana" ein. Interview. In: Süddeutsche Zeitung, 12.5.2006, Nr.109, S. 15.

Websites

www.kulturstiftung-des-bundes-de
www.germanairguitarfederation.de

Abbildungsnachweise

Abb. 1:   „Clowns" gegen „Krumpers" in: „RIZE", Film von D. LaChapelle, DVD, Rapid Eye Movies GmbH, 2006

Abb. 2:   „Miss Prissy" in: „RIZE", ebd.

Abb. 3:   „Die Außergewöhnlichen", Foto: Lange

Abb. 4:   „Treffen der Außergewöhnlichen", Foto: Lange

Abb. 5:   „Luftgitarre", Foto: Lange

Abb. 6:   „Losgelöst", Foto: Lange

PETER KUHN

Bewegungskünste – Zirkuskünste

> John Franklin war schon zehn Jahre alt und noch immer so langsam, daß
> er keinen Ball fangen konnte. Er hielt für die anderen die Schnur ... Viel-
> leicht war in ganz England keiner, der eine Stunde oder länger nur stehen
> und eine Schnur halten konnte ... Tom, der sah alles in einer Sekunde und
> bewegte sich ganz ohne Stocken, fehlerlos.
>
> Sten NADOLNY (1987, 9)

Die Bewegungs- und Zirkuskünste haben das Schulleben in den letzten Jahren beeinflusst wie wenige Neuerungen vordem. Scharen von jungen Jongleuren und Ein-
radfahrern tummeln sich auf den Pausenhöfen, ganze Gruppen aus einzelnen Leh-
rerkollegien nehmen an Fortbildungsveranstaltungen teil, Lehrerinnen und Lehrer
sowie Schülerinnen und Schüler stehen gemeinsam in Pyramiden, kaum eine schulische Festveranstaltung findet ohne artistische Umrahmung statt, Schulzirkusse
gehen auf Tournee. Wo mögen die Gründe eines solchen Booms liegen? Handelt es
sich etwa um eine Protestbewegung gegen überkommene Bewegungtraditionen?
Um die Renaissance eines ganzheitlichen Bildungsanspruchs? Um einen sinnlich-
ästhetischen Aufbruch in einer kognitiv-technologischen Schulatmosphäre? Oder
ist es einfach die Lust an der Vielfalt von Bewegungsperspektiven, die sich mit den
Zirkuskünsten verbindet? Ein wenig von allem, so mag die Antwort lauten, wobei
dem letzten Aspekt sicher besonderes Gewicht zukommt.

Im Kontext der Bewegungserziehung gelesen, gewinnt Sten Nadolnys „Entdek-
kung der Langsamkeit" eine geradezu paradigmatische Bedeutung. Der Protago-
nist John Franklin und sein Altersgenosse Tom repräsentieren auf den ersten Blick
den Typus des unsportlichen und den Typus des sportlichen Kindes. Dennoch verkörpern sie je auf ihre Weise Leistung und Kunst: Tom die der Gewandtheit,
Schnelligkeit und Reaktionsfähigkeit, John die der Stabilität, Ausdauer und Verlässlichkeit. Im traditionellen Sportunterricht wäre John sicher häufig der Letzte,
der Langsamste, der Ungeschickteste gewesen, er hätte ein körperliches Minder-
wertigkeitsgefühl entwickelt – und hätte sich womöglich am Ende seiner Schullauf-
bahn vom Sport verabschiedet. In den Zirkuskünsten dagegen wäre John bestimmt
„groß raus gekommen".

Wurzeln ...

Die Zirkuskünste haben eine jahrtausendelange Tradition. So sind zum Beispiel
das Jonglieren und die Akrobatik in den alten Kulturen Ägyptens und Griechen-
lands bezeugt. In Ägypten war um 1900 bis 1500 v. Chr. das Jonglieren zunächst eine

Domäne der Mädchen, deren Kunstfertigkeit nicht nur darin bestand, drei Bälle gleichzeitig in der Luft zu halten, sondern diese sogar mit gekreuzten Armen zu fangen. Aus derselben Zeit stammen erste Überlieferungen von akrobatischen Übungen: Solo-, Partner- und Gruppenfiguren waren Bestandteile kultischer Ereignisse (DECKER 1987, 120, 144–151; GRABOWIECKI/SCHACHL 1992, 113).

Ihre Fortsetzung und Tradierung fanden die Bewegungskünste in Europa auf den Straßen und Plätzen, auf den Jahrmärkten sowie an den Höfen des Mittelalters und der frühen Neuzeit. „Fahrend Volk", Spielleute, Possenreißer und Gaukler produzierten von alters her ihre Künste öffentlich für Geld. Sie kamen aus den verschiedensten gesellschaftlichen Schichten und traten als Athleten, Jongleure, Taschenspieler, Feuerschlucker, Springer und Komödianten auf (BOSE/BRINKMANN 1978, 15; GÜNTHER/WINKLER 1986, 12; GRÖSSING 1993, 6–8).

Die vielfach geächteten fahrenden Leute konnten sich allerdings erst im Zirkus der Neuzeit etablieren, und sie präsentieren dort spektakuläre, unvergessliche Glanznummern, denen wir mit offenem Mund staunend und ungläubig folgen. Wenn BOSE und BRINKMANN (1978) allerdings von der „Ästhetik einer niederen Kunst" sprechen, so ist damit zum Ausdruck gebracht, dass Zirkus damals wie heute in der Spannung zwischen verzaubernder Kunstfertigkeit und Außenseitertum, zwischen Schönheit und Armut, zwischen Attraktion und Rastlosigkeit existiert. Doch die Artistik hat den Sprung aus der Manege nicht nur in die Herzen, sondern auch in die Köpfe, Arme und Beine vieler junger und junggebliebener Menschen geschafft und auf diese Weise die Bewegungskultur unserer Tage bereichert.

Und so verzeichnen wir eine ständig wachsende Zahl von Zirkuskünste-Festivals, Jonglier-Treffs und Einradgruppen. Es werden Szenezeitschriften herausgegeben, Workshops organisiert und Homepages im WorldWideWeb kommuniziert. In Fußgängerzonen und Parkanlagen, Freibädern und alten Industrieanlagen kommen jung und alt zusammen, darunter richtige Athleten und überzeugte Anti-Sportler, und werfen die unterschiedlichsten Dinge durch die Luft, klettern aufeinander herum, vollführen Kapriolen auf einem Rad und schrecken auch vor brennenden Fackeln und Feuerspucken nicht zurück. Die dabei ständig spürbare Atmosphäre von Zauber und Vielfalt, von Freude und Freiheit schlägt nicht zuletzt Kinder und Jugendliche in ihren Bann und bindet schließlich auch die an befriedigende Bewegungsaktivitäten, die sich im „normalen" Sport manchmal nicht so wohl fühlen.

… pflanzen wir in die Schule, …

Pädagogische Begründungen

In einer Zeit, in der es zunehmend gefordert scheint, Sportunterricht wieder pädagogisch zu begründen, könnten an dieser Stelle Ausführungen zu den erzieherischen Wirkungen der Bewegungs- und Zirkuskünste erwartet werden. Einer solchen – durchaus plausiblen – Stellungnahme möchte ich mich jedoch enthalten. Nicht die Frage, welchen potenziellen Erziehungswert diese Künste transportieren, werde ich zu beantworten versuchen, sondern die Frage nach dem Gewinn, den Schülerinnen und Schüler daraus ziehen mögen.

Der erste pädagogische Begründungsaspekt lässt sich zusammenfassend als *subjekt-fähigkeitsorientiert* beschreiben. In den Bewegungs- und Zirkuskünsten können alle Schüler und Schülerinnen etwas; und gerade die, denen das übliche Sportartenprogramm wenig Entfaltungsmöglichkeiten bietet, entdecken hier ihre – vielleicht erste große – Liebe zur Bewegung und entwickeln ein körperpositives Selbstkonzept. Für den Pyramidenbau beispielsweise sind Menschen mit großer Stand- und Tragfähigkeit erforderlich – sogenannte „Us" (s. u. im Abschnitt *Spielerische Bodenakrobatik*). Kinder wie John Franklin sind für diese Aufgabe geradezu prädestiniert. Also erhalten sie regelmäßig Gelegenheit, ihre Eigenschaften als „Us" unter Beweis zustellen. Auf diesem Weg der Eröffnung von Körper- und Leistungserlebnissen kann es gelingen, den „dicken Kindern" die Werthaftigkeit ihres Körpers und damit ein verändertes Selbstwertgefühl zu vermitteln: „Ich kann was, ich werde gebraucht, ohne mich geht's nicht". Doch auch die zarten, verletzlichen und koordinativ weniger erfahrenen Kinder, die oft über den Tellerrand des normalen Sportartenprogramms fallen, finden in den Zirkuskünsten Bewegungsgelegenheiten, in denen sie feststellen, dass sie *fähig* sind: Ein Jonglierball ist nicht schwer, ein Diabolo erfordert keine Kraft, und ich habe Jugendliche, die in der Leichtathletik und in den Sportspielen auf den hinteren Plätzen rangierten, nach wenigen Stunden Einrad fahren sehen.

Der zweite Begründungsaspekt bezieht sich auf die *soziale Interaktion*. Auch wenn Lehrkräfte heute in Lehr-Lern-Prozessen zunehmend mehr und häufiger Formen der Partner- und Gruppenarbeit einsetzen, stellen wir fest, dass echte, vertrauensvolle, empathische Kooperation bei den Schülerinnen und Schülern – insbesondere bei den Jungen – selten ist. Die interpersonale Kommunikationskultur von Schülerinnen und Schülern ist – wenn es um aufgabenbezogene Problemlösung geht – häufig einsilbig, ungeduldig, von mangelndem Zuhören und sogar von Streit geprägt. Und wenn dann noch gegenseitige körperliche Unterstützung erforderlich wird, verhindern Berührungsängste die Zusammenarbeit. So diagnostizieren wir vor allem bei Jungen in der Pubertät, dass gegenseitige Körperberührung zwar auch zu den peer-group-Ritualen gehört – z. B. die „high five" –, sonst aber lediglich zur abgrenzenden, manchmal gewalttätigen Auseinandersetzung eingesetzt wird. Die Zirkuskünste bieten in diesem Zusammenhang besondere Chancen, weil ihre Handlungsstrukturen differenzierte Formen der Kooperation aufweisen, mit denen sich die Schüler allmählich aneinander herantasten können.

In der Partnerjonglage z. B. fühlen wir uns in den Rhythmus des anderen ein, versuchen seine Bewegung nachzuempfinden, tauschen Gegenstände aus, bewegen uns umeinander herum, harmonieren, ohne uns körperlich zu berühren. Beim Einradfahren stützen wir uns gegenseitig, fassen uns an den Händen, lassen wieder los, fahren ein Stück allein und kommen wieder zusammen, um gemeinsam wieder ein Stück zu fahren. In der Akrobatik schließlich packen wir fest zu, umfassen uns gegenseitig an den Beinen und der Körpermitte, helfen dem anderen in die Position, halten, tragen ihn dort, und die Körper zweier Jungs, die einander bis dahin höchstens mal geschubst haben, kommunizieren auf bislang unbekannte und ungewohnt intensive Art und Weise.

Abb. 1 Äquilibristische Körperkommunikation

Schulische Rahmenbedingungen

Bewegungs- und Zirkuskünste sind relativ unabhängig von Gruppengrößen und Zeiträumen. Insofern stellen große Klassen und der Stundentakt keine einschränkenden Bedingungen dar. Mit einem Eimer alter Tennisbälle, ein paar Tüchern und fünf Diabolos kann man Klassen mit dreißig Kindern problemlos in selbstvergessenes „Spiel mit der Schwerkraft" versetzen. Auch eignet sich der *Basissportunterricht* nicht nur für Einstiege. Sequenzen der Bodenakrobatik lassen sich organisch ins Turnen einfügen, Jonglagen können auch zum Abschluss der Stunde als „cool down" fungieren, wenn sie nicht jeweils das Stundenthema bilden.

Für die vertiefende Entwicklung der Künste stellen der *Differenzierte Sportunterricht* und *Arbeitsgemeinschaften* sinnvolle Angebote dar. Hier können nicht nur

Präsentationen für Schulfeste vorbereitet werden, in vielen Schulen entsteht hier auch ein Schulzirkus. Daneben spielt der *Pausenhof* eine nicht zu unterschätzende Rolle. Wo Kinder auf den Schulhöfen jonglieren, mit dem Diabolo oder dem Devil Stick spielen, bilden sich Trauben von Interessenten, Einradfahrer werden zu gefragten Lehrmeistern.

Bewegungs- und Zirkuskünsteangebote stellen keine Ansprüche an die Homogenität von Gruppen. Im Gegenteil: Schülerinnen und Schüler unterschiedlichen Alters kooperieren, indem sie selbstständig Spezialisierungen ausbilden. Auch die Kleidung spielt eine untergeordnete Rolle. Lediglich für die Akrobatik ist enge, nicht rutschige Kleidung angezeigt.

So stellt also nur das Material einen limitierenden Faktor dar. Eine Vielzahl von Anbietern empfehlen deshalb sogenannte Grundausstattungspakete. Solche Pakete enthalten in der Regel eine breite Auswahl von Geräten mit meist jeweils geringer Stückzahl. Einige Händler geben beim Kauf von Paketen Ermäßigungen auf den Einzelpreis, bei einigen kann man sich auch Pakete nach Wahl zusammenstellen lassen. Dabei sollte man Wert legen auf Markenqualität, die hält einfach länger und funktioniert meistens besser. Verhandeln lohnt sich fast immer. Meines Erachtens sind für den Einstieg einer Schule in die Bewegungskünsteausbildung vor allem Bälle, Diabolos und Einräder wichtig, gegebenenfalls auch Videofilme[1].

Didaktische Umsetzung: Die „Zirkuskünste-Werkstatt"

Der Begriff „Unterricht" ist im Zusammenhang mit den Bewegungs- und Zirkuskünsten zu relativieren[2]. Diese Relativierung ergibt sich sowohl aus dem Umgang der Lehrkraft mit den Schülerinnen und Schülern als auch aus dem Umgang der Lernenden miteinander. Zur terminologischen Fassung dieses Umgangs möchte ich den Begriff der „Werkstatt" einführen. Dieser Begriff kennzeichnet m. E. zutreffend das, was ich mir unter der Lehr- und Lerntätigkeit in diesen besonderen Aktivitäten vorstelle. Die Anwendung des Werkstattbegriffs auf pädagogisch-didaktische Zusammenhänge impliziert zum einen die kritische Reflexion überkommener Vorstellung von Lehr-Lern-Situationen und zum anderen die Verbindung von Denken, Entwickeln und praktischem Tun (vgl. LAGING 1997, 517). Im folgenden beschreibe ich vier grundlegende Ideen der Zirkuskünstewerkstatt.

Die erste grundlegende Idee besteht in der *herrschaftsfreien Kooperation* aller Beteiligten. Dies bedeutet nicht die Aufgabe des prinzipiellen Führungsanspruchs der Lehrkraft, wohl aber die Aufgabe des Herrschaftsanspruchs, d. h. des Anspruchs, immer besser zu sein, immer das Sagen zu haben oder – wie eine landläufige Forderung an Lehrkräfte lautet – „die Klasse immer im Griff zu haben". Ein entsprechendes pädagogisches Handeln bedarf seitens der Lehrkraft der Übung, die sich am einfachsten darin konkretisiert, dass sie *mitmacht*. In der Zirkuskünstewerkstatt lernen Schülerinnen und Schüler sowie Lehrende miteinander und voneinander, bringen sich unabhängig von Alter und Funktion gegenseitig etwas bei. Wenn nach einiger Zeit manchem Schüler dem Lehrer gegenüber ein „Du" ausrutscht, so mag das als Zeichen für den Lernfortschritt des Lehrers in kooperativem Verhalten genommen werden.

Die zweite Idee bezieht sich auf die Tätigkeit der Schülerinnen und Schüler. Diese ist gekennzeichnet durch *Eigeninitiative, Selbsttätigkeit und Selbstständigkeit*. In möglichst vielen offenen Situationen haben die Schülerinnen und Schüler die Freiheit zur Auswahl und Gestaltung der Tätigkeiten. Damit wird einerseits der Forderung nach Subjektorientierung entsprochen (vgl. FUNKE-WIENEKE 1995, 11; MOEGLING 1995, 20–22; LAGING 1997, 523; MOORE 1997, 43f.), andererseits aber auch den Besonderheiten des Lernens und Übens von Zirkuskünsten. In der Zirkuskünstewerkstatt kann selbst bestimmt werden, wann und wieviel man mit welchem Gerät üben will, kann phantasiert und experimentiert, können Bewegungsgelegenheiten erdacht, erfunden, umgebaut und angepasst werden. Eine hervortretende Rolle spielt hierbei das Entdecken und Lösen von Problemen. Dies initiiert wünschenswerte Kommunikationsprozesse, in denen die Bewegungsaktivitäten diskutiert, vorstrukturiert und geplant werden (vgl. LAGING 1997, 517f., 521, 524). Der Lehrkraft kommt hierbei die Aufgabe des „Moderators" zu, wobei der Aspekt *Sicherheit* seine Lenkungstätigkeit maßgeblich beeinflusst.

Mit der dritten Idee greife ich ein bekanntes, wenngleich nicht immer beherziges didaktisches Prinzip auf, dessen Realisierung den voranstehenden pädagogischen Leitideen entspricht: das Prinzip der *Differenzierung*. Gelungener Zirkuskünste-„Unterricht" differenziert allerdings nicht nur nach unterschiedlichen Aufgabenstellungen für Lernende mit unterschiedlichen Lerntempi. Er regt ausdrücklich zur Spezialisierung an: Die Massigen, Behäbigen finden als „Us" (vgl. den Abschnitt zur Akrobatik) in den Pyramiden zu „tragenden" Rollen, die „Leichtgewichte" bilden die Kronen; die „Ballverliebten" kommen in der Jonglage groß raus, die im Umgang mit „Flugobjekten" weniger Sicheren mit dem Diabolospiel usw.

Die vierte Idee bezieht sich auf den Zusammenhang von *Prozess und Produkt* in der Zirkuskünstewerkstatt. Die meisten Bücher und Zeitschriftartikel über die Entwicklung von Bewegungs- und Zirkuskünsten suggerieren zumindest implizit einen notwendigen Zusammenhang zwischen der Entwicklung von Kunstfertigkeit und deren Präsentation. Meine Erfahrungen mit Kindern, Jugendlichen und Erwachsenen gehen demgegenüber dahin, dass viele junge Künstler häufig kein Bedürfnis spüren, ihre Fertigkeiten zu präsentieren, jedenfalls nicht vor der ganzen Gruppe und schon gar nicht in Form einer öffentlichen Show. Die meisten genügen vielmehr sich selbst im individuellen und partnerschaftlichen Tun, im Besser-Werden – unabhängig von externer Bestätigung. Das bedeutet nicht, dass das Entwickeln von Fertigkeiten nicht auch den Willen zur künstlerischen Gestaltung einschließt. Doch muss diese nicht notwendig in eine Vorführung münden. Oft höre ich z.B.: „Wenn mir jemand zuschaut, klappt's nicht!" Entsprechend behutsam gehe ich vor, wenn es darum geht, Schülerinnen und Schüler dafür zu gewinnen, anlässlich schulischer Veranstaltungen aufzutreten. Analog dazu lasse ich für die Ermittlung von Zensuren den Schülerinnen und Schülern die Freiheit, selbst zu bestimmen, welche Kunst sie zeigen wollen.

... auf dass sie gedeihen ...

Die nun folgende Darstellung der vier Künste *Diabolospielen, Balljonglage, Einradfahren* und *Spielerische Bodenakrobatik* orientiert sich am Kontext, d. h., es werden nicht nur Fragen beantwortet, wie etwa: Wie funktioniert eine Drei-Ball-Kaskade und wie bringe ich sie einem Kind bei?, sondern auch etwa: Wie gestalte ich die Entwicklung der Kunst des Einradfahrens in einer Gruppe von dreißig Schülerinnen und Schülern, wenn mir nur fünf Einräder zur Verfügung stehen? Diese Art der Darstellung weist notwendig inhaltliche Lücken auf – was Technik und Vielfalt der jeweiligen Kunst betrifft –, ihren besonderen Wert für die Praxis erhält sie jedoch durch ihre Bindung an das Machbare – jenseits der in der Regel vom organisatorischen Idealfall ausgehenden Methodikliteratur.

Der strukturelle Aufbau der Darstellung trägt ein wiederkehrendes Muster: Zunächst beschreibe ich das *Einsteigen* in die Kunst. Dieses mündet in *erste Erfolge*, denen sich *neue Probleme* anschließen. In dem jeweils abschließenden Abschnitt *Ideen und Partnerschaften* werden exemplarisch einige Techniken, Tricks und Figuren sowie Formen der Kooperation beschrieben. Wenn dabei nicht immer alle Leitideen der Zirkuskünstewerkstatt deutlich werden, so liegt das zum einen daran, dass ich dem Leser vorwiegend Einstiegsphasen anbiete, die einer stärkeren Lenkung der Lehrkraft bedürfen. Zum anderen ist bei der Lektüre der Werkstattskizzen immer mitzudenken, dass sie sich meist nur auf einen Teil der Gruppe beziehen, während sich die anderen Schülerinnen und Schüler in grundsätzlich freien, offenen und selbstgesteuerten Prozessen befinden.

Über den folgenden Text hinweg ist die Beschreibung von Techniken, Tricks und Figuren dadurch kenntlich gemacht, dass der jeweilige beschreibende Absatz grau unterlegt ist.

Mit dem Diabolo spielen

Abgesehen von der Tücherjonglage und der Ein-Ball-Jonglage ist das Diabolo die erste Bewegungskunst, die die Kinder – bereits im Vorschulalter – lernen können. Mit dem Diabolo sind schon auf niedrigem Fertigkeitsniveau abwechslungsreiche und wirkungsvolle Gestaltungen möglich.

Einsteigen ...

Meine erste Werkstattskizze zum Diabolo stammt aus einer 3. Klasse. Als Vermittlungsprinzip dominiert das Vormachen mit begleitenden, aber sparsamen Erläuterungen.

Wir[3] beginnen damit, das Diabolo mittels der Schnur auf dem Boden hin- und herzurollen. Dabei kann ich grundlegende Begriffe einführen: Die Stäbe, die Schnur, die Spindel (das ist das Verbindungsstück zwischen den zwei Bechern) und die Achse, genauer: die Längenachse, das ist ein gedachter, also „unsichtbarer" Stab, den man von einem Becher aus durch die Spindel steckt, so dass er ganz gerade aus dem anderen Becher wieder herauskommt. Für die Kinder ist es wichtig, eine plastische Vorstellung von dieser Achse zu bekommen, denn mit der Beziehung des Körpers zu dieser Achse steht und fällt die Qualität des Diabolospiels.

Abb. 2 Bewegungsführung mit dem Diabolo

Die erste Aufgabe besteht darin, das Diabolo am Ende einer Rollstrecke mittels der Schnur vom Boden zügig abzuheben. Dabei gilt die Regel: Wenn ich Rechtshänder bin, treibe ich das Diabolo mit der rechten Hand an, also hebe ich das Diabolo am linken Ende der Rollstrecke ab. Während ich es vormache, erkläre ich, dass das Diabolo nun mit Stäben und Schnur angetrieben werden muss, um auch „in der Luft" so gerade zu „rollen", wie auf dem Boden.

> Dabei muss eine Hand nach oben ziehen (bei Rechtshändern die rechte) und die andere Hand gegen diesen Zug leichten Widerstand geben. Infolgedessen dreht sich das Diabolo nicht nur immer schneller, sondern bewegt sich auch weich auf und ab, ohne jedoch die Schnur, die immer etwas Spannung aufweist, zu verlassen.

Erste Erfolge ... und neue Probleme ...

Der erste Erfolg besteht darin, das Diabolo ohne Bodenkontakt in Rotation zu versetzen bzw. nach dem Aufnehmen vom Boden in Rotation zu halten[4]. Erfahrungsgemäß „flattert" das Diabolo dabei noch etwas. Das verschwindet bei zunehmender Drehgeschwindigkeit.

Vielen Kindern gelingt diese Grundfertigkeit des Diabolospiels auf Anhieb oder doch zumindest nach einigen Wiederholungsversuchen. Wo dieser erste Erfolg ausbleibt, trete ich hinter das Kind und führe seine Hände mit den Stäben, um dem Kind Gelegenheit zu geben, sich in die Bewegung einzufühlen. Nach einigen Zügen löse ich meine Hände und beobachte das Kind und das Diabolo. Gelingt die Fortsetzung des Antreibens ohne mich, so wende ich mich dem nächsten Kind zu; wenn nicht, wiederhole ich die helfende Bewegungsführung. Bald sind die Kinder in der Lage, das Diabolo wenigstens für kurze Zeit in der Drehung zu halten, doch schon nahen „neue Probleme".

Die ersten Probleme beziehen sich auf die *Achsenstellung* des Diabolos. Die Kinder konstatieren und beklagen mir gegenüber, dass das Diabolo aufhört, sich um seine Längenachse zu drehen; statt dessen fällt es entweder von der Schnur oder es trudelt um seine Tiefenachse, wobei sich die Schnur aufzwirbelt, bis der ganze Vorgang – meist durch Absenken des Diabolos auf den Boden – zum Stillstand kommt. Was ist passiert? Die Längenachse des Diabolos ist aus der Horizontalen gekippt. Dies resultiert daraus, dass die Stäbe nicht in einer Ebene vor dem Körper bewegt wurden. Dadurch entsteht zwischen der Schnur und einem der Becher ein Reibungskontakt, der die Drehgeschwindigkeit verringert und schließlich in einer Übertragung der Restgeschwindigkeit auf die Tiefenachse endet. Ich könnte nun im Sinne der einleitend genannten Leitgedanken die Kinder auffordern, die Ursache des Problems zu suchen und Lösungen zu finden. Erfahrungsgemäß führt dies aber eher zu Frustrationen, und deshalb „verrate" ich die Lösung:

> Das Kippen kann durch Veränderung der Raumposition der ziehenden Hand gelenkt werden! Kippt das Diabolo nach vorne, so muss der Stab der ziehenden Hand dem Körper angenähert werden, während der andere Stab etwas vom Körper weggeführt wird, ohne dass dabei die Antriebsbewegung vernachlässigt werden darf. Kippt das Diabolo nach hinten, so wird umgekehrt die ziehende Hand vom Körper weggeschoben (vgl. SCHACHL 1992, 143).

Dieses Verfahren durchzieht in Zukunft immer das Diabolospiel, und es wird im Laufe der Zeit so differenziert, dass es zunächst für den Zuschauer nicht mehr sichtbar ist, dann aber auch als automatisierter Bewegungsbestandteil vom Spieler bzw. von der Spielerin selbst kaum noch wahrgenommen wird.

Ein weiteres grundsätzliches Problem bezieht sich auf die Drehgeschwindigkeit, auf das *Tempo* des Diabolos. Tempo ist Voraussetzung für Tricks, insbesondere aber für Trickkombinationen, weil es das Diabolo achsenstabil hält und dadurch ungewollte Reibungsverluste zwischen Bechern und Schnur vermieden werden.

Tempo erreicht man in der Grundbewegung dadurch, dass man den Widerstand der haltenden Hand feinfühlig so dosiert, dass während eines Zuges möglichst hohe Reibung zwischen Schnur und Spindel entsteht, ohne dass das Diabolo hüpft. Darüber hinaus gibt es weitere Arten des Antreibens, von denen sich m. E. aber nur eine für den Anfang eignet: Das einmalige Umwickeln und Antreiben in der Grundbewegung.

Dazu wickelt man als Rechtshänder die Schnur mit dem rechten Stab in einer Kreisbewegung gegen den Uhrzeigersinn einmal um die Spindel und treibt weiter an wie gewohnt. Das Diabolo ist nun „gefangen". Durch die Umwicklung entsteht eine wesentlich höhere Reibung, allerdings auch das Problem, dass sich das Diabolo möglicherweise „frisst", d. h., dass es sich in der Schnur verheddert und schlagartig nach oben aufrollt. Um dem entgegenzuwirken, nimmt man vorübergehend den rechten Stab etwas näher zum Körper. Dadurch läuft die Wicklung auf der Spindel sauber nebeneinander.

Ideen und Partnerschaften ...

Die Kunst des Diabolospiels entwickelt sich anfänglich recht schnell. Manche Schülerinnen und Schüler entfalten geradezu eine Liebe für dieses Spiel und üben – mit ihrem eigenen, von zu Hause mitgebrachten Diabolo – ganze Unterrichtseinheiten hindurch selbst- und weltvergessen an verschiedenen Tricks. Für einen Einblick in die weitere Entwicklung füge ich eine Werkstattskizze aus der Sekundarstufe I an.

Ich überlasse die Kinder zunächst sich selbst, jongliere ein wenig oder nehme mir vielleicht auch ein Diabolo. Da kommen schon die ersten und wollen mir etwas zeigen:

Abb. 3 Spannung nach dem Abwurf

Stefan[5] treibt das Diabolo zunächst sehr schnell an, hebt dann beide Stäbe zügig hoch und zieht sie auseinander, so dass sich die Schnur spannt. Er fängt sein
Diabolo, indem er es mit einem Stab „abholt". Dazu hält er die Schnur gespannt und visiert das Diabolo mit einer Stabspitze an. Dann fängt er es nahe
dem Stab und gibt mit der Schnur sanft nach. Andere Kinder zeigen mir verschiedene Kunststücke, die sie zwischen das Herausschleudern und das Fangen
einbauen: Mit den Stäben aneinanderklopfen, eine Pirouette, sogar einmal
Seilspringen (vgl. BAIER u. a. 1989, 90 f.; SCHACHL 1992, 144; GAAL 1994,
51–53).

Wir erproben gemeinsam unsere Ideen und Tricks. Anschließend diskutiere und erprobe ich mit den Kindern verschiedene ...

> ... Möglichkeiten des Fangens: Hinter dem Rücken, mit gekreuzten Stäben, auf dem Handstab. Dann versuchen wir, wie man das Diabolo in der Mitte der gespannten Schnur fangen und auf der weiterhin gespannten Schnur springen lassen kann (vgl. BAIER u. a. 1989, 91; SCHACHL 1992, 143–147; GAAL 1994, 51–53).

Man kann mit Stäben, Schnur und Diabolo die schwierigsten Verknüpfungen machen – doch die wenigsten dieser Tricks wirken vor Publikum so spektakulär wie das an sich recht einfache Werfen und Fangen. Das Thema *Werfen und Fangen* bietet darüber hinaus ausgezeichnete Möglichkeiten zur differenzierenden Arbeit mit heterogenen Gruppen. Aus den skizzierten Tricks lassen sich vielfältige Kombinationen mit unterschiedlichen Schwierigkeitsgraden herstellen. Dabei bieten sich auch wunderbare Möglichkeiten, Partnerschaften zu entwickeln. Einige davon seien abschließend beschrieben:

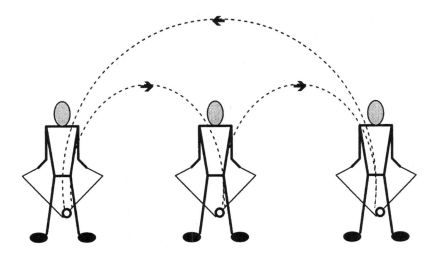

Abb. 4 Diabolowerfen in der Dreiergruppe

Claudia und Tim aus einer 7. Klasse stehen hintereinander im Abstand von etwa einem Meter. Auf ein vereinbartes Zeichen hin werfen sie sich gegenseitig
ihre Diabolos zu. Das Fangen gestaltet sich für Claudia, die mit dem Rücken zu
Tim steht, besonders schwer, doch sie meistert es, indem sie den Kopf mit dem
Abwurf ihres eigenen Diabolos in den Nacken legt und so früh Blickkontakt
zum anderen Diabolo aufnimmt.

Michael und Silke aus einer 9. Klasse zeigen mir einen Partnertrick, den ich bis
dahin noch in keinem Buch oder Zeitschriftenartikel gesehen hatte[6]: Sie stehen im Abstand von etwa eineinhalb Metern nebeneinander und treiben beide
ihr Diabolo an. Auf ein vereinbartes Zeichen wirft Michael Silke sein Diabolo
in die Schnur, und zwar auf den entfernten Teil der Schnur. Dadurch springt Sil-
kes Diabolo aus der Schnur und fliegt zu Michael.

Jo aus der 7. sowie Rike und Lars aus der 8. Klasse zeigen mir einen Trick, bei
dem sie in Linie stehen und der links stehende Jo zur in der Mitte stehenden Rike, die wiederum zum rechts stehenden Lars und der über Rike hinweg zu Jo
wirft (vgl. Abbildung 4).

Mit Bällen jonglieren

Die Balljonglage ist die in der Schule am leichtesten zu realisierende Kunstfertigkeit, zum einen, weil die Materialbeschaffung in der Regel keine Probleme aufwirft, zum anderen, weil dieses „Spiel mit der Schwerkraft" vom Schwierigkeits-
grad an alle Altersstufen angepasst werden kann. Die Darstellung konzentriert sich
auf die Grundform der Jonglage – die Kaskade mit drei Bällen.

Einsteigen ...

Meine Werkstattskizze zum Einstieg in die Balljonglage könnte aus einer 3., 5. oder
7. Klasse stammen, die Jahrgangsstufen unterscheiden sich lediglich hinsichtlich
ihres durchschnittlichen Lerntempos, nicht jedoch hinsichtlich der Vorgehensweise. Ich zeige zum Anfang die Drei-Ball-Kaskade und ein paar Tricks. Dann erhält
jedes Kind einen (Tennis- oder Jonglier-) Ball und die Aufgabe, den Ball hochzu-
werfen und – mit derselben oder der anderen Hand – wieder zu fangen. Weil dies einigen Kindern unmittelbar leicht fällt, rege ich an, irgendeine besondere Bewegung zwischen dem Werfen und dem Fangen zu machen. Schon bald kommen Kinder zu mir und wollen mir ihre Kunststücke zeigen. Ich schaue ihnen aufmerksam
zu, verzichte allerdings auf eine „Präsentationsrunde" vor der ganzen Klasse. Statt
dessen zeige ich ihnen selbst ein paar Kunststücke, z. B. unter einem Bein durch-
werfen, hinter dem Rücken hochwerfen oder den Ball einmal auf einem Knie hüpfen zu lassen, und ermuntere sie, es auch zu versuchen. Währenddessen gehe ich zu

Kindern, die noch nicht so gut fangen oder denen nichts einfällt, und berate sie. Eine sehr schöne, aber auch anspruchsvolle Form der Ein-Ball-Jonglage, die das Flugbahnmuster der Kaskade vorwegnimmt und auch den Kindern viel Spaß macht, stelle ich anschließend der ganzen Klasse vor:

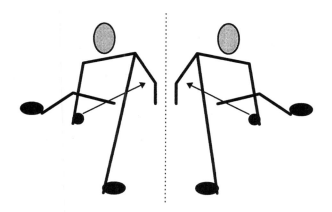

Abb. 5 Die „liegende Acht" im Hampelmann

Wirf den Ball mit der rechten Hand von außen unter dem rechten Bein durch und fange ihn mit der linken Hand; wirf den Ball anschließend mit der linken Hand von außen unter dem linken Bein durch und fange ihn mit der rechten Hand usw. Der Ball beschreibt dabei eine Flugbahn in Form einer „liegenden 8" (vgl. GRABOWIECKI/SCHACHL 1992, 115 und Abbildung 5).

Nach diesem für manche Kinder recht anstrengenden „Aufstand der Hampelmänner" gebe ich jedem Kind einen zweiten Ball und die Anregung, auszuprobieren, was man mit zwei Bällen machen kann.

Erste Erfolge ... und neue Probleme ...

Erfahrungsgemäß vertauschen die Kinder die Bälle, indem sie einen Ball hochwerfen und den anderen übergeben. Dies werte ich als Erfolg, denn es ist eine Kunst, mit dem zweiten Ball etwas zu machen, während der erste unterwegs ist, und dann den ersten wieder zu fangen. Andere Kinder werfen beide Bälle gleichzeitig hoch und versuchen, sie jeweils wieder mit der Wurfhand zu fangen. Auch dies ist als Erfolg zu werten, denn es erfordert eine Verteilung der Aufmerksamkeit auf zwei gleichzeitig fliegende Bälle. Wenn einige Kinder die Bälle nun so werfen, dass sich ihre Flugbahnen kreuzen, so sind sie schon ganz nahe an der Vorstufe zur Kaskade.

Das einzige Problem – welches an sich gar keines ist, sondern ein „Naturgesetz" – besteht darin, dass Bälle zu Boden fallen, und da hilft nur Üben. Also erzeuge ich ein „Problem" indem ich die Aufgabe stelle, dass zum Vertauschen der Bälle beide Bälle fliegen sollen, aber nicht gleichzeitig geworfen werden dürfen. Diese Aufgabenstellung zieht eine Reihe von Folgeproblemen nach sich: Keiner der Bälle wird gefangen, nur ein Ball wird gefangen, der erste Ball ist schon fast unten, bis der zweite geworfen wird. Ich rege die Kinder dazu an, eine „Regel" zu formulieren, die zum Ausdruck bringt, was man machen muss, um diese Probleme zu vermeiden. Diese Regel könnte etwa so lauten:

> „Man muss den zweiten Ball hochwerfen, wenn der erste an seinem höchsten Punkt angekommen ist."

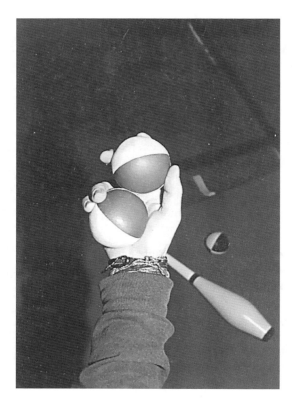

Abb. 6 Zwei Bälle in der Hand

Der erste bedeutende Erfolg *auf dem Weg zur* Drei-Ball-Kaskade besteht also darin,

- zwei Bälle hintereinander so werfen zu können, dass sich ihre Flugbahnen kreuzen, wobei der zweite Ball unter dem ersten hindurchfliegt,
- und beide Bälle anschließend mit der jeweils anderen Hand wieder zu fangen.

Der Rhythmus lautet: „Werfen – Werfen – Fangen – Fangen". Die Kinder darauf hinzuweisen, nur „nach oben, nicht auf die Hände" (GAAL 1994, 29) zu sehen, oder zwischen den Bällen mit dem Blick zu springen (vgl. GRABOWIECKI/ SCHACHL 1992, 117), bringt meiner Erfahrung nach den Kindern keinen Gewinn, sondern verwirrt sie eher. Es ist zwar richtig, dass der geübte Jongleur die Bälle mit Blicksprüngen beobachtet oder „durch das Muster hindurch" blickt, doch diese Fähigkeit entwickle ich nicht über Anweisungen, sondern über spielerische Übungsformen (s. u.).

Bevor ich den dritten Ball einführe, mache ich mit allen Kindern – unabhängig von ihrem Lerntempo – noch eine Übungsfolge, die für das Anfangen und Aufhören der Drei-Ball-Jonglage wichtig ist. Es geht um das Thema:

> „Zwei Bälle in einer Hand": Zu Beginn und am Ende einer Drei-Ball-Jonglage hat der Jongleur zwei Bälle in einer Hand. Ein Ball liegt „hinten" und wird zwischen Handballen, Ring- und kleinem Finger gehalten. Ein Ball liegt „vorn" oder im „Nest", bestehend aus Daumen, Zeige- und Mittelfinger.

Ich mache nun mit den Kindern zusammen folgende Übungen (vgl. BAIER u. a. 1989, 19 f.):

- Zwei Bälle in der rechten Hand halten, den vorderen senkrecht hochwerfen und wieder im „Nest" fangen.
- Zwei Bälle in der rechten Hand halten, den vorderen nach links hochwerfen, den anderen Ball in die linke Hand übergeben und den ersten Ball mit der linken Hand im „Nest" fangen.
- Zwei Bälle in der rechten Hand halten und hintereinander nach links hochwerfen und mit der linken Hand fangen. Dazu muss der erste Ball im „Nest" gefangen und sofort nach hinten gerollt werden, bevor der zweite Ball im „Nest" gefangen werden kann. Nun das Ganze wieder zurück usw.

Spätestens jetzt beginnt die Zeit der Differenzierung von Aufgabenstellungen, d. h., einige Kinder bekommen den dritten Ball, während ich mit anderen weitere Ideen zur Ein- und Zwei-Ball-Jonglage entwickle. An dieser Stelle steige ich aus der ersten Werkstattskizze aus, mache einen Sprung und beginne eine neue Skizze, die sich den ersten Erfolgen und neuen Problemen *in der* Drei-Ball-Jonglage widmet.

In der letzten Stunde haben wir die Kaskade entwickelt.

> Wirf aus der Hand, in der du zwei Bälle hast, den ersten Ball aus der Körpermitte hoch und zur anderen Seite. Wenn er am höchsten Punkt ist, wirfst du mit der anderen Hand den Ball aus der Körpermitte. Wenn der am höchsten Punkt ist, fängst du den ersten Ball und wirfst fast zeitgleich den dritten unter dem zweiten durch. Dann fängst du den zweiten und gleich darauf den dritten. Alle drei Bälle haben jetzt die Hände getauscht und bewegten sich wieder auf der „liegenden 8" (vgl. Abbildung 7). Der Rhythmus ist: „Werfen – werfen – fangen – werfen – fangen – fangen". Geworfen hast du z. B.: „Rechts – links – rechts", gefangen hast du dann: „Links – rechts – links". Jetzt das Ganze wieder zurück. Wenn du dich sicher fühlst, versuche vier Abwürfe, z. B. links – rechts – links – rechts. Wenn du dich dabei wieder sicher fühlst, versuche fünf Abwürfe. Wenn du dich dabei sicher fühlst, versuche, sooft wie möglich zu werfen.

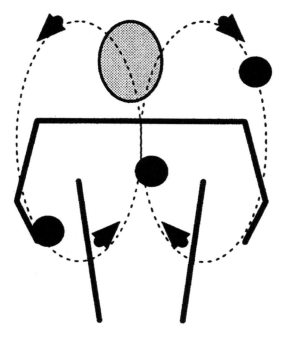

Abb. 7. Das Kaskadenmuster

Einige Kinder haben drei Bälle zu Hause oder mit nach Hause genommen und fleißig geübt. Von zu Hause haben sie nicht nur erste Erfolge mit drei Bällen mitgebracht, sondern auch neue Probleme: Das Problem des „Wegwerfens", das Problem der „hohen Hände" und das Problem der „Ebene". Damit beschäftigen wir uns heute.

Das Problem des „Wegwerfens" konkretisiert sich darin, dass vom zweiten Abwurf an die Bälle nicht nur hoch und zur Seite, sondern auch nach vorn geworfen werden. Die Ursache liegt in der Aktivität des Oberarms. Wenn der Oberarm während des Abwerfens vorpendelt, fliegt der Ball nach vorn. Erschwerend kommt hinzu, dass die Antizipation des Fangens eines nach vorn fliegenden Balles ein Noch-weiter-nach-vorn-Werfen induziert, bis schließlich alle Bälle weggeflogen sind. Ich stelle das Problem zur Diskussion, lasse die Ursache herausarbeiten und Lösungsideen formulieren. Diese könnten z. B. lauten:

Versuche, die Oberarme ruhig zu halten! Wirf zur gegenüberliegenden Schulter! Stell dich nahe an die Wand! Mache nach dem vierten, fünften, sechsten Abwurf eine Pause!

Motorisch eng mit dem Problem des „Wegwerfens" verknüpft ist das Problem der „hohen Hände". Auch hierbei sind die Oberarme angehoben, schwingen allerdings nicht nach vorn, vielmehr dient das Anheben dem Anfänger bzw. der Anfängerin dazu, die fangenden Hände in den Blick zu bekommen. Die Folge der „hohen Hände" ist eine kurze Flugphase der Bälle, was zu Kontrollverlust, Zusammenstößen und letztlich zum Abbruch der Jonglage führt. „Hohe Hände" verhindern darüber hinaus die Ausführung vieler Tricks. Ich diskutiere das Problem mit den Kindern und bitte um Lösungsvorschläge. Diese könnten z. B. lauten:

> Versuche, die Bälle tief zu fangen! Wirf die Bälle nicht so hoch, sondern nur etwa bis Scheitelhöhe! Nimm zwischendurch immer mal nur einen oder zwei Bälle und übertreibe das tiefe Fallenlassen der Bälle!

Einige Kinder können schon nach kurzer Zeit die Kaskade recht flüssig jonglieren. Trotzdem kommen sie nicht weiter, sprich: ihnen gelingen keine Tricks. Dies kann daran liegen, dass sie die drei Bälle nicht in einer Ebene parallel zur Schulterachse werfen, sondern aus dieser Ebene heraus mit einer Art „Schaufelbagger"-Bewegung. Worin mag die Ursache liegen? Diese zu ermitteln, fällt den Schülerinnen und Schülern erfahrungsgemäß sehr schwer. Ich fordere sie deshalb auf, sich zu zwingen, die Bälle in der Parallelebene zu werfen. Was passiert? Die Bälle stoßen zusammen oder sie fallen zu Boden. Nun gelingt es, Ursachen zu formulieren: Ich werfe nach vorn, um mir Raum zu verschaffen, weil mein Wurfmuster zu eng ist und die Bälle deshalb ständig zusammenstoßen. Oder: Ich werfe nach vorn, weil ich so die Bälle besser im Blick habe und sie mir nicht ständig runterfallen. Die Diskussion über Lösungswege könnte z. B. zu folgenden Ergebnissen führen:

> Wirf betont weit zur Seite! Mache schon nach wenigen Abwürfen Pause! Mache immer nur so viele Abwürfe, dass du in der Parallelebene bleibst!

Ideen und Partnerschaften ...

Die folgende Werkstattskizze befasst sich mit Ideen zum „Lösen des Blicks". Auch sie kann aus verschiedenen Jahrgangsstufen – etwa ab der 6. Klasse – stammen. Ich beziehe sie auf eine alters- und geschlechtsheterogene Gruppe mit Schülerinnen und Schülern der 7. bis 10. Klasse.

Eine Zielvorstellung der Jonglage ist die Fähigkeit, während des Jonglierens den Blick immer wieder von den Gegenständen zu lösen, um Blickkontakt mit Partnern oder mit dem Publikum aufnehmen zu können. Außerdem ist diese Fähigkeit für die Jonglage mit mehr als drei Gegenständen grundlegend.

Nach dem freien Einjonglieren stelle ich in loser Folge einige Aufgaben:

> Während der Kaskade umhergehen, auf die Uhr schauen, immer nur ein- und denselben Ball mit dem Blick verfolgen, ab und zu mal kurz die Augen zukneifen, sich einen Partner suchen und seine Augenfarbe rauskriegen.

Die letzte Form leitet über zum Thema Partnerschaft. Ich beginne deshalb an dieser Stelle mit meiner letzten Werkstattskizze zum Jonglieren mit drei Bällen in
einer Gruppe aus der Mittelstufe. Ähnlich wie beim Spiel mit dem Diabolo rege ich
an, Partner- oder Gruppenformen zu (er)finden. Hierzu stelle ich wieder Literatur
zur Verfügung, aus der sich die Schülerinnen und Schüler Ideen holen und mit der
sie sich Formen selbsttätig erarbeiten können. In einer solchen Stunde kann eine
Vielzahl von Prozessen und Produkten entstehen (vgl. FINNIGAN 1988, 116–
130). Ich greife zwei grundsätzliche – ein Paar mit sechs Bällen und ein Paar mit
drei Bällen – heraus und beschreibe je zwei Beispiele.

Gemeinsamer Rhythmus: Maike und Christof stehen sich gegenüber. Maike
gibt durch Zählen einen Rhythmus vor. Beide beginnen nun gleichzeitig mit
der Kaskade und jonglieren spiegelbildlich.

Abb. 8 Passing mit sechs Bällen

Passing partnerweise: Jana und Tina stehen sich gegenüber. Sie haben beschlossen, den ersten Ball zu passen und dann je für sich weiterzujonglieren. Beide beginnen, indem sie die rechte Hand mit zwei Bällen hochhalten, die linke tief. Dann zählt Tina: „Eins, zwei, drei und hopp, zwei, drei, vier". Bei „und" senken sie die rechte Hand und heben die linke an, bei „hopp" werfen sie sich gegenseitig einen Ball zu, und zwar aus der eigenen rechten Hand in die linke Hand des Partners. Dem vorgegebenen Rhythmus folgend haben beide beim zweiten „zwei" den Ball aus der linken Hand abgeworfen, beim zweiten „drei" ihren zweiten Ball aus der rechten Hand, bei „vier" werfen sie bereits den Ball, den sie von der Partnerin bekommen haben, in ihr je eigenes Kaskadenmuster. Bald werden sie so weit sein, dass sie jeden zweiten und später jeden Ball aus der rechten Hand in die linke Hand der Partnerin werfen können.

Ingo und Simon stehen sich gegenüber. Ingo jongliert mit drei Bällen und wirft sie nach einer vereinbarten Anzahl von Abwürfen seinem Partner zu. Simon fängt die Bälle nacheinander, jongliert ein paar Kaskaden, um sie anschließend wieder zurückzuwerfen. Mit der Zeit harmonieren die beiden so gut, dass es ihnen gelingt, im Wechsel jeweils nur drei Abwürfe zu machen.

Peter und Regina „tanzen" umeinander herum, während sie zu zweit mit drei Bällen die Kaskade jonglieren. Etwas seitlich versetzt stehen sie zu Beginn hintereinander, Peter hinten, Regina vorn. Peter wirft nun von rechts hinten mit der rechten Hand von unten zwischen Reginas Händen durch nach links, tritt links hinter Regina und fängt denselben Ball mit der linken Hand. Regina wirft ihren linken Ball nach rechts. Diesen Ball greift sich Peter nun, indem er gewandt seitlich vorgeht, mit der rechten Hand. Regina wirft nun mit der rechten Hand ihren zweiten Ball zwischen Peters Händen durch nach links, tritt nach links und fängt denselben Ball und greift sich, indem sie nach vorn geht, den Ball, den Peter mit der linken Hand wirft usw. (vgl. Abbildung 9).

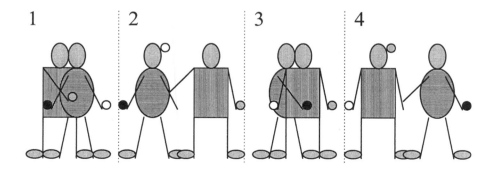

Abb. 9 Der „Kaskadentanz"

Einrad

Das Einradfahren ist eine Kunst, die einen vergleichsweise hohen Geräteaufwand, sowie viel Zeit und Geduld erfordert. Auch erscheinen mir der *Differenzierte Sportunterricht* – hieraus stammen die folgenden Werkstattskizzen – oder freie Arbeitsgemeinschaften für einen nachhaltigen Einstieg in diese Kunst eher geeignet als der Basissportunterricht. Es ist allerdings durchaus möglich, auch im Basissportunterricht oder etwa in den Pausen „Schnupperangebote" einzurichten, in denen Kinder mit dem Einrad bekannt gemacht und vielleicht so begeistert werden, dass sie sich das Fahren über den Einstieg hinaus selbst beibringen.

Einsteigen ...

Abb. 10 Keine Sorge, wir halten Dich!

In meiner Einstiegsskizze gehe ich aus von einer Gruppe von dreißig Jugendlichen aus der 7. bis 10. Klasse, sowie fünf Einrädern, die höhenverstellbar sind. Ich arbeite zeitgleich mit fünfzehn Jugendlichen. Die anderen üben inzwischen frei in anderen Künsten. Partnerschaften spielen beim Einradfahren eine große Rolle, und so beginne ich auch mit einer Partnerschaft.

Ich bitte anfangs die Jugendlichen, sich in möglichst größenhomogenen Dreiergruppen zusammenzufinden und sich ein Einrad auszusuchen, dessen Pedal-Sattel-Abstand dem ihrer Fahrräder entspricht[7]. Nun zeige ich, wie zwei Partner einem dritten dabei behilflich sein können, zum ersten Mal auf einem Einrad zu sitzen, ohne gleich wieder abzusteigen. Und das geht so:

Einer nimmt das Einrad am Sattel, stellt die Pedale senkrecht, klemmt den Sattel zwischen die Beine und stellt einen Fuß mit dem Ballen auf das tiefe Pedal. Die beiden anderen stehen sich gegenüber, wobei das Einrad genau zwischen ihnen steht. Beide stellen jeweils den rechten Fuß an den Reifen, so dass das Einrad weder vor- noch zurückrollen kann. Der mittlere Partner soll jetzt aufsteigen. Dazu legt er den beiden anderen die Arme um die Schultern. Damit das Einrad jetzt nicht umfällt, muss einer der äußeren Partner den Sattel hinten mit der Hand festhalten. Nun springt der mittlere mit dem Standbein leicht nach vorn oben ab und stellt den freien Fuß auf das obere Pedal, die anderen unterstützen ihn etwas dabei. Weil man bei waagerecht stehenden Pedalen bequemer und sicherer sitzt, wird nun der vordere „Bremsfuß" gelöst, das Rad kann eine Viertelumdrehung nach vorn rollen und soll nun aktiv stabilisiert werden.

Wer zum ersten mal auf einem Einrad sitzt, fühlt sich sehr wackelig und kann sich kaum vorstellen, einmal frei damit zu fahren. Die Beinmuskulatur ist übermäßig angespannt, der Rumpf vorgebeugt, das Sattelrohr ist nach hinten gekippt, die Hände in die Schultern der Partner gekrallt. Wir beginnen also zunächst damit, uns zu entspannen. Die entsprechende Aufgabe besteht darin, das Becken vorzuschieben, den Rücken gerade zu machen, die Belastung von den Füßen wegzunehmen und dadurch fest auf dem Sattel zu sitzen und dabei auf die Stütze der Partner zu vertrauen (vgl. Abbildung 11). Das Ganze soll die Dreiergruppe jetzt reihum durchführen. Ich gehen von Gruppe zu Gruppe und berate sie hinsichtlich der Einstellung des Einrads sowie der Positionierung der Körperteile.

Wenn jeder einmal oben war, kommt der erste wieder an die Reihe, denn nun soll zum ersten Mal gefahren werden. Dazu gebe ich die Vorinformation, dass das Einrad fährt, wenn man in die Pedale tritt, und stehenbleibt, wenn man aufhört zu treten. Dies klingt banal, ist aber wichtig, weil es mit einem sehr manifesten Automatismus aus dem Fahrradfahren interferiert. Das Einrad hat keinen Leerlauf. Wenn ich also aufhöre zu treten, falle ich vornüber. Solchermaßen ausgestattet erhalten die

Abb. 11 Das Aufrichten der Sitzposition

Gruppen die Aufgabe, sich langsam und möglichst gleichmäßig fortzubewegen, ohne „die Mitte" aufzugeben, d. h., ohne dass der Fahrer bzw. die Fahrerin sein Gleichgewicht und seine Raumposition zwischen den beiden anderen verliert. Auch dies soll wieder reihum durchgeführt werden.

Erste Erfolge ... und neue Probleme ...

Wenngleich der Anfänger es bereits als Erfolg verbucht, mit der tatkräftigen Unterstützung zweier Partner einige Meter oder vielleicht sogar eine Hallenrunde zurückzulegen, so stellen sich doch die ersten richtigen Erfolgserlebnisse erst dann ein, wenn man einige Pedalumdrehungen frei fährt. Dies gelingt sehr schnell in einer erhöhten Bankgasse (vgl. GAAL 1994, 88), deren Anwendung im Mittelpunkt des zweiten Werkstattberichts steht.

Unter Verwendung von vier (besser: sechs) Kästen und zwei (besser: vier) Langbänken bauen wir eine Bankgasse, und zwar dergestalt, dass zwei Kastenpaare durch zwei Langbänke so verbunden werden, dass die Unterseiten der Sitzflächen der Bänke auf den Kastenoberteilen zu liegen kommen. Das Kastenpaar selbst steht etwa durch einen Meter getrennt parallel zueinander (vgl. Abbildung 12).

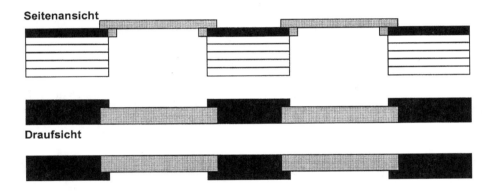

Abb. 12 Bankgasse zum Erlernen des Einradfahrens

Die Bankgasse ist ein ideales Arrangement für die Selbststeuerung des Lernprozesses, und es stellen sich schnell erste Erfolge ein ... allerdings auch neue Probleme, die sich auf das Auf- und Absteigen, sowie auf das Lösen von der Unterstützung beziehen. Entsprechend formuliere ich drei Perspektiven, unter denen sich die jungen Künstler weiter entwickeln können:

- Versuche so aufzusteigen, dass du sofort losfahren kannst!
- Versuche immer kontrolliert abzusteigen, d. h. beabsichtigt nach vorn oder hinten und mit einer Hand am Sattel!
- Versuche möglichst bald aus der Bankgasse wegzufahren!

Als Technik des Aufsteigens entwickelt sich in der Regel folgendes Verhalten: Die Pedale werden senkrecht eingestellt, der Sattel wird zwischen die Beine geklemmt, ein Fuß wird auf das untere Pedal gestellt, dann drückt das andere Bein vom Boden ab und der zweite Fuß wird auf das obere Pedal gestellt; meist wird der Sattel mit einer Hand vorn festgehalten, während die andere Hand auf der Bank stützt. Für das *freie* Aufsteigen werden in den Lehrbüchern zwei unterschiedliche Techniken beschrieben:

> Das Rad steht vor dir, eines der Pedale zeigt zu dir und etwas schräg zum Boden. Klemme den Sattel zwischen die Beine. Steige auf das hintere Pedal. Drücke dich mit dem anderen Bein vom Boden ab. Dadurch kommt Druck auf das untere Pedal, das in die tiefste Position gedrückt wird. Dabei fährt das Rad ein wenig rückwärts. Setze den anderen Fuß auf das andere Pedal, führe die Rückwärtsbewegung etwas fort, bremse sie nun ab, kehre die Bewegungsrichtung um und fahre vorwärts los (vgl. HÖHER 1991, 64).
>
> Das Rad steht vor dir, die Pedale sind waagerecht. Klemme den Sattel zwischen die Beine. Steige auf das hintere Pedal. Drücke dich mit dem anderen Bein vom Boden ab, ohne das hintere Pedal zu belasten, rolle das Rad dabei ein wenig vorwärts, ziehe den anderen Fuß sofort nach vorn und stelle ihn mit Druck auf das vordere Pedal. Fahre sofort los (vgl. GAAL 1994, 92).

Ich bevorzuge die zweite Version aus folgenden Gründen:

- Ich kann sofort losfahren, ohne vorher rück-vor-pendeln zu müssen.
- Ich laufe nicht Gefahr, vom vorderen Pedal am Schienbein getroffen zu werden.

Der einzige Nachteil der zweiten Technik besteht darin, dass sie nicht auf das Pendeln[8] vorbereitet. Aber davon ist der Anfänger ohnehin noch weit entfernt.

Auch wenn das Absteigen anfangs unfreiwillig geschieht, entzieht es sich nicht einer methodischen Bearbeitung. Der Anfänger neigt dazu, nach hinten abzusteigen, weil sich sein Körper gegen das Nach-vorn-Legen wehrt. Ein Absteigen nach vorn signalisiert mir dagegen, dass ich die für das Fahren erforderliche leichte Vorwärtsneigung hatte. Unabhängig davon, ob ich vorn oder hinter absteige, gilt:

> Wenn du merkst, dass du absteigen musst, setze sofort einen Fuß aktiv auf den Boden und nimm den Druck vom anderen Pedal weg, sonst haut das Rad ab, und vielleicht trifft dich ein Pedal am Unterschenkel! Halte das Rad am Sattel fest, denn das Rad und der Boden leiden unter den häufigen Kollisionen; wenn du nach vorn absteigst, greife nach hinten an den Sattel, wenn du nach hinten absteigst, greife nach vorn! Setze dir zum Ziel, nach vorn abzusteigen; dann weißt du, dass du die für das Fahren notwendige Vorlage gehabt hast!

In der Bankgasse kann bei jedem Durchgang das Auf- und Absteigen geübt werden. Ich empfehle den Schülern, in der Mitte der Gasse immer wieder mal *bewusst* nach vorn oder nach hinten abzusteigen.

Bald fühlen sich die Schülerinnen und Schüler so sicher, dass sie am Ende der Gasse gar nicht mehr absteigen, sondern, gestützt auf eine Hand, außen an der Gasse entlang zurück zum Start fahren. Um die Entwicklung einer Seitigkeit zu vermeiden, rate ich, abwechselnd links und rechts zurückzufahren. Wo ich erkenne, dass jemand schon aus der Gasse wegfahren könnte, ermutige ich ausdrücklich dazu und stelle mich hin, um den Schüler bzw. die Schülerin mit einer Hand abzuholen und bis zum nächsten Abstieg zu begleiten. Diese Unterstützung wird auch von anderen Kindern geleistet, die sich mit einem Partner bzw. einer Partnerin ein Rad teilen. Wir Helfer stellen uns jedesmal ein Stückchen weiter von der Bankgasse entfernt hin, so dass die Fahrer eine kurze und zunehmend länger werdende Strecke allein zurücklegen.

In den folgenden Stunden stelle ich die Bankgasse jeweils nur dann auf, wenn sie von einem Schüler bzw. einer Schülerin gefordert wird. Bleibt diese Forderung aus, so erkenne ich, dass die Schülerinnen und Schüler nun so weit sind, dass sie ohne dieses Arrangement auskommen und sich in der Phase der Ideen und Partnerschaften befinden.

Ideen und Partnerschaften ...

Viele Schülerinnen und Schüler entwickeln bald die Idee, Partnerschaften zu bilden, d. h., miteinander zu fahren. Bevor ich jedoch auf solche Formen eingehe, möchte ich kurz einige Ideen beschreiben, auf die die Lernenden gekommen sind, nachdem sie so weit waren, eine Hallenrunde ohne Abstieg bewältigen zu können:

- *Requisiten mitnehmen.* Gute Jongleure beginnen bald, Bälle dabeizuhaben, andere lassen ein Gymnastikband im Fahrtwind flattern.
- *Slalom.* Einige Schülerinnen und Schüler stecken sich mit Hütchen einen Parcours.
- *Ausflug.* Vielen Schülerinnen und Schülern wird die Halle schnell zu eng. Sie wollen hinaus und auf dem Pausenhof oder dem Sportgelände fahren.

Wie eingangs erwähnt, kommt den Partnerschaften beim Einradfahren eine besondere Bedeutung zu. Gemeinsam mit einem Partner gelingt das freie Fahren oft früher als allein. Und so sehe ich bald immer wieder Paare oder größere Gruppen zusammen von Stirnseite zu Stirnseite fahren oder die Halle umrunden. Einige Partner- bzw. Gruppenformen, die sich ohne mein Zutun entwickelt haben, beschreibe ich im Folgenden.

Abb. 13 Die „Einrad-Windmühle"

Zweierbob. Zwei Partner fahren mit Doppelhandfassung hintereinander. Oder der hintere stützt die Hände auf die Hüften oder Schultern des vorderen Partners.

Begegnung. Zwei Paare oder Dreiergruppen in Handfassung fahren aufeinander zu. Kurz vor dem Zusammentreffen lassen sie los, fahren durch die Lücken und fassen die Hände wieder.

Windmühle. Zwei Partner fahren aufeinander zu, fassen sich mit einer Hand und „tanzen" in kleinem Kreis umeinander herum. Das Gleiche funktioniert auch mit zwei Paaren oder Dreiergruppen.

Spielerische Bodenakrobatik

Die Akrobatik unterscheidet sich in zweierlei Hinsicht von den anderen in diesem Beitrag thematisierten Bewegungs- und Zirkuskünsten. Zum einen handelt es sich in der Regel um ein gerätefreies „Spiel mit dem Körper", abgesehen davon, dass Matten und sprungunterstützende Geräte verwendet werden. Zum anderen stellt sich kontinuierlich die Frage nach der Sicherheit. Die Vermittlung und Entwicklung von akrobatischen Fertigkeiten ist also immer auch Vermittlung und Entwicklung von Sicherheitskompetenz. In den folgenden Werkstattskizzen wird deshalb dieser Aspekt jeweils explizit angesprochen.

Einsteigen ...

Unter Akrobatik mit Kindern und Jugendlichen in der Schule verstehe ich – von wenigen Ausnahmen abgesehen – Partner- und Gruppenakrobatik. In diesem Beitrag beschränke ich mich auf die „statische" Bodenakrobatik, die sich in unscharfer Abgrenzung von der „dynamischen" dadurch unterscheidet, dass die eigentliche Figur für einige Sekunden ruhig steht.

Gute Methodikbücher beginnen die Akrobatik mit einer Sequenz zu den Themen individuelles *Körperempfinden* und partnerschaftlicher *Körperkontakt* (z. B. GRABOWIECKI 1992, 37–39; BLUME 1995, 45–62). Auch ich stelle Akrobatik-Einsteigern am Anfang entsprechende Aufgaben, meine erste Werkstattskizze setzt jedoch einen Schritt später ein, nämlich bei den Bankfiguren und Bankpyramiden, die schon in der Grundschule entstehen können. Nachdem wir uns spielerisch an die Kategorien Gleichgewicht, Spannung und Körperkontakt herangetastet haben, stelle ich die „Bank" als tragendes Element der Bodenakrobatik vor.

> Die Kunst der Bank besteht darin, auf die senkrechten Arme und Oberschenkel gestützt stabil zu stehen, mit dem Rücken eine möglichst ebene Fläche zu bilden und dabei die Bauchmuskulatur unter Spannung zu halten.

Dies probieren wir zunächst paarweise aus. Ein Partner geht in die Bank, der andere korrigiert die Stellung der Arme und der Oberschenkel sowie die Ebene des Rückens, und er testet die Bauchspannung durch sanftes „Pieksen" mit einem Finger. Dann überlegen wir gemeinsam, welche Teile des Rückens wohl zum Daraufsteigen geeignet sind und welche nicht. Hierbei sollte den Kindern zum einen klar werden, dass man auf die Bereiche des Beckens und der Schulterblätter steigen kann, nicht aber auf die Wirbelsäule dazwischen. Zum anderen sollte sich bei den Kindern ein Bewusstsein für sinnvolle Spezialisierungen in der Akrobatik entwickeln. Ich teile demnach nicht uneingeschränkt die Auffassung, dass alle Kinder alle Funktionen ausprobieren sollen, sondern halte dafür, sehr bald zwischen „Us", das sind die Kräftigen, Massigen, die unten stehen können, und „Os", das sind die Zarten, Leichtgewichtigen, zu differenzieren. Wer sich weder zu den „Us" noch zu den „Os" zugehörig fühlt, kann anfangs noch beide Funktionen erfüllen und wird später, in höheren Pyramiden, voraussichtlich ein „M", also ein variabel einbaubarer „Mittelmann", werden.

Erste Erfolge ... und neue Probleme ...

Anschließend gebe ich den Kindern die Aufgabe, Möglichkeiten zu finden, wie man auf eine Bank aufbauen kann. Dabei erfinden die Kinder z. B. folgende Figuren:

> **Sitz auf der Bank**: Gesäß auf dem Becken, Füße auf den Schultern – **Bank auf der Bank**: Knie auf dem Becken, Hände auf den Schultern oder umgekehrt – **Stand auf der Bank**: Beide Füße auf dem Becken oder ein Fuß auf dem Becken, der andere zwischen den Schultern – **Liegen auf der Bank**: Rücklings oder bäuchlings, und zwar die Körperlängsachsen im rechten Winkel zueinander.

In dieser Phase treten neue Probleme zutage, die sich auf den Aufstieg, den Abstieg und auf das Halten der Spannung beziehen. Nach der Explorationsphase schalten wir deshalb wieder eine Gesprächsphase ein, in der wir Probleme verbalisieren, Regeln für den Auf- und Abstieg festlegen und überlegen, wie wir während der Figur die Spannung halten können. Folgende Probleme und Lösungsvorschläge kommen z. B. zur Sprache:

Probleme	Lösungsvorschläge
• Schon der Aufstieg ist so wackelig, dass ich gar nicht erst hoch komme!	• Der „U" soll Hände und Füße breiter hinstellen! • Der „O" soll sich beim Hochsteigen mit den Händen am „U" festhalten oder sich einen dritten als Helfer suchen!
• Ich rutsche immer mit den Füßen / mit den Knien ab!	• Du musst die Beinmuskeln anspannen, damit die Beine nicht auseinander gehen!
• Wenn ich endlich oben bin, wackelt mein „U" so, dass ich gleich wieder runterfalle!	• Der „U" soll Hände und Füße breiter hinstellen! • Der „U" soll den Bauch, die Beine und die Arme anspannen!
• Die Andrea tritt mir beim Runtergehen immer auf den Fuß!	• Der „O" soll sich merken, wie der „U" die Beine hat und beim Runtergehen entweder neben die Füße oder zwischen die Füße steigen! • Der „U" darf inzwischen die Füße nicht verrutschen!
• Ich hab Angst, dass mir das mal weh tut, wenn der Klaus immer so abspringt!	• Der „O" darf nicht abspringen, sondern er muss absteigen, wie er aufgestiegen ist, oder sich notfalls vorsichtig runterkippen lassen, ohne Druck auf den „U" auszuüben!

Abb. 14 Noch etwas wackelig, aber sie hält!

Nach eingehender Diskussion probieren wir noch einmal verschiedene Möglichkeiten aus und gehen dann dazu über, kleine Gruppenpyramiden aus Bänken zu bauen. In der Regel kommen die Kinder selbst auf die Idee, dass man auch auf zwei Bänke aufbauen kann, und schnell finden sich zwei Dreiergruppen, die eine 3-2-1-Bankpyramide versuchen. Das gibt mir Gelegenheit, der ganzen Klasse vorzuschlagen, doch einmal mit allen zusammen eine mehrstöckige Pyramide zu bauen.

Zunächst erfrage ich Notwendigkeiten, die beim Bau einer dreistöckigen Pyramide beachtet werden müssen. In der Diskussion kommen wir auf folgende Punkte:

- Die „Us" müssen eng zusammenstehen
- Die „Ms" müssen zwischen ihren Knien Platz lassen, damit die „Os" noch aufsteigen können
- Eine mehrstöckige Pyramide kann man nicht lange halten; deshalb müssen alle „Us" gleichzeitig ihre Position einnehmen, anschließend müssen alle „Ms" gleichzeitig aufsteigen und zum Schluss müssen alle „Os" gleichzeitig aufsteigen
- Auch der Abbau der Reihen muss jeweils gleichzeitig erfolgen und es muss genau festgelegt werden welcher „O" und welcher „M" beim Abstieg wohin tritt
- Vor allem die „Us" müssen in der Lage sein, lange die Bauchspannung zu halten

Wenn diese Fragen geklärt sind, machen wir einen ersten Probelauf mit der „U"-Linie, dann einen zweiten zusätzlich mit der „M"-Linie. Anschließend wagen wir den Gesamtaufbau mit den „Os".

Ideen und Partnerschaften ...

Die weitere Entwicklung ist abhängig vom Zeitrahmen und vom Interesse der Kinder und Jugendlichen. Nur in seltenen Fällen werden dabei neue Figuren erfunden. Ich gehe deshalb so vor, dass ich den Schülerinnen und Schülern Bücher, Fotos und Zeichnungen mitbringe, aus denen sie sich Figuren aussuchen können. Damit trage ich zum einen der Forderung nach Selbstbestimmung und Selbsttätigkeit Rechnung, zum anderen aber auch dem Bedürfnis der Schüler, sich in Freundesgruppen unterschiedlicher Größe zusammenzufinden. Die abschließende Werkstattcollage stellt entsprechend einige in Partnerschaften realisierte Ideen für zwei bis fünf Personen vor. Die Auswahl erfolgt zum einen nach dem Kriterium der Eignung für Anfänger und für den Basissportunterricht, zum anderen nach der Brauchbarkeit als Module für den Bau abwechslungsreicher Großpyramiden. Die Darstellung verläuft problemorientiert, d. h., es wird jeweils angesprochen, wo Schwierigkeiten auftreten und wie sie vermieden werden können (vgl. BLUME 1995, 78f., 126–131).

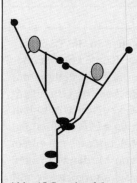

Abb. 15 Stand auf den Oberschenkeln

Stand auf den Oberschenkeln oder „Stuhl": U und O stehen sich gegenüber und halten sich bei gebeugten Armen im Ellbogengriff. U beugt die Beine, bis der Kniewinkel etwa 120° beträgt. Nun steigt O auf die Oberschenkel von U, und zwar nahe am Knie und mit auswärts gedrehten Füßen. U und O strecken nun langsam die Arme, wechseln vorsichtig in den Handgelenk-Handgelenk-Griff und lehnen sich voneinander weg. In der Endposition angekommen kann eine Hand gelöst und der Oberkörper dem Publikum zugewendet werden (vgl. Abbildung 15). **Abbau**: Beide Hände fassen und zuerst mit einem, dann mit dem anderen Fuß absteigen. **Schwierigkeiten** treten auf, wenn O die Füße zu weit oben aufsetzt, wenn U glatte Hosen trägt, wenn U sich zu früh zu weit zurücklehnt oder nicht weit genug, oder wenn die Hände feucht sind und deshalb der Griff rutscht. Zur **Vermeidung** sollen die Füße tief aufgesetzt, kurze oder rauhe Hosen getragen, anfangs unter das Gesäß des U eine Bank gestellt, ein bis zwei Helfer eingesetzt und Magnesia verwendet werden.

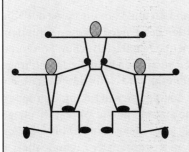

Abb. 16 Dreier-Gallionsfigur

Dreier-Gallionsfigur: Zwei Us stehen entweder (a) breit gegrätscht und tief oder (b) im Einbeinkniestand nebeneinander: O tritt von hinten heran, fasst mit den Händen auf die Schultern der Us und steigt auf ihre Oberschenkel, im Fall (a) nahe der Hüftbeuge, im Falle (b) nahe dem Knie. Die Us unterstützen den Aufstieg und das Stehen an Os Beinen oder Hüften. Abschließend werden die freien Arme waagrecht ausgestreckt (vgl. Abbildung 16).

Abbau: O fasst wieder an den Schultern der Us und steigt zuerst mit einem, dann mit dem anderen Fuß ab. **Schwierigkeiten** treten auf, wenn bei (a) die Us nicht tief genug stehen oder wenn die Beine, auf die O steigen soll nicht stabil sind, sondern wackeln. Zur **Vermeidung** sollen die Us tief stehen sowie Bauch und Beine anspannen.

Abb. 17 Denkmal

Denkmal: Zwei Us gehen in die Bankstellung, Füße zueinander, Köpfe voneinander weg. M stützt sich in der Bankstellung mit den Händen auf das Becken von U1 und mit den Knien auf das Becken von U2. O hält sich mit den Händen an M fest und steigt über das Becken von U1, oder U2 mit einem Fuß auf das Becken von M, dann mit dem anderen Fuß auf den Schultergürtel von M und breitet abschließend die Arme aus (vgl. Abbildung 17). **Abbau**: O verlagert vorsichtig das Gewicht nach vorn, lässt sich, ohne Druck auf M auszuüben, abfallen und federt die Landung ab. **Schwierigkeiten** treten auf, wenn die Us zu schmal stehen, wenn M sich nicht gut festhält, wenn O keine Stelle findet, um beim Aufstieg die Füße zu setzen, wenn O beim Aufstieg an M zerrt oder wenn O abspringt. Zur **Vermeidung** sollen die Us breit stehen, M Platz lassen für Os Aufstieg, O sich beim Aufstieg etwas nach vorn lehnen, M sich gegen den Zug von O stemmen, und O darf auf keinen Fall mit Schwung abspringen.

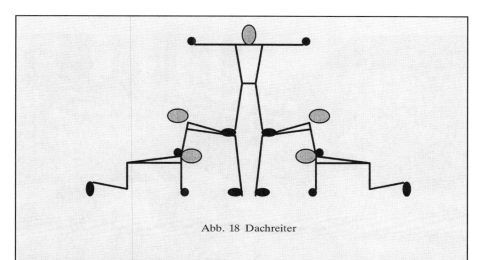

Abb. 18 Dachreiter

Dachreiter: Zwei Us gehen im Abstand von ca. 1 m mit den Köpfen zueinander in die Bankstellung. Zwei Ms stellen sich mit einem Beckenabstand von ca.
20 cm Rücken an Rücken zwischen die Us und stützen sich jeweils mit den
Händen auf die Schultern der Us. O steigt über eine Hilfsbank hinter der Vie-
rergruppe auf die Becken der Ms (vgl. Abbildung 18). **Abbau**: O verlagert vorsichtig das Gewicht nach vorn, lässt sich, ohne Druck auf die Ms auszuüben,
abfallen und federt die Landung ab. **Schwierigkeiten** treten auf, wenn die Ms
ihren Rücken rund machen oder rutschige Kleidung tragen oder wenn O die
Beine nicht fixieren kann. Zur **Vermeidung** sollen die Ms rutschfeste Kleidung
tragen, den Rücken gerade machen und O soll die Beine leicht auswärts spannen.

Die spielerische Bodenakrobatik ist ein ernster Spaß, der auf Konzentration und
Sicherheitsbewusstsein nicht verzichten kann. Ich prüfe deshalb z. B. immer mal
wieder die Bauchspannung, streiche Rücken gerade, prüfe die Stabilität von Bänken und Ständen. Zugleich lege ich wert darauf, mich hinsichtlich der Sicherheits-
kontrolle zunehmend überflüssig zu machen – nicht, weil die Schülerinnen und
Schüler sie nicht mehr bräuchten, sondern weil sich ihre Sicherheitskompetenz erweitert und sie selbst spüren, wann Kontrollen einsetzen müssen. Ich stelle mich
auch immer wieder als „U" zur Verfügung, insbesondere bei neuen und anspruchsvollen Figuren bzw. als Hilfe für den Einstieg in größere Pyramiden. Wenn später
der Stand auf den Schultern entwickelt wird, lasse ich erst einmal (fast) alle
Schülerinnen und Schüler auf meine Schultern steigen, bevor sie diese Figur in
Partnerschaften erproben, und manchmal stehe ich auch als Mittelsäule mit einem
Kind auf den Schultern in großen Pyramiden.

... und draußen weiterwachsen

Abb. 19 Auf dem Marktplatz ...

Wen die Kunst gepackt hat, den lässt sie nicht mehr los. Es ist die Vielfalt der motorischen, kognitiven und emotionalen Ansprüche, die die Bewegungs- und Zirkuskünste so reizvoll machen. Athletik und Ästhetik, Eindruck und Ausdruck, Spiel und Leistung, Meditation und Sensation, Konzentration auf sich selbst und Begegnung mit anderen – das Erlebnisspektrum scheint unerschöpflich. Die Bewegungs- und Zirkuskünste sprechen den ganzen Menschen an und bieten Entfaltungsmöglichkeiten für alle. Häufig sind es die – im traditionellen Verständnis – „Unsportlichen", deren Körper- und Bewegungskarrieren sich hier positiv entwickeln.

Die Bewegungs- und Zirkuskünste stellen damit geradezu ein Paradebeispiel dar für das übergeordnete Ziel des schulischen Sportunterrichts: Bindung an außerschulische und nachschulische, womöglich lebenslange und lebensbegleitende Bewegungsaktivität.

Anmerkungen

[1] Videos zum Thema Zirkuskünste hat in hochstehender Qualität KLAUS STILLGER entwickelt.

[2] Die nachstehenden Ausführungen spiegeln die persönliche Auffassung des Verfassers wider, entwickelt über Erfahrungen in Klassen, Kursen und Arbeitsgemeinschaften. Sie sind insofern nicht als pauschale Empfehlungen gedacht, sondern als Angebot zum Diskurs, zur Auseinandersetzung, zur Passung an die jeweiligen Bedingungen, vielleicht auch zur Herausforderung von Widersprüchen, die dann – dialektisch weiterentwickelt – zu anderen, neuen, besseren Lösungen führen.

[3] Im Sinne des Werkstattcharakters des Zirkuskünste-„Unterrichts" verwende ich das „wir", wenn ich davon ausgehe, dass die Lehrkraft mit den Kindern spielt, lernt und übt, also gleichzeitig an einem Thema arbeitet.

[4] Um die optische Kontrolle der Rotationsgeschwindigkeit zu erleichtern, sollte das Diabolo – sofern es nicht ohnehin unterschiedliche Farben aufweist – mit einem kontrastfarbenen, aufgemalten oder aufgeklebten Punkt versehen werden.

[5] Die Namen wurden geändert.

[6] Eine gewisse Ähnlichkeit besteht allerdings mit dem von RUNDE (1993, 130) beschriebenen Einstieg in das Spiel mit zwei Diabolos.

[7] Ein geeigneter Abstand liegt vor, wenn bei festem Sitz auf dem Sattel und durchgestrecktem Bein das tiefe Pedal mit der Ferse erreicht wird. Dies kann auch der Anfänger leicht ermitteln, indem er die Pedale senkrecht stellt, den Sattel zwischen die Beine klemmt und mit der Hand festhält und dann die Ferse auf das tiefe Pedal stellt, wobei er mit dem anderen Fuß einfach auf dem Boden stehen bleibt.

[8] Unter Pendeln versteht man das dynamische „Stehen" mit dem Einrad, wobei das Rad durch abwechselndes kurzes Vor- und Zurückrollen stabilisiert wird.

Literatur

BAIER, R.; ERATH, TH.; HOFMANN, P.; PÖLLMANN, S.: Jonglieren . . . vom Werfen, Fangen und Drehen. München 1989.

BALLREICH, R.; GRABOWIECKI, U. V. (Hrsg.): Zirkus spielen. Stuttgart 1992.

BLUME, M.: Akrobatik für Kinder und Jugendliche. Aachen 1995.

BOSE, G.; BRINKMANN, E.: Circus. Geschichte und Ästhetik einer niederen Kunst. Berlin 1978.

DECKER, W.: Sport und Spiel im alten Ägypten. München 1987.

FINNIGAN, D.: Alles über die Kunst des Jonglierens. Köln 1988.

FUNKE-WIENEKE, J.: Vermitteln – Schritte zu einem „ökologischen" Unterrichtskonzept. In: sportpädagogik 19 (1995) 5, 10–17.

GAAL, J.: Bewegungskünste Zirkuskünste. Schorndorf 1994.

GRABOWIECKI, U. v.: Spielerische Bodenakrobatik. In: BALLREICH, R.; GRABOWIECKI, U. V. (Hrsg.): Zirkus spielen. Stuttgart 1992, 37–64.

GRABOWIECKI, U. V.; SCHACHL, A.: Jonglieren. In: BALLREICH, R.; GRABOWIECKI, U. V. (Hrsg.): Zirkus spielen. Stuttgart 1992, 113–137.

GRÖSSING, S.: Gut für Ehre – Die Welt der Gaukler. In: Leibesübungen Leibeserziehung 47 (1993) 3, 6–8.

GÜNTHER, E.; WINKLER, D.: Zirkusgeschichte. Berlin 1986.

HÖHER, S.: Einradfahren. Reinbek 1991.

LAGING, R.: Die Bewegungswerkstatt – ein bewegter Lernort. In: sportunterricht 46 (1997) 12, 517–529.

MOEGLING, K.: Ganzheitlichkeit in der Bewegungserziehung. In: sportpädagogik 19 (1995) 4, 15–23.

MOORE, J.: Holistic Education – Beyond the Physical. In: The Korean Society for the Study of Physical Education / The Research Institut of Physical Education & Sport Science, Chungnam National University: The Role of Physical Education for the Revitalization of Humanity. Taejeon (Korea) 1997, 42–49.

NADOLNY, S.: Die Entdeckung der Langsamkeit. München 1987[23].

RUNDE, R.: Das große Diabolo-Buch. Köln 1993.

SCHACHL, A.: Diabolo. In: BALLREICH, R.; GRABOWIECKI, U. V. (Hrsg.): Zirkus spielen. Stuttgart 1992, 142–147.

STILLGER, K.: Videofilme zu Jonglieren, Einradfahren, Akrobatik. Augsburg 1990–1996.

MICHAEL KOLB

Entspannung mit Kindern im Sportunterricht

1. Zur Begründung der Förderung der Entspannungsfähigkeit von Kindern in der Schule

Lehrkräfte [1] aus den Schulen berichten vermehrt darüber, dass Kinder und Jugendliche sich in den letzten Jahren deutlich verändert haben. Eine wachsende Anzahl der Kinder zeigt eine große *innere und äußere Unruhe* bis hin zu permanenter Zappeligkeit, Nervosität und sogar offenen Aggressionen. Viele Kinder wirken andauernd angespannt, ungeduldig und hektisch. Ein zunehmender Teil verfügt nicht mehr über die Fähigkeit, sich zu sammeln oder sich konzentriert und in Ruhe über einige Zeit mit einem Thema auseinanderzusetzen, sondern lässt sich leicht durch Einflüsse von außen ablenken (vgl. PETERMANN 1996a, 6). Die Fähigkeit, die Aufmerksamkeit über einen längeren Zeitraum auf eine Sache zu richten bzw. bei einer Aufgabe zu bleiben, scheint in einem Ausmaß abgenommen zu haben, dass es in der Schule vielfach kaum noch möglich ist, kontinuierliche Lernprozesse zu initiieren. Ein pausenloser hoher Lärmpegel, verbunden mit einer erheblichen Unkonzentriertheit bei den Kindern, machen den Unterricht für die Lehrkräfte immer anstrengender. Sie sehen sich permanent dazu gezwungen, die für Lernprozesse notwendige Aufmerksamkeit durch Ermahnungen einzufordern.

Es verdichtet sich der Eindruck, dass die Kinder in der *modernen Lebenswelt* unter einem Dauerstrom von massenmedialen Bildern und Konsumverlockungen, einem für sie wenig verständlichen Durcheinander von Reizen, ständigen Neuerungen und Veränderungen stehen, die sie kaum verarbeiten können. Gerade „die Fülle und das Ausmaß der Veränderungen" (FAUST-SIEHL u. a. 1993, 13) belasten sie in einer Lebensphase, in der sie persönliche Bewältigungsformen allererst entwickeln. Die „Kosten der modernen Lebensweise" (HURRELMANN 1990, 1) treffen insbesondere die Kinder und Jugendlichen, die darauf zunehmend mit körperlichen, emotionalen und sozialen Störungen bis hin zu chronischen Erkrankungen zu reagieren scheinen.

Nicht zuletzt ist es die Schule selbst, die für manche Kinder zu einer wachsenden Belastung wird. Der enge Zeitrahmen der Unterrichtsstunden mit nur knappen Pausen, in den die Schülerinnen und Schüler eingespannt werden, lassen kaum Raum, um spontane Bewegungs- und Erholungsbedürfnisse zu befriedigen. Die ständigen Lehrer- und Klassenzimmerwechsel, die häufigen Leistungsüberprüfungen und anderes mehr, das die heutige Schule kennzeichnet, überfordern eine wachsende Zahl Lernender.

Angesichts dieser Situation ist es verständlich, dass mehr und mehr die Forderung laut wird, im Rahmen des schulischen Unterrichts Raum für *beruhigende Ausgleichsphasen* zwischen den anstrengenden Lernabschnitten zu schaffen. Durch besondere Übungen soll die Hektik des schulischen Alltags unterbrochen und Gelegenheit zu einer mußevollen Entspannung gegeben werden, von der man hofft, dass sie auf die übrige Unterrichtszeit ausstrahlt. Es scheint zunehmend notwendig, gerade die besonders unruhigen Schülerinnen und Schüler dabei zu unterstützen, im alltäglichen hastigen Strom der Eindrücke hin und wieder innezuhalten und gleichsam innerlich zurückzutreten, um auf diese Weise zur Ruhe zu finden.

In Anknüpfung an die Systematisierung SCHERLERs (1995, 43 ff.) kann hier von einer primär *innerschulischen Begründung* für die Einführung von Entspannungsformen gesprochen werden. Im Vordergrund der Argumentation steht das Ziel, die Belastungen und kognitiven Anstrengungen des schulischen Unterrichts auszugleichen, einen Raum zur Beruhigung und Erholung anzubieten und so gleichzeitig die Voraussetzungen für weitere Lernleistungen zu schaffen.

Allerdings merkt schon SCHERLER (vgl. 1995, 46 f.) im Hinblick auf diese innerschulische Begründungslinie an, dass hier hauptsächlich die negativen Symptome der Lernanstalt Schule selbst kompensiert werden sollen, die in vieler Hinsicht an den Bewegungsbedürfnissen der Kinder und ihnen gemäßen Lernformen vorbeigeht. Eine tragfähigere Begründung liegt in der *außerschulischen Argumentation*. Danach ist es ein wichtiges Ziel, Kindern in der Schule in bildender Absicht die besondere Qualität von Ruhe und Entspannung zugänglich zu machen und mit ihnen verschiedene Formen zur Förderung der Entspannung zu erproben.

Dem Erleben eines Entspannungszustandes und der damit verknüpften veränderten Wahrnehmung des eigenen Körpers kommt eine bedeutsame *persönlichkeitsentwickelnde Funktion* zu. Gelingt es, über spezifische Vermittlungsformen die Wahrnehmungsfähigkeit für den eigenen Leib und für die unterschiedlichen Befindlichkeiten der Anspannung sowie der Entspannung zu erweitern, so werden die Kinder unterstützt, sich als eigenständige Personen mit individuellen Gedanken, Gefühlen und Empfindungen sehen zu lernen (vgl. FAUST-SIEHL u. a. 1993, 29).

Es würde zu kurz greifen, Entspannungsübungen in einem technologischen Sinn einzusetzen, um Schülerinnen und Schüler mit Hilfe von besonderen 'sanften' Methoden zu disziplinieren, sie ruhigzustellen und den Unterricht so störungsfreier zu machen. Es geht hier keinesfalls darum, Schülerinnen und Schüler für ein weiteres Lernen fit zu machen und auf diese Weise ihre Lernleistungen zu steigern. Formen der Entspannung können vielmehr einen bedeutsamen Beitrag dazu leisten, die Schule positiv zu verändern, mehr Muße in die Schule zu bringen und ein positives Lern- und Erziehungsklima zu schaffen. Im Zentrum steht das Ziel, den Kindern bislang unbekannte Dimensionen des Wahrnehmens und Fühlens sowie der aufmerksamen Zuwendung zu Phänomenen aller Art zu erschließen. Es geht um ein achtsames Hineinspüren in den eigenen Leib, um innere Befindlichkeiten bewusst zu machen und den eigenen Leib sensibler wahrnehmen zu lernen. Primäre Absicht einer *Förderung der Entspannungsfähigkeit* ist es danach, Kindern eine gelassene Befindlichkeit zugänglich zu machen. Dabei wird natürlich auch ihre Fähigkeit entwickelt, innere Unruhe abzubauen und Anspannungen gezielt zu lösen, um schulische Lernprozesse besser bewältigen zu können.

2. Das Phänomen der Entspannung und Prinzipien der Förderung der Entspannungsfähigkeit

Ein regelmäßiger Wechsel zwischen Aktivität und Ruhe, zwischen Anstrengung und Erholung, ist ein lebenswichtiges Prinzip aller organismischen Systeme. Auch der Mensch steht immer in der *Polarität zwischen* einer gewissen *Anspannung und Entspannung*, wobei in der extremen Stressreaktion die Voraussetzungen für eine hohe Leistungsbereitschaft geschaffen werden und in der Entspannung eine tiefgreifende Erholung und Regeneration stattfindet. Um die allgemeine Funktionsfähigkeit zu erhalten, ist es deshalb notwendig, eine ausgeglichene Balance zwischen Anspannungs- und Entspannungsphasen aufzubauen, da ohne Ruhephasen und die damit einhergehende Erholung Menschen auf Dauer überfordert werden und zu erkranken drohen. Ein intuitives Wissen um diesen Tatbestand hat schon in frühen Kulturen zur Entdeckung und Etablierung bestimmter Praktiken geführt, die der wohltuenden Entspannung dienen. Bis heute entwickeln Menschen in ihrem Alltag ganz selbstverständlich persönliche Rituale und Tätigkeiten, um abzuschalten, sich zurückzuziehen und zu erholen. Der eine nimmt ein warmes Bad, ein anderer liest, manche hören Musik oder spielen ein Musikinstrument und anderes mehr.

Gegen Ende des neunzehnten und im zwanzigsten Jahrhundert sind vorwiegend im klinischen Bereich *systematische Zugänge zur Entspannung* bzw. bestimmte *Entspannungsverfahren* wie das 'Autogene Training' oder die 'Progressive Muskelrelaxation' entwickelt worden, die zunächst darauf abzielten, verschiedene krankhafte Störungen zu behandeln (vgl. im Überblick VAITL/PETERMANN 1993). In der Zwischenzeit sind daraus empirisch überprüfte lehr- und lernbare Methoden geworden, die Menschen sich aneignen können, um mit ihrer Hilfe auf die eigene Befindlichkeit einzuwirken und sich gezielt zu entspannen. Es handelt sich dabei nicht um spektakuläre oder gar geheimnisvolle Methoden. Die eingeübten Verfahren dienen einfach dazu, bei übermäßigen Erregungszuständen, die als große Unruhe wahrgenommen werden und auf Dauer zu einer totalen Erschöpfung führen können, die eigene Anspannung zu reduzieren. Es geht um die Herstellung eines Entspannungszustandes, der im Menschen grundsätzlich angelegt ist, in bestimmten Belastungssituationen über methodische Formen aber erst systematisch herbeigeführt werden muss. Ziel der verschiedenen Verfahren zur Entspannung ist dabei nicht eine völlige Erschlaffung, sondern es wird angestrebt, das Verhältnis zwischen Anspannung und Entspannung in Richtung des Entspannungspols zu verschieben. Es geht um eine *bewusste Spannungsregulation* bzw. eine aktive Passivierung, also eine gezielte und gewollte Reduktion des Anspannungszustandes in Richtung einer ruhigeren Befindlichkeit, die mit Gefühlen physischer und psychischer Sammlung, Gelöstheit und Frische einhergeht (vgl. TEML 1995, 10).

Anspannungszustände sind ganz wesentlich dadurch gekennzeichnet, dass Menschen Problemen und Anforderungen gegenüberstehen, von denen sie übermäßig in Anspruch genommen werden und mit denen sie sich gedanklich permanent auseinandersetzen. Der Geist ist ständig mit dem beschäftigt, was einem geschehen ist, was derzeit Sorgen bereitet oder noch erledigt werden muss. Für einen Abbau der hektischen Erregung muss dieses Gedankenkarussell zum Stehen gebracht und müssen die Assoziationsketten, von denen andauernd Erregungsimpulse ausgehen, unterbrochen werden. Die geistigen als auch körperlichen Aktivitäten müssen so weit gedämpft werden, dass von ihnen keine Affekte mehr ausgehen und es zu einer Absenkung der Spannungsniveaus kommen kann.

Betrachtet man nun die unterschiedlichen Entspannungsverfahren, so kristallisieren sich *zwei Prinzipien* heraus, an denen sie sich durchgängig orientieren.

- Zum einen wird versucht, den unaufhörlichen Gedankenstrom zu unterbrechen, indem die Aufmerksamkeit auf ein bestimmtes Phänomen hin gelenkt wird. Allen Verfahren ist gemeinsam, dass man sich in ihnen bewusst einer Vorstellung, einer Phantasie, einem Gedanken, einer Aufgabe, bestimmten Leibwahrnehmungen oder Tätigkeiten, einer Musik, einem Bild oder einer Sprachformel zuwendet, um zu einer besonderen inneren Sammlung und Ausgeglichenheit zu gelangen. Geübt wird in den Entspannungsverfahren vor allem die Fähigkeit, sich möglichst intensiv entweder *äußeren oder inneren Wahrnehmungen in einer passiven und rezeptiven Haltung zuzuwenden* (vgl. auch FINK/SCHNEIDER 1995).

Diese bewusste Zuwendung ist nicht durch eine angestrengt konzentrierte Haltung gekennzeichnet, sondern es handelt sich um eine *entspannte freischwebende Aufmerksamkeit*, in der die Phänomene in einer gleichsam kontemplativen Haltung wachsam registriert werden. Der Zustand der Entspannung kann nicht aktiv hergestellt werden, sondern man versucht, sich durch eine Polarisation der Aufmerksamkeit von Spannungen zu lösen, damit eine Entspannung sich einstellen bzw. ereignen kann (HOFMANN 1987, 143). Eine besondere Rolle spielt in den Entspannungsverfahren dabei die aufmerksame Beobachtung leiblicher Prozesse und Befindlichkeiten, durch die störende Gedanken so weit wie möglich ausgeschaltet werden sollen. Die Lenkung der Aufmerksamkeit und die damit einhergehende bewusste Besinnung unterstützt die Beruhigung und die Entfaltung einer entspannten Haltung. Durch eine eigengesteuerte Anwendung der Verfahren soll es dann nach und nach gelingen, den eigenen Spannungszustand selbst zu regulieren.

- Zum zweiten wird die Aufmerksamkeit stets auf ein Phänomen gelenkt, das mit wohltuenden Gefühlen, mit *angenehmen Vorstellungsbildern und Assoziationen* verbunden ist. Auf diese Weise soll eine beruhigende Wirkung erzielt werden, die sich nach und nach auf die gesamte Person ausbreitet. Das bedeutet auch, dass die Aufgabe oder Tätigkeit, der die Aufmerksamkeit gilt, relativ einfach sein bzw. weitgehend beherrscht werden muss. Ziel der systematischen Entspannungsverfahren ist es, durch vielfache Wiederholungen eine feste Verknüpfung der positiven Vorstellungen mit einem entspannten Zustand herzustellen und so durch beständiges Üben eine stabile Entspannungsreaktion aufzubauen. Je häufiger diese Koppelung der Aufmerksamkeitslenkung mit einem entspannten Zustand geübt wird, desto sicherer gelingt es im Bedarfsfall, eine Erregung zu dämpfen und die eigene Anspannung zu regulieren. Entspannungsverfahren bedürfen deshalb einer langen Einübungszeit, in der die Verbindung zwischen lenkenden Entspannungsinstruktionen und dem Gefühl der Entspannung kontinuierlich gefestigt wird.

Eine über Entspannungsübungen in Gang gesetzte *Entspannungsreaktion* breitet sich immer auf den gesamten Menschen, seine Gedanken, Gefühle, Wahrnehmungen und seinen körperlichen Erregungszustand aus. Insgesamt wird die Balance des neurovegetativen Nervensystem in Richtung einer „Dämpfung der sympathiko-adrenergen Erregungsbereitschaft" (VAITL 1993, 57) reguliert, bei der der Sympathicotonus sich abschwächt und der Parasympathicotonus sich erhöht. Beide Veränderungen führen zu einer allgemeinen Ökonomisierung des Organismus, durch die Erholungs- und Aufbauprozesse des Körpers unterstützt werden (vgl. HOFFMANN 1987).

Im Einzelnen können auf der *physiologischen Ebene* Veränderungen in fünf Bereichen, auf neuromuskulärer, kardiovaskulärer, respiratorischer, elektrodermaler und zentralnervöser Ebene, nachgewiesen werden (vgl. PETERMANN 1996b, 11 ff.; VAITL 1993).

- Auf *neuromuskulärer Ebene* wird der Spannungszustand der Muskeln reduziert. Ihre Erschlaffung kann als Schweregefühl deutlich registriert werden. Aus diesem Grund führt man Entspannungsverfahren auch bevorzugt im Liegen oder in einer entspannten Sitzhaltung durch. So können die efferenten Reize auf die Stützmotorik möglichst weitgehend ausgeschaltet und die Erregungsreduktion leichter eingeleitet werden.

- Im *kardiovaskulären System* kommt es zu einer peripheren Gefäßerweiterung, zu einer Abnahme der Herzfrequenz und zu einer Absenkung des Blutdrucks. Die Erweiterung der Blutgefäße vor allem in den Armen, Händen, Beinen und Füßen führt zu einer vermehrten Durchblutung, die als wohltuende Wärmesensation in den Gliedmaßen prägnant spürbar ist. Oft wird auch über Kribbel- oder Kitzelgefühle berichtet. Das macht verständlich, warum eine kalte Umgebungstemperatur die Entwicklung der Entspannung erschwert, da sie eine reflexartige

Verengung der Blutgefäße in der Peripherie auslöst. Der verlangsamte Puls-
schlag und der abgesenkte Blutdruck sind ein Anzeichen dafür, dass die körperliche Aktivierung durch das sympathische Nervensystem reduziert ist.

- Die *Atmung* wird gleichmäßiger und flacher, das Atemzugvolumen insgesamt
  geringer. Zudem nimmt die ökonomischere Bauchatmung zu und die Brustat-
  mung ab.

- Die Dämpfung des sympathischen Nervensystems führt auch zu einer *Reduktion
  der Schweißdrüsenaktivität*. Durch den verminderten Schweißaustritt wird die
  elektrische Leitfähigkeit der Haut herabgesetzt.

- Zuletzt bewirken Entspannungsprozesse typische *hirnelektrische Veränderungen*. Vor allem anhand der mit einem Elektroencephalogramm messbaren elek-
  trischen Potenzialschwankungen der verschiedenen Gehirnwellen ist erkennbar,
  ob eine Person sich in einem entspannten Zustand befindet.

Auf der *psychischen Ebene* (vgl. PETERMANN 1996b) lösen Entspannungsübungen emotionale und kognitive Prozesse aus. Insgesamt entwickelt sich eine ausge-
glichenere und gelassenere, mit Gefühlen des Wohlbefindens verknüpfte Grund-
haltung. Emotionale Reaktionen wie Wut, Angst oder Freude sind reduziert und
lassen sich kaum noch hervorrufen, während angenehme Empfindungen wie geistige Frische oder Ausgeruhtsein sich verstärken. In kognitiver Hinsicht wird die
Konzentrationsfähigkeit günstig beeinflusst und die Aufnahmebereitschaft für
neue Lernprozesse erhöht. Trotz der gut dokumentierten positiven Effekte muss
vor *überhöhten Erwartungen* gewarnt werden (vgl. PETERMANN 1996a, 6).
Schwere Konzentrationsstörungen oder gar Verhaltensauffälligkeiten wie z. B. aggressives Verhalten sind mit Entspannungsverfahren nicht zu beheben. Allerdings
können mit ihrer Hilfe nach PETERMANN und MENZEL (vgl. 1997) symptom-
unspezifisch eine auffällige motorische Unruhe sowie physische und psychische Er-
regungszustände bei Kindern reduziert und die Entwicklung angenehmer Empfindungen unterstützt werden. Dieses positive Befindlichkeit bleibt meist auch nach
Abschluss der Entspannungsübungen noch eine Weile erhalten. So werden nicht
nur günstige „Voraussetzungen für einen ungestörten Ablauf von nachfolgenden
Lernprozessen jeglicher Art" (ebd. 1997, 242) geschaffen, sondern insgesamt der
Aufbau eines ausgeglicheneren Verhaltens und eine veränderte Wahrnehmung der
eigenen Person unterstützt.

3. Ein spielorientierter didaktischer Weg zur Förderung der Entspannungsfähigkeit von Kindern

Ein wichtiges Ziel der etablierten Entspannungsverfahren wie der 'Progressiven
Muskelrelaxation' oder des 'Autogenen Trainings' ist es, die Fähigkeit, die Aufmerksamkeit dauerhaft auf ein bestimmtes Phänomen zu lenken, systematisch zu

üben. Erst auf dieser Basis ist es möglich, einen Entspannungszustand in kurzer Zeit gezielt herzustellen. Die lange Übungszeit sowie das dabei erforderliche Konzentrationsvermögen stellen allerdings hohe Anforderungen, die von Kindern noch kaum erwartet werden können. Entsprechend haben sich diese Verfahren vor allem bei Kindern unter zehn Jahren als wenig geeignet erwiesen (vgl. PETERMANN 1996a, 6; PETERMANN/MENZEL 1997, 242). Zudem sind sie im Rahmen psychotherapeutischer Behandlungen entwickelt worden und lassen sich deshalb nicht ohne Weiteres auf die pädagogische Arbeit mit Kindern in der Schule übertragen. Hier geht es ja nicht darum, schwerwiegendere Störungen zu behandeln, sondern eine diffuse Unruhe abzubauen und die Entwicklung einer entspannten Haltung zu unterstützen. Es gilt deshalb, auf der Basis der grundlegenden Prinzipien der Entspannungsverfahren methodische Wege zu entwickeln, die Kindern unterschiedlichen Alters zugänglich sind und auch den Bedingungen des schulischen Unterrichts wie des Sportunterrichts gerecht werden (vgl. KROWATSCHEK 1994, 20).

Kindgemäße Verfahren der Entspannungsförderung dürfen keine zu hohen Anforderungen an die sprachlichen Fähigkeiten und das Konzentrationsvermögen der Kinder stellen. Besonders wirkungsvoll haben sich bei Kindern bis zu ungefähr dreizehn Jahren bewegungsorientierte und imaginative Methoden erwiesen (vgl. PETERMANN/MENZEL 1997, 243), während die kognitiv ausgerichteten Entspannungsverfahren erst bei älteren Jugendlichen einsetzbar sind. PIRNAY (vgl. 1993) empfiehlt für jüngere Kinder zwischen fünf und sieben Jahren einfache, phantasieorientierte Spielformen, die bei Kindern von acht bis vierzehn Jahren auch noch beliebt sind, hier aber einen komplexeren Charakter haben und mit größeren Anforderungen verbunden sein sollten. Je jünger die Kinder sind, desto mehr muss sich die Entspannungsförderung an einem spielgemäßen Vermittlungsweg orientieren, der sich noch im Vorfeld der gängigen Entspannungsverfahren bewegt, daraus aber einzelne Elemente herausgreift und sie in Spielaufgaben einbindet (vgl. KOLB 1995a; 1995b).

Im Rahmen einer spielorientierten Vermittlung von Entspannung werden über eine *Spielidee* und spezifische *Spielregeln* besondere *Handlungsrahmen* geschaffen und so bei Kindern Aktivitätsformen provoziert, die eine aufmerksame Wahrnehmung für den eigenen Leib verlangen und langsame, konzentrierte Bewegungen hervorrufen. Vor allem die Rahmung durch *Phantasiegeschichten oder Phantasiesituationen*, die mit Vorstellungen von Wohlbefinden und Gelöstheit verbunden sind und die Entstehung einer angenehmen Stimmung unterstützen, hat für Kinder eine hohe Attraktivität. Die Spielformen sollten deshalb so oft wie möglich in eine geeignete Geschichte eingebunden werden, die die Kinder schon allein in eine ruhige Stimmung versetzen, und aus der heraus sich dann problemlos weitere Spielregeln entwickeln lassen.

Ein derart spielorientierter Weg zur Entspannung hat den *Vorteil*, dass nicht erst ein langer Übungsweg durchlaufen werden muss, sondern dass die Kinder relativ schnell Befindensveränderungen an sich wahrnehmen können. Zudem bedarf es für die Vermittlung von Entspannungsverfahren, aber auch für beruhigende Bewegungsformen wie Yoga oder Taijiquan, einer gründlichen Ausbildung, über die nur wenige Lehrkräfte verfügen. Die Anwendung von entspannenden Spielformen erfordert dagegen keine speziellen Kenntnisse, und sie können auch von jedem Lehrer und jeder Lehrerin eingesetzt werden, die dem Thema positiv gegenüberstehen. Allerdings bleibt eine spielorientierte Vermittlung der Entspannung noch stark fremdgesteuert. Ziel muss es deshalb sein, daran später eine Vermittlung von Entspannungsverfahren anzuschließen, mit deren Hilfe die Spannungsregulierung selbst steuerbar wird.

Der spielorientierte didaktische Weg zur Vermittlung von Entspannung

Basisentspannungsphase
zum Abbau von Unruhe und Erregung
durch moderate Bewegungsformen

Beruhigungsphase
zur atmosphärischen Einstimmung und zum Stillwerden
durch Wahrnehmungslenkung nach außen

Zentrierungsphase
zur aufmerksamen Hinwendung zum eigenen Leib
durch Wahrnehmungslenkung nach innen

Entspannungsphase
zur Entspannungsregulierung
durch leibliche und geistige Entspannungsverfahren

Rückholphase
zur Re-Aktivierung
durch gleichbleibendes Bewegungsritual

Für eine *Vermittlung von Entspannung mit Hilfe von Spielen* bietet sich der in der obigen Abbildung dargestellte *didaktische Weg* an, auf dessen einzelne Phasen im Folgenden näher eingegangen wird.

Oft sind Kinder zu Beginn einer Unterrichtsstunde aufgedreht und zeigen einen immensen Bewegungsdrang. Unter diesen Umständen ist es kaum sinnvoll, unvermittelt mit einer Entspannungsphase zu beginnen, sondern es sollte zunächst in einer *Basisentspannungsphase* den Kindern die Gelegenheit gegeben werden, einen Großteil ihrer Erregung abzubauen. Dazu eignen sich Bewegungsspiele, die allerdings keine zu hohe Intensität haben dürfen, da es nach einer zu starken körperlichen Aktivierung, gekennzeichnet durch hohe Herz- und Atemfrequenzen und starkes Schwitzen, kaum möglich ist, zu entspannen.

Wie oben angesprochen, kann es ohne die basale Fähigkeit, seine Aufmerksamkeit bewusst auf die Wahrnehmung eines Phänomens zu richten, kaum gelingen, sich zu entspannen. Auch MÜLLER (1990, 4) hält fest: „Mit Wahrnehmungsschulung beginnt jedes Entspannungstraining" (vgl. auch LANGE 1992). Ziel der folgenden *Beruhigungsphase* ist es deshalb zum einen, die Kinder aus dem schulischen Alltag heraustreten zu lassen, sie atmosphärisch auf die Entspannung einzustimmen und äußere Störfaktoren auszuschalten. Zum anderen sollen sie über besonders strukturierte Spielaufgaben lernen, sich einem äußeren Phänomen über einige Zeit mit ungeteilter Aufmerksamkeit zuzuwenden und so zu einem bewussten und sensiblen Wahrnehmen hingeleitet werden. Dabei erfahren sie auch die besondere Qualität, die gerade im Stillwerden liegt.

Aufgabe der nachfolgenden *Zentrierungsphase* ist es, die Aufmerksamkeit auf den eigenen Leib zurückzulenken, um ihn in seinen ganz unterschiedlichen Aspekten und Qualitäten zu spüren und wahrzunehmen (vgl. KOLB 1994b; 1997). Es geht hier um die Entwicklung der „Fähigkeit, die Aufmerksamkeit auf spezifische Körperprozesse auszurichten, die Konzentration dort aufrechtzuerhalten und die Interozepte zunehmend zu erkunden und auszudifferenzieren; die Kontrolle über die Aufmerksamkeit so aktiv zu beherrschen, dass ein Abschweifen der Konzentration registriert wird und umgehend in eine Neuausrichtung mündet" (NOEKER 1996, 19). Durch besondere spielorientierte Wahrnehmungsarrangements soll eine intensive Selbstaufmerksamkeit entwickelt werden, in der man sich achtsam und gelassen den eigenleiblichen Phänomenen und inneren Bildern zuwendet und dabei zur Ruhe kommt.

Erst nachdem die Kinder in diesen vorbereitenden Phasen, die immer wieder aufgegriffen werden müssen, eine gewisse Fähigkeit entwickelt haben, sich über einige Zeit aufmerksam einem Phänomen zuzuwenden, kann in der eigentlichen *Entspannungsphase* die Einführung von Entspannungsverfahren im engeren Sinn gelingen. Auch hier sollte zunächst ein möglichst spielorientierter Zugang gewählt werden, in den zunehmend Elemente aus den systematischen Verfahren eingebaut werden (vgl. PETERMANN/PETERMANN 1993). Bei den Entspannungsverfahren selbst können zwei unterschiedliche Wirkzugänge (PETERMANN 1996 a, 6) und daran orientierte methodische Wege, ein *Weg über den Leib* und ein *Weg über den Geist*, unterschieden werden. Mit Wirkzugang wird hier das Phänomen bezeichnet, dass es verschiedene Formen gibt, mit denen eine Entspannungsreaktion in Gang gebracht werden kann und die sich bei jeweils anderen Zielgruppen als günstig erwiesen haben. So hat sich der Weg über den Leib bzw. auch über imaginative Verfahren bei Kindern besser bewährt als kognitive Verfahren.

Beendet werden muss eine Entspannungsförderung auf jeden Fall durch eine besondere *Rückholphase*, die bei den systematischen Entspannungsverfahren ein festes Ritual darstellt. Ziel ist hier eine Re-Aktivierung bzw. Neuregulierung des neurovegetativen Spannungszustandes, da ansonsten die Gefahr besteht, dass beim Aufstehen das Blut in den weitgestellten Blutgefäßen versackt und sich Schwindelgefühle oder sogar eine Ohnmacht einstellen. Dieses Zurückholen lässt sich am besten über Muskelkontraktionen, z. B. durch Ballen der Fäuste, Strecken der Arme und Beine nach allen Seiten, ausgiebiges Räkeln und Gähnen sowie einige tiefe Atemzüge erreichen. Ein Aktivierung kann auch durch ein Abklopfen des Körpers mit der offenen Hand geschehen. Erfrischend ist es, sich mit beiden Händen von unten nach oben über das Gesicht, weiter über den Kopf, nach hinten zum Nacken, seitwärts am Hals vorbei nach vorn und am Brustbein entlang nach unten zu fahren.

Zielsetzungen und methodische Umsetzungsformen des spielorientierten Wegs zur Vermittlung von Entspannung

Erregungsabbau	
Bewegungsspiele	
Wahrnehmungslenkung nach außen	
Stille-Übungen, Kim-Spiele, Blinden-Spiele	
Wahrnehmungslenkung nach innen	
Leibwahrnehmungs-Spiele und -Übungen	
leibliche Entspannungsverfahren	**geistige Entspannungsverfahren**
passive und aktive Entspannungsformen	*imaginative und kognitive Entspannungsformen*
Re-Aktivierung	
Bewegungsritual	

Die *ersten drei Phasen* haben die Funktion, die Fähigkeit zur Lenkung der Aufmerksamkeit bei Kindern in einer spielgemäßen Form zu entwickeln und einen ersten Zugang zur Entspannung zu eröffnen. Ist diese Fähigkeit ausreichend entwickelt, so genügt eine kurze Entspannungsinduktion über ein *Einstiegsritual* oder eine spezifische Einleitungsformel zur *Eröffnung der Entspannungsphase* (vgl. PETERMANN 1996a, 6). Der Ablauf verkürzt sich dann: „Ein Entspannungsverfahren muß immer einen Einstiegsritus beinhalten, der die Aufmerksamkeit der Kinder auf körperinterne Vorgänge fokussiert und damit eine passiv wahrnehmende Haltung begünstigt. ... Die dann folgende eigentliche Entspannungsphase muß immer in gleichbleibender Weise erfolgen, damit psychophysiologische Reaktionen durch spezifische Instruktionen zuverlässig aufgebaut und ausgelöst werden können. ... Am Ende einer jeden Entspannungsübung muß das Zurückholen der Kinder in gleichbleibender, korrekter Abfolge geschehen" (PETERMANN 1996b, 14).

In der obigen Abbildung sind die Zielsetzungen der einzelnen Phasen des spielorientierten didaktischen Weges zur Entspannung sowie dazu geeignete methodische Umsetzungsformen dargestellt. In den folgenden Abschnitten werden diese methodischen Formen zunächst kurz erläutert und daran anschließend einige konkrete Beispiele gegeben. Als erstes wird eine Spielform für einen basalen Erregungsabbau beschrieben (3.1). Danach folgen spezifische Beispiele, bei denen die Wahrnehmung zunächst nach außen (3.2) und dann nach innen zum Leib hin gelenkt wird (3.3). Daran schließen sich kurze Erläuterungen zu den beiden grundsätzlichen Wegen zur Entspannung über den Leib (3.4) sowie über den Geist (3.5) an, bevor abschließend noch einige unterrichtsmethodische Hinweise für die Entspannungsförderung im Rahmen des schulischen Sportunterrichts gegeben werden (4).

3.1 Erregungsabbau

Wie oben angesprochen, sollte den Kindern zunächst die Möglichkeit verschafft werden, eine übermäßige *anfängliche Erregung abzubauen*, die sie oft aus vorherigen Unterrichtsstunden mitbringen. Nur so kann sich bei ihnen ein gewisses Ruhebedürfnis entwickeln, das erst die Voraussetzungen schafft, dass sie sich auf nachfolgende entspannende Spielformen einlassen (vgl. auch KROWATSCHEK 1995, 220). Derartige Spiele dürfen allerdings auf keinen Fall selbst wieder zu einer Steigerung der Anspannung beitragen. Sie sollten deshalb keine zu hohen körperlichen Belastungen mit sich bringen und möglichst auch keinen Wettkampfcharakter haben. Gerade konkurrenzorientierte Spielformen rufen bei Kindern oft eine große Siegeseuphorie und auf der anderen Seite Enttäuschung und Aggressionen hervor. Bei den Spielen sollte deshalb nicht das Siegen im Vordergrund stehen, sondern beispielsweise die Einbindung in eine Bewegungsgeschichte, die alle gemeinsam mitvollziehen. Ein gutes Beispiel dafür ist das 'Pferderennen' (vgl. PORTMANN/SCHNEIDER 1990, 27f., dort finden sich auch viele weitere Spiele zum Abbau von Unruhe und Erregung).

Beispiel einer Spielform für den Erregungsabbau:

Pferderennen

Alle Schüler stellen sich Schulter an Schulter auf eine Kreislinie und spielen nun die 'Pferde' in einem 'Galopprennen' mit vielen Hindernissen. Der Lehrer leitet die Phantasiegeschichte, indem er erzählt, was geschieht, und den 'Pferden' entsprechende Anweisungen gibt.

- Zu Beginn sind alle Pferde nervös, trampeln auf der Stelle, scharren mit den Hufen und gehen tänzelnd in die Startbox. Sie schnauben einander siegessicher an und kauen lässig auf ihren Mundstücken. Alle warten gespannt auf den Startschuss und strecken schon die Köpfe nach vorn.

- Nach dem Startschuss galoppieren alle an ihrem Standort los, legen sich in eine Rechtskurve (leicht nach rechts rempeln), dann in eine Linkskurve (leicht nach links rempeln).

- Ein großer Oxer muss übersprungen werden (mit beiden Armen und einem Hüpfer einen Sprung andeuten), es folgt ein Doppeloxer und sogar ein Dreifacher Oxer.

- Der berüchtigte Wassergraben kommt (mit beiden Armen einen weiten Sprung andeuten, mit den Fingern an den Lippen Blubbergeräusche machen und danach das Wasser von den Hufen abschütteln).

- Die Pferde verlieren bei dem rasanten Tempo ein Hufeisen (alle rufen Klong, Klong, Klong).

- An der hohen Mauer verweigern die Pferde zuerst, schütteln den Kopf und zeigen dem Reiter den Vogel. Sie bekommen ein Stück Zucker, kauen es prüfend, nehmen dann einen neuen Anlauf und springen souverän über die Mauer.

- Die Pferde kommen an der Zuschauertribüne vorbei (alle Pferde jubeln den Zuschauern zu).

- Die kleine Fangruppe kommt in Sicht (alle winken mit einer Hand im Vorbeigaloppieren).

- Die große Fangruppe kommt in Sicht (alle legen die Hände ineinander, heben sie hoch und grüßen ihre Fans).

- Es geht zum Endspurt auf die Zielgerade (dem Pferd rechts und links werden die Zähne gezeigt und sie werden etwas weggeschubst).

- Alle geben sich auf den letzten Metern selbst die Peitsche und werfen sich dann ins Ziel, ohne zu vergessen, mit gebleckten Zähnen in das Zielphoto zu lächeln.

- Danach traben die Pferde langsam aus und kommen zur Siegerehrung. Dazu legen alle die Arme um die Schultern der Nachbarn und kauen zufrieden ihre Siegermöhre.

3.2 Wahrnehmungslenkung nach außen

Für die *Wahrnehmungslenkung nach außen* haben sich zum einen *Stille-Übungen*, deren pädagogische Tradition auf *Montessori* zurückreicht (vgl. FAUST-SIEHL 1993, 23) sowie *Kim-Spiele* bewährt.

In *Stille-Übungen* geht es nicht nur darum, dass sich Kinder eine Zeitlang körperlich ruhig verhalten, sondern sie sollen sich einem Phänomen aufmerksam zuwenden, genau hinsehen, hinhören sowie hinfühlen und dabei auch innerlich zur Ruhe kommen. In Stille-Übungen soll Kindern die besondere Qualität einer Stille-Erfahrung zugänglich gemacht werden, und sie sollen in positiver Weise erleben, wie wohltuend eine tiefe Ruhe sein kann. Zudem werden bei Stille-Übungen oft die Augen für eine Weile geschlossen gehalten. Diese Fähigkeit stellt eine wesentliche Voraussetzung für eine nachfolgende Einübung von Entspannungsverfahren dar. In den folgenden Beispielen wird die Aufgabe einer aufmerksamen Wahrnehmung in Spielformen eingebunden, bei denen meist mit geschlossenen Augen agiert wird.

Beispiele für spielerische Stille-Übungen:

Hörprobe

Die Schülerinnen und Schüler verteilen sich in der Halle und schließen die Augen. Ein Schüler bzw. eine Schülerin geht nun langsam in der Halle herum und die anderen sollen versuchen, mit dem Zeigefinger auf ihn bzw. sie zu zeigen und seinen bzw. ihren Bewegungen permanent zu verfolgen. Der Gehende bzw. die Gehende gibt zur besseren Orientierung immer wieder ein Geräusch von sich, z. B. kann er bzw. sie mit einem Schlüsselbund klappern, klatschen oder ähnliches. Nach einiger Zeit kann ein zweiter Schüler bzw. eine zweite Schülerin hinzugenommen werden. Nun sollen die Schülerinnen und Schüler je einen der Herumgehenden mit je einem Zeigefinger verfolgen.

Spinne im Netz

Immer zwei Schüler bzw. Schülerinnen finden sich zusammen. Einer setzt sich als 'Spinne' mit geschlossenen Augen auf den Boden. Der bzw. die andere stellt sich hinter ihn bzw. sie und lässt in Reichweite um die 'Spinne' herum immer wieder einen Bierdeckel als 'Fliege' fallen. Die 'Spinne' soll versuchen, die 'Fliegen' aus ihrem 'Netz' einzusammeln.

Blindenführung

Immer zwei Schüler bzw. Schülerinnen finden sich zusammen. Sie legen die Handflächen einer Hand aneinander, einer schließt die Augen, und der bzw. die andere führt ihn bzw. sie durch die Halle. Ab und zu tauschen die Führenden ihre 'Blinden' aus.

Schiffe im Nebel

Einige Schülerinnen und Schüler verteilen sich in der Halle. Sie sind 'Schiffe' mit 'Nebelhörnern'. Die anderen Schülerinnen und Schüler gehen auf eine Hallenseite, schließen die Augen und müssen nun versuchen als 'Schiffe im Nebel' die andere

'Küste' zu erreichen. Damit ihnen dabei nichts passieren kann, winkeln sie die Arme in den Ellbogen an und strecken ihre Hände nach vorne. Sie gehen nun vorsichtig los. Wenn sie einem der stehenden Schiffe zu nahe kommen, so 'tuten' diese Schiffe mit ihren Nebelhörnern zur Warnung. Zu Beginn kann den 'Schiffen im Nebel' noch ein 'Feuerschiff' mitgeben werden, das sie vor drohenden Zusammenstößen sichert.

Abends im Bett

Die Aufgabe, aufmerksam Geräuschen zu lauschen, lässt sich gut in die vorgestellte Situation einbetten, dass man abends im Bett liegt und zu raten versucht, welche Geräusche aus den anderen Räumen kommen. Die Kinder legen sich mit dem Kopf zur Mitte auf eine Kreislinie und schließen die Augen. Der Lehrer legt verschiedene Gegenstände in die Kreismitte. Er berührt ein Kind, das zur Mitte geht und mit einem der Gegenstände ein Geräusch macht. Wer als erster errät, welcher Gegenstand das war, darf als nächster in die Mitte.

Für die Wahrnehmungslenkung nach außen eignen sich auch Kim-Spiele, bei denen man sich verschiedene Dinge merken und sie wiedererkennen bzw. wiederfinden muss. Bekannt sind Seh-Kims, Hör-Kims, Tast-Kims und viele andere mehr (vgl. PORTMANN/SCHNEIDER 1990, 53 ff.).

Beispiele für Kim-Spiele:

Gegenstände verstecken und finden

Ein relativ kleiner Gegenstand, eine Streichholzschachtel oder eine Münze wird heimlich, eventuell schon vor Beginn der Unterrichtsstunde, irgendwo in der Halle versteckt. Allerdings muss der Gegenstand erkennbar sein, ohne dass etwas hochgehoben oder verschoben werden muss. Nun gehen alle Schüler herum ohne zu sprechen und versuchen, den versteckten Gegenstand zu finden. Wer ihn gefunden hat, geht zum Lehrer und nennt ihm leise das Versteck. Wenn die meisten Schülerinnen und Schüler das richtige Versteck gefunden haben, fordert die Lehrkraft sie auf, zu dem Versteck zu gehen und darauf zu zeigen. Schwieriger wird die Aufgabe, wenn mehrere versteckte Gegenstände gefunden werden müssen.

Was ist verschwunden?

Die Schülerinnen und Schüler werden in Dreier- oder Vierergruppen aufgeteilt. In der Halle werden drei bis vier Kastenteile verteilt und einige Gegenstände, Bälle mit verschiedenen Farben, T-Shirts etc. hineingelegt. Die Schüler laufen zu den einzelnen Kastenteilen und versuchen sich zu merken, was darin liegt. Nach einiger Zeit müssen sie sich mit dem Gesicht zur Wand stellen, während der Lehrer einige Gegenstände aus den Kastenteilen entfernt. Danach drehen sich die Lernenden um und versuchen herauszufinden, welcher Gegenstand aus welchem Kastenteil fehlt. Man kann sie auffordern, das auf einen Zettel zu schreiben, die Zettel einsammeln und dann gemeinsam auswerten. Die Schülerinnen und Schüler können nach einiger Zeit auch einfach zusammengerufen werden, und jede Gruppe nennt ihre Lösung. Nachdem die Gegenstände wieder an ihren Platz zurückgelegt worden sind, darf die Siegergruppe selbst im nächsten Durchgang einen oder mehrere Gegenstände aus den Kastenteilen wegnehmen.

Vergleichs-Kim

Die Schülerinnen und Schüler werden in Dreier- oder Vierergruppen aufgeteilt. In der Halle sind drei bis vier Kastenteile verteilt, in denen einige Gegenstände, Bälle mit verschiedenen Farben, T-Shirts etc. liegen. Dabei enthalten zwei Kastenteile die gleichen Gegenstände. Die Gruppen versuchen nun herauszufinden, in welchen Kastenteilen dieselben Gegenstände liegen. Haben alle Gruppen eine Lösung gefunden, so werden sie zusammengerufen und nennen ihre Lösung.

Personen-Kim

Je zwei Schüler gehen zusammen und stellen sich in einem Abstand von zwei bis drei Metern mit dem Gesicht zueinander gewandt auf. Nun prägen sie sich den anderen, insbesondere seine Kleidung, genau ein. Darauf drehen sich beide um und verändern eine bestimmte Anzahl an Dingen an sich. Sie können einen Ärmel hochkrempeln, einen Socken herunterziehen, einen Schnürsenkel öffnen etc. Auf ein Zeichen drehen sich beide wieder zueinander und versuchen herauszufinden, welche Dinge sich am jeweils anderen verändert haben.

3.3 Wahrnehmungslenkung nach innen

Durch die Wahrnehmungslenkung nach außen, die in den oben beschriebenen Beispielen provoziert wird, wird die Fähigkeit von Kindern, sich mit ungeteilter Aufmerksamkeit einem Phänomen zuzuwenden, in vielfacher Weise angeregt. Eine Fortsetzung der Hinführung zur Entspannung geschieht in der Wahrnehmungslenkung nach innen zum eigenen Leib hin. Folgt man der Auffassung, dass Wahrnehmen vor allem ein Wahrnehmen von Differenzen ist (vgl. insgesamt KOLB 1994b, 1997), so gilt es, dafür Spiel- und Aufgabenformen zu finden, in der die normalerweise kaum ins Bewusstsein tretenden Leibwahrnehmungen systematisch kontrastiert, verfremdet und variiert werden, um sie prägnant hervortreten zu lassen. Derartige Situationen sind besonders dadurch gekennzeichnet, dass die Aufmerksamkeit nicht durch die Bewältigung irgendeiner Bewegungshandlung in Anspruch genommen wird, sondern dass man sich mit Muße, meist mit geschlossenen Augen und in einer körperlichen Ruheposition, den besonderen Empfindungen zuwendet, die vom eigenen Leib her kommen. Ziel ist es, in sich hineinzuspüren, um sich sensibler und differenzierter wahrzunehmen.

Beispiele für Spiel- und Übungsformen zur Leibwahrnehmung:

Fliegen verjagen

Als Phantasierahmen dient hier die Situation, dass man entspannt in der warmen Sonne vor sich hin döst, dabei aber von umherschwirrenden Fliegen gestört wird,

die sich immer wieder auf den Körper setzen. Immer zwei Lernende finden sich zu
Paaren zusammen. Einer steht entspannt und schließt die Augen. Der andere imitiert das Geräusch einer umhersurrenden 'Fliege', das plötzlich abbricht, wenn sie
sich hinsetzt, d. h. wenn er mit einem Zeigefinger irgendwo den Körper berührt.
Derjenige, der die Augen geschlossen hält, hat die Aufgabe, die Fliege entweder
mit einer wischenden Bewegung der Hand oder mit einer Schüttelbewegung des
entsprechenden Körperteils zu verjagen. Schwieriger wird die Aufgabe, wenn die
'Fliege' kein Geräusch mehr von sich gibt oder sogar zwei 'Fliegen' gleichzeitig auf
dem Körper landen.

Berührungen

Bei diesem Spiel liegt ein Schüler bzw. eine Schülerin auf dem Boden und schließt
die Augen. Der andere Schüler bzw. die andere Schülerin berührt mit der Finger-
spitze eine Stelle an seinem Körper. Der Berührte soll diese Stelle nun benennen
oder sie selbst berühren.

Bierdeckel auflegen

Bei diesem Spiel liegt wieder ein Schüler bzw. eine Schülerin auf dem Boden. Sein
bzw. ihr Partner legt mehrere Bierdeckel auf seinen bzw. ihren Körper. Danach versucht er bzw. sie, diese Bierdeckel wieder so vorsichtig abzunehmen, dass der Liegende es nicht spüren kann. Der Liegende sagt immer an, wenn er meint, dass an
einer bestimmten Stelle ein Bierdeckel weggenommen wird.

Handfühler

Normalerweise werden Gegenstände aktiv ergriffen bzw. ertastet. Bei dieser Spielform wird diese Aktionsrichtung umgekehrt. Ein Schüler bzw. eine Schülerin hält
die offene Hand nach vorn und schließt die Augen. Der bzw. die andere nimmt einen Gegenstand, z. B. einen Ball, den Griff eines Schlägers oder ähnliches, und
fährt damit über die ausgestreckte Hand. Gelingt es dem Berührten zu erraten, um
was für einen Gegenstand es sich handelt?

Armpendel

Ein Schüler bzw. eine Schülerin schließt die Augen und versucht, seine bzw. ihre Arme entspannt und möglichst passiv hängen zu lassen. Sein bzw. ihr Partner stößt einen Arm vorsichtig an. Ist der Arm gut entspannt, so pendelt er sanft nach. Der
Partner bzw. die Partnerin kann auch einen Unterarm in seine bzw. ihre Hände nehmen, ihn leicht hin und her bewegen, vorsichtig etwas fallen lassen und wieder auffangen. Er bzw. sie spürt dabei deutlich, ob der Arm locker ist oder ob sich noch ein
Resttonus in der Armmuskulatur befindet.

3.4 Der Weg über den Leib

Betrachtet man die systematischen Entspannungsverfahren, so können zwei
grundsätzliche Wirkzusammenhänge und daran ausgerichtete methodische Wege
ausgemacht werden, mit deren Hilfe versucht wird, spezifische Entspannungs-

reaktionen in Gang zu setzen: einmal ein *Weg über den Leib*, der im Folgenden im Vordergrund stehen soll, und zum zweiten ein *Weg über den Geist*, der im nächsten Abschnitt thematisiert wird.

Im Kontext der Auseinandersetzung mit den Effekten sportlicher Bewegungen ist schon früh auf die fast meditativen Wirkungen hingewiesen worden, die mit ausdauerndem Laufen, aber auch anderen, relativ einfach strukturierten und gut beherrschten zyklischen Bewegungsformen einhergehen. Vor allem von der langandauernden Wiederholung langsamer und fließender, oft zyklischer und rhythmischer Bewegungsformen scheinen monotone Reize auszugehen, die zu einer geistigen Sammlung und gleichzeitig zu einer besonderen Entspannung beitragen. In den leiborientierten Entspannungsverfahren wird dieser Wirkzusammenhang genutzt, indem Bewegungen mit einer entsprechenden Bewegungscharakteristik gezielt initiiert werden. Dabei können wieder ein Zugang über passive Bewegungsentspannungformen, also ein spezifisches Bewegt-Werden, und aktive Bewegungsentspannungsformen unterschieden werden.

Der Weg über den Leib	
Allgemeine Charakteristik	langsame und fließende, oft zyklische und rhythmische Bewegungsformen
Passive Entspannungsübungen und -verfahren	
Lockerung	rhythmisches Schütteln, Schuckeln und Schwingen
Massage	langsames Klopfen, Kneten und Reiben
Aktive Entspannungsübungen und -verfahren	
Progressive Muskelrelaxation	regelmäßiger Wechsel von Anspannen und Entspannen
Atementspannung	aufmerksames Einatmen und Ausatmen
Stretching und Yoga	regelmäßiger Wechsel von Dehnen und Lösen
Taijiquan	langsam fließender Wechsel von Beugen und Strecken

Eine angenehm *entspannende Wirkung* geht von *lockernden Bewegungen* aus. Hier wird ein kurzer Bewegungsimpuls gesetzt, durch den einzelne Extremitäten in eine schwingende oder schüttelnde Bewegung versetzt und so einzelne Muskelpartien gelockert werden. Ein günstiger Weg, um eine derartige Wirkung zu erzielen, besteht allerdings darin, dass eine Person in einer Ruheposition bleibt, jegliche Anspannung loszulassen versucht und ein Partner einzelne Bereiche durch achtsame

Bewegungen lockert, dehnt oder massiert. Gerade in Formen der *Massage* trifft ein durch Reibungen hervorgerufener Hautberührungsreiz mit einem Abklopfen und Kneten der Muskulatur zusammen, die eine besonders wohltuende Entspannung hervorrufen.

Manche Schülerinnen und Schüler stehen den direkten Berührungen, die mit vielen Lockerungs- und Massageübungen verbunden sind, ablehnend gegenüber. Es kommt in einem hinführenden Weg deshalb darauf an, zunächst mit Materialien wie Igelbällen oder Tennisbällen zu arbeiten. Wenn ein grundlegendes gegenseitiges Vertrauen aufgebaut worden ist, so können über spielerische Situationen und Aufgabenstellungen, wie sie in den folgenden Beispielen beschrieben werden, relativ unverfängliche Bewegungsinteraktionen geschaffen werden (vgl. insgesamt KOLB 1996).

Beispiele für Spiel- und Übungsformen zur Lockerung:

Die Ruckel-Zuckel-Eisenbahn

Der Lehrer malt mit den Kindern gemeinsam die Phantasiesituation aus, dass früher die Züge, von Dampflokomotiven gezogen, ganz langsam gefahren und dabei immer kräftig hin und her geruckelt sind. Vielleicht sind einige sogar schon einmal mit einem alten Zug gefahren. Eine solche Fahrt soll nun nachgespielt werden. Dazu setzen sich die Schülerinnen und Schüler rittlings auf eine Bank. Hinter jeden Sitzenden stellt sich ein Partner bzw. eine Partnerin mit der Bank zwischen den Beinen. Nun geht die Fahrt mit der 'Eisenbahn' los. Die 'Lokomotive' fährt mit viel Gezische langsam an. Ein Ruck geht durch den 'Zug' (die stehenden Kinder legen ihre Hände auf die Schultern der Sitzenden und schieben sie leicht nach vorn und wieder zurück). Der 'Zug' wird immer schneller (und auch die Rüttel-Bewegungen der Stehenden). Dann wird der 'Zug' wieder langsamer, fährt in einen 'Bahnhof' ein und hält mit einem Ruck an. Die stehenden Kinder stellen sich jetzt neben ihren sitzenden Partner und fassen mit beiden Händen einen Unterarm. Wenn der 'Zug' jetzt wieder losfährt, wird der Arm leicht geschüttelt. Im nächsten 'Bahnhofshalt' wird der Arm gewechselt, bis der 'Zug' am 'Endbahnhof' ankommt. Dort werden die Plätze gewechselt und der 'Zug' zuckelt in gleicher Weise wieder zurück (vgl. LENDNER-FISCHER 1997).

Schütteln – Schwingen

Ein Schüler bzw. eine Schülerin liegt in Rückenlage mit seitwärts auf Schulterhöhe ausgebreiteten Armen auf dem Boden. Der andere steht mit gegrätschten Beinen über ihm, fasst einen Arm am Handgelenk, hebt den Unterarm an und beugt den Arm so im Ellbogengelenk. Nun schüttelt er äußerst vorsichtig den Unterarm, so dass der Arm in leicht schwingende Bewegungen versetzt wird. Der untere kann sich auch auf den Bauch legen und seine Beine in den Knien anwinkeln. Der Stehende umfasst die Knöchel und bringt die Wadenmuskulatur durch kleine schüttelnde Bewegungen zum Schlenkern.

Schuckeln – Wackeln

Ein Schüler bzw. eine Schülerin liegt mit gestreckten Beinen in Rückenlage auf dem Boden und versucht, die Anspannung in seiner Muskulatur möglichst weit zu lösen. Der bzw. die andere setzt sich vor seine Füße, umfasst die Fußriste von oben und drückt sie vorsichtig und in regelmäßigen Abständen nach unten. Durch dieses Schuckeln wird der ganze Körper des Liegenden in eine Wackelbewegung versetzt und restliche Muskelanspannungen gelöst (weitere Beispiele finden sich bei KOLB 1996).

Hüpfschütteln

Bei dieser Übung stellen sich die Schülerinnen und Schüler zunächst mit entspannten Armen und ganz leicht gebeugten Knien hin. Nun verlagern sie ihr Gewicht auf die Fußballen und drücken sich etwas vom Boden ab, als ob sie leicht hochspringen wollten. Dabei werden aber nur die Fersen so hochgehoben, dass man kurz auf den Fußballen zum Stehen kommt, um sie gleich danach wieder abzusenken. Dies geschieht in so rascher Folge, dass der ganze Körper durchgeschüttelt und die Muskulatur passiv gelockert wird. Zur Vertiefung kann auch der Mund leicht geöffnet und bei jedem Absenken einen Ton, ein 'Ha' oder ähnliches, von sich gegeben werden. Nach einiger Zeit stellen sich alle ruhig hin und spüren der entspannenden Wirkung nach.

Armschwingen

Alle Schülerinnen und Schüler stehen wieder mit entspannten Armen. Nun wird der Oberkörper mit einem leichten Bewegungsimpuls nach links und rechts gedreht, so dass die passiv hängenden Arme in Schwingung versetzt werden und leicht gegen die gegenüberliegende Hüftseite klatschen.

Auch bei *Massageformen* sollte ein spielgemäßer Zugang gewählt werden, der die Peinlichkeit von direkten Berührungen, die eine ganze Anzahl der Schülerinnen und Schüler damit verbinden, in den Hintergrund treten lässt. Hier bietet sich wieder die Einbindung in Phantasiesituationen an, die der Lehrer erzählt, um bei Kindern bestimmte Assoziationen zu wecken und die von ihnen als 'Rückengeschichte' mit den Fingern sowie Händen auf dem Rücken eines vor ihnen stehenden Partners dargestellt werden. Selbstverständlich muss der Lehrer bei derartigen 'Rückengeschichten' immer darauf achten, dass die Schülerinnen und Schüler sorgsam mit dem Körper ihres Partners bzw. ihrer Partnerin umgehen.

Beispiele für Spielformen zur Massage:

Ein Regenschauer

– An einem regnerischen Tag ziehen dunkle Wolken auf, aus denen einzelne dicke Tropfen fallen (mit einzelnen Fingern auf den Rücken klopfen).
– Der Regen wird immer dichter (es wird immer schneller geklopft).
– Der Regen verändert sich zu einem Nieselregen (leichtes Tippen mit allen Fingern).

- Der Regen geht in einen Platzregen über (heftiges Trommeln mit allen Fingern).
- Zum Regen kommt ein Gewitter mit Blitz und Donner (mit einem Finger einen Blitz zeichnen, danach einige (Donner-)schläge mit der leicht geöffneten Faust).
- Langsam zieht der Regenschauer weiter und es fallen immer weniger Tropfen (immer langsamer und sanfter mit den Fingern klopfen).
- Die Wolken ziehen weiter und die Sonne bricht wieder hervor (mit allen Fingern sanft vom Nacken über den ganzen Rücken nach unten streichen).

Ein Zoobesuch
- Die Familie geht an einem schönen Tag gemeinsam in den Zoo. Früh am Morgen harkt ein Tierpfleger die Gehwege (10 Finger kratzen über den Rücken).
- Das Tor zum Zoo öffnet sich (Handkanten rechts und links von der Wirbelsäule aufsetzen und nach außen streichen).
- Die ersten Besucher kommen. Die Kinder hüpfen voran (Finger tippen hüpfend auf dem Rücken), die Erwachsenen folgen bedächtig (langsame Berührungen mit den Fingern).
- Im Affenhaus springen die Affen fröhlich hin und her (mit den Fingern über den Rücken hüpfen).
- Ein paar lausen sich und suchen Flöhe, auch auf dem Kopf (mit den Fingern am Rücken, am Nacken und auf dem Hinterkopf Flöhe suchen).
- Bei den Löwen ist Fütterung, und die Löwen beißen gierig in ihr Fleisch (mit den Fingern kräftig in den Rücken beißen).
- Die Pinguine rutschen in das Wasserbecken (mit der ganzen Hand über den Rücken rutschen).
- Die Elefanten trotten umher (mit locker geschlossenen Fäusten langsam über den Rücken klopfen).
- Im Terrarium schlängeln sich die Schlangen hin und her (mit den Handkanten über den Rücken schlängeln).
- Der Specht klopft gegen einen Baumstamm (mit einem Finger kräftig klopfen).
- Die Besucher verlassen den Zoo, und die Tore werden wieder geschlossen (mit den Handkanten von rechts und links zur Mitte streichen).

Auf diese Weise kann auch das 'Backen eines Kuchens' oder einer 'Pizza' vom Teigkneten und Blecheinfetten bis hin zum Belegen mit Früchten oder ähnlichem auf dem Rücken dargestellt werden (weitere Anregungen für Massage-Spielformen bei PIRNAY 1993).

Eine deutlich wahrnehmbare, wohltuende Wirkung entfalten insbesondere *Klopfmassagen*, bei denen man den Körper eines Partners bzw. einer Partnerin mit lokkeren Fäusten abklopft.

Affenschaukel
Ein Schüler bzw. eine Schülerin beugt seinen bzw. ihren Oberkörper bei leicht eingeknickten Knien nach vorn. Arme und Kopf hängen passiv nach unten. Nun stellt

sich ein Partner hinter ihn und beginnt den Rücken mit leicht geöffneten Fäusten abzuklopfen. Am besten beginnt man an den Schultern, geht an einem Arm herunter und wieder herauf, zum anderen Arm und langsam an beiden Seiten der Wirbelsäule bis zum Gesäß nach unten und wieder nach oben. Der Nacken kann ganz vorsichtig mit zehn Fingern wie beim Schreibmaschineschreiben abgeklopft werden. Bei Klopfmassagen darf nie direkt auf Knochen, insbesondere auf die Wirbelsäule, und in die Nierengegend geklopft werden. Beim Aufrichten muss der vordere unbedingt durch den hinter ihm stehenden Partner unterstützt werden, da sich dabei für einen Moment Schwindelgefühle einstellen können. Dazu stellt der hintere sich gegen das Gesäß des vorderen, fasst ihn an den Schultern und führt ihn beim Aufrichten. Zuletzt werden die abgeklopften Körperpartien mit beiden Handflächen vom Kopf über die Schultern und den Rücken bis hin zum Boden ausgestrichen und die Klopfmassage so beendet.

Kreisklopfmassage

Bei der Kreisklopfmassage stellt sich die ganze Klasse auf eine Kreislinie. Dann drehen sich alle nach rechts, so dass jeder einen Mitschüler bzw. eine Mitschülerin vor sich hat, und klopft ihm bzw. ihr wie oben beschrieben den Rücken ab (vgl. KOLB 1998).

Neben dem Zugang über passive Bewegungsübungen haben sich verschiedene Formen *aktiver Bewegungsentspannung* entwickelt, in denen der Einzelne über die selbstgesteuerte Durchführung bestimmter Bewegungsformen eine Entspannungsreaktion in Gang zu setzen versucht. Einen besonderen Bekanntheitsgrad hat die *Progressive Muskelrelaxation* erlangt, die auch mit dem Begriff neuromuskuläre Entspannung oder nach dem Erfinder als Jacobson-Methode bezeichnet wird. Im Kern geht es bei diesem Verfahren darum, einzelne Muskelgruppen in einer bestimmten Abfolge gezielt für einige Sekunden anzuspannen und sie danach wieder zu entspannen. Während der Anspannungsphase, die etwa fünf bis sieben Sekunden dauert, wird die Aufmerksamkeit durch verbale Hinweise auf einzelne Muskelpartien gelenkt. Die der Muskelanspannung folgende Entspannung setzt den Muskeltonus weiter herab und der Entspannungszustand vertieft sich. Zudem kann der starke Kontrast, der durch die willkürliche starke Anspannung und die nachfolgende Entspannung entsteht, als prägnante und wohltuende Wärme- oder Schwereempfindung wahrgenommen werden (vgl. BRENNER 1982). Gerade dieses Empfinden der Spannungslösung überträgt sich auf die gesamte Person und trägt zu einer allgemeinen Entspannung bei.

Das für dieses Entspannungsverfahren erforderliche konzentrierte Üben wird allerdings gerade besonders unruhigen Kindern kaum gelingen. Deshalb sollte man versuchen, über spielerische Formen, wie sie im Folgenden beschrieben werden, einen entsprechenden Anspannungs-Entspannungs-Vorgang zu provozieren (vgl. auch LIEBRICH/SCHUBERT 1996).

Beispiele für Spielformen zur Progressiven Muskelrelaxation:

Entspannungsstern

Alle Schülerinnen und Schüler legen sich auf eine Kreislinie, schließen die Augen und fassen sich an den Händen. Nun wird ausgehend von einem Schüler bzw. einer Schülerin ein Händedruck nach einer Seite weitergegeben. Dabei soll der Händedruck zunächst relativ fest sein und nach einigen Durchgängen immer wieder variiert werden. Der Händedruck kann natürlich auch zur anderen Seite oder gleichzeitig zu beiden Seiten weitergegeben werden.

Grimassenschneiden

Die Schülerinnen und Schüler stellen sich auf eine Kreislinie. Nacheinander dürfen jetzt alle möglichst freche, komische, wilde oder furchteinflößende Grimassen schneiden, die alle anderen nachmachen. Dabei sollen das ganze Gesicht und die Zunge mit einbezogen werden. Nach einiger Zeit bedecken alle ihr Gesicht mit den Händen und spüren der durch die muskulären Anspannungen hervorgerufenen Entspannung nach.

Bewährt hat es sich auch, den Anspannungs-Entspannungs-Vorgang mit einer geeigneten *Phantasievorstellung* zu verbinden bzw. ihn in eine Phantasiesituation einzubetten.

Schwamm ausdrücken

Mit geschlossenen Augen auf dem Rücken liegend stellen sich alle Schüler vor, sie hätten einen nassen Schwamm in einer Hand, den sie ausdrücken wollen. Sie drücken auf eine Ansage hin fest zu, bis alles Wasser aus dem Schwamm getropft ist, und lösen dann die Spannung wieder. Danach wird dieses Phantasiebild mit der anderen Hand wiederholt (vgl. PIRNAY 1993).

Luftballons

Alle Schülerinnen und Schüler finden sich zu zweit zusammen. Einer legt sich hin, schließt die Augen und stellt sich vor, er wäre ein 'Luftballon'. Sein Partner ist eine 'Luftpumpe', der den 'Luftballon' aufblasen, die 'Luft' aber auch wieder ablassen kann. Macht die 'Luftpumpe' 'fff – fff – fff', so 'blasen' sich die 'Luftballons' auf und werden immer straffer. Macht die 'Luftpumpe' 'schschsch', als würde Luft ausströmen, so sinken die 'Luftballons' wieder in sich zusammen.

Kaum eine Körperfunktion steht so eng im Zusammenhang mit unserer physischen und psychischen Befindlichkeit wie die Atmung. In einem aktivierten Zustand beschleunigt sich die Atmung und in einer entspannten Haltung wird sie langsamer sowie flacher. In Bewegungssystemen wie dem Yoga oder dem Taijiquan ist der *Regulierung der Atmung*, durch die eine allgemeine Entspannung herbeigeführt werden kann, deshalb schon früh große Aufmerksamkeit gewidmet worden. Über bewusst langsam durchgeführte Wechsel von Dehnen und Verkürzen sowie Beugen und Strecken in einem bestimmten Atemrhythmus wird hier die Atmung reguliert und gezielt beruhigt. Vor einer systematischen Atementspannung ist es allerdings notwendig, die Schülerinnen und Schüler überhaupt erst für die eigene Atmung zu sensibilisieren (vgl. zu Atemsensibilisierungs-Übungen LODES 1991; LIEBRICH/SCHUBERT 1996). Die folgenden spielerischen Formen sollen beispielhaft zeigen, wie die Aufmerksamkeit der Schülerinnen und Schüler auf ihre Atmung gelenkt werden kann.

Beispiele für Spielformen zur Atementspannung:

Dampflokomotive

Geleitet durch die Phantasievorstellung einer 'Dampflokomotive' sollen die Kinder durch ihre Nase langsam tief einatmen, dann die Lippen spitzen und wie eine starke 'Dampflokomotive', die eine Steigung hochdampft, immer wieder geräuschvoll etwas Luft ausstoßen, bis alle Luft ausgeatmet ist. Es folgt eine kurze Atempause, bevor wieder frische Luft einströmt und die 'Lokomotive' weiter die Steigung hochdampft, bis sie mit einem langen letzten Luftstoß die Anhöhe erreicht. Danach atmen alle ruhig weiter und achten dabei darauf, wie sich die Atmung langsam beruhigt.

Atemquadrat

Vier Schülerinnen und Schüler legen sich in einem Quadrat so auf den Boden, dass ihr Kopf jeweils auf dem Bauch eines anderen liegt. Nun schließen sie die Augen und spüren bewusst nach, wie ihr Kopf sich im Atemrhythmus wiegt. Nach einer Weile versuchen alle, in einen gemeinsamen Atemrhythmus zu finden.

Bauchatmung

Alle Lernenden liegen auf dem Rücken und legen sich einen leichten Gegenstand, z. B. ein zusammengeknülltes Handtuch, in Nabelhöhe auf den Bauch. Dieser Gegenstand wird durch die Atmung in eine regelmäßige Schaukelbewegung versetzt, die gut beobachtbar ist. Nach und nach sollen die Schülerinnen und Schüler versuchen, in eine ruhige Bauchatmung überzugehen, so dass sich die Bewegung mehr und mehr verkleinert.

Eine lange Tradition haben Bewegungsformen wie das *Taijiquan* und das *Yoga*, die auch unter der Zielsetzung einer Entspannungsförderung betrieben werden können. Im Yoga werden ähnlich wie im Stretching Positionen eingenommen, in denen eine besondere Dehnung bestimmter Muskelgruppen erreicht wird. Diese Dehnung wird über einige Zeit gehalten und danach wieder gelöst. Im regelmäßigen Wechsel von Dehnen und Verkürzen wird der Aktivierungszustand der Muskulatur heruntergeregelt und damit auch eine tiefere Ruhe der gesamten Person erreicht. Das *Taijiquan* ist durch einen langsam fließenden, permanenten Wechsel von spiraligen Beuge- und Streckbewegungen gekennzeichnet, von denen eine harmonisierende Wirkung ausgeht.

Gerade Taijiquan und Yoga müssen allerdings erst in einem langwierigen Übungs-
prozeß erlernt werden, bevor sie ihre besonderen Wirkungen entfalten können. Allerdings gibt es verschiedene Modelle, wie auch jüngeren Schülern über spielorientierte Vermittlungsformen ein erster Eindruck dieser besonderen Bewegungsformen und ihrer Wirkung nahegebracht werden kann. Da hier aus Raumgründen auf
diese Vermittlungsmodelle nicht eingegangen werden kann, soll nur auf die entsprechende Literatur verwiesen werden (vgl. zur weiteren Information KOLB
1994 a zum Taijiquan und zum Yoga FLOTO/VOGLER 1997; FURLAN 1992;
RÜCKER-VOGLER 1995).

3.5 Der Weg über den Geist

Die meisten der etablierten Entspannungsverfahren nutzen, wie oben beschrieben, einen anspruchsvollen *Weg über geistige Übungen*, bei dem die Aufmerksamkeit auf angenehme und wohltuende Vorstellungen gelenkt wird. *Kognitive Übungen* haben sich aber für Kinder als wenig geeignet erwiesen. Leichter nachvollziehbar sind für sie dagegen *imaginative Übungen*, die ihre Phantasie über einen ge-
sprochenen Text anregen und so innere Bilder provozieren, die mit Ruhe und Wohlbefinden assoziiert sind.

Der Weg über den Geist	
Allgemeine Charakteristik	Lenkung der Aufmerksamkeit auf angenehme und wohltuende Vorstellungen
Imaginative Entspannungsübungen und -verfahren	
Phantasie- und Körperreisen	sukzessives Lenken der Aufmerksamkeit auf verschiedene Phantasiesituationen und Körperteile
Kognitive Entspannungsübungen und -verfahren	
Autogenes Training	Selbstsuggestion von Ruhe, Schwere und Wärme

Phantasiereisen lassen die Kinder in Gedanken an Orte reisen, die mit positiven
Empfindungen verbunden sind. Die Vorstellungen der Kinder werden dabei durch
verbale Instruktionen, also eine erzählte oder vorgelesene Geschichte, gezielt gelenkt, um sie in eine angenehme Phantasiewelt zu versetzen, in der sie einige Zeit
bleiben, darin verschiedene wohltuende Dinge erleben, um abschließend wieder
zurückgeführt zu werden. Die Phantasiegeschichten müssen langsam und mit kleinen Pausen vorgetragen werden, damit die Kinder Zeit haben, die induzierten
Phantasien zu durchleben und ihre entspannende Wirkung sich entfalten kann.

In die Geschichten werden oft Instruktionen aus dem 'Autogenen Training' oder der 'Progressiven Muskelrelaxation' eingebettet. Beim *Autogenen Training* (vgl. insgesamt HOFFMANN 1987) findet eine Lenkung der Aufmerksamkeit auf auto-suggestiv über Sprachformeln induzierte Schwere- und Wärmeempfindungen statt, durch die eine allgemeine Entspannung herbeigeführt werden soll. Zur Vorbereitung auf dieses Entspannungsverfahren können derartige Formeln an sinnvoll passenden Stellen in die erzählte Geschichte eingefügt werden. So lässt sich Wärme mit der Vorstellung der Sonne verbinden, Schwere mit einem Tauchgang unter Wasser usw. Nachfolgend wird ein typischer Text für eine solche Phantasiereise angeführt (weitere Texte für Phantasiereisen finden sich z.B. bei KROWATSCHEK 1998; LENDNER-FISCHER 1997; MÜLLER 1995; PIRNAY 1993).

Beispiele für Phantasie- und Körperreisen:

Luftmatratze

Alle Schülerinnen und Schüler liegen mit geschlossenen Augen auf dem Rücken und folgen in ihrer Vorstellung der Imagination, die durch den Text hervorgerufen wird:

„Ich liege da. Entspannt. Ich stelle mir vor, ich liege auf einer Luftmatratze, mitten auf einem kleinen warmen See. Wellen plätschern, Vögel zwitschern, der Wind spielt in den Bäumen ...

Ich stelle mir vor, ich werde sanft geschaukelt. Hin und Her. Hin und Her. Hin und Her ...

Ich spüre die Sonne auf meiner Haut, ich spüre die glatte Oberfläche meiner Luftmatratze ...

Ich sehe ihre Farben. Hell, leuchtend. Ich sehe das tiefe Blau des Sees. Die Wellen schaukeln mich. Hin und Her. Hin und Her ...

Es ist, als ob ich schwebe. Ich fühle mich frei und sicher ...

Meine Hand spielt mit dem Wasser. Ich spüre es durch die Finger strömen ...

Meine Luftmatratze dreht sich in einem sanften Strudel. Ich fühle mich frei und schwer. Ich genieße die Ruhe. Ich lasse mich treiben ...

Wenn es Zeit ist, treibe ich ans Ufer ...

Sanft strande ich am weichen Ufer. Ich spüre festen Boden unter den Füßen. Ich komme zurück. Ich fühle mich frisch und entspannt" (MAYEK 1995, 83).

Eine besondere Form der Phantasiereisen stellen die *Körperreisen* dar. In ihnen reist man in der eigenen Vorstellung in verschiedene Teile des eigenen Leibes und versucht, sie möglichst differenziert zu erspüren. Unterstützt wird die Lenkung der Wahrnehmung durch konkrete Hinweise, wo z.B. die Hand auf dem Boden liegt oder wie der Bauch sich beim Atmen hebt und senkt. Auch in die Körperreisen können suggestive Formeln einer angenehmen Wahrnehmung integriert werden, die die Entspannung noch vertiefen. Nachfolgend wird ein Text für eine derartige Körperreise wiedergegeben.

„Schließ Deine Augen, und werde ganz ruhig . . .
Atme langsam ein und aus . . .
Atme durch die Nase ein und durch den Mund aus . . .
Lasse beim Ausatmen einen Ton erklingen . . .
Finde deinen Rhythmus und atme ein und aus . . .
Spanne beim Einatmen deine Arme und Beine an,
und lasse sie beim Ausatmen wieder los . . .
Konzentriere dich auf deinen Körper . . .
Spüre den Boden unter dem Körper,
den Kontakt der Arme und der Beine mit dem Boden . . .
Spüre die Lage der Unterschenkel, der Oberschenkel und des Pos . . .
Spüre den Rücken, seine Breite und Länge . . .
Spüre deine Schultern, erst die Linke und dann die Rechte . . .
Spüre deinen Kopf, die Schläfen und das Gesicht . . .
Spüre die Lücke zwischen dem Hals und dem Boden . . .
Spüre deine Kleidung am Körper, wo sie den Körper berührt . . .
Spüre die kalten und die warmen Stellen des Körpers . . .
Fühle deine Arme, wie sie schwer auf dem Boden liegen . . .
Spüre deine Hand, die Finger, den kleinen Finger, den Zeigefinger, den Mittelfinger, den Ringfinger und den Daumen . . .
Spüre die Berührungsflächen des Körpers mit dem Boden . . .
Gehe in Gedanken die Stationen durch, die wir gemeinsam erlebt haben . . .
Wache langsam auf, öffne die Augen wieder, und schau Dich um . . .
Laß die Atmosphäre des Raumes einfach auf Dich wirken . . .
Setz dich auf und komm langsam hoch" (VÖLKENING 1997, 60 f.).

Gerade beim Einsatz stark kognitiv ausgerichteter Verfahren bei Kindern ist es unumgänglich, die Entspannungsinstruktionen in passende Phantasiesituationen einzubinden, damit sie für die Kinder besser zugänglich sind. Wie eine solche Verknüpfung des 'Autogenen Trainings' mit einem imaginativen Vorgehen in einer bildgetragenen Kurzentspannung aussehen kann, zeigen die 'Kapitän-Nemo-Geschichten' (vgl. PETERMANN/PETERMANN 1993, vgl. auch KROWATSCHEK 1998), bei denen einzelne Entspannungsinstruktionen in eine Abfolge von Phantasiereisen integriert werden.

Beispiel für eine bildgetragene Kurzentspannung:

Kapitän-Nemo-Geschichten

Die Phantasiereisen beginnen immer mit einem gleichbleibenden Einstiegsbild, durch das eine atmosphärische Einstimmung erzeugt wird. Dabei wird die Vorstellung erzeugt, dass die Kinder langsam einen Taucheranzug anziehen und ins Wasser gleiten. Gerade das Motiv des Wassers ist gut geeignet, um die damit assoziierten Körperempfindungen hervorzurufen: Der Körper wird schwerelos, die Geräusche sind gedämpft und die Farben angenehm klar. Insgesamt stellt sich so eine Atmosphäre der Ruhe ein. Danach machen die Kinder mit 'Kapitän Nemo' verschiedene Unterwasserausflüge, bei denen sie bestimmte Erlebnisse haben, die die Entfaltung der Entspannung unterstützen. Es folgt als Beispiel ein Einstiegstext in eine 'Kapitän-Nemo-Reise'.

„Stelle Dir vor, du bist von Kapitän Nemo in sein Unterwasserboot Nautilus eingeladen worden. Ihr fahrt gemeinsam durch alle Weltmeere und seht viele wunderschöne Dinge unter Wasser. Die schönsten Stunden sind immer die, wenn Kapitän Nemo Dich auf seine Unterwasserausflüge mitnimmt. Dazu ziehst du einen speziellen Taucheranzug an. Er hat eine besondere Wirkung auf dich. Du merkst schon beim Anziehen, daß du vollkommen ruhig wirst. Zuerst steigst du mit deinem rechten Bein in den Taucheranzug. Du merkst und sagst zu Dir: *Mein rechtes Bein ist ganz ruhig.* Dann kommt das linke Bein dran. Auch das linke Bein wird ganz ruhig. Du sagst zu Dir: *Mein linkes Bein ist ganz ruhig. ...*" (PETERMANN / MENZEL 1997, 246).

Die angeführten *Beispiele geistig orientierter Entspannungsverfahren* zeigen, dass sie aufgrund der großen konzentrativen Anforderungen, die dabei gestellt werden, bei Kindern kaum unverändert eingesetzt werden können. Bewährt hat sich die Einbindung der Instruktionen und der autosuggestiven Formeln in Phantasiegeschichten und Phantasiereisen, die an die Vorstellungswelten von Kindern anknüpfen und gleichzeitig Situationen beinhalten, die die Wirkung der Instruktionen unterstützen. Erst wenn die Kinder über die methodische Vorgehensweise gelenkter Phantasien positive Erfahrungen mit der Entspannung gemacht haben, sind sie in der Lage und bereit, sich auf die weitere Vermittlung systematischer Entspannungsverfahren einzulassen.

4. Unterrichtsmethodische Hinweise zur Entspannungsförderung im Sportunterricht

Wie angesprochen, kann eine Entspannung nicht direkt vermittelt bzw. angeleitet werden, sondern es kommt darauf an, eine günstige Situation zu schaffen, in der sich eine Entspannung ereignen kann. Dem Lehrenden kommt hier eine spezielle Rolle zu. Er fungiert mehr als *Initiator und Arrangeur* von situativen Bedingungen und Spielrahmen, in denen die Kinder zu spezifischen Bewegungshandlungen veranlasst werden und eine aufmerksame Wahrnehmungslenkung initiiert wird, durch die die Entwicklung einer Entspannung unterstützt wird. Auf verschiedene wichtige *Bedingungen* soll im Folgenden kurz eingegangen werden.

- Unabdingbare Voraussetzung für den Einsatz der beschriebenen entspannungsfördernden Spielformen ist es, dass die Lehrkraft *eigene Erfahrungen* mit solchen Spielen gesammelt hat. Nur wer die Übungen und Spiele selbst erprobt hat, kann ihre Wirkung abschätzen, nachvollziehen, welchen Einfluss sie zu entfalten in der Lage sind, und beurteilen, wie sie am besten einzusetzen sind. Ohne eine gewisse eigene innere Akzeptanz ist es wohl kaum möglich, Entspannungsformen im Unterricht in überzeugender Weise weiterzuvermitteln.

- Eine weitere entscheidende Voraussetzung ist ein insgesamt *vertrauensvolles Klima* und eine relativ unbelastete Beziehung zwischen der Lehrperson und seinen Schülerinnen und Schülern bzw. der Klasse. Nur unter einer solchen Bedingung werden Kinder oder Jugendliche überhaupt bereit sein, sich auf Situationen einzulassen, die für sie relativ fremd sind und die äußerst persönliche Erlebnisse und Empfindungen in Gang bringen können. Wichtig ist es deshalb, die Schülerinnen und Schüler zunächst darüber aufzuklären, welche Wirkungen mit einer Entspannung einhergehen können, ihnen zu verdeutlichen, dass diese Effekte ungefährlich sind, und dass natürlich für jeden jederzeit die Möglichkeit besteht, aufzuhören. Entspannung kann nicht befohlen werden, und es sollte den Kindern deshalb grundsätzlich freigestellt werden, ob sie teilnehmen wollen oder nicht. Wer nicht mehr mitmachen möchte, kann sich zurückziehen. Allerdings dürfen die anderen Mitschülerinnen und Mitschüler in ihrer Entspannung dabei nicht gestört werden. Andauernd störende Schülerinnen und Schüler sollten in jedem Fall ermahnt oder sogar ausgeschlossen werden, da sie sonst das Erreichen eines Entspannungszustandes für die anderen so gut wie unmöglich machen. Ist deutlich beobachtbar, dass eine Spielform nicht angenommen wird, so ist es besser, abzubrechen, da sich in einer ablehnenden Atmosphäre eine Entspannung nicht entfalten kann.

- Für eine erfolgreiche Integration von Entspannungsphasen in den Unterrichtsablauf müssen *günstige Zeitpunkte* gefunden werden. Sinnvoll erscheinen die Pausen zwischen einzelnen Unterrichtsstunden oder die Nahtstellen zwischen einzelnen Lernphasen innerhalb einer Unterrichtsstunde. Oft kommen Kinder aufgekratzt und voller Unruhe von Zuhause oder angespannt aus einer vorhergehenden Unterrichtsstunde, so dass an einen gezielten Unterricht nicht zu denken ist. Hier gilt es zunächst, in einer Beruhigungsphase ihre Erregung abzubauen. Gerade jüngere Kinder sind noch kaum in der Lage, ihre Aufmerksamkeit über eine ganze Unterrichtsstunde hinweg aufrechtzuerhalten. Hier können kürzere Entspannungsübungen die Funktion einer Rhythmisierung von anspannendem Lernen und entspannender Erholung übernehmen. Insbesondere in den letzten Unterrichtsstunden sind Kinder gegen Ende oft kaum mehr aufnahmefähig. Es ist dann wenig sinnvoll, im Unterricht fortzufahren, sondern man sollte die letzten Minuten mit einem entspannenden und belebenden Spiel abschließen. Die Entspannung kann natürlich auch zum expliziten Thema einer ganzen Unterrichtsstunde gemacht werden, um die Kinder mit bestimmten Wirkprinzipien vertraut zu machen und explizit das angenehme und wohltuende Gefühl einer Entspannung zu vermitteln. Nach und nach können so im Unterrichtsalltag ritualisierte Zeiträume und auch Orte etabliert werden, in denen Kinder in ihrem oft anstrengenden Tagesablauf immer wieder zur Ruhe kommen und sich erholen können.

- Einen günstigen Einfluss auf die Durchführung von Entspannungsübungen (vgl. insgesamt KROWATSCHEK 1995, 40) hat eine möglichst *störungsfreie Umgebung*. Außenreize sollten weitgehend ausgeschaltet werden, d. h. es sollten wenig Geräusche in den Raum dringen, er sollte etwas abgedunkelt und nicht zu kalt sein. Bei vielen Entspannungsspielen, vor allem wenn sie mit Phantasievorstellungen arbeiten, ist es von Vorteil, wenn die Kinder die Augen schließen. Bei geschlossenen Augen wird die Aufmerksamkeit nach innen gelenkt, Imaginationen können sich leichter entwickeln, und den Kindern gelingt es besser, sich auf die hervorgerufenen Bilder einzulassen.

- Der Einsatz von *Musik* kann oft eine wirksame Hilfe sein, um eine beruhigende, die Entspannung unterstützende Atmosphäre zu schaffen. Lauschen Kinder einer langsamen Musik, so werden sie meist schon von alleine still. Durch die Musik werden nicht nur von außen kommende Geräusche ausgeblendet, sondern die Aufmerksamkeit auch nach innen zur eigenen Person hin gelenkt. Als gut geeignet haben sich dabei Musikstücke mit einem Tempo von ungefähr sechzig Taktschlägen pro Minute erwiesen. Das entspricht einem etwas verlangsamten menschlichen Ruhepuls. Die Musik sollte langsam ein- und ausgeblendet werden und auch nicht zu laut sein, um ein aufmerksames Hinhören zu provozieren. Relativ gleichförmige Instrumentalmusikstücke sind geeigneter als Gesangsmusik, da Textteile unerwünschte Assoziationen hervorrufen und abwechslungsreiche Geschwindigkeitskontraste zu einer unerwünschten Aktivierung führen können.

- Wie beschrieben werden viele entspannungsfördernde Übungen in einer *entspannten Sitzhaltung*, der so genannten Kutscherhaltung, oder in der Rückenlage durchgeführt. Im Sitzen können die Arme auch auf der Schulbank verschränkt und der Kopf darauf abgelegt werden. Manche Kinder legen sich auch gerne mit dem Kopf auf den verschränkten Armen auf den Bauch. Bei diesen Stellungen wird die muskuläre Anspannung auf ein Minimum reduziert. Auf keinen Fall sollten die Kinder dabei direkten Kontakt mit dem Hallenboden haben, der meist so kalt ist, dass sie rasch auskühlen und sich eine Entspannung kaum entfalten kann. Die Kinder sollten immer auf einer Matte liegen, möglichst mit einem untergelegten Handtuch oder einer Decke. Falls es erforderlich ist, dass man bei den Übungen steht, sollte auch hier auf eine möglichst entspannte Stellung mit leicht gebeugten Knien und aufgerichtetem Becken geachtet werden.

- Entspannungsfördernde Spiele leben ganz wesentlich von den *Stimmungen*, die sie bei den Kindern hervorrufen. Die Lehrkraft sollte deshalb so oft wie möglich eine Phantasiesituation schaffen, in deren Rahmen sie die Vorstellungen in möglichst plastischer Weise lenkt. Einen besonderen Stellenwert haben dabei die *Stimmführung* und die *sprachlichen Formulierungen*, die für Kinder gut zugänglich sein müssen. Die Instruktionen sollten in einem langsamen Tempo mit ausreichenden Pausen gesprochen werden, damit die Kinder Zeit haben, den

Imaginationen zu folgen. Die Stimme sollte gedämpft sein und weitgehend auf einer Höhe liegen. Insbesondere die Schlüsselwörter, die Ruhe und Entspannung induzieren sollen, werden während der Ausatmung betont gesprochen und etwas in die Länge gezogen.

- Nach einer Entspannungsphase sollte den Kindern immer die Möglichkeit gegeben werden, ihre *Erlebnisse mitzuteilen*. Oft wird die Entspannung von den Kindern als so beeindruckend erfahren, dass sie ihre Empfindungen aus eigenem Antrieb schildern. Auf jeden Fall sollte jedem Kind, das über das eigene Erleben berichten will, auch die Möglichkeit dazu geboten werden. Als Lehrender sollte man allerdings nie 'nachbohren', sondern jedem freistellen, ob er sich äußern möchte oder nicht.

- Es ist durchaus möglich, dass Schülerinnen und Schüler sich beim *ersten Kennenlernen* von Entspannungsformen kaum oder nur für kurze Zeit darauf einlassen können. Als Lehrender sollte man sich dadurch aber nicht entmutigen lassen, sondern zunächst einige wenige Spiele ausprobieren und die, die gut angenommen werden, immer wieder aufgreifen. Meist muss der Ablauf bekannt sein und gut beherrscht werden, bevor sich die Kinder mit einem Gefühl der Sicherheit darauf einlassen und die beruhigende Wirkung erfahren können. Zudem ist die Fähigkeit der Kinder zur Lenkung der eigenen Aufmerksamkeit zu Beginn meist nicht gut ausgebildet, sondern bedarf der langsamen und kontinuierlichen Weiterentwicklung. Die Entspannungsphasen sollten deshalb zunächst relativ kurz sein und erst nach und nach verlängert werden.

- Zuletzt darf eine Entspannung bei Kindern nicht mit absoluter Stille verwechselt werden, sondern es wird meist noch ein ganz normaler Rest an Bewegungen vorhanden sein. Aber schon wenn es gelingt, Kinder nur eine kurze Zeitlang zu einer aufmerksamen Wahrnehmung zu bringen und sie die erholsame Wirkung einer inneren Beruhigung erfahren zu lassen, ist einiges erreicht. Eine bewegte Schule muss sicherlich so gestaltet sein, dass sie Bewegungsbedürfnissen der Kinder gerecht wird. Dazu sollte sie aber auch eine Entspannungs-Kultur umfassen, die den Unterricht und das gesamte Schulleben in einer Weise prägt, dass ein positiv beruhigender Einfluss auf die Kinder und die Entwicklung ihrer Persönlichkeit genommen wird.

Anmerkung

[1] Für wertvolle kritische Hinweise zum Text bedanke ich mich bei SABINE KAROß.

Literatur

BRENNER, H.: Entspannungstraining für alle. München 1982.

FAUST-SIEHL, G. u. a.: Mit Kindern Stille entdecken. Bausteine zur Veränderung der Schule. Frankfurt am Main 1993[4].

FINK, M.; SCHNEIDER, R.: Meditieren mit Kindern. Stilleübungen, Phantasiereisen, Musikmeditationen, Wahrnehmungsübungen. Mülheim 1995.

FLOTO, G.; VOGLER, V.: Alles über Yoga mit Kindern. Ravensburg 1997.

FURLAN, E.: Komm, wir spielen Yoga. Freiburg 1992.

HOFFMANN, B.: Handbuch des autogenen Trainings. Grundlagen, Technik, Anwendung. München 1987[7].

HURRELMANN, K.: Familienstreß, Schulstreß, Freizeitstreß. Weinheim, Basel 1990.

KOLB, M.: Taijiquan mit Kindern. Sportpädagogik 18 (1994a) 2, 29–38.

KOLB, M.: Methodische Prinzipien zur Entwicklung von Körperwahrnehmung. In: SCHIERZ, M.; HUMMEL, A.; BALZ, E. (Hrsg.): Sportpädagogik: Orientierungen – Leitideen – Konzepte. Jahrestagungen der Sektion Sportpädagogik 1992 (Hachen) und 1993 (Kienbaum). Sankt Augustin 1994b, 239–260.

KOLB, M.: „Ein Dieb im Dunkeln". Im Spiel ruhig werden. In: Spielzeit. Spielräume in der Schulwirklichkeit. Friedrich Jahresheft XIII, 1995a 26–28.

KOLB, M.: Ruhe, Konzentration und Entspannung. Sportpädagogik 19 (1995b) 6, 61–66.

KOLB, M.: Gemeinsames Lockern und Entspannen. Sportpädagogik 20 (1996) 2, 54–58.

KOLB, M.: Die Entwicklung der Leibwahrnehmung. In: BALZ, E. (Hrsg.): Wie pädagogisch soll der Schulsport sein? Auf der Suche nach fachdidaktischen Antworten. Schorndorf 1997, 127–140.

KOLB, M.: Rechtzeitig und in Ruhe zum Ende kommen. Sportpädagogik 22 (1998) 1, 39–43.

KROWATSCHEK, D.: Konzentriert geht's wie geschmiert! Konzentrationsstörungen und ihre Behandlung. Eine Einführung in das Marburger Konzentrationstraining. In: Praxis der Psychomotorik 20 (1994) 4, 219–226.

KROWATSCHEK, D.: Entspannung in der Schule. Anleitung zur Durchführung von Entspannungsverfahren in den Klassen 1–6. Dortmund 1995.

KROWATSCHEK, D.: Entspannung für Jugendliche. Dortmund 1998.

LANGE, R.: Entspannung, Körpererfahrung, Meditation. Ein Beitrag zur ganzheitlichen Gesundheitserziehung in Theorie und Praxis. Sankt Augustin 1992.

LENDNER-FISCHER, S.: Bewegte Stille. Wie Kinder ihre Lebendigkeit ausdrücken und zur Ruhe finden können. München 1997.

LIEBRICH, K.; SCHUBERT, H.: Auf den Schwingen der Bewegung und Phantasie. Übungen und Spiele zum Aufbau einer gezielten Lernhaltung in der Grundschulklasse. Donauwörth 1996[3].

LODES, H.: Atme richtig. Der Schlüssel zur Gesundheit und Ausgeglichenheit. München 1991[5].

MAYEK, A.: Konzentrations- und Entspannungsspiele. München 1995.

MÜLLER, E.: Vom Wahrnehmungstraining zum Entspannungstraining. Didaktisch-methodische Überlegungen zur Anwendung von Entspannungsmethoden in der Schule. SportPraxis (1990) 4, 3–6; 5, 6–10; 6, 39–42; (1991) 1, 41–43.

MÜLLER, E.: Du spürst unter deinen Füßen das Gras. Frankfurt am Main 1995[16].

NOEKER, M.: Entspannung und Interozeption. In: PÄD Forum 9 (1996) 1, 16–20.

PETERMANN, U.: Ruherituale und Entspannung mit Kindern und Jugendlichen. In: PÄD Forum 9 (1996a) 1, 6–10.

PETERMANN, U.: Psychophysiologie der Entspannung und Wirksamkeit bei Kindern. In: PÄD Forum 9 (1996b) 1, 11–15.

PETERMANN, U.; MENZEL, S.: Kindangemessene Entspannungsverfahren. In: Praxis der Psychomotorik 22 (1997) 4, 242–249.

PETERMANN, U.; PETERMANN, F.: Entspannungsverfahren bei Kindern und Jugendlichen. In: VAITL, D.; PETERMANN, F. (Hrsg.): Handbuch der Entspannungsverfahren. Bd. 1: Grundlagen und Methoden. Weinheim 1993, 316–334.

PIRNAY, L.: Kindgemäße Entspannung. Praxisbuch – nicht nur für den Schulalltag. Lichtenbusch 1993.

PORTMANN, R.; SCHNEIDER, E.: Spiele zur Entspannung und Konzentration. München 1990[3].

RÜCKER-VOGLER, U.: Yoga und autogenes Training mit Kindern. München 1995[4].

SCHERLER, K.: Sport in der Schule. In: RODE, P.; PHILIPP, H. (Hrsg.): Sport in Schule, Verein und Betrieb. 11. Sportwissenschaftlicher Hochschultag der dvs 1993 in Potsdam. Sankt Augustin 1995, 43–58.

TEML, H.: Entspannt lernen. Streßabbau, Lernförderung und ganzheitliche Erziehung. Linz 1995[5].

VAITL, D.: Psychophysiologie der Entspannung. In: VAITL, D.; PETERMANN, F. (Hrsg.): Handbuch der Entspannungsverfahren. Bd. 1: Grundlagen und Methoden. Weinheim 1993, 25–63.

VAITL, D.; PETERMANN, F. (Hrsg.): Handbuch der Entspannungsverfahren. Bd. 1: Grundlagen und Methoden. Weinheim 1993.

VÖLKENING, M.: Meine schönsten Entspannungsspiele. Sammlung von Entspannungsspielen für Paare und Gruppen. Köln 1997.

Bewegungspädagogik

Band 1: Jürgen Funke-Wieneke

Bewegungs- und Sportpädagogik

Wissenschaftstheoretische Grundlagen – zentrale Ansätze – entwicklungspädagogische Konzeption. 2004. IV, 260 Seiten. kt. ISBN 9783896767530. € 19,–

Was tragen Sich-Bewegen und Sporttreiben zur Erziehung von Kindern und Jugendlichen bei? Wie können Erwachsene und Jüngere miteinander umgehen, um das Erziehliche in Bewegung, Spiel und Sport zur Wirkung zu bringen? Die „Bewegungs- und Sportpädagogik" ist ein Grundlagenwerk, das diese Fragen in einem theoretischen Zusammenhang aufnimmt, erörtert und klärt.

Das Buch **informiert** über die zentralen Auffassungen und Ansätze in der zeitgenössischen Bewegungs- und Sportpädagogik und gibt damit einen konzentrierten Überblick über das Fachgebiet.

Es **diskutiert** die wesentlichen erzieherischen Fragen und Grundprobleme und entwickelt aus den vorliegenden, widersprüchlichen Antworten einen tragfähigen Grundgedankengang.

Es **bietet** eine weiterführende Perspektive **an**, in der sich entwicklungsorientiertes Denken und bewegungstheoretische Einsichten in einer neuen Konzeption verbinden.

Bildungstheoretische Grundlagen der Bewegungs- und Sportpädagogik

Band 2. Hrsg. von **Jörg Bietz, Ralf Laging** und **Monika Roscher**
2005. 321 Seiten. Kt. ISBN 9783896768940. € 19,80

Dieses Buch ist im Anschluss an eine im Jahre 2002 in Marburg durchgeführte Expertentagung zur Beziehung von Bildung und Bewegung mit dem Ziel entstanden, den wissenschaftlichen Ertrag der Gespräche zu dokumentieren und Grundlagen einer bildungstheoretisch, in Teilen auch erziehungstheoretisch fundierten Bewegungspädagogik zusammenzutragen und vorzustellen. Durch die Sammlung unterschiedlicher Beiträge mit je eigenen Zugängen zu Kernfragen der Sportpädagogik soll insgesamt eine Neubestimmung und wissenschaftliche Verortung von Bildung und Erziehung im Kontext einer kultur- und leibanthropologisch geleiteten Bewegungspädagogik verfolgt werden. Die Deutung des Sich-Bewegens als anthropologische Grundtatsache und die Bedeutung der leiblich-sinnlichen Dimension in den individuellen Weltverhältnissen für die Selbstbildung des Menschen verweisen auf ein grundlegendes, die pragmatische Orientierung am Sport übersteigendes, Gegenstandsverständnis und eröffnen Begründungsperspektiven, für die bewegungspädagogische und bewegungstheoretische Ansätze gleichermaßen konstitutiv sind.

Das Buch soll die wissenschaftliche Diskussion einer bildungs- und erziehungstheoretischen Bewegungs- und Sportpädagogik anregen und in seinen theoretischen Bezügen auch an die Ästhetikdebatte der allgemeinen Pädagogik anschließen.

 Schneider Verlag Hohengehren
Wilhelmstr. 13; D-73666 Baltmannsweiler

Sport bewegt Europa

Beiträge zur interkulturellen Verständigung
Bewegungspädagogik Band 3.
Hrsg. von **Diethelm Blecking** und **Petra Gieß-Stüber**
2006. II, 237 Seiten. Kt. ISBN 9783834001658. € 19,80

Dieses Buch entstand im Anschluss an die Auftakttagung des EU-Projekts „Entwicklung interkultureller Kompetenz durch Sport im Kontext der Erweiterung der Europäischen Union". Es richtet sich an WissenschaftlerInnen, LehrerInnen und Studierende.

Mit der Erweiterung der Union Richtung Osteuropa rückte ins Bewusstsein, dass sich in dieser erweiterten EU auf der Ebene des Breitensports und des „Sports für alle" Sportkulturen mit ganz verschiedener Geschichte und sozialer Ausprägung begegnen. Gleichzeitig sind die westlichen Industrienationen zu Zuwanderergesellschaften geworden. Die dadurch geprägte Situation in Schulen und Sportvereinen schafft Herausforderungen und Chancen zugleich.

In diesem Buch wird für die interkulturelle Zusammenarbeit in Europa ein doppelter Zugang entfaltet: die (sport)geschichtliche und (sport)kulturelle Begegnung mit europäischen Nachbarn und gleichzeitig die Thematisierung von interkulturellen und interethnischen Differenzen innerhalb der verschiedenen nationalen Systeme des organisierten Sports und des Bildungswesens. Daran beteiligt sind als Experten und Expertinnen KulturwissenschaftlerInnen, SportsoziologInnen und PädagogInnen sowie Historiker aus sechs europäischen Ländern.

Innovativer Sportunterricht

Theorie und Praxis
Hrsg. von **Peter Elflein, Ina Hunger, Renate Zimmer**
2004. II, 218 S., Kt. ISBN 9783896768704. € 18,—

Innovativer Sportunterricht versteht sich in vorliegendem Band als ein *didaktisches Konstrukt*. Präsentiert werden *Vorstellungen, Projektionen, Pläne* von 16 Autorinnen und Autoren aus Schule und Hochschule, die in Richtung *Theorie und Praxis* Innovativen Sportunterrichts gehen. Innovativer Sportunterricht grenzt sich kritisch-konstruktiv vom *sportunterrichtlichen Alltag* ab. Dieser wird als *verbesserungsbedürftig,* aber auch als *verbesserungswürdig und entwicklungsfähig* angesehen. Eine Schlüsselfunktion bei der Innovation von Praxis nimmt das *professionelle Handeln* der *Sportlehrerinnen und Sportlehrer* ein. Aus diesem Grunde wird in gleichem Zuge auf eine verbesserte didaktische Qualifizierung in Studium, Aus- und Fortbildung gesetzt. Hierzu möchte der Band beipflichten und sowohl grundlegende theoretische wie auch beispielhaft praktische Anregungen bieten. Die Beiträge eines ersten Teils führen in empirische Problemstellungen sowie die thematische didaktische Diskussionslage ein und entwickeln exemplarische begriffliche und theoretische Grundlagen Innovativen Sportunterrichts. Die Beiträge des zweiten Teils stellen anhand konkreterer Themenstellungen aus dem praktischen Sportunterricht anschaulich unterschiedliche Vermittlungsmodelle und –vorschläge zur Diskussion.

 Schneider Verlag Hohengehren
Wilhelmstr. 13; D-73666 Baltmannsweiler